Underpricing und langfristige Performance der IPOs am Neuen Markt

T0316801

Europäische Hochschulschriften
Publications Universitaires Européennes
European University Studies

Reihe V
Volks- und Betriebswirtschaft

Série V   Series V
Sciences économiques, gestion d'entreprise
Economics and Management

Bd./Vol. 3074

PETER LANG
Frankfurt am Main · Berlin · Bern · Bruxelles · New York · Oxford · Wien

Dirk Lubig

Underpricing und langfristige Performance der IPOs am Neuen Markt

Eine ökonometrische Analyse für den Zeitraum von 1997 bis 2003

PETER LANG
Europäischer Verlag der Wissenschaften

Bibliografische Information Der Deutschen Bibliothek
Die Deutsche Bibliothek verzeichnet diese Publikation in der
Deutschen Nationalbibliografie; detaillierte bibliografische
Daten sind im Internet über <http://dnb.ddb.de> abrufbar.

Zugl.: Köln, Univ., Diss., 2003

Gedruckt auf alterungsbeständigem,
säurefreiem Papier.

D 38
ISSN 0531-7339
ISBN 3-631-52781-0

© Peter Lang GmbH
Europäischer Verlag der Wissenschaften
Frankfurt am Main 2004
Alle Rechte vorbehalten.

Printed in Germany 1 2   4 5 6 7

www.peterlang.de

Für Beena

Vorwort

In Deutschland kam es durch die Gründung des Neuen Marktes im März des Jahres 1997 zu einem unvergleichbaren Boom bei der Börseneinführung (IPO) von jungen Unternehmen. Insgesamt wagten 358 Unternehmen einen Börsengang an das Wachstumssegment der Deutschen Börse AG. Damit wurden am Neuen Markt während seines sechsjährigen Bestehens mehr IPOs emittiert, als am traditionsreichsten Aktiensegment des deutschen Kapitalmarkts, dem Amtlichen Handel, in den vergangenen 50 Jahren. Die Primärallokation von Kapital durch die Aktienmärkte war nie ausgeprägter als während dieses Zeitraums.

Der Verfasser beschäftigt sich in der vorliegenden Arbeit mit der Preisbildung von IPOs am Neuen Markt, die in der volkswirtschaftlichen Theorie mit dem Walrasianischen Auktionator verbunden ist. Im Gegensatz zu dieser modelltheoretischen Idealfigur erfolgt in der Praxis die Preisbildung von IPOs bevor der markträumende Gleichgewichtskurs bekannt ist. Dadurch tritt das Phänomen des Underpricing auf. Während das Underpricing bei den Investoren zu einem *„free lunch"* führt, bedeutet es für die Emittenten Opportunitätskosten, die auch als *„money left on the table"* bezeichnet werden. Die Opportunitätskosten aufgrund des Underpricing betrugen für die Emittenten des Neuen Marktes in den Jahren von 1997 bis 2003 insgesamt mehr als 9,49 Mrd. Euro.

Die vorliegende Arbeit untersucht mehrere Fragestellungen. Zum einen wird analysiert, ob und wie ausgeprägt das Underpricing Phänomen an dem Wachstumssegment des deutschen Kapitalmarktes in den Jahren zwischen 1997 und 2003 war. Zum anderen wird untersucht, ob die IPOs des Neuen Marktes eine systematische langfristige negative Performance aufweisen (*long-run underperformance*). Dazu wird die Performance der IPO Unternehmen des Neuen Marktes über einen Zeitraum von bis zu 24 Monate nach dem Börsengang berechnet. Anhand der empirischen Ergebnisse zum Underpricing und zur langfristigen Performance wird dann die Frage beantwortet, ob der Primärmarkt oder aber der Sekundärmarkt informations(in)effizient im Sinne von FAMA (1970) und JENSEN (1978) war. Abschließend werden mit Hilfe verschiedener ökonometrischer Analysen, die theoretischen Erklärungsansätze zum Underpricing Phänomen auf deren Relevanz für das empirisch nachgewiesene Underpricing am Neuen Markt untersucht.

In der vorliegenden Arbeit werden 328 IPOs analysiert. Damit ist die vorliegende Studie die derzeit umfangreichste Arbeit in der deutschsprachigen Literatur, die sowohl das Underpricing, die langfristige Performance von IPOs als auch eine ökonometrische Analyse der unterschiedlichen Erklärungsansätze für das Underpricing Phänomen untersucht. Aufgrund der Tatsache, dass der Neue Markt am 5. Juni 2003 von der Deutschen Börse AG geschlossen wurde, handelt es sich zudem bei der vorliegenden Dissertation um eine abschließende ex post-Analyse des Underpricing Phänomens am Neuen Markt.

Es ist hervorzuheben, dass die durchgeführten Analysen zu überaus interessanten und wissenschaftlich wertvollen Ergebnisse und Erklärungsansätzen für das Underpricing Phänomen führen. Die vorliegende Untersuchung ist deshalb eine umfassende und aussagekräftige Analyse des Underpricing Phänomens am Neuen Markt und sollte dem Leser nicht nur viel Freude beim Lesen, sondern auch interessante Einblicke in eines der *„unsolved mysteries"* der empirischen Kapitalmarktforschung gewähren.

Köln, im Februar 2004   Prof. Dr. Ralph Anderegg

Danksagung

Mein besonderer Dank gilt meinem Doktorvater, Herrn Prof. Dr. Ralph Anderegg, der mich durch seine konstruktiven Anregungen sowie seine herzliche Betreuung in jeder Hinsicht gefördert hat. Gerne werde ich an die intensiven und teilweise weit über die thematischen Inhalte dieser Arbeit hinausgehenden Diskussionen zu später Stunde zurückdenken. Darüber hinaus danke ich meinem Korreferenten Herrn Prof. Dr. Manfred Feldsieper für sein Engagement und seine kritischen Anmerkungen. Ferner möchte ich den Professoren und wissenschaftlichen Mitarbeitern der Harvard Business School, Cambridge (USA), danken, die mich während meiner mehrmonatigen Forschungsarbeiten an ihrer Schule jederzeit professionell betreut haben.

Einen wesentlichen Anteil am Gelingen dieser Arbeit haben meine engsten Freunde. Ihre kritischen und konstruktiven Hinweise haben diese Arbeit sehr geprägt. Besonders hervorheben möchte ich dabei Herrn Dr. Oliver Adam sowie Herrn Dipl.-Kfm. Daniel Becker, die mich in den entscheidenden Phasen meiner Promotionszeit fortwährend motiviert und unterstützt haben. Darüber hinaus möchte ich Herrn Dr. Holger Schmidt für seine statistischen und Herrn Christoph Kruk für seine EDV-spezifischen Anregungen danken. Besonders dankbar bin ich zudem Bindhu und Bincy Kochalumoottil für ihren unermüdlichen Einsatz bei der Durchsicht und Korrektur meiner Arbeit. Danken möchte ich auch meinen Eltern, die mich während meiner Promotionszeit stets gefördert haben.

Am Ende dieser Danksagung steht die wichtigste Person in meinem Leben, Beena. Ohne ihren Zuspruch und ihre Unterstützung wäre diese Arbeit nicht entstanden. Sie hat dafür gesorgt, dass die Promotionszeit -trotz der vielen Herausforderungen- zu einem unvergesslich schönen Lebensabschnitt und zu einer ganz besonders positiven persönlichen Erfahrung werden konnte.

Köln, im Februar 2004   Dirk Lubig

Inhaltsverzeichnis

Abkürzungsverzeichnis

Abs.	Absatz
AktG	Aktiengesetz
BAFin	Bundesanstalt für Finanzdienstleistungsaufsicht
Bank J. Vontobel	Bank J. Vontobel & Co.
Bayer. Hypo	Bayerische Hypo- und Vereinsbank
BEO	*best-effort offering*
Berliner Effekten	Berliner Effektenbank
BHAR	*buy-and-hold-abnormal-return*
BHR	*buy-and-hold-return*
BörsG	Börsengesetz
BörsZulVO	Börsenzulassungsverordnung
BW Bank	Baden-Württembergische Bank
CAR	*cumulative abnormal return*
Coba	Commerzbank
CSFB	Credit Suisse First Boston
DCF	*discounted-cash-flow*
Dresdner Kleinwort	Dresdner Kleinwort Wasserstein
et al.	et alii
FAZ-Index	Index der Frankfurter Allgemeinen Zeitung
FCO	*firm-commitment-offering*
Goldman Sachs	Goldman Sachs & Co.
Gontard Metall.	Gontard & MetallBank
HGB	Handelsgesetzbuch

HSBC	HSBC Trinkaus & Burkhardt
IAS	*International Accounting Standards*
i. d. R.	in der Regel
i. V. m.	in Verbindung mit
IPO	*initial public offering*
IR	*initial return*
k. A.	keine Angaben
KWG	Gesetz über das Kreditwesen
LBBW Bank	Landesbank Baden-Württemberg
M.M. Warburg	M.M. Warburg & Co.
MFP	*matching-firm*-Portfolio
Morgan Stanley	Morgan Stanley Dean Witter
NordLB	Norddeutsche Landesbank
Oppenheim	Sal. Oppenheim jr. & Cie.
SEC	*Securities Exchange Commission*
SEO	*seasoned equity offering* (Folgeemission)
STABW	Standardabweichung
StBA-Index	Index des Statistischen Bundesamtes
US-GAAP	*US-Generally Accepted Accounting Principles*
VerkaufsprospektG	Verkaufsprospektgesetz
vgl.	vergleiche
vs.	versus
WestLB	Westdeutsche Landesbank
WpHG	Wertpapierhandelsgesetz
WR	*wealth relative*

Verzeichnis der verwendeten Symbole

α	Konstante
a_i	Anteil des Wertpapiers i am Portfolio P
CAR_T^{FFJR}	kumulierte Überrendite nach FAMA/FISHER/JENSEN/ROLL (1969)
CAR_T^{SDM}	kumulierte Überrendite nach SCHOLES (1972) und DIMSON/ MARSH (1986)
C_0	Kapitalwert im Zeitpunkt t=0
D_G	Disparitätskoeffizient von GINI
δ	Wahrscheinlichkeit, mit der Investoren den tatsächlichen Wert eines Unternehmens erkennen
$E_{i,0}$	Emissionspreis der Aktie i
ε_i	Störterm
GK_i	Grundkapital des IPO i
G_{t+n}	Gleichgewichtsrendite in Periode t+n
$\tilde{G}_{t+n}$	erwartete Gleichgewichtsrendite in Periode t+n
i	Zinssatz i
IR	durchschnittliche Emissionsrendite der Stichprobe
IR_i	Emissionsrendite bzw. *initial return* der Aktie i
$IR_{i,mb}$	marktbereinigte Emissionsrendite bzw. marktbereinigter *initial return* der Aktie i
$K_{i,1}$	Erster Börsenkurs der Aktie i am ersten Handelstag
$K_{i,t}$	Börsenkurs der Aktie i am Handelstag t
$K_{NEMAX,0}$	Schlusskurs des NEMAX All-Share am Handelstag vor der Börseneinführung
$K_{NEMAX,1}$	Schlusskurs des NEMAX All-Share am ersten Börsentag des IPOs
$K_{NEMAX,t}$	Schlusskurs des NEMAX All-Share zum Zeitpunkt t
K_R	Konzentrationskoeffizient von ROSENBLUTH
N	Stichprobenumfang
Φ_t^M	am Markt verfügbare Informationsmenge zum Zeitpunkt t
$R_{i,t}$	Rendite des IPOs i t-Monate nach der Börseneinführung

$R_{i,t}^M$	Rendite eines Marktportfolios in Monat t
$R(x_i)$	Rangzahl des Messwertes x_i
$R(y_i)$	Rangzahl des Messwertes y_i
R^2	Bestimmtheitsmaß
r_{SP}	Rangkorrelationskoeffizient von SPEARMAN
$s_{\bar{y}-\bar{z}}$	Standardabweichung beim Mittelwert-Differenz-Test
t	Zeitpunkt
UP_i	Underpricing des IPO i
W_H	Wert eines *high-quality* Unternehmens (im *signalling* Modell)
W_i	Wert eines Unternehmens i (im *signalling* Modell)
$W_{i,T}^M$	Endwert zum Zeitwert T einer Kapitalanlage von einer Geldeinheit in t=1 in ein Marktportfolio für Aktie i
W_L	Wert eines *low-quality* Unternehmens (im *signalling* Modell)
WR_T	*wealth relative* nach RITTER (1991) für den Zeitraum t=1 bis t=T
x_i	Messwert des Merkmals X
$\bar{x}$	arithmetisches Mittel des Merkmals X in der Stichprobe
y_i	Messwert des Merkmals Y
$\bar{y}$	arithmetisches Mittel des Merkmals Y in der Teilstichprobe 1
z_i	Messwert des Merkmals Z
$\bar{z}$	arithmetisches Mittel des Merkmals Z in der Teilstichprobe 2
z_t	Zahlungen zum Zeitpunkt t
Z_{t+n}	in Periode t+n erzielbarer Gewinn
$\tilde{Z}_{t+n}$	in Periode t+n erwarteter Gewinn

Verzeichnis der Abbildungen und Tabellen

Verzeichnis der Abbildungen und Tabellen

Verzeichnis der Abbildungen und Tabellen

*„The decision to go public is one of the most
important and least studied questions in corporate finance."[1]*

Einführung in das Thema und Zielsetzung der Arbeit

1 Ausgangspunkt der Untersuchung

Am 10. März 1997 wurde der Neue Markt als privatrechtlich organisiertes Handelssegment
für junge Wachstumsunternehmen an der Frankfurter Wertpapierbörse eröffnet. Durch die
Gründung des neuen Marktsegmentes stieg die Anzahl der Börsengänge (*initial public offerings*, IPOs) in Deutschland signifikant an.[2] Insgesamt wurden am Neuen Markt in dem Zeitraum seines Bestehens 328 IPOs emittiert.[3] Allein in den Jahren 1999 und 2000 wurden am
Neuen Markt mehr IPOs platziert, als an dem traditionsreichsten Marktsegment des
deutschen Kapitalmarktes, dem Amtlichen Handel, in den vergangenen 50 Jahren.[4]

Im Zusammenhang mit der Erstemission von Aktien ergibt sich die Problematik, dass vor
Aufnahme der Börsennotierung ein Emissionspreis festgelegt werden muss, zu dem interes-
sierte Anleger das Wertpapier zeichnen können. Es besteht dabei die Gefahr, dass der festgelegte Emissionspreis entweder zu hoch oder aber zu niedrig festgelegt wird, so dass der
Emissionspreis vom ersten Börsenkurs abweicht. In den letzten Jahren konnte in zahlreichen empirischen Untersuchungen für verschiedene Kapitalmärkte und Untersuchungszeit-
räume nachgewiesen werden, dass der erste Börsenkurs im Durchschnitt signifikant höher
ist als der Emissionspreis.[5] Diese systematische Unterbewertung von IPOs wird in der
Literatur als Underpricing bezeichnet.[6]

Investoren bewerten diese Differenz zwischen dem ersten Börsenkurs und dem Emissionspreis zunächst einmal positiv, da sie durch das Underpricing bereits am ersten Börsentag
einen Zeichnungsgewinn, einen *initial return,* erzielen können.[7] UHLIR (1989) beschreibt die-

[1] PAGANO, M./ PANETTA, F./ ZINGALES, L., Companies, 1998, S. 27.
[2] Von einem *initial public offering* (IPO) wird in der Literatur gesprochen, wenn ein Unternehmen erstmalig an
   einer Börse notiert.
[3] Insgesamt notierten am Neuen Markt 358 Unternehmen. Allerdings handelte es sich bei 30 Unternehmen
   nicht um IPOs im engeren Sinne, so dass diese IPOs aus dem Untersuchungsumfang ausgeschlossen
   wurden. Vgl. dazu die Abgrenzung im zweiten Teil dieser Arbeit, Kapitel 2.1.
[4] Am Neuen Markt wurden in den Jahren 1999 bis 2000 insgesamt 264 IPO platziert, während im Amtlichen
   Handel seit 1949 bis zum Jahr 2000 nur 262 IPOs emittiert wurden. Vgl. DEUTSCHES AKTIENINSTITUT E. V.,
   Factbook, 2001, S. 03-8.
[5] Vgl. dazu beispielsweise RITTER, J. R., Market, 1984, S. 234ff., vgl. LOGUE, D. E., Pricing, 1973, S. 91ff.
   Vgl. auch den zweiten Teil dieser Arbeit, Kapitel 3.4. und die Übersicht im Anhang, Tabelle 48.
[6] Vgl. KASERER, C. / KEMPF, V., Underpricing, 1995, S. 47, vgl. SCHWEINITZ, J., Renditeentwicklungen, 1997,
   S. 1. Siehe auch BILL, M, Emissionspreisfestsetzung, 1991, S. 95f., vgl. UHLIR, H., Gang, 1989, S. 3, vgl.
   WITTLEDER, C., Going public, 1989, S. 1.
[7] Vgl. WEINBERGER, A., Going publics, 1995, S. 4.

sen Sachverhalt treffend als „*a free lunch for investors*".[8] Für die Emittenten hingegen be-deutet das Underpricing in erster Linie einen Vermögensverzicht, da sie nicht den maximal möglichen Emissionserlös erzielen können.[9] In der angloamerikanischen Literatur wird die-ser Vermögensverzicht auch als „*money left on the table*" bezeichnet. Am Neuen Markt be-trug er mehr als 9,5 Mrd. Euro.[10]

Aus diesem Kontext heraus stellt sich die Frage, warum die Emittenten bereit sind, auf solch hohe Emissionserlöse zu verzichten. In der Literatur wurden deshalb zahlreiche Modelle zur Erklärung des Underpricing Phänomens entwickelt. Diese Erklärungsmodelle begründen das Underpricing grundsätzlich mit Hilfe von informationsasymmetrischen Ansätzen oder auf-grund von Marktunvollkommenheiten. Allerdings konnte bis dato keines dieser Modelle das Underpricing Phänomen vollständig erklären, weshalb in der Literatur auch von einem „*un-solved mystery*" bzw. von einem „*underpricing puzzle*" gesprochen wird.[11]

Das zweite Phänomen im Zusammenhang mit Börseneinführungen besteht in der zu beo-bachtenden negativen langfristigen Performance von IPO Unternehmen. Dieses Phänomen ist in der Literatur als *long-run underperformance* bekannt.[12] Eine systematisch schlechtere Sekundärmarktperformance von IPO Unternehmen im Vergleich zu anderen börsennotierten Vergleichsunternehmen bzw. in Relation zu Aktienindizes widerspricht allerdings der Theorie informationseffizienter Kapitalmärkte nach FAMA (1970), da auf informationseffizienten Kapi-talmärkten weder positive noch negative systematische Überrenditen erzielt werden kön-nen.[13] Für das Phänomen der *long-run underperformance* von IPOs existieren für den deutschen Kapitalmarkt vergleichsweise wenige Studien.[14] Zudem sind die Ergebnisse dieser Studien nicht immer so eindeutig wie die Untersuchungsergebnisse zum Underpricing Phänomen.[15] Immer wieder finden sich in der Literatur empirische Untersuchungen, die eine

---

[8]   Vgl. UHLIR, H., Gang, 1989, S. 3.
[9]   Siehe hierzu RUUD, J. S., Underwriter, 1993, S. 136.
[10] Insgesamt betrug das nominale Emissionsvolumen der 328 IPO Unternehmen des Neuen Marktes 24,2 Mrd. Euro. Das tatsächliche Emissionsvolumen belief sich hingegen auf 33,7 Mrd. Euro. Dabei errech-net sich das nominale Emissionsvolumen aus dem Produkt der Anzahl der emittierten Aktien mit dem fest-gelegten Emissionspreis, während sich das tatsächliche Emissionsvolumen aus der Anzahl der emittierten Aktien mal dem ersten Sekundärmarktkurs errechnen lässt.
[11] Vgl. IBBOTSON, R. G., Performance, 1975, S. 235, vgl. ZHENG, X. S./ OGDEN, J. P./ JEN, F. C., Underpricing, 2001, S. 2ff.
[12] Vgl. die Darstellung bei POLLOCK, T. G., Risk, 1988, S. 25.
[13] Nach der Theorie informationseffizienter Märkte ist es nicht möglich, systematische Überrenditen an Kapitalmärkten zu erzielen. Vgl. FAMA, E. F., Markets, 1970, S. 383ff., vgl. auch RITTER, J. R., Performance, 1991, S. 3ff., siehe auch LOUGHRAN, T./ RITTER, J. R., Puzzle, 1995, S. 23ff, vgl. JENKINSON, T./ LJUNGQVIST, A., Going public, 2001, S. 41ff., vgl. dazu auch die Ausführungen im zweiten Teil dieser Arbeit, Kapitel 1.
[14] Vgl. dazu beispielsweise LJUNGQVIST, A. P., PRICING, 1997, S. 1309ff., der eine negative Performance von IPOs am deutschen Kapitalmarkt nach 36 Monaten in Höhe von -18,2% feststellt.
[15] Das Underpricing Phänomen wird praktisch für alle internationale Kapitalmärkte bestätigt.

langfristige Underperformance von IPOs nicht nachweisen können bzw. die sogar eine positive langfristige Performance feststellen können.[16]

2 Fragestellung und Zielsetzung der vorliegenden Arbeit

Aus den zuvor geschilderten Zusammenhängen lassen sich vier zentrale Fragestellungen ableiten, die in dieser Arbeit vorrangig beantwortet werden sollen:

Erstens soll untersucht werden, ob das Underpricing Phänomen auch am Neuen Markt nachweisbar ist und wie ausgeprägt dieses Phänomen an dem Wachstumssegment des deutschen Kapitalmarktes in den Jahren zwischen 1997 und 2003 war. Sollte das Underpricing Phänomen am Neuen Markt evident gewesen sein, so hätten die Investoren mit der regelmäßigen Zeichnung von IPOs systematische Überrenditen erzielen können.

Zweitens soll neben der Überprüfung des Underpricing Phänomens empirisch untersucht werden, ob bei den IPOs des Neuen Marktes eine systematische negative langfristige Performance festgestellt werden kann (*long-run underperformance*). Dazu wird die Performance der IPO Unternehmen des Neuen Marktes über einen Zeitraum von bis zu 24 Monaten nach dem Börsengang untersucht.

Drittens soll anhand der empirischen Ergebnisse zum Underpricing und zur langfristigen Performance der IPOs des Neuen Marktes eine Aussage über die Informationseffizienz des Neuen Marktes abgeleitet werden. Insbesondere soll dabei die Frage beantwortet werden, ob der Primärmarkt oder aber der Sekundärmarkt informationseffizient im Sinne von FAMA (1970) und JENSEN (1978) war.[17]

Viertens sollen mit Hilfe von ökonometrischen Analysemethoden die theoretischen Erklärungsansätze zum Underpricing Phänomen auf deren Relevanz für das Underpricing am Neuen Markt untersucht werden. Dadurch soll die Frage beantwortet werden, welche Erklärungsmodelle den höchsten Erklärungsgehalt für das noch nachzuweisende Underpricing Phänomen am Neuen Markt besitzen.

---

[16] Beispielsweise messen KUNZ/ AGGARWAL (1994) für den Kapitalmarkt der Schweiz für die ersten 24 Monate nach dem Börsengang eine signifikante Performance von +1,8%. Vgl. dazu KUNZ, R. M./ AGGARWAL, R. Initial public offerings, 1994, S. 705ff. Weiterhin messen KIM ET AL. (1995) für Korea, LOUGHRAN et al. (1994) für Schweden und KIYMAZ (2000) für die Türkei eine positive langfristige Performance von IPO Unternehmen. Vgl. dazu KIM, J.-B. ET AL., Performance, 1995, S. 429ff., siehe auch LOUGHRAN, T. ET AL., Initial public offerings, 1994, S. 165ff., siehe auch KIYMAZ, H., Performance, 2000, S. 213ff.

[17] Vgl. dazu die Theorieansätze von FAMA (1970) und JENSEN (1978) im zweiten Teil dieser Arbeit, Kapitel 1. Vgl. dazu FAMA, E. F., Markets, 1970, S. 383ff., siehe auch JENSEN, M. C., Evidence, 1978, S. 95ff.

Das Ziel der vorliegenden Arbeit ist es, durch die Beantwortung der oben aufgeführten Fragen, einen wissenschaftlichen Beitrag zur Erklärung des Underpricing Phänomens sowie der langfristigen negativen Performance von IPOs am Neuen Markt zu erbringen.

Die vorliegende Arbeit unterscheidet sich von anderen Untersuchungen zu Börseneinführungen von Aktien durch die folgenden Punkte:

(i)   Zum einen untersucht die vorliegende Arbeit sämtliche am Neuen Markt emittierte IPOs für den gesamten Zeitraum seines Bestehens vom 10. März 1997 bis zum 5. Juni 2003. Da der Neue Markt am 5. Juni 2003 von der DEUTSCHEN BÖRSE AG geschlossen wurde, handelt es sich bei der vorliegenden Arbeit um eine abschließende ex post-Analyse des Underpricing Phänomens am Neuen Markt.

(ii)   Zum anderen ist die vorliegende Arbeit mit 328 analysierten IPOs die derzeit umfangreichste Studie in der deutschsprachigen Literatur, die sowohl das Underpricing als auch die langfristige Performance von IPOs empirisch untersucht.[18] Aufgrund des großen Untersuchungsumfangs ist davon auszugehen, dass die statistisch-ökonometrischen Ergebnisse dieser Studie repräsentativ sind.

(iii)   Letztlich unterscheidet sich diese Arbeit von früheren Untersuchungen dadurch, dass nicht nur das Underpricing Phänomen sowie die langfristige Performance von IPOs untersucht wird, sondern dass zudem auch die theoretischen Erklärungsmodelle für das Underpricing Phänomen mit Hilfe von ökonometrischen Analysemethoden auf deren Relevanz überprüft werden.

3 Gang der Untersuchung

In Anbetracht der oben dargestellten Fragestellungen und Zielsetzungen wird die vorliegende Arbeit in drei Teile strukturiert (vgl. Abbildung 1).

Im ersten Teil werden zunächst die terminologischen Grundlagen des IPO Geschäftes sowie die institutionellen Rahmenbedingungen des Neuen Marktes und die damit verbundenen Zulassungsvoraussetzungen für die Durchführung eines IPOs auf diesem Marktsegment vorgestellt. Dadurch sollen die notwendigen Grundlagen geschaffen werden, die für die Beurteilung von IPOs sowie für die Analyse des Underpricing erforderlich sind. Abgerundet wird der erste Teil durch eine ex post-Analyse des IPO Geschäftes am Neuen Markt, in der die

---

[18]   Vgl. dazu den Literaturüberblick im zweiten Teil dieser Arbeit, Kapitel 3.4 und 4.6.

Auswirkungen der Gründung des Neuen Marktes auf das Emissionsgeschäft am deutschen Kapitalmarkt dargestellt werden.

Abbildung 1:   Ablauf der Untersuchung

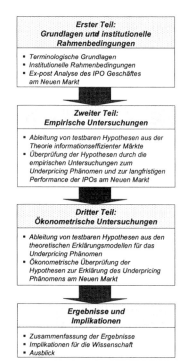

Quelle: Eigene Darstellung.

Im zweiten Teil der vorliegenden Untersuchung werden zunächst die Implikationen des Underpricing Phänomens für die Theorie der informationseffizienten Märkte nach FAMA (1970) und JENSEN (1978) analysiert. Aus diesen theoretischen Überlegungen werden drei Hypothesen abgeleitet, die im weiteren Verlauf empirisch überprüft werden. Vor der empirischen Untersuchung wird im zweiten Kapitel zunächst die methodische Vorgehensweise zur Berechnung des Underpricing am Neuen Markt sowie zur Berechnung der langfristigen Performance vorgestellt. Im dritten Kapitel erfolgt dann die Berechnung des IPO Underpricing am Neuen Markt für die Jahre von 1997 bis 2003, sowie in Abhängigkeit der Branche und der konsortialführenden Emissionsbanken. Das Kapitel endet mit einer kritischen Bewertung der Untersuchungsergebnisse aus der Sichtweise der Emissionsmarktteilnehmer. Im vierten

Kapitel wird die langfristige Performance der IPOs des Neuen Marktes über einen Zeitraum von bis zu 24 Monaten nach dem Börsengang untersucht. Sofern der Sekundärmarkt des Neuen Marktes effizient ist, sollten keine systematischen Über- bzw. Unterrenditen der IPOs feststellbar sein. Der zweite Teil dieser Arbeit endet in einer Diskussion, in der mögliche Schlussfolgerungen aus den empirischen Ergebnissen für die Informationseffizienz des Primär- bzw. Sekundärmarktes aufgezeigt werden.

Im dritten Teil der vorliegenden Arbeit werden verschiedene Erklärungsmodelle für das Underpricing Phänomen analysiert und kritisch bewertet. Die vor allem von US-amerikanischen Autoren entwickelten Erklärungsansätze werden in dieser Arbeit nach gleichgewichtsgeleiteten Erklärungsmodellen und ad hoc-Erklärungshypothesen differenziert. Während die gleichgewichtsgeleiteten Erklärungsmodelle das Underpricing mit Hilfe von Informationsasymmetrien erklären, führen die ad hoc-Erklärungshypothesen das Underpricing auf Marktunvollkommenheiten zurück. Aus den unterschiedlichen theoretischen Erklärungsmodellen werden insgesamt zwölf testbare Hypothesen abgeleitet, die im Anschluss an das jeweilige theoretische Erklärungsmodell ökonometrisch überprüft werden. Dadurch sollen diejenigen theoretischen Erklärungsmodelle identifiziert werden, die für das Underpricing Phänomen am Neuen Markt den höchsten Erklärungsgehalt aufweisen.

Eine abschließende Zusammenfassung der Untersuchungsergebnisse sowie eine Diskussion der Implikationen der Ergebnisse für die Wissenschaft runden die Arbeit ab.

4 Definition und Abgrenzung

4.1 Definition des *initial public offering* (IPO)

Der Kapitalmarkt kann grundsätzlich in den Primärmarkt, der auch als Emissionsmarkt bezeichnet wird, und in den Sekundärmarkt, der vereinzelt auch Zirkulations- bzw. Umlaufmarkt genannt wird, eingeteilt werden.[19] In der angelsächsischen Literatur beschreibt der Begriff des *initial public offering* (IPO) die erstmalige Einführung von Aktien eines Unternehmens auf dem Primärmarkt.[20] RITTER (1998) beschreibt diesen Vorgang wie folgt: *„when a*

---

[19] Die Unterteilung des Kapitalmarktes in den Primär- und den Sekundärmarkt ist von besonderer Relevanz, wenn die Frage der Informationseffizienz des Emissionsmarktes diskutiert wird. Vgl. dazu auch die Ausführungen im zweiten Teil dieser Arbeit, Kapitel 1 bzw. Kapitel 5.

[20] Hierbei kann zwischen dem *primary placement*, d. h. der erstmaligen Emission neuer Aktien und dem *secondary placement*, d. h. der Emission bereits vorhandener aber nicht gehandelter Aktien differenziert werden. Während bei einem *primary placements* die Ausgabe von neuen Aktien erfolgt, so dass das Eigenkapital des jeweiligen Unternehmens steigt, findet bei einem *secondary placement* lediglich eine Umplatzierung der Aktien statt und das Gesamtkapital des Unternehmens bleibt konstant. Vgl. GERKE, W./ RAPP, H.-W., Eigenkapitalbeschaffung, 1993, S. 289, vgl. BÜSCHGEN, H. E., Bankbetriebslehre, 1998, S.

security is sold to the general public for the first time".[21] Als Synonym zum Begriff IPO wird häufig auch der Begriff *going public* verwendet.

Während in der angelsächsischen Literatur nur diese beiden Begriffe existieren, werden in der deutschsprachigen Literatur neben den Begriffen IPO und *going public* eine Vielzahl zusätzlicher Synonyme für die *„Einführung von Aktien auf dem organisierten Kapitalmarkt"*[22] verwendet. So übersetzen verschiedene Autoren den Begriff IPO mit „Erstemission", „Neuemission" oder „Börseneinführung".[23]

Aufbauend auf diesen Abgrenzungen erfährt der Begriff IPO in dieser Arbeit eine weitere sachliche Einschränkung. Es werden im empirischen Teil dieser Arbeit nur solche IPOs in den Untersuchungsumfang aufgenommen, die erstmalig an einer Wertpapierbörse eingeführt worden sind *(primary placement)* und die bis zu diesem Zeitpunkt nicht an einem anderen Börsenplatz bzw. in einem anderen Marktsegment notiert waren. Die meisten wissenschaftlichen Untersuchungen zum Underpricing Phänomen nehmen diese Einschränkung vor, um dadurch zu verhindern, dass das Untersuchungsergebnis, durch den Einfluss des früheren Börsenkurses auf den ersten festgestellten Börsenkurs, verzerrt wird.

4.2 Abgrenzung des Underpricing

Grundsätzlich ist mit Underpricing die positive Differenz zwischen dem ersten Sekundärmarktkurs[24] und dem Emissionspreis emittierter Aktien gemeint.[25] Ist die systematische Erzielung von kurzfristigen positiven Emissionsrenditen *(initial return)* durch die Zeichnung von IPOs möglich, so spricht man in der Literatur von dem Underpricing Phänomen.[26]

W., Eigenkapitalbeschaffung, 1993, S. 289, vgl. BÜSCHGEN, H. E., Bankbetriebslehre, 1998, S. 197f., vgl. auch ACHLEITNER, A.-K., Handbuch, 2000, S. 240f.

[21] Vgl. RITTER, J. R., Initial public offerings, 1998, S. 5.

[22] Vgl. ACHLEITNER, A.-K., Handbuch, 2000, S. 240. BREUER (1993) definiert *going public* ähnlich: *„der erstmaligen Verlauf von Aktien an ein breites anlagesuchendes Publikum."* BREUER, R.-E., Emissionsgeschäft, 1993, S. 532.

[23] Vgl. dazu auch BÜSCHGEN, H. E., Bankbetriebslehre, 1998, S. 147, siehe auch KUNZ, R. M., Underpricing, 1990, S. 202, vgl. auch BUERMEYER, M., Corporate capital efficiency, 2000, S. 152.

[24] Bei der Berechnung des Underpricing herrscht in der Literatur keine Einstimmigkeit, welcher Kurs der „erste" Sekundärmarktkurs ist. LEE/TAYLOR (1996) oder AUSSENEGG (1997) nehmen beispielsweise den Schlusskurs des IPOs am ersten Handelstag als „ersten" Sekundärmarktkurs. Vgl. LEE, P. J./ TAYLOR, S. L./ WALTER, T. S., IPO, 1999, S. 425ff., siehe AUSSENEGG, W., Performance, 1997, S. 416. UHLIR (1989) berücksichtigt dagegen den Kassakurs während KASERER/KEMPF (1995) den ersten offiziellen Sekundärmarktkurs als Grundlage der Berechnung der Emissionsrendite verwenden. Vgl. UHLIR, H., Gang, 1989, S. 7, siehe KASERER, C. / KEMPF, V., Underpricing, 1995, S. 45ff. In den letzten Jahren ist die Tendenz festzustellen, dass vor allem der erste offizielle Sekundärmarktkurs zur Berechnung des Underpricing herangezogen wird.

[25] Eine negative Differenz wird in der Literatur entsprechend als Overpricing bezeichnet. Von *„fully-priced"* bzw. *„fair value"* wird gesprochen, wenn die beiden Kurse identisch sind.

[26] Vgl. hierzu auch ROELOFSEN, N. K., Initial public offerings, 2002, S. 142.

Der Begriff des Underpricing wird allerdings in der Literatur nicht immer einheitlich verwendet. So liegt nach dem Verständnis von UHLIR (1989) Underpricing immer dann vor, *"wenn der Zeichnungspreis der Erstemissionen unter dem 'wahren' Wert der Aktien liegt"*.[27] In seinen weiteren Ausführungen grenzt er den Begriff weiter ein und beschreibt Underpricing als einen *"Abschlag vom erwarteten Marktpreis"* und einen *"Vorgang des bewussten Unterbewertens"*. SPRINK (1996) definiert nicht nur Underpricing, sondern auch den bei UHLIR (1989) erwähnten „wahren" Wert etwas genauer. Er spricht von Underpricing, *"wenn nicht der durch die Unternehmensanalyse ermittelte Kurs als Zeichnungskurs gewählt wurde, sondern von diesem Wert ein Abschlag vorgenommen wird."*[28] WITTLEDER (1989) sieht das Underpricing als *"...eine zu tiefe Festsetzung des Emissionspreises durch den Emittenten,"* die den Investoren sofort nach Aufnahme des Börsenhandels eine positive Rendite ermöglichen.[29]

Die betrachteten Underpricing Definitionen lassen bereits die Tendenz erkennen, dass das Underpricing häufig in Verbindung mit einem bewussten Preisabschlag auf den vermeintlich „wahren" Wert der Emission gesetzt wird.[30] Durch die Formulierung des „bewussten Preisabschlags" deutet sich bereits eine erste Erklärungsdimension an, die darauf schließen lässt, dass Underpricing aus bewussten Aktivitäten der jeweiligen Emissionsteilnehmer[31] resultieren könnte.[32]

---

[27] UHLIR, H., Gang, 1989, S. 2.
[28] SPRINK, J., Underpricing, 1996, S. 202.
[29] WITTLEDER, C., Going public, 1989, S. 3f.
[30] In der Literatur wird in diesem Fall auch von Underpricing im engeren Sinne gesprochen.
[31] Bei einer Emission sind im wesentlichen drei Gruppen von Akteuren beteiligt: die Investoren, die Emissionsbanken und die Emittenten. Vgl. BLÄTTCHEN, W./ JACQUILLAT, B., Börseneinführung, 1999, S. 200f.
[32] Eine alternative Ableitung aus dieser Aussage besteht darin, dass die Emissionsteilnehmer nicht in der Lage sind, den „wahren" Wert der Emission zu antizipieren bzw. dass es aufgrund von Unsicherheiten und sonstigen Rahmenbedingungen unmöglich ist, diesen Wert zu bestimmen. Vgl. SCHWEINITZ, J., Renditeentwicklungen, 1997, S. 12.

„Der Neue Markt ist die Wachstumsbörse für junge Unternehmen mit innovativen Ideen, Produkten und Dienstleistungen. Investoren haben die Chance, vom Wachstum dieser Unternehmen zu profitieren."[33]

Erster Teil:

Initial public offerings (Ipos) am Neuen Markt:

Grundlagen und institutionelle Rahmenbedingungen

Zur Beantwortung der zentralen Fragestellungen dieser Arbeit werden spezifische Kenntnisse des Emissionsgeschäftes vorausgesetzt. Im ersten Kapitel werden deshalb die - für den weiteren Verlauf dieser Arbeit - wichtigsten Grundlagen des IPO Geschäftes vorgestellt. Im darauf folgenden Kapitel werden die institutionellen Rahmenbedingungen des Neuen Marktes analysiert. Zudem werden die Auswirkungen der Gründung des Neuen Marktes auf das Emissionsgeschäft am deutschen Kapitalmarkt anhand einer ex post-Analyse untersucht.

1 Grundlagen des IPO Geschäftes

Im Folgenden werden die wichtigsten Aspekte bei einer Börseneinführung vorgestellt. Dazu zählen zunächst die Motive für einen Börsengang. Auf die Motive wird im weiteren Verlauf dieser Arbeit mehrfach zurückgegriffen, insbesondere wenn die Frage diskutiert wird, wieso die Emittenten im Rahmen eines IPOs auf einen erheblichen Teil des Emissionserlöses verzichten. Neben den Motiven werden die Kosten eines Börsengangs eruiert. Dabei wird sich zeigen, dass das Underpricing eine nicht zu unterschätzende Kostenposition bei einem Börsengang einnimmt. Als weiterer Aspekt werden die unterschiedlichen Platzierungsverfahren an den Kapitalmärkten vorgestellt. Das Verständnis dieser Verfahren wird für den weiteren Verlauf dieser Untersuchungen vorausgesetzt. Abschließend werden die rechtlichen Rahmenbedingungen des Primärmarktes dargestellt.

1.1 Motive eines IPOs

Grundsätzlich richten sich die Motive eines Börsengangs stark an den einzelnen Interessen und den Eigentumsverhältnissen im jeweiligen IPO Unternehmen aus.[34]

---

[33] DEUTSCHE BÖRSE AG, Neuer Markt, 2001, S. 1.

[34] Vgl. CARLS, A., Going public, 1996, S. 11. Dabei können die Eigentumsverhältnisse der IPO Unternehmen sehr unterschiedlicher Natur sein. So können Unternehmen u. a. im Besitz einer Unternehmensbeteiligungsgesellschaft, eines Konzerns, des Staates oder im Besitz einer Familie sein. Für eine Unternehmensbeteiligungsgesellschaft stellte ein IPO am Neuen Markt einen idealen Ausstieg *(exit)* dar. Die auf diese Weise realisierten Erlöse aus der Emission konnten für neue Investitionen in neue Unternehmensbeteiligungen investiert werden. Bei der Börseneinführung eines Tochterunternehmens eines Konzerns bleibt

In der Literatur finden sich neben zahlreichen wissenschaftlichen Arbeiten auch umfangreiche Veröffentlichungen anerkannter Institutionen, die sich ausschließlich mit den (ökonomischen) Motiven eines Börsengangs auseinandersetzen.[35] Im folgenden Kapitel werden die Motive, die zu einem Börsengang führen, kurz vorgestellt.[36] Dabei lassen sich die Motive differenzieren nach den originär finanzwirtschaftlichen und den derivativen Motiven.

1.1.1 Originär finanzwirtschaftliche Motive

Das wichtigste Motiv für einen Börsengang besteht in der Eigenkapitalstärkung und der Wachstumsfinanzierung des jeweiligen IPO Unternehmens.[37] Insbesondere junge Unternehmen verfügen häufig nur über geringes Eigenkapital und sind in hohem Maße fremdfinanziert.[38] Ein Börsengang kann die schlechte Eigenkapitalausstattung dieser Unternehmen verbessern.[39] Durch eine höhere Eigenkapitalausstattung kann ein besseres Rating auf den Kredit- und Kapitalmärkten erzielt werden, wodurch die Fremdfinanzierungskosten relativ gesenkt und der Fremdkapitalstock proportional ausgeweitet werden kann.[40] Ein Börsengang stellt somit eine attraktive Möglichkeit dar, benötigtes Kapital für Investitionszwecke zu

---

i. d. R. eine mehrheitliche Beteiligung des Mutterkonzerns an der dann börsennotierten Tochtergesellschaft bestehen. Seit 1990 stammen durchschnittlich ca. 17% der jährlichen Emissionsvolumina aus dem IPO von Tochtergesellschaften eines Konzerns. Darüber hinaus existieren vor allem auf dem amerikanischen Kapitalmarkt weitere innovative Unternehmensstrukturierungen, wie beispielsweise der *spin-off*, durch den die Ausgliederung eines Tochterunternehmens oder eines Unternehmensanteils aus dem Konzernverbund unter Beibehaltung eines identischen Anteilseignerkreises möglich ist. Vgl. PAGANO, M./ PANETTA, F./ ZINGALES, L., Companies, 1998, S. 27ff., vgl. ACHLEITNER, A.-K., Handbuch, 2000, S. 359, vgl. EHRHARDT, O., Börseneinführungen, 1997, S. 7., vgl. auch ROELOFSEN, N. K., Initial public offerings, 2002, S. 35.

[35] So zählt beispielsweise RÖELL (1996) zu den Motiven eines Börsengangs in absteigender Reihenfolge die Wachstumsfinanzierung, das Image, die Motivation für das Management und die Auszahlung der Altaktionäre. Vgl. RÖELL, A., Decision, 1996. PAGANO/ PANETTA/ ZINGALES (1998) kommen zu einem ähnlichen Ergebnis. Sie nennen neben der Investitionsfinanzierung vor allem die Kapitalkostenreduzierung und die Auszahlung der Altaktionäre als wichtigstes Motiv für einen Börsengang. Siehe hierzu PAGANO, M./ PANETTA, F./ ZINGALES, L., Companies, 1998, S. 27ff. Neben diesen wissenschaftlichen Studien existiert eine Reihe von Umfragen, die die Motive eines IPOs aus Emittentensicht untersuchen. Siehe hierzu beispielsweise LEK CONSULTING GMBH, Analyse, 2000, S. 1ff., vgl. LANDESZENTRALBANK IM FREISTAAT BAYERN, Risikokapital, 1997, S. 1ff., vgl. FISCHER, C., Companies, 2000, S. 1ff.

[36] Für eine weitergehende Analyse wird an entsprechender Stelle auf die zu diesem Thema umfangreich vorhandene Primärliteratur verwiesen.

[37] Vgl. STOUGHTON, N. M./ WONG, K. P./ ZECHNER, J., IPOs, 2001, S. 375ff., vgl. MARTIN, K., Going public, 1993, S. 18, vgl. FRANCIONI, R., Eigenkapital, 1997, S. 8ff., vgl. HIDDING, B., Börse, 1988, S. 13f.

[38] In konjunkturschwachen Zeiten kann dies leicht zu einer Liquiditätskrise und letztlich zu der Übernahme durch einen Wettbewerber führen. Vgl. KOCH, W. / WEGMANN, J., Börseneinführung, 1998, S. 17ff., vgl. KÜFFER, K., Gang, 1992, S. 28ff.

[39] Dies beweisen Vergleiche der Eigenkapitalquoten von börsennotierten und nicht börsennotierten Unternehmen. Im Jahr 2001 lag beispielsweise die Eigenkapitalquote börsennotierter deutscher Aktiengesellschaften bei 38,6%, während die Quote für nicht börsennotierte Aktiengesellschaften lediglich 27,9% betrug. Länder, die über noch entwickelte Kapitalmärkte verfügen, wie beispielsweise Großbritannien oder die USA, verfügen über Eigenkapitalquoten die deutlich über 40% liegen. Vgl. DEUTSCHES AKTIENINSTITUT E. V., Factbook, 2001, S. 04-2-a.

[40] Die relativ geringeren Fremdkapitalkosten resultieren daraus, dass die Kreditinstitute mit steigendem Verschuldungsgrad höhere Fremdkapitalzinsen fordern. Bei diesem Szenario führt ein anfangs positiver *leverage*-Effekt zu einer Verschlechterung der Eigenkapitalrendite. Vgl. hierzu beispielsweise PERRIDON, L./ STEINER, M., Finanzwirtschaft, 1993, S. 423ff., siehe auch TITZRATH, A., Bedeutung, 1995, S. 138.

beschaffen und gleichzeitig langfristige Finanzierungsquellen für zukünftige Wachstumsplä-
ne zu erschließen.[41]

Neben der Wachstumsfinanzierung stellen auch Unternehmensübernahmen und -fusionen
(*mergers and acquisitions*, M&A) ein wichtiges Motiv für einen Börsengang dar.[42] Häufig
kann ein späterer Unternehmenskauf erst durch die Emissionserlöse aus dem IPO finanziert
werden oder die Bezahlung des Kaufpreises für das Übernahmeobjekt erfolgt durch die aus
einem Börsengang generierten Aktien.[43] Heutzutage wird international ca. 80% des M&A
Transaktionsvolumens durch einen Aktientausch abgewickelt, insbesondere in den angelsächsischen Ländern.[44]

Ein weiteres Motiv besteht darin, dass dem IPO Unternehmen durch den Börsengang zukünftig eine flexible Mittelbeschaffung ermöglicht wird. Ein börsennotiertes Unternehmen
kann bei Bedarf beim Anlegerpublikum sogenannte *seasoned equity offerings (SEOs)*, d. h.
junge Aktien, platzieren.[45] Börsennotierte Unternehmen können auf diese Weise durch Kapitalerhöhungen einfach und flexibel zusätzliches Eigenkapital aufnehmen - allerdings nur solange, wie den Investoren glaubhaft erklärt werden kann, dass das zusätzliche Eigenkapital
für wertsteigernde Investitionszwecke eingesetzt wird.[46]

1.1.2 Derivative Motive

Neben den originär finanzwirtschaftlichen Motiven existieren derivative Motive, mit denen
ebenfalls die Emission neuer Aktien erklärt werden kann. Derivative Motive lassen sich ent-

---

[41] Aufgrund einer mangelnden Kreditwürdigkeit ist der Börsengang oft die einzige Möglichkeit für kleine bis
mittlere Wachstumsunternehmen aus dem Technologie-, Medien- oder Internetbereich, die notwendigen
Mittel für ein weiteres Wachstum zu beschaffen. Vgl. FERRES, P., Motive, 2001, S. 21, vgl. auch ZACHARIAS,
E., Börseneinführung, 2000, S. 23ff.
[42] Vgl. ACHLEITNER, A.-K., Handbuch, 2000, S. 241.
[43] In diesem Zusammenhang wird auch häufig von der Aktie als eigene Übernahmewährung, der sogenannten *acquisition currency* gesprochen. Vgl. auch IRVINE, S./ STEWART, J./ ROSENBAUM, A., Selling, 1996, S. 58.
[44] Vgl. JAKOB, E., Initial public offerings, 1998, S. 32.
[45] Vgl. HOHLA, M., Going public, 2001, S. 16.
[46] Dass diese flexible Mittelbeschaffung tatsächlich eine bedeutende Rolle in der Praxis spielt, wird besonders
deutlich, wenn das Volumen der *seasoned equity offerings (SEOs)* auf dem amerikanischen Kapitalmarkt
analysiert wird. In den USA wurden beispielsweise in dem Jahr 1997 in der Informationstechnologiebranche
mehr als 64 Mrd. USD Eigenkapital durch *SEOs* aufgenommen, während in dem gleichen Jahr das IPO
Volumen lediglich ca. 44 Mrd. USD betragen hat. Das hohe Volumen bei *SEOs* unterstreicht das Motiv,
dass sich junge Unternehmen durch einen Börsengang auch die Möglichkeit eröffnen möchten, zukünftig
durch weitere Kapitalerhöhungen zusätzliches Eigenkapital zu beschaffen. Vgl. hierzu auch FERRES, P., Motive, 2001, S. 21 und HOHLA, M., Going public, 2001, S. 18.

weder aus der Sichtweise des Unternehmens oder aus der Sichtweise des Eigentümers darstellen.[47]

Aus Unternehmenssicht ist ein Börsengang vorteilhaft, da es während des IPO Prozesses
häufig zu Rückkoppelungseffekten zwischen dem Emissionsmarkt und dem Absatzmarkt
kommt.[48] Dadurch, dass die IPO Unternehmen während des gesamten IPO Prozesses im
Mittelpunkt des öffentlichen Interesses stehen und die Stärken des Unternehmens im Rahmen der Pre-Maketingphase[49] durch zahlreiche *roadshows*[50], Analystentreffen und Werbe-
kampagnen permanent hervorgehoben werden, kommt es durch den Börsengang zu einer
deutlichen Steigerung des Bekanntheitsgrades und des Images des IPO Unternehmens.
Aufgrund des Börsengangs kann es deshalb zu einer nachhaltigen Steigerung des Absatzes
der von dem Unternehmen erbrachten Dienstleistungen bzw. der hergestellten Produkte
kommen.[51]

Zudem führt ein Börsengang zu personalwirtschaftlichen Vorteilen für das IPO Unternehmen, die vor allem in einer leichteren Rekrutierung hoch qualifizierter Mitarbeiter[52] und einer
unproblematischeren Beteiligung der Mitarbeiter an dem Erfolg des börsennotierten Unternehmens bestehen.[53] Insbesondere jungen Unternehmen fehlen häufig die finanziellen Möglichkeiten, hochqualifizierte Mitarbeiter mit hohen Gehaltsvorstellungen zu rekrutieren. Notiert ein Unternehmen an der Börse, so können den Mitarbeitern erfolgsabhängige Beteiligungsmodelle angeboten werden.[54] Zahlreiche Unternehmen am Neuen Markt haben über
das Konstrukt der Mitarbeiterbeteiligungsmodelle versucht, die Motivation und die Leis-
tungsbereitschaft der Mitarbeiter zu steigern.[55] Bereits im Juni 1999 setzte mehr als die Hälf-

---

[47] HOHLA (2001) geht allerdings in seiner Arbeit davon aus, dass sich die Ziele des Unternehmens aus den
      Zielen der Eigentümer ableiten lassen, so dass diese beiden Sichtweisen nicht gleichberechtigt nebenein-
      ander stehen dürfen. Vgl. HOHLA, M., Going public, 2001, S. 15.
[48] Vgl. ACHLEITNER, A.-K., Handbuch, 2000, S. 242.
[49] Vgl. hierzu auch Kapitel 1.3.2.
[50] *Roadshows* sind Kurzpräsentationen von Vorständen des IPO Unternehmens vor institutionellen Investoren
      an besonders wichtigen Finanzplätzen. Vgl. hierzu WACHTEL, S., Vorstandspräsentation, 2001, S. 421, vgl.
      auch BLOWERS, S. C./ GRIFFITH, P. H./ MILAN, T. L., IPO, 1999, S. 173ff.
[51] Vgl. ROELOFSEN, N. K., Initial public offerings, 2002, S. 25.
[52] Nähere Ausführungen dazu finden sich bei SCHLICK, R., Going public, 1997, S. 37f., vgl. auch KOCH, W./
      WEGMANN, J., Börseneinführung, 1998, S. 20 und 184.
[53] Vgl. ACHLEITNER, A.-K., Handbuch, 2000, S. 243.
[54] Erfolgsabhängige Mitarbeiterbeteiligungsmodelle sind zusätzliche Vergütungskomponenten für die Mitarbei-
      ter, die sich an der durch den Aktienkurs gemessenen Wertentwicklung des jeweiligen Unternehmens ori-
      entieren. Ein solches an den Aktienkurs gekoppeltes Vergütungselement wird erst durch den eigentlichen
      Börsengang ermöglicht. Dadurch können auch kleinere Unternehmen hochqualifizierten Mitarbeitern attrak-
      tive Gehälter anbieten. Vgl. JAKOB, E., Initial public offerings, 1998, S. 26.
[55] Mitarbeiterbeteiligungsmodelle beruhen letztlich auf der Annahme, dass aufgrund der direkten Beteiligung
      der Mitarbeiter an dem Erfolg des börsennotierten Unternehmens die Identifikation der Mitarbeiter mit dem
      Unternehmen erhöht wird, so dass eine Leistungssteigerung erreicht werden kann. Vgl. hierzu KADEN, J.,
      Going public, 1991, S. 32.

te der notierten Unternehmen am Neuen Markt derartige Beteiligungsmodelle als zusätzliche Entlohnung für Führungskräfte ein.[56] Die Ausgabe von Aktienoptionen *(stock options)* ist eine der bekanntesten erfolgsabhängigen Vergütungsmodelle.[57]

Neben dieser Unternehmenssichtweise lassen sich die derivativen Motive für die Emission neuer Aktien aus der Sichtweise des Eigentümers darstellen. Insbesondere für Familienunternehmen, die noch keine Nachfolgeregelung gefunden haben, ist ein Börsengang eine sinnvolle Alternative zu einem Unternehmensverkauf. So erlaubt die aus dem Börsengang resultierende Fungibilität der Aktien den Alteigentümern, die Erb-, Nachfolge- oder Abfindungsregelung pragmatisch zu lösen und gleichzeitig den Fortbestand des Unternehmens zu sichern.[58]

Ein weiteres Motiv für ein IPO aus Sichtweise der Eigentümer lässt sich aus der Portfoliotheorie ableiten.[59] So können die Alteigentümer der IPO Unternehmen nach dem Börsengang die Aktien aus ihrem eigenen Besitz veräußern und dadurch eine Risiko- und Vermögensdiversifikation erzielen.[60] Im Vergleich zu alternativen Anteilsveräußerungen bietet ein Börsengang zudem den Vorteil, dass die Alteigentümer selbst frei entscheiden können, wann und wie viele Aktien sie verkaufen möchten.[61] Allerdings sollte ein Disinvestment aus dem eigenen Unternehmen sehr vorsichtig erfolgen. Investoren interpretieren nämlich einen Rückzug der Alteigentümer aus dem eigenen Unternehmen als Signal dafür, dass die rational handelnden Alteigentümer selbst nicht mehr von einer positiven Unternehmensentwicklung überzeugt sind und deshalb ihr Kapital in eine alternative Anlage investieren möchten,

---

[56] Vgl. BLÄTTCHEN, W./ JASPER, T., Going public, 1999, S. 20.
[57] Bei *stock options* erhalten die Mitarbeiter die Option, eine bestimmte Anzahl von Aktien des börsennotierten Unternehmens zu einem festgelegten Aktienkurs nach Ablauf einer bestimmten Frist zu kaufen. Steigt der Aktienkurs des Unternehmens, so profitieren die Mitarbeiter von überproportionalen Kursgewinnen der Option. Fällt der Aktienkurs des Unternehmens hingegen, so kann der Mitarbeiter die Option ohne wirtschaftlichen Verlust verfallen lassen. Detaillierte Ausführungen zu Mitarbeiterbeteiligungsmodellen finden sich beispielsweise bei LANGEMANN, A., Vorteile, 2000, S. 87ff., sowie BORNMÜLLER, G., Aktienoptionsprogramme, 2002, S. 1ff.
[58] Nach einer Studie der Deutschen Ausgleichsbank sind in Deutschland ca. 700.000 Familienunternehmen mit dem Problem der Regelung der Nachfolge konfrontiert. Nur ca. 37% aller mittelständischen Unternehmen haben bereits eine konkrete Nachfolgeregelung für ihren Betrieb gefunden. Vgl. hierzu KOCH, W./ WEGMANN, J., Börseneinführung, 2000, S. 7, siehe auch O. V., Mittelstand, 1999, S. 85, siehe auch ROELOFSEN, N. K., Initial public offerings, 2002, S. 29.
[59] Vgl. MARKOWITZ, H. M., Portfolio, 1952, S. 77ff., vgl. SHARPE, W. F., Model, 1963, S. 277ff., vgl. SHARPE, W. F., Portfolio, 1970, S. 1ff., vgl. MARKOWITZ, H. M., Analysis, 1987, S. 1ff., vgl. MARKOWITZ, H. M., Portfolio, 1991, S. 1ff., vgl. MARKOWITZ, H. M., Foundations, 1991, S. 469ff., vgl. SHARPE, W. F./ ALEXANDER, G. J./ BAILEY, J. V., Investments, 1999, S. 233ff.
[60] Die Alteigentümer von mittelständischen IPO Unternehmen haben durchschnittlich mehr als 90% ihres Gesamtvermögens in dem eigenen Unternehmen gebunden, Vgl. RÖDL, B./ ZINSER, T., Going public, 1999, S. 97.
[61] Dies ist ein wesentlicher Vorteil im Vergleich zu alternativen Anteilsveräußerungen. Im Falle eines *trade sales*, d. h. eines Unternehmensverkaufs an einen Wettbewerber aus derselben Branche, muss der Alteigentümer i. d. R. seine gesamte Beteiligung zu einem bestimmten Zeitpunkt veräußern.

mit der sie eine höhere Rendite bei gleichem Risiko bzw. eine gleiche Rendite bei geringerem Risiko erzielen können.[62] Darüber hinaus versuchen viele Alteigentümer, insbesondere während *hot-issue* Marktphasen,[63] im Rahmen eines Börsengangs mehr als den fairen Unternehmenswert zu realisieren. Im angloamerikanischen Sprachgebrauch wird dieses Motiv für einen Börsengang mit dem Begriff *harvesting* beschrieben.[64] Beim *harvesting* versuchen die Alteigentümer einen großen Anteil ihres Aktienbesitzes zu einem überhöhten Preis zu veräußern. Das eigentliche Motiv für den Börsengang besteht dann nicht mehr in der Vermögensdiversifikation, sondern nur noch in der Absicht, eine boomende Kapitalmarktsituation auszunutzen, um das eigene Unternehmen zu einem über dem fairen Wert liegenden Preis zu verkaufen.[65]

Sowohl die originär finanzwirtschaftlichen als auch die derivativen Motive für einen Börsengang haben ihren Ursprung in der gleichen übergeordneten Zielsetzung: die Maximierung des Emissionserlöses.[66] Im weiteren Verlauf dieser Arbeit wird sich allerdings zeigen, dass der Emissionserlös de facto nur in den seltensten Fällen maximiert wird. Häufig liegt der erste Sekundärmarktkurs über dem Emissionspreis (Underpricing) und es kommt somit zu suboptimalen Emissionserlösen.[67]

1.2 Kosten eines IPOs

Nicht selten nehmen börsenwillige Unternehmen von einem Börsengang Abstand, weil die damit verbundenen Kosten, im Vergleich zu alternativen Finanzierungsmöglichkeiten, zu hoch sind.[68] Die Gesamtkosten eines Börsengangs hängen stark von den jeweiligen Rahmendaten eines IPOs ab, wie z. B. dem Emissionsvolumen und der individuellen Unterneh-

---

[62] Vgl. HOHLA, M., Going public, 2001, S. 21, siehe auch UHLIR, H./ STEINER, P., Wertpapieranalyse, 1994, S. 49ff.

[63] Unter einer *hot-market* Phase versteht man eine haussierende Börsenphase, die durch anhaltend steigende Kurse gekennzeichnet ist. In einer *hot-issue* Marktphase gibt es eine hohe Frequenz von Börsengängen. Die zahlreichen IPOs, die emittiert werden, sind zumeist alle überzeichnet und weisen ein signifikant hohes Underpricing auf. Vgl. dazu auch die Ausführungen im dritten Teil dieser Arbeit, Kapitel 4.5.

[64] *Harvesting* kann mit „Kasse machen" übersetzt werden. Vgl. KOCH, W. / WEGMANN, J., Börseneinführung, 1998, S. 180, vgl. AROSIO, R./ BERTONI, F./ GIUDICI, G., Nuovo Mercato, 2001, S. 2ff.

[65] Im dritten Teil dieser Arbeit wird ökonometrisch untersucht, ob *hot-issue* Marktphasen eine Erklärung für das Underpricing am Neuen Markt sind. Vgl. dazu Kapitel 4.5 im dritten Teil dieser Arbeit.

[66] WASSERFALLEN und WITTLEDER (1994) schreiben dazu: *„The issuer is interested in a high price of new shares."* WASSERFALLEN, W./ WITTLEDER, C., Pricing, 1994, S. 1511. Die Emissionserlösmaximierung ist für rational handelnde Emittenten deshalb primäres Ziel, da diese Maximierung die Grundlage für die Erfüllung der originär finanzwirtschaftlichen und der derivativen Ziele eines Börsengangs ist.

[67] Im angloamerikanischen Sprachgebrauch wird dieses Phänomen auch mit *„money left on the table"* bezeichnet. Vgl. LOUGHRAN, T./ RITTER, J. R., Issuers, 2002, S. 413ff.

[68] Vgl. TAULLI, T, IPOs, 1999, S. 12ff., vgl. ANG, J. S./ BRAU, J. C., Firm, 2002, S. 1ff., vgl. RÖDL, B./ ZINSER, T., Going public, 1999, S. 99.

mensstruktur des IPO Kandidaten. Die durch ein IPO anfallenden Kosten lassen sich einteilen in:

(i)   einmalige Kosten, die direkt durch das IPO entstehen und auszahlungswirksam sind,

(ii)   laufende Kosten, die erst nach dem Börsengang regelmäßig anfallen und

(iii)   Opportunitätskosten, die durch nicht auszahlungswirksame Vermögensminderungen z. B. durch das Underpricing oder durch die unentgeltliche Gewährung einer *green-shoe*[69] Option an das Emissionskonsortium entstehen.

1.2.1   Einmalige Kosten

Bei den einmaligen Kosten eines Börsengangs handelt es sich um Kosten, die direkt durch das IPO verursacht werden.[70] Den größten Anteil an den einmaligen Kosten nehmen die an die Emissionsbanken zu zahlenden Provisionen ein. Dazu zählt zum einen die Übernahme und Platzierungsprovision, die i. d. R. zwischen 4 und 6% des Emissionsvolumens liegt. Zusätzlich wird eine Börseneinführungsprovision fällig, die zwischen 0,75 bis 1% des Nennbetrages aller ausgegebenen Aktien liegt.[71]

Neben den Provisionszahlungen entstehen weitere Kosten für die spezielle Emissionsberatung durch die jeweilige Emissionsbank. Üblicherweise bezahlen die Emittenten den Emissionsbanken als Honorar für ihre Emissionsberatung neben einer fixen Vergütung auch eine erfolgsabhängige Provision vom Emissionsvolumen. Für die feste Komponente wird i. d. R. ein Betrag von 75.000 bis 100.000 Euro vereinbart, für den variablen Bestandteil werden ca. 0,3 bis 0,5% des Emissionsvolumens angesetzt.[72] Weitere einmalige Kosten bestehen in der Börsenzulassungsgebühr und den Finanzwerbungskosten. Während die Börsenzulassungskosten i. d. R. einmalig an die Zulassungsstelle zu entrichten sind und nicht mehr als ca.

---

[69]   Der *green-shoe* ist eine der konsortialführenden Emissionsbank gewährte Call Option, wodurch diese innerhalb eines Zeitraumes von ca. 30 Tagen nach der Platzierung des IPOs, zusätzliche Aktien - meistens 10 bis 15% des gesamten Emissionsvolumens - zum Emissionspreis vom Emittenten beziehen kann.

[70]   Darunter fallen zunächst einmal die Kosten einer möglichen Rechtsformumwandlung. Dazu zählen die Kosten der Gründungsprüfung, Notargebühren, Kosten der Eintragung in das Handelsregister sowie steuerliche Belastungen aufgrund der Rechtsformumwandlung. Bei einfachen Rechtsformumwandlungen entstehen Kosten von 25.000 bis 50.000 Euro, bei komplexeren Fällen, wie z. B. gesellschaftsrechtliche Umwandlungen mehrerer Tochtergesellschaften kann dieser Aufwand aber auch auf bis zu 200.000 Euro ansteigen. Vgl. Koch, W. / Wegmann, J., Börseneinführung, 1998, S. 176, vgl. Demmer, C./ Henkel, R./ Thurn, B., Börsengang, 1999, S. 31, vgl. Titzrath, A., Bedeutung, 1995, S. 139.

[71]   Üblicherweise wird zudem auch noch ein weiterer Pauschalbetrag zwischen dem Emittenten und der Emissionsbank vereinbart, der die zusätzlichen Aufwendungen der Emissionsbank bei der Prospektgestaltung und die Beratung externer Dienstleister, wie z. B. Wirtschaftsprüfer, abdeckt. Diese Kosten können bis zu 100.000 Euro betragen, sind aber stark abhängig von der jeweiligen Verhandlungsstärke der Emittenten bzw. der Emissionsbanken. Vgl. Blättchen, W./ Jasper, T., Going public, 1999, S. 58, vgl. Weiss, M., Going public, 1988, S. 47ff.

[72]   Vgl. Torstila, S., IPO, 2001, S. 523ff.

15.000 Euro betragen, muss für die Finanzwerbung ein Budget von mindestens 1% des Emissionsvolumens veranschlagt werden.[73]

Insgesamt betragen somit die einmaligen Kosten für ein IPO ca. 5 bis 10% des geplanten Brutto-Emissionsvolumens. Allerdings werden die Prozentsätze mit steigendem Emissionsvolumen geringer (vgl. dazu die beispielhafte Kalkulation einer Börseneinführung am Neuen Markt im Anhang, Tabelle 41).[74]

1.2.2 Laufende Kosten

Zu den laufenden Kosten eines IPOs zählen vor allem die Kosten für die jährliche Erstellung und Prüfung der Jahresabschlüsse und die Kosten für die jährlich abzuhaltende Hauptversammlung sowie für die Erstellung der Zwischen- und Quartalsberichte (Publizitätspflichten).[75]

Darüber hinaus entstehen für die Emittenten Kosten durch die *designated sponsors*, die jeder Emittent nach dem Regelwerk des Neuen Marktes nachweisen musste.[76] Bei den *designated sponsors* handelt es sich um eine Art Betreuer für den Emittenten, die in der Funktion als *market-maker*[77] für zusätzliche Liquidität des IPO Titels sorgen sollen.[78] Dazu stellt der *designated sponsor* laufend auf eigene Initiative oder auf Anfrage verbindliche Geld- und Brief Spannen für die von ihm betreuten Werte, um damit den Marktteilnehmern kontinuierliche Transaktionsdurchführungen zu gewährleisten.[79]

Weitere laufende Kosten bestehen in der Vergütung und Aufwandsentschädigung des Aufsichtsrats, der rechtlichen Folgeberatung sowie dem Investor Relations.[80] Eine beispielhafte Kalkulation der laufenden Kosten zeigt Tabelle 42 im Anhang.

---

[73] Schließlich sind noch die Druck- und Versandkosten für den Börsenprospekt zu nennen, die ca. 75.000 bis 100.000 Euro betragen, sowie die Kosten für die erforderlichen Mitteilungen in einem Börsenpflichtblatt und im Bundesanzeiger. Vgl. Rödl, B./ Zinser, T., Going public, 1999, S. 103ff.

[74] Vgl. Jenkinson, T./ Ljungqvist, A., Going public, 2001, S. 25.

[75] Siehe Regelwerk Neuer Markt vom 1. Juli 2002, Zulassungsbedingungen für den Neuen Markt, Abschnitt 2, Ziffer 2.2. Die laufenden Kosten summieren sich nicht selten zu einer Größenordnung von ca. 250.000 Euro p. a.

[76] Vgl. das Regelwerk Neuer Markt vom 1. Juli 2002, Zulassungsbedingungen für den Neuen Markt, Abschnitt 2, Ziffer 2.2. Absatz 1. Siehe dazu auch die Ausführungen in Kapitel 2.2.2.

[77] *Market-maker* sind Händler, die für Aktien Geld- und Briefkurse stellen, zu denen sie bereit sind, die Aktien für eigene Rechnung zu kaufen oder zu verkaufen. Durch dieses Konstrukt soll die Liquidität bzw. die Handelbarkeit der betreuten Aktien jederzeit sichergestellt werden. Vgl. dazu auch Aggarwal, R./ Conroy, P., Price, 2000, S. 2903ff.

[78] Vgl. Francioni, R., Betreuer, 1997, S. 68ff., siehe auch Theissen, E., Neue Markt, 1998, S. 1.

[79] Die *designated sponsors* verpflichten sich i. d. R. für mindestens zwölf Monate das IPO Unternehmen zu betreuen. Die Kosten pro *designated* Sponsor belaufen sich auf ca. 50.000 bis 75.000 Euro. Vgl. Gerke, W./ Bosch, R., Neuen Markt, 1999, S. 2.

[80] Vgl. Koch, W. / Wegmann, J., Börseneinführung, 1998, S. 17ff.

1.2.3 Opportunitätskosten eines IPOs durch Vermögensminderungen

In der Literatur werden die Opportunitätskosten eines IPOs auch als indirekte Kosten bezeichnet. Sie ergeben sich durch Vermögensminderungen, die im Rahmen eines Börsengangs entstehen.[81] Eine solche Vermögensminderung tritt beispielsweise dann ein, wenn der festgelegte Emissionspreis niedriger ist als der erste Sekundärmarktkurs, wenn also Underpricing vorliegt.[82] Durch diese Unterbewertung kommt es letztlich zu einer indirekten Vermögensverlagerung zwischen den alten und den neuen Eigentümern, da das Reinvermögen der Gesellschaft nicht im Verhältnis der eingebrachten Vermögenswerte aufgeteilt wird. Die Vermögensminderungen durch Underpricing stellen zwar für den Emittenten „nur" Opportunitätskosten dar, die nicht auszahlungswirksam sind, doch sollten sie als kalkulatorische Kosten unbedingt berücksichtigt werden, damit der Emittent eine rationale Entscheidung zwischen einem Börsengang und alternativen Maßnahmen zur Kapitalbeschaffung außerhalb des organisierten Kapitalmarktes treffen kann.[83] Darüber hinaus können für die Alteigentümer von Unternehmen am Neuen Markt weitere Opportunitätskosten durch die Gewährung einer *green-shoe* Option entstehen, die unentgeltlich dem Emissionskonsortium gewährt wird.[84]

Zwischen den einmaligen Kosten und den Wertverlusten aufgrund der Vermögensminderung kommt es nicht selten zu Wechselbeziehungen. Beispielsweise führt eine Reduzierung des Emissionspreises ceteris paribus zu einer größeren Wahrscheinlichkeit, dass der erste Sekundärmarktkurs über dem Emissionspreis liegen wird. Dadurch wird das Platzierungsrisiko für die Emissionsbanken geringer und der Wert ihrer *green-shoe* Option steigt. Unter diesen Umständen neigen die Emissionsbanken dazu, eine niedrigere Platzierungsprovision von den Emittenten zu verlangen, was folglich die direkten Kosten der Emittenten reduziert. Demnach kann der Emittent seine einmaligen auszahlungswirksamen Kosten reduzieren, in dem er höhere Opportunitätskosten durch ein höheres Underpricing eingeht.[85]

Im zweiten Teil dieser Arbeit wird sich zeigen, dass die Opportunitätskosten durch die Vermögensminderungen der Alteigentümer aufgrund des hohen Underpricing am Neuen Markt deutlich über den einmaligen laufenden Kosten liegen. Insofern sollten diese Opportunitätskosten bei der Entscheidungsfindung der Alteigentümer besonders berücksichtigt werden.[86]

---

[81] Vgl. dazu SCHRAND, C./ VERRECCHIA, R. E., Disclosure, 2002, S. 36.
[82] Vgl. SHAH, A., IPO, 1995, S. 3ff.
[83] Vgl. dazu LANGEMANN, A., Vorteile, 2000, S. 59f.
[84] Vgl. dazu auch die Ausführungen bei KNIGHT, R. M., INVESTIGATION, 1997, S. 59ff.
[85] Siehe HANSEN, R. S., Evaluating, 1986, S. 52.
[86] Vgl. dazu die Ausführungen im zweiten Teil dieser Arbeit, Kapitel 3.5.2.

1.3 Platzierungsverfahren und zeitlicher Ablauf eines IPOs

Im folgenden Kapitel werden die verschiedenen Platzierungsverfahren für Aktien IPOs in Deutschland vorgestellt (vgl. dazu Abbildung 2). Das Verständnis der unterschiedlichen theoretischen Konzepte ist für die in den nächsten Teilen dieser Arbeit folgende theoretische und empirische Diskussion sowie für die Suche nach den Gründen für das Underpricing Phänomen am Neuen Markt von besonderer Relevanz.

Abbildung 2: Systematisierung der unterschiedlichen Platzierungsverfahren

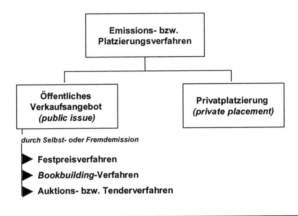

Quelle: Eigene Darstellung.

Im Rahmen einer Börseneinführung können die Aktien des IPO Unternehmens entweder einem breiten Publikum oder einem kleinen Kreis ausgewählter Investoren zum Kauf angeboten werden. Das Angebot an eine breite Öffentlichkeit wird als öffentliches Verkaufsangebot bzw. *public issue* bezeichnet und immer dann vorgenommen, wenn ein hohes Emissionsvolumen durch eine breite Streuung der Aktien erreicht werden soll.[87] Von einer Privatplatzierung bzw. von einem *private placement* wird gesprochen, wenn die Aktien lediglich wenigen institutionellen Großkunden angeboten werden.[88] Privatplatzierungen haben in den vergangenen Jahren am deutschen Kapitalmarkt nur eine untergeordnete Rolle gespielt.[89] In

---

[87] Vgl. hierzu WITTLEDER, C., Going public, 1989, S. 15.

[88] Vgl. zu der Unterscheidung zwischen *public issue* und *private placement* auch die Ausführungen bei BREALEY, R. A./ MYERS, S. C., Principles, 2000, S. 424.

[89] Privatplatzierungen weisen gegenüber öffentlichen Angeboten den Vorteil auf, dass sie für die Emittenten kostengünstiger sind, eine höhere Flexibilität bieten und eine schnellere Durchführbarkeit der Platzierung ermöglichen.

der folgenden Untersuchung werden nur Platzierungsverfahren behandelt, die im Rahmen eines öffentlichen Verkaufsangebotes bzw. *public issues* angewendet werden.[90]

Die öffentlichen Verkaufsangebote können entweder im Rahmen einer Selbstemission *(direct offering)* oder aber mittels einer Fremdemission *(underwritten offering)* platziert werden. Bei einer Selbstemission ist der Emittent für den gesamten IPO Prozess selbst verantwortlich.[91] Dazu fehlen dem Emittenten i. d. R. nicht nur das *know-how*, sondern auch die zeitlichen und personellen Kapazitäten. Deshalb wird die Selbstemission, auch wenn sie für den Emittenten sehr günstig ist, in Deutschland nur äußerst selten angewendet.[92] Ein weiterer Grund für die seltene Anwendung der Selbstemission besteht zudem darin, dass der Gesetzgeber für einzelne Börsensegmente die Mitwirkung einer Emissionsbank zwingend vorschreibt. So ist beispielsweise die Antragstellung auf Zulassung für den amtlichen Handel und den geregelten Markt sowie den Neuen Markt nur unter Mitwirkung eines Kreditinstituts möglich.[93]

Die Börseneinführung eines IPO Unternehmens erfolgt in Deutschland i. d. R. durch eine zwischengeschaltete Emissionsbank im Rahmen einer Fremdemission. Der Vorteil einer Fremdemission liegt vor allem darin, dass der Emittent auf die langjährige Erfahrung und die detaillierten Kenntnisse der im Emissionsgeschäft tätigen Emissionsbanken zurückgreifen kann. Darüber hinaus steigt bei einer Fremdemission die Wahrscheinlichkeit einer erfolgreichen Platzierung der Aktien auf dem Primärmarkt, da die im Konsortium vertretenen Emissionsbanken über ausgeprägte Distributionskanäle verfügen, so dass eine deutlich größere Platzierungskraft als bei der Selbstemission erreicht wird.[94]

Für die Auswahl der Emissionsbank führt der Emittent i. d. R. einen *beauty-contest* durch, bei dem verschiedene Emissionsbanken ihr Emissionskonzept sowie die erste indikative

---

[90] Die neuen IPO Aktien können entweder neuen Investoren oder aber bereits bestehenden (Alt-) Aktionären angeboten werden. Während die erste Variante als *cash offer* bezeichnet wird, spricht man bei der zweiten Variante von einem *rights offer*. In dieser Arbeit werden nur die *cash offer*, also Angebote an neue Investoren, berücksichtigt.

[91] Der Emittent muss die Aktien dann selber beim interessierten Anlegerpublikum platzieren, er allein ist für die Information der Investoren, sowie für die technische Abwicklung und die Abrechnung und das Inkasso der Kaufaufträge und letztlich für die Lieferung der Wertpapiere verantwortlich.

[92] Im Zeitraum von 1981-1984 begleitete die Portfolio Management GmbH zehn Unternehmen als Konsortialführer an die Börse. Von diesen zehn Unternehmen, die hauptsächlich in den Ungeregelten Freiverkehr der Münchener Börse eingeführt wurden, mussten allerdings sieben Unternehmen bereits kurze Zeit später Konkurs anmelden. Erst im Jahre 1993 wagte wieder ein Unternehmen eine Selbstemission, in diesem Fall war es der Softwarehersteller DB Software AG, der ohne Mithilfe einer Emissionsbank in den Freiverkehr der Bayrischen Börse in München eingeführt wurde.

[93] Der Zulassungsantrag muss vom Emittenten zusammen mit einem Kredit- oder Finanzdienstleistungsinstitut oder einem nach §53 Abs. 1 oder §53 b Abs. 1 KWG tätigen Unternehmen gestellt werden.

[94] Vgl. CHALK, A. J./ PEAVY, J., W., Understanding, 1990, S. 213, siehe auch SCHLICK, R., Going public, 1997, S. 52.

Unternehmensbewertung vorstellen. Anschließend wählt der Emittent eine Emissionsbank als Konsortialführer des Börsengangs, den sogenannten *lead-manager*, aus.[95] Zudem wird ein *bookrunner* bestimmt, der für die Führung des Orderbuches verantwortlich ist.

Nach Auswahl der Emissionsbanken und des Konsortialführers durch den Emittenten müssen sich die Vertragspartner darüber einigen, wie das mit der Emission verbundene Risiko zwischen dem Emittenten und dem Bankenkonsortium aufgeteilt wird. In Deutschland lassen sich dabei drei Grundformen unterscheiden: das Festpreisverfahren, das *bookbuilding*-Verfahren und seit kurzem auch das Auktions- bzw. Tenderverfahren.[96]

1.3.1 Festpreisverfahren

Beim Festpreisverfahren verpflichten sich die Mitglieder des Emissionskonsortiums vertraglich dazu, die zu emittierenden Aktien im eigenen Namen und für eigene Rechnung zu einem festen Kurs vom Emittenten zu übernehmen, unabhängig davon, ob die IPO Aktien tatsächlich auf dem Emissionsmarkt platziert werden können. Können die Emissionsbanken die Emission nicht vollständig platzieren, so muss das Emissionskonsortium die nicht platzierten IPO Aktien entweder in den Eigenbestand übernehmen oder diese auf eigene Rechnung am Sekundärmarkt verkaufen.[97]

Im Rahmen des Festpreisverfahrens wird der Emissionspreis der Aktie vor Veröffentlichung der Zeichnungsfrist zwischen den emissionsbegleitenden Banken und den Emittenten verbindlich festgelegt *(advanced pricing)*.[98] Die Emissionsbanken werden deshalb während den Preisverhandlungen mit den Emittenten versuchen, den Emissionspreis so niedrig wie möglich anzusetzen, da sie das Übernahmerisiko weitestgehend reduzieren möchten.[99] Der Emissionspreis wird dann den potentiellen Investoren vor Beginn der Zeichnungsfrist im Emissionsprospekt mitgeteilt. Die Investoren haben daraufhin die Möglichkeit, innerhalb ei-

---

[95] Bei größeren bzw. bei internationalen Emissionen kann es zudem sinnvoll sein, dass neben dem *lead-manager* auch noch zwei oder mehrere weitere Konsortialführer, die sogenannten *co-lead-manager*, bestimmt werden. Die in dem Konsortium vertretenen Emissionsbanken bilden zusammen eine Gesellschaft bürgerlichen Rechts unter Leitung des *lead-managers*. Vgl. hierzu auch WEILER, L., Vermarktung, 2001, S. 156.

[96] Vgl. dazu auch die Ausführungen bei JENKINSON, T./ LJUNGQVIST, A., Going public, 2001, S. 23ff., BLÄTTCHEN, W./ JACQUILLAT, B., Börseneinführung, 1999, S. 169ff. oder ROSS, S. A./ WESTERFIELD, R. W./ JAFFE, J., Finance, 1999, S. 1ff.

[97] Da nicht platzierte IPO Aktien aber am Sekundärmarkt zumeist nur deutlich unter dem Emissionspreis veräußert werden können, besteht für die Emissionsbanken wiederum das Risiko, dass sie bei Nichtplatzierung der Emission erhebliche Verluste erleiden. Vgl. EHRHARDT, O., Börseneinführungen, 1997, S. 26.

[98] Die Festlegung des Emissionspreises erfolgt mittels einer Unternehmensbewertung, die eine fundamentale Unternehmensanalyse umfasst. Vgl. LOWRY, M./ SCHWERT, G. W., IPO, 2002, S. 1ff., siehe auch ACHLEITNER, A.-K., Handbuch, 2000, S. 563.

[99] Vgl. dazu auch LANG, M., Emissionsgeschäft, 1993, S. 92.

ner bestimmten Frist ein Kaufangebot für die IPO Aktien zu dem festgelegten Emissionspreis abzugeben.[100] Das Festpreisverfahren entspricht dem in den USA gängigen *firm-commitment-offering (FCO)*, bei dem das Emissionskonsortium ebenfalls alle zu platzierenden Aktien zu einem festgelegten Emissionspreis übernimmt.[101]

Das Festpreisverfahren ist für den Emittenten vorteilhaft, da die Konsortialbanken die Übernahme des gesamten Emissionsvolumens zu dem im Vorfeld der Platzierung festgelegten Emissionspreis garantieren. Dadurch wird das Platzierungsrisiko für den Emittenten eliminiert. Besonders in volatilen Marktphasen kann diese Übernahmegarantie für den Emittenten von großem Nutzen sein. Zudem hat der Emittent durch das Festpreisverfahren bereits vor dem Börsengang eine sichere Kalkulationsbasis über die Höhe des Emissionserlöses. Das Festpreisverfahren ist im Vergleich zu den anderen Platzierungsverfahren mit deutlich weniger Aufwand für den Emittenten verbunden, da beispielsweise *roadshows* und ähnliche Marketingveranstaltungen nicht in dem Maße notwendig sind.[102] Für die Investoren ist das Festpreisverfahren von Vorteil, da sie den exakten Emissionspreis kennen und darauf basierend ihre Anlageentscheidungen kalkulieren können.

Der Nachteil des Festpreisverfahrens besteht darin, dass zwischen dem Emittenten und dem Emissionskonsortium ein Emissionspreis ausgehandelt wird, der hauptsächlich auf Basis strategischer Überlegungen und nicht auf Grund der tatsächlichen Marktnachfrage zustande kommt.[103] Dies führt häufig zu einem nicht marktgerechten Emissionspreis.[104] Das Festpreisverfahren steht somit im Widerspruch zu dem Gesetz von Angebot und Nachfrage. Während im Regelfall eine starke Nachfrage nach einer Aktie zu einem höheren Preis führt, ist im Rahmen des Festpreisverfahrens weder eine Preisanpassung noch eine Mengenan-

---

[100] Vgl. HUNGER, A., IPO, 2001, S. 82f.
[101] Neben dem *firm-commitment-offering* existiert am US-amerikanischen Kapitalmarkt das *best-effort-offering (BEO)* Platzierungsverfahren. Im Rahmen dieses Verfahrens verpflichten sich die Emissionsbanken lediglich dazu, das Emissionsvolumen „nach besten Bemühungen" zu platzieren. Dem Emittenten wird folglich kein fester Mindestemissionserlös garantiert und das Platzierungsrisiko obliegt weiterhin beim Emittenten. Die Emissionsbanken verkaufen die IPO Aktien auf fremde Rechnung und müssen deshalb die nicht platzierten Aktien auch nicht in den Eigenbestand übernehmen. Das *best-effort-offering* findet in den USA besonders bei kleineren und riskanteren Emissionen Anwendung. Damit ein mögliches *moral-hazard* Verhalten der Emissionsbanken reduziert wird, ist das Vergütungssystem so geregelt, dass die Emissionsbanken einen Anreiz haben, möglichst viele IPO Aktien zu verkaufen. Die Provisionsvereinbarung ist i. d. R. so gestaltet, dass die Emissionsbank für jede verkaufte Aktie eine Vergütung erhält. Vgl. ALMISHER, M. A., Risk, 1998, S. 45ff., vgl. CHO, S.-I., Model, 2001, S. 361., vgl. WITTLEDER, C., Going public, 1989, S. 15.
[102] Vgl. BLÄTTCHEN, W./ JACQUILLAT, B., Börseneinführung, 1999, S. 173.
[103] Auch wenn der Konsortialführer bzw. andere Mitglieder des Konsortiums gelegentlich Vorgespräche mit potentiellen Investoren über die Attraktivität des IPO Unternehmens bzw. über einen möglichen angemessenen Emissionspreis führen, so wird dadurch nicht die tatsächliche Nachfrage des Marktes bzw. der potentiellen Investoren im Festpreisverfahren berücksichtigt. Vgl. hierzu auch BOSCH, U./ GROß, W. Emissionsgeschäft, 1998, S. 10/165, siehe hierzu auch ROHLEDER, M., Emissionspreisfindung, 2001, S. 396.
[104] Aufgrund des Risikos den marktgerechten Emissionspreis nicht richtig festzusetzen, ist eine Maximierung des Emissionserlöses nur selten möglich. Vgl. ACHLEITNER, A.-K., Handbuch, 2000, S. 564.

passung möglich. Eine Preisanpassung ist nicht möglich, da die Aktien den Investoren auch bei starker Überzeichnung zu dem im Verkaufsprospekt genannten Emissionspreis verkauft werden müssen. Eine Mengenanpassung ist im Rahmen des Festpreisverfahrens auch nicht möglich, da die gesamte Anzahl der zu platzierenden Aktien kurzfristig nicht erhöht werden kann.[105]

Vor diesem Hintergrund hat sich ab dem Jahr 1995 in Europa zunehmend das aus den USA stammende *bookbuilding*-Verfahren als Standard bei der Platzierung von IPOs in Deutschland durchsetzen können.

1.3.2 *Bookbuilding*-Verfahren

Das *bookbuilding*-Verfahren wurde in Deutschland erstmals erfolgreich bei der SGL Carbon AG im Jahre 1995 angewendet.[106] Im Gegensatz zum Festpreisverfahren werden beim *bookbuilding*-Verfahren der endgültige Emissionspreis sowie das endgültige Emissionsvolumen erst nach Ablauf der Zeichnungsfrist an Hand der eingereichten Zeichnungsaufträge determiniert.[107] Auf diese Weise werden die institutionellen und privaten Investoren direkt in den Preisbildungsprozess eingebunden und es wird ihr Nachfrageverhalten berücksichtigt.[108]

Im Zusammenhang mit dem Preisbildungsprozess ist das Orderbuch von besonderer Bedeutung, da dort alle Zeichnungswünsche bzw. Angebote der potentiellen Investoren hinsichtlich des Volumens und des Preises festgehalten werden.[109] Dadurch existiert eine hohe Transparenz hinsichtlich der Preissensibilität und der Nachfragequalität der Investoren, die für die spätere Preisfestsetzung und Zuteilung des IPOs besonders wertvoll ist.[110] Das Orderbuch wird von der buchführenden Bank, dem sogenannten *bookrunner* verwaltet.[111]

---

[105] Vgl. SCHLICK, R., Going public, 1997, S. 179, vgl. auch CHOWDHRY, B./ SHERMAN, A., Differences, 1996, S. 359ff.

[106] Innerhalb Europas wurde das *bookbuilding*-Verfahren erstmals bei der zweiten Tranche der British Telecom Privatisierung durch die Emissionsbank SG Warburg im Jahre 1991 eingesetzt. Vgl. dazu auch ROHLEDER, M., Emissionspreisfindung, 2001, S. 397.

[107] *Bookbuilding*- und Festpreisverfahren können mit dem holländischen Verfahren und dem Mengentender verglichen werden, die bei den Offenmarktgeschäften der Europäischen Zentralbanken Anwendung finden. So erhalten beim *bookbuilding*-Verfahren letztlich die Investoren eine Zuteilung zu einem einheitlichen markträumenden Gleichgewichtspreis, deren Kaufangebot über dem marginalen Einheitspreis liegt. Dies entspricht dem holländischen Verfahren im Rahmen des Zinstenders bei Offenmarktgeschäften. Das Festpreisverfahren ähnelt hingegen einem Mengentender, bei dem die Nachfrager lediglich Gebote über die Menge der gewünschten Aktien abgeben, die sie bereit sind, zu dem fest vorgegebenen Preis zu kaufen.

[108] Vgl. dazu LOWRY, M./ SCHWERT, G. W., Biases, 2001, S. 1, siehe auch ACHLEITNER, A.-K., Handbuch, 2000, S. 564.

[109] Zudem werden in dem Orderbuch institutionelle Investoren namentlich erfasst.

[110] Durch das Orderbuch erhält der Emittent einen Überblick über das Nachfrageverhalten und die Preissensitivität der Investoren. Darüber hinaus kann mit Hilfe des Orderbuchs eine Zuteilung an qualitativ hochwertige Investoren vorgenommen werden. Emittenten präferieren nämlich besonders solche Anleger, die eine möglichst hohe durchschnittliche Haltedauer der erworbenen Aktien anstreben und die nicht nur an kurzfris-

Der zeitliche Ablauf des *bookbuilding*-Verfahrens lässt sich prinzipiell anhand von vier Phasen darstellen: der Pre-Marketing Phase, der Marketing bzw. Order*taking* Phase, der Preisfestlegungs- und Zuteilungsphase sowie der Stabilisierungsphase (vgl. hierzu Abbildung 3).

Abbildung 3: Zeitlicher Ablauf des IPO Prozesses beim bookbuilding-Verfahren

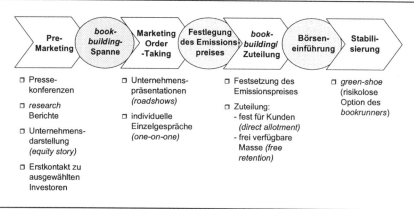

Quelle: In Anlehnung an ROHLEDER, M., *Emissionspreisfindung*, 2001, S. 397.

In der Pre-Marketing Phase geht es darum, das Interesse der Investoren zu wecken. Die Investoren werden mit den Rahmendaten der Emission und dem spezifischen Chancen-/Risiken Profil des IPO Unternehmens vertraut gemacht.[112] Mit Hilfe der in der Pre-Marketing Phase gewonnenen Informationen und der bereits im Vorfeld vorgenommenen Unternehmensbewertung wird die endgültige *bookbuilding*-Spanne bzw. Preisspanne durch die Emissionsbank festgelegt.[113]

Nach Veröffentlichung der Preisspanne und Bekanntgabe der verbleibenden Zeichnungsfrist beginnt die Marketing Phase. Während dieser Phase wird den potenziellen Großinvestoren die Möglichkeit eingeräumt, mittels umfangreicher Einzelgespräche (*one-on-one* Gespräche)

---

tigem Emissionsgewinne interessiert sind. Dies sind i. d. R. institutionelle Investoren. Vgl. dazu auch WEILER, L., *Vermarktung*, 2001, S. 159, siehe auch JENKINSON, T./ JONES, H., *Bids*, 2002, S. 1ff.

[111] Vgl. hierzu GRUNDMANN, W., *Bookbuilding*, 1995, S. 916f., siehe auch VOIGT, H.-W., *Bookbuilding*, 1995, S. 339ff.

[112] Dazu werden spezielle *research* Berichte und Unternehmenspräsentationen über die *equity story* angefertigt. Darüber hinaus nehmen die Emissionsbanken erste unverbindliche Kontakte zu einer kleinen Zahl ausgewählter Investoren auf. Vgl. SCHÖNBORN, G./ TSCHUGG, M., *IPO*, 2002, S. 45ff.

[113] In der Praxis wird eine Pressekonferenz einberufen, in der bekannt gegeben wird, dass die Aktien in einer Preisspanne zwischen x bis y Euro zum Kauf angeboten werden. Vgl. BLÄTTCHEN, W./ JACQUILLAT, B., *Börseneinführung*, 1999, S. 176.

oder durch *roadshows*, das Management des IPO Unternehmens direkt kennen zu lernen und dadurch besser beurteilen zu können.[114]

Parallel zu der Marketing Phase beginnt bereits das *Ordertaking*, d. h. die Entgegennahme der ersten Kauforder und die Registrierung sämtlicher Kaufangebote in dem Orderbuch. Die Kaufaufträge werden dabei durch den *bookrunner* in einem elektronischen Orderbuch zentral gesammelt.[115] Diese zweite Phase des *bookbuilding* dauert ca. ein bis zwei Wochen.[116]

Im Anschluss an das Ordertaking erfolgt auf Basis der eingegangenen Orders die endgültige Emissionspreisfestlegung und die Zuteilung der Emission. Zur Fixierung des endgültigen Preises wird aus den abgegebenen Zeichnungswünschen eine Nachfragefunktion ermittelt, die letztlich die Höhe des Emissionspreises bestimmt. Die Zuteilung der Aktien kann entweder direkt auf die Kunden *(direct allotment)* oder aber als von der Emissionsbank frei verfügbare Masse *(free retention)* erfolgen.[117] Bei der Zuteilung der Aktien werden i. d. R. institutionelle Anleger bevorzugt behandelt, da bei ihnen von einem längerfristigen Anlagehorizont als bei privaten Investoren ausgegangen werden kann.[118]

Unmittelbar nach der Notierungsaufnahme des IPOs beginnt die Stabilisierungsphase, in der die Kursschwankungen, ausgelöst durch die Umschichtungstransaktionen der Investoren, geglättet werden sollen.[119] Dazu steht den Emissionsbanken eine Reihe von Maßnahmen zur Verfügung. Besondere Bedeutung kommt dabei dem *green-shoe* zu. Der *green-shoe* ist eine Call Option der konsortialführenden Emissionsbank, innerhalb eines Zeitraumes von ca. 30 Tagen nach der Platzierung des IPOs, zusätzliche Aktien - meistens 10 bis 15% des gesamten Emissionsvolumens - zum Emissionspreis von dem Emittenten zu beziehen. Die Emissionsbank wird von dieser Option Gebrauch machen, wenn die Emission stark überzeichnet ist und sich in den ersten Handelstagen ein überdurchschnittlicher Kursanstieg ab-

---

[114] Vgl. hierzu JANKOWITSCH, R. M., Rampenlicht, 2001, S. 101ff., vgl. ROHLEDER, M., Emissionspreisfindung, 2001, S. 398.

[115] Der *bookrunner* notiert dabei die gewünschte Zeichnungsmenge und den Preis. Bei institutionellen Investoren wird ab einer bestimmten Größenordnung zudem auch der Name des Investors notiert sowie die regionale Herkunft, der Anlagehorizont und der Investorentyp (z. B. Versicherung, Pensionskasse usw.). Die Kaufgebote der privaten Investoren werden aggregiert und anonym an den *bookrunner* mitgeteilt. Vgl. auch ROHLEDER, M., Emissionspreisfindung, 2001, S. 398.

[116] Sie kann aber auch bei starker Nachfrage vorzeitig abgebrochen bzw. bei großen Emissionsvolumina bzw. bei einer internationalen Platzierung deutlich länger angesetzt werden. Vgl. JENKINSON, T./ LJUNGQVIST, A., Going public, 2001, S. 23ff.

[117] Bei einem *direct allotment* werden die Aktien entweder manuell oder diskretionär zugeteilt. Während bei der ersten Alternative der Konsortialführer individuell entscheidet, welche Investoren welches Volumen erhalten sollen, erfolgt die Zuteilung bei der diskretionären Vorgehensweise über einen standardisierten einheitlichen Zuteilungsschlüssel. Besteht hingegen überhaupt kein strukturiertes Zuteilungsmodell, so spricht man von einer freien Zuteilung, der sogenannten *free retention*. Vgl. ACHLEITNER, A.-K., Handbuch, 2000, S. 567.

[118] Vgl. LJUNGQVIST, A. P./ WILHELM, W. J., IPO, 2002, S. 167ff., siehe auch AGGARWAL, R./ PRABHALA, N. R./ PURI, M. Allocation, 2002, S. 1421ff.

[119] Vgl. auch ROHLEDER, M., Emissionspreisfindung, 2001, S. 398.

zeichnet.[120] Technisch läuft der *green-shoe* so ab, dass die Emissionsbank zunächst eine *short* Position eingeht, da sie mehr Aktien an die Investoren zuteilt als ihr auf Basis des ursprünglichen Emissionsvolumens zur Verfügung stehen. Allerdings geht die Emissionsbank bei dieser *short* Position kein eigenes Risiko ein. Liegt nämlich der Sekundärmarktkurs unterhalb des Emissionspreises, so wird die Emissionsbank die Aktien an der Börse zurückkaufen und auf diese Weise die *short* Position mit einem Kursgewinn schließen.[121] Durch diesen Rückkauf der Aktien an der Börse wird eine kursstützende Wirkung des IPOs erreicht.[122] Liegt der Sekundärmarktkurs jedoch aufgrund der starken Nachfrage über dem Emissionspreis, so macht es für die Emissionsbank keinen Sinn, die *short* Position durch Käufe am Sekundärmarkt glatt zu stellen. In diesem Fall wird die Emissionsbank ihre noch offene *short* Position durch die Ausübung der *green-shoe* Option glatt stellen, d. h. sie bezieht die Aktien vom Emittenten zum Emissionspreis und verkauft diese Aktien auf dem Sekundärmarkt zum gerade aktuellen Kurs. Durch das zusätzliche Angebot an Aktien kann dann ein übermäßiger Kurssprung in den ersten Handelstagen verhindert werden. Folglich signalisiert eine vollständige Ausübung des *green-shoe* den Teilnehmern am Emissionsmarkt, dass das IPO erfolgreich platziert werden konnte.[123]

Der große Vorteil des *bookbuilding*-Verfahrens im Vergleich zum Festpreisverfahren liegt darin, dass durch die Einbeziehung der Investoren bei der Emissionspreisfindung sowie der Qualität der Investoren bei der Zuteilung der Emission eine stabile und langfristig orientierte Aktionärsstruktur erreicht werden kann.[124] Da der Emissionspreis bei starker Nachfrage an die obere Grenze der *bookbuilding*-Spanne angepasst werden kann, bewirkt der Einsatz des *bookbuilding*-Verfahrens im Vergleich zu dem Festpreisverfahren für das emittierende Unternehmen eine Optimierung des Emissionserlöses.[125]

Allerdings darf nicht übersehen werden, dass der Emittent beim *bookbuilding*-Verfahren entscheidende Funktionen übernimmt, für die im Rahmen des Festpreisverfahrens die Emissionsbank verantwortlich gewesen wäre. So treten die Emittenten beispielsweise im Rahmen von *one-on-one* Gesprächen und *roadshows* in direkten Kontakt mit den institutionellen In-

---

[120] Vgl. BLÄTTCHEN, W./ JACQUILLAT, B., Börseneinführung, 1999, S. 177.
[121] In diesem Fall wird der *green-shoe* nicht ausgeübt. Ziel der Emissionsbank wird es aber sein, den *green-shoe* auszuüben, da dann auch die Emission vollständig platziert wird und somit erfolgreich ist.
[122] Vgl. dazu auch die Ausführungen zur Kurspflegehypothese im dritten Teil dieser Arbeit, Kapitel 4.2.
[123] Für weitere Ausführungen zum *green-shoe* siehe beispielsweise ROHLEDER, M., Emissionspreisfindung, 2001, S. 400f. oder auch KOLB, R. W., Investments, 1995, S. 149ff.
[124] Vgl. WEILER, L., Vermarktung, 2001, S. 157, vgl. DERRIEN, F./ WOMACK, K. L., Auctions, 2001, S. 1ff., vgl. SHERMAN, A. E., IPOs, 2000, S. 697ff., vgl. SHERMAN, A. E./ TITMAN, S., IPO, 2002, S. 3ff., siehe auch LOUGHRAN, T., Initial public offering, 2002, S. 27.
[125] Gleichzeitig wird das Platzierungsrisiko für das Emissionskonsortium reduziert.

vestoren. Der Emittent ist deshalb beim *bookbuilding*-Verfahren zu einem gewissen Grad selbst für den Erfolg und die Höhe des Emissionserlöses mitverantwortlich.

Darüber hinaus findet beim *bookbuilding*-Verfahren eine Verschiebung der Risikostruktur statt, da die Emittenten bis zur endgültigen Fixierung des Emissionspreises keine Sicherheit über die Höhe des endgültigen Mittelzuflusses aus der Emission haben.[126] In der Praxis gewährt jedoch das Emissionskonsortium dem Emittenten eine Garantie für eine Emissionspreisuntergrenze, so dass der Emittent bereits frühzeitig kalkulieren kann, welchen Emissionserlös er mindestens erzielen wird.[127]

Trotz nachfrageorientierter Preisfindung kam es in der Vergangenheit auch beim *bookbuilding*-Verfahren an vielen Kapitalmärkten zu dem Underpricing Phänomen.[128] Insbesondere ließen die hohen IPO Zeichnungsgewinne und die niedrigen Zuteilungschancen in den ersten Jahren des Neuen Marktes Zweifel an der Eignung des *bookbuilding*-Verfahrens als Platzierungsverfahren für junge, wachstumsstarke IPO Unternehmen aufkommen.[129] Aus diesem Grund sind in den letzten Jahren weitere alternative Flexibilisierungsformen der zuvor dargestellten Platzierungsverfahren von Seiten der Emissionsbanken entwickelt worden, wie z. B. die *step-up*-Option[130] oder das Auktions- bzw.- Tenderverfahren. Das Auktions- bzw. Tenderverfahren, das insbesondere in Frankreich und England zur Anwendung kommt, wird im Folgenden kurz dargestellt.[131]

1.3.3 Auktionsverfahren (Tenderverfahren)

Das Auktions- bzw. Tenderverfahren wurde in den letzten Jahren entwickelt, um das Underpricing zu reduzieren.[132] Im Gegensatz zu dem Festpreisverfahren und dem *bookbuil-*

---

[126] Vgl. KASERER, C./ KEMPF, V., Bookbuilding, 1996, S. 186, vgl. auch ROHLEDER, M., Emissionspreisfindung, 2001, S. 402.

[127] Dies wird auch als *soft underwriting* bezeichnet. Vgl. ACHLEITNER, A.-K., Handbuch, 2000, S. 568.

[128] Vgl. BLÄTTCHEN, W./ JACQUILLAT, B., Börseneinführung, 1999, S. 178.

[129] Vgl. ACHLEITNER, A.-K., Handbuch, 2000, S. 569.

[130] Bei einer *step-up*-Option wird dem Emittenten die Option eingeräumt, die *bookbuilding*-Spanne bei besonders starker Nachfrage noch während der Zeichnungsphase anzuheben. Diese Variante wurde beispielsweise in Deutschland bei der Singulus AG, der Graphisoft AG und der Freenet AG. Am Neuen Markt wurde beispielsweise beim Börsengang der Carl Zeiss Meditec AG im März 2000 die Preisspanne, aufgrund der großen Nachfrage, von ursprünglich 24 - 29 Euro auf 37,30 Euro erhöht. Ebenso wurde bei der ISION Internet AG, die *bookbuilding*-Spanne um 15% angehoben, da eine vermutete 30-fache Überzeichnung des IPOs vorgelegen hat.

[131] Vgl. LIM, K.-G./ NG, E. H., Theory, 1999, S. 433ff., vgl. auch ROHLEDER, M., Emissionspreisfindung, 2001, S. 403.

[132] Das Auktions- bzw. Tenderverfahren kommt insbesondere an den französischen und angelsächsischen Kapitalmärkten zur Anwendung. Dabei entspricht das hier vorgestellte Auktionsverfahren dem englischen Auktionsverfahren, das als *offer-by-sale-by-tender*-Verfahren bezeichnet wird. In Frankreich kommen grundsätzlich vier unterschiedliche Platzierungsverfahren zur Anwendung, das *offre à prix minimum* (OPM), das *offre à prix ferme* (OPF), die *cotation directe* und das *préplacement* Verfahren. Eine ausführliche Beschreibung dieser in Frankreich verwendeten Platzierungsverfahren findet sich bei BLÄTTCHEN, W./ JACQUILLAT, B., Börseneinführung, 1999, S. 179ff.

ding-Verfahren wird kein Emissionspreis bzw. keine Preisspanne vor der Zeichnungsphase vorgegeben. Stattdessen werden die an dem Erwerb der Aktien interessierten Investoren lediglich darüber informiert, dass eine bestimmte Anzahl von IPO Aktien zu einem Mindestpreis zur Zeichnung angeboten wird.[133] Die Investoren werden dann aufgefordert, bis zu einem bestimmten Datum ein Angebot zu unterbreiten. Im Unterschied zu dem Festpreisverfahren, in dem die Anleger nur die beabsichtigte Kaufmenge mitteilen, müssen die Investoren beim Auktionsverfahren auch individuell entscheiden, zu welchem Preis sie bereit sind, die IPO Aktien zu zeichnen. Die Emissionsbanken werden am Ende der Zeichnungsfrist alle Zeichnungsaufträge der potentiellen Investoren nach der Höhe des Gebots sortieren. Die Zuteilung erfolgt i. d. R. nach dem sogenannten holländischen Auktionsverfahren *(dutch auction)*.[134] Dabei erhalten der Reihe nach die Investoren mit den höchsten Geboten solange eine Zuteilung, bis das gesamte Emissionsvolumen vollständig verteilt ist. Der endgültige Emissionspreis wird durch das niedrigste Zeichnungsgebot bestimmt, das gerade noch eine Zuteilung erhält. Zu diesem Emissionspreis werden dann alle Aktien einheitlich zugeteilt.[135]

Obwohl sich das Auktionsverfahren früher im Rahmen der Zuteilung von Wertpapierpensionsgeschäften durch die Europäische Zentralbank bzw. durch die Deutsche Bundesbank bewährt hat, wurde es in Deutschland im Aktienemissionsgeschäft erstmals im März des Jahres 2000, im Rahmen des Börsengangs der Trius AG, angewendet.[136] Eindeutiger Vorteil des Auktionsverfahren ist die stärkere Berücksichtigung der Nachfrage, so dass tendenziell ein höherer Emissionspreis erzielt werden kann, der deutlich näher an dem ersten Sekundärmarktkurs liegt und somit dem Emittenten i. d. R. einen höheren Emissionserlös zufließen lässt.[137]

---

[133] Vgl. dazu COCCA, T. D., Zuteilungsdilemma, 2000, S. 2ff., siehe auch LAM, S.-S./ YAP, W., Pricing, 1998, S. 297ff.

[134] Vgl. CARLS, ANDRÉ, Going public, 1996, S. 196ff.

[135] Vgl. WEILER, L., Vermarktung, 2001, S. 160.

[136] Die Trius AG wendete erstmals das Auktionsverfahren im Februar 2000 an. Bei einem Mindestgebot von 28 Euro wurde der Emissionspreis bei 36,50 Euro festgesetzt. Alle Investoren, die einen höheren Preis geboten hatten, bekamen die gewünschte Stückzahl zugeteilt, während der Anleger, die einen niedrigeren Preis geboten hatten, lediglich quotal bedient wurden. Die erste Kursnotiz lag bei 56 Euro. Neben dem Börsengang der Trius AG versuchten zwei weitere Unternehmen, die Trigon AG, die digiSite AG und die 1Value.com AG die Platzierung ihrer Aktien durch das Auktionsverfahren. Allerdings wurden diese IPOs jeweils in der Zeichnungsfrist abgesagt. Das mangelnde Interesse lag einerseits an dem schwierigen Marktumfeld, andererseits aber auch an der nicht überzeugenden *equity story* der jeweiligen Unternehmen. Vgl. DOFEL, K. Auktion, 2000, S. 21.

[137] Die Erfahrungen der europäischen Börsen in Paris und London mit dem Auktionsverfahren haben gezeigt, dass sich das Auktionsverfahren besonders dann als sehr sinnvoll herausstellt, wenn sich die Marktakzeptanz der Aktien des zu emittierenden Unternehmens nur sehr schwer ermitteln lässt. Dies ist insbesondere der Fall, wenn keine vergleichbaren Unternehmen bisher an der Börse notiert sind oder aber wenn sich langfristige Umsatz- und Ergebnisprognosen über das IPO Unternehmen nur ungenau vornehmen lassen. Vgl. ROELOFSEN, N. K., Initial public offerings, 2002, S. 135.

Allerdings birgt das Auktionsverfahren nicht unerhebliche Risiken für die Emissionsbeteiligten. Ein Nachteil des Verfahrens besteht darin, dass die Aktienzuteilung ausschließlich auf
Basis des gebotenen Preises erfolgt und dadurch die Qualität der Investoren nicht berücksichtigt werden kann. Die Folge ist, dass weder der Emittent noch die Emissionsbanken Einfluss auf die Zusammensetzung der zukünftigen Aktionäre nehmen können, so dass das
Risiko einer unausgewogenen Aktionärsstruktur besteht.[138] Dieses Risiko wird zudem durch
das Zeichnungsverhalten der jeweiligen Investorengruppen verstärkt. Während institutionelle
Investoren ihren Zeichnungspreis i. d. R. sehr rational, beispielsweise aufgrund einer fundamentalen Unternehmensbewertung ermitteln, agieren Privatinvestoren eher emotional und
lassen sich oftmals zu übertriebenen Preisangeboten hinreißen. Der von den institutionellen
Investoren gebotene Preis für die IPO Aktien liegt deshalb häufig unter den teilweise irrationalen Preisabgaben der Privatinvestoren. Aufgrund dieser unterschiedlichen Preisbereit-
schaft der Investorengruppen kommt es bei dem Auktionsverfahren deshalb nicht selten
dazu, dass die institutionellen Investoren nur einen sehr geringen Anteil an Aktien zugeteilt
bekommen, während Kleinaktionäre im Besitz der Mehrheit der Aktien sind.[139] Dieser Sachverhalt wäre an sich nicht bedenklich. Allerdings lassen sich die privaten Investoren durch
einen sehr kurzfristigen Anlagehorizont charakterisieren.[140] Ihr Interesse gilt weniger dem
IPO Unternehmen, als vielmehr der Möglichkeit, einen kurzfristigen Zeichnungsgewinn zu
erzielen. Dadurch kann sich auf dem Sekundärmarkt eine sehr starke Volatilität in dem jeweiligen Titel ergeben, die teilweise auch nicht mehr durch Kurspflegemaßnahmen der
Emissionsbanken aufgefangen werden kann.[141]

Beim Auktionsverfahren kann es darüber hinaus aber auch noch aus einem weiteren Grund
zu negativen Kursbewegungen nach der erfolgreichen Börseneinführung kommen. Dadurch,
dass die IPO Aktien beim holländischen Verfahren nur an diejenigen Investoren zugeteilt
werden, die einen Zeichnungspreis geboten haben, der über dem einheitlichen Emissionspreis liegt, gibt es nach dem IPO auf dem Sekundärmarkt de facto keine potenziellen Nachfrager mehr, die bereit sind, die Aktien zu dem Sekundärmarktkurs zu erwerben. Die auf
dem Sekundärmarkt vorhandenen Nachfrager sind allenfalls bereit, die IPO Aktie zu einem

---

[138] Dadurch werden (feindliche) Übernahmen eines IPO Kandidaten gegen den Willen des Emittenten verein-
facht. Vgl. ACHLEITNER, A.-K., Handbuch, 2000, S. 569.
[139] Bei dem Auktionsverfahren der Trius AG betrug der Anteil der institutionellen Investoren nur ca. 30%. Dieser Anteil ist im Vergleich zu anderen Emissionen, die im Rahmen des bookbuilding-Verfahrens an der
Börse emittiert wurden, deutlich niedriger und hat zu einer deutlich höheren Volatilität am Sekundärmarkt
geführt. Vgl. dazu auch WEILER, L., Vermarktung, 2001, S. 161.
[140] Dieser Sachverhalt wird auch als „flipping" bezeichnet. Vgl. AGGARWAL, R., Allocation, 2002, S. 1ff., vgl.
KRIGMAN, L./ SHAW, W. H./ WOMACK, K. L., Persistence, 1999, S. 1015ff., vgl. auch MOK, H. M./ HUI, Y. V.,
Underpricing, 1998, S. 472.
[141] Vgl. CHOWDHRY, B./ NANDA, V., Stabilization, 1996, S. 25ff., vgl. JOG, V./ WANG, L., Volatility, 2002, S. 7ff.

niedrigeren Kurs als dem Emissionspreis zu erwerben. Die Folge ist, dass für die Aktien des IPO Unternehmens auf dem Sekundärmarkt keine Nachfrage besteht und der Börsenkurs unter den Emissionspreis fällt.[142]

Das Auktionsverfahren konnte sich in Deutschland und hier speziell am Neuen Markt aufgrund der mit diesem Verfahren verbundenen Risiken für die IPO Beteiligten bis dato nicht durchsetzen. Aufgrund der Kritik an dem Auktionsverfahren und den einzelnen zuvor genannten Platzierungsverfahren, sind in den letzten Jahren zunehmend alternative Platzierungsverfahren entstanden, die durch spezielle Modifikationen die Nachteile der drei diskutierten konventionellen Verfahren umgehen sollen.[143] Diese Verfahren kamen allerdings in Deutschland bisher nicht zur Anwendung.

1.4 Rechtliche Rahmenbedingungen

Abschließend werden kurz die wichtigsten rechtlichen Rahmenbedingungen für die Emission von IPOs sowie den Handel an den deutschen Börsen dargestellt.[144] Das Börsengesetz (BörsG) bildet sowohl für den Primärmarkt als auch für den Sekundärmarkt die Rechtsgrundlage. Es verweist auf zahlreiche Nebengesetze und rechtliche Normen, die für börsenwillige Unternehmen von besonderem Interesse sind, wie z. B. die Börsenzulassungsverordnung (BörsZulV), das Verkaufsprospektgesetz (VerkaufsprospektG) und das Wertpapierhandelsgesetz (WpHG) mit Regelungen zur Prospekthaftung[145], zur Publizität und zum Insiderrecht.[146]

---

[142] Vgl. ROHLEDER, M., Emissionspreisfindung, 2001, S. 404.

[143] Ein alternatives Platzierungsverfahren ist beispielsweise das modifizierte Auktionsverfahren, das auf die Vorteile des *bookbuilding*- und des Auktionsverfahrens zurückgreift und bei dem keine obere Preisgrenze existiert. Ein weiteres alternatives Platzierungsverfahren, das so genannte Windhundverfahren, hat sich im Zuge der steigenden Anzahl an Neuemissionen aus den Bereichen IT/ Software, Internet und Media entwickelt. Das Windhundverfahren wird vorwiegend von Internetemissionshäusern angewendet. Dabei erfolgt die Zuteilung nach dem *„first come, first serve"* Prinzip. Das Windhundverfahren birgt die Gefahr, dass insbesondere private Investoren die Emission voreilig zeichnen, da sie ansonsten befürchten „zu spät zu kommen". In den USA werden bereits ca. 25% der Neuemissionen über das Internet platziert. Ein weiteres Verfahren ist das so genannte „zweistufige Verfahren". Dabei wird zuerst ein *bookbuilding*-Verfahren für die institutionellen Investoren und im Anschluss daran ein Festpreisverfahren für die privaten Investoren durchgeführt. Dabei kann ein Preis entweder jeweils der gleiche Preis für die verschiedenen potentiellen Investorengruppen angesetzt werden oder es wird ein Preisabschlag für den privaten Investoren vorgenommen. Letzteres wird besonders häufig im Zusammenhang mit Privatisierungen gemacht, wenn das zu emittierende Unternehmen in besonderem Interesse an privaten Investoren hat, die durch diesen *discount* einen zusätzlichen Kaufanreiz erhalten sollen, das IPO Unternehmen zu zeichnen. Vgl. für weitergehende Ausführungen ACHLEITNER, A.-K., Handbuch, 2000, S. 570f., vgl. auch FOSTER-JOHNSON, L./ LEWIS, C. M./ SEWARD, J. K., IPOs, 2000, S. 32.

[144] Wertpapierbörsen im Sinne des Börsengesetzes sind Börsen, auf denen Wertpapiere, Derivate, Devisen oder Rechnungseinheiten gehandelt werden. Zudem können an Wertpapierbörsen auch Edelmetalle oder Edelmetallderivate gehandelt werden. Vgl. dazu §1 Abs. 7 BörsG.

[145] Der Zulassungsprospekt enthält ausführliche Informationen über den Emittenten und kann von interessierten Investoren jederzeit beim Emittenten, bei der Emissionsbank oder bei der Zulassungsstelle der Börse angefordert werden. Im Hinblick auf die Informationspflicht am Neuen Markt sei darauf hingewiesen, dass ein Emissionsprospekt für ein IPO am Neuen Markt umfangreichere Informationen beinhalten musste, als

Der Gesetzgeber war in den letzten Jahren bemüht, die rechtlichen Voraussetzungen für die Durchführung von IPOs zu vereinfachen, um dadurch sowohl den eigentlichen Börsengang für die Emittenten als auch das Aktien- und Investmentfondssparen für die breite Bevölkerung attraktiver zu gestalten.[147] Die jüngste vom Gesetzgeber realisierte grundlegende Reform erfolgte mit dem Inkrafttreten des vierten Finanzmarktförderungsgesetzes zum 1. Juli 2002.

Mit dem Gesetz sollte die Position des deutschen Aktienmarktes im internationalen Wettbewerb und insbesondere der Anlegerschutz zunehmend gestärkt werden. Die wichtigsten Änderungen sind im Börsengesetz (BörsG) und im Wertpapierhandelsgesetz (WpHG) zu finden. Insbesondere wurden die Reformen auch im Hinblick auf die Schaffung einer einheitlichen Finanzaufsicht über Versicherungen und Kreditinstitute durch die neue Bundesanstalt für Finanzdienstleistungsaufsicht (BAFin) erforderlich.

2 Institutionelle Rahmenbedingungen und ex post-Analyse des IPO Geschäftes am Neuen Markt

In den folgenden Kapiteln werden die institutionellen Rahmenbedingungen des Neuen Marktes analysiert. Deren Verständnis ist für den weiteren Verlauf notwendig, da sich die in der Literatur zu findenden theoretischen Erklärungsansätze für das Underpricing Phänomen häufig auf die institutionellen Rahmenbedingungen der jeweiligen nationalen Kapitalmärkte beziehen. Darüber hinaus werden in diesem Kapitel die Auswirkungen der Gründung des Neuen Marktes auf das IPO Geschäft am deutschen Kapitalmarkt untersucht. Es wird dabei wie folgt vorgegangen: Zunächst werden die rechtlichen Rahmenbedingungen sowie die Zulassungsvoraussetzungen für eine Notierungsaufnahme am Neuen Markt beschrieben. Im Anschluss daran wird die Neusegmentierung des deutschen Aktienmarktes vorgestellt, die zur Beendigung des Neuen Marktes am 5. Juni 2003 führte. Abschließend werden in einer ex post-Analyse die Auswirkungen der Gründung des Neuen Marktes auf das IPO Geschäft am deutschen Kapitalmarkt aufgezeigt und bewertet.

---

der Börsenzulassungsprospekt bzw. der Unternehmensberichte zur Einführung eines IPOs in den Amtlichen Handel bzw. in den Geregelten Markt. Für die Richtigkeit der in dem Prospekt gemachten Angaben haften der Emittent und die begleitende Emissionsbank gesamtschuldnerisch gem. § 45 BörsG. Vgl. dazu auch die Ausführungen zur Prospekthaftung im dritten Teil dieser Arbeit, Kapitel 4.3.

[146] Die Börsengesetzgebung ist im Kontext allgemeiner Gesetzestexte zu sehen, wie z. B. dem Bürgerlichen Gesetzbuch, dem Handelsgesetzbuch oder dem Aktiengesetzbuch.

[147] Vgl. hierzu auch EHRHARDT, O., Börseneinführungen, 1997, S. 15.

2.1 Konzeption und rechtliche Rahmenbedingungen des Neuen Marktes

Am 10. März 1997 wurde mit dem Neuen Markt an der Frankfurter Wertpapierbörse ein zusätzliches, eigenständiges Handelssegment speziell für kleine bis mittelgroße Wachstumsunternehmen geschaffen.[148] Nach dem Vorbild der US-amerikanischen Technologiebörse NASDAQ[149] wollte die DEUTSCHE BÖRSE AG in Deutschland eine Plattform für junge, innovative in- und ausländische Unternehmen schaffen, die ein überdurchschnittliches Umsatz- und Gewinnwachstum erwarten ließen.[150] Anlass für die Eröffnung des neuen Marktsegmentes war die Tatsache, dass in Deutschland bis Anfang der 90er Jahre ein Börsengang für mittelständische Unternehmen de facto nicht möglich war.[151] Ein Grund dafür lag in der restriktiven Haltung der Investmentbanken, die lange Zeit eine Mindestumsatzgröße und Mindestrentabilität als conditio sine qua non für die Begleitung eines IPOs voraussetzten. Im Gegensatz zu den großen Publikumsgesellschaften konnten junge Wachstumsunternehmen diese ökonomischen und rechtlichen Anforderungen meist nicht erfüllen.[152] Dies führte dazu, dass in Deutschland immer weniger IPOs platziert wurden und der deutsche Kapitalmarkt international immer mehr an Bedeutung verlor.[153] Im Jahre 1997 belegte Deutschland sowohl beim Volumen von Aktienneuemissionen als auch bei der Börsenkapitalisierung[154] in Prozent des Bruttoinlandsproduktes, im Vergleich zu anderen Industrieländern, einen der hinteren Plätze.[155]

---

[148] Der Neue Markt wurde neben den öffentlich-rechtlichen Handelssegmenten des Amtlichen Handels, des Geregelten Marktes und des privatrechtlichen Segmentes Freiverkehr als viertes Segment eingeführt.

[149] Die NASDAQ (National Association of Securities Dealers Automated Quotations) wurde am 8. Februar 1971 in New York gegründet. Sie ist technisch gesehen eine Computerbörse, d. h. ein parkettloser Markt mit automatischem Quotierungssystem. Die NASDAQ ist weltweit der größte Emissionsmarkt für IPOs aus dem Technologiebereich. In den fünf Jahren vor Gründung des Neuen Marktes wurden an der NASDAQ mehr als 2.300 IPOs durchgeführt. Vgl. NASDAQ EUROPE, NASDAQ, 2001, S. 1 und S. 3, vgl. FRANCIONI, R./ GUTSCHLAG, T., Neue Markt, 2000, S. 30, vgl. SCHWERT, W. G., Stock, 2002, S. 3ff.

[150] Die am Neuen Markt notierten Unternehmen planten in den Jahren vor der Börseneinführung durchschnittliche Umsatz- und Ertragssteigerungen von 87%. Vgl. dazu auch BLÄTTCHEN, W./ JASPER, T., Going public, 1999, S. 29. Die Gründung des Neuen Marktes war nicht nur für Unternehmen sondern auch für Investoren vorteilhaft. Es eröffneten sich für den risikobewussten und chanceorientierten Investor zahlreiche neue und attraktive Anlagemöglichkeiten durch die hohe Anzahl der IPOs in den ersten Jahren nach Gründung des Neuen Marktes.

[151] Die Problematik der deutschen mittelständischen Unternehmen einen Zugang zum deutschen Kapitalmarkt zu finden, wird sehr gut bei GERKE, W./ BANK, M./ NEUKIRCHEN, D./ RASCH, S., Kapitalmarkt, 1995, S. 12ff. beschrieben. Vgl. auch RASCH, S., Börsensegmente, 1994, S. 512ff., vgl. GILLES, M. ET. AL., Neuer Markt, 2001, S. 1ff., vgl. HEUSINGER, R. v., Neuer Markt, 1998, S. 13.

[152] Vgl. hierzu HOHLA, M., Going public, 2001, S. 97.

[153] Im internationalen Vergleich liegt Deutschland mit einem Aktionärsanteil an der Gesamtbevölkerung in Höhe von 9,5% deutlich hinter Großbritannien (23,0%), USA (25,4%) und der Schweiz (31,9%). Vgl. DEUTSCHES AKTIENINSTITUT E. V., Factbook, 2001, S. 08.6-1-a. Im Jahr 1996, also ein Jahr vor Gründung des Neuen Marktes wurden am gesamten deutschen Kapitalmarkt 14 IPOs emittiert. Im Vergleich: an der amerikanischen Computerbörse NASDAQ wurden im selben Jahr insgesamt 434 IPOs emittiert. Vgl. dazu THE NASDAQ STOCK MARKET, Geschäftsjahr, 1996, S. 1, vgl. FOHLIN, C., IPO, 2000, S. 15.

[154] Die Börsenkapitalisierung ist das Produkt aus der Anzahl aller an der Börse notierten Aktien multipliziert mit ihrem Börsenwert an einem Stichtag.

[155] So betrug im Jahr 1997 die Börsenkapitalisierung in Deutschland in Prozent des Bruttosozialproduktes lediglich 39%, während andere (europäische) Industrieländer deutlich höhere Quoten, teilweise im dreistelligen Bereich verzeichneten, wie z. B. Großbritannien mit 168% oder Niederlande mit 124%. Die Analyse

Die DEUTSCHE BÖRSE AG versuchte dieses Dilemma durch die Schaffung eines speziellen Handelssegmentes für Wachstumsunternehmen zu beseitigen. Nach einjähriger Vorbereitungszeit nahm der Neue Markt mit dem ersten Börsengang, der MobilCom AG, den Handel auf.[156] Ein schneller Handelsbeginn am Neuen Markt war deshalb möglich, da auf eine gesetzliche Verankerung des Neuen Marktes im Börsengesetz - so wie es für den Amtlichen Handel oder den Geregelten Markt der Fall ist - verzichtet wurde.[157] Da allerdings institutionelle Investoren vielfach nur in gesetzlich geregelten Marktsegmenten investieren dürfen, wurde für den Neuen Markt eine rechtliche Sonderlösung entwickelt, um die Interessen der Investoren abzudecken. Die DEUTSCHE BÖRSE AG als privatwirtschaftliche Betreiberin des Neuen Marktes verlangte von Unternehmen, die eine Notierung am Neuen Markt anstrebten, dass sie zunächst einen Antrag auf Zulassung zum Geregelten Markt stellten.[158] Nur wenn die Zulassung zum Geregelten Markt der Frankfurter Wertpapierbörse erfolgreich war, konnte eine Zulassung der Aktien zum Neuen Markt beantragt werden.[159] Die DEUTSCHE BÖRSE AG konnte durch dieses umständliche Verfahren der Zulassung der Aktien zum öffentlich-rechtlichen Geregelten Markt und der davon separierten Einführung zum Handel im privatrechtlich organisierten Neuen Markt erreichen, dass die Notierung am Neuen Markt einerseits der staatlichen Aufsicht[160] unterworfen war und der Neue Markt im Sinne des Gesetzes über Kapitalanlagen den Status eines organisierten Börsensegmentes erlangte.[161]

Die DEUTSCHE BÖRSE AG war sich bei Gründung des Wachstumssegmentes bewusst, dass die Akzeptanz des Neuen Marktes stark von seinen institutionellen Rahmenbedingungen

---

des Volumens der Aktienneuemissionen zeigt ein ähnliches Bild. Im Jahr 1997 wurde in Deutschland weniger als 4% des Aktienneuemissionsvolumens der USA emittiert, das Volumen in Großbritannien war zu diesem Zeitpunkt mehr als vier mal so hoch wie in Deutschland. Vgl. dazu DEUTSCHES AKTIENINSTITUT E. V., Factbook, 2001, S. 05-3 und 03-4-2.

[156] Neben der Mobilcom AG notierte die Bertrandt AG am Neuen Markt, die allerdings vom Geregelten Markt in das neue Wachstumssegment wechselte und somit kein IPO im engeren Sinne ist. Vgl. dazu auch die Ausführungen im zweiten Teil dieser Arbeit, Kapitel 2.1.

[157] Vgl. KOCH, W./ WEGMANN, J., Mittelstand, 1999, S. 27.

[158] Es war nach dem Regelwerk möglich, dass der Antrag auf Zulassung der Aktien zum Geregelten Markt zusammen mit dem Antrag auf Zulassung der Aktien zum Neuen Markt in einem Dokument gestellt wurde. Vgl. dazu REGELWERK NEUER MARKT vom 1. Juli 2002, Zulassungsbedingungen für den Neuen Markt, Abschnitt 2, Ziffer 2.3.2.

[159] Der Emittent verzichtete mit Antragstellung auf Zulassung der Aktien zum Neuen Markt gleichzeitig auf die Aufnahme der Notierungsaufnahme der Aktien in den Geregelten Markt. Über den Antrag auf Aufnahme in den Neuen Markt entschied der Vorstand der DEUTSCHEN BÖRSE AG. Vgl. dazu REGELWERK NEUER MARKT vom 1. Juli 2002, Zulassungsbedingungen für den Neuen Markt, Abschnitt 2, Ziffer 2.3.

[160] Am Neuen Markt hatten alle einschlägigen Gesetze Gültigkeit, wie beispielsweise das BörsG, das WpHG oder das VerkaufsprospektG.

[161] Durch diese Konstruktion unterlag der Neue Markt - trotz seines privatrechtlichen Charakters - den Vorschriften des Wertpapierhandelsgesetzes (WpHG) und der Wertpapierdienstleistungsrichtlinie sowie den Vorschriften der Insiderrichtlinie. Der Neue Markt wurde durch die Voraussetzung der Zulassung zum Geregelten Markt als „Geregelter Markt" i. S. v. Art 16 Wertpapierdienstleistungsrichtlinie und §2 I WpHG sowie Art. 1 Insiderrichtlinie anerkannt. Dadurch wurde es insbesondere Investmentgesellschaften ermöglicht, mehr als 10% ihres Vermögens in Aktien am Neuen Markt zu investieren. Siehe hierzu auch DEUTSCHES AKTIENINSTITUT E. V., Rechnungslegung, 2002, S. 17.

abhängen würde. Deshalb wurde eigens für den Neuen Markt das „Regelwerk Neuer Markt"
entwickelt, das im Vergleich zu den anderen nationalen und internationalen Marktsegmenten
strenge Zulassungsvoraussetzungen, Handelsbedingungen sowie Publizitäts- und Berichter-
stattungspflichten festlegte.[162]

2.2 Zulassungsvoraussetzungen für IPO Unternehmen am Neuen Markt

Rechtlich basierte der Handel am Neuen Markt also auf dem eigens für dieses Segment
geschaffenen Regelwerk des Neuen Marktes. Die Zulassungsvoraussetzungen für die Aufnahme zum Neuen Markt waren in diesem Regelwerk festgelegt. Die Anforderungen ent-
sprachen im Wesentlichen den internationalen Standards und gingen teilweise weit über die
Anforderungen der Zulassung zu den öffentlich-rechtlichen Börsensegmenten des deutschen Kapitalmarktes hinaus. Neben der Erfüllung zahlreicher formaler Kriterien, verlangte
die DEUTSCHE BÖRSE AG von den Emittenten die Einhaltung zahlreicher Anforderungen zur
Liquidität, Transparenz und zum Anlegerschutz, um dadurch insgesamt die Effizienz des
Neuen Marktes zu steigern (vgl. dazu Abbildung 4).[163]

Abbildung 4: Strukturierung der Zulassungsvoraussetzungen am Neuen Markt

Quelle: Eigene Darstellung.

2.2.1 Formale Anforderungen

Grundsätzlich musste ein IPO für die Zulassung zum Neuen Markt eine Reihe formaler Anforderungen erfüllen.[164] Zunächst wurde von dem Zulassungsausschuss der DEUTSCHEN

---

[162] Vgl. DEUTSCHES AKTIENINSTITUT E. V., Rechnungslegung, 2002, S. 17.
[163] Vgl. hierzu auch ROELOFSEN, N. K., Initial public offerings, 2002, S. 71.
[164] Im Gegensatz zu einem Listing im öffentlich-rechtlichen Segment des Amtlichen Handels bzw. des Geregelten Markts, hatte die privatrechtliche Ausgestaltung des Neuen Marktes für die Emittenten insofern eine
unmittelbare Auswirkung, als dass die Unternehmen keinen Anspruch auf Zulassung zu diesem Marktseg-

BÖRSE AG überprüft, ob das Unternehmen tatsächlich zu der definierten Zielgruppe des Neuen Marktes zählte (Branchentest).[165] Fiel dieser Test positiv aus, so musste das IPO Unternehmen den Zulassungsantrag zusammen mit einem Kredit- oder Finanzdienstleistungsinstitut oder einem nach §53 Abs. 1 oder §53 b Abs. 1 KWG tätigen Unternehmen stellen.[166] Eine weitere formale Voraussetzung für die Notierung am Neuen Markt bestand darin, dass das emittierende Unternehmen seit drei Jahren existieren und seine Jahresabschlüsse für die vorangegangenen Geschäftsjahre offen gelegt haben musste.[167] Am Neuen Markt konnten ausschließlich Stammaktien emittiert werden.[168]

2.2.2 Anforderungen zur Steigerung der Liquidität

Die Liquidität des Kapitalmarktes im Allgemeinen und die Liquidität einer an diesem Kapitalmarkt gehandelten Aktie im Speziellen sind von besonderer Bedeutung für die Investoren. Die Bereitschaft der Investoren, in eine Aktie zu investieren, steigt mit der Gewissheit, dass diese Aktie zu jeder Zeit wieder verkauft werden kann.[169] Ein jederzeitiger Kauf oder Verkauf von Aktientiteln ist jedoch nur an liquiden Märkten, in dem hohe Umsätze vorherrschen, problemlos möglich. Folglich werden Investoren liquide Aktien, im Vergleich zu weniger liquiden Aktien, präferieren und entsprechend höher bewerten. Das Risiko der eingeschränkten Handelbarkeit von weniger liquiden Aktien wird hingegen zu einem Risikoabschlag beim Aktienkurs führen. Eine geringe Liquidität kann folglich dazu führen, dass der Aktienkurs den tatsächlichen Unternehmenswert nicht richtig wiedergibt. Je höher die Liquidität einer Aktie, desto genauer spiegelt der Kurs der Aktie die tatsächlich zugrunde liegende Angebots- und Nachfragesituation nach diesem Titel wider. Die Liquidität ist deshalb die Grundvoraussetzung für eine adäquate und faire Bewertung von Aktien. Darüber hinaus wirkt eine hohe Liquidität prophylaktisch gegen hohe Kursausschläge und trägt zu stabileren Kursen bei (operationelle Effizienz). Aufgrund dieser Implikationen wurde der Liquidität bei Gründung des Neuen Marktes und bei Verfassung des Regelwerks ein besonders hoher Stellenwert zuge-

---

ment hatten, selbst wenn sie die erforderlichen Voraussetzungen allesamt formal erfüllten. Es lag im Ermessen des Vorstands der DEUTSCHEN BÖRSE AG dem Antrag des jeweiligen Emittenten und damit der Zulassung der Aktien zum Neuen Markt zuzustimmen. Vgl. REGELWERK NEUER MARKT vom 1. Juli 2002, Zulassungsbedingungen für den Neuen Markt, Abschnitt 2, Ziffer 2.1.1.

[165] Vgl. hierzu REGELWERK NEUER MARKT vom 1. Juli 2002, Allgemeiner Teil, Abschnitt 1, Ziffer 1.

[166] Im Zusammenhang mit der Antragstellung musste der Emittent nachweisen, dass er die notwendigen Vorkehrungen getroffen hat, so dass ein ordnungsgemäßer Handel seiner Aktien im Neuen Markt gewährleistet werden konnte. Vgl. hierzu REGELWERK NEUER MARKT vom 1. Juli 2002, Zulassungsbedingungen für den Neuen Markt, Abschnitt 2, Ziffer 2.2. Absatz 1.

[167] Vgl. hierzu REGELWERK NEUER MARKT vom 1. Juli 2002, Zulassungsbedingungen für den Neuen Markt, Abschnitt 2, Ziffer 3.2.

[168] Vgl. hierzu REGELWERK NEUER MARKT vom 1. Juli 2002, Zulassungsbedingungen für den Neuen Markt, Abschnitt 2, Ziffer 3.4.

[169] Insbesondere in volatilen Marktphasen ist der Ausstieg aus einem Investment häufig sehr viel schwieriger.

sprochen.[170] Die DEUTSCHE BÖRSE AG hat deshalb spezielle liquiditätserhöhende Anforderungen für die Unternehmen am Neuen Markt erlassen, durch deren Einhaltung eine maximal mögliche Liquidität des jeweils zugrunde liegenden Aktientitels erzielt werden sollte.[171]

Das Regelwerk sah als Mindestvolumen für die erstmalige Zulassung von Aktien zum Neuen Markt einen Gesamtnennbetrag von mindestens 250.000 Euro sowie eine Mindeststückzahl der Aktien von 100.000 Stück vor.[172] Darüber hinaus musste der voraussichtliche Kurswert der emittierten Aktien mindestens 5 Mio. Euro betragen.[173] Durch diese Vorschrift sollte eine ausreichende Liquidität des jeweiligen Aktientitels sichergestellt werden, um starke Kursausschläge aufgrund von Kauf- oder Verkaufstransaktionen institutioneller Investoren zu verhindern.

Eine weitere wichtige Regelung zur Gewährleistung einer ausreichenden Liquidität am Neuen Markt bestand darin, dass die IPO Aktien im Publikum ausreichend gestreut werden mussten. Das Regelwerk sah eine ausreichende Streuung *(free-float)* als gegeben an, wenn 25% des Gesamtnennbetrages der zuzulassenden Aktien bzw. 25% der Stückzahl bei nennwertlosen Aktien vom Publikum erworben wurden.[174] Eine ausreichende Streuung lag bei größeren Emissionsvolumina bis 100 Mio. Euro zudem vor, wenn ein Prozentsatz von 20% nicht unterschritten wurde. Bei einem Emissionsvolumen über 100 Mio. Euro musste der Prozentsatz mindestens 10% betragen.[175] Eine weitere liquiditätsstärkende Anforderung bestand darin, dass der Emittent für die Zulassung zum Neuen Markt ein Eigenkapital von mindestens 1,5 Mio. Euro nachweisen musste.[176]

---

[170] Vgl. SCHANZ, K., Börseneinführung, 2002, S. 351.

[171] Vgl. STENZEL, S./ WILHELM, S., Marktsegmentierung, 2000, S. 188ff.

[172] Von dieser Regelung konnte die Deutsche Börse allerdings im Einzelfall abweichen, wenn der Zulassungsausschuss davon ausging, dass sich für die zuzulassenden Aktien trotzdem ein ausreichender Markt bildet. Vgl. hierzu REGELWERK NEUER MARKT vom 1. Juli 2002, Zulassungsbedingungen für den Neuen Markt, Abschnitt 2, Ziffer 3.7. Abs. 1 und 2.

[173] Vgl. hierzu REGELWERK NEUER MARKT vom 1. Juli 2002, Zulassungsbedingungen für den Neuen Markt, Abschnitt 2, Ziffer 3.7. Abs. 4.

[174] Die bevorrechtigten Zuteilungen im Rahmen eines *friends & family* bzw. eines Mitarbeiterprogramms wurden nicht dem Streubesitz angerechnet. Vgl. hierzu REGELWERK NEUER MARKT vom 1. Juli 2002, Zulassungsbedingungen für den Neuen Markt, Abschnitt 2, Ziffer 3.10 Abs. 1.

[175] Vgl. hierzu REGELWERK NEUER MARKT vom 1. Juli 2002, Zulassungsbedingungen für den Neuen Markt, Abschnitt 2, Ziffer 3.10 Abs. 1. Letztere Grenze wurde erst im Zusammenhang mit dem IPO der T-Online in das Regelwerk eingeführt. Sie begründete sich in der Tatsache, dass in den Boomjahren des Neuen Markts zunehmend Unternehmen an den Neuen Markt drängten, die zwar für das Wachstumssegment prinzipiell geeignet waren, für die allerdings die ursprünglich geforderte *free-float* Grenze von 25% zu hoch war. Da aber beispielsweise die T-Online bei Platzierung von nur 10% des Aktienkapitals eine Marktkapitalisierung erreichte, die vom Volumen her größer war, als die Summe aller an dem Neuen Markt eingeführten Unternehmen, senkte die DEUTSCHE BÖRSE AG im Mai 2000 die Mindestgrenze auf 10%. Vgl. DEUTSCHE BÖRSE AG, Schreiben vom 30. Mai 2000. Die ricardo.de AG musste als erstes Unternehmen vom Neuen Markt in den Geregelten Markt wechseln, da sich durch eine Verschiebung im Aktionärskreis sich Höhe der Aktien im Streubesitz auf lediglich 8% verringerte.

[176] Vgl. hierzu REGELWERK NEUER MARKT vom 1. Juli 2002, Zulassungsbedingungen für den Neuen Markt, Abschnitt 2, Ziffer 3.1. Abs. 2.

Im Zusammenhang mit dem Bestreben einer maximalen Liquiditätsversorgung des Neuen Marktes ist auch das Konzept des *designated sponsors* zu verstehen.[177] Dem Regelwerk des Neuen Marktes zur Folge musste jedes am Neuen Markt notierte Unternehmen mindestens zwei *designated sponsors* nachweisen, die sich verpflichten mussten, die emittierten Unternehmen für die Dauer von mindestens zwölf Monaten zu betreuen.[178] Angesichts der großen Bedeutung der Liquidität für die faire Bewertung von jungen IPO Unternehmen, bestand die Hauptaufgabe der *designated sponsors* darin, den Emittenten dabei zu unterstützen, dass ein ordnungsgemäßer Handel in den IPO Aktien möglich war.[179] Ihrer Aufgabe versuchten die *designated sponsors* dadurch nachzukommen, dass sie temporäre Ungleichgewichte zwischen Angebot und Nachfrage überbrückten und auf elektronische Anfragen[180] für die von ihnen betreuten Werte verbindliche Geld- und Brief-Kurse stellten. Dadurch wurde die Ausführungswahrscheinlichkeit von Kauf- und Verkaufsaufträgen erhöht und letztlich die Liquidität gesteigert.[181]

Die Verpflichtung des *designated sponsors* zur verbindlichen Kursstellung darf nicht mit den im dritten Teil dieser Arbeit diskutierten Kurspflegemaßnahmen der Emissionsbanken verwechselt werden.[182] Die von den *designated sponsors* gestellten Kurse spiegeln lediglich das existierende Angebot sowie die Nachfrage wider und dienen der Bereitstellung der Liquidität, nicht aber der Kursstützung.[183]

---

[177] Bei Gründung des Neuen Marktes hießen die *designated sponsors* noch „Betreuer". Mit der zweiten Ausbaustufe des elektronischen Handelssystem Xetra zum 12. Oktober 1998 wurde diese ursprüngliche Bezeichnung durch den Kunstbegriff des *designated sponsors* ersetzt. Das am Neuen Markt erfolgreiche Konzept des *designated sponsors* wurde auch in anderen Marktsegmenten eingeführt. Seit der Einführung des Xetra Systems erfolgt das *designated sponsoring* nur im Rahmen des elektronischen Handels und nicht mehr im Parketthandel. Vgl. hierzu auch FÖRSCHLE, G./ HELMSCHROTT, H., Neuer Markt, 2001a, S. 111ff., siehe hierzu auch SCHANZ, K., Börseneinführung, 2002, S. 374.

[178] Siehe REGELWERK NEUER MARKT vom 1. Juli 2002, Zulassungsbedingungen für den Neuen Markt, Abschnitt 3, Ziffer 4 Abs. 1.

[179] Ein ordnungsgemäßer Handel wird in erster Linie dann erreicht, wenn eine ausreichende Liquidität der jeweiligen Aktie vorliegt. Vgl. KOCH, W./ WEGMANN, J., Mittelstand, 1999, S. 48.

[180] Sogenannte *quote requests*.

[181] Vgl. hierzu auch SCHANZ, K., Börseneinführung, 2002, S. 374.

[182] Vgl. dazu Kapitel 4.2. im dritten Teil dieser Arbeit.

[183] Die Funktion des *designated sponsors* wurde und wird regelmäßig von Emissionsbanken aus dem Emissionsbankenkonsortium übernommen, die den Emittenten bereits im Rahmen des IPOs an die Börse begleitet haben. Die konsortialführende Emissionsbank übernimmt dabei meistens immer eine *designated sponsors* Aufgabe. Bei der Verpflichtung zur Stellung eines *designated sponsoring* handelte es sich um eine während der gesamten Notierung am Neuen Markt fortbestehende Zulassungsfolgepflicht. Der Nachweis der *designated sponsors* war zwingende Voraussetzung zur Zulassung der Aktien zum Neuen Markt. Es handelte sich folglich nicht um eine lediglich einmalige Verpflichtung zum Zeitpunkt der Antragstellung bzw. zum Zeitpunkt der Zulassung zu erfüllende Pflicht. Die Einhaltung dieser Verpflichtung wurde von der Abteilung Listing der DEUTSCHEN BÖRSE AG überprüft. Vgl. hierzu SCHANZ, K., Börseneinführung, 2002, S. 372 und S. 376f., vgl. auch GERKE, W./ BOSCH, R., Neuen Markt, 1999, S. 2.

2.2.3 Anforderungen zur Steigerung der Transparenz

Während die zuvor diskutierten Anforderungen zur Steigerung der Effizienz des Neuen Marktes vom Emittenten *vor* der Zulassung zum Neuen Markt zu erfüllen waren, musste der Emittent die Anforderungen zur Transparenz und zum Anlegerschutz weitestgehend erst *nach* dem eigentlichen Börsengang erfüllen. Aufgrund ihres ex post-Charakters wurden diese Informations- und Veröffentlichungspflichten den Zulassungsfolgepflichten zugerechnet. Das primäre Ziel dieser Verpflichtungen bestand in der Steigerung der Information des Anlegerpublikums.

Eine besonders anspruchsvolle Transparenzanforderung für die Emittenten des Neuen Marktes bestand darin, dass sie ihre Jahresabschlüsse entsprechend den internationalen Rechnungslegungsvorschriften durchzuführen hatten. Die erforderlichen Abschlüsse mussten entweder nach den *International Accounting Standards* (IAS) oder nach den US-amerikanischen Rechnungslegungsgrundsätzen *Generally Accepted Accounting Principles* (US-GAAP) vorgelegt werden.[184] Diese Anforderung stellte für viele nach HGB bilanzierende Unternehmen eine einschneidende Verpflichtung dar.[185] Durch die Vorschrift der DEUTSCHEN BÖRSE AG zur Bilanzierung nach IAS oderUS-GAAP sollte den Investoren am Neuen Markt ein möglichst hohes Maß an Information und Transparenz geboten werden.[186]

Die Transparenz am Neuen Markt sollte zudem dadurch gesteigert werden, dass neben dem einmal pro Jahr zu veröffentlichenden Jahresabschluss, spätestens zwei Monate nach Quartalsende, ein weiterer auf deutsch und englisch abgefasster Quartalsbericht zu erstellen und zu veröffentlichen war.[187] Der Quartalsbericht lag deutlich über den Transparenzvorschriften der anderen Marktsegmente des deutschen Kapitalmarktes und stellte für die Unternehmen

---

[184] Vgl. hierzu REGELWERK NEUER MARKT vom 1. Juli 2002, Zulassungsbedingungen für den Neuen Markt, Abschnitt 2, Ziffer 4.1.9 Abs. 3, siehe auch Ziffer 7.3.2.

[185] Die DEUTSCHE BÖRSE AG konnte Unternehmen, die glaubhaft darlegten, dass sie diese Anforderung vorübergehend nicht erfüllen konnten, von der Verpflichtung zur Bilanzierung nach IAS oder US-GAAP befreien. Vgl. REGELWERK NEUER MARKT vom 1. Juli 2002, Zulassungsbedingungen für den Neuen Markt, Abschnitt 2, Ziffer 4.1.9 Abs. 3.

[186] Hintergrund hierbei ist, dass die deutsche Bilanzierung nach HGB sehr stark vom Gläubigerschutz geprägt ist und in der Praxis sehr stark durch steuerpolitische Maßgaben verzerrt wird. Dagegen versuchen die internationalen Rechnungslegungsvorschriften hauptsächlich die Investoren gezielt mit entscheidungsrelevanten Informationen über die wirtschaftliche Lage eines Unternehmens zu versorgen. Folglich sind die beiden internationalen Rechnungslegungssysteme mit deutlich umfangreicheren Offenlegungsanforderungen ausgestattet als die deutsche Rechnungslegung. Zur Hochphase des Neuen Marktes erstellte etwa die Hälfte der Unternehmen einen Jahresabschluss nach IAS und die andere Hälfte nach US-GAAP. Allerdings bieten auch IAS und US-GAAP Möglichkeiten, sowohl das Vermögen als auch die Ertragslage des Unternehmens positiver darzustellen, als dies in einem HGB-Abschluss möglich ist, beispielsweise können immaterielle Vermögensgegenstände des Anlagevermögens nach IAS aktiviert werden. Vgl. DEUTSCHES AKTIENINSTITUT E. V., Rechnungslegung, 2002, S. 14.

[187] Der Quartalsbericht zählt zu den Zulassungsfolgepflichten. Vgl. REGELWERK NEUER MARKT vom 1. Juli 2002, Zulassungsbedingungen für den Neuen Markt, Abschnitt 2, Ziffer 7.1.1 und Ziffer 7.1.7 Abs 1.

des Neuen Marktes eine sehr hohe Anforderung dar. Der Hintergrund dieser überhöhten Transparenzvorschrift ist darin zu sehen, dass die DEUTSCHE BÖRSE AG annahm, dass bei den innovativen und wachstumsstarken Unternehmen des Neuen Marktes kurzfristige Änderungen bzw. Abweichungen vom Planergebnis sehr viel häufiger und schneller zu erwarten waren als bei Unternehmen, die den traditionellen Marktsegmenten angehören.[188] Durch die Aktualität des Quartalsberichts sollten deshalb sowohl institutionelle als auch private Investoren zeitnah über die Entwicklungen des jeweiligen Unternehmens informiert werden.[189] Darüber hinaus wurden durch das Regelwerk die Unternehmen des Neuen Marktes erstmalig dazu verpflichtet, mindestens einmal pro Jahr einen Unternehmenskalender zu erstellen, der die Investoren über wichtige Finanztermine, wie z. B. Hauptversammlung und Bilanzpressekonferenz informieren sollte.[190]

2.2.4 Anforderungen zur Erhöhung des Anlegerschutzes

Die Zulassungsbedingungen für den Neuen Markt enthielten weitreichende Vorschriften, durch die ein umfassender Schutz der Anleger sichergestellt werden sollte. So forderte das Regelwerk des Neuen Marktes beispielsweise, dass bei einer erstmaligen Zulassung von Aktien zum Neuen Markt mindestens 50% des zu platzierenden Emissionsvolumens aus einer Kapitalerhöhung gegen Bareinlage stammen musste. Der die Erhöhung des Grundkapitals übersteigende Kapitalzufluss aus der Kapitalerhöhung musste in voller Höhe dem Emittenten zufließen und durfte nicht an die Altaktionäre ausgeschüttet werden.[191] Durch diese Vorschrift sollte verhindert werden, dass die Alteigentümer einen Börsengang nur deshalb vornehmen, um ihre Aktienpakete zu veräußern und sich dann aus dem Unternehmen zurückzuziehen. Der Ausstieg der Alteigentümer aus dem IPO Unternehmen ist eine Gefahr, die nicht erst seit Bestehen des Neuen Marktes bekannt ist. Immer wieder kam es in der Vergangenheit dazu, dass Altaktionäre den Börsengang dazu nutzten, um „Kasse zu machen" *(harvesting)*, so dass den Unternehmen trotz der Investitionen der Anleger kein frisches Geld zugeflossen war. Um die Investoren vor dieser Gefahr zu schützen, mussten sich am Neuen Markt sowohl der Emittent als auch die Altaktionäre dazu verpflichten, inner-

---

[188] Vgl. hierzu auch SCHANZ, K., Börseneinführung, 2002, S. 407.
[189] Vgl. KOCH, W./ WEGMANN, J., Mittelstand, 1999, S. 63. Das Regelwerk gab weitreichende Vorgaben über den genauen Inhalt des Quartalsberichtes. Der Quartalsbericht musste deutlich erkennen lassen, wie sich die Geschäftstätigkeit des Emittenten in dem jeweiligen Quartal des Geschäftsjahres entwickelt hatte. Die Anforderungen an die Inhalte der Quartalsberichte waren im REGELWERK NEUER MARKT vom 1. Juli 2002, Zulassungsbedingungen für den Neuen Markt, Abschnitt 2, Ziffer 7.1.2. detailliert beschrieben.
[190] Ferner war mindestens jährlich eine Analystenveranstaltung durchzuführen, während der sich das Unternehmen den Fragen der Finanzanalysten stellen musste. Vgl. hierzu REGELWERK NEUER MARKT vom 1. Juli 2002, Zulassungsbedingungen für den Neuen Markt, Abschnitt 2, Ziffer 7.3.4. und Ziffer 7.3.11.
[191] Auf begründeten Antrag des Emittenten konnte die DEUTSCHE BÖRSE AG den Emittenten von dieser Regelung befreien. Vgl. hierzu REGELWERK NEUER MARKT vom 1. Juli 2002, Zulassungsbedingungen für den Neuen Markt, Abschnitt 2, Ziffer 3.8.

halb eines Zeitraums von sechs Monaten ab dem Datum der Zulassung zum Neuen Markt keine Aktien direkt oder indirekt zu veräußern.[192] Dieser Zeitraum wurde als sogenannte *lock-up* Periode bezeichnet.[193] Dadurch blieben die Alteigentümer auch noch nach dem Börsengang mit dem Unternehmen finanziell verbunden und fühlten sich gegenüber dem Unternehmen und den neuen Aktionären weiterhin verpflichtet.[194] Auf Wunsch konnte der Emittent dieses Veräußerungsverbot zeitlich deutlich ausweiten, um auf diese Weise den Investoren Kontinuität in der Unternehmensführung zu signalisieren.[195]

Ein weiteres zentrales Dokument für den Anlegerschutz im Rahmen einer Börseneinführung ist der Emissionsprospekt.[196] Die rechtliche Bedeutung des Emissionsprospektes liegt in erster Linie in der Prospekthaftung, die auf das Börsengesetz zurückgeht (§§77, 45ff. BörsG). Die Prospekthaftung tritt dann ein, wenn der Prospekt unrichtig oder unvollständig ist.[197] Die Prospekthaftung greift auch dann, wenn die erforderlichen Angaben in dem Prospekt an sich zwar richtig dargestellt sind, die Darstellung aber so unübersichtlich ist, dass der Anleger dadurch getäuscht werden könnte. Die Angaben in dem Prospekt sollten deshalb so aufbereitet und erläutert sein, dass sie für den Anleger leicht verständlich und nachvollziehbar sind.[198] Die Prospekthaftung geht sogar soweit, dass entscheidungsrelevante Angaben selbst dann nicht zurückgehalten werden dürfen, wenn die Veröffentlichung negative Auswirkungen für das IPO Unternehmen nach sich ziehen könnte.[199] Bei fehlerhaften oder unvollständigen Angaben im Prospekt müssen grundsätzlich Emittent und Emissionsbank gesamtschuldnerisch für daraus resultierende Schäden der Investoren haften.[200]

Damit die Vorschriften zum Anlegerschutz von den Emittenten tatsächlich befolgt wurden, standen der DEUTSCHEN BÖRSE AG weitreichende Sanktionen für den Fall der Zuwiderhandlung zur Verfügung. So war die DEUTSCHE BÖRSE AG befugt, Emittenten die Zulassung zum

---

[192] Diese Vorschrift erfolgte im Rahmen des Veräußerungsverbots nach Abschnitt 2, Ziffer 7.3.9 der Zulassungsbedingungen für den Neuen Markt. Die schriftliche Verpflichtung sämtlicher Altaktionäre gegenüber dem Emittenten erfolgte nach Abschnitt 2, Ziffer 2.2 Abs. 1, Zulassungsbedingungen für den Neuen Markt. Die Verpflichtungserklärungen mussten der Börse vollständig mit dem Zulassungsantrag eingereicht werden. Vgl. REGELWERK NEUER MARKT vom 1. Juli 2002, Zulassungsbedingungen für den Neuen Markt, Abschnitt 2, Ziffer 2.2 Abs. 1.

[193] Vgl. dazu auch AGGARWAL, R. K./ KRIGMAN, L./ WOMACK, K. L., IPO, 2002, S. 105ff.

[194] Vgl. ZHENG, X. S./ OGDEN, J. P./ JEN, F. C., Value, 2002, S. 2ff.

[195] Besonders bei internationalen IPOs beträgt die *lock-up* Periode der Emittenten teilweise deutlich länger als sechs Monate, allerdings bewegt sie sich meist zwischen sechs Monaten und zwei Jahren.

[196] Die Veröffentlichung eines Emissionsprospektes ist in allen Marktsegmenten des deutschen Kapitalmarktes Grundvoraussetzung für die Börsenzulassung von Aktien.

[197] Unter unrichtig werden in diesem Zusammenhang objektiv falsch wiedergegebene Tatsachen verstanden.

[198] Ein geringfügiger Mangel des Prospektes reichte allerdings nicht aus, um den gesamten Emissionsprospekt als unrichtig anzusehen. Die Unrichtigkeit musste sich vielmehr auf wesentliche Inhalte beziehen. Vgl. dazu ZACHARIAS, E., Börseneinführung, 2000, S. 108.

[199] Allerdings konnte dem Emittenten aufgrund des §47 Abs. 1 Nr. 3 BörsZulVO gestattet werden, einzelne Angaben nicht zu veröffentlichen, wenn die Veröffentlichung dieser Informationen dem Emittenten einen erheblichen Schaden zugefügt hätte. Vgl. dazu ZACHARIAS, E., Börseneinführung, 2000, S. 109.

Neuen Markt zu entziehen, wenn sie gegen die Pflichten des Regelwerkes verstoßen haben oder wenn sie auf Dauer keinen ordnungsgemäßen Handel am Neuen Markt gewährleisten konnten.[201]

Vor dem Hintergrund der dramatischen Kursrückgänge in den Jahren 2000 und 2001 hat die Deutsche Börse den Anlegerschutz am Neuen Markt nachträglich deutlich erweitert. Am 1. Oktober 2001 wurde die im Volksmund als „penny-stocks" bekannte Regelung in das Regelwerk des Neuen Marktes aufgenommen.[202] Die „penny-stocks"-Regelung ermöglichte den Ausschluss von Unternehmen am Neuen Markt, wenn diese nicht spezielle quantitative und qualitative Anforderungen bzw. Kriterien erfüllten. Dabei zog die DEUTSCHE BÖRSE AG als quantitative Kriterien die Marktkapitalisierung und den Börsenkurs heran. Wenn der börsentägliche Durchschnittspreis der zugelassenen Aktie für die Dauer von 30 aufeinanderfolgenden Börsentagen weniger als ein Euro pro Aktie betrug, die Marktkapitalisierung 20 Mio. Euro unterschritt und diese beiden Werte in den nächsten 90 Börsentagen nicht an mindestens 15 aufeinanderfolgenden Börsentagen übertroffen wurden, so konnte die Aktie vom Neuen Markt ausgeschlossen werden.[203]

Während die quantitativen Kriterien durch die Marktkapitalisierung und den Börsenkurs definiert wurden, bezog sich das qualitative Kriterium auf die Solvabilität der Unternehmen am Neuen Markt. Nach der „penny-stock" Regelung wurde die Zulassung zum Neuen Markt beendet, wenn über das Vermögen eines Emittenten das Insolvenzverfahren eröffnet wurde oder mangels Masse abgewiesen wurde.[204] Durch dieses qualitative Kriterium versuchte die DEUTSCHE BÖRSE AG der starken Zunahme von Insolvenzen am Neuen Markt ab Mitte des Jahres 2001 entgegenzuwirken und gleichzeitig den Anlegerschutz zu verbessern.[205]

---

[200] Auf die Prospekthaftung wird im dritten Teil dieser Arbeit detailliert eingegangen. Vgl. Kapitel 4.3.

[201] Die Zulassung konnte auch dann entzogen werden, wenn dies für den Schutz des Publikums als notwendig erschien. Vgl. REGELWERK NEUER MARKT vom 1. Juli 2002, Zulassungsbedingungen für den Neuen Markt, Abschnitt 2, Ziffer 2.1.5. Mit dem Ausschluss verlor das Unternehmen nicht die Zulassung zum Börsenhandel, sondern der Handel konnte im Geregelten Markt oder im Freiverkehr fortgesetzt werden.

[202] Die „penny-stocks" Regelung lehnt sich im Wesentlichen an eine ähnliche Regelung der Technologiebörse NASDAQ an. Dort werden Unternehmen von der Börsenaufsicht benachrichtigt, wenn der Aktienkurs des Unternehmens an 30 aufeinanderfolgenden Börsentagen weniger als ein USD beträgt. Steigt die Aktie in den nächsten 90 Kalendertagen nicht für insgesamt mindestens zehn Börsentage über diese Grenze von einem USD, so setzt die NASDAQ ein Datum für das delisting fest.

[203] Der Ausschluss aus dem Neuen Markt erfolgte einen Monat nach Bekanntmachung durch die Deutsche Börse. Vgl. REGELWERK NEUER MARKT vom 1. Juli 2002, Zulassungsbedingungen für den Neuen Markt, Abschnitt 2, Ziffer 2.1.5 Abs. 2 Nr. 2.

[204] Vgl. REGELWERK NEUER MARKT vom 1. Juli 2002, Zulassungsbedingungen für den Neuen Markt, Abschnitt 2, Ziffer 2.1.5 Abs. 3.

[205] Zum Zeitpunkt des Inkrafttretens der „penny-stocks" Regelung waren bereits zwei Unternehmen insolvent und notierten nicht mehr am Neuen Markt. Die Gigabell AG beantragte im September 2000 das Insolvenzverfahren, die Sunburst Merchandising AG beantragte Anfang Juli 2001 das Insolvenzverfahren. Das erste Unternehmen, das aufgrund der „penny-stocks" Regelung den Neuen Markt verlassen musste, war die Kabel New Media AG. Gegen die „penny-stocks" Regelung erhoben zahlreiche notierte Unternehmen des

Die umfassenden Zulassungsvoraussetzungen, die die IPO Unternehmen für eine Notierungsaufnahme am Neuen Markt zu erfüllen hatten, waren bis zu diesem Zeitpunkt einzigar-
tig in Deutschland und Europa. Sie haben wesentlich dazu beigetragen, dass der Neue
Markt bereits kurze Zeit nach seiner Gründung zu der bedeutendsten IPO Plattform in Europa für junge und wachstumsstarke Unternehmen wurde und deshalb nationale als auch internationale Investoren anziehen konnte.

2.3 Die Neusegmentierung des deutschen Aktienmarktes

> *„Mit der Neusegmentierung wird die Deutsche Bör-
> se ... dazu beitragen, das Vertrauen der Investoren
> in den deutschen Aktienmarkt durch hohe Stan-
> dards und verbesserte Durchsetzbarkeit zurückzu-
> gewinnen."* [206]

Die DEUTSCHE BÖRSE AG hat mit Wirkung zum 1. Januar 2003 eine neue Börsenordnung
(BörsO neu) erlassen, in der die Vorschriften für die Zulassung von Wertpapieren zum Börsenhandel neu geregelt werden.[207] Die Neusegmentierung des Aktienmarktes wird in zwei
Segmente mit unterschiedlichen Transparenzstandards umgesetzt: dem Prime Standard
und dem General Standard.[208] Darüber hinaus wird durch die neue Börsenordnung auch ein
neues sektorales Indexkonzept ermöglicht. Die Neusegmentierung des Aktienmarktes führte
zu der Konsequenz, dass das Handelssegment Neuer Markt obsolet geworden ist und deshalb eingestellt wurde. Im Folgenden sollen die Auswirkungen dieser Neusegmentierung auf
die deutsche Börsenlandschaft dargestellt werden.

2.3.1 Prime Standard und General Standard

Emittenten, die eine Notierung im General Standard anstreben, müssen die nationalen gesetzlichen Mindestanforderungen für die Zulassung zum Amtlichen Handel oder zum Gere-

---

Neuen Marktes gerichtliche Klage. Die Unternehmen warfen der Deutschen Börse vor, dass sie das privatrechtliche Regelwerk für den Neuen Markt einseitig zu Lasten dort notierter Unternehmen geändert hat. Bis
Ende November 2001 bewirkten mehr als 20 Unternehmen eine einstweilige Verfügung gegen einen Aus-
schuss aus dem Neuen Markt. Die Unternehmen begründeten ihre rechtlichen Schritte vor allem damit,
dass die „penny stock" Regelung sehr kurzfristig durch die DEUTSCHE BÖRSE AG eingeführt worden war, so
dass es ihnen nicht mehr möglich war, in einer ordentlichen Hauptversammlung über die veränderten Rahmenbedingungen und das zukünftige Listing zu beraten.
[206] VOLKER POTTHOFF, Mitglied des Vorstandes der DEUTSCHEN BÖRSE AG.
[207] Die auf Empfehlung der Geschäftsführung der Frankfurter Wertpapierbörse und letztlich vom Börsenrat
erlassene Börsenordnung kann auf der Homepage der DEUTSCHEN BÖRSE AG abgerufen werden unter:
www.deutsche-boerse.com/ListingCenter.
[208] Die Zielgruppe für den General Standard sind Emittenten mit eher nationaler Ausrichtung, während sich die
Emittenten im Prime Standard durch die Erfüllung der erhöhten internationalen Transparenzanforderungen
hervorheben können und dadurch zugleich der Zugang zu internationalen Investoren ermöglicht wird. Auf
diese Weise soll den individuellen Finanzierungsbedürfnissen der einzelnen Emittenten Rechnung getragen und die Effizienz der Eigenkapitalaufnahme erhöht werden. Vgl. DEUTSCHE BÖRSE AG, Neue Aktienmarktsegmentierung, 2002, S. 1.

gelten Markt erfüllen.[209] Dagegen ist bei der Notierung im Prime Standard eine über das Maß des General Standard hinausgehende erhöhte internationale Transparenzanforderung einzuhalten.[210] Zu diesen Zusatzanforderungen für den Prime Standard zählen, ähnlich wie beim Neuen Markt, die Pflicht zur Veröffentlichung von Quartalsberichten (§§63, 78 BörsO), die Erstellung der konsolidierten Abschlüsse nach internationaler Rechnungslegung IAS oder US-GAAP (§§62, 77 BörsO), die Vorlage eines Unternehmenskalenders (§§64, 79 BörsO), die Durchführung mindestens einer Analystenkonferenz pro Jahr (§§65, 80 BörsO) sowie die Veröffentlichung von ad hoc-Mitteilungen und die laufende Berichterstattungen in deutscher und englischer Sprache (§81 BörsO). Der Prime Standard übernimmt damit wesentliche Elemente des privatrechtlichen Regelwerks des Neuen Marktes.[211]

Mit dem Prime Standard wurde das privatwirtschaftliche Regelwerk des Neuen Marktes in eine öffentlich-rechtliche Börsenordnung übernommen. Dadurch konnte eine höhere Rechtssicherheit hergestellt werden, so dass die Durchsetzbarkeit der internationalen Standards verbessert und das Vertrauen der Investoren gestärkt werden konnte. Aus regulatorischer Sicht wurde durch diesen Schritt das Handelssegment Neuer Markt überflüssig. Konsequenterweise wurde deshalb der Neue Markt nach einer Übergangsfrist am 5. Juni 2003 vollständig geschlossen (vgl. dazu *Abbildung 5*).

---

[209] Dazu zählen im Wesentlichen die Erbringung von Jahres- und Zwischenberichten sowie die Ad-hoc Mitteilungspflicht in deutscher Sprache.

[210] Dabei erfolgt die Zulassung zum General Standard automatisch bei Erfüllung der gesetzlichen Mindeststandards und bedarf keiner gesonderten Beantragung durch den Emittenten. Die Zulassung zum Prime Standard hingegen muss von dem Emittenten gesondert beantragt werden. Vgl. DEUTSCHE BÖRSE AG, Neue Aktienmarktsegmentierung, 2002, S. 1.

[211] Darüber hinaus wurde vom Regelwerk des Neuen Marktes für eine Zulassung zum Prime- oder General Standard die Verpflichtung übernommen, dass die IPO Unternehmen mindestens einen *designated sponsor* als Liquiditätsprovider verpflichten. Vgl. hierzu DEUTSCHE BÖRSE AG, Designated Sponsors, Mitteilung vom 12 November 2002, S. 1.

Abbildung 5: Vereinheitlichung des regulatorischen Rahmens

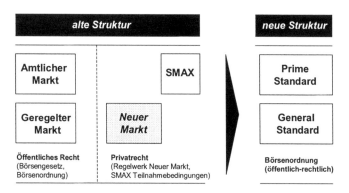

Quelle: Eigene Darstellung.

Rechtliche Grundlage für die Neusegmentierung ist das vierte Finanzmarktförderungsgesetz mit einer umfassenden Reform des Börsenrechts. Durch die Neusegmentierung des deutschen Aktienmarktes versucht die DEUTSCHE BÖRSE AG eine höhere Integrität und Attraktivität des Kapitalmarktes für die Investoren und die Emittenten zu erzielen.[212]

2.3.2 Neues Indexkonzept des deutschen Aktienmarktes

Aufbauend auf dieser Neusegmentierung des deutschen Aktienmarktes hat die DEUTSCHE BÖRSE AG zum 24. März 2003 zudem ein neues Indexkonzept eingeführt. Das Indexkonzept baut ausschließlich auf den Prime Standard auf, d. h. es können sich nur Emittenten aus dem Prime Standard für die Aufnahme in die Auswahlindizes der Deutschen Börse qualifizieren. Die Umstellung der Indizes stellt die größte Änderung der Indexlandschaft seit Einführung des DAX im Jahr 1988 dar. Aus Abbildung 6 wird ersichtlich, dass das Kernstück der deutschen Indexsystematik weiterhin der DAX ist, der die 30 größten[213] deutschen Werte aus dem *Prime Standard* abbildet.[214]

---

[212] Vgl. DEUTSCHE BÖRSE AG, Aktienmarktsegmentierung, 2002, S. 1.
[213] In den DAX können nur Unternehmen aufgenommen werden, die sowohl nach der Marktkapitalisierung als auch nach dem Börsenumsatz zu den 35 größten Unternehmen in Deutschland zählen.
[214] Durch das neue Indexkonzept können - entgegen der alten Regelung - theoretisch auch ehemalige Unternehmen aus dem Neuen Markt in den DAX aufsteigen, sofern diese Unternehmen am Prime Standard notieren.

Abbildung 6: *Indexkonzept seit dem 24. März 2003*

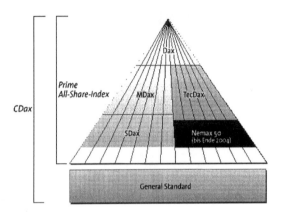

Quelle: *DEUTSCHE BÖRSE AG, Indexkonzept, 2002, S. 1.*

Allerdings wird seit dem 24. März 2003 unterhalb des DAX eine Unterscheidung zwischen klassischen Branchen und Technologiebranchen vorgenommen. Für Unternehmen aus den klassischen Branchen berechnet die Deutsche Börse den MDAX (Midcap-DAX) und den SDAX (Smallcap-DAX).[215]

Für Technologieunternehmen gibt es einen neuen Index, den sogenannten TecDAX. Der TecDAX bildet die 30 größten Technologiewerte ab und schließt direkt unterhalb des DAX an. Der TecDAX ersetzt den diskreditierten NEMAX 50 Index, der von der Deutsche Börse übergangsweise bis Ende 2004 berechnet wird, um dadurch die Kontinuität der darauf basierenden Finanzprodukte sicherzustellen.[216] War früher der NEMAX 50 die Plattform für innovative Unternehmen, so soll zukünftig der TecDAX diese Rolle übernehmen und das Interesse der Investoren gewinnen.[217] Die Indizes unterhalb des DAX werden zukünftig für ausländische Unternehmen offen sein, allerdings bleibt der DAX rein auf deutsche Unternehmen beschränkt.[218] Neben den angesprochenen Indizes wird es zusätzlich für alle Unternehmen

---

[215]   Der MDAX wird dabei von 70 auf 50 Werte verkleinert und umfasst die Unternehmen der klassischen Branchen, die der Größe nach den DAX-Werten folgen. Der SDAX beinhaltet die 50 größten Unternehmen aus der klassischen Branche, die nach dem MDAX folgen.
[216]   Vgl. DEUTSCHE BÖRSE AG, Hintergrundinformationen, 2003, S. 1.
[217]   Vgl. DEUTSCHE BÖRSE AG, Indexkonzept, 2002, S. 2.
[218]   Voraussetzung für die Aufnahme in einen der Auswahlindizes ist die fortlaufende Notierung im Xetra-Handel und die Betreuung durch mindestens einen *designated sponsor*.

des Prime Standards einen gemeinsamen Prime All-Share-Index geben. Erhalten bleibt der C-DAX, der die Segmente *Prime All-Share* und *General Standard* umfasst.

2.3.3 Auswirkungen der Neusegmentierung auf den Neuen Markt

Dadurch, dass der Prime Standard das bis dato privatwirtschaftliche Regelwerk des Neuen Marktes in eine öffentlich-rechtliche Börsenordnung übernommen hat, wurde aus regulatorischer Sicht das privatrechtlich organisierte Wachstumssegment Neuer Markt obsolet. Konsequenterweise führte die Neusegmentierung des deutschen Kapitalmarktes deshalb zu der vollständigen Einstellung des Neuen Marktes zum 5. Juni 2003.

Grundsätzlich hatten die notierten Unternehmen am Neuen Markt die Möglichkeit, in den Prime Standard oder in den kostengünstigeren General Standard zu wechseln. Sofern die Emittenten sich für eine Zulassung in den Prime Standard entschieden haben, mussten sie einen entsprechenden Zulassungsantrag stellen. Mit der Zulassung zum Prime Standard wurde die Zulassung zum Neuen Markt beendet, da aufgrund gesetzlicher Vorschriften eine Doppelnotierung sowohl im Prime Standard als auch im Neuen Markt nicht zulässig war (§ 57 Abs. 1 BörsG).[219]

Mit der Neusegmentierung und der Indexumstellung versucht die DEUTSCHE BÖRSE AG, den Bedürfnisse der Investoren nach einer höheren Transparenz Rechnung zu tragen. Dadurch soll der Vertrauensverlust der Investoren in den Aktienmarkt und insbesondere in die Technologieaktien wiedergewonnen werden. Allerdings darf nicht vergessen werden, dass die strengen Vorschriften für die Zulassung zum Prime Standard bereits schon für die Zulassung zum Neuen Markt galten.

2.4 Ex-post Analyse des IPO Geschäftes am Neuen Markt

Im folgenden Kapitel erfolgt eine ex post-Analyse des IPO Geschäftes am Neuen Markt.[220] Dazu werden zunächst die Auswirkungen der Gründung des Neuen Marktes auf das IPO Geschäft am deutschen Kapitalmarkt analysiert. Anschließend werden mögliche Faktoren eruiert, die für den anfänglichen Erfolg und den späteren Niedergang des Neuen Marktes verantwortlich gewesen sein könnten.

---

[219] Für den Fall, dass die Emittenten den Neuen Markt bis zum offiziellen Kündigungstermin Ende 2003 nicht aus eigener Initiative verlassen wollten, sah die DEUTSCHE BÖRSE AG vor, ab dem 1. Januar 2004 diese Unternehmen automatisch in den General Standard zu überführen.

[220] Vgl. dazu Tabelle 44 im Anhang, in der die Chronik des Neuen Marktes zusammengefasst ist.

2.4.1 Auswirkungen der Gründung des Neuen Marktes auf das IPO Geschäft

In den ersten Monaten nach Gründung sah sich der Neue Markt großen Vorbehalten ausgesetzt. Nur wenige Unternehmen nahmen einen Börsengang an dem neuen Wachstumssegment vor.[221] Erst ab Mitte 1998 wandelte sich die anfängliche Zurückhaltung gegenüber dem neuen Wachstumssegment.[222] Ausgelöst durch hohe Emissionsrenditen[223] und große Kursgewinne, stieg das Interesse an dem neuen Marktsegment sowohl von Seiten der Investoren als auch von Seiten der Emittenten stark an.[224] Die starke Nachfrage nach den IPOs führte dazu, dass es immer häufiger zu hohen Überzeichnungen bei neuen IPOs kam.[225] Ein Jahr nach Handelsbeginn verzeichneten die bis dahin 18 emittierten IPO Unternehmen des Neuen Marktes einen durchschnittlichen Kursgewinn von mehr als 200%.[226]

Immer mehr Emittenten sahen in einem Börsengang die Möglichkeit, sich das benötigte Kapital für Wachstumsprojekte zu beschaffen. Die Folge war, dass die Anzahl der IPOs am Neuen Markt deutlich anstieg (vgl. dazu Abbildung 7). Im Mai 1999 notierte bereits das hundertste Unternehmen am Neuen Markt, das zweihundertste Unternehmen ging im Februar 2000 an den Neuen Markt. Nur wenige Monate später, im August 2000, notierten mehr als dreihundert Werte am Neuen Markt.[227] Die Zeitspannen je hundert neu notierter Unternehmen verkürzten sich von anfänglich 26,5 Monate auf nur noch 6,0 Monate. Insgesamt wurden am Neuen Markt 328 Unternehmen emittiert,[228] während zwischen 1997 bis 2002 in den restlichen drei klassischen Marktsegmenten des deutschen Kapitalmarktes insgesamt nur 156 Erstemissionen platziert wurden.[229]

---

[221] Bis Ende Dezember 1997 fanden neben dem IPO der Mobilcom AG nur zehn weitere IPOs statt.
[222] Vgl. FRANCIONI, R., Neuer Markt, 1998, S. 5f.
[223] Das durchschnittliche Underpricing der ersten 11 Erstemissionen im Jahr 1997 betrug mehr als 56%. Vgl. hierzu auch die Ausführungen im zweiten Teil dieser Arbeit, Kapitel 3.
[224] Der Neue Markt-Index verzeichnete 1998 einen Rekordanstieg um mehr als 174% auf 2.738,64 Punkte. Im Januar 1998, also knapp 9 Monate nach Gründung, führte die DEUTSCHE BÖRSE AG zwei neue Marktindizes ein, den NEMAX 50 und den NEMAX All-Share. Der Auswahlindex NEMAX 50 umfasste die 50 größten Aktien des Neuen Marktes, wobei die Marktkapitalisierung und der Umsatz in den Titeln der jeweils letzten 60 Tage zugrunde gelegt wurden. Im NEMAX All-Share waren alle am Neuen Markt notierten Aktien enthalten. Sein Anfangswert betrug 1.000 Punkte. Am 15. Mai 2000 wurde die Indexfamilie erweitert, in dem die zehn Branchen des Neuen Marktes (Biotechnology, Financial Services, Industrial & Industrial Services, Internet, IT Services, Media & Entertainment, MedTech & Healthcare, Software, Technology und Telecommunications) einen eigenen Index erhielten. Aufgrund der Einführung dieser Sub-Indizes wurde es möglich, die Performance der einzelnen Unternehmen mit der Performance der jeweiligen Branche zu vergleichen.
[225] Beispielsweise war das Software-Unternehmen Mensch und Maschine AG bereits am ersten Tag der Zeichnungsfrist um das 170-fache überzeichnet.
[226] Der Kursanstieg der Mobilcom AG Aktie betrug fast 1000% im Vergleich zum Emissionspreis.
[227] Im Jahr 2000 fanden am Neuen Markt 133 IPOs statt, d. h. es wurde durchschnittlich an fast jedem zweiten Börsentag ein IPO platziert.
[228] Zusätzlich wechselten 20 Unternehmen von einem anderen Marktsegment an den Neuen Markt. Diese Unternehmen werden in der folgenden Untersuchung allerdings nicht berücksichtigt, da es dabei um Notierungsaufnahmen und nicht um IPOs handelt. Vgl. dazu Kapitel 2.1 im zweiten Teil dieser Arbeit. Siehe auch VITOLS, S., Neuer Markt, 2001, S. 553ff.
[229] Allein in den Jahren 1999 und 2000 wurden am Neuen Markt 264 IPOs platziert. Zum Vergleich: in dem Zeitraum zwischen 1991 und 2002 wurden an allen Marktsegmenten des deutschen Kapitalmarktes, d. h.

Abbildung 7: Anzahl der durchgeführten IPOs nach Marktsegmenten für den Zeitraum von 1997 bis 2002

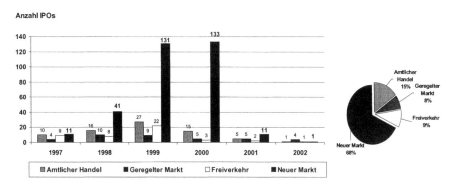

Quelle: Eigene Darstellung.

Am deutschen Kapitalmarkt wurden in den Jahren von 1997 bis 2002 insgesamt 485 IPOs emittiert. Davon wurden mehr als 68% der IPOs am Neuen Markt emittiert (vgl. dazu Abbildung 7). Im traditionsreichsten Segment, dem Amtlichen Handel, wurden hingegen nur 74 IPOs bzw. 15 % aller IPOs platziert. Der Neue Markt konnte somit seine ihm zugedachte Rolle als IPO Plattform mehr als erfüllen.

In den ersten Jahren nach Gründung des Neuen Marktes stieg aber nicht nur die Anzahl der Börsengänge deutlich an, sondern es kam auch zu einem starken Anstieg des Emissionsvolumens am deutschen Kapitalmarkt. Während in der Zeit von 1991 bis einschließlich 1996 in allen Segmenten des deutschen Kapitalmarktes insgesamt ein nominales Emissionsvolumen von ca. 8,8 Mrd. Euro emittiert wurde,[230] betrug das nominale IPO Emissionsvolumen des Neuen Marktes innerhalb der sechs Jahre seines Bestehens mehr als 24,2 Mrd. Euro.[231] Auffallend hoch war in den einzelnen Jahren der Anteil ausländischer IPO Unternehmen am gesamten Emissionsvolumen. Im Jahr 2000 entfielen mehr als 25% des Emissionsvolumens auf Firmen mit Sitz im Ausland. Dieser hohe Anteil verdeutlicht die internationale Bedeutung,

im Amtlichen Handel, Geregelten Markt und im Freiverkehr zusammen nur 244 Unternehmen emittiert. Am Neuen Markt fanden also in den Jahren 1999 bis 2000 mehr IPOs statt, als in den letzten 12 Jahren in allen anderen Marktsegmenten zusammen.

[230] Dabei handelt es sich um das Aktienemissionsvolumen, d. h. die Summe aus der Emission von IPOs und SEOs. Vgl. DEUTSCHES AKTIENINSTITUT E. V., Factbook, 2001, S. 03-1-b.

[231] Im Jahr 1999 betrug das kumulierte Emissionsvolumen am Neuen Markt ca. 7 Mrd. Euro. Ein Jahr später verdoppelte es sich auf mehr als 14 Mrd. Euro.

die der Neue Markt innerhalb kürzester Zeit vor allem für europäische IPOs erlangen konnte.[232]

Die Analyse der Emissionsvolumina in den einzelnen Jahren lässt eine starke Streuung erkennen (vgl. Abbildung 8). Während das geringste Emissionsvolumen am Neuen Markt im Zeitraum von 1997 bis 2002 nicht mehr als 7 Mio. Euro betragen hat, schwankten die maximalen Emissionsvolumina am Neuen Markt zwischen 197 und 3.081 Mio. Euro.[233]

Abbildung 8: Streuung der Emissionsvolumina am Neuen Markt für den Zeitraum von 1997 bis 2002

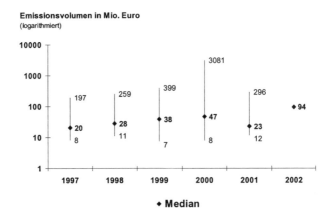

Emissionsvolumen in Mio. Euro
(logarithmiert)

♦ **Median**

Quelle: Eigene Berechnungen und Darstellung.

Der Median[234] der Emissionsvolumina am Neuen Markt weist insgesamt ein recht niedriges Niveau auf und bewegt sich im Zeitablauf zwischen 20 und 47 Mio. Euro. Die niedrigen Werte des Medians bestätigen, dass am Neuen Markt überwiegend kleinere bis mittlere Unternehmen emittiert wurden.

Am 10. März 2000, d. h. genau drei Jahre nach seiner Gründung, erreichte der Neue Markt sein Allzeithoch. Der NEMAX All-Share notierte auf Schlusskursbasis bei 8546,19 Punkten, der Nemax 50 bei 9.665,81 Punkten. Bis zu diesem Zeitpunkt konnten einzelne Werte astro-

---

[232] Vgl. dazu WEBER, S./ POSNER, E., Equity, 2000, S. 529ff.
[233] Das auffallend hohe Emissionsvolumen im Jahr 2000 in Höhe von 3.081 Mio. Euro ist auf das IPO der T-Online International AG zurückzuführen.
[234] Der Median ist der spezielle Mittelwert, der die kleineren 50% von den größeren 50% trennt.

nomische Renditen verzeichnen. So stieg der Kurs der EM.TV AG innerhalb von zwei Jahren - von Januar 1998 bis Januar 2000 - um fast fünfzehntausend Prozent.

Bereits im Frühjahr 2000 platzte allerdings die weltweite „Technologieblase". Mit ihr kam es zu dramatischen Kursverlusten der am Neuen Markt notierten Unternehmen. Immer mehr IPO Unternehmen verfehlten zudem ihre Zielvorgaben und in der Presse wurde zunehmend über gescheiterte Unternehmensstrategien sowie über Verdachtsfälle von Betrug und Insiderhandel berichtet.[235] Im September 2000 musste das Telekommunikationsunternehmen Gigabell AG als erstes Unternehmen des Neuen Marktes ein Insolvenzverfahren anmelden. Wenige Monate später wurde die Gigabell AG vom Handel am Neuen Markt ausgeschlossen.[236] Mit der Insolvenz der Gigabell AG setzte ein Ausleseprozess am Neuen Markt ein, bei dem es innerhalb eines sehr kurzen Zeitraumes zu zahlreichen *delistings* kam (vgl. dazu auch Tabelle 43 im Anhang).[237]

Grundsätzlich führten am Neuen Markt vier Gründe zu einem *delisting*:

(i)   der Emittent beantragte ein freiwilliges *delisting*,[238]

(ii)   die DEUTSCHE BÖRSE AG veranlasste eine Notierungseinstellung (unfreiwilliges *delisting*),[239]

---

[235] So verfehlte jedes dritte Unternehmen seine Prognose für das vierte Quartal 2000.

[236] Im Februar 2001 wurde die Gigabell AG vom Handel im Neuen Markt ausgeschlossen. Vor der Gigabell AG waren bereits im April 1999 die Lösch Umweltschutz AG und die Sero Entsorgung AG als erste Unternehmen freiwillig in den Geregelten Markt gewechselt. Vgl. auch SCHMIDT, H./ SCHRADER, T., Kurseffekte, 1993, S. 227ff.

[237] *Delisting* ist der Fachbegriff für die Einstellung der Börsennotierung an einem Börsensegment.

[238] Ein Grund für eine freiwillige Einstellung der Notierung kann darin bestehen, dass der Aufwand für die Erfüllung der Publizitätsanforderungen und Informationsvorschriften im Vergleich zum Nutzen, der aus der Börsennotierung resultiert, wirtschaftlich nicht sinnvoll für den Emittenten ist. Einen vollständigen Rückzug von der Börse bezeichnet man als *going private*. Ein *going private* ist beispielsweise dann sinnvoll, wenn das Unternehmen nur einen sehr geringen *free float* aufweist bzw. wenn nur noch eine kleine Anzahl von Aktien bei freien Aktionären liegt. Häufig sind große Aktienpakete in der Hand von nur sehr wenigen Investoren. In diesem Fall sind die laufenden Kosten der Börsennotierung, die beispielsweise durch Hauptversammlungen entstehen, unangemessen hoch, und ein *going private* wird deshalb von Seiten des Emittenten erwünscht.

[239] Bei einem unfreiwilligen *delisting* wurde hingegen die Zulassung zum Neuen Markt einseitig von der Börsenaufsicht beendet. In diesem Fall hatte entweder der Emittent gegen die obliegenden Pflichten verstoßen oder es konnte kein ordnungsgemäßer Handel der Aktie am Neuen Markt auf Dauer gewährleistet werden. Am Neuen Markt wurden in der Zeit seines Bestehens insgesamt 21 Unternehmen aufgrund eines Verstoßes gegen das Regelwerk ausgeschlossen. Diese Zahl ist im Vergleich zu den freiwillig gewechselten 87 Unternehmen relativ gering und könnte darauf hindeuten, dass die DEUTSCHE BÖRSE AG das Regelwerk nicht konsequent genug durchgesetzt hat. Allerdings muss bei dieser Analyse kritisch angemerkt werden, dass einige Unternehmen zwar einen freiwilligen Wechsel in den Geregelten Markt vorgenommen haben, dass durch diesen Schritt allerdings ein drohendes *delisting* durch die DEUTSCHE BÖRSE AG aufgrund der „*penny stock*" Regelung vorweggenommen wurde. Beispielsweise kündigte die Met@box AG im April 2002 den freiwilligen Wechsel in den Geregelten Markt an, mit der offiziellen Begründung, dadurch einen sechsstelligen Betrag einsparen zu können. Da allerdings zu diesem Zeitpunkt der Kurs des Unternehmens bereits bei 0,40 Euro notierte (Stand 4.4.02), wäre das Unternehmen ohnehin kurze Zeit später aufgrund der *penny-stocks* Regelung vom Neuen Markt ausgeschlossen worden.

(iii)   ein IPO Unternehmen wurde von einem anderen Unternehmen übernommen, wodurch es zu einer Einstellung der Notierung am Neuen Markt kam,[240]

(iv)   der Emittent musste Konkurs anmelden und die Notierung wurde eingestellt.[241]

Allgemein versuchen Wertpapierbörsen das freiwillige *delisting* von IPO Unternehmen zu
verhindern, weil mit einem freiwilligen Börsen- oder Segmentwechsel nicht selten ein Image-
schaden für die jeweilige Börse bzw. für das jeweilige Segment verbunden ist.[242] Ein ver-
mehrtes freiwilliges *delisting* ist häufig ein Indikator dafür, dass die Emittenten das Vertrauen
in die Börse bzw. in das entsprechende Börsensegment verloren haben. Diese Tendenz
konnte auch am Neuen Markt beobachtet werden: von insgesamt 87 Unternehmen, die freiwillig vom Neuen Markt in den Geregelten Markt gewechselt sind, vollzogen 85 Unternehmen diesen Wechsel zu einem Zeitpunkt, als der Neue Markt bereits deutlich an Wert und
an Vertrauen von Seiten der Investoren verloren hatte.[243]

Mit dem Vertrauensverlust einhergehend erreichte das Emissionsgeschäft am Neuen Markt
historische Tiefststände. Wurden im Jahr 2000 noch 133 IPOs am Neuen Markt platziert, so
wagten im Jahr 2001 nur noch elf Unternehmen einen Börsengang in das Wachstumssegment. Im Jahr 2002 kam es gar zu einem Stillstand des IPO Geschäftes, lediglich ein Unternehmen wurde im März am Neuen Markt emittiert.[244] Allerdings kam es auch in den anderen
deutschen Marktsegmenten zu einem Erliegen des Emissionsgeschäftes. Von Januar bis
Dezember 2002 wurden insgesamt nur sechs Unternehmen in allen deutschen Marktsegmenten emittiert, das Emissionsvolumen betrug lediglich noch 247 Mio. Euro.[245] Damit fiel

---

[240]   Am Neuen Markt beendeten 12 Unternehmen ihr Listing, weil sie von einem anderen Unternehmen über-
nommen wurden. Dies waren die LHS Group Inc. (28.07.00), SVC AG (01.09.00), ricardo.de AG (19.01.01),
Entrium Direct Bankers AG (06.02.01), MSH International Service AG (15.02.01), Mount10 Inc. (03.05.01),
Systematics AG (29.06.01), United Visions Entertainment AG (23.11.01), Tomorrow Internet AG (20.12.01),
JUMPtec Industrielle Computertechnik AG (13.08.02), Kontron embedded computers AG (13.08.02), jobpi-
lot AG (18.10.02).

[241]   Abschließend sei noch das *delisting* erwähnt, das aus der Beendigung des Neuen Marktes resultierte. Im
Rahmen der Marktsegmentierung, die ab 24. März 2003 in Kraft getreten ist, hatten die verbleibenden Unternehmen am Neuen Markt grundsätzlich die Möglichkeit in den Prime Standard oder in den General Standard zu wechseln.

[242]   Die jeweiligen Börsen argumentieren freilich anders und sehen in einem freiwilligen *delisting* eine Beschä-
digung des Vertrauens der Investoren in die langfristig orientierte Unternehmenspolitik des wechselnden
Unternehmens. Ihrer Ansicht nach werden diese Unternehmen in Zukunft nur noch schwierig Investoren
finden. Vgl. JAKOB, E., Initial public offerings, 1998, S. 51.

[243]   Während 1999 und 2000 jeweils nur zwei Unternehmen den Neuen Markt verlassen haben, wechselten ab
2001 insgesamt 85 Unternehmen freiwillig in den Geregelten Markt.

[244]   Dabei handelte es sich um den Hamburger Windenergiespezialisten REpower Systems AG, der am 26.
März als einziges Unternehmen im Jahr 2002 ein IPO am Neuen Markt wagte.

[245]   Für den größten Börsengang am deutschen Kapitalmarkt im Jahr 2002 sorgte der Finanzdienstleister AIG
International Real Estate, dessen Emissionsvolumen 107 Mio. Euro betrug.

das Emissionsvolumen am deutschen Kapitalmarkt im Jahr 2002 auf ein Niveau, das nur im Jahr 1983 niedriger lag.[246]

Nach Bekanntgabe der DEUTSCHEN BÖRSE AG am 26. September 2002 über die geplante Neusegmentierung der deutschen Börsenlandschaft fielen die Indizes des Neuen Marktes auf neue Tiefststände. Der Nemax 50 notierte nur noch bei 322,91 Punkten, der Nemax All-Share Index lag bei 370,89 Punkten. Die schlechte Performance des Neuen Marktes führte schließlich dazu, dass zahlreiche Unternehmen ihr geplantes IPO für den Neuen Markt zuerst verschoben und später endgültig absagten. Gleichzeitig wechselten immer mehr Unternehmen in ein anderes Marktsegment. Dadurch kam es zu einem natürlichen und systematischen Ausleseprozess am Neuen Markt. Am 5. Juni 2003 entschied sich das letzte am Neuen Markt notierte Unternehmen, die Primacom AG, in den Prime Standard zu wechseln.[247] Der Neue Markt, der nur wenige Monate zuvor noch als *great brand* bezeichnet wurde, hatte sich innerhalb von nur einem Jahr aufgelöst.[248]

Trotz dieses schnellen „Niedergangs" des Neuen Marktes hat das Wachstumssegment wesentlich dazu beigetragen, dass es in Deutschland zu einer „Revolution" im IPO Geschäft gekommen ist. Sowohl die Anzahl der Börsengänge als auch die Höhe der Emissionsvolumina stieg in Deutschland in den Jahren 1999 und 2000 auf bisher nicht bekannte Ausmaße an. Angesichts des spektakulären Erfolges des Neuen Marktes in den ersten Jahren seines Bestehens, soll im folgenden Kapitel der Frage nachgegangen werden, welche Faktoren für diesen Erfolg ausschlaggebend waren.

---

[246] Allerdings war dieses Phänomen nicht nur auf dem deutschen Kapitalmarkt zu beobachten. Auf fast allen wichtigen internationalen Kapitalmärkten kam es zu einem Stillstand im IPO Geschäft. Das europäische Emissionsvolumen sackte im Jahr 2002 auf ca. 13 Mrd. Euro ab und lag damit um mehr als 85% unter dem Wert des Jahres 2000. Dies war zugleich das niedrigste Niveau seit 1996. Im Jahr 2002 gab es an allen europäischen Börsen lediglich 34 IPOs, nicht einmal halb so viele wie im Vorjahreszeitraum, wo immerhin noch 72 Unternehmen einen Börsengang wagten.

[247] Eine vollständige Übersicht aller Unternehmen mit Grund und Zeitpunkt des *delisting* befindet sich im Anhang Tabelle 43.

[248] Siehe hierzu auch DEUTSCHES AKTIENINSTITUT E. V., Rechnungslegung, 2002, S. 20, vgl. TYKVOVÁ, T., Neuer Markt, 2002, S. 2ff.

2.4.2 Erfolgsfaktoren des Neuen Marktes

Der Erfolg des Neuen Marktes in den ersten Jahren nach seiner Gründung kann im Wesentlichen auf drei Faktoren zurückgeführt werden:[249]

(i) Zum einen hat die professionelle Einführung des Labels „Neuer Markt" von Seiten der DEUTSCHEN BÖRSE AG erheblich zu dem anfänglichen Erfolg beigetragen.[250] Die DEUTSCHE BÖRSE AG fungierte nicht nur als Informationsvermittler zwischen den Börsenteilnehmern, sondern betrieb eine permanente aktive Öffentlichkeitsarbeit für die Investoren und die Emittenten und vermarktete dadurch sehr professionell den Neuen Markt als eigenständiges Produkt.[251]

(ii) Ein zweiter wichtiger Erfolgsfaktor war das speziell für den Neuen Markt konzipierte strenge Regelwerk. Durch die Berücksichtigung der international üblichen, vor allem an amerikanischen und englischen Kapitalmärkten praktizierten Zulassungs- und Transparenzstandards, konnte die DEUTSCHE BÖRSE AG besonders viele institutionelle Investoren von dem neuen Börsensegment überzeugen. Die starke Präsenz der institutionellen Investoren am Neuen Markt zog immer mehr Emittenten an, die zunehmend in einer Notierung am Neuen Markt eine attraktive Alternative zu der Notierung an anderen internationalen Marktsegmenten sahen.[252] Dadurch konnte der Neue Markt ein Image als Börse für innovative Wachstumsunternehmen erwerben. Ein IPO am Neuen Markt wurde insbesondere auch deshalb für internationale Wachstumsunternehmen eine interessante Option, da der Neue Markt durch das Konzept der *designated sponsors* über eine sehr hohe Liquidität verfügte.[253] Die überzeugenden institutionellen Rahmenbedingungen führten dazu, dass der Neue Markt in den ersten Jahren seines Bestehens zu der führenden IPO Plattform in Europa heranwuchs.[254]

---

[249] Vgl. dazu auch die Ausführungen bei ACHLEITNER, A.-K./ BASSEN, A./ FUNKE, F., Erfolgsfaktoren, 2001, S. 34ff.

[250] Die klassischen Aufgaben einer Börse bestehen i. d. R. darin, die Handelsvoraussetzungen und die Ausarbeitungen der Handelsregeln zur Verfügung zu stellen.

[251] Die DEUTSCHE BÖRSE AG organisierte zahlreiche Kongresse zum Neuen Markt und deren Emittenten im In- und Ausland, verfügte über hervorragende Kommunikationsmedien, wie z. B. dem Magazin „vision & money" und der Internetseite der DEUTSCHEN BÖRSE AG. Nicht zuletzt wurde das Produkt „Neuer Markt" nachhaltig platziert, durch die eigene und separate Kursnotiz in allen großen Wirtschaftszeitungen unter einer eigenen Rubrik „Neuer Markt".

[252] Vgl. auch FRANCIONI, R./ GUTSCHLAG, T., Neue Markt, 1998, S. 33f.

[253] Vgl. RÖDL, B./ ZINSER, T., Going public, 1999, S. 59.

[254] Im Juni 2001 hatten mehr als 15% aller am Neuen Markt notierten Unternehmen ihren Firmensitz im Ausland, vor allem in Österreich (12), in den Niederlanden (9), in den USA (7), in Israel (7), in der Schweiz (6) und in Großbritannien (4). Der Rest verteilte sich auf die unterschiedlichsten Länder. Als erste ausländische Gesellschaft notierte im September 1997 das niederländische Unternehmen Qiagen am Neuen Markt.

(iii)   Neben diesen institutionellen Erfolgsfaktoren ist der Erfolg des Neuen Marktes zudem darauf zurückzuführen, dass gleichzeitig mit der Gründung des Neuen Marktes ein Wandel in der Anlagekultur in Deutschland einsetzte und dadurch das Interesse der privaten Anleger an dem neuen Marktsegment sehr ausgeprägt war.[255] Während bis Mitte der neunziger Jahre viele private Investoren ein Investment in Aktien als zu risikoreich bewerteten und deshalb bevorzugt in risikoaverse festverzinsliche Wertpapier investierten, setzte Mitte der 90er Jahre der Trend des Aktiensparens ein.[256] Die Gründe für diesen „Kulturwandel" am deutschen Kapitalmarkt sind unterschiedlicher Natur. Einen wesentlichen Anteil an diesem Wandel hatte die Börseneinführung der Deutschen Telekom AG, die im Jahre 1996 unter großem Aufwand durch eine spektakuläre und aggressive Werbekampagne als „Volksaktie" emittiert wurde.[257]

Die professionelle Vermarktung und die transparenten institutionellen Rahmenbedingungen des Neuen Marktes, gepaart mit einem günstigen Marktklima, haben in den ersten Jahren seines Bestehens zu überdurchschnittlich hohen Kursgewinnen der IPO Unternehmen geführt und damit wesentlich den anfänglichen Erfolg des Neuen Marktes beeinflusst.

---

[255]   Vgl. GAULKE, J./ KÜHN, U., Neue Markt, 1999, S. 115ff., vgl. HIDDING, B., Neuer Markt, 2000, S. 70, vgl. RASSIDAKIS, P., Kritik, 2000, S. 8.

[256]   Der Wandel in der Anlagekultur wird besonders offensichtlich, wenn der durchschnittliche Anteil von Aktien zu den Gesamtinvestitionen der privaten Haushalte in den Jahren 1991-1995 mit den Jahren 1996-1999 verglichen wird. So beträgt dieser Anteil zwischen 1991-1995 weniger als 1%, während sich dieser Wert in den Jahren 1996-1999 auf durchschnittlich 8,6% signifikant erhöht hat. Vgl. DEUTSCHES AKTIENINSTITUT E. V., Factbook, 1999, S. 07.

[257]   Die überdurchschnittlichen Kursgewinne der Telekom Aktie weckten ein bisher völlig unterdrücktes Interesse der Privatanleger an der Aktie als renditestarke Anlagekategorie. Neben der Börseneinführung der Deutschen Telekom AG können aber auch der zunehmende Bedarf an privater Altersvorsorge aufgrund des steigenden demographischen Ungleichgewichts in der gesetzlichen Rentenversicherung sowie die Änderung der Steuergesetze Mitte der neunziger Jahre als mögliche Ursachen für das gestiegene Aktieninteresse aufgeführt werden. Das Aktiensparen wurde steuerlich durch die Halbierung des Sparerfreibetrages, der Möglichkeit des Verlustvortrags von Spekulationsgeschäften und durch die steuerliche Befreiung von Aktienfonds attraktiver.

Zweiter Teil:
Empirische Untersuchungen zum Underpricing Phänomen und zur langfristigen Performance der IPOs am Neuen Markt

Nachdem im ersten Teil dieser Arbeit die Grundlagen für das Verständnis des IPO Geschäftes gelegt wurden, sollen nun das Underpricing Phänomen und die langfristige Performance der IPOs am Neuen Markt empirisch untersucht werden.

Es wird dabei wie folgt vorgegangen: Im ersten Kapitel werden zunächst die Implikationen des Underpricing Phänomens für die Theorie informationseffizienter Märkte nach FAMA (1970) und für die Markteffizienzhypothese nach JENSEN (1978) diskutiert. Die empirische Untersuchung des Underpricing Phänomens steht in direkter Verbindung mit der zentralen Frage dieser Arbeit nach der Informationseffizienz des Emissionsmarktes. Aus der Theorie der informationseffizienten Märkte werden insgesamt drei Hypothesen (H 1 bis H 3) abgeleitet, die im weiteren Verlauf empirisch überprüft werden.

Im zweiten Kapitel wird der Untersuchungsumfang der nachfolgenden empirischen Studie abgegrenzt und die methodische Vorgehensweise vorgestellt. Eine Beschreibung des verwendeten Datenmaterials sowie der zugrunde liegenden Berechnungsmethodik ist von besonderer Bedeutung, damit die ermittelten Ergebnisse nachvollziehbar und überprüfbar sind. Zudem wird dadurch die Möglichkeit eröffnet, die Untersuchung mit den Ergebnissen vergangener sowie zukünftiger Studien vergleichen zu können. Es erfolgt deshalb eine präzise Definition der Kriterien, die ein IPO zu erfüllen hatte, damit es in die Stichprobe aufgenommen wurde.

Im dritten Kapitel erfolgt die empirische Untersuchung des Underpricing Phänomens am Neuen Markt. Dabei wird das Underpricing am Neuen Markt in Abhängigkeit der Jahre, der Branchen und der konsortialführenden Emissionsbanken berechnet. Im Anschluss daran werden die Untersuchungsergebnisse mit den Ergebnissen früherer Studien verglichen und aus der Sichtweise der unterschiedlichen Marktteilnehmer diskutiert.

---

[258] BRAV, A./ GOMPERS, P. A., Myth, 1997, S. 1791.

Im vierten Kapitel wird die langfristige Performance der IPOs am Neuen Markt für den Zeitraum 6, 12, und 24 Monate nach dem Börsengang berechnet. Die langfristige Performance wird sowohl auf Basis des Emissionspreises als auch auf Basis des ersten Sekundärmarktkurses berechnet. Zudem wird die langfristige Performance marktbereinigt und unbereinigt ausgewiesen. Es wird sich zeigen, dass die jeweils zugrunde gelegte Berechnungsmethodik erhebliche Auswirkungen auf das Untersuchungsergebnis hat. Um den Einfluss des verwendeten Bereinigungsindex zu untersuchen, wird die langfristige Performance anhand von alternativen Vergleichsindizes ermittelt.

Mit Hilfe der empirischen Ergebnisse zur langfristigen Performance der IPOs am Neuen Markt können im fünften und letzten Kapitel die Schlussfolgerungen für die Effizienz des Primär- bzw. des Sekundärmarktes gezogen werden.

1 Implikationen des Underpricing Phänomens für die Theorie informationseffizienter Märkte

„Attacks on efficiency belong, of course, in the camp of the devil." [259]

Die erste zentrale Frage der vorliegenden Arbeit besteht darin, ob das Underpricing Phänomen auch am Neuen Markt empirisch nachgewiesen werden kann und ob die Investoren durch die regelmäßige Zeichnung der am Neuen Markt emittierten IPOs eine systematische Überrendite erzielen konnten. Stellt man aber die Frage, in wie weit ein Investor eine systematische Überrendite erwirtschaften kann, so stellt man indirekt auch die Frage, ob der Markt, auf dem er diese systematische Überrendite erzielen konnte, informations(in)effizient ist.[260] Im folgenden Kapitel sollen die Implikationen dieser zentralen Fragestellung für die Theorie informationseffizienter Märkte diskutiert werden.

1.1 Die Marktinformationseffizienzhypothese nach FAMA (1970) und JENSEN (1978)

Die Frage nach der Informationseffizienz eines Marktes, also ob ein Markt in der Lage ist, alle relevanten Informationen in der Preisbildung zu berücksichtigen, ist seit mehreren Jahrzehnten Gegenstand intensiver Untersuchungen und Diskussionen. Nach FAMA (1970) ist ein Markt dann informationseffizient, wenn die Kurse der dort gehandelten Wertpapiere zu jedem Zeitpunkt alle verfügbaren Informationen beinhalten:

„A market in which prices always 'fully reflect' available information is called efficient" [261]

Dabei spezifiziert FAMA (1970) den Begriff *„available information"* durch drei Abstufungen der Informationseffizienz. Die schwache Effizienzmarkthypothese bezieht sich auf die Informationsklasse aller vergangenen Kurse *(weak form)*, die mittelstrenge auf die Klasse aller öffentlich verfügbaren Informationen *(semi-strong form)* und die strenge Fassung auf sämtliche verfügbaren Informationen *(strong form)*.[262] Neue Informationen führen unverzüglich zu einer

---

[259] FAMA, E. F., Markets, 1970, S. 383.

[260] Vgl. auch andere Untersuchungen, die sich mit der Effizienz des Primärmarktes auseinandersetzen, z. B. SAPUSEK, A., Informationseffizienz, 1998, S. 180ff., vgl. DÖHRMANN, A., Underpricing, 1990, S. 25.

[261] FAMA, E. F., Markets, 1970, S. 383.

[262] Die Implikationen durch diese Abstufung sind gravierend: so impliziert die schwache Form der Informationseffizienz, dass durch die technische Analyse (Chartanalyse) keine systematischen Gewinne erzielt werden können. Im Fall der mittelstrengen Informationseffizienz können keine Überrenditen durch die Fundamentalanalyse erzielt werden und beim Vorliegen von strenger Informationseffizienz können selbst durch Insider-Wissen keine systematischen Überrenditen erwirtschaftet werden. Vgl. BEECHEY, M./ GRUEN, D./ VICKERY, J., Efficient Market, 2000, S. 2ff.

Anpassung der Aktienkurse. Folglich sind bei Gültigkeit der Markteffizienzhypothese nach FAMA (1970) in jedem Zeitpunkt der tatsächliche Kurs und der „wahre" Wert identisch.[263] Aufgrund dieser effizienten Informationsverarbeitung ist es einem Investor nicht möglich, durch die Auswertung aller verfügbaren Informationen eine höhere Rendite zu erzielen, als die Rendite, die durch den Gleichgewichtsertrag determiniert wird.[264] Die Informationseffizienzhypothese nach FAMA (1970) unterstellt folglich, dass Investoren keine systematischen Überrenditen erzielen können. Da es sich in dem Modell um stochastische Größen handelt, wird allerdings nicht ausgeschlossen, dass ex post im Einzelfall überdurchschnittliche Gewinne erzielt werden können. Jedoch sind diese Abweichungen des Marktpreises einer Aktie von ihrem inneren Wert zufällig und unsystematisch. Der Erwartungswert muss stets Null betragen.[265] Mathematisch formuliert FAMA (1970) diese Aussage, in dem er die Gleichgewichtsrendite als Erwartungswert $E\left(\tilde{G}_{t+n}\middle|\Phi_t\right)$ darstellt. Somit gilt für den Gewinn Z einer Anlage über n Perioden ex post $Z_{t+n} = G_{t+n} - E\left(\tilde{G}_{t+n}\middle|\Phi_t\right)$ und für den Erwartungswert dieses Gewinns ergibt sich die Gleichung $E\left(\tilde{Z}_{t+n}\middle|\Phi_t\right) = 0$.[266]

Eine konkretere und zugleich für empirische Untersuchungen pragmatischere Definition schlägt JENSEN (1978) vor. Er betrachtet einen Markt dann als effizient, wenn es nicht möglich ist, an diesem Markt eine systematische Überrendite zu erzielen.[267]

„A market is efficient with respect to information set Φ_t if it is impossible to make economic profits by trading on the basis of information set Φ_t."[268]

---

[263] Da die Markteffizienzhypothese nach FAMA (1970) zu den grundlegendsten Konzepten in der Finanzierungstheorie zählt, wird im folgenden auf eine detaillierte Darstellung dieser Theorie (1970) verzichtet und lediglich auf die einschlägige Literatur verwiesen. Siehe insbesondere FAMA, E. F., Markets, 1970, S. 383ff., siehe auch FAMA, E. F., Markets, 1991, S. 1575ff., siehe auch FAMA, E. F., Note, 1973, S. 1181ff., vgl. FAMA, E. F., Reply, 1976, S. 143ff., vgl. FAMA, E. F., Market efficiency, 1998, S. 283ff., vgl. GABRIEL, P. E./ MARSDEN, J. R./ STANTON, T. J., Market, 1993, S. 149ff., vgl. SCHMIDT, REINHARD H., Widerlegung, 1981, S. 36ff., vgl. MAY, A., Stand, 1991, S. 313ff.

[264] Diese Gleichgewichtsrendite lässt sich durch ein Gleichgewichtsmodell, beispielsweise dem *Capital-Asset-Pricing-Modell* (CAPM) oder durch die *Arbitrage-Pricing-Theory* (APT) ermitteln. Vgl. zum CAPM und zur APT die folgenden Aufsätze: SHARPE, W. F., Capital, 1964, S. 425ff., ROSS, S. A., Arbitrage, 1976, S. 341ff., ROSS, S. A., CAPM, 1977, S. 177ff., ROSS, S. A., Status, 1978, S. 885ff., RUDOLPH, B., Theorie, 1979, S. 1034ff., vgl. ROLL, R., Critique, 1977, S. 129ff., vgl. ROLL, R./ ROSS, S., Investigation, 1980, S. 1073ff., ROLL, R./ ROSS, S. A., Arbitrage, 1984, S. 14ff., ROSS, S./ DYBVIG, P. H., APT, 1985, S. 1173ff., SHARPE, W. F., Capital, 1991, S. 489ff.

[265] Vgl. dazu FAMA, E. F., Markets, 1970, S. 385.

[266] Dabei gilt: $\tilde{G}_{t+n}$ = in Periode t+n erwartete Gleichgewichtsrendite, $\tilde{Z}_{t+n}$ = in Periode t+n erwarteter Gewinn, Φ_t^M = am Markt verfügbare Informationsmenge zum Zeitpunkt t, Z_{t+n} = in Periode t+n erzielbarer Gewinn, G_{t+n} = Gleichgewichtsrendite in Periode t+n, E= Erwartungswert.

[267] Vgl. dazu JENSEN, M. C., Evidence, 1978, S. 95ff. JENSEN (1978) spricht allerdings von ökonomischen Überrenditen, so dass davon auszugehen ist, dass er Transaktionskosten mit berücksichtigt. Zur Vereinfachung wird allerdings im weiteren Verlauf von Transaktionskosten abgesehen.

Das Underpricing Phänomen kennzeichnet sich allerdings dadurch, dass die Investoren einen *„economic profit"* erwirtschaften können. Liegt nämlich der erste Sekundärmarktkurs systematisch über dem Emissionspreis, so können die Investoren systematische Überrenditen erzielen. Somit ist die Theorie der informationseffizienten Märkte mit dem Underpricing Phänomen nicht vereinbar und der Markt für Neuemissionen müsste nach der Definition von JENSEN (1978) als informationsineffizient angesehen werden, wenn das Underpricing Phänomen nachgewiesen werden kann.[269]

LODERER/ SHEENAN/ KADLEC (1991) formulieren diesen Zusammenhang wie folgt: *„... if markets are efficient and trading is unrestricted, there is no reason, why offer prices should be systematically smaller than market prices."* [270]

Die allgemeine Aussage, dass der Markt für Neuemissionen nicht effizient ist, soll in der vorliegenden Arbeit allerdings nicht einfach hingenommen werden. Für eine tiefergehende Effizienzanalyse des Emissionsmarktes wird deshalb der Kapitalmarkt in den Primärmarkt und den Sekundärmarkt eingeteilt. Durch diese Unterteilung lässt sich die ursprüngliche Frage nach der Effizienz des Emissionsmarktes dahingehend konkretisieren, dass gefragt werden kann, ob der Primärmarkt oder aber der Sekundärmarkt informations(in)effizient im Sinne von JENSEN (1978) ist.[271] Theoretisch ist es nämlich denkbar, dass nur einer der beiden Märkte informationsineffizient ist, während der andere effizient ist.[272]

In vielen empirischen Untersuchungen wird diese Differenzierung nicht vorgenommen, sondern die Autoren schließen direkt aufgrund der festgestellten Überrendite bei der Zeichnung von IPOs auf die Ineffizienz des Primärmarktes. Diese Schlussfolgerung ist aber möglicherweise zu voreilig. Differenziert man nämlich zwischen Primärmarkt und Sekundärmarkt, so bestehen grundsätzlich zwei Ursachen, die zu einer positiven Überrendite bei der Zeichnung eines IPOs führen können.[273] Entweder entsteht die Überrendite, weil der Emissionspreis zu

---

[268] JENSEN, M. C., Evidence, 1978, S. 96.

[269] Auch UHLIR (1989) kommt zu dem Ergebnis, dass ein systematischer *free lunch* nicht mit der Theorie informationseffizienter Märkte vereinbar ist. Vgl. dazu UHLIR, H., Gang, 1989, S. 3. Vgl. JENKINSON, T./ LJUNGQVIST, A., Going public, 2001, S. 41.

[270] LODERER, C. F./ SHEEHAN, D. P./ KADLEC, G. B., Pricing, 1991, S. 54f.

[271] Nach DÖHRMANN (1990) *„... erscheint es sinnvoll, zwischen der Effizienz des Primär- und des Sekundärmarktes zu unterscheiden."* DÖHRMANN, A., Underpricing, 1990, S. 298.

[272] Der Primärmarkt wird im Folgenden, in Anlehnung an die Theorie informationseffizienter Märkte nach FAMA (1970), genau dann als informationseffizient bezeichnet, wenn in dem Emissionspreis sämtliche öffentlich zugänglichen Informationen enthalten sind. Von einem informationseffizienten Sekundärmarkt wird gesprochen, wenn die Börsenkurse des IPOs jederzeit alle verfügbaren Informationen wiedergeben.

[273] Für die weiteren Ausführungen ist es wichtig zu verstehen, dass das Underpricing Phänomen sowohl den Primärmarkt als auch den Sekundärmarkt betrifft. Die Zuteilung der Aktien anhand der Zeichnungsaufträge an die interessierten Investoren zum Emissionspreis erfolgt auf dem Primärmarkt. Sobald die IPO Aktien al-

niedrig ist oder aber sie entsteht, weil der erste Sekundärmarktkurs zu hoch ist. Die Frage nach der Effizienz des Primärmarktes bzw. des Sekundärmarktes impliziert demnach indirekt die Frage, welcher der beiden Kurse informationseffizient ist und somit alle verfügbaren Informationen reflektiert.[274]

Die theoretischen Überlegungen zur Effizienz des Primär- und Sekundärmarktes sollen anhand von zwei Szenarien verdeutlicht werden: Im ersten Szenario wird angenommen, dass die Sekundärmarktkurse der IPOs jederzeit alle verfügbaren Informationen enthalten. Der Sekundärmarkt ist demzufolge im Sinne von FAMA (1970) informationseffizient. Kommt es bei diesem Szenario dazu, dass der Emissionspreis systematisch unter dem ersten (informationseffizienten) Sekundärmarktkurs liegt, dann würde dies zu der Schlussfolgerung führen, dass der Sekundärmarkt informationseffizient und der Primärmarkt informationsineffizient ist. Im zweiten Szenario wird unterstellt, dass der Emissionspreis sämtliche öffentlich zugänglichen Informationen enthält und demnach im Sinne von FAMA (1970) informationseffizient ist. Liegt nun bei diesem Szenario der Emissionspreis systematisch unter dem ersten Sekundärmarktkurs, dann ist die Ursache für das Underpricing kein zu niedriger Emissionspreis, sondern ein systematisch zu hoher erster Sekundärmarktkurs. Folglich wäre bei diesem Szenario nicht mehr der Primärmarkt, sondern der Sekundärmarkt ineffizient.

So einfach sich die Beurteilung der Effizienz des Primär- bzw. des Sekundärmarktes in der Theorie darstellt, so kompliziert erweist sich die praktische Überprüfung. Es lässt sich de facto nämlich nicht direkt testen, welcher der beiden Kurse – d. h. Emissionskurs oder Sekundärmarktkurs - informationseffizient ist.[275] Somit kann aber auch keine unmittelbare Aussage über die Effizienz des jeweiligen Teilmarktes getroffen werden.

---

lerdings den Handel an der Börse aufnehmen und der erste Börsenkurs festgestellt wird, schwenkt die Betrachtung über auf den Sekundärmarkt. Underpricing entsteht demnach aufgrund unterschiedlicher Preise für ein und dasselbe IPO auf dem Primärmarkt und dem Sekundärmarkt. Vgl. PHAM, P. K./ KALEV, P. S./ STEEN, A. B., Underpricing, 2002, S. 1ff.

[274] Vgl. dazu auch DÖHRMANN, A., Underpricing, 1990, S. 298f.

[275] Die Fragen, wann die Kurse alle verfügbaren Informationen vollständig widerspiegeln und was „vollständig widerspiegeln" überhaupt bedeutet, werden von FAMA (1970) nicht beantwortet. Es wird lediglich auf zusätzliche Hypothesen verwiesen, die zur Spezifizierung der Preisbildung von Wertpapieren gebildet werden müssen. Grundsätzlich bestehen dabei zwei Möglichkeiten: einerseits über die Spezifizierung eines Gleichgewichtsmodells, das Gleichgewichtspreise für die Wertpapiere generiert, wie z. B. das CAPM-Modell von SHARPE und LINTNER (1964) oder andererseits über die direkte Spezifizierung eines individuellen Preisbildungsprozesses für Wertpapiere. Diese wissenschaftstheoretische Problematik der Inferenz, die daraus entsteht, dass die Markteffizienzhypothese nicht direkt testbar ist und nur zusammen mit einem Preisbildungsmodell analysiert werden kann, ist in der Literatur unter der Bezeichnung „Joint-Hypothesis"-Problem bekannt. Vgl. dazu SHARPE, W. F., Capital, 1964, S. 44425ff., siehe LINTNER, J., Valuation, 1965, S. 13ff., siehe LINTNER, J., Securities prices, 1965, S. 587ff., siehe BECHT, D. M., Effizienz, 1999, S. 8.

Allerdings lässt sich anhand der langfristigen Renditeentwicklung der IPOs auf dem Sekundärmarkt untersuchen, in wie weit der Sekundärmarkt effizient ist. Kann man nämlich mit den IPOs nach Aufnahme der Notierung am Sekundärmarkt systematische Überrenditen erzielen, dann wäre dies nach der Effizienzdefinition nach JENSEN (1978) ein klarer Hinweis dafür, dass der Sekundärmarkt ineffizient ist.

Aus diesem Grund wird im vierten Kapitel des zweiten Teils die langfristige Performance der IPOs am Neuen Markt untersucht. Lässt sich dabei eine systematische negative langfristige Performance der IPOs feststellen, wäre daraus die logische Konsequenz zu ziehen, dass nicht der Emissionspreis zu niedrig, sondern der erste Sekundärmarktkurs zu hoch ist. Der erste Sekundärmarktkurs würde dann zum Zeitpunkt der Aufnahme des Börsenhandels nicht vollständig alle bewertungsrelevanten Informationen berücksichtigen. Erst durch die sukzessiven Kursverluste würden alle bewertungsrelevanten Informationen in die Kurse transformiert, wodurch es zu einem informationseffizienten Sekundärmarktkurs kommt.

Gibt der Renditeverlauf der IPOs nach Aufnahme des Börsenhandels hingegen keinen Anlass, an der Effizienz des Sekundärmarktes zu zweifeln, kann davon ausgegangen werden, dass der erste Sekundärmarktkurs informationseffizient ist und folglich die Ursache für das Underpricing in einem ineffizienten Emissionspreis bzw. Primärmarkt liegt.[276]

Es zeigt sich aus diesen Überlegungen, dass die zentralen Fragestellungen dieser Arbeit sehr eng miteinander verflochten sind. Ließe sich das Underpricing Phänomen am Neuen Markt in den folgenden Kapiteln empirisch nachweisen, dann würde sich automatisch die Frage nach der Informationseffizienz des Emissionsmarktes stellen. Eine Antwort auf die Frage nach der Effizienz des Primär- bzw. des Sekundärmarktes lässt sich wiederum nur finden, indem die langfristige Performance der IPOs am Neuen Markt untersucht wird.

---

[276]   Vgl. dazu auch DÖHRMANN, A., Underpricing, 1990, S. 299f.

1.2 Ableitung der testbaren Hypothesen aus der Markteffizienzhypothese von FAMA (1970) und JENSEN (1978)

Aus den zuvor getroffenen Überlegungen lassen sich drei Hypothesen ableiten:

H 1: *Das Underpricing Phänomen ist am Neuen Markt nachweisbar. Investoren konnten durch regelmäßige Zeichnung der IPOs des Neuen Marktes eine systematische Überrendite erzielen.*

H 2: *Der Emissionspreis am Neuen Markt wurde systematisch zu niedrig festgelegt, so dass die Investoren eine systematische Überrendite erzielen konnten. Der Primärmarkt war folglich informationsineffizient.*

H 3: *Der erste Sekundärmarktkurs spiegelte jederzeit alle verfügbaren Informationen wider. Folglich war der Sekundärmarkt informationseffizient.*

Um Hypothese H 1 bestätigen zu können, muss das Underpricing Phänomen am Neuen Markt nachgewiesen werden. Dazu werden im dritten Kapitel die kurzfristigen Emissionsrenditen aller IPOs des Neuen Marktes empirisch untersucht. Die Hypothesen H 2 sowie H 3 werden überprüft, in dem die langfristige Performance der IPOs am Neuen Markt berechnet und analysiert wird. Dies erfolgt im vierten Kapitel. Zunächst soll allerdings der Untersuchungsumfang abgegrenzt und die methodische Vorgehensweise der nachfolgenden empirischen Untersuchungen vorgestellt werden.

2 Beschreibung des Untersuchungsumfanges und der methodischen Vorgehensweise

2.1 Beschreibung des Untersuchungsumfanges

2.1.1 Zeitliche Abgrenzung

Bevor auf die Methodik und die analytische Vorgehensweise der vorliegenden empirischen Untersuchung eingegangen wird, ist es notwendig, die Stichprobe in zeitlicher und sachlicher Hinsicht abzugrenzen. Die zeitliche Abgrenzung ergibt sich aus dem Untersuchungsgegenstand dieser Arbeit. In die Untersuchung einbezogen werden alle IPOs, die seit Gründung des Neuen Marktes (10. März 1997) bis zu seiner Schließung (5. Juni 2003) auf diesem Marktsegment platziert wurden.

2.1.2 Sachliche Abgrenzung

Während die zeitliche Abgrenzung des Untersuchungsumfangs relativ einfach ist, erweist sich die sachliche Abgrenzung der Stichprobe als deutlich komplexer. Auf den ersten Blick könnte man annehmen, dass es keine größeren Probleme bereiten sollte, sämtliche IPOs zu identifizieren, die während des Bestehens am Neuen Markt emittiert wurden. Die Überprüfung des zur Verfügung gestellten Datenmaterials[277] hat allerdings in vielen Fällen ergeben, dass die Anzahl der am Neuen Markt emittierten IPOs je nach Datenquelle deutlich variiert und keineswegs konsistent ist.[278] Für dieses Phänomen existieren zwei Begründungen: entweder werden in den jeweiligen Datenquellen die einzelnen IPOs irrtümlich einem falschen Segment zugeordnet oder aber der Begriff IPO wird je nach Datenquelle unterschiedlich definiert.[279] Da insbesondere die zweite Begründung häufig die Ursache für eine fehlerhafte Zuordnung der IPOs in den jeweiligen Datenbanken sein dürfte, soll in der vorliegenden Arbeit definiert werden, welche Kriterien ein IPO erfüllen musste, damit es in den Untersuchungsumfang aufgenommen wurde:

(i) Die emittierten Aktien werden erstmals einem breiten öffentlichen Publikum über ein Emissionskonsortium zu einem Emissionspreis zur Zeichnung angeboten.[280] Dabei ist zwischen Erstemissionen (IPO) und Folgeemissionen (SEO) zu differenzieren. Während manche Studien zum Underpricing auch SEOs in den Untersuchungsumfang mit aufnehmen, beschränkt sich diese Analyse auf „reine" IPOs. Die Emission von jungen

---

[277] An dieser Stelle sei der DEUTSCHEN BÖRSE AG, dem DEUTSCHEN AKTIENINSTITUT E.V. sowie der AXA INVESTMENT MANAGERS für die Überlassung des Datenmaterials gedankt.

[278] Die Überprüfung der speziell für diese Untersuchung zur Verfügung gestellten Daten mit der offiziellen IPO Datenbank der DEUTSCHEN BÖRSE AG bzw. verschiedenen anderen Publikationen der DEUTSCHEN BÖRSE AG (z. B. das jährlich veröffentlichte *Factbook*) und dem Datenmaterial des DEUTSCHEN AKTIENINSTITUTS E. V. ergaben teilweise erhebliche Abweichungen hinsichtlich der Anzahl der in den einzelnen Jahren emittierten IPOs. Zur Verifizierung der unterschiedlichen Daten wurde entweder auf die Emissionsprospekte zurückgegriffen oder direkt mit dem jeweiligen IPO Unternehmen Kontakt aufgenommen.

[279] Häufig wird der Begriff IPO auch gar nicht definiert. SCHMIDT ET AL. (1988) sprechen beispielsweise nur von den „32 deutschen Erstemissionen der Jahre 1984 und 1985", ohne auch nur einmal abzugrenzen, nach welchen Kriterien sie selektieren und wie sie den Begriff Erstemission definieren. Vgl. hierzu SCHMIDT, R. H. ET AL., Underpricing, 1988, S. 1193. Auch MELLA (1988) grenzt in seiner Untersuchung den Begriff Neuemission nicht eindeutig ab. Vgl. MELLA, F., Sicht, 1988, S. 52ff.

[280] Privatplatzierungen werden häufig in empirischen Untersuchungen zum Underpricing explizit ausgeschlossen. Der Grund liegt darin, dass Emittenten im Rahmen von Privatplatzierungen einen besonderen Anreiz haben, den Emissionspreis bewusst zu niedrig anzusetzen. Werden beispielsweise die Aktien zu günstigen Konditionen bei Mitarbeitern oder Abnehmern platziert, so erhoffen sich die Emittenten durch den gewährten Vorteil in Form des Underpricing besondere Arbeitsleistungen bzw. günstige Absatzchancen. Zwar erzielen die Erstzeichner Bruttoüberrenditen durch das Underpricing, da sie sich jedoch zu anderen Gegenleistungen indirekt verpflichtet haben, entspricht ihre Nettorendite de facto der Gleichgewichtsrendite. I. d. R. lassen sich jedoch solche Gegenleistungen kaum nachweisen und noch weniger bewerten, so dass sie in Untersuchungen regelmäßig unberücksichtigt bleiben. Würden Privatplatzierungen in IPO Untersuchungen einbezogen, würde die Überrendite der Erstemissionen systematisch überschätzt und die Hypothese effizienter Märkte zu oft abgelehnt werden. Vgl. hierzu DÖHRMANN, A., Underpricing, 1990, S. 234. Da allerdings am Neuen Markt kein IPO mittels einer Privatplatzierung emittiert wurde, ist diese Einschränkung für die vorliegende Untersuchung nicht von Bedeutung.

Aktien im Rahmen von Kapitalerhöhungen ist deshalb nicht Gegenstand dieser Untersuchung.[281]

(ii) Die am Neuen Markt emittierten Unternehmen notieren erstmals an einer Börse, d. h. für die eingeführten Aktien lag bis zu diesem Zeitpunkt keine frühere Kursnotierung an einem anderen Börsenplatz bzw. in einem anderen Marktsegment vor. Durch diese Einschränkung werden so genannte Segmentwechsler aus der Untersuchung ausgeschlossen. Unter Segmentwechslern werden dabei Unternehmen verstanden, die bereits vor der Notierungsaufnahme am Neuen Markt an einem anderen Börsenplatz bzw. an einem anderen Marktsegment notiert waren. Segmentwechsler werden aus der Untersuchung deshalb ausgeschlossen, da davon auszugehen ist, dass der frühere Börsenkurs den ersten festgestellten Börsenkurs am Neuen Markt signifikant beeinflussen wird. Insgesamt gab es am Neuen Markt 20 Segmentwechsler, die nicht weiter betrachtet werden.[282]

(iii) Es erfolgt keine Beschränkung des Untersuchungsgegenstandes auf rein deutsche IPO Unternehmen, sondern es werden sowohl in- als auch ausländische Gesellschaften erfasst, sofern es sich bei der Emission am Neuen Markt tatsächlich um eine Erstnotiz an einer Börse handelt.[283]

(iv) Es werden nur IPOs berücksichtigt, die nach Abschluss der Emission am Neuen Markt notieren. Die Tatsache, dass das Börsensegment Neuer Markt nur an der Frankfurter Wertpapierbörse existierte, erleichtert das Vorgehen insofern, dass nicht nach unterschiedlichen Börsenplätzen differenziert werden muss.

Das Datenmaterial, welches den empirischen Berechnungen zugrunde liegt, hat seinen Ursprung in verschiedenen Quellen. Die Daten für die Untersuchungen sind der Neuemissionsdatenbank der DEUTSCHEN BÖRSE AG,[284] einzelnen Publikationen der DEUTSCHEN BÖRSE AG oder Veröffentlichungen des DEUTSCHEN AKTIENINSTITUT E. V. entnommen. Das von der DEUTSCHEN BÖRSE AG zur Verfügung gestellte Dataset umfasst u. a. die *bookbuilding-*

---

[281] Dieses Vorgehen wird damit begründet, da bei SEOs der Kurs der emittierten jungen Aktien wesentlich durch den Börsenkurs der Altaktien bestimmt wird. Bei einem IPO ist hingegen ein solcher „Richtwert" nicht existent.

[282] Folgende Unternehmen kamen als Segmentwechsler an den Neuen Markt: Bertrandt AG (10. März 97), Mühl Product & Service AG (31. Juli 97), Qiagen N.V. (25. September 97), BB BIOTECH AG (10. Dezember 97), Pfeiffer Vacuum AG (15. APRIL 98), Tiptel AG (13. Mai 98), BB Medtech AG (08. Juli 98), Cybernet Internet Services International Inc.(09. Dezember 98), Micronas Semiconductor Holding AG (15. Juli 99), BroadVision Inc. (03. November 99), Integra S.A. (07. Dezember 99), GfN AG (13. Dezember 99), DICOM GROUP plc. (28. Januar 00), Mount10, Inc. (11. Februar 00), Electronics Line Ltd. (24. August 00), intelligence AG (04. September 00), Eurofins Scientific S. A. (26. Oktober 00), Fineco S.p.A. (27. Dezember 00), Mount10 Holding AG (15. Februar 01), Rofin-Sinar Technologies Inc. (02. Juli 01)

[283] Allerdings waren viele der am Neuen Markt notierten Unternehmen vor der Notierungsaufnahme am Neuen Markt bereits schon in ihrem Heimatland am Kapitalmarkt notiert und werden deshalb aufgrund des Punkte (ii) nicht in die Analyse einbezogen.

[284] Vgl. hierzu die Homepage der DEUTSCHEN BÖRSE AG unter: www.deutsche-boerse.com/ListingCenter.

Spanne, den IPO Tag, den Emissionspreis, den ersten Börsenkurs am Sekundärmarkt, die Anzahl der ausgegebenen Aktien, das Emissionsvolumen sowie die Höhe des *green-shoe*.[285] Die Daten wurden auf Plausibilität und Unstimmigkeiten überprüft und gegebenenfalls auf Grundlage der Emissionsprospekte korrigiert.[286]

Für die Analyse der langfristigen Performance der IPOs am Neuen Markt wurden Kursdaten von PRIMARK´S DATASTREAM und REUTERS AG zur Verfügung gestellt.[287] Bei den Kursdaten handelt es sich um tägliche Schlusskurse, die retrograd um Kapitalmaßnahmen bereinigt wurden.[288] Auch diese Kursdaten wurden wiederum auf Vollständigkeit und Richtigkeit überprüft. Weitaus schwieriger als die Sammlung der Kursdaten erwies sich die Kollektion der emissionsbezogenen Unternehmensdaten, wie z. B. Grundkapital und Anzahl der Mitarbeiter des IPO Unternehmens zum Zeitpunkt des Börsengangs, die begleitenden Emissionsbanken und das Emissionskonsortium. Diese Angaben sind, sofern möglich, den jeweiligen Emissionsprospekten entnommen worden.[289]

Aufgrund der zeitlichen und sachlichen Abgrenzung werden von den zwischen 1997 und 2003 insgesamt 358 am Neuen Markt notierten Unternehmen 30 Unternehmen aus der Untersuchung ausgeschlossen, so dass der Untersuchungsumfang für den Zeitraum vom 10. März 1997 bis zum 5. Juni 2003 insgesamt 328 IPO Unternehmen beträgt.[290] Eine Liste der in die Untersuchung einbezogenen Unternehmen findet sich in Anhang, Tabelle 46.[291]

---

[285] Vgl. auch die Ausführungen zum *green-shoe* im ersten Teil dieser Arbeit, Kapitel 1.3.2.

[286] Sind Daten nachträglich korrigiert worden, so ist dies durch eine Fußnote gekennzeichnet, in der die jeweilige Korrekturquelle angegeben ist.

[287] Mein Dank gilt dabei AXA Investment Managers, die mir bei der Zusammenstellung des Datenmaterials behilflich waren.

[288] Bei einer retrograden Bereinigung werden die Aktienkurse bereinigt, die vor dem Bereinigungsereignis liegen. Die bereinigten Kurse geben dann an, wie viel Kapital zu einem früheren Zeitpunkt in das Wertpapier hätte investiert werden müssen, um heute genau eine Aktie dieses Unternehmens zu besitzen. Ein wichtiger Vorteil des retrograden Verfahrens besteht darin, dass die aktuellen Kurse mit den bereinigten übereinstimmen. Kommt es zu mehreren Zeitpunkten zu Berichtigungen in einer Zeitreihe, dann werden die Bereinigungsfaktoren entsprechend der zeitlichen Abfolge der Bereinigungsereignisse retrograd multipliziert. Die Bereinigungsmethodik ist nachzulesen bei GÖPPL, H./ LÜDECKE, T./ SAUER, A., Finanzdatenbank, 1993, S. 1ff.

[289] Dabei wurden insgesamt mehr als 296 Emissionsprospekte analysiert. Trotz intensiver Bemühung waren nicht mehr alle Emissionsprospekte der untersuchten IPOs erhältlich.

[290] Es wurden aus der Untersuchung folgende Unternehmen aufgrund der sachlichen und zeitlichen Abgrenzung ausgeschlossen: ADS System AG, BB Biotech AG, BB Medtech AG, Bertrandt AG, BroadVision Inc., Cybernet Internet Services International Inc., DICOM Group plc., Electronics Line Ltd., Eurofins Scientific S. A., Fineco S.p.A., Fortec Elektronik AG, GfN AG, Integra S. A., itelligence AG, Kontron embedded computers AG, LHS Group Inc., Lobster Network Storage AG, Lösch Umweltschutz AG, Micronas Semiconductor Holding AG, Mount10 Holding AG, Mount10 Inc., Mühl Product & Service AG, Pankl Racing Systems AG, Pfeiffer Vacuum AG, Prodacta AG, Qiagen N. V., Rofin-Sinar Technologies Inc., Sero Entsorgung AG, Team Communications AG, Tiptel AG.

[291] Aufgrund der Größe des Stichprobenumfangs ist die zugrunde liegende Arbeit die bis dato umfangreichste Untersuchung zum Underpricing an einem Marktsegment des deutschen Kapitalmarkts. Vgl. auch die Ausführungen in Kapitel 3.4, in der ein Überblick über die wichtigsten Studien zum Underpricing auf dem deutschen Kapitalmarkt gegeben wird.

2.2 Methodische Vorgehensweise zur Berechnung des Underpricing und der langfristigen Performance der IPOs am Neuen Markt

Bei empirischen Untersuchungen im Allgemeinen und bei der Berechnung kurzfristiger sowie langfristiger IPO Renditen im Speziellen ist eine exakte Festlegung der Untersuchungsmethodik und deren ausführliche Darstellung erforderlich. Insbesondere bei der langfristigen Berechnung der Rendite müssen zahlreiche methodologische Vorgehensweisen festgelegt werden, die von dem Untersuchenden zu treffen sind. Diese Entscheidungen hinsichtlich der angestrebten Untersuchungsmethodik sind mit größter Sorgfalt vorzunehmen, damit systematische Verzerrungen der Untersuchungsergebnisse und daraus resultierende fehlerhafte Schlussfolgerungen vermieden werden. Die detaillierte Beschreibung der Untersuchungsmethodik wird in den beiden folgenden Kapiteln bewusst ausführlich vorgenommen, damit ein Vergleich mit anderen Studien ermöglicht wird bzw. zukünftige Studien einen Vergleich zu der vorliegenden Untersuchung ziehen können.

2.2.1 Berechnung der kurzfristigen IPO Rendite (IR)[292]

Die ökonometrische Vorgehensweise für die Analyse des kurzfristigen Underpricing entspricht im Wesentlichen den Methoden vergleichbarer US-amerikanischer Studien.[293] Die Berechnung der unbereinigten Emissionsrendite, die im Folgenden auch als *initial return* (IR) bezeichnet wird, erfolgt als Differenz zwischen dem ersten Börsenkurs K der Aktie i am ersten Börsentag und dem Emissionspreis E der Aktie i in Relation zum Emissionspreis E der Aktie i:[294]

(I) $\quad IR_i = \dfrac{K_{i,1} - E_{i,0}}{E_{i,0}} = \dfrac{K_{i,1}}{E_{i,0}} - 1$

mit

IR_i: Emissionsrendite bzw. *initial return* der Aktie i

$K_{i,1}$:   Erster Börsenkurs der Aktie i am ersten Handelstag

$E_{i,0}$:   Emissionspreis der Aktie i.

---

[292] IR steht dabei für *initial return*.
[293] Vgl. BOWMAN, R. G., Understanding, 1983, S. 561ff.
[294] Vgl. diesen Ansatz beispielsweise bei LEE/ TAYLOR/ WALTER (1996), SAUNDERS/ LIM, (1990) oder auch bei deutschen Untersuchungen, siehe hierzu KASERER/ KEMPF (1995), HUNGER (2001). Vgl. LEE, P. J./ TAYLOR, S. L./ WALTER, T. S., Returns, 1996, S. 153ff., vgl. SAUNDERS, A./ LIM, J., Underpricing, 1990, S. 291ff., vgl. KASERER, C./ KEMPF, V., Underpricing, 1995, S. 51., vgl. HUNGER, A., IPO, 2001, S. 34ff.

Für den Fall, dass $IR_i > 0$ ist, wird in der Literatur von Underpricing gesprochen. Ist hingegen $IR_i < 0$, so spricht man von Overpricing.[295]

Bei Gleichung (I) handelt es sich um eine unbereinigte IPO Rendite. In einigen empirischen Studien zum Underpricing wird gelegentlich der *initial return* um die Rendite einer Alternativinvestition, beispielsweise eines Marktportfolios (R_i^M), marktbereinigt.[296] In dieser Studie soll neben dem unbereinigten *initial return* auch der marktbereinigte *initial return* zu Vergleichszwecken ermittelt werden. Dazu wird der *initial return* um die Rendite eines Aktienindex bereinigt, in diesem Fall um die Rendite des NEMAX All-Share Index.[297] Gleichung (I) verändert sich dann zu Gleichung (II):

(II) $\qquad IR_{i,mb} = IR_i - R_i^M \qquad$ mit $\qquad IR_i = \dfrac{K_{i,1} - E_{i,0}}{E_{i,0}}$ und $R_i^M = \dfrac{K_{NEMAX,1} - K_{NEMAX,0}}{K_{NEMAX,0}}$,

mit

$IR_{i,mb}$:   Marktbereinigte Emissionsrendite bzw. *initial return* der Aktie i

IR_i: Emissionsrendite bzw. *initial return* der Aktie i

R_i^M: Rendite eines Marktportfolios i

$K_{i,1}$:   Erster Börsenkurs der Aktie i am ersten Handelstag

$E_{i,0}$:   Emissionspreis der Aktie i

$K_{NEMAX,1}$:   Schlusskurs des NEMAX All-Share am Tag des IPOs

$K_{NEMAX,0}$:   Schlusskurs des NEMAX All-Share am Handelstag vor der Börseneinführung.

Wie sich allerdings zeigen wird, bestehen weder ökonomisch noch statistisch signifikante Unterschiede zwischen der unbereinigten und der bereinigten Berechnung des *initial re-*

---

[295]   Bei dieser Basisformel ist das Underpricing eine reine ex post betrachtete diskrete Totalrendite. Kontinuierliche Totalrenditen werden nur vereinzelt in der Literatur verwendet, beispielsweise von TINIC, S. M., Anatomy, 1988, S. 804 oder von KOH, F./ WALTER, T., Test, 1989, S. 254.

[296]   Neben der Marktbereinigung wird der *initial return* vereinzelt auch um andere Einflüsse bereinigt, wie z. B. Zuteilungswahrscheinlichkeiten, Transaktionskosten, Sekundärmarktkursstützungen, Ausreißer bzw. Extremwerte, Brancheneinflüsse oder Marktphasenverschiebungen. Bei der kurzfristigen Analyse des Underpricing erscheint allerdings eine solche Bereinigung des *initial return* um derartige Faktoren nicht sinnvoll. EHRHARDT (1997) kann in seiner Studie nachweisen, dass die Korrelation der bereinigten und unbereinigten Renditen bei 0,995% liegt, so dass durch die Bereinigung der Renditen grundsätzlich keine zusätzlichen Erkenntnisse gewonnen werden können. Vgl. dazu EHRHARDT, O., Börseneinführungen, 1997, S. 88.

[297]   Vgl. dazu die Ausführungen in Kapitel 2.2.2.2.

turns.[298] Aus diesem Grund erfolgt die Interpretation sowie die Diskussion der Ergebnisse auf Basis der unbereinigten Berechnungsmethodik.

Die Analyse der Emissionsrenditen erfolgt auf Basis von Durchschnittswerten.[299] Die durchschnittliche Höhe des *initial returns* errechnet sich wie folgt:

(III) $\quad IR = \dfrac{1}{N} \sum\limits_{i=1}^{N} IR_i$

mit

IR: durchschnittliche Emissionsrendite der Stichprobe

IR_i: Emissionsrendite bzw. *initial return* der Aktie i

N: Anzahl der IPOs in der Stichprobe.

Der ermittelte *initial return* basiert auf den Annahmen einer vollständigen Zuteilung der Kauforders sowie auf einer Abstraktion von Steuern und Transaktionskosten. Da ex ante keine Informationen über eine spezielle Gewichtung der IPOs (z. B. nach der Börsenkapitalisierung) vorliegen, basiert die Handelsstrategie auf einer Gleichgewichtung des Zeichnungserfolges, d. h. in jedes IPO wird der jeweils gleiche Geldbetrag investiert. Die Wertpapiere werden zum ersten Börsenkurs unmittelbar wieder veräußert. Inwieweit diese Annahme am Neuen Markt als realistisch einzustufen sind, wird in Kapitel 3.5.1 diskutiert.

2.2.2 Berechnung der langfristigen IPO Performance (BHAR)[300]

Um zu überprüfen, ob die Ergebnisse aus der Berechnung der kurzfristigen IPO Rendite temporärer oder permanenter Natur sind, soll neben der Berechnung des *initial returns* auch die unbereinigte sowie die marktbereinigte Rendite der IPO Unternehmen 6, 12 und 24 Monate nach dem Börsengang ermittelt werden. Durch diese langfristige Performancemessung kann festgestellt werden, ob die Renditeentwicklung der IPOs am Neuen Markt von der durchschnittlichen Rendite eines Marktportfolios abweicht. Auf informationseffizienten Kapitalmärkten sollten sämtliche bewertungsrelevante Informationen in den Kursen verarbeitet sein, so dass es den Investoren nicht möglich ist, systematisch eine von der durchschnittlichen Marktrendite abweichenden Überrendite zu erzielen.[301] Um zu ermitteln, ob mit der

---

[298]   Auch andere Untersuchungen konstatieren, dass zwischen bereinigtem und unbereinigtem *initial return* kein signifikanter Unterschied besteht. Vgl. dazu BARRY, C./ JENNINGS, R. H., Price, 1993, S. 54ff., siehe auch STEIB, S./ MOHAN, N., Reunification, 1997, S. 115ff.

[299]   Dadurch lassen sich unternehmensspezifische Faktoren eliminieren. Vgl. auch GERKE, W./ FLEISCHER, J., Performance, 2001, S. 830f.

[300]   BHAR steht dabei als Abkürzung für *buy-and-hold abnormal return*.

[301]   Vgl. dazu auch SERFLING, K./ PAPE, U./ KRESSIN, T., Emissionspreisfindung, 1999, S. 294.

Zeichnung eines IPOs zum Emissionspreis E und der spätere Verkauf zum Zeitpunkt t am Sekundärmarkt eine überdurchschnittliche, d. h. abnormale Rendite erzielt werden konnte, wird der effektive Zeichnungserfolg um die Marktentwicklung eines approximativen Marktportfolios bzw. Marktindizes *(benchmark)* bereinigt.[302] Bei Berechnung der abnormalen Rendite muss zunächst bestimmt werden, welche der in der Literatur zur Auswahl stehenden Berechnungsmethoden in dieser Arbeit verwendet werden soll. Darüber hinaus muss definiert werden, um welche *benchmark*-Größe die berechnete Rendite des IPOs bereinigt wird. Da sowohl die Berechnungsmethode als auch die *benchmark*-Größe einen erheblichen Einfluss auf die Höhe der langfristigen Performance der IPOs haben, soll deren Auswahl im Folgenden erläutert werden.[303]

2.2.2.1 Auswahl der Berechnungsmethodik

Grundsätzlich stehen für die Berechnung der langfristigen Sekundärmarktperformance zwei unterschiedliche Ansätze zur Auswahl: die Verwendung von *cumulative abnormal returns* (CARs) oder die Verwendung von *buy-and-hold abnormal returns (BHARs)*, denen im Wesentlichen eine "Kauf-und-Halte" Strategie zugrunde liegt. Im Gegensatz zu den CARs besitzen die BHARs den Vorteil, dass sie nicht auf der impliziten Annahme einer periodischen Portfolioumschichtung beruhen.[304] So müsste bei der Berechnung von täglichen Renditen mittels der CAR Methode eine tägliche Umschichtung des Portfolios erfolgen. Diese Annahme ist aus Sicht der Investoren sehr umständlich und zudem aufgrund der bei realen Börsengeschäften bestehenden Transaktionskosten sehr kostenintensiv.[305] In den 70er und 80er Jahren wurde die CAR Methode zur Berechnung der langfristigen IPO Performance von verschiedenen Autoren für den US-amerikanischen Kapitalmarkt angewendet. Eine in der Literatur häufig verwendete CAR Methode ist die von FAMA/ FISHER/ JENSEN/ ROLL (1969).[306] Bei dieser Methode wird für jeden Monat nach der Börseneinführung das arithmetische Mittel der bereinigten Renditen sämtlicher einbezogener Beobachtungen berechnet. Im Anschluss daran wird über alle Monate des Betrachtungszeitraumes die Summe gebildet. Mathematisch lässt sich diese Vorgehensweise wie folgt ausdrücken:

---

[302] Vgl. auch UHLIR, H., Gang, 1989, S. 7.
[303] Vgl. ESPENLAUB, S./ GREGORY, A./ TONKS, A., Re-assessing, 2000, S. 319ff., vgl. LOUGHRAN, T./ RITTER, J. R., Tests, 2000, S. 361ff.

[304] Vgl. MAGER, F. B., Performance, 2001, S. 161.
[305] Darüber hinaus muss für die Anwendung der CAR Berechnungsmethodik, die Anzahl der in die Berechnung einzubeziehenden Unternehmen ex ante bekannt sein. Diese Annahme ist bei der Untersuchung von IPOs allerdings ex ante nicht erfüllbar. Vgl. AUSSENEGG, W., Going public, 2000, S. 77.
[306] Vgl. FAMA, E. F./ FISHER, L./ JENSEN, M. C./ ROLL, R., Adjustment, 1969, S. 1ff.

(IV) $\quad CAR_T^{FFJR} = \frac{1}{N} \sum_{t=1}^{T} \sum_{i=1}^{N} (R_{i,t} - R_{i,t}^{M})$

mit

CAR_T^{FFJR} : kumulierte durchschnittliche Überrendite nach FAMA/ FISHER/ JENSEN/ ROLL (1969) bei Marktbereinigung im Zeitraum t=1 bis T

$R_{i,t}$: Rendite des IPOs i im t-ten Monat nach der Börseneinführung

$R_{i,t}^{M}$: Rendite eines Marktportfolios in Monat t.

Allerdings wurde diese Vorgehensweise aufgrund der arithmetischen Mittelwertbildung kritisiert.[307] Eine arithmetische Mittelung von Renditen führt nämlich dazu, dass der errechnete Durchschnittswert höher liegt, als die langfristige Rendite in Wirklichkeit ist.[308] Das arithmetische Mittel von marktbereinigten Renditen würde also höher liegen, als die wahre langfristige Renditedifferenz tatsächlich ist.[309] Deshalb gingen verschiedene Untersuchungen dazu über, die kumulierten Überrendite nach SCHOLES (1972) und DIMSON/ MARSH (1986) zu berechnen. Im Gegensatz zu der Methode von FAMA/ FISHER/ JENSEN/ ROLL (1969) werden bei diesem Verfahren, die bereinigten IPO Renditen über die Zeit multiplikativ kumuliert und anschließend arithmetisch über alle einbezogenen Beobachtungen gemittelt.[310] Mathematisch lässt sich die Vorgehensweise wie folgt ausdrücken:

(V) $\quad CAR_T^{SDM} = \frac{1}{N} \sum_{i=1}^{N} \left(\prod_{t=1}^{T} (R_{i,t} - R_{i,t}^{M} + 1) \right) - 1$

mit

CAR_T^{SDM} : kumulierte durchschnittliche Überrendite nach SCHOLES (1972) und DIMSON/ MARSH (1986) im Zeitraum t=1 bis T.

Zwar ist die multiplikative Verknüpfung prinzipiell die richtige Vorgehensweise bei der Berechnung der langfristigen IPO Performance, doch wurden auch bei Anwendung dieses Verfahrens Messungenauigkeiten festgestellt, die bei der Berechnung der langfristigen Performance zu verfälschten Ergebnissen führen würden.[311]

---

[307] Vgl. dazu STEHLE, R./ EHRHARDT, O., Renditen, 1999, S. 1405ff.
[308] Vg. BEIKER, H., Überrenditen, 1993, S. 51ff.
[309] Ein Beispiel soll diese Problematik verdeutlichen: Steigt der Kurs einer Aktie in Periode 1 um +50%, fällt aber in Periode 2 um –50%, so ergibt sich - bei einer Veränderungsrate des zur Bereinigung verwendeten Index in beiden Perioden von 0% - ein arithmetisches Mittel der beiden (marktbereinigten) Monate von 0%. Nur bei der Anwendung des geometrischen Mittels der beiden Einzelrenditen würde die korrekte Durchschnittsrendite in Höhe von -25% ergeben. Siehe dazu STEHLE, R./ EHRHARDT, O., Renditen, 1999, S. 1406.
[310] Vgl. dazu SCHOLES, M., Market, 1972, S. 179ff. und DIMSON, E./ MARSH, P., Event, 1986, S. 113ff.
[311] Vgl. dazu das Beispiel bei STEHLE, R./ EHRHARDT, O., Renditen, 1999, S. 1407.

Aufgrund dieser Nachteile der Berechnungsmethoden, entwickelte sich in den 90er Jahren die Performancemessung auf Basis von *buy-and-hold-abnormal-returns* (BHARs). Mit diesem Performancemaß wird die durchschnittliche Differenz der Rendite einer Kapitalanlage aus IPO Aktien mit der Rendite einer Alternativanlage in einem Vergleichsportfolio auf Basis einer Geldeinheit ermittelt. Im Gegensatz zu CARs beruhen BHARs auf einer realistischen und ex ante implementierbaren Handelsstrategie.[312] Dieser Aspekt ist insbesondere bei der Untersuchung von langfristigen IPO Renditen von besonderer Bedeutung. Die Vorteilhaftigkeit von BHARs im Vergleich zu CARs,[313] hat dazu geführt, dass heutzutage in empirischen Untersuchungen die Berechnung der langfristigen Performance von Wertpapieren überwiegend auf Basis der BHAR Methode erfolgt. Auch in dieser Untersuchung wird deshalb die Performance der IPOs am Neuen Markt mit Hilfe des BHAR Ansatzes berechnet. Dabei kommt folgende Formel zur Anwendung:

(VI) $\qquad BHAR_T = \left[\frac{1}{N}\sum_{i=1}^{N}\left(\prod_{t=1}^{T}(R_{i,t}+1)\right)\right] - \left[\frac{1}{N}\sum_{i=1}^{N}\left(\prod_{t=1}^{T}(R_{i,t}^{M}+1)\right)\right]$

mit

$BHAR_T$: durchschnittlicher *buy-and-hold abnormal return* im Zeitraum t=1 bis T

$R_{i,t}$: Rendite des IPOs i im t-ten Monat nach der Börseneinführung

$R_{i,t}^{M}$: Rendite eines Marktportfolios i in Monat t

t: 6, 12 bzw. 24 Monate nach dem Börsengang.[314]

Eine Besonderheit der vorliegenden Untersuchung besteht darin, dass im Rahmen des BHARs Ansatzes die Rendite $R_{i,t}$ des IPOs i zum Zeitpunkt t und die Rendite $R_{i,t}^{M}$ des Marktportfolios i auf Basis verschiedener Bezugsgrößen ermittelt werden soll. Die Berechnung von $R_{i,t}$ und $R_{i,t}^{M}$ erfolgt dabei wie folgt:

(i) Auf Basis des Emissionspreises $E_{i,0}$ bzw. des Schlussstandes des Marktportfolios $K_{NEMAX,0}$ am Tag der Bekanntgabe des Emissionspreises $E_{i,0}$. Dadurch ergibt sich folgende Formel für die Berechnung der Rendite $R_{i,t}$ des IPOs i bzw. für die Berechnung der Rendite $R_{i,t}^{M}$ des Marktportfolios i:

---

[312] Vgl. ROSENTHAL, R. W./ WANG, R., Explanation, 1993, S. 609ff., vgl. AUSSENEGG, W., Going public, 2000, S. 77.

[313] Im Gegensatz zu den oben angeführten Problemen fallen bei einer *buy-and-hold* Strategie nur beim erstmaligen Kauf der Aktien und bei der Auflösung des Portfolios am Ende des Analysezeitraumes Transaktionskosten an. Vgl. die ausführliche Gegenüberstellung bei STEHLE, R./ EHRHARDT, O., Renditen, 1999, S. 1404ff.

[314] Für den Fall, dass das Ende des jeweiligen Zeitraums nicht auf einen offiziellen Handelstag fiel, wurde der Schlusskurs des nächsten Börsentages zur Berechnung der Rendite herangezogen. Vgl. AROSIO, R./ GIUDICI, G./ PALEARI, S., Market, 2001, S. 12.

(VII) $R_{i,t} = \dfrac{K_{i,t} - E_{i,0}}{E_{i,0}}$ bzw. $R_{i,t}^M = \dfrac{K_{NEMAX,t} - K_{NEMAX,0}}{K_{NEMAX,0}}$

mit

$K_{i,t}$:   Börsenkurs der Aktie i am Handelstag t

$E_{i,0}$:   Emissionspreis der Aktie i

$K_{NEMAX,t}$:   Schlusskurs des NEMAX All-Share zum Zeitpunkt t

$K_{NEMAX,0}$:   Schlusskurs des NEMAX All-Share am Handelstag vor der Börseneinführung

t: 6, 12 bzw. 24 Monate nach dem Börsengang.

Diese Vorgehensweise entspricht im Wesentlichen dem Konzept der Berechnung der bereinigten kurzfristigen *initial returns*, allerdings wird nunmehr nicht der erste Börsenkurs, sondern die Kurse des IPOs i bzw. des Indizes i für die Zeitpunkte 6, 12 bzw. 24 Monate nach dem IPO Tag ins Verhältnis zum Emissionspreis $E_{i,0}$ gesetzt. Diese Berechnungsweise der langfristigen Performance entspricht der in der Literatur regelmäßig verwendeten Berechnungsmethodik bei IPO Untersuchungen. Durch die Bereinigung der Überrenditen um den NEMAX All-Share Index kann untersucht werden, in welchem Ausmaß sich die langfristigen IPO Renditen von der Gesamtmarktentwicklung unterscheiden. Dadurch wird eine Aussage ermöglicht, ob sich die langfristige Performance der IPOs am Neuen Markt in den einzelnen Jahren besser oder schlechter als dieses Marktsegmentes entwickelt hat. Angesichts der Tatsache, dass bei den IPOs am Neuen Markt starke Überzeichnungen festzustellen waren, erfolgt in dieser Arbeit zudem eine weitere alternative Berechnung von $R_{i,t}$ und $R_{i,t}^M$, die im folgenden dargestellt wird.

(ii) Auf Basis des ersten Börsenkurses $K_{i,1}$ bzw. des Schlusskurses des Marktportfolios am Tag der Börseneinführung des IPOs. Die Berechnung der Rendite $R_{i,t}$ des IPOs i bzw. die Berechnung der Rendite $R_{i,t}^M$ des Marktportfolios i ergibt sich durch folgende Formel:

(VIII) $R_{i,t} = \dfrac{K_{i,t} - K_{i,1}}{K_{i,1}}$ bzw. $R_{i,t}^M = \dfrac{K_{NEMAX,t} - K_{NEMAX,1}}{K_{NEMAX,1}}$

mit

$K_{i,t}$:   Börsenkurs der Aktie i am Handelstag t

$K_{i,1}$:   Erster Börsenkurs der Aktie i

$K_{NEMAX,t}$: Schlusskurs des NEMAX All-Share zum Zeitpunkt t

$K_{NEMAX,1}$: Schlusskurs des NEMAX All-Share am ersten Börsentag des IPOs

t: 6, 12 bzw. 24 Monate nach dem Börsengang.

Mit Hilfe dieser alternativen Berechnungsmethode soll der Tatsache Rechnung getragen werden, dass es den Investoren i. d. R. nicht möglich war, ein IPO zum Emissionspreis zu erwerben.[315] In diesen Fällen mussten Investoren das IPO am Sekundärmarkt zum ersten Börsenkurs kaufen. Auf diese Weise kann ermittelt werden, ob es für die Investoren auch möglich gewesen wäre, eine langfristige Überrendite auf Basis des ersten Börsenkurses zu erzielen.

Darüber hinaus werden in dieser Untersuchung die durch obige Vorgehensweise errechneten marktbereinigten Überrenditen jeweils der unbereinigten langfristigen Rendite *(raw return)* gegenübergestellt. Diese Rendite wird auch als einfache *buy-and-hold*-Strategie (BHR) bezeichnet. Auf diese Weise soll der Einfluss der Marktbereinigung auf die langfristige IPO Performance analysiert und der tatsächliche Renditeverlauf der IPOs ohne jegliche Bereinigung dargestellt werden. Der Ablauf der im vierten Kapitel durchgeführten Performanceberechnungen lässt sich anhand von Abbildung 9 zusammenfassen:

Abbildung 9: Übersicht der durchgeführten Performanceberechnungen

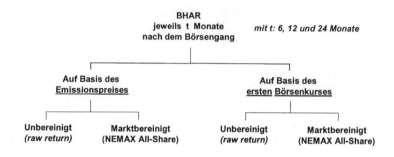

Quelle: Eigene Darstellung.

In der folgenden Untersuchung kommt neben diesen Berechnungsmethoden ein weiteres auf der *buy-and-hold*-Strategie basierendes Maß zur Evaluierung der Sekundärmarktperformance zur Anwendung: der *wealth relative* (WR). Bei diesem auf RITTER (1991) zurückgehenden Performancemaß wird die durchschnittliche Rendite für alle in die Untersuchung einbezogenen Wertpapiere berechnet (Gesamtwert des Zählers) und anschließend dem entsprechenden Wert für das alternative Marktportfolio (Gesamtwert Nenner) gegenübergestellt.[316] Mathematisch ausgedrückt gilt:

---

[315] Vgl. dazu auch die Ausführungen in Kapital 2.5.1.
[316] Vgl. dazu RITTER, J. R., Performance, 1991, S. 8.

$$(IX) \quad WR_T = \frac{\frac{1}{N}\sum\limits_{i=1}^{N}\left(\prod\limits_{t=1}^{T}(R_{i,t}+1)\right)}{\frac{1}{N}\sum\limits_{i=1}^{N}\left(\prod\limits_{t=1}^{T}(R_{i,t}^{M}+1)\right)} = \frac{\frac{1}{N}\sum\limits_{i=1}^{N}W_{i,T}}{\frac{1}{N}\sum\limits_{i=1}^{N}W_{i,T}^{M}}$$

mit

WR_T: *Wealth relative* nach RITTER (1991) für den Zeitraum t=1 bis t=T

$WR_{i,T}$: Endwert zum Zeitpunkt T einer Kapitalanlage von einer Geldeinheit in Aktie i zum ersten Monatsschlusskurs nach der Notizaufnahme (t=1)

$W_{i,T}^{M}$: Endwert zum Zeitwert T einer Kapitalanlage von einer Geldeinheit in t=1 in ein Marktportfolio für Aktie i.

Ein WR größer (kleiner) eins bedeutet, dass die IPOs im Durchschnitt eine bessere (schlechtere) Renditeentwicklung als die ihnen zugeordneten alternativen Marktportfolios aufweisen.

Letztlich sei noch die Handelsstrategie erwähnt, auf der die Berechnung der langfristigen Performance basiert. Zunächst wird das IPO i entweder zum Emissionspreis oder alternativ am ersten Handelstag zum ersten Börsenkurs sowie sein *benchmark* gekauft. Danach wird IPO i und sein *benchmark* an einem Handelstag T, der 6, 12 und 24 Monate nach diesem Kaufdatum liegt, verkauft.[317] Genau wie bei der Berechnung der kurzfristigen IPO Renditen liegen auch bei der langfristigen Performanceberechnung ex ante keine Informationen über eine spezielle Gewichtung der IPOs (z. B. nach der Börsenkapitalisierung) vor, so dass die Handelsstrategie wieder auf einer Gleichgewichtung des Zeichnungserfolges basiert, d. h. in jedes IPO wird der jeweils gleiche Geldbetrag investiert. Ein besonderes Problem bei der Berechnung der langfristigen Performance am Neuen Markt ergibt sich dadurch, dass es bei 33 IPO Unternehmen innerhalb des betrachteten Zeitraumes von 24 Monaten nach Börseneinführung zu einer Notierungslöschung *(delisting)* kam.[318] Mit den 33 IPO Unternehmen, die während des Untersuchungszeitraumes aus dem Neuen Markt ausgeschieden sind, wird in der Untersuchung folgendermaßen verfahren:

---

[317] Für den Fall, dass das Ende des jeweiligen Zeitraums nicht auf einen offiziellen Handelstag fiel, wurde der Schlusskurs des nächsten Börsentages zur Berechnung der Rendite herangezogen.

[318] Vgl. zu den Gründen einer Notierungslöschung am Neuen Markt die Ausführungen im ersten Teil dieser Arbeit, Kapitel 2.2.

(i)   IPOs, deren Notierung am Neuen Markt freiwillig oder unfreiwillig eingestellt wurde, die daraufhin aber in den Geregelten Markt wechselten und für die somit weiterhin ein Börsenkurs ermittelbar war, werden in der Untersuchung der langfristigen Performance - wie alle anderen Unternehmen - mit dem zum Zeitpunkt T aktuellen Börsenkurs berücksichtigt.

(ii)   IPOs, bei denen es vor dem Zeitpunkt T zu einer Notierungslöschung aufgrund einer Unternehmensübernahme kam, werden in der folgenden Berechnung so behandelt, dass sie an ihrem letzten Handelstag verkauft und der Erlös bis zum Zeitpunkt T in das *benchmark* investiert wird.

(iii)   IPOs, die aufgrund eines Konkurses keine vollständige Kursreihe besaßen, werden mit einem Kurs von 0 bei der langfristigen Performanceberechnung berücksichtigt.[319]

Durch die Berücksichtigung derjenigen IPOs, die zum Zeitpunkt T nicht mehr am Neuen Markt notiert waren, wird der in der Literatur häufig anzutreffende *survivorship bias* vermieden.[320] Der *survivorship bias* besteht darin, dass die langfristige Performance nur auf Basis der IPOs berechnet wird, die bis zum Handelstag T „überlebt" haben. Würden nur IPOs mit vollständigen Kursreihen in die Untersuchung aufgenommen, dann würden in keinem Fall die negativen abnormalen Renditen von Konkursunternehmen in die Berechnung der durchschnittlichen Überrendite einbezogen. Durch die Berücksichtigung des Totalverlustes von −100% lässt sich somit die Überrendite ermitteln, die solche Anleger erwarten können, die alle IPOs zeichnen. Durch das gewählte Vorgehen wird somit eine Überschätzung der langfristigen IPO Performance vermieden.

2.2.2.2 Auswahl des Vergleichsportfolios (*benchmark*)

Die Wahl des alternativen Vergleichsportfolios, das zur Bereinigung der langfristigen Renditen der IPOs eingesetzt wird, hat erheblichen Einfluss auf die Höhe der langfristigen Performance der IPOs am Neuen Markt. Grundsätzlich existieren in der Literatur drei Bereinigungsansätze, die alternativ eingesetzt werden, um die abnormale Rendite von IPOs messen zu können:

(i)   Die erste Möglichkeit besteht darin, ein Vergleichsunternehmen *(matching firm)* für jedes IPO zu finden.[321] Die Rendite des IPOs wird dann um die erzielte Rendite der *matching firms* bereinigt. Üblicherweise besitzen *matching firms* ähnliche Charakteristika wie das IPO selbst, beispielsweise hinsichtlich Branchenzugehörigkeit, Unterneh-

---

[319]   Vgl. zu diesem Vorgehen auch Döhrmann, A., Underpricing, 1990, S. 94.
[320]   Vgl. Brown, S. J./ Goetzmann, W./ Ibbotson, R. G./ Ross, S. A., Survivorship, 1992, S. 553ff.
[321]   Vgl. dazu auch die Untersuchung von Stehle, R./ Ehrhardt, O./ Przyborowsky, R., Stock, 2000, S. 173ff.

mensgröße, Marktkapitalisierung oder Buchwert-Marktwert Relation.[322] Da diese Vorgehensweise eine sehr große Anzahl an *matching firms* voraussetzt, kann sie i. d. R.
nur auf etablierten größeren Aktienmärkten, die über eine entsprechend hohe Anzahl
börsennotierter Unternehmen verfügen, angewendet werden.[323]

(ii) Für einen jungen Markt, so wie es der Neue Markt war, kann nach der unter (i) beschriebene Vorgehensweise nicht verfahren werden, da nur eine relativ geringe Anzahl
potentieller *matching firms* zur Verfügung steht. In diesem Fall werden in vielen IPO
Studien Aktienmarktindizes als *benchmark* verwendet.[324] In dieser Studie wird - wie
teilweise schon aus den Formeln in Kapitel 2.2.2 ersichtlich ist - ebenfalls ein Aktien-
marktindex, der NEMAX All-Share Index, zur Bereinigung der langfristigen abnormalen
Performance der IPOs am Neuen Markt verwendet.[325] Ein Nachteil von Aktienmarktindizes als *benchmark* besteht darin, dass die Indizes selbst mit IPOs „kontaminiert" sein
können. Dadurch werden in gewisser Weise IPOs miteinander verglichen, so dass
spezielle IPO Effekte nur verzerrt gemessen werden können. Das kann zu folgendem
Problem führen: Wird eine langfristige abnormale negative Performance ermittelt, dann
führt ein mit IPOs „kontaminierter" Index zu einer Unterschätzung dieser negativen
Performance.[326] Mit anderen Worten würde die ausgewiesene negative abnormale
Performance ohne IPOs im Index entsprechend stärker negativ ausfallen. In der vorliegenden Untersuchung muss diese Ungenauigkeit hingenommen werden. Allerdings
sollten die Ergebnisse durch diese Problematik nicht zu stark verzerrt werden, da am
Neuen Markt in sehr kurzer Zeit sehr viele IPOs emittiert wurden und somit der beschriebene Effekt nicht sonderlich ausgeprägt ist.[327]

(iii) Eine weitere, allerdings in der Literatur eher selten angewandte Alternative zur Verwendung von Aktienmarktindizes als *benchmark*, besteht in der Bildung so genannter
Vergleichsportfolios ohne IPOs aus verschiedenen Vergleichsunternehmen. Dadurch
entfällt zwar eine mögliche „Kontaminierung" des *benchmarks* mit IPOs, doch gestattet
diese Methode ein hohes Maß an subjektiver Zuordnung von Vergleichsunternehmen,
so dass die Frage erlaubt sein muss, ob diese Art von *benchmark* im Zweifelsfall nicht

---

[322] Vgl. zum Buchwert-Marktwert Effekt beispielsweise FAMA, E. F./ FRENCH, K. R., Cross-section, 1992,
S. 427ff.
[323] Vgl. dazu auch AUSSENEGG, W., Going public, 2000, S. 82.
[324] Vgl. dazu beispielsweise KUNZ, R. M./ AGGARWAL, R., Initial public offerings, 1994, S. 705ff. für die Schweiz
und KELOHARJU, M., Winner's curse, 1993, S. 251ff. für Finnland und GERKE, W./ FLEISCHER, J., Performance, 2001, S. 830f. für Deutschland.
[325] Vgl. zu den Anforderungen, die ein Aktienindex zu erfüllen hat, KLEEBERG, J. M., Eignung, 1991, S. 56ff.
[326] Vgl. AUSSENEGG, W., Going public, 2000, S. 83.
[327] Allerdings muss konstatiert werden, dass der NEMAX All-Share erst im Jahre 1999 eingeführt wurde. Bis zu
diesem Zeitpunkt wurde die Wertentwicklung des Marktsegmentes lediglich durch den Neuen Markt-Index
berechnet. Da besonders im Jahr 1997 nur 11 Unternehmen in diesem Index enthalten waren, dürfte der
oben diskutierte Effekt auch in dieser Untersuchung auftreten.

zu einer noch größeren Verzerrung führt als die unter Umständen IPO „kontaminierte" Benutzung eines Aktienmarktindizes.

2.2.2.3 Überprüfung der statistischen Signifikanz

Mit Hilfe ausgewählter statistischer Tests soll überprüft werden, ob die ermittelten durchschnittlichen Emissionsrenditen und langfristigen Überrenditen signifikant von Null verschieden sind. Dabei wird in dieser Untersuchung jeweils die Nullhypothese H_0: IR=0 (BHAR$_T$=0) gegen die Alternativhypothese H_A: IR≠0 (BHAR$_T$≠0) getestet. Um entscheiden zu können, ob das Stichprobenergebnis die Nullhypothese (H_0) stützt oder nicht, wird über eine geeignete Funktion aus den Testergebnissen eine Prüfgröße (Teststatistik) ermittelt.[328] Der Wertebereich dieser Teststatistik wird in den kritischen Bereich (Ablehnungsbereich) und in den nicht kritischen Bereich (Nichtablehnungsbereich) unterteilt. Liegt die ermittelte Prüfgröße in dem kritischen Bereich, dann ist die Nullhypothese H_0 zu verwerfen und es gilt die Alternativhypothese. Liegt die Prüfgröße dagegen in dem nicht kritischen Bereich, so wird die Nullhypothese nicht zugunsten der Alternativhypothese verworfen.[329]

Um die Ergebnisse in dieser Arbeit auf statistische Signifikanz zu überprüfen, werden verschiedene Tests durchgeführt. Zum einen kommt der in der Literatur als Standardtest etablierte t-Test zur Anwendung, der voraussetzt, dass die Emissionsrenditen normalverteilt sind. Die Prüfgröße für den t-Test lautet:

$$(X) \quad t_{IR} = \frac{IR}{\frac{1}{\sqrt{N}}\sqrt{\frac{1}{N-1}\sum_{i=1}^{N}(IR_i - IR)^2}} \quad \text{bzw. } t_{BHAR_T} = \frac{BHAR_T}{\frac{1}{\sqrt{N}}\sqrt{\frac{1}{N-1}\sum_{i=1}^{N}(BHAR_{i,t} - BHAR_T)^2}}.^{[330]}$$

Liegt der t-Wert in dem kritischen Bereich der jeweils vorgegebenen Testschranken der t-Verteilung mit (n-1) Freiheitsgraden, dann wird die Nullhypothese, dass die Emissionsrenditen bzw. die langfristigen Überrenditen gleich Null sind, mit gegebener Irrtumswahrscheinlichkeit abgelehnt.[331]

---

[328] In der statistischen Literatur hat sich dafür auch der Begriff Teststatistik eingebürgert. Vgl. dazu SACHS, L., Statistik, 2002, S. 189f.
[329] Vgl. dazu auch die Ausführungen bei SACHS, L., Statistik, 2002, S. 189ff.
[330] Mit N-1 Freiheitsgraden.
[331] Für N>30 unterscheidet sich die t-Verteilung nur noch kaum von der Normalverteilung.

Da sich in der Literatur allerdings immer wieder Hinweise finden,[332] dass die Verteilung der Emissionsrenditen sowie insbesondere die Verteilung der langfristigen Überrenditen asymmetrisch ist und sich deshalb nur unzureichend durch eine Normalverteilung approximieren lässt, werden neben dem t-Test zusätzlich noch zwei weitere Tests durchgeführt.

(i) Um die Verzerrungen in den Teststatistiken aufgrund der Schiefe der Verteilung der errechneten Überrenditen zu berücksichtigen, empfehlen LYON/ BARBER und TSAI (1999) eine *bootstrapped skewness-adjusted* t-Statistik zu verwenden.[333] Die um die Schiefeeffekte angepasste Teststatistik, die für die langfristigen Überrenditen (BHAR) zusätzlich berechnet werden, lautet:

(XI) $$t_{BHAR_{T,skewness\,adjusted}} = \sqrt{N}\left(S + \frac{1}{3}?S^2 + \frac{1}{6N}?\right)$$

$$\text{mit} \quad S = \frac{BHAR_t}{s(BHAR_{i,t})} \quad \text{und} \quad \gamma = \frac{\sum_{i=1}^{N}(BHAR_{i,t} - BHAR_t)^3}{N[s(BHAR_{i,t})]^3},$$

wobei $BHAR_T$ den Mittelwert und $\sigma(BHAR_{i,t})$ die Standardabweichung der BHARs über N IPOs repräsentiert. γ stellt einen Schätzer für die Schiefe der Verteilung dar. Die zur t-Teststatistik $t_{BHAR_{T,skewness\,adjusted}}$ gehörenden Signifikanzwerte sind nicht tabelliert und werden deshalb über ein *bootstrapping* Verfahren ermittelt. Dazu wird die Verteilung der Teststatistik $t_{BHAR_{T,skewness\,adjusted}}$ über eine *resampling* Prozedur simuliert.[334]

(ii) Darüber hinaus wird der WILCOXON-Rangtest für den Median angewendet.[335] Während der parametrische t-Test eine Normalverteilung der untersuchten Renditen fordert, bedarf es beim nicht-parametrischen WILCOXON-Rangtest keiner Normalverteilung der Renditen.[336] Beim WILCOXON-Rangtest werden zunächst in einem ersten Schritt die Beträge der Emissionsrenditen (bzw. der Überrenditen) in eine aufsteigende Rangfolge gebracht und entsprechende Rangzahlen zugeordnet. Danach wird jeder Rangzahl das Vorzeichen der dazugehörigen Emissionsrendite (bzw. Überrendite) zugeordnet.

---

[332] Vgl. SAPUSEK, A., Verteilungseigenschaften, 1993, S. 181ff., vgl. GERTH, H./ NIERMANN, S., Kapitalmarkteffizienz, ohne Jahrgang, S. 7f.

[333] Eine detaillierte Darstellung des *bootstrapping*-Verfahrens findet sich bei BARBER, B. M./ LYON, J. D./ TSAI, C.-L., Methods, 1999, S. 165ff., siehe auch BARBER, B. M./ LYON, J. D., Size, 1997, S. 341ff., vgl. auch MOONEY, C. Z./ DUVAL, R. D., Bootstrapping, 1993, S. 1ff., vgl. GONCALVES, S./ KILIAN, L., Bootstrapping, 2002, S. 1ff.

[334] Vgl. dazu auch die Ausführungen bei AUSSENEGG, W., Going public, 2000, S. 85, vgl. auch MOONEY, C. Z./ DUVAL, R. D., Bootstrapping, 1993, S. 1ff.

[335] Vgl. dazu MAGER, F. B., Performance, 2001, S. 155.

[336] Vgl. CORRADO, C. J., Test, 1989, S. 385ff., vgl. BRECKLING, J./ SASSIN, O., Approach, 1996, S. 241ff., vgl. CAMPBELL, J. Y./ MELINO, A., Methods, 1990, S. 1ff., vgl. SAPUSEK, A., Performance, 1998, S. 8f., vgl. LÜTKEPOHL, H./ TSCHERNING, R., Verfahren, 1996, S. 145ff.

Im Anschluss daran werden die positiven Rangzahlen zur Prüfgröße W^+ aufsummiert.

Die Prüfgröße für Stichproben mit N>25 ergibt sich durch:

(XII) $\quad Z = \dfrac{W^+ - \dfrac{N(N+1)}{4}}{\sqrt{\dfrac{N(N+1)(2N+1)}{24}}}$, die approximativ standard-normalverteilt ist.[337]

Grundsätzlich sind beim Testen einer Nullhypothese H_0 zwei Fehlentscheidungen möglich:

(i) H_0 wird abgelehnt, obwohl H_0 wahr ist (Fehler erster Art)[338]

(ii) H_0 wird nicht abgelehnt, obwohl H_0 falsch ist (Fehler zweiter Art).[339]

Aus diesem Grund wird bei Signifikanztests die Wahrscheinlichkeit für den Fehler erster Art durch ein Signifikanzniveau beschränkt. Das Signifikanzniveau in dieser Arbeit wird auf 1%, 5% und 10% festgesetzt.

2.2.2.4 Anmerkungen zur methodischen Vorgehensweise

Letztlich ist anzumerken, dass mit Beginn der Europäischen Währungsunion zum 1. Januar 1999 alle Emissions- und Börsenpreise der Jahre vor diesem Stichtag mit dem offiziellen Umrechnungsfaktor von 1 EUR = 1,95583 DEM umgerechnet wurden.[340] Die Auswertung der Berechnungsergebnisse erfolgt mit Hilfe einer deskriptiven Darstellung des Datenmaterials anhand von geeigneten Lageparametern, durch welche die Ergebnisse veranschaulicht werden sollen. Dabei wird beispielsweise auf das arithmetische Mittel, den Median, die Standardabweichung, die Schiefe und die Wölbung zurückgegriffen. Weitere in dieser Untersuchung angewandte Methoden werden bei Einsatz in dem jeweiligen Kapitel erläutert.

---

[337] Vgl. SACHS, L., Statistik, 2002, S. 411, siehe auch GERKE, W./ FLEISCHER, J., Performance, 2001, S. 832.
[338] Die Wahrscheinlichkeit einen Fehler erster Art zu begehen beträgt α.
[339] Die Wahrscheinlichkeit einen Fehler zweiter Art zu begehen beträgt β. Die beiden Fehler sind nicht unabhängig voneinander. Je größer α ist, desto breiter wird der Ablehnungsbereich und desto niedriger ist die Wahrscheinlichkeit, eine falsche Nullhypothese nicht abzulehnen. Vgl. dazu auch die Ausführungen bei SACHS, L., Statistik, 2002, S. 189ff.
[340] Gleiches gilt für alle weiteren Währungsangaben, wie z. B. dem Grundkapital oder dem Emissionsvolumen.

3 Empirische Untersuchungen zum Underpricing Phänomen am Neuen Markt

3.1 Underpricing im Zeitraum von 1997 bis 2003

Für den Betrachtungszeitraum zwischen dem 10. März 1997 und dem 5. Juni 2003 ergibt sich für die 328 IPO Unternehmen des Neuen Marktes ein durchschnittliches Underpricing in Höhe von 48,54% (vgl. Tabelle 1).[341] Ein Investor, der in jedes IPO am Neuen Markt den gleichen Geldbetrag investierte, und diesen Anteil nach erfolgreicher Zuteilung unmittelbar am ersten Börsentag zum ersten Börsenkurs verkauft hat, konnte folglich eine systematische Überrendite in Höhe von 48,54% erzielen.[342]

Tabelle 1:   *Underpricing am Neuen Markt für die Jahre von 1997 bis 2003*

	1997	1998	1999	2000	2001	2002	2003	1997-2003
N	11	41	131	133	11	1	0	328
IR	56,06%	78,92%	44,37%	46,24%	9,43%	2,44%	n/a	48,54%
STABW	46,46%	78,87%	68,61%	74,19%	28,80%	0,00%	n/a	71,63%
Median	42,02%	51,10%	13,33%	15,79%	0,00%	2,44%	n/a	18,34%
IR Minimum	0,60%	1,11%	-13,33%	-25,00%	-21,20%	2,44%	n/a	-25,00%
IR Maximum	142,62%	308,14%	360,87%	433,33%	85,70%	2,44%	n/a	433,33%
IR>0 (relativ)	100,00%	100,00%	75,57%	75,94%	36,36%	100,00%	n/a	78,35%
IR=0(relativ)	0,00%	0,00%	13,74%	12,03%	36,36%	0,00%	n/a	11,58%
IR<0 (relativ)	0,00%	0,00%	10,69%	12,03%	27,28%	0,00%	n/a	10,06%
Schiefe	0,73	1,28	2,10	2,44	2,20	n/a	n/a	2,10
Wölbung	-0,49	1,06	4,62	7,52	5,28	n/a	n/a	5,17
t-Test t-Wert	4,00***	6,41***	7,40***	7,19***	1,09	n/a	n/a	12,27***
(p-Wert)	(0,003)	(0,000)	(0,000)	(0,000)	(0,303)	n/a	n/a	(0,000)
WILCOXON z-Wert	-2,93+++	-5,58+++	-8,24+++	-7,89+++	-0,68	n/a	n/a	-13,17+++
Rangtest (p-Wert)	(0,003)	(0,000)	(0,000)	(0,000)	(0,499)	n/a	n/a	(0,000)

N: Anzahl der untersuchten IPO Unternehmen; IR: initial return; STABW: Standardabweichung; IR>0: Anteil der positiven Emissionsrenditen; IR=0: Anteil der Emissionsrenditen die Null sind; IR<0: Anteil der negativen Emissionsrenditen; n/a: nicht ermittelbar.
*t-Test: * Signifikanzniveau von 10%, ** Signifikanzniveau von 5%, *** Signifikanzniveau von 1%.*
WILCOXON-Rangtest: + Signifikanzniveau von 10%, ++ Signifikanzniveau von 5%, +++ Signifikanzniveau von 1%.
Anmerkung: Einige Statistik Softwarepakete errechnen die Irrtumswahrscheinlichkeiten (p-Werte) auf drei Dezimalstellen gerundet. Eine Irrtumswahrscheinlichkeit von 0,000 bedeutet also, dass die Irrtumswahrscheinlichkeit kleiner als 0,0005 (oder 0,05%), nicht aber, dass sie Null ist.
Quelle: Eigene Berechnungen.

---

[341] Das ermittelte durchschnittliche Underpricing am Neuen Markt ist deutlich höher als das durchschnittliche Underpricing, das im Rahmen früherer Untersuchungen am deutschen Kapitalmarkt festgestellt worden ist. Vgl. dazu Tabelle 6.

[342] Inwieweit die zur Erreichung dieser systematischen Überrendite erforderlichen Prämissen in der Realität am Neuen Markt vorzufinden waren, wird in Kapitel 3.5.1 diskutiert. An dieser Stelle sei bereits angemerkt,

Das ermittelte durchschnittliche Underpricing ist für die Jahre von 1997 bis 2003 sowohl nach dem t-Test als auch nach dem WILCOXON-Rangtest auf dem 1%-Niveau signifikant.[343] Für den Neuen Markt kann somit die Existenz des Underpricing Phänomens für den Zeitraum von 1997 bis 2003 eindeutig bestätigt werden.

Tabelle 1 zeigt allerdings, dass das Underpricing in den Jahren 1999 und 2000 im Vergleich zu den Jahren 1997 und 1998 deutlich zurückgegangen ist. Erreicht das durchschnittliche Underpricing im Jahre 1997 noch eine Höhe von 56,06% bzw. im Jahr 1998 sogar 78,92%, so beträgt es in den Jahren 1999, 2000 und 2001 nur noch 44,37%, 46,24% und 9,43%.[344] Mit dem Rückgang des Underpricing sinkt gleichzeitig auch der Wert des Medians. Während der Median im Jahr 1998 noch bei 51,10% liegt, fällt er in den Jahren 1999 und 2000 auf einen Wert von 13,33 % bzw. 15,79%. Trotzdem steigt die Differenz zwischen dem Median und dem *initial return* in diesen Jahren im Vergleich zu den Jahren davor deutlich an. Dies deutet darauf hin, dass das durchschnittliche Underpricing in den Jahren 1999 und 2000 besonders stark durch Ausreißer beeinflusst wurde.[345] Diese Vermutung wird bestätigt, wenn die Spannweite,[346] d. h. die Differenz zwischen dem Minimalwert und dem Maximalwert der Emissionsrenditen für die einzelnen Jahre analysiert wird. Beträgt die Spannweite im Jahr 1997 noch 142,02 Prozentpunkte, so vergrößert sie sich 1998 auf 307,03 bzw. auf 374,20 Prozentpunkte im Jahr 1999 und steigt schließlich sogar auf 458,33 Prozentpunkte für das Jahr 2000 an.[347]

---

[343] dass die IPOs am Neuen Markt durchgängig alle so stark überzeichnet waren, dass nur ein geringer Bruchteil der Zeichnungswilligen auch eine Zuteilung erhielten.
Allerdings kann im Jahr 2001 die Nullhypothese aufgrund der geringen Testwerte nicht verworfen werden. Die Folge ist, dass der *initial return* für das Jahr 2001 nicht signifikant von Null verschieden ist und somit für das Jahr 2001 statistisch kein Underpricing Phänomen bestätigt werden kann. Die Ergebnisse des t-Tests und des WILCOXON-Rangtests für das Jahr 2001 dürfen allerdings nicht dazu führen, dass die festgestellte Underpricing Phänomen für den Neuen Markt für die Jahre 1997 bis 2003 in seiner Gesamtheit in Frage gestellt wird. Zum einen handelt es sich lediglich um eine einzelne isolierte Betrachtung des Underpricing für das Jahr 2001. Zum anderen ist der Untersuchungsumfang des Jahres 2001 mit 11 IPOs im Vergleich zu den anderen Jahren (1998: 41 IPOs, 1999: 131 IPOs und 2000: 133 IPOs) sehr klein. Ein kleiner Stichprobenumfang gekoppelt mit einem niedrigen Signifikanzniveau, so wie es in dieser Untersuchung der Fall ist, macht sich aber in einer unerwünschten Senkung der Aussagekraft des Tests bemerkbar. Insofern sollten die Ergebnisse der Signifikanztests für das Jahr 2001 nicht überbewertet werden. Für die Jahre 2002 und 2003 ist es aufgrund des kleinen Untersuchungsumfangs gar nicht erst sinnvoll, eine Überprüfung der Nullhypothese vorzunehmen. Im Jahr 2002 wird lediglich ein Unternehmen am Neuen Markt emittiert, 2003 kommt es zu einem vollständigen Erliegen des IPO Marktes und es wird keine einzige Neuemission vorgenommen.

[344] Das Underpricing im Jahr 2002 in Höhe von 2,44% basiert lediglich auf einem einzelnen IPO. Aufgrund der mangelnden statistischen Repräsentativität dieses Wertes wird sich im weiteren Verlauf dieser Untersuchung nur peripher auf dieses Ergebnis bezogen.

[345] Schließt man beispielsweise die drei größten positiven Ausreißer bei den Emissionsrenditen (433,33%, 340,00% und 322,80%) aus dem Untersuchungsumfang aus, so verringert sich das durchschnittliche Underpricing für das Jahr 2000 von 46,24% auf 38,87%.

[346] Die Spannweite R ist das einfachste aller Streuungsmaße und errechnet sich aus der Differenz zwischen dem größten und dem kleinsten Wert innerhalb einer Stichprobe.

[347] Die niedrigste Emissionsrendite ist auf das IPO der Neue Sentimental Film AG am 22. November 2000 zurückzuführen, die höchste Emissionsrendite mit 433,33% verzeichnete das IPO der BIODATA Information Technology AG am 22. Februar 2000.

Im Jahr 1999 können erstmals negative *initial returns* beobachtet werden.[348] Während in den Jahren 1997 und 1998 sämtliche *initial returns* größer Null sind,[349] kommt es im Jahr 1999 bei 14 der 131 platzierten IPOs (10,69%) zu einem Overpricing. Im Jahr 2000 ist der erste Sekundärmarktkurs bereits bei 16 der 133 IPOs (12,03%) niedriger als der Emissionspreis. Von den insgesamt 328 untersuchten IPOs weisen zwischen 1997 und 2003 mehr als 78% der IPOs ein Underpricing, d. h. einen positiven *initial return* auf, während ca. 12% *fully priced* und 10% der IPOs mit einem Overpricing emittiert werden. Der Median für die 328 IPOs liegt bei 18,34%. Die Standardabweichung ist mit 71,63% auffallend hoch.

Aufgrund der oben genannten Lageparameter ergibt sich eine Verteilung der Emissionsrenditen, die deutlich linkssteil bzw. rechtsschief ist. Der Befund einer linkssteilen Verteilung der Emissionsrenditen ist konform mit den Ergebnissen anderer in- und ausländischer Untersuchungen zum Underpricing.[350] Diese asymmetrische Verteilung der Emissionsrenditen wird besonders deutlich, wenn die relative Häufigkeitsverteilung der Underpricing Werte in einem Histogramm dargestellt wird.

Abbildung 10: Histogramm der initial returns für den Zeitraum von 1997 bis 2003

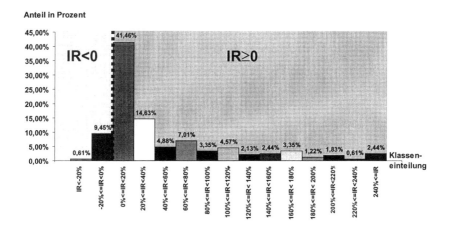

Quelle: Eigene Berechnungen.

---

[348] Am 21. April 1999 beträgt die Emissionsrendite der Rhein Biotech N.V. –3,00%. Damit kommt es erstmalig nach mehr als zwei Jahren am Neuen Markt bei dem 75. IPO zu einem Overpricing.

[349] In den Jahren 1997 und 1998 konnten die Investoren folglich mit jeder Emission einen systematischen und annähernd risikofreien Vermögenszuwachs erzielen, sofern das IPO direkt nach erfolgter Zuteilung zum ersten Börsenkurs verkauft wurde. Dadurch entwickelte sich ein extrem starkes Interesse der Anleger an den Börsengängen des Neuen Markt und es kam aufgrund des Nachfragesogs zu immer höheren Überzeichnungen der IPOs.

[350] Für den deutschen Markt bestätigt beispielsweise EHRHARDT (1997) dieses Phänomen, für den europäischen Markt weisen KUNZ/ AGGARWAL (1994) die linkssteile Verteilung nach. Vgl. hierzu EHRHARDT, O., Börseneinführungen, 1997, S. 82ff. und KUNZ, R. M./ AGGARWAL, R., Initial public offerings, 1994, S. 705ff.

Das Histogramm in *Abbildung 10* verdeutlicht, dass der positive Ast der Verteilungsfunktion deutlich länger ist als der negative Ast. Annähernd 90% der *initial returns* sind positiv bzw. Null. Auffallend ist ferner, dass sich mehr als 41,46% aller *initial returns* in dem Klassenbereich von 0 bis 20% befinden. Noch 2,44% des Untersuchungsumfanges weist eine Emissionsrendite von größer bzw. gleich 240% auf. Zudem wird aus *Abbildung 10* ersichtlich, dass der Anteil der Emissionen, die ein Underpricing Niveau von mehr als 20% aufweisen, fast 50% beträgt und auffallend hoch ist.

Abschließend werden die marktbereinigten Emissionsrenditen der IPOs des Neuen Marktes ermittelt. Der marktbereinigte durchschnittliche *intial return* der 328 untersuchten IPOs beträgt 48,82% (vgl. Tabelle 2). Zwischen den marktbereinigten und den unbereinigten Renditen sind in den einzelnen Jahren keine statistisch signifikanten Unterschiede festzustellen. Die Nullhypothese, dass die Renditen IR und IR_{mb} nicht voneinander verschieden sind, kann selbst auf einem 10%-igen Signifikanzniveau nicht verworfen werden.[351] Deshalb erfolgt im weiteren Verlauf dieser Arbeit die Interpretation der Untersuchungsergebnisse auf Basis der unbereinigten IPO Renditen.[352]

Tabelle 2:   Unbereinigter vs. marktbereinigter initial return

		1997	1998	1999	2000	2001	2002	2003	1997-2003
IR		56,06%	78,92%	44,37%	46,24%	9,43%	2,44%	n/a	48,54%
IR$_{mb}$		56,17%	79,21%	44,54%	46,51%	10,81%	6,78%	n/a	48,82%
t-Test	t-Wert	-0,21	-0,71	-1,03	-0,03	-1,98	n/a	n/a	-0,08
	(p-Wert)	(0,836)	(0,479)	(0,307)	(0,975)	(0,076)*	n/a	n/a	(0,939)
WILCOXON Rangtest	z-Wert	-0,26	-0,56	-0,13	-0,28	-1,60	n/a	n/a	-0,56
	(p-Wert)	(0,799)	(0,573)	(0,895)	(0,813)	(0,110)	n/a	n/a	(0,577)

N: Anzahl der untersuchten IPO Unternehmen; IR: initial return; IR$_{mb}$: initial return marktbereinigt; n/a: nicht ermittelbar.
*t-Test: * Signifikanzniveau von 10%, ** Signifikanzniveau von 5%, *** Signifikanzniveau von 1%.*
WILCOXON-Rangtest: + Signifikanzniveau von 10%, ++ Signifikanzniveau von 5%, +++ Signifikanzniveau von 1%.
Quelle: Eigene Berechnungen.

Die annähernd identischen Werte für den unbereinigten und den marktbereinigten *initial return* lassen sich damit begründen, dass der Zeitraum zwischen der Bekanntgabe des Emissionspreises und des ersten Sekundärmarktkurses am Neuen Markt sehr kurz war und

---

[351] Die aufgestellten Hypothesen lauten: H_0: IR=IR$_{mb}$ und H_A: IR≠IR$_{mb}$. Wie sich aus Tabelle 2 zeigt, kann die Nullhypothese nicht verworfen werden, so dass keine signifikanten Unterschiede zwischen den unbereinigten und den marktbereinigten Renditen vorliegen.

[352] Die marktbereinigten IPO Renditen werden deshalb bei der Diskussion der Untersuchungsergebnisse zum (kurzfristigen) Underpricing nicht weiter verwendet.

i. d. R. nicht mehr als maximal einen Börsentag betrug.[353] In diesem kurzen Zeitraum sind deshalb nur geringfügige Markteffekte möglich.

Zusammenfassend lässt sich festhalten, dass das Underpricing Phänomen am Neuen Markt in den Jahren von 1997 bis 2003 evident und statistisch signifikant nachweisbar ist. Die Hypothese H 1 kann somit eindeutig bestätigt werden.

3.2 Underpricing in Abhängigkeit der Branche

Das Underpricing in Abhängigkeit der Branchenzugehörigkeit des jeweiligen IPO Unternehmens erreicht je nach Branche sehr unterschiedliche Niveaus. Während Unternehmen aus der Branche Internet mit 61,66% das höchste durchschnittliche Underpricing verzeichnen, gefolgt von Unternehmen aus der Media & Entertainment Branche (59,02%), liegt das durchschnittliche Underpricing in der Medtech & Healthcare Branche bei lediglich 17,79% (vgl. dazu Tabelle 3). Die Branchen mit einem vergleichsweise hohen durchschnittlichen Underpricing weisen tendenziell auch hohe Standardabweichungen auf. Beispielsweise beträgt das Underpricing in der Branche Internet 61,66%, bei einer Standardabweichung von 85,66%. Ähnlich hohe Standardabweichungen verzeichnen die Branchen Software (79,81%), Telecommunications (79,41%) und Media & Entertainment (77,21%). Eine mögliche Erklärung für diese Beobachtung könnte sein, dass die Investoren bei Zeichnung von IPOs aus diesen Branchen für die bestehende hohe ex ante-Unsicherheit, die durch eine entsprechend hohe Standardabweichung zum Ausdruck kommt, mit einem hohen Underpricing entschädigt werden.[354]

Es fällt auf, dass für einige Branchen keine bzw. nur eine geringe statistische Signifikanz des Underpricing Phänomens nachgewiesen werden kann. So ist beispielsweise das ermittelte durchschnittliche Underpricing in der Financial Services Branche sowohl nach dem t-Test als auch nach dem WILCOXON-Rangtest nur auf dem 10%igen-Niveau signifikant.[355] Die Werte für die Industrials & Industrial Services Branche sowie für die Telecommunications Branche sind nach dem t-Test jeweils auf einem 5%igen-Niveau signifikant. Die Emissionsrenditen für die Medtech & Healthcare Branche sind sogar nur nach dem WILCOXON-Rangtest statistisch signifikant von Null verschieden (vgl. dazu Tabelle 3)

---

[353] Die Bekanntgabe des Emissionspreises wurde meist am Tag vor dem ersten offiziellen Handelstag des IPOs veröffentlicht.

[354] Dass ein positiver Zusammenhang zwischen Underpricing und ex ante-Unsicherheit bei IPOs existiert, konnte RITTER (1984) bereits in seinem Aufsatz „The 'hot issue' market of 1980" nachweisen. Vgl. RITTER, J. R., Market, 1984, S. 234ff.

[355] Vgl. dazu auch die Ergebnisse von ALLI, K./ YAU, J./ YUNG, K., Underpricing, 1994, S. 1013ff.

Tabelle 3: Underpricing in Abhängigkeit der Branche

	Biotech-nology	Financial Services	Industrials & Industrial Services	Internet	IT Services	Media & Entertainment	Medtech & Healthcare	Software	Tech-nology	Tele-communi-cations
N	18	5	16	58	41	43	12	51	67	17
IR	49,13%	52,53%	30,37%	61,66%	35,03%	59,02%	17,79%	47,77%	47,81%	51,98%
STABW	52,36%	51,87%	45,85%	85,66%	49,64%	77,21%	37,74%	79,81%	72,54%	79,41%
Median	36,29%	32,00%	10,45%	15,00%	17,50%	26,67%	3,99%	16,97%	14,29%	32,76%
IR Minimum	-14,02%	0,00%	-5,88%	-17,39%	-10,71%	-25,00%	-5,56%	-20,00%	-11,76%	-21,20%
IR Maximum	166,67%	130,30%	168,19%	360,87%	206,12%	288,89%	130,77%	322,86%	433,33%	283,74%
IR>0 (relativ)	77,78%	80,00%	75,00%	77,59%	73,17%	83,72%	75,00%	78,43%	77,61%	88,24%
IR=0 (relativ)	5,56%	20,00%	12,50%	13,79%	9,76%	4,65%	8,33%	11,76%	19,40%	0,00%
IR<0 (relativ)	16,67%	0,00%	12,50%	8,62%	17,07%	11,63%	16,67%	9,80%	2,99%	11,76%
Schiefe	0,78	4,13	2,04	1,67	1,85	1,32	2,87	2,18	2,84	2,19
Wölbung	-0,14	17,33	4,75	2,77	3,53	1,06	8,71	4,18	11,37	4,62
t-Test t-Wert	3,98***	2,26*	2,65**	5,48***	4,52***	5,01***	1,63	4,27***	5,39***	2,70**
(p-Wert)	(0,001)	(0,086)	(0,018)	(0,000)	(0,000)	(0,000)	(0,131)	(0,000)	(0,000)	(0,016)
WILCOXON t-Wert	-3,10***	-1,83+	-2,86***	-5,48***	-4,61***	-4,78***	-2,13++	-5,35***	-6,20***	-3,10+++
Rangtest (p-Wert)	(0,002)	(0,068)	(0,004)	(0,000)	(0,000)	(0,000)	(0,033)	(0,000)	(0,000)	(0,002)

N: Anzahl der untersuchten IPO Unternehmen; IR: initial return; STABW: Standardabweichung; IR>0: Anteil der positiven Emissionsrenditen; IR<0: Anteil der negativen Emissionsrenditen; n/a: nicht ermittelbar.
t-Test: * Signifikanzniveau von 10%, ** Signifikanzniveau von 5%, *** Signifikanzniveau von 1%.
WILCOXON-Rangtest: + Signifikanzniveau von 10%, ++ Signifikanzniveau von 5%, +++ Signifikanzniveau von 1%.
Anmerkung: Einige Statistik Softwarepakete errechnen die Irrtumswahrscheinlichkeiten (p-Werte) auf drei Dezimalstellen gerundet. Eine Irrtumswahrscheinlichkeit von 0,000 bedeutet also, dass die Irrtumswahrscheinlichkeit kleiner als 0,0005 (oder 0,05%), nicht aber, dass sie Null ist.
Quelle: Eigene Berechnungen.

Eine Erklärung für das schwache Signifikanzniveau liegt darin, dass die statistischen Tests für diese Branchen nur auf Basis einer geringen Anzahl von IPO Unternehmen erfolgt. Beispielsweise fließen aus der Medtech & Healthcare Branche lediglich 12 Unternehmen in die Berechnung ein; in der Financial Services Branche werden die Testwerte nur auf Grundlage von fünf Unternehmen ermittelt. Um das Underpricing auf einem kleineren Signifikanzniveau statistisch nachweisen zu können, bedarf es eines größeren Untersuchungsumfangs.[356] Für die Branchen, die einen Untersuchungsumfang von mehr als 20 IPOs aufweisen, kann die Nullhypothese auf einem 1%igen-Signifikanzniveau deutlich abgelehnt werden, so dass dort das Underpricing Phänomen statistisch klar nachweisbar ist.

Untersucht man die Anzahl der Unternehmen, die in den Jahren von 1997 bis 2003 in den jeweiligen Branchen emittiert wurden,[357] so wird deutlich, dass der Neue Markt dem angestrebten Image eines wachstumsstarken und innovativen Marktsegments gerecht werden konnte. Es entfallen allein auf die drei Branchen Technology (67 IPOs), Internet (58 IPOs) und Software (51 IPOs) über 50% sämtlicher Neuemissionen. Die Anzahl der IPOs per Branche, sowie das jeweils ermittelte Underpricing in diesen Branchen stellt Abbildung 11 dar.

Abbildung 11: Anzahl der IPOs und Höhe des initial returns in den jeweiligen Branchen

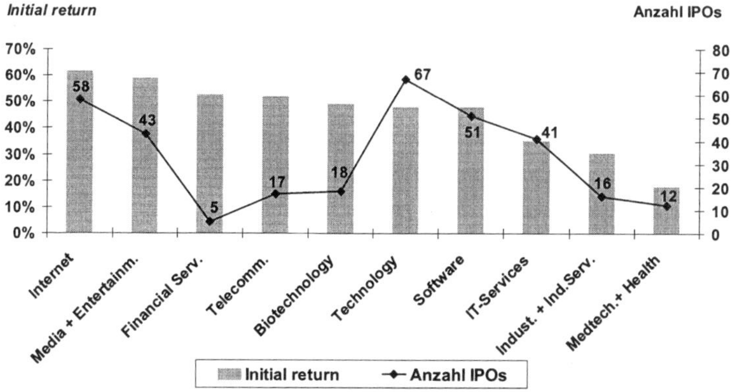

Abkürzungen: Financial Serv.: Financial Services; Indust. + Ind. Serv.: Industrials & Industrial Services; Media + Entertainm.: Media + Entertainment; Medtech & Health.: Medtechnology & Healthcare; Telecomm.: Telecommunications. Quelle: Eigene Berechnungen und Darstellung.

---

[356] Es sollte deshalb nicht der voreilige Schluss gezogen werden, dass das Underpricing grundsätzlich in diesen Branchen statistisch nicht nachweisbar ist.

[357] Eine Analyse des Underpricing pro Branche für jedes einzelne Jahr in dem Zeitraum zwischen 1997 und 2003 erscheint aufgrund der geringen Stichprobengröße pro Branchen nicht sinnvoll und wird deshalb nicht durchgeführt.

Als Ergebnis lässt sich festhalten, dass das Underpricing am Neuen Markt insbesondere in den Branchen Internet und Media & Entertainment besonders ausgeprägt war. Diese Branchen stellen zugleich die von der DEUTSCHEN BÖRSE AG besonders beworbenen Wachstumssegmente des Neuen Marktes dar.[358] Dass der Neue Markt seinen Schwerpunkt eindeutig in den Branchen Internet, Technologie und Media hatte, verdeutlicht die hohe Anzahl der dort platzierten IPOs.

3.3 Underpricing in Abhängigkeit der Emissionsbanken

In einem weiteren Schritt soll nun das Underpricing der IPOs in Abhängigkeit der jeweils mit dem Börsengang beauftragten Emissionsbanken untersucht werden. Dabei ist zunächst die methodische Vorgehensweise abzugrenzen. I. d. R. werden IPOs im Rahmen so genannter Emissionskonsortien am Kapitalmarkt platziert, wobei meist eine, bei größeren Emissionen auch mehrere Emissionsbanken, den Vorsitz des Konsortiums übernehmen. In der folgenden Analyse werden nur die konsortialführenden Emissionsbanken in die Untersuchung einbezogen. Für den Fall, dass zwei oder mehrere Emissionsbanken gemeinsam die Konsortialführerschaft übernommen haben, wurde jede dieser Emissionsbanken in die Untersuchung aufgenommen.[359] Insofern werden die Emissionsrenditen von IPO Unternehmen mit mehr als einem Konsortialführer mehrfach in der nachfolgenden Analyse berücksichtigt, nämlich jeweils in dem Sample der zugrunde liegenden konsortialführenden Emissionsbank. Aufgrund der Vielzahl der Emissionsbanken, die am Neuen Markt als Konsortialführer in Erscheinung getreten sind, wird eine Mindestanzahl von fünf als Konsortialführer begleiteten IPOs als Voraussetzung für eine Aufnahme in den Untersuchungsumfang festgelegt. Aufgrund dieser „5er Hürde" verbleiben von den insgesamt 50 Emissionsbanken, die während der Jahre von 1997 bis 2003 am Neuen Markt zumindest einmal einen Börsengang als Konsortialführer verantwortet haben, lediglich noch 21 Emissionsbanken im Untersuchungsumfang.[360] Der Untersuchungsumfang reduziert sich von 328 IPOs auf 300 IPOs.[361] Die empiri-

---

[358] Vgl. DEUTSCHE BÖRSE AG, Vision, 2000, S. 8.
[359] Dieses Vorgehen ist wiederum an die Voraussetzung gekoppelt, dass die Investmentbank insgesamt mindesten fünf IPOs als Konsortialführer begleitet hat.
[360] Folgende Emissionsbanken werden nicht weiter in der Untersuchung berücksichtigt: ABN Amro Deutschland, Baader Wertpapierhandelsbank, Bankhaus Reuschel & Co., Bayerische Landesbank Girozentrale, Consors Capital Bank, Delbrück & Co. Privatbankiers, FleetBoston Robertson Stephens International Ltd., Frohne & Klein Wertpapierhandelshaus, Georg Hauck & Sohn Bankiers, Hambrecht & Quist Euromarkets, Hamburger Sparkasse, Hamburgische Landesbank, ICE Securities, J. Henry Schroder & Co., J.P Morgan Securities Ltd., K/L/M Equity, Kling, Jelko, Dr. Dehmel, Landesbank Rheinland-Pfalz Girozentrale, Lehman Brothers Bankhaus, Merck, Finck & Co., Merrill Lynch International, Robert Fleming Deutschland, Salomon Smith Barney International, SchmidtBank KGaA, SG Cowen, Societe General, Trigon Wertpapierhandelsbank, UBS Warburg und Westdeutsche Genossenschafts-Zentrale eG.
[361] Folgende Unternehmen werden aufgrund der „5er Hürde" nicht bei der Berechnung des Underpricing in Abhängigkeit der Emissionsbanken berücksichtigt: Advanced Medien AG, Allgeier Computer AG, Articon-Integralis AG, artnet.com AG, AT&S Austria Technologie & Systemtechnik AG, b.i.s. börsen-informations-systeme AG, BIODATA Information Technology AG, BKN International AG, Brainpower N.V., ebookers plc.,

schen Ergebnisse der Underpricing Analyse in Abhängigkeit der mit der Konsortialführung beauftragten Emissionsbank, weisen eine ähnlich starke Heterogenität hinsichtlich des ermittelten Underpricing auf, wie die zuvor durchgeführte Analyse nach Branchen (vgl. dazu Tabelle 4).

E-M-S new media AG, Fabasoft AG, Genmab A/S, init innovation in traffic systems AG, Jetter AG, jobpilot AG, Lambda Physik AG, LetsBuyIt.com N.V., P&T Technology AG, PROUT AG, REpower Systems AG, SENATOR Entertainment AG, Softing AG, SZ Testsysteme AG, TRIA IT-solutions AG, TRIUS AG, TTL Information Technology AG und VISIONIX Ltd.

Tabelle 4:   Underpricing am Neuen Markt in Abhängigkeit der konsortialführenden Emissionsbank (1/2)

	Bank J. Vontobel	Bayer. Hypo	Berliner Effekten	BHF Bank	BNP Paribas	BW Bank	Coba	Concord Effekten	CSFB	Deutsche Bank	Dresdner Kleinwort
N	7	30	5	14	8	10	28	8	6	24	30
IR	62,03%	66,31%	29,43%	57,25%	58,63%	49,85%	49,61%	33,78%	38,70%	51,30%	36,30%
STABW	83,10%	82,81%	45,86%	87,12%	88,46%	53,91%	78,77%	44,94%	51,00%	74,43%	47,84%
Median	30,95%	25,83%	4,00%	13,75%	10,69%	20,60%	18,48%	15,81%	22,77%	22,94%	17,75%
IR Minimum	-4,71%	-10,71%	1,11%	-13,33%	3,70%	1,67%	-5,56%	0,00%	0,00%	0,00%	-4,26%
IR Maximum	200,02%	288,89%	108,70%	283,74%	223,08%	160,00%	340,00%	130,77%	134,48%	322,86%	213,40%
IR>0 (relativ)	71,43%	86,67%	100,00%	78,57%	100,00%	100,00%	78,57%	75,00%	66,67%	66,67%	76,67%
IR=0(relativ)	14,29%	3,33%	0,00%	0,00%	0,00%	0,00%	14,29%	25,00%	33,33%	33,33%	16,67%
IR<0 (relativ)	14,29%	10,00%	0,00%	21,43%	0,00%	0,00%	7,14%	0,00%	0,00%	0,00%	6,67%
Schiefe	1,15	1,17	1,91	1,65	1,48	1,07	2,34	1,72	1,70	2,37	2,01
Wölbung	-0,51	0,27	3,59	2,35	0,47	0,14	6,10	2,90	2,97	7,02	5,29
t-Test t-Wert	1,97*	4,39***	1,43	2,46**	1,87	2,92**	3,33***	2,13*	1,86	3,38***	4,16***
(p-Wert)	(0,096)	(0,000)	(0,225)	(0,029)	(0,103)	(0,017)	(0,003)	(0,071)	(0,122)	(0,003)	(0,000)
WILCOXON t-Wert	-1,99**	-4,31***	-2,02**	-2,54**	-2,52**	-2,80***	-4,01***	-2,20**	-1,83*	-3,52***	-4,13***
Rangtest (p-Wert)	(0,046)	(0,000)	(0,043)	(0,011)	(0,012)	(0,005)	(0,000)	(0,028)	(0,068)	(0,000)	(0,000)

N: Anzahl der untersuchten IPO Unternehmen; IR: Initial return; STABW: Standardabweichung; IR>0: Anteil der positiven Emissionsrenditen; IR=0: Anteil der Emissionsrenditen die Null sind; IR<0: Anteil der negativen Emissionsrenditen; n/a: nicht ermittelbar.
t-Test: * Signifikanzniveau von 10%, ** Signifikanzniveau von 5%, *** Signifikanzniveau von 1%.
Wilcoxon-Rangtest: * Signifikanzniveau von 10%, ** Signifikanzniveau von 5%, *** Signifikanzniveau von 1%.
Abkürzungen: Bank J. Vontobel = Bank J. Vontobel & Co., Bayer. Hypo = Bayerische Hypo- und Vereinsbank, Berliner Effekten = Berliner Effektenbank, BW Bank = Baden-Württembergische Bank, Coba = Commerzbank, CSFB = Credit Suisse First Boston, Dresdner Kleinwort = Dresdner Kleinwort Wasserstein, Goldman Sachs = Goldman Sachs & Co., Gontard Metall. = Gontard & MetallBank, HSBC = HSBC Trinkaus & Burkhardt, LBBW Bank = Landesbank Baden-Württemberg, M.M. Warburg = M.M. Warburg & Co., Morgan Stanley = Morgan Stanley Dean Witter, NordLB = Norddeutsche Landesbank, Oppenheim = Sal. Oppenheim jr. & Cie., WestLB = Westdeutsche Landesbank.
Anmerkung: Einige Statistik Softwarepakete errechnen die Irrtumswahrscheinlichkeiten (p-Werte) auf drei Dezimalstellen gerundet. Eine Irrtumswahrscheinlichkeit von 0,000 bedeutet also, dass die Irrtumswahrscheinlichkeit kleiner als 0,0005 (oder 0,05%), nicht aber, dass sie Null ist.
Quelle: Eigene Berechnungen.

Tabelle 4: *Underpricing am Neuen Markt in Abhängigkeit der konsortialführenden Emissionsbank (2/2)*

	DZ Bank	Goldman Sachs	Gontard Metall.	HSBC	LBBW	M.M. Warburg	Morgan Stanley	NordLB	Oppen- heim	WestLB
N	55	12	16	12	11	8	6	8	15	22
IR	44,00%	29,57%	74,03%	60,53%	37,00%	28,87%	45,89%	35,29%	52,27%	56,22%
STABW	64,39%	45,25%	97,27%	76,94%	42,09%	43,10%	15,48%	55,97%	79,10%	84,66%
Median	14,29%	7,27%	37,68%	21,50%	10,00%	16,01%	44,92%	12,70%	35,14%	14,61%
IR Minimum	-21,20%	0,00%	-11,54%	-13,16%	0,00%	-11,76%	30,95%	0,00%	-25,00%	-13,33%
IR Maximum	308,14%	130,30%	360,87%	195,45%	100,00%	105,87%	74,07%	170,37%	232,14%	283,74%
IR>0 (relativ)	85,45%	75,00%	81,25%	66,67%	90,91%	62,50%	100,00%	87,50%	60,00%	72,73%
IR=0(relativ)	7,27%	25,00%	0,00%	25,00%	9,09%	0,00%	0,00%	12,50%	13,33%	9,09%
IR<0 (relativ)	7,27%	0,00%	18,75%	8,33%	0,00%	37,50%	0,00%	0,00%	26,67%	18,18%
Schiefe	2,08	1,78	1,97	0,84	0,67	0,98	1,36	2,56	1,55	1,46
Wölbung	4,85	1,98	4,30	-0,96	-1,68	-0,27	2,41	6,84	1,84	1,16
t-Test ᵗ⁻ᵂᵉʳᵗ	5,07***	2,26**	3,04***	2,72**	2,92**	1,89*	7,26***	1,78	2,56**	3,11***
(p-Wert)	(0,000)	(0,045)	(0,008)	(0,020)	(0,015)	(0,100)	(0,001)	(0,118)	(0,023)	(0,005)
WILCOXON Rangtest ᵗ⁻ᵂᵉʳᵗ	-5,66+++	-2,67+++	-3,21+++	-2,31++	-2,80+++	-1,26	-2,20++	-2,37++	-2,34++	-3,29+++
(p-Wert)	(0,000)	(0,008)	(0,001)	(0,021)	(0,005)	(0,208)	(0,028)	(0,018)	(0,019)	(0,001)

N: Anzahl der untersuchten IPO Unternehmen; IR: Initial return; STABW: Standardabweichung; IR>0: Anteil der positiven Emissionsrenditen; IR<0: Anteil der
Emissionsrenditen die Null sind; IR<0: Anteil der negativen Emissionsrenditen; n/a: nicht ermittelbar.
t-Test: * Signifikanzniveau von 10%, ** Signifikanzniveau von 5%, *** Signifikanzniveau von 1%.
WILCOXON-Rangtest: ⁺ Signifikanzniveau von 10%, ⁺⁺ Signifikanzniveau von 5%, ⁺⁺⁺ Signifikanzniveau von 1%.
Abkürzungen: Bank J. Vontobel = Bank J. Vontobel & Co., Bayer. Hypo = Bayerische Hypo- und Vereinsbank, Berliner Effekten = Berliner Effektenbank, BW Bank = Baden-
Württembergische Bank, Coba = Commerzbank, CSFB = Credit Suisse First Boston, Dresdner Kleinwort = Dresdner Kleinwort Wasserstein, Goldman Sachs = Goldman Sachs
& Co., Gontard Metall. = Gontard & MetallBank, HSBC = HSBC Trinkaus & Burkhardt, LBBW Bank = Landesbank Baden-Württemberg, M.M. Warburg = M.M. Warburg & Co.,
Morgan Stanley = Morgan Stanley Dean Witter, NordLB = Norddeutsche Landesbank, Oppenheim = Sal. Oppenheim Jr. & Cie., WestLB = Westdeutsche Landesbank.
Anmerkung: Einige Statistik Softwarepakete errechnen die Irrtumswahrscheinlichkeiten (p-Werte) auf drei Dezimalstellen gerundet. Eine Irrtumswahrscheinlichkeit von 0,000
bedeutet also, dass die Irrtumswahrscheinlichkeit kleiner als 0,0005 (oder 0,05%), nicht aber, dass sie Null ist.
Quelle: Eigene Berechnungen.

Das höchste Underpricing weisen die von der Gontard & Metallbank AG begleiteten IPOs, mit durchschnittlich 74,04%, auf. Der Gontard & Metallbank AG folgen die Bayerische Hypotheken- und Vereinsbank AG mit 66,31% und die Bank J. Vontobel mit 62,03%. Dagegen liegen die Underpricing Werte für die IPOs der Emissionsbanken M.M. Warburg & Co. (28,87%), Berliner Effekten (29,43%) und Goldman Sachs & Co. (29,57%) unter 30% und weisen damit das niedrigste Underpricing Niveau der untersuchten Konsortialführer auf (vgl. dazu Abbildung 12).

Abbildung 12: Underpricing und Anzahl der IPOs nach den konsortialführenden Emissionsbanken für den Zeitraum von 1997 bis 2003

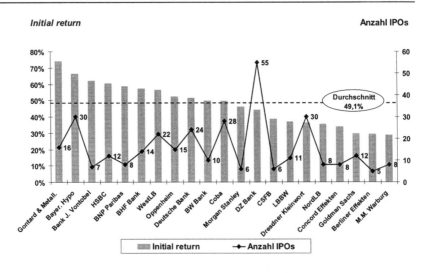

*Abkürzungen: Bank J. Vontobel = Bank J. Vontobel & Co., Bayer. Hypo = Bayerische Hypo- und Vereinsbank, Berliner Effekten = Berliner Effektenbank, BW Bank = Baden-Württembergische Bank, Coba = Commerzbank, CSFB = Credit Suisse First Boston, Dresdner Kleinwort = Dresdner Kleinwort Wasserstein, Goldman Sachs = Goldman Sachs & Co., Gontard Metall. = Gontard & MetallBank, HSBC = HSBC Trinkaus & Burkhardt, LBBW Bank = Landesbank Baden-Württemberg, M.M. Warburg = M.M. Warburg & Co., Morgan Stanley = Morgan Stanley Dean Witter, NordLB = Norddeutsche Landesbank, Oppenheim = Sal. Oppenheim jr. & Cie., WestLB = Westdeutsche Landesbank.
Quelle: Eigene Berechnungen und Darstellung.*

Auffällig ist, dass die Gontard & Metallbank AG nicht nur das höchste durchschnittliche Underpricing aufweist, sondern auch innerhalb der untersuchten Emissionsbanken über die größte Spannweite (372,41%) sowie die größte Standardabweichung (97,27%) verfügt. Das hohe festgestellte Underpricing der Gontard & Metallbank AG könnte somit wiederum eine Art Prämie für die Investoren darstellen, um dadurch das höhere ex ante-Risiko bei der Zeichnung von IPOs dieser Emissionsbank zu kompensieren.

Im Gegensatz zu den extrem hohen Parametern der Gontard & Metallbank AG, kennzeichnen sich die Lageparameter für die Emissionsbank Morgan Stanley Dean Witter durch eine
auffallend starke Homogenität. Obwohl die sechs IPOs unter Leitung von Morgan Stanley
Dean Witter die deutlich geringste Standardabweichung dieser Untersuchung in Höhe von
15,48% aufweisen, beträgt das durchschnittliche Underpricing 45,89% und liegt damit nur
knapp unterhalb des errechneten durchschnittlichen Underpricing aller Emissionsbanken in
Höhe von 49,1%.[362] Die geringe Standardabweichung erklärt sich durch eine - im Vergleich
zu den anderen Banken - extrem geringe Spannweite der Emissionsrenditen von lediglich
33,12%. Der Minimalwert der *initial returns* ist mit 30,95% deutlich größer als Null. Der Anteil
der positiven *initial returns* für die IPOs der Emissionsbank Morgan Stanley Dean Witter beträgt 100%. Neben Morgan Stanley Dean Witter weisen ansonsten lediglich drei weitere
Emissionsbanken einen 100%igen Anteil positiver *initial returns* auf. Dazu zählen die Berliner
Effektenbank, die Baden-Württembergische Bank und BNP Paribas. Allerdings muss darauf
hingewiesen werden, dass der Stichprobenumfang bei diesen drei Emissionsbanken relativ
klein im Vergleich zu den anderen Emissionsbanken ist (maximal zehn IPOs) und deshalb
statistisch nicht besonders aussagekräftig erscheint.

Den Untersuchungsergebnissen für die Emissionsbank Morgan Stanley Dean Witter stehen
die statistischen Lageparameter der Emissionsbank M.M. Warburg & Co. annähernd diamet-
ral gegenüber. Zum einen weist die M.M. Warburg & Co. trotz einer relativ hohen Standardabweichung (43,10%) das niedrigste Underpricing innerhalb der durchgeführten Untersuchung auf (28,87%), zum anderen fällt der Anteil der negativen *initial returns* bei dieser konsortialführenden Emissionsbank mit 37,5% vergleichsweise hoch aus.

Aus Tabelle 4 kann weiterhin entnommen werden, dass bei insgesamt sechs der 21 Emissionsbanken der minimale Wert des *initial returns* Null beträgt, bzw. dass bei 11 der 21 Emissionsbanken der Minimalwert des *initial returns* in dem Intervall von –5% bis +5% liegt.[363]
Demzufolge entspricht bei mehr als 50% der untersuchten Emissionsbanken der erste Börsenkurs mindestens dem Emissionspreis. Eine mögliche Interpretation dieser Beobachtung
könnte darin bestehen, dass die Emissionsbanken kursstabilisierende Maßnahmen in Form
von Unterstützungskäufen vornehmen, damit das IPO am Tag der Börseneinführung nicht

---

[362] Das durchschnittliche Underpricing sämtlicher Emissionsbanken (IR_{EB}), errechnet sich dabei wie folgt: IR_{EB}
$$= \frac{1}{N}\sum_{i=1}^{N} IR_i \quad \text{mit } IR_i: \text{durchschnittlicher } \textit{initial return} \text{ des von der Emissionsbank begleiteten IPOs, N: Anzahl}$$
der IPOs, die die Emissionsbank konsortialführend an den Neuen Markt begleitet hat.

[363] Die systematische Verzerrung aufgrund von Mehrfachnennungen kann ausgeschlossen werden, da bei
sämtlichen dieser Börsengänge nur eine Emissionsbank als Konsortialführer auftrat.

unter den Emissionspreis fällt und es somit zu einem Overpricing der Emission kommt.[364] Ein Overpricing würde nämlich zu einem Reputationsverlust der konsortialführenden Emissionsbank führen und darüber hinaus auch noch die Wahrscheinlichkeit erhöhen, von Investoren, die durch das Overpricing einen Vermögensverlust erlitten haben, aufgrund der gesetzlichen Prospekthaftung auf Schadenersatz verklagt zu werden.[365]

Abschließend sei darauf hingewiesen, dass bei 11 der 21 Emissionsbanken die durchschnittlich errechneten Emissionsrenditen entweder nach dem t-Test oder nach dem WILCOXON-Rangtest bei einem 1%igen-Niveau signifikant von Null verschieden sind.[366] Die ermittelten Emissionsrenditen von vier Emissionsbanken (Berliner Effektenbank, BNP Paribas, CSFB und NordLB) sind dem t-Test zur Folge nicht signifikant von Null verschieden. Demnach wäre für diese Emissionsbanken kein systematisches Underpricing zu beobachten. Allerdings kann für diese vier Emissionsbanken die Nullhypothese nach dem WILCOXON-Rangtest auf einem 10%-igen Signifikanzniveau verworfen werden. Die schwachen Werte des t-Tests sind wiederum auf die geringe Anzahl der in der Stichprobe berücksichtigten IPOs zurückzuführen. Die vier Emissionsbanken haben teilweise nur fünf, maximal jedoch acht IPO Unternehmen als Konsortialführer an den Neuen Markt begleitet. Für die restlichen Emissionsbanken in dieser Untersuchung kann die Nullhypothese entweder auf dem 5%igen- oder auf dem 10%igen-Niveau abgelehnt werden. Das Underpricing auf dem Neuen Markt lässt sich insofern auch in Abhängigkeit der konsortialführenden Emissionsbanken statistisch bestätigen.

3.4 Vergleich der Untersuchungsergebnisse mit früheren Studien

Das Underpricing Phänomen wird seit Mitte der 70er Jahre beobachtet und wissenschaftlich untersucht. IBBOTSON (1975) konnte in seiner Studie „Hot issue' markets" im Jahre 1975 erstmalig das Underpricing Phänomen für den US-amerikanischen Kapitalmarkt nachweisen.[367] Seitdem wurde eine Vielzahl von empirischen Tests zum Underpricing durchgeführt.[368] Dabei berechnen die Autoren i. d. R. das Underpricing nach der auch in dieser Arbeit angewendeten Methode des *initial returns*. Tabelle 5 zeigt die wichtigsten empirischen

---

[364] Vgl. dazu auch die Ausführungen zur Kurspflegehypothese im dritten Teil dieser Arbeit, Kapitel 4.2.
[365] Vgl. NEUS, W. Börseneinführungen, 1996, S. 428ff. Vgl. dazu die Ausführungen im dritten Teil dieser Arbeit, Kapitel 4.3 sowie Kapitel 4.4.
[366] Dies sind die folgenden Emissionsbanken: Bayerische Hypo- und Vereinsbank, BW Bank, Commerzbank, Deutsche Bank, Dresdner Kleinwort Wasserstein, DZ Bank, Goldman Sachs & Co., Gontard Metallbank, LBBW, Morgan Stanley Dean Witter und WestLB.
[367] Vgl. IBBOTSON, R./ JAFFE, J. F., Markets, 1975, S. 1027ff. Eine gute Übersicht über die historische Entwicklung des Underpricing findet sich z. B. bei CARTER, R./ MANASTER, S., Initial public offerings, 1990, S. 1045ff.
[368] Vgl. dazu die Übersicht bei ANDERSON, S. C./ BEARD, T. R./ BORN J. A., Initial public offerings, 1995, S. 13ff., siehe auch SAUNDERS, A., Stock, 1990, S. 3ff.

Studien zum Underpricing, die in den letzten drei Jahrzehnten auf verschiedenen internationalen Kapitalmärkten durchgeführt worden sind (vgl. auch die ausführliche Übersicht im Anhang, Tabelle 48).

Tabelle 5:   Ausgewählte Studien zum Underpricing von IPOs an internationalen Kapitalmärkten

Autor (Jahr)	Land	Zeitraum	N	Underpricing
US-AMERIKANISCHER KAPITALMARKT				
BEATTY/ RITTER (1986)	USA	1981-82	545	+14,1%
CARTER/ MANASTER (1990)	USA	1979-83	501	+16,8%
DUCHARME ET AL. (2001)	USA	1988-99	342	+75,0%
FOHLIN (2000)	USA	1998-00	800	+67,0%
HABIB/ LJUNGQVIST (2001)	USA	1991-95	1376	+14,0%
HANLEY (1993)	USA	1983-87	1430	+12,4%
IBBOTSON (1975)	USA	1960-69	120	+11,4%
IBBOTSON/ SINDELAR/ RITTER (1988)	USA	1960-87	8668	+16,4%
LOUGHRAN (1993)	USA	1967-87	3656	+17,3%
LOUGHRAN/ RITTER (2002)	USA	1990-98	3025	+14,0%
NORONHA/ YUNG (1997)	USA	1984-90	120	+4,0%
RITTER (1984)	USA	1960-82	5126	+18,8%
RITTER (1991)	USA	1975-84	1526	+34,5%
RUUD (1993)	USA	1982-83	463	+6,4%
TINIC (1988)	USA	1923-30	70	+5,1%
WELCH (1989)	USA	1977-82	1028	+26,0%
EUROPÄISCHE KAPITALMÄRKTE				
ROGIERS/ MANIGART/ OOGHE (1992)	Belgien	1984-90	28	+10,1%
BRENNAN (1995)	England	1986-89	43	+9,4%
LEVIS (1993)	England	1980-88	712	+14,1%
MENYAH/ PAUDYAL/ INYANGETE (1995)	England	1981-91	40	+41.4%
KELOHARJU (1993)	Finnland	1984-89	80	+8,7%
HUSSON/ JACQUILLAT (1989)	Frankreich	1983-86	131	+11,4%
JACQUILLAT (1978)	Frankreich	1966-74	60	+2,7%
JENKINSON/ MAYER (1988)	Frankreich	1986-87	11	+25,0%
CHERUBINI/ RATTI (1992)	Italien	1985-91	75	+27,1%
WESSELS (1989)	Niederlande	1982-87	26	+15,5%
AUSSENEGG (1997)	Österreich	1984-96	67	+6,5%
ALPALHAO (1988)	Portugal	1986-87	62	+54,4%
DE RIDDER (1986)	Schweden	1983-85	55	+40,5%
RYDQVIST (1997)	Schweden	1980-94	251	+34,1%
KADEN (1991)	Schweiz	1981-89	90	+48,9%
KUNZ/ AGGARWAL (1991)	Schweiz	1983-89	42	+35,8%
EMERGING MARKETS				
AGGARWAL/ LEAL/ HERNANDEZ (1993)	Brasilien	1979-90	62	+78,5%
AGGARWAL/ LEAL/ HERNANDEZ (1993)	Chile	1982-90	19	+16,3%
SU/ FLEISHER (1997)	China	1990-95	308	+949,0%
DAWSON (1987)	Hong Kong	1978-83	21	+13,8%
FUKUDA (1997)	Japan	1983-89	69	+55,0%
KIM ET AL. (1995)	Korea	1985-89	99	+57,6%
DAWSON (1987)	Malaysia	1978-83	21	+166,7%
LEE/ TAYLOR/ WALTER (1996)	Singapur	1973-92	128	+31,4%
SAUNDERS/ LIM (1990)	Singapur	1987-88	17	+45,4%
FREIXAS/ INURRIETA (1992)	Spanien	1985-90	71	+35,0%
YEN/ YEN (1996)	Taiwan	1973-90	155	+3,2%

N: Anzahl der IPOs im Untersuchungsumfang.
Quelle: Vgl. die jeweilige Primärliteratur.

Tabelle 5 bestätigt, dass in den letzten drei Jahrzehnten an den unterschiedlichsten Kapitalmärkten signifikant positive Zeichnungsrenditen erzielt werden konnten. Underpricing ist folglich kein temporäres, sondern ein permanentes Phänomen, welches auf allen Kapitalmärkten der Welt nachweisbar ist. Allerdings unterliegt das Ausmaß der erzielbaren Emissionsrenditen einer starken Streuung zwischen +2,7% in Frankreich und +949% in China. Es hat den Anschein, dass in Ländern, die über einen entwickelten Kapitalmarkt[369] und dementsprechend auch über liquide Emissionsmärkte verfügen (z. B. USA oder England), tendenziell ein geringeres Underpricing beobachtet werden kann, als in Ländern, in denen nur geringe Volumina emittiert werden. Länder mit wenig entwickelten Kapitalmärkten werden auch unter dem Begriff *Emerging Markets* subsumiert.

Es lassen sich aber nicht nur starke Streuungen zwischen den Kapitalmärkten der unterschiedlichen Länder erkennen. Auffallend hoch ist auch die Streuung des Underpricing in einzelnen Ländern, z. B. liegt in den USA das Underpricing zwischen +4,0%, und +75,0%, oder in Frankreich beträgt es zwischen +2,7% und +25,0%.[370] Diese stark variierenden Niveaus für das Underpricing sind zumeist auf die Auswahl der Stichprobe,[371] des Untersuchungszeitraumes[372] oder auf die Methodik bei der Berechnung des Underpricing zurückzuführen. Durch die Wahl dieser Parameter können die Untersuchungsergebnisse erheblich beeinflusst werden, so dass eine Vergleichbarkeit der Underpricing Ergebnisse i. d. R. nur sehr schwer möglich ist.[373] Zudem führen häufig noch nationale Besonderheiten, wie z. B. Reglementierungen bei den Emissionsverfahren dazu, dass ein internationaler Vergleich des Underpricing Phänomens unmöglich wird.

---

[369] Dabei wird in diesem Zusammenhang unter einem „entwickelten" Kapitalmarkt ein Kapitalmarkt verstanden, der durch eine besonders hohe Liquidität gekennzeichnet ist. Grundsätzlich wird diese Liquidität durch ein festgelegtes Zulassungsverfahren, durch transparente Regeln, eine weitgehende Zentralisierung des Handels sowie eine Standardisierung des Handels geschaffen.

[370] Häufig ist zu lesen, dass das Underpricing in den USA durchschnittlich bei ca. 10-20% liegt. Diese Höhe wurde in zahlreichen Studien immer wieder genannt. Eine der bedeutendsten und umfangreichsten Studien zum durchschnittlichen Underpricing wurde von IBBOTSON/ SINDELAR/ RITTER im Jahre 1988 durchgeführt. Sie konnten für die USA ein durchschnittliches Underpricing von 16,4% feststellen. Vgl. IBBOTSON, R. G./ SINDELAR, J. L./ RITTER, J. R., Initial public offerings, 1988, S. 37ff.

[371] Teilweise werden in Untersuchungen nur ganz spezifische Emissionen mit bestimmten Merkmalen ausgewählt, damit die Autoren Einflüsse auf das Underpricing isoliert beobachten bzw. Erklärungshypothesen testen und statistisch absichern können. DRAKE/ VETSUYPENS (1993) untersuchen beispielsweise nur IPO Unternehmen, gegen die ein gerichtliches Verfahren eingeleitet worden ist, um auf diese Weise die Risikohypothese testen zu können. Vgl. dazu DRAKE, P. D./ VETSUYPENS, M. R., IPO, 1993, S. 64ff. Die Folge ist, dass Underpricing Untersuchungen nicht direkt vergleichbar sind und es bei Untersuchungen, die sich sowohl auf dasselbe Land als auch auf ähnliche Zeiträume beziehen zu stark variierenden durchschnittlichen Underpricing Ergebnissen kommen kann.

[372] So variiert die Untersuchungsdauer zwischen einem Jahr und mehr als 20 Jahren. Je nach Marktphasen kann dadurch die Höhe des Underpricing deutlich unterschiedliche Niveaus einnehmen.

[373] Vgl. WILKENS, M./ GRAßHOFF, A., Underpricing, 1999, S. 17f.

Die Untersuchungsergebnisse der vorliegenden Studie werden im Folgenden mit den Ergebnissen früherer Studien zum deutschen Kapitalmarkt verglichen. Während das Underpricing in Deutschland für den Zeitraum von 1960 bis 1995 zwischen 8,72% und 21,46% variiert,[374] weist die vorliegende Untersuchung ein Underpricing in Höhe von 48,54% auf (vgl. dazu Tabelle 6). Das in dieser Studie festgestellte durchschnittliche Underpricing ist demnach deutlich höher als das ermittelte Underpricing der früheren Untersuchungen.

Tabelle 6:   *Ausgewählte Studien zum Underpricing von IPOs am deutschen Kapitalmarkt*

Autor (Jahr)	Zeitraum	N	Underpricing
DÖHRMANN (1990)	1983 bis 1987	83	+21,21%
ERHARDT (1997)	1960 bis 1993	207	+16,80%
GERKE/ FLEISCHER (2001)	1997 bis 2000	319	+49,98%
GÖPPL/ SAUER (1990)	1977 bis 1988	80	+15,20%
HANSSON/ LJUNGQVIST (1993)	1978 bis 1991	163	+11,79%
KASERER/ KEMPF (1995)	1983 bis 1992	171	+13,99%
LJUNGQVIST (1997)	1970 bis 1993	180	+10,57%
MELLA (1988)	1986 bis 1987	31	+10,60%
SCHLICK (1997)	1977 bis 1992	186	+16,50%
SCHMIDT ET AL. (1988)	1984 bis 1985	32	+20,62%
SCHUSTER (1996)	1987 bis 1996	126	+8,72%
STEHLE/ERHARDT (1999)	1960 bis 1995	222	+15,79%
TITZRATH (1995)	1984 bis 1993	177	+11,90%
UHLIR (1989)	1977 bis 1987	97	+21,46%
WASSERFALLEN/WITTLEDER (1994)	1961 bis 1987	92	+17,58%
WEINBERGER (1995)	1980 bis 1995	226	+11,10%
WITTLEDER (1989)	1961 bis 1987	92	+17,60%
EIGENE STUDIE (2003)	**1997 bis 2003**	**328**	**+48,54%**

N: Anzahl der IPOs im Untersuchungsumfang.
Quelle: Vgl. die jeweilige Primärliteratur.

Sämtliche der aufgeführten Studien – mit Ausnahme der von GERKE/ FLEISCHER (2001) – untersuchen das Underpricing an den traditionellen Marktsegmenten des deutschen Kapitalmarktes.[375] Da diese Studien ein deutlich niedrigeres Underpricing Niveau aufweisen, als die vorliegende Untersuchung, könnte die Ursache für die unterschiedlichen Underpricing Niveaus mit dem Neuen Markt in Zusammenhang stehen. Auch GERKE/ FLEISCHER (2001) ermitteln in ihrem Aufsatz ein Underpricing in Höhe von 49,98% am Neuen Markt für den Zeitraum von 1997 bis 2000. Dies entspricht dem Underpricing Niveau dieser Studie.

Ergänzend sei erwähnt, dass die in Tabelle 6 aufgeführten Untersuchungen alle keine eindeutigen und verlässlichen Erklärungen für das Underpricing Phänomen geben können.

---

[374] Mit Ausnahme der Studie von GERKE und FLEISCHER (2001), die ein Underpricing von 49,98% feststellen können. Vgl. dazu GERKE, W./ FLEISCHER, J., Performance, 2001, S. 832. Die vom Zeitraum umfassendste Studie wurde von STEHLE und EHRHARDT (1999) durchgeführt. Sie berechnen für 222 IPOs über einen Zeitraum von 35 Jahren das Underpricing mit 15,79%. Vgl. hierzu STEHLE, R./ EHRHARDT, O., Renditen, 1999, S. 1395ff.

[375] Die meisten Studien untersuchen das Underpricing im Amtlichen Handel bzw. im Geregelten Markt.

Während DÖHRMANN (1989) beispielsweise davon ausgeht, dass heterogene Erwartungen, unerfüllte Präferenzen und *speculative bubbles* für das Underpricing verantwortlich sind, machen UHLIR (1989) und LJUNGQVIST (1997) in erster Linie den mangelnden Wettbewerb unter den Emissionsbanken für die Höhe des Underpricing verantwortlich.[376] Andere Arbeiten wiederum sehen Kursstützungsmaßnahmen der Emissionsbanken als ausschlaggebenden Faktor für das Underpricing.[377]

3.5 Interpretation der Ergebnisse zum Underpricing Phänomen aus Sicht der Marktteilnehmer

3.5.1 Underpricing aus Sicht der Investoren

Die vorliegende Arbeit kann das Underpricing Phänomen am Neuen Markt in den Jahren von 1997 bis 2003 in Höhe von 48,54% statistisch nachweisen. Auf den ersten Blick könnte dadurch der Eindruck entstehen, dass die Investoren durch die regelmäßige Zeichnung aller IPOs am Neuen Markt eine systematische Überrendite risikolos realisieren können. Ob das in dem vorherigen Kapitel ermittelte Underpricing für die Investoren allerdings tatsächlich einen *free lunch* darstellt, d. h. ob es den Investoren in der Realität tatsächlich möglich gewesen ist, diese systematische Überrendite zu realisieren und einen Vermögenszuwachs zu erzielen, soll im folgenden Kapitel kritisch diskutiert werden.

Dazu werden zunächst die *initial returns* der 328 IPOs berechnet und der Größe nach aufsteigend geordnet. Im Anschluss daran erfolgt eine Clusterung der IPOs in vier Gruppen. Die ersten drei Gruppen umfassen jeweils 100 IPO Unternehmen, die vierte Gruppe enthält die verbleibenden 28 IPO Unternehmen des Untersuchungsumfangs.[378] Für jede Gruppe wird das durchschnittliche Underpricing pro Gruppe berechnet. Während Gruppe I ein negatives durchschnittliches Underpricing in Höhe von –2,30% aufweist,[379] verzeichnen die anderen drei Gruppen ein positives durchschnittliches Underpricing, das von Gruppe I bis Gruppe IV stark zunimmt. (Gruppe II: 15,82%, Gruppe III: 81,37%, Gruppe IV: 229,69%).

---

[376] Vgl. DÖHRMANN, A., Underpricing, 1990, S. 387, vgl. UHLIR, H., Gang, 1989, S. 2ff., siehe LJUNGQVIST, ALEXANDER P., Pricing, 1997, S. 1309ff.
[377] Vgl. hierzu KASERER, C./ KEMPF, V., Underpricing, 1995, S. 45ff.
[378] Die Clusterung der *initial returns* erfolgt dabei willkürlich. Es wurde bewusst nicht die Einteilung mittels Quantile vorgenommen, damit die Problematik im Zusammenhang mit der Zeichnung von IPOs besser verdeutlicht werden kann.
[379] Von den 100 IPOs aus Gruppe I weisen 33 IPOs einen *initial return* auf, der kleiner als Null ist. 28 Emissionsrenditen sind gleich Null. Die restlichen 39 IPOs haben *initial returns*, die kleiner als 4,17% sind. Ein Investor, der denselben Betrag in alle IPOs aus der ersten Gruppe investiert hätte, erzielte eine durchschnittliche negative Emissionsrendite von –2,3%.

Abbildung 13: Verteilung der initial returns auf vier Untersuchungsgruppen

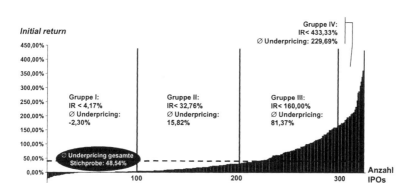

Quelle: Eigene Berechnungen und Darstellung.

Aus *Abbildung 13* wird deutlich, dass das festgestellte Underpricing in Höhe von 48,54% in erster Linie von den extrem hohen *initial returns* der vierten Gruppe determiniert wird.[380] Dies war zu erwarten, da bereits darauf hingewiesen wurde, dass der errechnete Median der 328 untersuchten IPOs deutlich unter dem ermittelten Underpricing Wert liegt und damit eine extrem rechtsschiefe Verteilung vorhanden ist.[381]

Für das Verständnis der folgenden Gedankengänge ist es wichtig, dass man sich nochmals in Erinnerung ruft, unter welchen Voraussetzungen ein Investor die ermittelte durchschnittliche Überrendite in Höhe von 48,54% hätte erzielen können:

(i)   Zum einen hätte der Investor in jedes der 328 untersuchten IPOs den gleichen Geldbetrag investieren müssen.[382]

(ii)   Darüber hinaus hätte der Investor die ihm zugeteilten Aktien unmittelbar wieder am ersten Börsentag zum ersten Börsenkurs verkaufen müssen.

---

[380] Dagegen scheint es, dass die negativen Emissionsrenditen des Untersuchungsumfangs das durchschnittliche Underpricing kaum beeinflussen können.

[381] Dieses Phänomen ist auch in anderen Untersuchungen zu beobachten, vgl. WEINBERGER, A., Going public, 1995, S. 76, siehe auch UHLIR, H., Gang, 1989, S. 10 und WITTLEDER, C., Going public, 1989, S. 109ff.

[382] Es wird im Folgenden zur Vereinfachung davon ausgegangen, dass der Erwerb von Bruchteilen möglich ist. Diese Annahme ist notwendig, damit die Strategie „investiere in jedes IPO denselben Betrag" umgesetzt werden kann.

Besonders die erste Voraussetzung wurde am Neuen Markt de facto nicht erfüllt. Alle in dieser Untersuchung betrachteten IPOs waren nach Angaben der konsortialführenden Emissionsbanken mehrfach überzeichnet.[383] Einem Investor war es daher de facto nicht möglich, jedes IPO zu erwerben. Nur ein geringer Anteil aller interessierten Investoren wurde mit einer Zuteilung der von ihnen gezeichneten Aktien bedacht.[384] Besonders niedrige Zuteilungsquoten besaßen solche IPOs, deren Emissionsvolumen gering war bzw. die lediglich eine geringe Stückzahl von Aktien am Neuen Markt emittiert haben.[385]

Wenn aber die IPOs am Neuen Markt tendenziell stark überzeichnet waren und die ermittelten Underpricing Ergebnisse aus dem vorherigen Kapitel nicht um die Zuteilungsquoten bereinigt wurden, so entsteht ein schwerwiegendes Problem bei der Beurteilung der Frage, ob das Underpricing für den Investor am Neuen Markt tatsächlich realisierbar gewesen ist oder ob das Underpricing vielmehr nur eine fiktiv errechnete Rendite darstellt. Diese Problematik wäre einfach zu lösen, wenn die konsortialführenden Emissionsbanken die jeweiligen Zuteilungsquoten veröffentlichen würden. In diesem Fall könnte das Underpricing recht einfach um die jeweilige Zuteilungsquote bereinigt werden. Da allerdings diese Daten nicht publiziert werden, muss man versuchen, auf eine andere Art und Weise die Zuteilungsquoten bei der Berechnung des Underpricing zu berücksichtigen, damit man die Frage klären kann, welche Rendite die Investoren letztlich tatsächlich erzielen konnten.

Bevor dazu ein eigener Gedankengang vorgestellt wird, soll im Folgenden verdeutlicht werden, welche Größenunterschiede am Neuen Markt hinsichtlich der Emissionsvolumina und der Anzahl der platzierten Aktien vorzufinden waren. Dazu soll die Hunzinger Information AG, als das IPO mit der geringsten Anzahl emittierter Aktien, mit der T-Online AG, dem mit Abstand größten Emittenten am Neuen Markt verglichen werden.[386] Die Hunzinger Information AG emittierte lediglich 200.000 Aktien und erreichte ein Emissionsvolumen von 11,2 Mio. Euro. Mit einem Underpricing von 168,19% zählt die Hunzinger AG zu der vierten

[383] Diese Aussage basiert auf den Auswertungen zahlreicher Pressemitteilungen, die von der konsortialführenden Emissionsbank veröffentlicht wurden.
[384] I. d. R. wurden zudem bei den Rationierungen institutionelle Investoren von Seiten der Emissionsbanken bevorzugt bedient. Dies lässt sich zum einen damit erklären, dass Emissionsbanken davon ausgehen, dass der institutionelle Anleger einen längerfristigen Anlagehorizont als private Investoren haben. Zum anderen versuchen die am Konsortium beteiligten Emissionsbanken durch die bevorzugte Zuteilung eine stärkere Kundenbindung der bevorzugten Kundengruppe zu erreichen, damit ihnen dadurch die Möglichkeit auf zukünftige cross-selling Geschäfte eröffnet wird. Vgl. dazu auch die Ausführungen im ersten Teil dieser Arbeit, Kapitel 1.3.
[385] So war beispielsweise das IPO der Mensch und Maschine AG, bei dem nur 459.000 Aktien emittiert wurden (im Vergleich dazu lag der Durchschnitt der 328 untersuchten IPOs bei 3,27 Mio. emittierten Aktien), bereits am ersten Tag der Zeichnungsfrist um mehr als das 170fache überzeichnet.
[386] Die folgenden Angaben beziehen sich auf die Anzahl der emittierten Aktien ohne Berücksichtigung des green-shoe.

der zuvor definierten Gruppen. Die T-Online AG emittierte 128,2 Mio. Aktien und hatte ein Emissionsvolumen von 3.081 Mio. Euro. Das Underpricing der T-Online AG betrug allerdings nur 5,56%, so dass die T-Online AG zu der zweiten Gruppe subsumiert werden kann.

Aus diesem Vergleich lassen sich einige Überlegungen hinsichtlich des Zeichnungserfolges und die zu erwartende IPO Rendite aus Investorensicht ableiten: Es ist anzunehmen, dass die Zuteilungswahrscheinlichkeit für Aktien der Hunzinger Information AG, aufgrund der fast 700mal kleineren emittierten Anzahl von Aktien, für die Investoren deutlich geringer liegen dürfte, als die Zuteilungswahrscheinlichkeit für Aktien der T-Online AG. Daraus könnte die Hypothese aufgestellt werden, dass am Neuen Markt die Wahrscheinlichkeit, eine gewisse Anzahl von IPO Aktien zugeteilt zu bekommen, positiv mit der Anzahl der emittierten Aktien des IPO Unternehmens korreliert. Legt man diese Hypothese zugrunde und verbindet sie mit der Beobachtung, dass das Underpricing der kleinen Emission der Hunzinger Information AG signifikant größer ist, als das Underpricing der um ein vielfach größeren Emission der T-Online AG, so könnte des weiteren die Hypothese aufgestellt werden, dass die Höhe des Underpricing negativ mit der Zuteilungswahrscheinlichkeit korreliert.[387] Demnach ist das Underpricing um so höher, je geringer die Zuteilungsquote für das jeweilige IPO ist.[388]

Zwar lassen sich diese beiden Hypothesen statistisch nicht direkt überprüfen, da die emissionsbegleitenden Konsortialbanken die Inhalte des IPO Orderbuches nicht veröffentlichen und somit keine Zuteilungswahrscheinlichkeiten ermittelt werden können, doch soll an dieser Stelle trotzdem die Überlegung angestellt werden, welche Konsequenzen sich bei Gültigkeit dieser Hypothesen für die Investoren ergeben würden. Dazu werden zunächst die 28 IPOs der Gruppe IV analysiert, die jeweils ein Underpricing von mehr als 160% verzeichnen konnten. Bei genauerer Analyse der IPO Daten wird ersichtlich, dass sämtliche dieser IPOs sowohl ein auffallend niedriges Emissionsvolumen als auch eine geringe Anzahl emittierter Aktien aufweisen. Während das durchschnittliche IPO Emissionsvolumen der 328 IPO Unternehmen 73,85 Mio. Euro und die durchschnittliche Anzahl der emittierten Aktien 3,27 Mio. beträgt, liegen die Werte der 28 IPOs aus Gruppe IV mit durchschnittlich 46,9 Mio. Euro Emissionsvolumen und 2 Mio. emittierten Stücken deutlich unter dem Mittel der Gesamtstichprobe.[389] Aufgrund der deutlich unter dem Durchschnitt des gesamten Untersuchungumfangs liegenden Werte kann vermutet werden, dass die ohnehin schon niedrige Zutei-

---

[387] Vgl. dazu auch KIM, B., Regulatory, 2000, S. 86.
[388] Vgl. dazu auch BRENNAN, M. J./ FRANKS, J., Underpricing, 1997, S. 391ff.
[389] Bei 26 dieser 28 Emissionen liegt das nominale Emissionsvolumen unter dem durchschnittlichen Emissionsvolumen der gesamten Stichprobe.

lungswahrscheinlichkeit für die IPOs am Neuen Markt, für die 28 IPOs aus Gruppe IV noch geringer gelegen haben muss und gegen Null konvergiert. Für den Investor hätte dies zur Folge, dass er im Rahmen des Zuteilungsverfahrens voraussichtlich keine Aktien dieser IPOs erhalten hätte. Seine ermittelte durchschnittliche Überrendite in Höhe von 48,54% würde sich demnach um die Rendite der nicht zugeteilten IPOs verringern. Im Folgenden soll deshalb die Stichprobe der 328 IPOs um die 28 IPOs aus Gruppe IV bereinigt werden.[390] Aufgrund der Bereinigung der Gesamtstichprobe um die 28 IPOs aus der vierten Gruppe verringert sich das durchschnittliche Underpricing der verbleibenden Stichprobe um mehr als 13,9%-Punkte auf 31,63%.[391] Die 28 IPOs aus Gruppe IV üben demnach einen starken Einfluss auf das ermittelte durchschnittliche Underpricing aus. Im Vergleich zu den 48,54%, stellt die bereinigte Rendite von 31,63% eine weitaus realistischere Überrendite dar, welche die Investoren am Neuen Markt auch dann erzielt hätten, wenn sie besonders stark überzeichnete IPOs im Rahmen des Zuteilungsverfahrens nicht erworben hätten.[392]

Allerdings wird durch diese ungenaue Bereinigungsmethodik keinesfalls die Zuteilungsproblematik gelöst, sondern es erfolgt lediglich ansatzweise eine Berücksichtigung der Zuteilungschancen bei der Berechnung der tatsächlich für den Investor zu erzielenden systematischen Überrendite im Rahmen von Börsengängen. In der Realität wird die Zuteilungswahrscheinlichkeit noch durch zahlreiche weitere Komplexitäten verstärkt. Beispielsweise ist es üblich, dass die am Konsortium beteiligten Emissionsbanken im Falle von Überzeichnungen ihre eigenen Kunden bei der Zuteilung der Aktien bevorzugt behandeln. Folglich hatte eine Zeichnung eines IPOs am Neuen Markt nur dann Aussicht auf Erfolg, wenn der Investor ein Wertpapierdepot bei einer an dem Konsortium beteiligten Emissionsbanken besaß. Da am Neuen Markt insgesamt 50 verschiedene Emissionsbanken als Konsortialführer in Erscheinung traten, i. d. R. die Mehrzahl der am Neuen Markt tätigen privaten Investoren aber nur bei einem bzw. bei einigen wenigen Banken ein Wertpapierdepot unterhalten haben, kann

---

[390] Vgl. zu dieser Vorgehensweise in der Statistik auch die Ausführungen bei SACHS, L., Statistik, 2002, S. 123. In der statistischen Literatur wird diese Vorgehensweise auch als *trimmed mean* bzw. gestutztes Mittel bezeichnet. SACHS (2002) ist dabei der Ansicht, dass zur Verbesserung der Stichprobennormalität bis auf 10% der extremen Beobachtungen verzichtet werden kann. Allerdings werden dort sowohl die extrem höchsten als auch die extrem niedrigsten Beobachtungen aus der Untersuchung ausgeklammert. Vgl. BÜNING, H./ TRENKLER, J., Methoden, 1978, S. 298ff.

[391] Mit der Ausklammerung der 28 Extremwerte aus der Untersuchung soll das Underpricing Phänomen nicht in Frage gestellt werden, sondern es soll lediglich auf die Zuteilungsproblematik und die Empfindlichkeit der Underpricing Höhe gegenüber den Extremwerten hingewiesen werden.

[392] Eine andere Möglichkeit, den oben unterstellten Zusammenhang zwischen Anzahl der emittierten Aktien bzw. Höhe des erzielten nominalen Emissionserlöses bei der Underpricing Berechnung zu berücksichtigen, besteht darin, das Underpricing gewichtet mit dem nominalen Emissionsvolumen bzw. gewichtet mit der Anzahl der emittierten Aktien für den gesamten Untersuchungsumfang zu berechnen. Bei Anwendung dieser Vorgehensweise reduziert sich ebenfalls das ursprünglich errechnete durchschnittliche Underpricing in Höhe von 45,84% auf nur noch 39,20% bei Gewichtung mit dem nominalen Emissionsvolumen bzw. auf 35,69% bei Gewichtung mit der Anzahl der emittierten Aktien.

davon ausgegangen werden, dass das Zuteilungsproblem nicht nur bei den IPOs aus Gruppe IV, sondern auch bei allen anderen überzeichneten IPOs aus den anderen drei Gruppen aufgetreten ist. Allerdings sind auch für IPOs aus den Gruppen I-III keine Zuteilungswahrscheinlichkeiten ermittelbar. Insofern lassen sich nur verschiedene Sensitivitätsanalysen durchführen, um den Einfluss der Zuteilungswahrscheinlichkeiten auf die Höhe des Underpricing zu verdeutlichen. Unterstellt man beispielsweise, dass Investoren mit einer höheren Wahrscheinlichkeit IPOs aus Gruppe I zugeteilt bekommen, da dort das niedrigste Underpricing und somit auch mit hoher Wahrscheinlichkeit die höchsten Zuteilungsquoten vorgelegen haben, so würde dies, aufgrund des negativen durchschnittlichen Underpricing in dieser Gruppe, zu einer weiteren Reduzierung des durchschnittlichen Underpricing der in der Stichprobe verbliebenen 300 IPOs führen. Wird also beispielsweise angenommen, dass einem Investor in der Vergangenheit 50% der IPOs aus Gruppe I zugeteilt wurden und nur jeweils 25% aus Gruppe II und III, so führt dies zu einer weiteren Reduzierung des durchschnittlichen Underpricing um 8,48% (von 31,63% auf 23,15%). Es wird offensichtlich, dass auf die Problematik der Zuteilungswahrscheinlichkeit nicht oft genug hingewiesen werden kann, da sie auf die tatsächlich von den Investoren zu erzielende Überrendite einen erheblichen Einfluss hat.

Die Ausführungen in diesem Kapitel sollten darauf hinweisen, dass das für den Neuen Markt festgestellte Underpricing in Höhe von 48,54% in der Realität nicht ohne weiteres zu einem sicheren *free lunch* bei den Investoren geführt haben muss. Es ist eher davon auszugehen, dass die Investoren eine Rendite erzielt haben, die deutlich unter den in Kapitel 3.1 ermittelten 48,54% liegt. Die Reduzierung der Überrendite ist deshalb notwendig, da die an der Berechnung des Underpricing gekoppelten Voraussetzungen zur Erzielung der systematischen Überrenditen am Neuen Markt nicht erfüllt werden konnten. So dürfte es den Investoren aufgrund der starken Überzeichnungen der IPOs nicht möglich gewesen sein, gleich große Zuteilungen bei allen betrachteten IPOs erhalten zu haben. Es ist davon auszugehen, dass die Investoren keine bzw. nur eine relativ geringe Anzahl der stark überzeichneten IPOs mit hohem Underpricing zugeteilt bekommen haben und statt dessen lediglich solche IPOs erwerben konnten, die nicht bzw. nur gering überzeichnet waren und die nur mit einem niedrigen Underpricing am Neuen Markt emittiert worden sind. Berücksichtigt man diese Überlegungen bei der Berechnung des Underpricing, so kommt es zu einer deutlichen Reduzierung der Höhe des durchschnittlichen Underpricing auf bis zu 31,63% bzw. 23,15%. Es sollten deshalb stets die Voraussetzungen kritisch geprüft werden, die zu erfüllen sind, damit das berechnete Underpricing auch tatsächlich in der Realität realisiert werden kann.

Allerdings darf durch diese kritische Analyse nicht in Vergessenheit geraten, dass die Investoren bei Zeichnung der IPOs am Neuen Markt durchschnittlich über alle IPOs gesehen stets eine systematische positive Überrendite erzielen konnten, und darüber hinaus aus Sicht der Investoren diese Rendite innerhalb eines sehr kurzen Zeitraums und zudem fast risikolos abgeschöpft werden konnte.

3.5.2 Underpricing aus Sicht der Emittenten

Emittenten haben ein großes Interesse an einem erfolgreichen Börsengang, damit sie sich sukzessiv ein eigenes Finanzstanding am Kapitalmarkt aufbauen können. Ein hohes Finanzstanding trägt wesentlich dazu bei, zukünftig geplante Kapitalerhöhungen (SEOs) leichter und zu besseren Konditionen über den Kapitalmarkt zu finanzieren. Um dieses Ziel zu erreichen, sind die Emittenten prinzipiell nicht an einem Overpricing ihres IPOs interessiert. Ein Overpricing würde zwar kurzfristig zu höheren Emissionserlösen führen, wäre aber gleichzeitig mit einem Reputationsverlust der Emittenten verbunden, der dazu führen würde, dass die Investoren bei zukünftigen SEOs ein geringeres Interesse sowie eine geringere Zeichnungsbereitschaft an den Folgeemissionen des Unternehmens aufweisen würden. Die Emittenten sind deshalb bereit, ein gewisses Underpricing zu akzeptieren. In gewisser Weise stellt damit das Underpricing eine Art Risikoprämie dar, mit der die Emittenten der Gefahr begegnen wollen, durch eine zu optimistische, d. h. zu hohe Festsetzung des Emissionspreises ein Overpricing zu verursachen, das zu einem Vertrauensverlust bei den Investoren führen würde.[393]

Allerdings darf an dieser Stelle nicht übersehen werden, dass das festgestellte Underpricing in Höhe von 48,54% zu erheblichen Opportunitätskosten bei den Emittenten geführt hat.[394] LOUGHRAN und RITTER (2002) stellen deshalb zu Recht die Frage: *„Why don't issuers get upset about leaving money on the table in IPOs?"* [395] Die Opportunitätskosten aufgrund des Underpricing betrugen am Neuen Markt in den Jahren von 1997 bis 2003 insgesamt 9,49 Mrd. Euro. Berücksichtigt man den ausgeübten *green-shoe* der Emissionsbanken, so steigt

---

[393] Vgl. dazu auch SCHLICK, R., Going public, 1997, S. 151.

[394] Zwar führen die in Form des Underpricing auftretenden Opportunitätskosten nicht zu direkten Kosten bei den Emittenten, allerdings sind sie zumindest als kalkulatorische Kosten zu berücksichtigen. Vgl. dazu auch die Ausführungen im ersten Teil dieser Arbeit, Kapitel 1.2.

[395] Vgl. dazu LOUGHRAN, T./ RITTER, J. R., Issuers, 2002, S. 413. Im folgenden werden die für den Emittenten entstehenden Opportunitätskosten mit *„money left on the table"* bezeichnet und als Differenz zwischen dem Produkt aus der Anzahl der emittierten Aktien multipliziert mit dem Emissionspreis bzw. mit dem ersten Börsenkurs errechnet. Vgl. dazu auch AROSIO, R./ GIUDICI, G./ PALEARI, S., Market, 2000, S. 14ff.

dieser Betrag auf eine Höhe von mehr als 10,46 Mrd. Euro.[396] Im Durchschnitt lagen also die indirekten Kosten aus dem Underpricing bei 28,95 Mio. Euro pro IPO Unternehmen. Wenn man diesen Wert ins Verhältnis zu dem durchschnittlichen IPO Emissionsvolumen der gesamten Stichprobe in Höhe von 73,85 Mio. Euro setzt, so wird die Dimension der Opportunitätskosten sichtbar. Die Emittenten hätten nämlich bei einem fairen Pricing, d. h., wenn weder ein Under- noch ein Overpricing bei dem IPO vorgelegen hätte, einen um fast 40% höheren Emissionserlös erzielen können. Betrachtet man ferner das „money left on the table" als indirekte Kosten eines Börsengangs, das kalkulatorisch bei der Planung des IPOs von den Emittenten berücksichtigt wird, so würde dies bedeuten, dass im Durchschnitt die Opportunitätskosten durch das Underpricing um mehr als das Vierfache höher liegen, als die direkten und indirekten Kosten, die in Form von Provisionszahlungen und sonstigen Vergütungen an die Emissionsbanken gezahlt werden.[397] Dass der Wert für das „money left on the table" am Neuen Markt besonders hoch war, zeigt auch der Vergleich mit anderen internationalen Börsenplätzen. So belief sich das „money left on the table" in den USA für den Zeitraum von 1990 bis 1998 auf lediglich 9,1 Mio. USD pro IPO Unternehmen.[398] Die zehn IPO Unternehmen mit den höchsten Werten für das „money left on the table" sind in Tabelle 7 aufgeführt.

---

[396] Da die Emissionsbanken und nicht die Emittenten i. d. R. über den green-shoe verfügen durften, soll im Folgenden die Interpretation der Ergebnisse ohne Berücksichtigung des green-shoe erfolgen. Vgl. auch die Ausführungen zum green-shoe im ersten Teil dieser Arbeit, Kapitel 1.3.2.

[397] Dabei sei auf Kapitel 1.2 im ersten Teil dieser Arbeit verwiesen, in der die direkten Kosten des Underpricing detailliert vorgestellt wurden. Im Rahmen dieses Kapitels konnte gezeigt werden, dass die direkten Kosten ca. 5 bis 10% des Emissionsvolumens betragen.

[398] Wobei allerdings davon auszugehen ist, dass sich dieser Wert auch für den US-amerikanischen Markt im Rahmen der weltweit einsetzenden Hausse an den Kapitalmärkten ab dem Jahr 1998 nach oben entwickelt haben sollte. Vgl. dazu LOUGHRAN, T./ RITTER, J. R., Issuers, 2002, S. 413.

Tabelle 7:   „Money left on the table" für den Zeitraum von 1997 bis 2003

Name des IPO	Emissions-preis	Erster Kurs	Initial return	Money left on the table[1] (in Mio. Euro)
Consors	33,00	76,00	130,30%	520,30
Carrier 1 International	87,00	125,00	43,68%	356,25
WEB.DE	26,00	65,00	150,00%	336,38
SAP Systems Integration	19,00	53,00	178,95%	324,12
ISION Internet AG	69,00	150,00	117,39%	271,03
BIODATA Information	45,00	240,00	433,33%	269,10
Constantin Film	29,00	80,00	175,86%	212,50
Intertainment	36,00	140,00	288,89%	202,38
comdirect bank	31,00	38,00	22,58%	196,70
T-Online International	27,00	28,50	5,56%	171,15
Summe				2.859,91

Durchschnitt der gesamten Stichprobe (328 IPOs)	28,95
Median der gesamten Stich-probe (328 IPOs)	7,52
Summe der gesamten Stich-probe (328 IPOs)	9.495,60

[1] Das "money left on the table" ist ohne green-shoe berechnet.
Quelle: Eigene Berechnungen und Darstellung.

Während der Durchschnitt des „money left on the table" für die gesamte Stichprobe 28,95 Mio. Euro beträgt, liegen die Opportunitätskosten bei den aufgeführten zehn Unternehmen deutlich über diesem Durchschnittswert. Der Median für die gesamte Stichprobe beträgt lediglich 7,5 Mio. Euro. Das zeigt, dass durch die Extremwerte einzelner IPOs die durchschnittlichen Opportunitätskosten besonders stark nach oben angehoben werden. Aus Tabelle 7 wird ersichtlich, welch hohe Opportunitätskosten die aufgeführten IPO Unternehmen im Rahmen des Börsengangs durch das Underpricing zu tragen hatten. Den höchsten Wert für das „money left on the table" weist die Consors AG mit 520,3 Mio. Euro auf. Damit liegen die Opportunitätskosten aufgrund des Underpricing deutlich über dem nominalen E-missionsvolumen der Consors AG, das 399,3 Mio. Euro betragen hat. Diese Feststellung ist keine Ausnahme, denn bei sieben der in Tabelle 7 aufgeführten zehn IPO Unternehmen liegt das „money left on the table" deutlich höher als das nominale Emissionsvolumen. Addiert man das jeweilige „money left on the table" für die zehn aufgeführten Unternehmen, so er-geben sich insgesamt Opportunitätskosten in Höhe von fast 2,86 Mrd. Euro. Dieser Wert entspricht dem kumulierten nominalen Emissionsvolumen der 131 kleinsten IPOs des Neuen Marktes.

Die beträchtliche Höhe des „money left on the table" unterstreicht die Relevanz der am An-fang des Kapitels gestellten Frage, warum die Emittenten auf solch hohe Emissionserlöse verzichten. Besonders in der US-amerikanischen Literatur wurde in jüngster Zeit versucht, darauf eine Antwort zu finden.[399] Im Folgenden wird ein aktueller Ansatz von LOUGHRAN und RITTER (2002) vorgestellt, der anhand einer ex post-Betrachtung der Börsengange die Frage zu beantworten versucht, warum sich die Emittenten anscheinend nicht über das hohe Underpricing Niveau beklagen und die Emissionsbanken aufgrund der zu niedrig festgesetzten *bookbuilding*-Spanne nicht häufiger zur Rechenschaft ziehen. LOUGHRAN und RITTER (2002) entwickelten dazu die so genannte *„prospect theory"*, die „Erwartungstheorie der Emittenten".[400] Demnach haben die Emittenten eine bestimmte Erwartung über den zu erzielenden Emissionserlös und über ihr zu erwartendes Vermögen nach dem Börsengang. Der erwartete Emissionserlös ergibt sich dabei aus der Multiplikation des Mittelwertes der von den Emissionsbanken festgelegten *bookbuilding*-Spanne mit der Anzahl der geplanten emittierten Aktien, während sich das erwartete zukünftige Vermögen des Emittenten aus der Multiplikation des Mittelwertes der von den Emissionsbanken festgelegten *bookbuilding*-Spanne mit der Anzahl der von den Emittenten nach dem Börsengang zurückbehaltenen Aktien errechnet. Wenn sich nun eine starke Nachfrage während der *bookbuilding*-Phase einstellt, dann wird einerseits der Emissionspreis i. d. R. am oberen Ende der *bookbuilding*-Spanne festgesetzt, andererseits wird es wahrscheinlich auch zu einem Underpricing aufgrund der starken Nachfrage kommen.

Für die Emittenten bedeutet dies folgendes: Dadurch, dass die *bookbuilding*-Spanne am oberen Ende festgesetzt wird und nicht - wie erwartet - in der Mitte der *bookbuilding*-Spanne, sind ihre Emissionserlöse höher als ursprünglich erwartet. Die Emittenten sind deshalb zunächst einmal zufrieden mit dem erzielten Emissionserlös. Da nun aber der erste Börsenkurs noch höher liegt als der Emissionspreis, kommt es zu Underpricing und demnach zu Opportunitätskosten für die Emittenten. Der Grund, warum sich die Emittenten über das hohe Underpricing und demnach über das *„money left on the table"* nicht beklagen, begründet die Theorie von LOUGHRAN und RITTER (2002) damit, dass durch das Underpricing auch das Vermögen der Alteigentümer stärker als erwartet gewachsen ist. I. d. R. platzieren die Emittenten im Rahmen des IPOs nur einen geringen Anteil ihres Grundkapitals an der Börse. Erst nachdem sich die Unternehmen ein gewisses Finanzstanding am Kapitalmarkt aufgebaut haben, erfolgt dann mittels einer Folgeemission (SEO) ein weiterer Verkauf ihrer verbliebenen Unternehmensanteile. Die Emittenten bzw. die Alteigentümer halten demzufolge auch nach dem IPO weiterhin einen erheblichen Anteil am Grundkapital des nunmehr börsennotierten Unternehmens. Ex-post betrachtet führt also das Underpricing, d. h. der deut-

---

[399] In der Literatur wird das *„money left on the table"* Phänomen getrennt von den Erklärungsansätzen zum Underpricing Phänomen diskutiert.

[400] Vgl. dazu LOUGHRAN, T./ RITTER, J. R., Issuers, 2002, S. 413ff.

lich über dem Emissionspreis liegende erste Börsenkurs, nicht nur für die Investoren, sondern auch für die Alteigentümer des an die Börse emittierten Unternehmens zu einem deutlichen Vermögenszuwachs. Die bei den Alteigentümern verbliebenen Anteile steigen nämlich ebenso im Wert, wie die von den Investoren gezeichneten Anteile.

Nach der Theorie von LOUGHRAN und RITTER (2002) kompensiert dieser Vermögenszuwachs deutlich den durch das „money left on the table" erlittenen Vermögensverlust der Emittenten, so dass die Alteigentümer einem Underpricing prinzipiell nicht abgeneigt sind. Anhand von Tabelle 8 soll dieser Kompensationsmechanismus an vier ausgewählten IPOs, bei denen ein besonders hoher Wert für das „money left on the table" ermittelt wurde, verdeutlicht werden.

Tabelle 8:   *Kompensation des „money left on the table" durch Vermögenszuwachs der Eigentümer*

		Intertain-ment	SAP System	Web.de	comdirect bank
(1)	Anzahl der emittierten Aktien (in Tausend)	1.945	9.533	8.625	28.100
(2)	Anzahl der bei den Alteigentümern verbleibenden Aktien (in Tausend)	10.460	13.000	34.500	43.000
(3)	bookbuilding-Spanne (in Euro)	31,00 – 36,00	16,00 - 19,00	20,00 – 26,00	25,00 – 31,00
(4)	Emissionspreis (in Euro)	36,00	19,00	26,00	31,00
(5)	Erster Börsenkurs (in Euro)	140,00	53,00	65,00	38,00
(6)	Underpricing	+288,89%	+178,95	+150,00%	+22,58%
(7)	Emissionserlös (in Mio. Euro) [(1)*(4)]	70,0	181,1	224,3	871,1
(8)	"money left on the table" (in Mio. Euro) - [(1)*[(5)-(4)]	202,3	343,2	336,4	197,7
(9)	Erwartetes Vermögen durch Börsengang (in Mio. Euro) [(2)*Mittelwert aus (3)]	350,4	227,5	198,8	1.204,0
(10)	Tatsächliches Vermögen nach Börsengang (in Mio. Euro) [(2)*(5)]	1.464,4	689,0	2.242,5	1.634,0
(11)	Unerwarteter Vermögenszuwachs (in Mio. Euro) [(10)-(9)]	1.114,0	461,5	2.043,7	430,0
(12)	Vermögenszuwachs nach Abzug "money left on the table" (in Mio. Euro) – [(11)-(7)]	+911,7	+118,3	+1.707,3	+232,3

Quelle: Eigene Darstellung und Berechnungen.

Tabelle 8 zeigt, dass der bei den Alteigentümern verbleibende Aktienanteil durch das Underpricing im Wert steigt, so dass dadurch die Alteigentümer tatsächlich einen unerwarteten

Vermögenszuwachs erzielen.[401] Dieser Vermögenszuwachs liegt in allen Fällen deutlich über den Werten für das „money left on the table", so dass der Emittent netto stets einen positiven Vermögenszuwachs verbuchen kann. Bei einer reinen ex post-Betrachtung hat der Emittent also auch bei einem hohen Underpricing und einem damit verbundenen hohen Wert für das „money left on the table" einen Grund, mit dem Börsengang zufrieden zu sein. Der von LOUGHRAN und RITTER (2002) entwickelte Ansatz könnte auch für den Neuen Markt erklären, wieso sich die Emittenten nicht über die durch das Underpricing entstehenden hohen Opportunitätskosten beklagt haben. Die Alteigentümer erfahren durch das hohe Underpricing ebenfalls einen deutlichen Vermögenszuwachs ihrer zurückbehaltenen Unternehmensanteile.

Bei dem vorgestellten Ansatz muss allerdings kritisiert werden, dass er zwar ex post einen Erklärungsansatz für die von den Emittenten tolerierte Höhe des Underpricing liefert, dass aber nicht hinreichend berücksichtigt wird, dass eine höhere bookbuilding-Spanne und demzufolge ein höherer Emissionspreis zu noch höheren Vermögenswerten bei den Emittenten führen würde. Hätten nämlich Emittenten und Emissionsbanken ex ante die bookbuilding-Spanne höher festgelegt, dann wäre das „money left on the table" kleiner und der Emissionserlös und das Vermögen der Emittenten könnte deutlich erhöht werden. LOUGHRAN und RITTER (2002) versuchen diesen Einwand aus ihrer Untersuchung auszublenden, indem sie unterstellen, dass die Emittenten den Erfolg des IPOs eher durch die Höhe des unerwarteten Vermögenszuwachses bewerten als durch die Höhe des eigentlichen Vermögens.[402]

3.5.3 Underpricing aus Sicht der Emissionsbanken

Wie bereits im Rahmen des ersten Teils dieser Arbeit erläutert wurde, erhält eine Emissionsbank eine feste Provision vom erzielten Emissionserlös.[403] Auf den ersten Blick könnte deshalb der Eindruck entstehen, dass das festgestellte Underpricing zu einem Provisionsausfall bei den Emissionsbanken führt und deshalb die Emissionsbanken ein Interesse daran haben müssten, den maximal möglichen Emissionserlös zu erzielen - auch wenn es dadurch zu einem Overpricing des IPOs kommen würde.

---

[401] Je höher dieser bei den Alteigentümern verbleibende Aktienanteil ist, um so höher ist der Vermögenszuwachs und je weniger sind die Emittenten über das Underpricing besorgt. Vgl. dazu auch AGGARWAL, R. K./ KRIGMAN, L./ WOMACK, K. L., IPO, 2002, S. 135, siehe auch HABIB, M. A./ LJUNGQVIST, A. P., Underpricing, 2001, S. 434.

[402] „Prospect theory assumes that issuers care more about the change in their wealth rather than the level of wealth." LOUGHRAN, T./ RITTER, J. R., Issuers, 2002, S. 414.

[403] Vgl. Kapitel 1.3. im ersten Teil dieser Arbeit.

Allerdings besteht das primäre Interesse der Emissionsbanken nicht immer in der Maximierung des Emissionserlöses. Statt dessen sind sie häufig daran interessiert, durch ein hohes Underpricing der von ihnen emittierten IPO Aktien ihre Reputation zu erhöhen und mögliche Schadenersatzforderungen zu verhindern.[404] Darüber hinaus reduzieren die Emissionsbanken durch das Underpricing ihr Risiko, nicht platzierte Aktien in den Eigenbestand aufnehmen zu müssen.[405] Es besteht also eine Vielzahl von Gründen, die Emissionsbanken dazu bewegen werden, das von ihnen betreute IPO mit einem Underpricing an der Börse einzuführen. Insofern ist das festgestellte Underpricing am Neuen Markt im Sinne der Emissionsbanken zu bewerten.

4 Empirische Untersuchungen zur langfristigen Performance der IPOs am Neuen Markt

Um detailliertere Aufschlüsse über die zeitliche Konsistenz des Underpricing Phänomens am Neuen Markt zu erhalten und um die Hypothesen H 2 und H 3 überprüfen zu können, wird in dem nun folgenden Kapitel die marktbereinigte sowie die unbereinigte Performance der IPOs 6, 12, und 24 Monate nach dem Börsengang ermittelt. Die methodische Vorgehensweise zur Berechnung der langfristigen Performance der IPOs am Neuen Markt wurde in Kapitel 2.2.2 ausführlich dargestellt. Es wurde hervorgehoben, dass die langfristige Performance nicht nur auf Basis des Emissionspreises, sondern auch auf Basis des ersten Börsenkurses für das IPO berechnet wird.

Wenn der erste Kurs am Sekundärmarkt alle am Markt verfügbaren Informationen widerspiegelt, dann dürften auf Basis des ersten Börsenkurses langfristig keine systematischen Überrenditen zu erzielen sein. Daraus lässt sich die zentrale Frage im Zusammenhang mit der Berechnung der langfristigen Performance der IPOs am Neuen Markt ableiten: ist der Primär- bzw. der Sekundärmarkt in der Lage, die IPOs im Durchschnitt richtig zu bewerten, so dass im Vergleich zum Marktportfolio keine systematischen Überrenditen erzielt werden können? Nur dann kann der Neue Markt, im Sinne von FAMA (1970) und JENSEN (1978), als effizient bewertet werden.[406] Im Folgenden werden die Ergebnisse der Berechnung der Performance der IPOs nach 6, 12 und 24 Monaten vorgestellt und diskutiert.

---

[404]   Vgl. die Ausführungen zur Reputationshypothese und zur Prospekthaftungshypothese im dritten Teil dieser Arbeit, Kapitel 4.3. und 4.4.
[405]   Vgl. dazu auch die Ausführungen im ersten Teil dieser Arbeit, Kapitel 1.3.
[406]   Vgl. MAGER, F. B., Performance, 2001, S. 158.

4.1 Performance der IPOs 6 Monate nach Börsengang

4.1.1 Performance nach 6 Monaten auf Basis des Emissionspreises

Für den gesamten Untersuchungsumfang, d. h. für alle Unternehmen, die zwischen den Jahren von 1997 und 2003 ein IPO am Neuen Markt vorgenommen haben, beträgt die durchschnittliche marktbereinigte Überrendite 6 Monate nach dem Börsengang auf Basis des Emissionspreises signifikante 86,66% (vgl. dazu Tabelle 9). Auffällig ist allerdings, dass sich - ebenso wie bei der Analyse des kurzfristigen Underpricing - bei der Berechnung der langfristigen Performance erhebliche Unterschiede in den einzelnen Jahren ergeben. So sinkt die Überrendite der IPOs mit zunehmender Dauer des Bestehens des Neuen Marktes. Während der BHAR für die 11 IPOs des Jahres 1997 noch 253,46% beträgt,[407] fällt die marktbereinigte abnormale Rendite im Jahr 2000 auf 42,29% und im Jahr 2001 auf nur noch 14,06%. Parallel dazu verläuft die Entwicklung der maximalen Überrendite. Während besonders in den Jahren von 1997 bis 2000 Extremwerte des BHAR von bis zu 1778,59% vorzufinden sind, nimmt diese Höhe bis auf 53,44% im Jahr 2001 bzw. 8,30% im Jahr 2002 ab. Der Anteil der negativen marktbereinigten BHARs ist bereits 6 Monate nach dem Börsengang in den einzelnen Jahren im Vergleich zu den Ergebnissen des kurzfristigen Underpricing sehr hoch. So weisen 6 Monate nach dem Börsengang bereits 30,49% aller untersuchten IPOs ($\cong$ 100 IPOs) eine negative abnormale Rendite auf.

---

[407] Allerdings ist im Jahr 1997 die ermittelte Überrendite nur für den WILCOXON-Rangtest für ein 5%-Niveau signifikant.

Tabelle 9: Performance 6 Monate nach dem IPO am Neuen Markt auf Basis des Emissionspreises

		1997	1998	1999	2000	2001	2002	2003	1997-2003
N		11	41	131	133	11	1	0	328
BH(A)R	bereinigt	253,46%	155,64%	102,81%	42,29%	14,06%	8,30%	n/a	86,66%
	unbereinigt	338,48%	183,84%	155,87%	0,05%	-28,48%	-51,46%	n/a	95,49%
STABW	bereinigt	522,26%	198,62%	178,15%	88,40%	27,02%	n/a	n/a	177,75%
	unbereinigt	549,48%	209,41%	193,04%	90,94%	34,41%	n/a	n/a	203,72%
Median	bereinigt	102,20%	91,54%	58,84%	14,45%	23,45%	8,30%	n/a	35,20%
	unbereinigt	165,60%	111,92%	109,09%	-20,59%	-33,45%	-51,46%	n/a	31,23%
BH(A)R Minimum	bereinigt	-25,28%	-53,04%	-153,54%	-44,79%	-25,44%	8,30%	n/a	-153,54%
	unbereinigt	21,09%	-37,26%	-81,96%	-95,14%	-78,40%	-51,46%	n/a	-95,14%
BH(A)R Maximum	bereinigt	1778,59%	938,54%	991,54%	612,19%	53,44%	8,30%	n/a	1778,59%
	unbereinigt	1931,43%	997,84%	1030,43%	584,47%	44,12%	-51,46%	n/a	1931,43%
BH(A)R>0 (relativ)	bereinigt	72,73%	85,37%	64,12%	69,92%	63,64%	100,00%	n/a	69,51%
	unbereinigt	100,00%	87,80%	76,34%	35,34%	9,09%	0,00%	n/a	59,45%
BH(A)R=0 (relativ)	bereinigt	0,00%	0,00%	0,00%	0,00%	0,00%	0,00%	n/a	0,00%
	unbereinigt	0,00%	0,00%	0,00%	0,75%	0,00%	0,00%	n/a	0,30%
BH(A)R<0 (relativ)	bereinigt	27,27%	14,63%	35,88%	30,08%	36,36%	0,00%	n/a	30,49%
	unbereinigt	0,00%	12,20%	23,66%	63,91%	90,91%	100,00%	n/a	40,24%
Schiefe	bereinigt	2,97	2,15	1,70	3,34	-0,20	n/a	n/a	4,07
	unbereinigt	2,90	2,10	1,54	3,22	0,57	n/a	n/a	3,53
Wölbung	bereinigt	9,22	5,77	4,54	15,72	-1,23	n/a	n/a	28,35
	unbereinigt	8,85	5,50	3,17	15,22	0,97	n/a	n/a	22,24
t-Test	Bereinigt	1,61	5,02***	6,61***	5,52***	1,73	n/a	n/a	8,83***
	(p-Wert)	(0,139)	(0,000)	(0,000)	(0,000)	(0,115)	n/a	n/a	(0,000)
	unbereinigt	2,04*	5,62***	9,24***	0,01	-2,75**	n/a	n/a	8,49***
	(p-Wert)	(0,068)	(0,000)	(0,000)	(0,995)	(0,021)	n/a	n/a	(0,000)
WILCOXON Rangtest	Bereinigt	-2,23++	-5,01+++	-5,85+++	-5,63+++	-1,60	n/a	n/a	-9,51+++
	(p-Wert)	(0,026)	(0,000)	(0,000)	(0,000)	(0,110)	n/a	n/a	(0,000)
	unbereinigt	-2,93+++	-5,28+++	-8,07+++	-2,25+++	-2,22++	n/a	n/a	-7,73+++
	(p-Wert)	(0,003)	(0,000)	(0,000)	(0,000)	(0,026)	n/a	n/a	(0,000)

N: Anzahl der untersuchten IPO Unternehmen; BH(A)R: Buy-and-hold-abnormal-return (marktbereinigt) bzw. buy-and-hold-return (unbereinigt); STABW: Standardabweichung; BH(A)R>0: Anteil der positiven Emissionsrenditen (jeweils marktbereinigt bzw. unbereinigt); BH(A)R=0: Anteil der Emissionsrenditen die Null sind (jeweils marktbereinigt bzw. unbereinigt); BH(A)R<0: Anteil der negativen Emissionsrenditen (jeweils marktbereinigt bzw. unbereinigt); n/a: nicht ermittelbar.
t-Test: * Signifikanzniveau von 10%, ** Signifikanzniveau von 5%, *** Signifikanzniveau von 1%.
WILCOXON-Rangtest: + Signifikanzniveau von 10%, ++ Signifikanzniveau von 5%, +++ Signifikanzniveau von 1%.
Anmerkung: Einige Statistik Softwarepakete errechnen die Irrtumswahrscheinlichkeiten (p-Werte) auf drei Dezimalstellen gerundet. Eine Irrtumswahrscheinlichkeit von 0,000 bedeutet also, dass die Irrtumswahrscheinlichkeit kleiner als 0,0005 (oder 0,05%), nicht aber, dass sie Null ist.
Quelle: Eigene Berechnungen.

Der Anteil der negativen Renditen wird noch höher, wenn die unbereinigte *buy-and-hold* Rendite (BHR), d. h. die nicht um die Entwicklung des Marktes bereinigte Rendite, analysiert wird. Während im Jahr 1997 6 Monate nach dem Börsengang kein IPO unter dem ursprünglichen Emissionspreis notiert, beträgt der Anteil der IPOs mit negativer Rendite im Jahre

2001 mehr als 90%.[408] Folglich notiert im Jahr 2001 fast jedes emittierte IPO Unternehmen 6 Monate nach dem Börsengang unter seinem ursprünglichen Emissionspreis. Diese Entwicklung ist vor allem durch die einsetzende Kapitalmarkt Baisse im Jahr 2000 zu erklären. Der Nemax All-Share Index fiel in diesem Jahr von 8522,27 auf 2626,74 Punkten (vgl. Abbildung 14).

Abbildung 14: Verlauf des Nemax All-Share Index von 1997 bis 2003

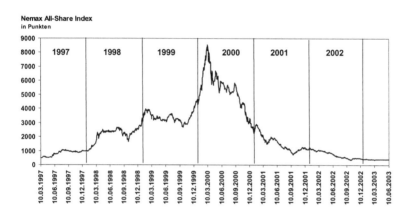

Quelle: Eigene Darstellung, Daten: Datastream.

Der durchschnittliche BHR der 133 IPOs des Jahres 2000 ist 6 Monate nach dem Börsengang nur noch leicht positiv (0,05%) und wird ab dem Jahr 2001 deutlich negativ (-28,28%). Allerdings ist der BHR für den gesamten Zeitraum von 1997 bis 2003 für die 328 untersuchten IPOs deutlich im positiven Bereich (95,49%) und liegt über dem BHAR, der 86,66% beträgt. Sowohl die marktbereinigte als auch die unbereinigte Renditen sind auf einem 1%-igen Niveau signifikant von Null verschieden.

4.1.2 Performance nach 6 Monaten auf Basis des ersten Börsenkurses

Die IPO Performance 6 Monate nach Börsennotierung auf Basis des ersten Börsenkurses kennzeichnet sich im Gegensatz zu den Ergebnissen der Berechnung der Performance auf Basis des Emissionspreises durch eine signifikant niedrigere Überrendite in allen Jahren

---

[408] Auffallend ist, dass im Jahr 1997 unbereinigt keine negativen Renditen festzustellen waren, bereinigt allerdings mehr als 27% der IPOs eine negative Rendite aufweisen. Dies ist darauf zurückzuführen, dass ein großer Anteil der IPOs zwar einen positiven Kursanstieg verzeichnen konnte, dass dieser Anstieg aber kleiner war als der Anstieg des Marktportfolios in dem gleichen Zeitraum.

(vgl. dazu auch Tabelle 10). So liegt der BHAR lediglich in dem Jahr 1997 über 100%, während er in folgenden Jahren zunehmend gegen 0% konvergiert. Entsprechend größer ist auch der Anteil negativer Überrenditen. 6 Monate nach dem Börsengang weist für den gesamten Zeitraum von 1997 bis 2003 bereits jedes zweite IPO eine negative abnormale Überrendite auf.

Tabelle 10: Performance 6 Monate nach dem IPO am Neuen Markt auf Basis des ersten Börsenkurses

		1997	1998	1999	2000	2001	2002	2003	1997-2003
N		11	41	131	133	11	1	0	328
BH(A)R	Bereinigt	159,41%	65,81%	43,33%	12,43%	7,88%	7,07%	n/a	36,20%
	unbereinigt	245,44%	94,55%	96,48%	-29,71%	-33,91%	-52,62%	n/a	45,24%
STABW	Bereinigt	513,61%	168,52%	135,53%	55,81%	21,81%	n/a	n/a	144,97%
	unbereinigt	542,11%	184,81%	157,11%	55,95%	33,33%	n/a	n/a	171,77%
Median	Bereinigt	-26,38%	3,53%	-7,41%	0,95%	7,07%	7,07%	n/a	-1,34%
	unbereinigt	90,92%	22,61%	51,35%	-42,40%	-43,81%	-52,62%	n/a	-16,05%
BH(A)R Minimum	Bereinigt	-104,62%	-70,56%	-182,79%	-56,59%	-19,74%	7,07%	n/a	-182,79%
	unbereinigt	-32,78%	-68,30%	-82,71%	-96,60%	-72,59%	-52,62%	n/a	-96,60%
BH(A)R Maximum	Bereinigt	1685,11%	622,96%	528,34%	350,26%	46,89%	7,07%	n/a	1685,11%
	unbereinigt	1845,25%	703,80%	605,88%	313,71%	44,12%	-52,62%	n/a	1845,25%
BH(A)R>0 (relativ)	bereinigt	45,45%	51,22%	46,56%	50,38%	63,64%	100,00%	n/a	49,39%
	unbereinigt	72,73%	56,10%	61,07%	18,05%	9,09%	0,00%	n/a	41,46%
BH(A)R=0 (relativ)	bereinigt	0,00%	0,00%	0,00%	0,00%	0,00%	0,00%	n/a	0,00%
	unbereinigt	0,00%	0,00%	0,00%	0,75%	0,00%	0,00%	n/a	0,30%
BH(A)R<0 (relativ)	bereinigt	54,55%	48,78%	53,44%	49,62%	36,36%	0,00%	n/a	50,61%
	unbereinigt	27,27%	43,90%	38,93%	81,20%	90,91%	100,00%	n/a	58,23%
Schiefe	bereinigt	3,15	2,21	1,37	2,67	0,22	n/a	n/a	5,56
	unbereinigt	3,08	2,07	1,33	2,79	1,24	n/a	n/a	4,64
Wölbung	bereinigt	10,14	4,84	1,65	11,21	-0,74	n/a	n/a	52,66
	unbereinigt	9,78	4,33	1,13	12,07	2,16	n/a	n/a	37,95
t-Test	Bereinigt	1,03	2,50**	3,66***	2,57**	1,20	n/a	n/a	4,52***
	(p-Wert)	(0,328)	(0,017)	(0,000)	(0,011)	(0,258)	n/a	n/a	(0,000)
	unbereinigt	1,50	3,28***	7,03***	-6,12***	-3,37***	n/a	n/a	4,77***
	(p-Wert)	(0,164)	(0,002)	(0,000)	(0,000)	(0,007)	n/a	n/a	(0,000)
WILCOXON Rangtest	Bereinigt	-0,27	-1,73[+]	-1,70[+]	-0,94	-1,25	n/a	n/a	-2,13[++]
	(p-Wert)	(0,790)	(0,084)	(0,089)	(0,345)	(0,594)	n/a	n/a	(0,033)
	unbereinigt	-2,40[++]	-2,65[+++]	-5,79[+++]	-6,81[+++]	-2,40[++]	n/a	n/a	-1,60
	(p-Wert)	(0,016)	(0,008)	(0,000)	(0,000)	(0,016)	n/a	n/a	(0,109)

N: Anzahl der untersuchten IPO Unternehmen; BH(A)R: Buy-and-hold-abnormal-return (marktbereinigt) bzw. buy-and-hold-return (unbereinigt); STABW: Standardabweichung; BH(A)R>0: Anteil der positiven Emissionsrenditen (jeweils marktbereinigt bzw. unbereinigt); BH(A)R=0: Anteil der Emissionsrenditen die Null sind (jeweils marktbereinigt bzw. unbereinigt); BH(A)R<0: Anteil der negativen Emissionsrenditen (jeweils marktbereinigt bzw. unbereinigt); n/a: nicht ermittelbar.
t-Test: * Signifikanzniveau von 10%, ** Signifikanzniveau von 5%, *** Signifikanzniveau von 1%.
WILCOXON-Rangtest: [+] Signifikanzniveau von 10%, [++] Signifikanzniveau von 5%, [+++] Signifikanzniveau von 1%.
Anmerkung: Einige Statistik Softwarepakete errechnen die Irrtumswahrscheinlichkeiten (p-Werte) auf drei Dezimalstellen gerundet. Eine Irrtumswahrscheinlichkeit von 0,000 bedeutet also, dass die Irrtumswahrscheinlichkeit kleiner als 0,0005 (oder 0,05%), nicht aber, dass sie Null ist.
Quelle: Eigene Berechnungen.

Auffallend ist ferner, dass die errechneten Median-Werte auf Basis des ersten Börsenkurses deutlich geringer sind, als bei der Berechnung auf Basis des Emissionspreises. Während der Zentralwert der Verteilung bei der Performanceberechnung auf Basis des Emissionspreises bereinigt bei 35,30% liegt und damit deutlich positiv ist, beträgt der Median auf Basis des ersten Börsenkurses bereinigt nur −1,34% und ist damit negativ. Die Median Werte der einzelnen Jahre liegen ebenfalls deutlich näher um den Nullpunkt verteilt als bei der Berechnung auf Basis des Emissionspreises.

Die ermittelten BHARs sind zwar für den gesamten Zeitraum der Untersuchung sowie für das Jahr 1999 nach dem t-Test auf einem 1%-igen Niveau signifikant von Null verschieden, allerdings kann die Nullhypothese für die Jahre 1998 und 2000 nur noch auf einem 5%-igen Signifikanzniveau abgelehnt werden, für die Jahre 1997 und 2001 kann sie sogar weder nach dem t-Test noch nach dem WILCOXON-Rangtest abgelehnt werden.

4.2 Performance der IPOs 12 Monate nach Börsengang

4.2.1 Performance nach 12 Monaten auf Basis des Emissionspreises

Die durchschnittliche Überrendite für alle IPOs auf Basis des Emissionspreises 12 Monate nach dem Börsengang beträgt bereinigt 81,18% und unbereinigt 86,77% (vgl. dazu Tabelle 11). Beide Werte sind auf dem 1%-igen Niveau sowohl nach dem t-Test als auch nach dem WILCOXON-Rangtest signifikant von Null verschieden. Zwar liegen die durchschnittlichen BHARs damit unter den Überrenditen, die für die ersten 6 Monate nach der Börsennotierung ermittelt wurden, allerdings weisen sie immer noch ein sehr hohes Niveau auf. Die Analyse der IPO Renditen über die einzelnen Jahre, lässt einen deutlichen Rückgang der durchschnittlichen BHARs mit zunehmendem Bestehen des Neuen Marktes erkennen. Mit Ausnahme des Jahres 1997 sind alle BHARs auf einem niedrigeren Niveau als bei der Performanceberechnung 6 Monate nach dem Börsengang. Dies hängt damit zusammen, dass die Ergebnisse des Jahres 1997 durch einen Ausreißer, der EM.TV stark, verzerrt sind.[409] Ohne Berücksichtigung der EM.TV Aktien reduziert sich die marktbereinigte Überrendite des Jahres 1997 auf 165,29% und liegt damit ebenfalls unter dem berechneten Wert für die 6 Mo-

---

[409] Das IPO der EM.TV, das lediglich ein Underpricing in Höhe von 4,43% aufweist, erzielt mit einer marktbereinigten abnormalen Überrendite 12 Monate nach dem Börsengang in Höhe von 3318,54% eine sehr hohe Überrendite, wodurch die Ergebnisse des Jahres 1997 leicht verzerrt werden.

natsperformances. Die ermittelten marktbereinigten Überrenditen des Jahres 1997 sind nach keinem der verwendeten Testverfahren signifikant von Null verschieden.[410]

Tabelle 11:   Performance 12 Monate nach dem IPO am Neuen Markt auf Basis des Emissionspreises

		1997	1998	1999	2000	2001	2002	2003	1997-2003
N		11	41	131	133	11	1	0	328
BH(A)R	bereinigt	466,97%	135,83%	96,60%	23,73%	9,29%	7,11%	n/a	81,18%
	unbereinigt	622,77%	180,02%	162,37%	-49,03%	-42,24%	-53,66%	n/a	86,77%
STABW	bereinigt	1013,61%	209,69%	293,97%	57,47%	28,56%	n/a	n/a	282,00%
	unbereinigt	1015,98%	208,63%	298,34%	58,07%	29,86%	n/a	n/a	307,95%
Median	bereinigt	19,17%	48,77%	7,37%	7,67%	9,32%	7,11%	n/a	10,03%
	unbereinigt	166,11%	84,06%	70,21%	-64,09%	-45,00%	-53,66%	n/a	0,00%
BH(A)R Minimum	bereinigt	-175,91%	-85,15%	-180,30%	-22,39%	-26,91%	7,11%	n/a	-180,30%
	unbereinigt	19,52%	-44,29%	-85,92%	-96,63%	-73,47%	-53,66%	n/a	-96,63%
BH(A)R Maximum	bereinigt	3318,54%	695,88%	2309,39%	381,60%	78,57%	7,11%	n/a	3318,54%
	unbereinigt	3451,43%	741,33%	2432,83%	306,96%	26,47%	-53,66%	n/a	3451,43%
BH(A)R>0 (relativ)	bereinigt	54,55%	70,73%	51,91%	56,39%	54,55%	100,00%	n/a	56,40%
	unbereinigt	100,00%	87,80%	78,63%	9,02%	9,09%	0,00%	n/a	49,70%
BH(A)R=0 (relativ)	bereinigt	0,00%	0,00%	0,00%	0,00%	0,00%	0,00%	n/a	0,00%
	unbereinigt	0,00%	0,00%	0,76%	0,75%	0,00%	0,00%	n/a	0,61%
BH(A)R<0 (relativ)	bereinigt	45,45%	29,27%	48,09%	43,61%	45,45%	0,00%	n/a	43,60%
	unbereinigt	0,00%	12,20%	20,61%	90,23%	90,91%	100,00%	n/a	49,70%
Schiefe	bereinigt	2,63	1,37	4,14	3,47	1,39	n/a	n/a	6,81
	unbereinigt	2,55	1,39	4,27	3,39	1,27	n/a	n/a	6,10
Wölbung	bereinigt	7,42	1,16	25,40	15,39	2,86	n/a	n/a	65,13
	unbereinigt	6,97	1,23	26,69	14,73	1,73	n/a	n/a	54,13
t-Test	Bereinigt (p-Wert)	1,53 (0,158)	4,15*** (0,000)	3,76*** (0,000)	4,76*** (0,000)	1,08 (0,306)	n/a n/a	n/a n/a	5,21*** (0,000)
	unbereinigt (p-Wert)	2,03* (0,069)	5,53*** (0,000)	6,23*** (0,000)	-9,74*** (0,000)	-4,69*** (0,001)	n/a n/a	n/a n/a	5,10*** (0,000)
WILCOXON Rangtest	Bereinigt (p-Wert)	-0,98 (0,328)	-3,53+++ (0,000)	-2,51+++ (0,000)	-4,58+++ (0,000)	-0,80 (0,424)	n/a n/a	n/a n/a	-5,23+++ (0,002)
	unbereinigt (p-Wert)	-2,93+++ (0,003)	-5,18+++ (0,000)	-7,74+++ (0,000)	-8,14+++ (0,000)	-2,76+++ (0,006)	n/a n/a	n/a n/a	-3,13+++ (0,000)

N: Anzahl der untersuchten IPO Unternehmen; BH(A)R: Buy-and-hold-abnormal-return (marktbereinigt) bzw. buy-and-hold-return (unbereinigt); STABW: Standardabweichung; BH(A)R>0: Anteil der positiven Emissionsrenditen (jeweils marktbereinigt bzw. unbereinigt); BH(A)R=0: Anteil der Emissionsrenditen die Null sind (jeweils marktbereinigt bzw. unbereinigt); BH(A)R<0: Anteil der negativen Emissionsrenditen (jeweils marktbereinigt bzw. unbereinigt); n/a: nicht ermittelbar.
t-Test: * Signifikanzniveau von 10%, ** Signifikanzniveau von 5%, *** Signifikanzniveau von 1%.
WILCOXON-Rangtest: + Signifikanzniveau von 10%, ++ Signifikanzniveau von 5%, +++ Signifikanzniveau von 1%.
Anmerkung: Einige Statistik Softwarepakete errechnen die Irrtumswahrscheinlichkeiten (p-Werte) auf drei Dezimalstellen gerundet. Eine Irrtumswahrscheinlichkeit von 0,000 bedeutet also, dass die Irrtumswahrscheinlichkeit kleiner als 0,0005 (oder 0,05%), nicht aber, dass sie Null ist.
Quelle: Eigene Berechnungen.

---

[410]   Ebenso wie die marktbereinigten Überrenditen des Jahres 2001, die auch nicht signifikant von Null verschieden sind.

12 Monate nach Aufnahme der Börsennotierung am Neuen Markt weisen nur noch 56,40% aller um den NEMAX All-Share Index bereinigten IPOs auf Basis des Emissionspreises eine bessere Entwicklung auf als der Markt. Noch schlechter wird die langfristige Performance, wenn die unbereinigten Renditen analysiert werden. So weisen unbereinigt nur noch fast 50% aller IPOs eine positive Rendite 12 Monate nach dem Börsengang auf. Es fällt weiter auf, dass der unbereinigte BHR bereits ab dem Jahr 2000 deutlich negativ wird (−49,03%) und auch in den Jahren 2001 und 2002 auf diesem negativen Niveau verharrt.

4.2.2 Performance nach 12 Monaten auf Basis des ersten Börsenkurses

Die abnormale Überrendite 12 Monate nach dem Börsengang fällt auf Basis des ersten Börsenkurses erwartungsgemäß deutlich geringer aus als auf Basis des Emissionspreises und beträgt marktbereinigt 33,24% bzw. unbereinigt 39,19% (vgl. dazu Tabelle 12).

Tabelle 12: Performance 12 Monate nach dem IPO am Neuen Markt auf Basis des ersten Börsenkurses

		1997	1998	1999	2000	2001	2002	2003	1997-2003
N		11	41	131	133	11	1	0	328
BH(A)R	bereinigt	310,60%	34,76%	35,73%	9,90%	5,30%	5,93%	n/a	33,24%
	unbereinigt	466,49%	79,37%	102,11%	-62,80%	-45,50%	-54,76%	n/a	39,19%
STABW	bereinigt	969,38%	163,26%	244,51%	39,86%	27,71%	n/a	n/a	243,46%
	unbereinigt	970,49%	163,22%	248,03%	40,11%	30,39%	n/a	n/a	263,87%
Median	bereinigt	-53,13%	-17,88%	-25,13%	-0,69%	-3,13%	5,93%	n/a	-7,64%
	unbereinigt	115,17%	19,19%	36,73%	-73,33%	-52,73%	-54,76%	n/a	-34,28%
BH(A)R Minimum	bereinigt	-241,21%	-135,49%	-210,38%	-31,57%	-18,61%	5,93%	n/a	-241,21%
	unbereinigt	-44,41%	-59,11%	-90,25%	-97,33%	-75,13%	-54,76%	n/a	-97,33%
BH(A)R Maximum	bereinigt	3161,16%	569,63%	1858,13%	196,01%	78,77%	5,93%	n/a	3161,16%
	unbereinigt	3300,76%	619,24%	1978,22%	123,67%	26,47%	-54,76%	n/a	3300,76%
BH(A)R>0 (relativ)	bereinigt	36,36%	39,02%	38,17%	48,87%	45,45%	100,00%	n/a	42,99%
	unbereinigt	81,82%	60,98%	61,07%	5,26%	9,09%	0,00%	n/a	37,20%
BH(A)R=0 (relativ)	bereinigt	0,00%	0,00%	0,00%	0,00%	0,00%	0,00%	n/a	0,00%
	unbereinigt	0,00%	0,00%	0,00%	0,00%	0,00%	0,00%	n/a	0,00%
BH(A)R<0 (relativ)	bereinigt	63,64%	60,98%	61,83%	51,13%	54,55%	0,00%	n/a	57,01%
	unbereinigt	18,18%	39,02%	38,93%	94,74%	90,91%	100,00%	n/a	62,80%
Schiefe	bereinigt	3,04	2,04	4,18	2,77	2,11	n/a	n/a	8,30
	unbereinigt	2,97	2,09	4,39	2,82	1,56	n/a	n/a	7,63
Wölbung	bereinigt	9,59	4,10	25,03	8,94	5,19	n/a	n/a	93,20
	unbereinigt	9,22	4,28	26,80	9,12	2,25	n/a	n/a	80,60
t-Test	Bereinigt (p-Wert)	1,06 (0,313)	1,36 (0,180)	1,67* (0,097)	2,86*** (0,005)	0,63 (0,540)	n/a n/a	n/a n/a	2,47** (0,014)
	unbereinigt (p-Wert)	1,59 (0,142)	3,11*** (0,003)	4,71*** (0,000)	-18,06*** (0,000)	-4,97*** (0,001)	n/a n/a	n/a n/a	2,69*** (0,007)
WILCOXON Rangtest	Bereinigt (p-Wert)	-0,27 (0,790)	-0,03 (0,974)	-1,08 (0,281)	-1,06 (0,289)	-0,09 (0,929)	n/a n/a	n/a n/a	-1,130 (0,258)
	unbereinigt (p-Wert)	-2,49++ (0,013)	-2,48++ (0,013)	-4,92+++ (0,000)	-8,72+++ (0,000)	-2,76+++ (0,006)	n/a n/a	n/a n/a	-1,381 (0,167)

N: Anzahl der untersuchten IPO Unternehmen; BH(A)R: Buy-and-hold-abnormal-return (marktbereinigt) bzw. buy-and-hold-return (unbereinigt); STABW: Standardabweichung; BH(A)R>0: Anteil der positiven Emissionsrenditen (jeweils marktbereinigt bzw. unbereinigt); BH(A)R=0: Anteil der Emissionsrenditen die Null sind (jeweils marktbereinigt bzw. unbereinigt); BH(A)R<0: Anteil der negativen Emissionsrenditen (jeweils marktbereinigt bzw. unbereinigt); n/a: nicht ermittelbar.
t-Test: * Signifikanzniveau von 10%, ** Signifikanzniveau von 5%, *** Signifikanzniveau von 1%.
WILCOXON-Rangtest: + Signifikanzniveau von 10%, ++ Signifikanzniveau von 5%, +++ Signifikanzniveau von 1%.
Anmerkung: Einige Statistik Softwarepakete errechnen die Irrtumswahrscheinlichkeiten (p-Werte) auf drei Dezimalstellen gerundet. Eine Irrtumswahrscheinlichkeit von 0,000 bedeutet also, dass die Irrtumswahrscheinlichkeit kleiner als 0,0005 (oder 0,05%), nicht aber, dass sie Null ist.
Quelle: Eigene Berechnungen.

Auffallend ist, dass der Median für die IPOs, die in den Jahren von 1997 bis 2003 emittiert wurden, sowohl für die bereinigte als auch für die unbereinigte Performance Berechnung mit –7,64% bzw. –34,28% deutlich negativ ist. Da trotzdem durchschnittlich deutlich positive BHARs ermittelt werden können, ist davon auszugehen, dass durch einzelne Extremwerte die abnormale Überrendite deutlich nach oben verzerrt wird. Diese Vermutung erhärtet sich dadurch, dass die maximalen BHAR Werte nicht nur in dem Jahr 1997, sondern auch im Jahr 1999 deutlich über 1000% liegen.[411] Bei Durchsicht der einzelnen IPO Unternehmen kann die ADVA AG identifiziert werden, die 12 Monate nach dem Börsengang eine abnormale marktbereinigte Überrendite von 1858,13% aufweist. Wird die ADVA AG als Ausreißer aus der Untersuchung ausgeschlossen, so verringert sich der marktbereinigte BHAR von 35,73% auf 21,55% und der unbereinigte BHR reduziert sich von 102,11% auf 87,01%.

Auch bei dieser Untersuchung fällt auf, dass die marktbereinigten Überrenditen der einzelnen Jahre nur noch in Einzelfällen signifikant von Null verschieden sind. In den meisten Jahren kann die Nullhypothese nicht mehr abgelehnt werden, im Jahr 1999 ist das Ergebnis lediglich nach dem t-Test auf einem 10%-igen Niveau signifikant. Im Jahr 2000 ist die ermittelte Überrendite auf einem 1%-igen Niveau signifikant von Null verschieden. Während für den gesamten Untersuchungszeitraum die marktbereinigten Überrenditen nach dem t-Test auf einem 5%-igen Niveau signifikant von Null verschieden sind, kann mittels des WILCOXON-Rangtest keine Signifikanz mehr festgestellt werden.

4.3 Performance der IPOs 24 Monate nach Börsengang

Bei der Performance Berechnung für den Zeitraum 24 Monate nach Börsengang werden zwei Unternehmen aus dem Untersuchungsumfang ausgeschlossen. Zum einen muss das IPO der Repower System AG ausgeschlossen werden, weil das Unternehmen erst im Jahr 2002 emittiert wurde und somit noch nicht länger als 24 Monate am Neuen Markt notierte. Darüber hinaus wird ein IPO Unternehmen als Ausreißer identifiziert und deshalb ebenfalls aus dem Untersuchungsumfang ausgeschlossen. Bei dem Unternehmen handelt es sich um die EM.TV. Der Ausschluss der EM.TV aus dem Untersuchungsumfang wird dadurch begründet, dass die abnormale Überrendite dieses IPOs einen solchen extremen Wert annimmt (+13000%), dass dadurch das gesamte Ergebnis für den 24-monatigen Untersuchungszeitraum verzerrt werden würde.

Bei Berücksichtigung der EM.TV hätte sich der BHAR der gesamten Stichprobe für die Jahre 1997 bis 2003 für alle durchgeführten Berechnungen um fast 40 Prozentpunkte nach oben

---

[411] Zwölf Monate nach dem Börsengang weist die ADVA AG Optical Networking eine abnormale marktbereinigte Überrendite von 1858,13% auf.

verschoben.[412] Durch den Ausschluss der zwei IPO Unternehmen verringert sich der Untersuchungsumfang in den Jahren von 1997 bis 2003 auf insgesamt 326 Unternehmen.[413]

4.3.1 Performance nach 24 Monaten auf Basis des Emissionspreises

Die Performance der IPOs am Neuen Markt 24 Monate nach dem eigentlichen Börsengang zeigt auf Basis des Emissionspreises immer noch eine positive abnormale Überrendite (vgl. dazu Tabelle 13).

Zwar sinkt sowohl der BHAR als auch der BHR deutlich gegenüber der berechneten 12 Monatsperformance,[414] allerdings beträgt die marktbereinigte abnormale Überrendite für den gesamten Untersuchungszeitraum immer noch mehr als 40%. Dieser Wert ist nach dem t-Test auf einem 1%-igen Niveau signifikant, so dass die Nullhypothesen, dass die Überrenditen nicht systematisch von Null verschieden sind, verworfen werden kann.

Besonders auffällig bei der 24 Monatsbetrachtung sind die unbereinigten Werte. Der BHR beträgt nur noch 5,27% für den gesamten Zeitraum der Untersuchung; er wird nunmehr bereits ab dem Jahr 1999 mit −37,68% deutlich negativ. Im Jahr 2000 beträgt die negative unbereinigte Überrendite bereits −78,57%. Dementsprechend hoch ist auch der Anteil der negativen Renditen. Fast 80% aller IPOs aus den Jahren von 1997 bis 2003 weisen 24 Monate nach dem Börsengang unbereinigt eine negative Performance auf. Auf einem besonders niedrigen Niveau bewegt sich auch der Median, der sowohl bereinigt als auch unbereinigt deutlich negative Werte einnimmt.

---

[412] Es wurde zur Prüfung der Frage, ob der Ausreißer verworfen werden darf, der „4-Sigma-Test" durchgeführt, der bei SACHS, L., Statistik, 2002, S. 365 ausführlich beschrieben wird.

[413] Da die EM.TV im Jahr 1997 emittiert wurde, reduziert sich der Untersuchungsumfang des Jahres 1997 auf 10 Unternehmen.

[414] Dies ist zum Teil durch die Eliminierung der EM.TV Aktie aus dem Untersuchungsumfang zu erklären.

Tabelle 13: Performance 24 Monate nach dem IPO am Neuen Markt auf Basis des Emissionspreises

		1997	1998	1999	2000	2001	2002	2003	1997-2003
N		10°	41	131	133	11	0°	0	326°
BH(A)R	Bereinigt	362,55%	150,05%	18,69%	8,48%	1,18%	n/a	n/a	40,91%
	unbereinigt	656,34%	279,10%	-37,68%	-78,57%	-77,02%	n/a	n/a	5,27%
STABW	bereinigt	1011,12%	535,25%	77,32%	25,97%	18,66%	n/a	n/a	267,21%
	unbereinigt	1087,40%	535,28%	80,00%	26,22%	21,61%	n/a	n/a	311,33%
Median	bereinigt	-98,64%	-62,66%	-10,78%	0,00%	-3,60%	n/a	n/a	-3,40%
	unbereinigt	165,67%	97,60%	-68,33%	-86,67%	-84,57%	n/a	n/a	-75,43%
BH(A)R Minimum	bereinigt	-376,88%	-275,31%	-54,37%	-18,55%	-17,28%	n/a	n/a	-376,88%
	unbereinigt	-44,84%	-71,61%	-100,00%	-100,00%	-95,28%	n/a	n/a	-100,00%
BH(A)R Maximum	bereinigt	2863,29%	2652,66%	375,94%	183,45%	48,40%	n/a	n/a	2863,29%
	unbereinigt	3408,91%	2787,32%	332,74%	96,67%	-17,06%	n/a	n/a	3408,91%
BH(A)R>0 (relativ)	bereinigt	40,00%	41,46%	37,40%	50,38%	45,45%	n/a	n/a	43,73%
	unbereinigt	90,00%	68,29%	20,61%	2,26%	0,00%	n/a	n/a	20,49%
BH(A)R=0 (relativ)	bereinigt	0,00%	0,00%	0,00%	0,00%	0,00%	n/a	n/a	0,00%
	unbereinigt	0,00%	0,00%	0,00%	0,00%	0,00%	n/a	n/a	0,00%
BH(A)R<0 (relativ)	bereinigt	60,00%	58,54%	62,60%	49,62%	54,55%	n/a	n/a	56,27%
	unbereinigt	10,00%	31,71%	79,39%	97,74%	100,00%	n/a	n/a	79,51%
Schiefe	bereinigt	2,01	3,07	2,39	3,36	1,76	n/a	n/a	7,43
	unbereinigt	2,15	3,11	2,41	3,33	2,49	n/a	n/a	7,34
Wölbung	bereinigt	4,06	11,64	6,39	16,72	3,83	n/a	n/a	68,06
	unbereinigt	4,81	11,80	6,53	16,32	6,88	n/a	n/a	65,83
t-Test	Bereinigt	1,13	1,79*	2,77***	3,76***	0,21	n/a	n/a	2,77***
	(p-Wert)	(0,286)	(0,080)	(0,006)	(0,000)	(0,839)	n/a	n/a	(0,006)
	unbereinigt	1,91*	3,34***	-5,39***	-34,56***	-11,82***	n/a	n/a	0,31
	(p-Wert)	(0,089)	(0,002)	(0,000)	(0,000)	(0,000)	n/a	n/a	(0,755)
WILCOXON Rangtest	Bereinigt	-0,05	-0,06	-0,06	-2,19++	-0,53	n/a	n/a	-0,07
	(p-Wert)	(0,959)	(0,953)	(0,951)	(0,028)	(0,594)	n/a	n/a	(0,945)
	unbereinigt	-2,40++	-4,05+++	-6,30+++	-9,74+++	-2,93+++	n/a	n/a	-8,10+++
	(p-Wert)	(0,017)	(0,000)	(0,000)	(0,000)	(0,003)	n/a	n/a	(0,000)

N: Anzahl der untersuchten IPO Unternehmen; BH(A)R: Buy-and-hold-abnormal-return (marktbereinigt) bzw. buy-and-hold-return (unbereinigt); STABW: Standardabweichung; BH(A)R>0: Anteil der positiven Emissionsrenditen (jeweils marktbereinigt bzw. unbereinigt); BH(A)R=0: Anteil der Emissionsrenditen die Null sind (jeweils marktbereinigt bzw. unbereinigt); BH(A)R<0: Anteil der negativen Emissionsrenditen (jeweils marktbereinigt bzw. unbereinigt); n/a: nicht ermittelbar.
t-Test: * Signifikanzniveau von 10%, ** Signifikanzniveau von 5%, *** Signifikanzniveau von 1%.
WILCOXON-Rangtest: + Signifikanzniveau von 10%, ++ Signifikanzniveau von 5%, +++ Signifikanzniveau von 1%.
° Aus dem Untersuchungsumfang wurde die EM.TV AG und die Repower System AG ausgeschlossen.
Anmerkung: Einige Statistik Softwarepakete errechnen die Irrtumswahrscheinlichkeiten (p-Werte) auf drei Dezimalstellen gerundet. Eine Irrtumswahrscheinlichkeit von 0,000 bedeutet also, dass die Irrtumswahrscheinlichkeit kleiner als 0,0005 (oder 0,05%), nicht aber, dass sie Null ist.
Quelle: Eigene Berechnungen.

4.3.2 Performance nach 24 Monaten auf Basis des ersten Börsenkurses

Die Ergebnisse der Berechnungen für die Performance der IPOs am Neuen Markt auf Basis des ersten Börsenkurses belegen, dass auch nach 24 Monaten keine langfristige Underperformance der IPOs marktbereinigt feststellbar ist. So ist der marktbereinigte BHAR für alle am Neuen Markt emittierten IPOs mit 5,04% immer noch positiv. Allerdings weist erstmalig die unbereinigte Rendite der zwischen 1997 und 2003 emittierten IPOs einen negativen Wert von –30,47% auf (vgl. dazu Tabelle 14).

Tabelle 14:   *Performance 24 Monate nach dem IPO am Neuen Markt auf Basis des ersten Börsenkurses*

		1997	1998	1999	2000	2001	2002	2003	1997-2003
N		10°	41	131	133	11	0°	0	326°
BH(A)R	bereinigt	101,17%	-17,17%	5,92%	4,18%	-0,14%	n/a	n/a	5,04%
	unbereinigt	394,33%	112,48%	-50,32%	-82,84%	-78,04%	n/a	n/a	-30,47%
STABW	bereinigt	634,33%	278,91%	67,01%	22,63%	18,87%	n/a	n/a	151,69%
	unbereinigt	711,24%	269,57%	68,73%	22,81%	22,13%	n/a	n/a	185,61%
Median	bereinigt	-202,59%	-100,19%	-20,24%	-2,40%	-5,61%	n/a	n/a	-7,78%
	unbereinigt	58,30%	-7,80%	-80,15%	-89,87%	-85,44%	n/a	n/a	-81,58%
BH(A)R Minimum	bereinigt	-408,39%	-410,68%	-56,40%	-18,87%	-17,64%	n/a	n/a	-410,68%
	unbereinigt	-74,34%	-79,53%	-100,00%	-100,00%	-94,01%	n/a	n/a	-100,00%
BH(A)R Maximum	bereinigt	1663,31%	932,44%	302,49%	154,52%	48,54%	n/a	n/a	1663,31%
	unbereinigt	2208,93%	1072,07%	255,67%	67,38%	-17,06%	n/a	n/a	2208,93%
BH(A)R>0 (relativ)	bereinigt	40,00%	26,83%	32,06%	39,85%	27,27%	n/a	n/a	34,86%
	unbereinigt	50,00%	43,90%	15,27%	1,50%	0,00%	n/a	n/a	13,76%
BH(A)R=0 (relativ)	bereinigt	0,00%	0,00%	0,00%	0,00%	0,00%	n/a	n/a	0,00%
	unbereinigt	0,00%	0,00%	0,00%	0,00%	0,00%	n/a	n/a	0,00%
BH(A)R<0 (relativ)	bereinigt	60,00%	73,17%	67,94%	60,15%	72,73%	n/a	n/a	65,14%
	unbereinigt	50,00%	56,10%	84,73%	98,50%	100,00%	n/a	n/a	86,24%
Schiefe	bereinigt	2,00	2,05	2,33	3,48	1,99	n/a	n/a	5,58
	unbereinigt	2,21	2,37	2,46	3,50	2,48	n/a	n/a	7,46
Wölbung	bereinigt	4,01	4,44	5,98	16,83	4,36	n/a	n/a	51,81
	unbereinigt	5,11	5,60	6,50	16,62	6,57	n/a	n/a	73,49
t-Test	Bereinigt	0,50	-0,39	1,01	2,13**	-0,02	n/a	n/a	0,60
	(p-Wert)	(0,626)	(0,696)	(0,314)	(0,035)	(0,981)	n/a	n/a	(0,552)
	unbereinigt	1,75	2,67**	-8,38***	-41,88***	-11,70***	n/a	n/a	-2,97***
	(p-Wert)	(0,113)	(0,011)	(0,000)	(0,000)	(0,000)	n/a	n/a	(0,003)
WILCOXON Rangtest	Bereinigt	-0,15	-1,80++	-1,74++	-0,23	-0,9	n/a	n/a	-3,58+++
	(p-Wert)	(0,878)	(0,073)	(0,082)	(0,821)	(0,374)	n/a	n/a	(0,000)
	unbereinigt	-1,27	-1,54	-7,45+++	-9,96+++	-2,93+++	n/a	n/a	-10,48+++
	(p-Wert)	(0,203)	(0,125)	(0,000)	(0,000)	(0,003)	n/a	n/a	(0,000)

N: Anzahl der untersuchten IPO Unternehmen; BH(A)R: Buy-and-hold-abnormal-return (marktbereinigt) bzw. buy-and-hold-return (unbereinigt); STABW: Standardabweichung; BH(A)R>0: Anteil der positiven Emissionsrenditen (jeweils marktbereinigt bzw. unbereinigt); BH(A)R=0: Anteil der Emissionsrenditen die Null sind (jeweils marktbereinigt bzw. unbereinigt); BH(A)R<0: Anteil der negativen Emissionsrenditen (jeweils marktbereinigt bzw. unbereinigt); n/a: nicht ermittelbar.
*t-Test: * Signifikanzniveau von 10%, ** Signifikanzniveau von 5%, *** Signifikanzniveau von 1%.*
WILCOXON-Rangtest: + Signifikanzniveau von 10%, ++ Signifikanzniveau von 5%, +++ Signifikanzniveau von 1%.
° Aus dem Untersuchungsumfang wurde die EM.TV AG und die Repower System AG ausgeschlossen.
Anmerkung: Einige Statistik Softwarepakete errechnen die Irrtumswahrscheinlichkeiten (p-Werte) auf drei Dezimalstellen gerundet. Eine Irrtumswahrscheinlichkeit von 0,000 bedeutet also, dass die Irrtumswahrscheinlichkeit kleiner als 0,0005 (oder 0,05%), nicht aber, dass sie Null ist.
Quelle: Eigene Berechnungen.

Trotz der positiven abnormalen IPO Überrenditen 24 Monate nach dem Börsengang lässt sich die Tendenz erkennen, dass sich die Overperformance der IPOs immer mehr an Null annähert. Betrug sie nach 12 Monaten noch auf dem 5%-Niveau signifikante 33,24%, so verringert sich diese Überrendite in den folgenden 12 Monaten auf nur noch 5,04%. Zudem kann die Nullhypothese nach dem t-Test nicht mehr verworfen werden. Insofern ist der BHAR statistisch nicht von Null verschieden.

Es scheint, als ob der durchschnittliche marktbereinigte BHAR für die gesamte Laufzeit der Untersuchung lediglich aufgrund einzelner extrem positiver Überrenditen, insbesondere aus dem Jahr 1997, positiv wird. Diese Vermutung erhärtet sich, wenn der Anteil der negativen BHARs analysiert wird. Durchschnittlich 65,14% aller IPOs haben sich 24 Monate nach dem Börsengang schlechter als der Markt entwickelt. Unbereinigt weisen sogar 86,24% aller IPOs eine negative Performance nach 24 Monaten auf. Besonders auffallend ist der negative Anteil der IPOs aus den Jahren 2000 und 2001. 24 Monate nach dem Börsengang weisen mehr als 98% der 133 im Jahr 2000 emittierten IPOs eine negative Rendite auf. Im Jahr 2001 sind es sogar 100%.

Sollte der durchschnittliche positive Wert der abnormalen Überrendite in Höhe von 5,04% tatsächlich durch einzelne IPOs, die eine extrem hohe abnormale Rendite aufweisen, in den positiven Bereich „angehoben" werden, dann ist es interessant zu erfahren, welche IPOs einen solchen Effekt auslösen können. Insbesondere ist dabei die Frage von Interesse, ob die IPOs, die bereits ein auffällig hohes kurzfristiges Underpricing im zweiten Kapitel dieser empirischen Arbeit aufweisen konnten, auch langfristig eine auffällig hohe Performance verzeichnen können. Um eine Antwort auf diese Frage zu finden, wird die langfristige Performance der einzelnen IPOs in Abhängigkeit des seinerzeit gemessenen Underpricing untersucht. Dazu werden alle IPOs nach der Höhe ihrer *initial returns* geordnet und mittels der Quartile in vier gleich große Subsamples geteilt. Tabelle 15 zeigt die gebildeten Quartile.

Tabelle 15:   *Übersicht der gebildeten Quartile*

Quartil	Anzahl der IPOs in dem Quartil	Bandbreite des *initial returns*	Durchschnittlicher *initial return* des Quartils
I.	82	-25,00% bis +1,90%	-3,49%
II.	82	+1,96% bis +18,25%	+8,62%
III.	82	+18,43% bis +71,43%	+38,01%
IV.	82	+72,41% bis +433,33%	+151,02%

Quelle: Eigene Darstellung.

Nach Bildung der vier gleich großen Samples wird die langfristige marktbereinigte Performance der jeweiligen Quartile auf Basis des Emissionspreises für einen Zeitraum von 24 Monaten errechnet.[415] Es ergibt sich der in Abbildung 15 dargestellte durchschnittliche Performanceverlauf.

Abbildung 15: Marktbereinigte durchschnittliche Performance der gebildeten Quartile 24 Monate nach dem Börsengang

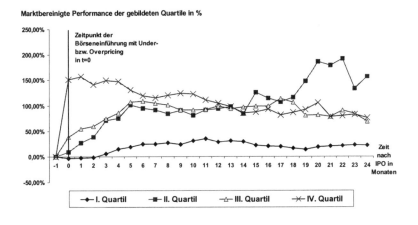

Marktbereinigte Performance der gebildeten Quartile in %

Anmerkungen: t=0 ist der Zeitpunkt der Börseneinführung, t=-1 ist der Zeitpunkt der Bekanntgabe des Emissionspreises, das Underpricing entsteht folglich zwischen t=-1 und t=0.
Quelle: Eigene Berechnungen und Darstellung.

Aus Abbildung 15 lässt sich erkennen, dass die IPOs aus dem IV. Quartil, also die IPOs, für die in Kapitel 3.1 ein besonders hohes kurzfristiges Underpricing ermittelt wurde, langfristig eine signifikante schlechtere Performance aufweisen, als die IPOs aus den Quartilen I bis III, für die an früherer Stelle ein niedrigerer *initial return* berechnet wurde.[416] Die langfristige marktbereinigte Performance der 82 IPOs aus dem IV. Quartil beginnt bereits einen Monat nach Börseneinführung zu sinken. Nach 24 Monaten haben sie ca. 75%-Punkte ihres Underpricing Niveaus eingebüßt und notieren durchschnittlich marktbereinigt nur noch ca. 75% über dem Emissionspreis. Im Vergleich zu dem IV. Quartil steigt bei den Quartilen I bis III die Performance nach 24 Monaten jeweils deutlich an. Diese Quartile können nach 24 Monaten eine signifikant höhere Rendite aufweisen als zum Zeitpunkt ihres Börsengangs durch den

---

[415] Dabei werden in dem II. Quartil bei der 24-monatigen Betrachtung wiederum die EM.TV und die Repower System AG aus dem Untersuchungsumfang ausgeschlossen.
[416] Dies entspricht dem Untersuchungsergebnis von UHLIR (1989), der deutsche Erstemissionen zwischen 1977 und 1987 untersucht. Vgl. auch UHLIR, H., Gang, 1989, S. 13.

initial return ermittelt wurde. Besonders auffallend ist der Verlauf des II. Quartils. Die IPOs in dieser Gruppe können den stärksten Anstieg nach 24 Monaten verzeichnen.

Aus dem Performanceverlauf der gebildeten Quartile lassen sich erste Schlussfolgerungen bezüglich der Effizienz des Primär- bzw. des Sekundärmarktes ableiten. So deutet der Verlauf der marktbereinigten Renditen des IV. Quartils darauf hin, dass das hohe kurzfristige Underpricing nicht auf einen zu niedrigen Emissionspreis, sondern eher auf einen zu hohen ersten Börsenkurs zurückzuführen ist. Die anfänglich abnormalen Zeichnungsgewinne schmelzen im Laufe der folgenden 24 Monate ab und der anscheinend zu hohe Börsenkurs nähert sich dem Emissionspreis an. Dies wäre ein Indiz dafür, dass der Primärmarkt effizient ist und der Sekundärmarkt eher ineffizient, da durch das Zeichnen der Emissionen aus Gruppe IV systematisch negative Renditen aufgrund systematisch überhöhter erster Börsenkurse erzielt werden könnten.

Auf der anderen Seite erlauben die Kurvenverläufe der anderen Quartile gegenteilige Schlussfolgerungen über die Effizienz der jeweiligen Teilmärkte. So könnte argumentiert werden, dass der Emissionspreis bei den Quartilen I bis III zu niedrig ist und sich der „wahre" Unternehmenswert erst durch die Bewertung am Sekundärmarkt ergibt. Dies würde auf einen effizienten Sekundärmarkt hindeuten.[417]

4.4 Zusammenfassung der Ergebnisse zur langfristigen Performance der IPOs am Neuen Markt

Im folgenden Kapitel sollen einerseits die Ergebnisse, andererseits auch die Schlussfolgerungen der Berechnungen zur langfristigen Performance der Börsengänge am Neuen Markt zusammengefasst und diskutiert werden. Dazu stellt es sich als hilfreich heraus, zunächst den Verlauf der Renditen für alle IPOs auf Monatsbasis, sowohl für den gesamten Zeitraum von 1997 bis 2003 als auch für die einzelnen Jahre, graphisch darzustellen (vgl. dazu Abbildung 16, vgl. auch Abbildung 18).

---

[417] Eine ausführliche Diskussion der Ergebnisse zur Effizienz des Primär- bzw. Sekundärmarktes erfolgt in Kapitel 5.

Abbildung 16: Durchschnittliche monatliche BH(A)R der IPOs am Neuen Markt für den Zeitraum 1997 bis 2003

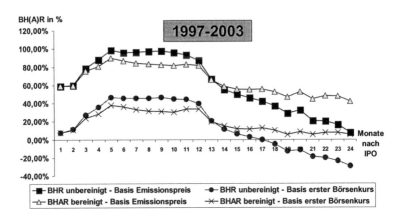

Quelle: Eigene Berechnungen und Darstellung.

Es lassen sich folgende Ergebnisse festhalten:

(i)   Das festgestellte Underpricing Phänomen am Neuen Markt ist kein kurzfristiges Phänomen. Sowohl 6, 12 als auch 24 Monate nach dem Börsengang können für die 326 untersuchten IPOs durchschnittlich und marktbereinigt abnormale positive Überrenditen festgestellt werden.[418] Der marktbereinigte BHAR des gesamten Untersuchungsumfangs beträgt 24 Monate nach dem Börsengang auf Basis des Emissionspreises 40,91% bzw. auf Basis des ersten Börsenkurses 5,27%. Es kann somit für den Neuen Markt für den Zeitraum bis 24 Monate nach Börsennotierung keine Underperformance festgestellt werden. Statt dessen lässt sich eine Tendenz zu einer Overperformance der IPOs am Neuen Markt konstatieren. Die IPOs entwickelten sich folglich auch 24 Monate nach dem Börsengang durchschnittlich deutlich besser als der gesamte Neue Markt, der durch den NEMAX All-Share Index abgebildet wird.[419] Die festgestellte positive abnormale Überrendite für die 326 untersuchten IPOs 24 Monate nach dem Börsengang an den Neuen Markt gibt keinen Anlass zu der Vermutung, dass der erste Börsenkurs aufgrund von Irrationalitäten oder aufgrund von *fads* zu hoch bewertet war. Anscheinend gibt der erste Börsenkurs den „wahren" Unterneh-

---

[418]   6 und 12 Monate nach dem Börsengang sind die Überrenditen auf Basis der durchgeführten Testverfahren auf dem 1% bzw. auf dem 5%-Niveau signifikant. Allerdings kann die Nullhypothese 24 Monate nach dem Börsengang auf Basis des ersten Börsenkurses nicht abgelehnt werden.

[419]   Vgl. dazu auch GOMPERS, P. A./ LERNER, J., Performance, 2000, S. 14f.

menswert der IPOs annähernd wieder. Allerdings sollte bei diesen Schlussfolgerungen beachtet werden, dass die berechnete Überrendite lediglich ein Durchschnittswert ist, der durch eine geringe Anzahl von positiven IPOs stark verzerrt werden kann. Dies dürfte auch am Neuen Markt der Fall gewesen sein. Denn marktbereinigt weisen 57,01% aller 328 untersuchten IPOs bereits 12 Monate nach dem Börsengang auf Basis des ersten Börsenkurses eine negative abnormale Überrendite auf, 24 Monate nach dem Börsengang sind es sogar 65,14%.

(ii)   Analysiert man den Verlauf der BH(A)Rs in Abbildung 16, so fällt auf, dass die berechneten BH(A)Rs bis zu fünf Monate nach dem Börsengang um fast 40%-Punkte deutlich ansteigen und dann auf diesem hohen Niveau für ca. sieben Monate verharren. Erst 12 Monate nach dem IPO setzt ein starker Abwärtstrend ein, der bis zum Ende des Untersuchungszeitraumes anhält. Während allerdings die marktbereinigten Überrenditen auf Basis des Emissionspreises bei ca. +40% und auf Basis des ersten Börsenkurses bei ca. +5% auslaufen, werden die unbereinigten Renditen auf Basis des ersten Börsenkurses ab dem 17. Monat negativ. 24 Monate nach dem Börsengang beträgt der durchschnittliche BHR signifikante −30,47%.[420] Der negative Verlauf der BHRs ist vor allem auf die drastischen Kurseinbrüche der IPO Aktien ab März 2000 zurückzuführen.

(iii)   Es lässt sich ferner feststellen, dass die durchschnittliche Rendite der IPOs 24 Monate nach dem Börsengang, unabhängig von der gewählten Berechnungsmethode, stets niedriger ist als die Emissionsrendite am Tag des IPOs. Folglich konnte ein Investor durch den Verkauf der IPO Aktien am Tag der Emission eine höhere Rendite erzielen, als durch den Verkauf der Aktien 24 Monate nach dem IPO. Diese Aussage wird in Abbildung 17 verdeutlicht, in der die absoluten Performanceveränderungen für die jeweiligen Berechnungsmethoden dargestellt werden.

---

[420]   Es hat den Anschein, dass auch die unbereinigten Renditen auf Basis des Emissionspreises bei einem längeren Untersuchungszeitraum negativ werden könnten.

Abbildung 17:   *Absolute Performanceveränderungen nach 24 Monaten*

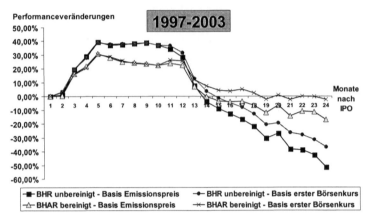

Quelle: Eigene Berechnungen und Darstellung.

Ausgangspunkt der Kurvenverläufe ist die jeweils nach den unterschiedlichen Berechnungsmethoden ermittelte Rendite am IPO Tag. Es ist deutlich zu erkennen, dass bis fünf Monate nach dem IPO Tag sämtliche Renditen einen starken Anstieg in der Performance aufweisen, danach auf diesem Niveau verweilen und ab dem 12. Monat stark abfallen. Während die unbereinigte Rendite auf Basis des Emissionspreises nach 24 Monaten im Vergleich zu der Rendite am IPO Tag fast 60% niedriger liegt, erreicht die marktbereinigte Rendite auf Basis des ersten Börsenkurses ungefähr das Renditeniveau, welches auch am IPO Tag vorlag.[421] Aus den Performanceveränderungen lassen sich wichtige Schlussfolgerungen ableiten, ob langfristig systematische Überrenditen erzielt werden können. Es hat den Anschein, dass der erste Börsenkurs eine faire Bewertung des IPOs ist, da langfristig marktbereinigt bei diesem Kurs keine systematischen Überrenditen erzielt werden können. Es kann deshalb die These aufgestellt werden, dass auf dem Sekundärmarkt eine effizientere Bewertung des IPO Unternehmens erreicht wird, als dies durch den Emissionspreis auf dem Primärmarkt der Fall ist.

---

[421]   Die marktbereinigte Rendite auf Basis des ersten Börsenkurses liegt leicht unter der Emissionsrendite am IPO Tag.

(iv)   Der Verlauf der monatlichen BH(A)Rs in den einzelnen Jahren der Untersuchung wird
in Abbildung 18 dargestellt. Während die Renditen der IPOs der Jahre 1997, 1998
und auch noch 1999 einen deutlich steigenden Trend erkennen lassen, zeichnen sich
die Renditeverläufe der Jahre 2000 und 2001 durch einen deutlich negativen Performanceverlauf aus. Bei der separaten Betrachtung der einzelnen Jahre fällt besonders
der volatile Performanceverlauf der unbereinigten BHRs auf. Während der BHR in
den Jahren der Börsenhausse, also von 1997 bis 1999, den marktbereinigten BHAR
deutlich *outperformt*, zeigt sich ein entgegengesetztes Bild für die unbereinigte Rendite der Jahre 2000 und 2001.

*Abbildung 18:   Durchschnittliche monatliche BH(A)Rs der IPOs am Neuen Markt für
die Jahre von 1997 bis 2001*

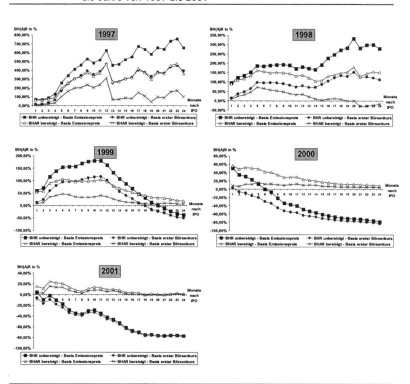

Quelle: Eigene Berechnungen und Darstellung.

Die zweite Auffälligkeit besteht darin, dass die marktbereinigte Rendite, insbesondere die Rendite auf Basis des ersten Börsenkurses, einen sehr stabilen Performanceverlauf hat. Insbesondere zeigt sich, dass die marktbereinigte Rendite, mit Ausnahme des Jahres 1997, nach 24 Monaten nur selten von Null verschieden ist. Der erste Börsenkurs scheint eine so gute Bewertung des IPO Unternehmens zu sein, dass es nicht bzw. nur sehr schwer möglich ist, eine langfristige systematische Überrendite auf Basis dieses Kurses zu erzielen.

(v)   Es ist ferner festzustellen, dass mit Zunahme des Untersuchungszeitraumes, d. h. mit steigender Anzahl der Monate nach dem Börsengang, die errechneten statistischen Testwerte des t-Tests immer kleiner werden. Damit kann die Nullhypothese, dass die Renditen von Null verschieden sind, mit zunehmendem Zeitraum nicht mehr verworfen werden. Während beispielsweise nach 6 Monaten die Nullhypothese auf Basis des ersten Börsenkurses auf einem 1%-Niveau nach dem t-Test abgelehnt werden muss und somit anzunehmen ist, dass die BHAR systematisch von Null verschieden sind, kann die Nullhypothese 24 Monate nach dem Börsengang auf Basis des ersten Börsenkurses nach dem t-Test nicht mehr verworfen werden.

(vi)   Die ermittelten Renditen sind gekennzeichnet durch einen extrem leptokurtischen Verlauf, d. h. dass die Verteilung der mittel- bis langfristigen Renditen spitzer verläuft als die Normalverteilung (positiver Exzess bzw. positive Wölbung).[422] Bei einer positiven Wölbung besitzt die Verteilung einen Werteüberschuss in der Nähe des Mittelwertes und an den Verteilungsenden, d. h. die Wahrscheinlichkeit, dass sich eine Rendite entweder sehr nah oder aber sehr weit entfernt vom Durchschnitt befindet, ist größer als bei einer Normalverteilung.[423] Die höhere Wahrscheinlichkeit, eine starke Abweichung von der durchschnittlichen Rendite zu erzielen, führt unter portfoliotheoretischen Gesichtspunkten allerdings gleichzeitig dazu, dass der Investor bei einem Investment ein höheres Risiko eingeht. Die hohen durchschnittlich abnormalen Renditen können demnach als Kompensation für das bei einem IPO Investment vorhandene höhere Risiko betrachtet werden.

(vii)   Letztlich sei auf die durchgehend positive Schiefe der Verteilung verwiesen. Es liegt bei allen berechneten Renditen der Wert für den Median unter dem Wert der durchschnittlichen Rendite. Sowohl die positive Schiefe als auch der positive Exzess bestätigen, dass die Verteilung durch extrem positive Renditen verzerrt wird. Dies ist mit

---

[422]   Während die Wölbung einer Normalverteilung drei beträgt, liegt der Wert der Wölbung des Untersuchungsumfangs deutlich über diesem Wert und beläuft sich teilweise auf über 90. Die Verteilung der IPO Renditen hat demnach einen starken positiven Exzess, wodurch ein hohe Wahrscheinlichkeit besteht extrem positive bzw. negative Renditen zu erzielen.

[423]   Vgl. SACHS, L., Statistik, 2002, S. 167.

ein Grund dafür, dass 24 Monate nach dem Börsengang marktbereinigt immer noch eine positive langfristige Performance festzustellen ist und nicht die vermutete Underperformance.

Zusammenfassend lässt sich feststellen, dass die in der Literatur für einige Kapitalmärkte beschriebene Underperformance von IPO Wertpapieren für den Neuen Markt nicht zutreffend ist.[424] Stattdessen konnte für den untersuchten Zeitraum bis zu 24 Monate nach dem Börsengang marktbereinigt eine durchschnittliche Overperformance festgestellt werden. Allerdings ist über den Untersuchungszeitraum die Overperformance immer geringer geworden und tendierte gegen Ende des Zeitraumes gegen Null. Lediglich für die unbereinigte Rendite auf Basis des ersten Börsenkurses ergab sich eine langfristige Underperformance ab dem 17. Monat nach dem Börsengang.

4.5 Kritische Bewertung der Untersuchungsergebnisse

4.5.1 Mögliche Fehlerquellen bei empirischen Untersuchungen zur langfristigen IPO Performance

Ein wesentliches Ergebnis der vorliegenden Untersuchung besteht darin, dass bei den IPOs des Neuen Marktes marktbereinigt 24 Monate nach dem Börsengang keine Underperformance festgestellt werden kann. Bereits andere Autoren haben langfristig eine Overperformance von IPOs nachweisen können, doch bescheinigt immer noch die Mehrheit der in der Literatur aufzufindenden Studien eine langfristige Underperformance von Börsengängen *(long-run underperformance)*.[425] Um zu belegen, dass die festgestellte marktbereinigte Overperformance der IPOs am Neuen Markt nicht auf methodische Unzulänglichkeiten zurückzuführen ist, sollen im Folgenden die häufigsten Fehlerquellen bei empirischen Arbeiten zusammengefasst werden. Es wird zudem beschrieben, wie in dieser Untersuchung methodisch vorgegangen wurde, um diese Fehler zu vermeiden:

(i)   Verwendung einer fehleranfälligen Methodik zur Berechnung der langfristigen Performance: Im Vergleich zu älteren Studien, die auf Berechnungsmethodiken zurückgreifen, die häufige Portfolioumschichtungen implizieren und bei denen es zu fehlerhaften Performance Werten kommen kann (wie beispielsweise beim CAR Ansatz),[426] wird in der vorliegenden Untersuchung die Sekundärmarktperformance mittels des

---

[424]   Vgl. dazu EHRHARDT, O., Börseneinführungen, 1997, S. 190.
[425]   Vgl. ALLEN, D. E./ MORKEL-KINGSBURY, N. J./ PIBOONTHANAKIAT, W., Long-run performance, 1999, S. 215ff.
[426]   Vgl. dazu auch Kapitel 2.2.2.1.

BHR bzw. BHAR Ansatzes berechnet. Dieser Ansatz wird in der aktuellen Literatur als die verlässlichste Meßmethode für langfristige Performancerechnungen beschrieben.[427]

(ii) Unbereinigtes Datenmaterial: Es wurden sämtliche Daten um Dividendenzahlungen, Kapitalherauf- und herabsetzungen sowie Aktiensplits retrograd bereinigt.[428]

(iii) Reduzierung des Datensatzes *(survivorship bias)*: Ein *survivorship bias* entsteht dadurch, dass Unternehmen, die während der Untersuchungsperiode die Börsennotierung einstellen, von vornherein aus der Datenbasis eliminiert werden. Die vorliegende Arbeit bezieht alle Unternehmen in den Untersuchungsumfang mit ein. Es wurden spezielle Vorgehensweisen für die Performanceberechnung je nach Ursache der Notierungseinstellung definiert.[429]

(iv) Verwendung von ungeeigneten Teststatistiken: Langfristige abnormale Renditen sind häufig asymmetrisch verteilt und besitzen eine positive Schiefe.[430] Um die Verzerrungen in den Teststatistiken aufgrund der Schiefe zu berücksichtigen, wird eine *bootstrapped-skewness-adjusted* t-Statistik sowie ein nichtparametrischer WILCOXON-Test verwendet.[431]

Es wurden folglich mögliche Fehlerquellen bei der Berechnung der langfristigen Performance ausgeschlossen, so dass die ermittelte marktbereinigte Overperformance der IPOs des Neuen Marktes nicht auf methodische Unzulänglichkeiten zurückzuführen sein dürfte.

4.5.2 Auswirkungen des verwendeten Vergleichsindex auf das Untersuchungsergebnis

Wie bereits in Kapitel 2.2.2.2 dargestellt wurde, kommt der Auswahl des Vergleichsindex als *benchmark* zur Bereinigung der langfristigen Performance bzw. zur Feststellung einer abnormalen Überrendite eine nicht zu unterschätzende Bedeutung zu. Der gewählte Vergleichsindex kann die Berechnung der Sekundärmarktperformance erheblich beeinflussen.[432] Aufgrund der Besonderheit, dass am Neuen Markt grundsätzlich nur junge und wachstumsstarke Unternehmen notierten, wurde in dieser Studie der NEMAX All-Share als *benchmark* Index ausgewählt, da davon auszugehen ist, dass dieser Index die größte Korrelation mit den Kursverläufen der einzelnen Titel am Neuen Markt aufweist. Neben dem be-

---

[427] Vgl. dazu STEHLE, R./ EHRHARDT, O., Renditen, 1999, S. 1405ff.
[428] Vgl. dazu auch die Ausführungen in Kapitel 2.1.2.
[429] Vgl. dazu auch Kapitel 2.2.2.
[430] Vgl. BARBER, B. M./ LYON, J. D./ TSAI, C.-L., Methods, 1999, S. 165ff.
[431] Vgl. AUSSENEGG, W., Going public, 2000, S. 84.
[432] Vgl. ESPENLAUB, S./ GREGORY, A./ TONKS, A., Re-assessing, 2000, S. 319ff., vgl. BECKMANN, T., Erfassung, 1988, S. 141.

reits erwähnten Problem, dass der Neue Markt All-Share Index durch die emittierten IPOs „kontaminiert" sein könnte und deshalb spezielle IPO Effekte nur verzerrt gemessen werden können,[433] ergibt sich bei Verwendung des NEMAX All-Share Index ein weiteres Problem. Der NEMAX All-Share Index ist stark geprägt durch einige wenige Unternehmen. Im Juli 2001 verfügten die nach Marktkapitalisierung geordneten 10 größten Unternehmen am Neuen Markt über eine Kapitalisierung von 26 Mrd. Euro. Damit erreichten diese zehn Unternehmen einen Anteil am NEMAX All-Share Index von mehr als 45%. Im Vergleich dazu betrug der Anteil der zehn kleinsten Unternehmen am NEMAX All-Share Index lediglich 0,06%, die 100 kleinsten Unternehmen erreichten einen Anteil von 2,02%. Da insbesondere kleinere Unternehmen am Neuen Markt durch ein hohes Underpricing aufgefallen sind, der Verlauf des NEMAX All-Share Index aber wesentlich den Verlauf der großen Unternehmen am Neuen Markt widerspiegelt, kommt es voraussichtlich bei der Berechnung der langfristigen Sekundärmarktperformance mittels des NEMAX All-Share Index zu Verzerrungen. Dieses Problem kann in dieser Studie nicht gänzlich eliminiert werden. Da die Performance des Neuen Marktes am besten durch den NEMAX All-Share Index wiedergegeben wird und alternative Indizes nicht in dem Maße repräsentativ erscheinenverwenden auch frühere Untersuchungen zum Neuen Markt, beispielsweise von GERKE/ FLEISCHER (2001) bzw. von LÖFFLER (2000), den NEMAX All-Share Index zur Berechnung der BHARs.[434]

An dieser Stelle sollen nunmehr die Auswirkungen auf die Sekundärmarktperformance untersucht werden, die sich ergeben, wenn die BHARs mittels alternativer Vergleichsindizes berechnet werden. Deshalb werden im Folgenden die ermittelten buy-and-hold-Renditen der IPOs 24 Monate nach dem Börsengang nicht mehr durch den NEMAX All-Share Index, sondern durch den DAX 100, der MDAX sowie den SMAX bereinigt. Die jeweiligen Verläufe der Performanceindizes sind in Abbildung 19 dargestellt.

---

[433] Vgl. dazu Kapitel 2.2.2.2.
[434] Vgl. GERKE, W./ FLEISCHER, J., Performance, 2001, S. 831, vgl. LÖFFLER, G., Zeichnungsrenditen, 2000, S. 6.

Abbildung 19: Verlauf des DAX 100, MDAX sowie SDAX im Vergleich zum NEMAX All-Share Index für den Zeitraum von 1997 bis 2003

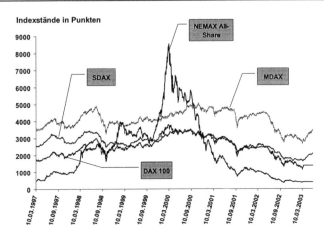

Anmerkungen: Eine Indexierung der alternativen Indizes (DAX 100, MDAX und SDAX) zum NEMAX All-Share Index wurde nicht durchgeführt, da dadurch die Indexverläufe der alternativen Indizes nicht mehr übersichtlich darstellbar gewesen wären. Quelle: Eigene Darstellung, Daten: Datastream.

Es zeigen sich zwei Besonderheiten bei der Analyse des NEMAX All-Share Index im Vergleich zu den anderen Indizes: Zum einen ist eine deutliche Outperformance des NEMAX All-Share Index für den Zeitraum von Ende 1999 bis Ende 2000 festzustellen. Zum anderen tritt ab Anfang 2001 eine deutliche Underperformance beim NEMAX All-Share Index im Vergleich zu den anderen Marktindizes ein.[435] Die Underperformance des NEMAX All-Share Index ab dem Jahr 2001 könnte erklären, warum die langfristigen BHARs der IPOs des Neuen Marktes 24 Monate nach dem Börsengang immer noch positiv sind und eine Overperformance festgestellt werden konnte. Wenn nämlich der zur Bereinigung herangezogene Vergleichsindex eine überproportional schlechte Performance aufweist, die IPOs aber um diese negative Performance bereinigt werden, kann es dazu führen, dass selbst eine negative Performance der IPOs durch die noch viel schlechtere Performance des Index wieder positiv wird. Diese Vermutung scheint sich tatsächlich zu bestätigen, wenn der durchschnittliche abnormale Renditeverlauf sämtlicher IPOs 24 Monate nach dem Börsengang auf Basis

---

[435] Die schwächste Korrelation für den Zeitraum zwischen 1997 und 2003 besteht zwischen dem NEMAX All-Share Index und dem MDAX. Der Korrelationskoeffizient beträgt hier lediglich 0,49. Deutlich stärker ist die Korrelation des NEMAX All-Share Index mit dem SMAX (+0,66). Die Korrelation des NEMAX All-Share Index mit dem DAX nimmt mit +0,82 einen unerwartet hohen Wert ein.

des ersten Börsenkurses nach Bereinigung um die alternativen Vergleichsindizes analysiert wird (vgl. dazu Abbildung 20).

Abbildung 20: Verlauf der BHARs auf Basis des ersten Börsenkurses nach Bereinigung durch alternative Marktindizes

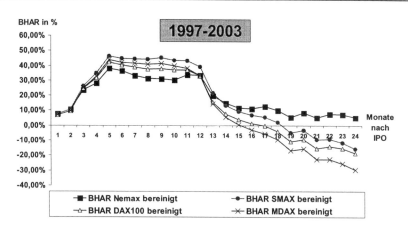

Quelle: Eigene Darstellung, Daten: Datastream.

Während der Verlauf der um den NEMAX All-Share bereinigten Renditen auch noch 24 Monate nach dem IPO eine Overperformance von ca. 5% aufzeigt,[436] tritt bei Bereinigung der Renditen um die alternativen Marktindizes eine Underperformance zwischen dem 15. und dem 19. Monat ein. Am stärksten ausgeprägt ist die Underperformance bei Bereinigung um den MDAX. Bereits nach 15 Monaten erkennt man eine Underperformance, die auf ca. −30% nach 24 Monaten anwächst. Etwas zeitlich verzögert zum MDAX tritt die Underperformance bei Bereinigung der Renditen um den DAX100 (17. Monat nach dem Börsengang) bzw. bei Bereinigung um den SMAX (Anfang des 19. Monats) ein. Die starke negative Performance des NEMAX All-Share Index scheint tatsächlich für die festgestellte Overperformance der BHARs nach 24 Monaten verantwortlich zu sein.

---

[436] Vgl. dazu auch die ausführliche Darstellung in Kapitel 4.3.2.

Es lassen sich aus dieser differenzierten Untersuchung zwei Schlussfolgerungen ableiten:

(i)   Die Ergebnisse der Berechnungen zur langfristigen Performance der IPOs am Neuen Markt hängen stark von dem jeweils gewählten Bereinigungsindex ab.[437] Bei der Verwendung von alternativen Vergleichindizes zur Bereinigung der langfristigen Sekundärmarktperformance, wie z. B. dem DAX 100, dem MDAX oder dem SMAX, lässt sich eine Overperformance der IPOs des Neuen Marktes nicht mehr nachweisen.

(ii)   Die konstatierte langfristige Overperformance der IPOs des Neuen Marktes, die bei Bereinigung um den NEMAX All-Share Index nachgewiesen werden konnte, ist mit hoher Wahrscheinlichkeit auf die stark negative Performance des NEMAX All-Share Index ab dem Jahr 2001 zurückzuführen.

4.6 Vergleich der Untersuchungsergebnisse mit früheren Studien

Im Gegensatz zu den zahlreichen theoretischen und empirischen Studien, die es zum kurzfristigen Underpricing Phänomen an den internationalen Kapitalmärkten gibt,[438] fanden langfristige Performanceuntersuchungen von IPOs am Sekundärmarkt bis Anfang der 90er Jahre in der Literatur kaum Beachtung.[439] Erst nachdem RITTER (1991) seine Studie veröffentlichte, in der er eine signifikant negative marktbereinigte Rendite für amerikanische IPO Aktien feststellen konnte, entstanden in der Literatur vermehrt Analysen zur langfristigen Kursentwicklung von Neuemissionen. Immer wieder stellen vor allem die empirischen Studien für den US-amerikanischen Kapitalmarkt eine langfristige Underperformance[440] von IPO Wertpapieren fest.[441] Aber auch zahlreiche empirische Studien für andere internationale Kapitalmärkte kommen zu ähnlichen Untersuchungsresultaten, wie z. B. die Studie von KELOHARJU (1993) für Finnland, LEVIS (1993) für England, AUSSENEGG (1997) für Österreich und KUNZ (1991) für die Schweiz.[442] In der Literatur entwickelte sich in den folgenden Jahren die Theorie, dass die langfristige Underperformance von IPO Aktien Bestandteil eines so genannten

---

[437]   Die starke Sensitivität zwischen der ermittelten Sekundärmarktperformance und dem jeweils benutzten Vergleichsindex können auch schon RITTER (1991) und LOUGHRAN/ RITTER (1995) in ihren Studien nachweisen. Vgl. dazu RITTER, J. R., Performance, 1991, S. 3ff., siehe auch LOUGHRAN, T./ RITTER, J. R., Puzzle, 1995, S. 23ff. RITTER und WELCH (2002) stellen zudem auch eine starke Abhängigkeit der Sekundärmarktperformance von dem zugrundeliegenden Untersuchungszeitraum fest. Vgl. dazu RITTER, J. R./ WELCH, I., Review, 2002, S. 1795ff.

[438]   Vgl. dazu Kapitel 3.4.

[439]   Vgl. GÖNENC, H., Long-term-performance, 1999, S. 14.

[440]   Von langfristiger Underperformance wird in diesen Untersuchungen immer dann gesprochen, wenn die berechnete langfristige Rendite der IPOs im Durchschnitt eine niedrigere Sekundärmarktperformance aufweist als ein entsprechendes Vergleichsportfolio.

[441]   So stellen beispielsweise LOUGHRAN/ RITTER (1995) nicht nur eine langfristige Underperformance von IPOs, sondern auch eine signifikante Underperformance bei Aktienemissionen bereits börsennotierter Unternehmen im Rahmen von Kapitalerhöhungen fest. Vgl. LOUGHRAN, T./ RITTER, J. R., Puzzle, 1995, S. 30ff.

[442]   Für Finnland vgl. dazu KELOHARJU, M., Winner´s curse, 1993, S. 251ff., für England siehe LEVIS, M., Performance, 1993, S. 28ff., für Österreich vgl. AUSSENEGG, W., Performance, 1997, S. 413ff. und für die Schweiz siehe KUNZ, R. M., Going public, 1991, S. 1ff., vgl. BROUNEN, D./ EICHHOLTZ, P., Initial public offerings, 2002, S. 103ff.

„*new issues puzzle*" ist.[443] Tabelle 16 gibt einen Überblick über bisherige internationale Studien zur langfristigen Performance von IPOs auf verschiedenen Kapitalmärkten.

Tabelle 16: *Ausgewählte Studien zur langfristigen Performance von IPOs an internationalen Kapitalmärkten*

Autor (Jahr)	Land	Zeitraum	N	Untersuchungs-periode	Berech-nungs-methodik	Bereini-gungs-methode	langfristige Perfor-mance
US-AMERIKANISCHER KAPITALMARKT							
LOUGHRAN/ RITTER (1995)	USA	1970 bis 1990	4.753	36 Monate	WR	MFP	-20,00%
RITTER (1991)	USA	1975 bis 1984	1.526	36 Monate	FFJR	MFP	-29,13%
EUROPÄISCHE KAPITALMÄRKTE							
AUSSENEGG (1997)	Österreich	1984 bis 1991	51	36 Monate	BHAR	BHA-SP	56,91%
KELOHARJU (1993)	Finnland	1984 bis 1991	80	36 Monate	FFJR	mw Index	-56,91%
KUNZ (1991)	Schweiz	1983 bis 1987	31	36 Monate	Log. PE	mw Index	-5,40%
LEVIS (1993)	England	1980 bis 1988	712	36 Monate	WR	mw Index	-4,20%
EMERGING MARKETS							
AGGARWAL ET AL. (1993)	Brasilien	1980 bis 1990	48	36 Monate	WR	mw Index	-33,00%
AGGARWAL ET AL. (1993)	Chile	1982 bis 1990	18	36 Monate	WR	mw Index	-17,00%
DAWSON (1987)	Malaysia	1978 bis 1983	21	12 Monate	PE	div. Index	+18,20%
KIM ET AL. (1995)	Korea	1985 bis 1989	169	24 Monate	BHAR	k. A.	+4,64%
LEE ET AL. (1996)	Singapur	1973 bis 1992	132	36 Monate	WR	k. A.	+1,00%

N: Anzahl der IPOs im Untersuchungsumfang, k.A.: keine Angaben.
Berechnungsmethodik: BHAR: buy-and-hold-abnormal-return, FFJR: Verfahren nach FAMA/ FISHER/ JENSEN/ ROLL (1969), DM: Verfahren nach DIMSON/ MARCK, WR: wealth relative.
Bereinigungsmethode: gw und mw Portfolio: gleichgewichtetes und marktgewichtetes Vergleichsportfolio, StBA: Index des Statistischen Bundesamtes, FAZ: Index der Frankfurter Allgemeinen Zeitung, MFP: matching-firm-Portfolio, BAH-SP: Size-Portfolio (buy-and-hold-Berechnung), log. PE: logarithmierte einjährige Periodenrendite (kumuliert).
Quelle: Vgl. die jeweilige Primärliteratur.

Analysiert man die Ergebnisse der empirischen Studien, so fällt auf, dass die Höhe der durchschnittlichen Renditeentwicklung der IPOs je nach Kapitalmarkt sehr unterschiedlich ist. Beispielsweise ist die Underperformance für den englischen Kapitalmarkt deutlich geringer als in den anderen Ländern. Bei Durchsicht der Originalaufsätze fällt zudem auf, dass häufig die ermittelten negativen Überrenditen statistisch nicht signifikant sind. So stellt beispielsweise KUNZ (1991) für den Kapitalmarkt der Schweiz eine leicht negative Performance

---

[443] Vgl. LOUGHRAN, T./ RITTER, J. R., Puzzle, 1995, S. 30, siehe auch BOOTH, J., IPO, 1994, S. 1ff., vgl. STEHLE, R./ EHRHARDT, O., Renditen, 1999, S. 1409.

fest, allerdings ist diese nicht signifikant.[444] Für einige Länder können sogar im Durchschnitt positive langfristige Überrenditen festgestellt werden.[445]

Für den deutschen Kapitalmarkt sind in der Literatur empirische Untersuchungen zur langfristigen Performance von IPOs ab dem Jahr 1988 aufzufinden.[446] Allerdings führte die Analyse der langfristigen Performance von IPOs am deutschen Kapitalmarkt in den vergangenen Jahren eher ein Schattendasein in der empirischen Kapitalmarktforschung. Ein Grund, weshalb erst relativ spät empirische Arbeiten zur langfristigen IPO Performance für den deutschen Kapitalmarkt verfasst wurden, liegt mit Sicherheit an der geringen Anzahl von IPOs am deutschen Kapitalmarkt.[447] Die ersten Studien zur langfristigen Performance von deutschen IPOs stammen von SCHMIDT (1988), UHLIR (1989) und WITTLEDER (1989), die übereinstimmend eine langfristige Underperformance für den deutschen Kapitalmarkt konstatieren können.[448] Neuere Untersuchungen zur Sekundärmarktperformance von IPOs stützen sich auf einen größeren Stichprobenumfang und legen einen längerfristigen Untersuchungszeitraum zugrunde. Allerdings fällt auf, dass es in den einzelnen Studien zu teilweise deutlichen Unterschieden in der Höhe der ermittelten Performanceverläufe kommt (vgl. dazu Tabelle 17). Beispielsweise ermittelt LJUNGQVIST (1997) eine Underperformance von −12,11%, während EHRHARDT (1997) die Überrendite bei einem fast identischen Vergleichsportfolio auf +5,45% schätzt.[449]

Aus Tabelle 17 wird ersichtlich, dass nach dem Jahr 2000 nur sehr wenige Untersuchungen zur langfristigen Performance von IPOs durchgeführt wurden. Es macht nur wenig Sinn, die Ergebnisse dieser Arbeit mit den Ergebnissen früherer Arbeiten zu vergleichen, da durch den Neuen Markt ein Boom im Emissionsgeschäft ausgelöst wurde und völlig andere Rahmenbedingungen vorgelegen haben als bei den früher durchgeführten Studien. Auffallend ist allerdings, dass in den neueren Untersuchungen nicht mehr ein so eindeutiges langfristiges

---

[444] Vgl. dazu KUNZ, R. M., Going public, 1991, S. 1ff.
[445] Positive Überrenditen konnten u. a. in Korea, Schweden und Singapur festgestellt werden.
[446] Vgl. dazu die Untersuchungen von SCHUSTER (1996), EHRHARDT (1997), LJUNGQVIST (1997), SCHENEK (1999) und STEHLE/ EHRHARDT (1999). Vgl. SCHUSTER, J. A., Underpricing, 1996, S. 1ff., vgl. EHRHARDT, O., Börseneinführungen, 1997, S. 190, vgl. LJUNGQVIST, A. P., Pricing, 1997, S. 1309ff., vgl. SCHENEK, A., Entwicklung, 1999, S. 54., vgl. STEHLE, R./ EHRHARDT, O., Renditen, 1999, S. 1405ff.
[447] So gab es beispielsweise in der Nachkriegszeit zwischen 1949 und 1982 nur 110 IPOs in Deutschland, d. h. umgerechnet etwas mehr als drei IPOs pro Jahr. Erst ab 1983 wurden jährlich mehr als 10 IPOs pro Jahr emittiert. Vgl. hierzu DEUTSCHES AKTIENINSTITUT E. V., Factbook, 1999, S. 03-8.
[448] UHLIR (1989) stellt in seiner Untersuchung eine Tendenz zur Underperformance der IPO Wertpapiere ab dem 10. Monat fest, während RUINGVIST (1989) ermittelt eine negative Performance von 3,95% nach einem Jahr und DÖHRMANN (1990) bescheinigt einen langsamen Kursrückgang zwischen 40. und 70. Untersuchungswoche. Vgl. WITTLEDER, C., Going public, 1989, S. 161, vgl. DÖHRMANN, A., Underpricing, 1990, S. 298.
[449] Zudem sind auch die berechneten Durchschnittswerte bei LJUNGVIST (1997) statistisch signifikant, während EHRHARDT (1997) und KASERER (1996) keine Signifikanz feststellen können. Siehe hierzu auch LJUNGQVIST, A. P., Pricing, 1997, S. 1309ff., vgl. EHRHARDT, O., Börseneinführungen, 1997, S. 190, vgl. KASERER, C./ KEMPF, V., Underpricing, 1995, S. 52.

Underperformance Phänomen festgestellt werden kann. So ermitteln GERKE und FLEISCHER (2001) für den Neuen Markt eine signifikante Overperformance der untersuchten IPOs, allerdings auf Basis des Emissionspreises und nur für einen 12-monatigen Zeitraum.[450] Auch STEHLE und EHRHARDT (1999) können für den gesamten deutschen Kapitalmarkt bei der Bereinigung um ein marktgewichtetes Vergleichsportfolio eine leichte Overperformance der IPO Werte feststellen.

Tabelle 17: *Ausgewählte Studien zur langfristigen Performance von IPOs am deutschen Kapitalmarkt*

Autor (Jahr)	Zeitraum	N	Unter-suchungs-periode	Berech-nungsmetho-dik	Bereinigungs-methode	langfristige Performance
SCHMIDT ET AL. (1988)	1984 bis 1985	32	12 Monate	k. A.	FAZ	-10,22%
UHLIR (1989)	1977 bis 1986	70	15 Monate	DM	StBA	-11,88%
WITTLEDER (1989)	1961 bis 1987	67	53 Wochen	FFJR	FAZ	-3,95%
KASERER (1996)	1983 bis 1993	180	36 Monate	k. A.	DAX	-7,99%
LJUNGQVIST (1997)	1970 bis 1990	145	36 Monate	BHAR	DAFOX	-12,11%
STEIB/ MOHAN (1997)	1988 bis 1995	96	24 Monate	BHAR	StBA	-9,46%
EHRHARDT (1997)	1960 bis 1990	159	36 Monate	BHAR	mw Portfolio	+5,45%
STEHLE/ EHRHARDT (1999)	1969 bis 1992	187	36 Monate	BHAR	gw Portfolio / mw Portfolio	-5,04% / +1,54%
GERKE/ FLEISCHER (2001)	1997 bis 2000	263	12 Monate	BHAR	NEMAX All-Share	+96,60%*
EIGENE STUDIE (2003)	1997 bis 2003	327	24 Monate	BHAR	NEMAX All-Share	+5,04%

N: Anzahl der IPOs im Untersuchungsumfang, k.A.: keine Angaben.
Berechnungsmethodik: BHAR: buy-and-hold-abnormal-return, FFJR: Verfahren nach FAMA/ FISHER/ JENSEN/ ROLL (1969), DM: Verfahren nach DIMSON/ MARCK, WR: wealth relative.
Bereinigungsmethode: gw und mw Portfolio: gleichgewichtetes und marktgewichtetes Vergleichsportfolio, StBA: Index des Statistischen Bundesamtes, FAZ: Index der Frankfurter Allgemeinen Zeitung, MFP: matching-firm-Portfolio, BAH-SP: Size-Portfolio (buy-and-hold-Berechnung), log. PE: logarithmierte einjährige Periodenrendite (kumuliert).
Quelle: Vgl. die jeweilige Primärliteratur.

In der vorliegenden Arbeit konnte nachgewiesen werden, dass die IPOs am Neuen Markt 24 Monate nach dem Börsengang marktbereinigt eine insgesamt positive abnormale Überrendite (+5,04%) aufweisen. Dieses Ergebnis ist somit ein weiterer Hinweis dafür, dass das langfristige Underperformance Phänomen durch die veränderten Kapitalmärkte in den letzten Jahren nicht mehr so ausgeprägt ist, wie es noch vor einigen Jahren durch zahlreiche

---

[450] Allerdings basiert ihre Rechnung auf Basis des Emissionspreises. Dies erklärt den hohen errechneten Wert für die abnormale Rendite.

Untersuchungen bestätigt werden konnte. Da diese Arbeit den bisher größten Untersuchungsumfang am deutschen Kapitalmarkt vorweisen kann, ist davon auszugehen, dass die Ergebnisse dieser Arbeit - insbesondere als ex post-Betrachtung des Neuen Marktes - mehr Aussagekraft besitzen, als frühere Untersuchungen. Die Schlussfolgerungen aus den Untersuchungsergebnisse dieser Arbeit für die Effizienz des Primärmarktes bzw. des Sekundärmarktes werden im folgenden Kapitel diskutiert.

5 Schlussfolgerung aus den Untersuchungsergebnissen für die Effizienz des Primär- und des Sekundärmarktes

Eine zentrale Fragestellung dieser Arbeit lautet, ob der Erstemissionsmarkt des Neuen Marktes informationseffizient im Sinne von FAMA (1970) und JENSEN (1978) war, oder ob die Investoren durch regelmäßige Zeichnung der IPOs eine systematische Überrenditen erzielen konnten. Betrachtet man die im Rahmen dieser Arbeit ermittelte kurzfristige Rendite sowie die langfristigen abnormalen Renditen der IPOs am Neuen Markt, so entsteht der Eindruck, dass die festgestellten Überrenditen nicht mit der Theorie informationseffizienter Märkte vereinbar sind. Aus Tabelle 18 wird ersichtlich, dass es Erstzeichnern möglich war, eine signifikant positive Rendite in Höhe von 48,54% innerhalb eines Zeitraums von der Zeichnung des IPOs bis zum ersten Börsenkurs zu erzielen (kurzfristiges Underpricing).[451]

Tabelle 18:   Underpricing und marktbereinigte Überrenditen nach 6, 12, und 24 Monaten mit dem jeweiligen Signifikanzniveau

		Kurzfristiges Underpricing	6 Monaten nach Börsengang	12 Monate nach Börsengang	24 Monate nach Börsengang
IR bzw. BHAR	Basis Emissionspreis	48,54%	86,66%	81,18%	40,91%
	Basis erster Börsenkurs	-	36,20%	33,24%	5,04%
t-Test	Basis Emissionspreis	12,27***	8,83***	5,21***	2,77***
	Basis erster Börsenkurs	-	4,52***	2,47**	0,60

IR: Initial return; BHAR: Buy-and-hold-abnormal-return.
*t-Test: * Signifikanzniveau von 10%, ** Signifikanzniveau von 5%, *** Signifikanzniveau von 1%.*
Quelle: Eigene Berechnungen.

Viele empirische Untersuchungen zum Underpricing enden an dieser Stelle mit dem Ergebnis, dass der Markt für Neuemissionen ineffizient ist. Dies wird von den Autoren dadurch begründet, dass es den Investoren möglich war, systematische Überrenditen zu erzielen.

Diese allgemeine Aussage zur Ineffizienz des Emissionsmarktes soll allerdings in dieser Arbeit detaillierter behandelt werden. Deshalb wird - entsprechend den Erläuterungen im ersten Kapitel dieses zweiten Teils - der Emissionsmarkt nunmehr in den Primär- und den Sekundärmarkt unterteilt.[452] Der Primärmarkt gilt als informationseffizient, wenn in dem Emissionspreis sämtliche öffentlich zugänglichen Informationen enthalten sind. Der Sekundärmarkt ist effizient, wenn die Börsenkurse des IPOs alle verfügbaren Informationen enthal-

---

[451]   Vgl. dazu die Ausführungen in Kapitel 3.1.
[452]   Vgl. dazu auch die Ausführungen in Kapitel 1.

ten. Durch diese Unterteilung des Kapitalmarktes in einen Primär- und einen Sekundärmarkt wird es möglich, die Hypothesen H 2 und H 3 zu überprüfen.[453]

Die Überprüfung der Hypothese, ob der Primärmarkt bzw. ob der Sekundärmarkt effizient ist, erfolgt auf Basis einer indirekten Vorgehensweise. Es wird zuerst untersucht, ob der Emissionspreis der IPOs am Neuen Markt zu niedrig bzw. der erste Börsenkurs der IPOs des Neuen Marktes zu hoch bewertet war. Da sich aber der Informationsgehalt des Emissionspreises bzw. des ersten Börsenkurses nicht direkt messen lässt, um daraus die gewünschten Schlussfolgerungen für die Informationseffizienz des jeweiligen Teilmarktes ableiten zu können, werden die berechneten längerfristigen Sekundärmarktrenditen der IPOs herangezogen. Wenn der Verlauf dieser Renditen keine Zweifel an der Effizienz des Sekundärmarktes aufkommen lässt, dann dürfte davon auszugehen sein, dass der erste Börsenkurs informationseffizient und daraus folgend der Emissionspreis bzw. der Primärmarkt informationsineffizient ist.

Es stellt sich allerdings umgehend die Frage, welche Charakteristika die Renditeverläufe der IPOs am Neuen Markt aufweisen müssen, damit sie als informationseffizient bzw. als informationsineffizient angesehen werden können. Im Folgenden wird - in Anlehnung an die Definition von JENSEN (1978) - der Sekundärmarkt als ineffizient betrachtet, wenn mit den IPOs am Neuen Markt nach Aufnahme der Handelsaktivitäten systematisch positive oder negative Überrenditen erzielt werden können. Lassen sich beispielsweise nach den ersten Monaten systematisch negative Überrenditen bei den gerade emittierten Aktien feststellen, dann kann davon ausgegangen werden, dass in dem ersten Börsenkurs nicht alle bewertungsrelevanten Informationen enthalten waren und folglich nicht der Emissionspreis zu niedrig, sondern der erste Börsenkurs zu hoch war.[454] Bei diesem Szenario würden erst sukzessiv nach einiger Zeit die fehlenden bewertungsrelevanten Informationen zu einer niedrigeren Bewertung des IPOs mit entsprechenden Kursverlusten führen. Folglich würden die negativen Überrenditen die anfänglichen Überbewertungen der IPOs über die Zeit korrigieren und der Sekundärmarkt wäre als informationsineffizient einzustufen.

Aus Tabelle 18 wird allerdings ersichtlich, dass solche negativen Überrenditen 24 Monate nach dem Börsengang bei den IPOs am Neuen Markt nicht festzustellen sind. Statt dessen lässt sich auf Basis des Ersten Börsenkurses nach 24 Monaten eine positive durchschnittli-

---

[453] Vgl. dazu auch DÖHRMANN, A., Underpricing, 1990, S. 298.
[454] Ähnliche Überlegungen stellt auch DÖHRMANN (1990) an, siehe hierzu DÖHRMANN, A., Underpricing, 1990, S. 299.

che Überrendite in Höhe von +5,04% ermitteln. Allerdings ist diese Überrendite selbst auf einem Signifikanzniveau von 10% nicht signifikant. Die Nullhypothese, dass die Renditen der IPOs am Neuen Markt nicht systematisch von Null verschieden sind, kann deshalb nicht abgelehnt werden. Es ist folglich nicht möglich, langfristig eine systematische Überrendite am Sekundärmarkt zu erzielen, der erste Börsenkurs ist demzufolge informationseffizient und enthält alle bewertungsrelevanten Informationen. Daraus könnte indirekt auf einen informationseffizienten Sekundärmarkt geschlossen werden.[455]

Betrachtet man hingegen die Performance der IPOs auf Basis des Emissionspreises, so fällt auf, dass die Investoren auch noch 24 Monate nach dem Börsengang eine durchschnittliche Überrendite von +40,91% im Vergleich zum Emissionspreis erzielen können. Diese Rendite ist zudem auf einem 1%-igen Niveau signifikant, so dass die Nullhypothese verworfen werden kann. Es ist demnach möglich, systematische Überrenditen auf Basis des Emissionspreises zu erzielen. Als Ergebnis kann deshalb festgehalten werden:

(i)   Der Primärmarkt für IPOs am Neuen Markt ist nicht informationseffizient. Die Emissionspreise der IPOs am Neuen Markt sind über den gesamten Zeitraum seit Bestehen des Neuen Marktes systematisch zu niedrig festgesetzt worden, so dass die Investoren durch Zeichnung aller IPOs systematische Überrenditen erzielen konnten. Die Hypothese H 2 kann somit bestätigt werden.

Für den Sekundärmarkt ist eine Aussage zur kurz- bis mittelfristigen Informationseffizienz schwieriger, da die Untersuchungsergebnisse nicht so eindeutig sind wie für den Primärmarkt. So deuten zwar die Ergebnisse nach 24 Monaten darauf hin, dass der Sekundärmarkt effizient ist, doch widersprechen die hohen systematischen abnormalen Renditen, die 6 bzw. 12 Monate nach dem Börsengang auf dem Sekundärmarkt erzielt werden können, der Vermutung eines vollkommen informationseffizienten Sekundärmarktes. 6 Monate nach dem Börsengang beträgt die Überrendite +36,20%, die nach dem t-Test auf einem 1%-igen Niveau signifikant ist. Auch 12 Monate nach dem IPO Tag kann auf Basis des ersten Börsenkurses noch eine Überrendite von +33,24% erzielt werden, allerdings kann hier die Nullhypothese nur noch auf einem 5%-igen Signifikanzniveau abgelehnt werden.

---

[455] Auch andere Untersuchungen für andere Kapitalmärkte kommen zu dieser Aussage, vgl. beispielsweise AUSSENEGG, W., Underpricing, 1993, S. 18.

Welche Schlussfolgerungen können aus diesem Verlauf hinsichtlich der Informationseffizienz des Sekundärmarktes gezogen werden? Es scheint, dass der Sekundärmarkt nicht unmittelbar effizient ist, sondern dass auf dem Sekundärmarkt eine temporäre Überreaktion der Bewertung der IPO Aktien stattgefunden hat, die sich erst im Laufe des Untersuchungszeitraumes sukzessiv abbaute (vgl. dazu Abbildung 21).

Abbildung 21: Überreaktion am Sekundärmarkt (fads)

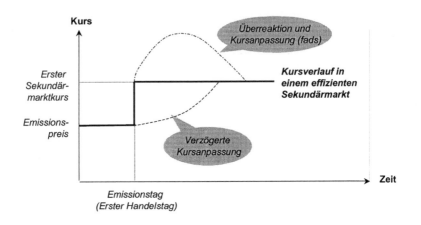

Anmerkungen: Schematische Darstellung: es wird davon ausgegangen, dass keine neuen Informationen im Zeitablauf auftreten (statische Betrachtung).
Quelle: In Anlehnung an ROSS, ST. A./ WESTERFIELD, R. W/ JAFFE, J. F., Finance, 1993, S. 364.

In Abbildung 21 wird die Überreaktion der Sekundärmarktkurse, die auch als *fads* bezeichnet wird, dargestellt.[456] Erst nach einiger Zeit baut sich die Überreaktion nach der Emission des IPOs ab und es kommt zu einer Kursanpassung. Die Vermutung, dass die *fads* im Laufe der Monate am Neuen Markt abgebaut werden, lässt sich dadurch erhärten, dass die Signifikanzniveaus für die Zeiträume von 6 Monate auf 12 Monate und von 12 Monate auf

---

[456] In der Literatur wird für die in Abbildung 21 dargestellte Überreaktion und Verzögerung der Preisanpassung auch die Begriffe *noise trading* oder *bubbles* verwendet. Einen guten Überblick über *bubbles* und *fads* geben CAMERER, C., Bubbles, 1989, S. 3ff., siehe auch MENKHOFF, L./ RÖCKEMANN, C., Noise, 1994, S. 277f, Vgl. CHOPRA, N./ LAKONISHOK, J./ RITTER, J. R., Performance, 1992, S. 235ff., vgl. DE BONDT, W. F./ THALER, R., Market, 1985, S. 793ff., vgl. DE BONDT, W. F./ THALER, R., Evidence, 1987, S. 557ff., vgl. STOCK, D., Tests, 1988, S. 12, vgl. SEYHUN, H. N., Overreaction, 1990, S. 1363ff., vgl. CLARE, A./ THOMAS, S., Overreaction, 1995, S. 961ff., vgl. DE LONG, J. B./ SHLEIFER, A./ SUMMERS, L. H./ WALDMANN, R. J., Noise, 1990, S. 703ff., vgl. CHEN, A./ HUNG, C. C./ WU, C.-W., Underpricing, 2002b, S. 139ff., vgl. ZAROWIN, P., Market, 1989, S. 26ff., vgl. STIGLITZ, J. E., Symposium, 1990, S. 13ff, vgl. HEYL, D. C., Noise, 1995, S. 1ff, vgl. TRUEMAN, B., Theory, 1988, S. 83ff.

24 Monate ständig größer werden. Nach 24 Monaten kann schließlich selbst auf einem 10%-igen Signifikanzniveau die Nullhypothese nach dem t-Test nicht mehr verworfen werden.

Aufgrund dieser Überlegungen ergeben sich folgende Schlussfolgerungen: Die hohen Emissionsrenditen der IPOs am Neuen Markt vom Zeitpunkt der Emission bis zum ersten Sekundärmarktkurs lassen sich einerseits auf einen systematisch zu niedrigen Emissionspreis, andererseits aber auch auf einen kurz- bis mittelfristig zu hohen ersten Sekundärmarktkurs zurückführen. Das bedeutet, dass der Sekundärmarkt zumindest temporär ebenfalls informationsineffizient ist.

Die Feststellung, dass neben dem Primärmarkt auch der Sekundärmarkt des Neuen Marktes temporär ineffizient war, lässt sich auch durch das irrationale Zeichnungsverhalten der Investoren, welches sich in Form von exorbitanten Überzeichnungen der IPOs während der Boomphase des Neuen Marktes ausdrückte, erklären.[457] Die hohen Überzeichnungen der IPOs führten am Neuen Markt zu irrationalen Überbewertungen der jeweiligen IPO Unternehmen.[458] Durch den überhöhten ersten Börsenkurs wurden weitere irrationale Überreaktionen der Investoren bezüglich der Bewertung des IPOs ausgelöst und es kam letztlich zu noch stärkeren Überbewertungen. Durch diese Überbewertungen konnten die Anleger am Sekundärmarkt anfangs systematische Überrenditen erzielen. Erst als diese „Blase" am Neuen Markt Anfang 2000 platzte, kam es zu einer massiven Kursanpassung und damit zu einer Angleichung der überbewerteten IPO Unternehmen an den tatsächlichen Wert der jeweiligen Unternehmen.

Als weiteres Ergebnis kann deshalb festgehalten werden:

(ii)   Der Sekundärmarkt weist eine vorübergehende Tendenz zur Ineffizienz auf, die wahrscheinlich auf das irrationale Verhalten der Marktteilnehmer zurückzuführen ist. Kurz- bis mittelfristig konnten auch am Sekundärmarkt des Neuen Marktes systematische Überrenditen erzielt werden. Erst nach dem Platzen dieser „Blase" kam es am Neuen Markt zu einem Abbau der Überrenditen. Hypothese H 3 kann somit nicht bestätigt werden. Kurzfristig scheint der Sekundärmarkt des Neuen Marktes informationsineffizient gewesen zu sein, mittel bis langfristig war der Sekundärmarkt allerdings informationseffizient.

---

[457]   Für eine teilweise Ineffizienz des Sekundärmarktes spricht auch der Umstand, dass es in Anbetracht der dynamischen Informationsverarbeitung auf den Kapitalmärkten wenig realistisch erscheint, dass es mehr als 24 Monate dauert, bis das alle relevanten Informationen in den Börsenkursen verarbeitet sind.

[458]   Vgl. LJUNGQVIST, A./ WILHELM, W. J., IPO, 2002, S. 29.

Im nächsten Teil dieser Arbeit soll nunmehr nach den Ursachen für den systematisch zu niedrig festgesetzten Emissionspreis am Neuen Markt geforscht werden. Dazu werden verschiedene theoretische Erklärungsansätze für das Underpricing Phänomen vorgestellt und anschließend mit Hilfe ökonometrischer Verfahren auf deren Erklärungsgehalt für das nachgewiesene Underpricing am Neuen Markt untersucht.

„Underpricing is an unsolved mystery."[459]

Dritter Teil:

Ökonometrische Überprüfung der Erklärungsansätze für das Underpricing am Neuen Markt

Nachdem im vorherigen Teil dieser Arbeit das Underpricing Phänomen am Neuen Markt empirisch nachgewiesen und damit eine zentrale Fragestellung dieser Arbeit beantwortet werden konnte, soll in dem nun folgenden Teil untersucht werden, worauf das hohe Underpricing am Neuen Markt zurückzuführen ist. Dazu werden zunächst die wichtigsten theoretischen Erklärungsmodelle für das Underpricing Phänomen analysiert und kritisch bewertet. Im Anschluss daran werden zu jedem Modell testbare Hypothesen abgeleitet, die im weiteren Verlauf ökonometrisch überprüft werden.

Der dritte Teil der vorliegenden Arbeit ist folgendermaßen strukturiert: Im ersten Kapitel erfolgt eine knappe Darstellung der gewählten ökonometrischen Vorgehensweise bei der Überprüfung der abgeleiteten Hypothesen.[460] Im zweiten Kapitel wird eine Systematisierung der in der Literatur vorzufindenden Erklärungsansätze für das Underpricing Phänomen vorgenommen. Da sich besonders in den letzten Jahren eine Vielzahl von theoretischen Modellen zum Underpricing Phänomen entwickelt hat, kommt es immer häufiger zwischen den neuen Modellansätzen und den bereits bestehenden Erklärungsansätzen zu Überschneidungen und teilweise sogar zu Widersprüchen.[461]

Im dritten und vierten Kapitel werden die bedeutendsten Modelle zur Erklärung des Underpricing Phänomens untersucht. Die Erklärungsansätze für das Underpricing Phänomen werden in dieser Arbeit in gleichgewichtsgeleitete und in ad hoc-Erklärungsmodelle unterteilt. Insgesamt werden zu den unterschiedlichen theoretischen Modellansätzen zwölf testbare Hypothesen (H 4 bis H 15) abgeleitet. Durch die ökonometrische Überprüfung dieser Hypothesen sollen diejenigen Erklärungsansätze identifiziert werden, mit denen das festgestellte Underpricing Phänomen am Neuen Markt am ehesten erklärt werden kann.

Die Ergebnisse aus den durchgeführten ökonometrischen Untersuchungen werden abschließend im fünften Kapitel zusammengefasst und bewertet.

---

[459] IBBOTSON, R. G., Performance, 1975, S. 235.
[460] Die statistischen Auswertungen wurden mit Hilfe des Ökonometrie-Programms Eviews 2.0 sowie des Statistik-Programms SPSS 11.0 (Statistical Program for Social Sciences) durchgeführt.

1 Ökonometrische Vorgehensweise

Im folgenden Kapitel wird die methodische Vorgehensweise für die ökonometrische Überprüfung der aus den Erklärungsmodellen abgeleiteten Hypothesen vorgestellt. Neben den Signifikanztests, die bereits im zweiten Teil dieser Arbeit zur Anwendung kamen, werden im weiteren Verlauf zusätzliche Testverfahren eingesetzt.[462] Einzelne Hypothesen erfordern für deren Überprüfung die Aufteilung der Gesamtstichprobe in mehrere Teilstichproben. Die Signifikanz der durchschnittlichen Emissionsrenditen bei unterschiedlichen Teilstichproben wird über einen Mittelwerttest überprüft. Die dafür notwendige Prüfgröße ergibt sich bei unbekannter Standardabweichung, beliebiger Verteilung der Renditen und einem Stichprobenumfang von N>40 bei einer unterstellten einfachen Zufallsstichprobe aus folgender Formel:[463]

$$(XIII) \qquad t = \frac{(\bar{x} - \mu_0)\sqrt{N}}{\sqrt{\dfrac{1}{N-1}\sum_{i=1}^{N}(x_i - \bar{x})^2}}$$

mit

x_i:	Messwert des Merkmals X bezüglich der Einheiten i = 1, ..., N
$\bar{x}$:	Arithmetisches Mittel in der Stichprobe
N:	Stichprobenumfang
μ_0:	Angenommener Wert der Nullhypothese.

Mit Hilfe eines Mittelwert-Differenz-Tests wird untersucht, ob die Differenz zwischen der durchschnittlichen Rendite aus zwei Teilstichproben signifikant ist.[464] Der zugehörige Wert der Prüffunktion ergibt sich aus:

---

[461] Vgl. dazu auch RITTER, J. R., Initial public offerings, 1998, S. 12.
[462] Vgl. die ausführliche Darstellung der unterschiedlichen Testverfahren im zweiten Teil dieser Arbeit, Kapitel 2.2.2.3. Vgl. auch SENTANA, E., Econometrics, 1993, S. 401ff. In der Literatur stehen zur Hypothesenprüfung unterschiedliche Testverfahren zur Verfügung. Die jeweilige Anwendungsmöglichkeit der einzelnen Tests hängt wesentlich von dem Messniveau der zugrundeliegenden Daten ab. Grundsätzlich gilt: je höher das Skalenniveau, desto mehr statistische Testverfahren stehen zur Auswahl. Eine gute Übersicht der verschiedenen Testverfahren gibt SACHS, L., Statistik, 2002, S. 208ff.
[463] Vgl. dazu auch SACHS, L., Statistik, 2002, S. 343ff.
[464] Der Nichtablehnungsbereich für H₀ liegt bei einem Signifikanzniveau von 5% für die Ergebnisse der Stichproben zwischen -1,96 ≤ t ≤ 1,96.

$$(XIV) \quad t = \frac{\bar{y} - \bar{z}}{s_{\bar{y}-\bar{z}}} \qquad \text{mit} \qquad s_{\bar{y}-\bar{z}} = \sqrt{\frac{\frac{1}{N_1 - 1}\sum_{i=1}^{N_1}(x_i - \bar{y})^2}{N_1} + \frac{\frac{1}{N_2 - 1}\sum_{i=1}^{N_2}(y_i - \bar{z})^2}{N_2}} .$$ [465]

mit

$s_{\bar{y}-\bar{z}}$:	Standardabweichung beim Mittelwert-Differenz-Test
x_i:	Messwert des Merkmals X bezüglich der Einheiten i = 1, ..., N
y_i:	Messwert des Merkmals Y bezüglich der Einheiten i = 1, ..., N
$\bar{y}$:	Mittelwert des Merkmals in der Teilstichprobe 1
$\bar{z}$:	Mittelwert des Merkmals in der Teilstichprobe 2
N_1:	Stichprobenumfang 1
N_2:	Stichprobenumfang 2.

Für die Überprüfung einiger Hypothesen muss zudem untersucht werden, ob ein linearer Zusammenhang zwischen zwei Merkmalen besteht.[466] Diese Überprüfung erfolgt in mit dem Rangkorrelationskoeffizient von SPEARMAN (r_{sp}).[467] Mit Hilfe des Koeffizienten lässt sich eine Aussage über die Stärke des linearen Zusammenhangs treffen. Je größer der Koeffizient dem Absolutbetrag nach ist, desto größer ist der lineare Zusammenhang zwischen den beiden untersuchten Merkmalen. Dabei deutet ein positiver (negativer) Wert des Rangkorrelationskoeffizienten von SPEARMAN (r_{sp}) auf einen positiven (negativen) linearen Zusammenhang zwischen den beiden Merkmalen hin.[468] Der Rangkorrelationskoeffizient errechnet sich durch:

$$(XV) \quad r_{sp} = 1 - \frac{6\sum_{i=1}^{N}(R(x_i) - R(y_i))^2}{N(N^2 - 1)} \qquad \text{wobei} \quad -1 \le r_{sp} \le 1$$

mit

$R(x_i)$:	Rangzahl des Messwertes x_i
$R(y_i)$:	Rangzahl des Messwertes y_i
N:	Stichprobenumfang.

---

[465] Vgl. SACHS, L., Statistik, 2002, S. 359.
[466] Liegen metrisch skalierte Merkmalstypen vor, so könnte grundsätzlich auch der Korrelationskoeffizient von BRAVAIS-PEARSON verwendet werden. Allerdings müssen bei einer parametrischen Korrelationsanalyse zahlreiche Voraussetzungen erfüllt sein. Beispielsweise müssen die Beobachtungen aus normal verteilten Populationen stammen, unkorreliert sein und dieselben Varianzen aufweisen. Bei den untersuchten Renditen ist es deshalb sinnvoll, auf den nicht-parametrischen Rangkorrelationskoeffizienten von SPEARMAN zurückzugreifen. Vgl. dazu auch WEINBERGER, A., Going publics, 1995, S. 70.
[467] Vgl. SACHS, L., Statistik, 2002, S. 512ff.
[468] Vgl. dazu BOMSDORF, E., Statistik, 1997, S. 116f.

Nach Berechnung des Rangkorrelationskoeffizienten von SPEARMAN (r_{sp}) wird häufig zur statistischen Überprüfung des linearen Zusammenhangs ein Unabhängigkeitstest durchgeführt. Dabei wird die Nullhypothese H_0 überprüft, ob die Zufallsvariablen X und Y unabhängig voneinander sind. Für einen Stichprobenumfang größer gleich 20 wird die Nullhypothese verworfen, wenn die Prüfgröße t = $|r_{sp}|$ $\sqrt{N-1}$ größer ist als der kritische Wert des vorgegebenen Signifikanzniveaus.[469] Die Schlussfolgerung ist dann, dass die Zufallsvariablen unabhängig voneinander sind.[470]

Neben diesen beschriebenen Testverfahren, auf die bei den zu überprüfenden Hypothesen sehr häufig zurückgegriffen wird, kommen zudem vereinzelt weitere statistische Tests zur Anwendung. Die ökonometrische Vorgehensweise dieser Tests wird in den jeweiligen Kapiteln vorgestellt.

---

[469] Der kritische Wert beträgt auch hier wieder 1,96 für ein Konfidenzniveau von 5%.
[470] Aufbauend auf Rangkorrelationskoeffizienten von SPEARMAN (r_{sp}) kann die Unabhängigkeitshypothese auch mit Hilfe der HOTELLING-PABST Statistik überprüft werden. Vgl. dazu HARTUNG, J., Statistik, 1995, S. 194.

2 Systematisierung der Erklärungsansätze für das Underpricing Phänomen

In der Literatur besteht Übereinstimmung, dass das Underpricing ein weltweites, auf allen internationalen Kapitalmärkten zu beobachtendes Phänomen ist. Allerdings werden in der Literatur nach wie vor die Ursachen für das Underpricing Phänomen intensiv diskutiert.[471] Aufgrund der Vielzahl und der Heterogenität der Erklärungsansätze für das Underpricing Phänomen,[472] wird im folgenden Kapitel zunächst eine Systematisierung der international diskutierten theoretischen Erklärungsansätze vorgenommen. Eine Systematisierung erscheint für eine prägnante Darstellung und für ein besseres Verständnis der Erklärungsansätze sinnvoll. Allerdings erweist sich die Systematisierung als nicht ganz unproblematisch, da es bei vielen Modellen nicht nur zu Überschneidungen, sondern teilweise sogar zu widersprüchlichen Annahmen und Aussagen kommt.[473] Eine in der Literatur häufig zitierte Systematisierung geht auf EHRHARDT (1997) zurück (vgl. Abbildung 22).

Abbildung 22: Systematisierung der Erklärungsansätze für das Underpricing Phänomen nach EHRHARDT (1997)

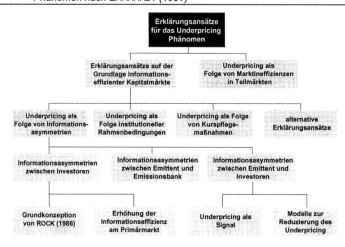

Quelle: Vgl. EHRHARDT, O., Börseneinführungen, 1997, S. 111.

---

[471] CARTER/ MANASTER (1990) geben einen guten Überblick über die historische Entwicklung der Studien zum Thema Underpricing. Vgl. dazu CARTER, R./ MANASTER, S., Initial public offerings, 1990, S. 1045ff.

[472] JENKINSON/ LJUNGQVIST (2001) nennen beispielsweise mehr als 60 unterschiedliche Erklärungsansätze für das Underpricing Phänomen. Vgl. JENKINSON, T./ LJUNGQVIST, A., Going public, 2001, S. 63ff.

[473] Dies ist auch mit ein Grund dafür, wieso in der Literatur häufig auf eine Systematisierung verzichtet wird und die Ansätze gleichwertig nebeneinander diskutiert werden.

EHRHARDT (1997) unterteilt die Erklärungsansätze für das Underpricing Phänomen in der ersten Gliederungsebene in Erklärungsansätze auf der Grundlage informationseffizienter Kapitalmärkte und in Emissionsrenditen als Folge von Marktineffizienzen in Teilmärkten.[474] Unter den Erklärungsansätzen zum Underpricing auf der Grundlage informationseffizienter Kapitalmärkte subsumiert er eine Vielzahl von Erklärungsmodellen. In der Literatur wird dieser Systematisierungsversuch eher kritisch betrachtet.[475] EHRHARDT (1997) wird vorgeworfen, dass dieser Ansatz in sich tautologisch ist. Sofern die Gültigkeit der Markteffizienzhypothese unterstellt wird, dürfte eine Erzielung von systematischen Überrenditen auf effizienten Märkten nicht möglich sein. Folglich deuten systematische Überrenditen bei IPOs auf Marktineffizienzen hin. Deshalb erscheint es nicht sinnvoll, die Erklärungsansätze unter die Rubrik *„auf Grundlage informationseffizienter Kapitalmärkte"* zu subsumieren. Die Gliederung von EHRHARDT (1997) wird deshalb in dieser Untersuchung nicht weiter beachtet.

Andere Systematisierungen zum Underpricing sind durch eine pragmatische Herangehensweise gekennzeichnet. Sie versuchen die bestehende Komplexität der Erklärungshypothesen durch eine Polarisierung der Erklärungsansätze zu vereinfachen. UHLIR (1989) unterteilt die Erklärungsansätze für das Underpricing lediglich in ad hoc-Hypothesen, in theoriegeleitete Ansätze und in Ansätze zur Erklärung der Höhe des Underpricing.[476] Allerdings lässt sich insbesondere der letztgenannte Punkt dieser Systematisierung kritisieren, da er sehr willkürlich gewählt zu sein scheint und letztlich keine stichhaltige Begründung für die Gründe der darunter subsumierten Erklärungsansätze liefern kann.

KASERER und KEMPF (1989) gehen einen Schritt weiter und differenzieren nur noch zwischen gleichgewichtsgeleiteten Ansätzen aufgrund von asymmetrischer Informationsverteilung und ad hoc-Erklärungshypothesen.[477] Im Folgenden wird diese pragmatische Systematisierung von KASERER und KEMPF (1995) aufgegriffen, da durch diese Polarisierung sehr gut erkennbar ist, dass das Underpricing im Grunde nur auf asymmetrische Informationsverteilung zwischen den Emissionsbeteiligten[478] oder auf sonstige Marktunvollkommenheiten zurückzuführen ist (vgl. Abbildung 23).[479]

---

[474] Vgl. EHRHARDT, O., Börseneinführungen, 1997, S. 111.
[475] Vgl. dazu auch HUNGER, A., IPO, 2001, S. 93.
[476] Vgl. UHLIR, H., Gang, 1989, S. 4.
[477] Vgl. KASERER, C. / KEMPF, V., Underpricing, 1995, S. 47.
[478] Bei einer Emission sind im Wesentlichen drei Gruppen von Akteuren beteiligt, die Investoren, die Emissionsbanken und die Emittenten. Vgl. POLLOCK, T. G., Risk, 1988, S. 11.
[479] Allerdings könnte auch diese Systematisierung angezweifelt werden, da eine asymmetrische Informationsverteilung im Prinzip eine Unvollkommenheit des Marktes ist bzw. darauf zurückgeführt werden kann. Dennoch ist diese Unterscheidung für die spätere Diskussion sinnvoll, insbesondere, wenn untersucht werden soll, ob ein Lösungsansatz zur Reduzierung des Underpricing eher im Bereich der Forcierung des Wettbe-

Abbildung 23: Systematisierung der Erklärungsansätze für das Underpricing
Phänomen in dieser Untersuchung

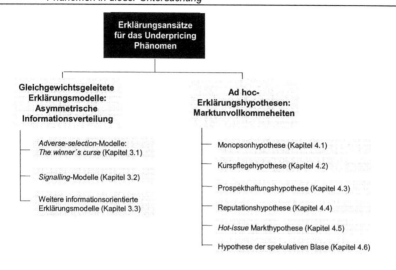

Quelle: In Anlehnung an KASERER, C. / KEMPF, V., Underpricing, 1995, S. 47.

Wie in Abbildung 23 dargestellt ist, werden unter den gleichgewichtgeleiteten Erklärungsansätzen in dieser Arbeit diejenigen Modelle subsumiert, die das Underpricing auf eine asymmetrische Informationsverteilung zwischen den Emissionsbeteiligten zurückführen. Unter den ad hoc-Erklärungshypothesen werden hingegen diejenigen Erklärungsansätze aufgeführt, die ihren Ursprung in einem unvollkommenen IPO Markt haben. Die vorgestellte Systematisierung erscheint für den Untersuchungszweck dieser Arbeit sinnvoll, da es mit dieser Gliederung möglich ist, die einzelnen Erklärungsansätze systematisch und differenziert zu analysieren, um sie dann ökonometrisch zu überprüfen.

werbs zur Verringerung der Informationsasymmetrien ansetzen muss oder im Bereich der Marktorganisation zur Eliminierung möglicher Marktunvollkommenheiten. Vgl. HUNGER, A., IPO, 2001, S. 94.´

3 Gleichgewichtsgeleitete Erklärungsmodelle: Underpricing aufgrund asymmetrischer Informationsverteilung

Sowohl in der klassischen als auch in der neoklassischen Kapitalmarkttheorie finden sich keine Erklärungsansätze für das Underpricing Phänomen. Dies rührt vor allem daher, dass in diesen Theorien davon ausgegangen wird, dass alle Marktteilnehmer denselben Informationsstand aufweisen. Aufgrund der Annahme einer solchermaßen homogenen Informationsverteilung müsste der Emissionspreis und der erste Sekundärmarktpreis dieselbe Informationsmenge enthalten und demzufolge gleich hoch sein.[480] Ein systematisches Abweichen des Emissionspreises vom ersten Sekundärmarktpreis wäre deshalb nach diesen Theorien nicht möglich.[481] Zahlreiche empirische Untersuchungen konnten aber nachweisen, dass es in der Praxis sehr wohl zu diesem Phänomen kommt, denn das Underpricing entsteht gerade durch zwei unterschiedliche Preise für ein und dasselbe Wertpapier zu einem (fast) gleichen Zeitpunkt.[482] Theorie und Empirie lassen sich hier folglich nicht miteinander vereinbaren. Wie ist es dann aber zu erklären, dass der Emissionspreis systematisch vom Sekundärmarktpreis abweicht, so dass systematisch positive Emissionsrenditen erzielt werden können?

Wie im zweiten Teil dieser Arbeit diskutiert wurde, könnte eine mögliche Antwort auf diese Frage darin bestehen, dass der Primärmarkt bzw. der Sekundärmarkt nicht informationseffizient ist, denn bei einem effizienten Markt müssten die Emissionsrenditen markt- und risikobereinigt im Durchschnitt gegen Null konvergieren. Allerdings hilft diese Feststellung nicht, um die eigentlichen Ursachen dieser systematischen Überrenditen erforschen zu können. Will man beurteilen, wann und warum es zu dem Underpricing Phänomen kommt und ob es möglich und sinnvoll ist, diese Renditeanomalie zu verringern, dann bedarf es Erklärungsmodelle, mit deren Hilfe das Underpricing als Ergebnis eines Gleichgewichts analysiert werden kann.

---

[480] Vgl. HANSEN, H., Emissionskurse, 1991, S. 369ff., vgl. ZAPP, H., Preisfindung, 1986, S. 855ff.

[481] Zwar könnte es auch nach der klassischen Theorie vereinzelt zu Abweichungen zwischen dem Emissionspreis und dem Sekundärmarktkurs kommen. Im Durchschnitt würden sich diese Abweichungen allerdings, wenn von Zinseffekten abgesehen wird, zu Null saldieren. Diese Tatsache lässt sich durch Arbitrageüberlegungen begründen. Würden für ein und dieselbe Aktie gleichzeitig unterschiedliche Preise existieren, könnten Arbitragegewinne erzielt werden und die Kurse würden sich wieder auf ein Gleichgewicht hinbewegen. Vgl. KASERER, C. / KEMPF, V., Underpricing, 1995, S. 47.

[482] Vgl. beispielsweise MALUCELLI, F. ET AL., IPO, 1996, S. 1189ff., vgl. CHEN, A./ HUNG, C. C./ WU, C.-W., Underpricing, 2002a, S. 139ff., vgl. AUSSENEGG, W., Performance, 1997, S. 1ff., vgl. GIUDICI, G./ ROOSENBOOM, P., Pricing, 2002, S. 1ff., vgl. SHILLER, R. J., Initial public offerings, 1989, S. 1ff.

Aus diesem Grund sind in der Literatur zusätzliche über die neoklassische Theorie hinausgehende Annahmen getroffen worden, so dass Erklärungsmodelle zum Underpricing entwickelt werden konnten, ohne dabei die fundamentalen Paradigmen der klassischen und neoklassischen Kapitalmarkttheorien vollständig aufgeben zu müssen. Eine solche Annahme ist die Existenz von asymmetrisch verteilten Informationen zwischen den Beteiligten am Emissionsmarkt. Durch die Berücksichtigung unterschiedlicher Informationsstände lassen sich Renditeanomalien, wie beispielsweise das systematische Underpricing, mit einer Gleichgewichtssituation auf dem Emissionsmarkt vereinbaren. Die gleichgewichtsgeleiteten Erklärungsmodelle gehen dabei davon aus, dass der Emissionspreis ein markträumender Gleichgewichtspreis ist.[483] Die markt- und risikoadjustierte Überrendite ist dann allerdings keine tatsächliche Überrendite mehr, sondern eine Kompensation für Risiken oder anfallende Kosten. Die Nettoüberrendite, welche die Investoren erzielen, ergibt sich nach Berücksichtigung dieser Risiken und Kosten: sie ist Null.[484]

In der Literatur ist in den letzten Jahrzehnten eine Vielzahl von gleichgewichtsgerichteten Erklärungsmodellen entwickelt worden, die zur Erklärung des Underpricing Phänomens die Annahme der asymmetrischen Informationsverteilung getroffen haben. In den folgenden Kapiteln wird der Schwerpunkt auf diejenigen Erklärungsmodelle gelegt, die in der internationalen Literatur zum Underpricing eine hohe Reputation genießen.

3.1 Adverse-selection Modelle: The winner´s curse

3.1.1 Das Modell von ROCK (1986): Informationsasymmetrien zwischen den Investoren

Ein bekannter Erklärungsansatz für das Underpricing Phänomen ist das von ROCK (1986) entwickelte Gleichgewichtsmodell, das in der Literatur auch als winner´s curse bekannt ist.[485] Das Underpricing wird dabei auf eine asymmetrische Informationsverteilung zwischen den einzelnen Investoren zurückgeführt.[486] ROCK (1986) unterscheidet in seinem Modell zwischen einer größeren Gruppe von uninformierten Investoren und einer kleineren Gruppe von

---

[483] Allerdings ist dieser Preis nur deshalb markträumend, weil von asymmetrisch verteilten Informationen ausgegangen wird. Der Gleichgewichtspreis wäre folglich ein anderer, wenn keine Informationsasymmetrien angenommen würden.

[484] Vgl. DÖHRMANN, A., Underpricing, 1990, S. 305.

[485] Vgl. ROCK, K., New issues, 1986, S. 187ff.

[486] In der deutschsprachigen Literatur wird dieser Erklärungsansatz auch vereinzelt als Informationshypothese bezeichnet, vgl. hierzu WITTLEDER, C., Going public, 1989, S. 178ff., siehe auch SCHLICK, R., Going public, 1997, S. 159ff.

informierten Investoren, zwischen denen ein unterschiedlicher Informationsstand hinsichtlich des „wahren Wertes"[487] des IPOs besteht.

Dabei unterstellt ROCK (1986) in seinem Modell, dass sowohl die Emissionsbank als auch der Emittent zu den uninformierten Anlegern zählen.[488] *„All other investors, including the issuer, are called 'the uninformed'."* [489] ROCK (1986) rechtfertigt diese Annahme damit, dass zwar Emittent und Emissionsbank über mehr Informationen als jeder einzelne Investor verfügen, dass sie aber weniger gut informiert sind, als alle Investoren zusammen.[490]

Als weitere Annahme unterstellt ROCK (1986) eine begrenzte Kreditaufnahmemöglichkeit der Investoren. Da es der kleinen Gruppe von informierten Anlegern zudem nicht erlaubt ist, Aktien leer zu verkaufen, verfügen die informierten Anleger nicht über genügend liquide Mittel, um eine gesamte unterbewertete Emission vollständig allein zu zeichnen. Die uninformierten Investoren sind hingegen in der Lage, das angebotene Emissionsvolumen vollständig zu übernehmen.[491]

Die kleine Gruppe der informierten Anleger verfügt über ein entscheidend höheres Informationsniveau bezüglich des an die Börse gehenden neuen Unternehmens als die uninformierten Anleger.[492] Aufgrund dieses Informationsvorsprunges können die informierten Investoren den Gleichgewichtskurs bzw. den ersten Börsenkurs der Emission auf dem effizienten Sekundärmarkt richtig antizipieren und daher ein IPO als über- bzw. unterbewertet identifizieren.[493] Die rational handelnden informierten Investoren werden deshalb nur die Emissionen

---

[487] Dabei wird unter dem „wahren Wert" des IPOs der Unternehmenswert verstanden, der sich durch Anwendung von marktüblichen Bewertungsverfahren, wie z. B. dem *discounted-cash-flow*-Verfahren (DCF) oder dem *multiple*-Ansatz, ergeben würden. Siehe dazu DELOOF, M./ DE MAESENEIRE, W./ INGHELBRECHT, K., Valuation, 2002, S. 2ff., vgl. auch KOOP, G./ LI, K., Valuation, 2001, S. 375ff., siehe BOYLE, P. P., Discussion, 1989, S. 516ff., siehe KIM, M./ RITTER, J. R., IPOs, 1999, S. 1ff. vgl. BERGRATH, A., Ertragswertmethode, 1997, S. 1ff., SUPERINA, M., Praxis, 2000, S. 1ff. Während ROCK (1986) in seinem Originalwerk von *„realized value"* spricht, verwenden andere Autoren den Begriff *„true value"*. Vgl. hierzu ROCK, K., New issues, 1986, S. 190 und beispielsweise JENKINSON, T./ LJUNGQVIST, A., Going public, 2001, S. 63. Unter den deutschen Autoren hat sich die Übersetzung „wahrer Wert" eingebürgert. Vgl. dazu KASERER, C. /KEMPF, V., Underpricing, 1995, S. 47, siehe auch SCHMIDT, R. H. ET AL., Underpricing, 1988, S. 1194ff.

[488] Die Emissionsbank verantwortet in dem Modell von ROCK (1986) lediglich den Verkauf der Aktien.

[489] ROCK, K., New issues, 1986, S. 190.

[490] Emissionsbank und Emittent verfügen somit über denselben Informationsstand. Dadurch treten keine *principal-agent* Probleme auf. Folglich wird die Emissionsbank immer im besten Interesse des Emittenten handeln. Vgl. ROCK, K., New issues, 1986, S. 190.

[491] ROCK (1986) unterstellt, dass der Sekundärmarkt zu jedem Zeitpunkt effizient ist. Vgl. hierzu ROCK, K., New issues, 1986, S. 188.

[492] Vgl. dazu BALVERS, R. J./ AFFLECK-GRAVES, J./ MILLER, R. E./ SCANLON, K. Underpricing, 1993, S. 221ff., vgl. SCHLICK, R., Going public, 1997, S. 159.

[493] Als unterbewertet gelten solche Emissionen, bei denen der Emissionspreis unter dem ersten Sekundärmarktkurs liegt. Durch die Zeichnung von unterbewerteten Emissionen können positive Emissionsrenditen erzielt werden. Entsprechend gilt eine Emission als überbewertet, wenn der erste Sekundärmarktkurs unter dem Emissionspreis liegt.

zeichnen, die ihrer Meinung nach unterbewertet bzw. *underpriced* sind und die eine positive Emissionsrendite erwarten lassen.[494]

Die uninformierten Investoren hingegen besitzen nicht die nötigen Informationen, um zwischen unter- und überbewerteten IPOs differenzieren zu können.[495] Sie zeichnen grundsätzlich alle Emissionen. Dieses Zeichnungsverhalten der Investoren führt zu dem Problem des *adverse selection*.[496] Während die überbewerteten IPOs nur von den uninformierten Investoren gezeichnet werden, treten bei unterbewerteten Emissionen zusätzlich auch die informierten Anleger als Nachfrager auf.[497] Die Nachfrage übersteigt damit das Angebot an unterbewerteten Aktien und es kommt zu einer Überzeichnung der IPOs, so dass jetzt jeder Investor nur noch mit einer Quote bedient werden kann.[498] Die Wahrscheinlichkeit einer Zuteilung ist deshalb bei überbewerteten IPOs größer als bei unterbewerteten IPOs.[499] ROCK (1986) schreibt dazu: „...*the probability of receiving an allocation of an underpriced issue ... is less than or equal to the probability of receiving an allocation of an overpriced issue...*"[500]

BEATTY und RITTER (1986) bezeichnen dieses Phänomen als *winner's curse*: „..., *an investor faces a 'winner's curse': if one is allocated the requested number of shares, one can expect that the initial return will be less than average.*"[501]

Für die uninformierten Investoren führt das *winner's curse* Phänomen zu weitreichenden Konsequenzen: So müssen die uninformierten Anleger die positiven Renditen der unterbewerteten Börsengänge mit den informierten Investoren teilen, während sie aber die negativen Renditen der überbewerteten Emissionen vollständig alleine tragen.[502] Die Folge ist,

---

[494] Vgl. SCHLICK, R., Going public, 1997, S. 159.
[495] Vgl. WILKENS, M./ GRAßHOFF, A., Underpricing, 1999, S. 27.
[496] Es handelt sich um eine Variation des von AKERLOF (1970) bekannten „*market for lemons*" Problems im Gebrauchtwagenmarkt. Auch dort herrschen Informationsasymmetrien, wodurch es schlimmstenfalls zum Marktversagen kommen kann, wenn sich eine Partei vollständig vom Markt zurückzieht. Vgl. hierzu AKERLOF, G., Market, 1970, S. 488ff.
[497] Vgl. SCHWEINITZ, J., Renditeentwicklungen, 1997, S. 80.
[498] Vgl. BADIU, G. ET AL., Differences, 1996, S. 359ff., vgl. DÖHRMANN, A., Underpricing, 1990, S. 333.
[499] Vgl. AUSSENEGG, W., Going public, 2000, S. 20.
[500] ROCK, K., New issues, 1986, S. 192.
[501] BEATTY, R. P./ RITTER, J. R., Investment, 1986, S. 215.
[502] Diese Tatsache wird zudem dadurch verstärkt, dass die informierten Investoren bei IPOs, die sie als deutlich unterbewertet antizipieren, größere Volumina, d. h. besonders viele Anteile zeichnen werden. Dieses Zeichnungsverhalten der informierten Investoren hat zur Folge, dass unterbewertete Emissionen deutlich überzeichnet sind. Für die uninformierten Investoren sinkt dadurch die Wahrscheinlichkeit weiter, bei der Zuteilung der unterbewerteten Aktien berücksichtigt zu werden. Damit die uninformierten Investoren überhaupt eine Zuteilung erhalten, müssen sie eine höhere Zahlungsbereitschaft aufbringen als ursprünglich geplant. Dies kann erstens durch ein höheres Preisgebot geschehen (meist bei auktionsartigen Emissionsverfahren, wie z.B. dem Tenderverfahren), oder zweitens durch Majorisierung erfolgen, d.h. der Zeichnung einer erhöhten Aktienzahl im reziprok proportionalen Verhältnis der antizipierten Repartierungsquote oder aber drittens durch sogenannte Konzertzeichnungen, in dem bei mehreren Banken des Emissionskonsortiums die Emission parallel gezeichnet wird. Vgl. dazu auch WILKENS, M./ GRAßHOFF, A., Underpricing, 1999, S. 27, siehe auch BIAIS, B./ BOSSAERTS, P./ ROCHET, J.-C., IPO, 2002, S. 117ff.

dass die uninformierten Anleger einen überproportional hohen Anteil an überbewerteten Erstemissionen mit negativen Renditen in ihren Portfolios halten und somit eine geringere Gesamtrendite als die informierten Investoren erzielen.[503] Da die uninformierten Investoren langfristig nicht bereit sein werden, diese Zeichnungsverluste hinzunehmen, werden sie sich vom Markt für Neuemissionen zurückziehen.[504] Es kommt zu einem *„crowding out of uninformed investors".*[505] Als Konsequenz droht das Zusammenbrechen des IPO Marktes, da überbewertete Emissionen nicht mehr und unterbewertete Emissionen nicht vollständig platziert werden können.[506] Um dieses Szenario zu verhindern und um die Investoren im IPO Markt halten zu können, muss der Emittent das IPO bewusst unter dem tatsächlich erwarteten Gleichgewichtspreis zum Verkauf anbieten.[507] Durch dieses Underpricing können die uninformierten Investoren für das *winner's curse* Phänomen entschädigt werden, so dass sie sich nicht vom IPO Markt zurückziehen müssen.

"Firms are forced to underprice in order to compensate uninformed investors for this adverse selection, since they would otherwise ... withdraw from the new issues market."[508]

Das bewusste durchschnittliche Underpricing ist nun gerade so hoch, dass dadurch die erlittenen Verluste der uninformierten Anleger aus der überproportionalen Zuteilung überbewerteter IPOs kompensiert werden, so dass die durchschnittliche Rendite der uninformierten Anleger einer Gleichgewichtsrendite entspricht.[509]

„... [underpricing (Anmerkung des Verfassers)] can be interpreted as compensation for receiving a disproportionate number of overpriced stocks."[510]

Betrachtet man nun die informierten Anleger, so könnte der Eindruck entstehen, dass sie eine systematische Überrendite erzielen, da sie ausschließlich unterbewertete Emissionen zeichnen. Dies ist aber nicht der Fall, denn die informierten Anleger müssen mit ihrer erziel-

---

[503] Dabei gilt für die uninformierten Investoren folgender Zusammenhang: Je geringer die Zuteilungsquote, desto größer ist der Anteil der überbewerteten IPOs in ihrem Portfolio und desto geringer ist die Gesamtrendite.

[504] Vgl. SCHWEINITZ, J., Renditeentwicklungen, 1997, S. 80.

[505] Vgl. ROCK, K., New issues, 1986, S. 206.

[506] In dem Modell existiert eine begrenzte Kreditaufnahmemöglichkeit, so dass nur die uninformierten Investoren das angebotene Emissionsvolumen vollständig übernehmen können. Fallen nun die uninformierten Investoren als Nachfrager aus, kann nur noch ein Teil des gesamten Emissionsvolumens platziert werden. Vgl. hierzu ROCK, K., New issues, 1986, S. 187ff.

[507] Dabei wird davon ausgegangen, dass die Nachfrage nach den IPOs vom Preis abhängt, d. h. wenn das Underpricing hoch genug ist, werden die uninformierten Investoren auch wieder bereit sein zu zeichnen, die Nachfrage wird steigen und das Emissionsvolumen kann vollständig platziert werden. Vgl. dazu auch DÖHRMANN, A., Underpricing, 1990, S. 334, siehe auch AUSSENEGG, W., Going public, 2000, S. 20.

[508] CHEMMANUR, T. J., Pricing, 1993, S. 286f.

[509] Vgl. WILKENS, M./ GRAßHOFF, A., Underpricing, 1999, S. 27, vgl. auch DÖHRMANN, A., Underpricing, 1990, S. 324.

[510] ROCK, K., New issues, 1986, S. 193.

ten Bruttoüberrendite die mit dem Informationsvorsprung verbundenen Informationsbeschaffungs- und -auswertungskosten begleichen.[511] In dem Modell von ROCK (1986) entsprechen diese Informationskosten der informierten Investoren gerade der erzielten Überrendite, so dass die Nettorendite der informierten Anleger ebenfalls der Gleichgewichtsrendite entspricht.[512] Der Ablauf des Modells von ROCK (1986) wird in Abbildung 24 zusammengefasst.[513]

Als Ergebnis kann festgehalten werden, dass das Underpricing im Modell von ROCK (1986) keine Anomalie des Emissionsmarktes ist.[514] Vielmehr wird der Emissionspreis bewusst unterhalb des erwarteten Sekundärmarktpreises festgesetzt, damit die uninformierten Investoren einen Anreiz haben, am Emissionsmarkt teilzunehmen und damit die vollständige Platzierung der Emission gewährleistet wird. Das systematische Einplanen des Underpricing ist folglich eine notwendige Bedingung, damit es bei der gegebenen Informationsasymmetrie auf dem IPO Markt zu einer Gleichgewichtssituation kommen kann. Erst durch das Underpricing wird das Funktionieren des Marktes für Erstemissionen gewährleistet.[515]

---

[511] Vgl. WILKENS, M./ GRAßHOFF, A., Underpricing, 1999, S. 27, vgl. auch SCHWEINITZ, J., Renditeentwicklungen, 1997, S. 81.

[512] ROCK (1986) greift bei diesen Überlegungen auf einen Grundgedanken von GROSSMAN (1976) zurück. GROSSMANN (1976) kommt ebenfalls zu dem Ergebnis, dass informierte Investoren auf effizienten Kapitalmärkten Bruttoüberrenditen erzielen müssen, um einen Anreiz zu haben, die Informationen zu beschaffen. Im Gleichgewicht entspricht dann gerade die erzielte Bruttoüberrendite den Informationskosten. Vgl. GROSSMAN, S. J., Efficiency, 1976, S. 573ff. Allerdings resultiert hieraus ein Informationsparadoxon. Für informierte Investoren würde es sich nicht lohnen, die Kosten für die Informationsbeschaffung einzugehen, wenn sie letztlich die gleiche Rendite erzielen, wie die uninformierten Investoren. Die Konsequenz wäre auch hier das Zusammenbrechen des Emissionsmarktes. Deshalb wird in dem Modell von ROCK (1986) angenommen, dass die Informationskosten gleich oder niedriger sind, als die erzielte Überrendite. Vgl. dazu ROCK, K., New issues, 1986, S. 187ff., siehe auch RITTER, J. R., Market, 1984, S. 220 und SCHWEINITZ, J., Renditeentwicklungen, 1997, S. 81.

[513] Vgl. auch das Zahlenbeispiel zum Modell von ROCK (1986) im Anhang, Tabelle 45.

[514] Vgl. zu weiteren Renditeanomalien HAWAWINI, G., Stock, 1989, S. 1ff.

[515] Underpricing ist notwendig, solange uninformierte Investoren zur Absorption des Emissionsvolumens benötigt werden. Vgl. AUSSENEGG, W., Going public, 2000, S. 20.

Abbildung 24: Winner´s curse nach dem Modell von ROCK (1986)

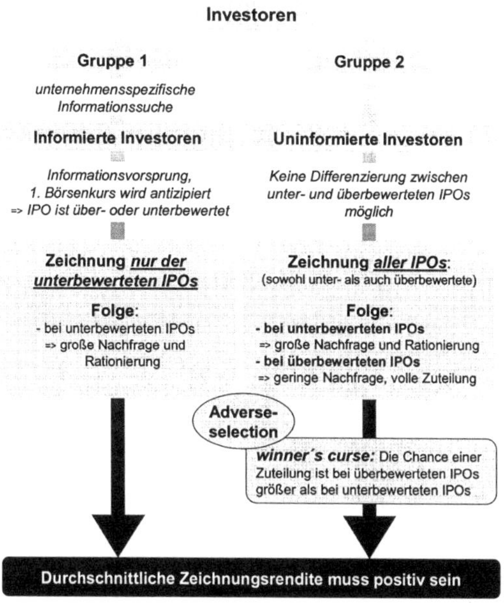

Investoren

Gruppe 1	**Gruppe 2**
unternehmensspezifische Informationssuche	
Informierte Investoren	**Uninformierte Investoren**
Informationsvorsprung, 1. Börsenkurs wird antizipiert => IPO ist über- oder unterbewertet	Keine Differenzierung zwischen unter- und überbewerteten IPOs möglich
Zeichnung _nur der_ _unterbewerteten IPOs_	**Zeichnung _aller IPOs_:** (sowohl unter- als auch überbewertete)
Folge: - bei unterbewerteten IPOs => große Nachfrage und Rationierung	**Folge:** - bei unterbewerteten IPOs => große Nachfrage und Rationierung - bei überbewerteten IPOs => geringe Nachfrage, volle Zuteilung

Adverse-selection

winner´s curse: Die Chance einer Zuteilung ist bei überbewerteten IPOs größer als bei unterbewerteten IPOs

Durchschnittliche Zeichnungsrendite muss positiv sein

Quelle: In Anlehnung an AUSSENEGG, W., Going public, 2000, S. 21.

Die weiteren gleichgewichtsgeleiteten Erklärungsmodelle, die in den folgenden Kapiteln vorgestellt werden, gehen in ihren Grundgedanken alle von einer Gleichgewichtssituation auf einem durch Informationsasymmetrien gekennzeichneten Emissionsmarkt aus. Diese Modelle sind insofern als eine Weiterentwicklung des Modells von ROCK (1986) zu verstehen.

3.1.2 Die Modellerweiterung durch BEATTY und RITTER (1986)

Mit Hilfe des Modells von ROCK (1986) kann zwar das Gleichgewichtsunderpricing über alle Emissionen hinweg für den gesamten Emissionsmarkt erklärt werden. Allerdings kann mit Hilfe des Modells keine Antwort auf die Frage gegeben werden, wie hoch das Underpricing bei einzelnen IPOs sein sollte bzw. ob die Höhe des Underpricing für verschiedene IPOs gerechtfertigt ist oder variieren sollte.[516]

---

[516] Vgl. EHRHARDT, O., Börseneinführungen, 1997, S. 112, vgl. auch BLÄTTCHEN, W./ JACQUILLAT, B., Börseneinführung, 1999, S. 201.

Diese Fragen greifen BEATTY und RITTER (1986) in einer Erweiterung des Modells von ROCK (1986) auf.[517] Dabei gehen sie von einem kausalen Zusammenhang zwischen der Höhe des erwarteten Underpricing und der ex ante-Unsicherheit über den „wahren" Wert eines einzelnen IPOs aus. Die ex ante-Unsicherheit wird definiert als die Unsicherheit über die Höhe des Markt-Gleichgewichtskurses, also die Höhe des ersten Sekundärmarktkurses, am Emissionstag: „We call this uncertainty ... 'ex ante uncertainty'." [518]

BEATTY und RITTER (1986) unterstellen in ihrem Modell, ohne darauf explizit hinzuweisen, dass sowohl die informierten als auch die uninformierten Investoren die ex ante-Unsicherheit der IPOs einschätzen können.[519] Für die uninformierten Investoren verstärkt sich mit zunehmender ex ante-Unsicherheit das winner's curse Problem.[520] Dies lässt sich damit begründen, dass Emissionen mit geringer ex ante-Unsicherheit stärker nachgefragt werden als solche mit großer ex ante-Unsicherheit. Aufgrund dieser starken Nachfrage müssen die uninformierten Investoren folglich mit einer geringeren Zuteilung rechnen. Bei überbewerteten IPOs hingegen werden sie einen überproportional hohen Anteil des Emissionsvolumens erhalten. Damit nun aber die uninformierten Investoren im Durchschnitt die Gleichgewichtsrendite erzielen, werden sie mit steigender Unsicherheit über das zu emittierende Unternehmen ein höheres Underpricing von dem Emittenten verlangen.[521]

BEATTY und RITTER (1986) stellen deshalb die Hypothese auf, dass mit steigender ex ante-Unsicherheit über den „wahren" Wert eines einzelnen Unternehmens ein zunehmendes Underpricing einhergehen muss, um auf diese Weise mögliche Renditenachteile der uninformierten Anleger auszugleichen.[522]

„...the greater is the ex ante uncertainty, the greater is the (expected) underpricing." [523]

3.1.3 Kritische Bewertung der *adverse-selection* Modelle

Die gleichgewichtsgeleiteten Erklärungsmodelle für das Underpricing Phänomen konnten erst durch die Annahme asymmetrisch verteilter Informationen entwickelt werden. Allerdings lassen sich sowohl in den Modellen von ROCK (1986) und BEATTY/ RITTER (1986) als auch in

---

[517] Vgl. BEATTY, R. P./ RITTER, J. R., Investment, 1986, S. 213ff.
[518] BEATTY, R. P./ RITTER, J. R., Investment, 1986, S. 213.
[519] Eine weitere Annahme in dem Modell besteht darin, dass die Emissionsbanken das Platzierungsrisiko tragen.
[520] Siehe hierzu SCHWEINITZ, J., Renditeentwicklungen, 1997, S. 83.
[521] Vgl. DÖHRMANN, A., Underpricing, 1990, S. 335f.
[522] Vgl. dazu BEATTY, R. P./ RITTER, J. R., Investment, 1986, S. 214.
[523] BEATTY, R. P./ RITTER, J. R., Investment, 1986, S. 214.

den noch folgenden Erklärungsmodellen keine konkreten Hinweise darauf finden, wieso es gerade zu der jeweils in den Modellen angenommenen Informationsverteilung zwischen den Beteiligten am Emissionsmarkt kommt. Zwar kann in der Realität wahrscheinlich tatsächlich von einer solchen asymmetrischen Informationsverteilung ausgegangen werden, wieso nun aber gerade - wie beispielsweise in dem Modell von ROCK (1986) - die Investoren besser informiert sein sollen als die Emittenten, ist nicht nachvollziehbar.[524]

Selbst wenn man für einen Moment diese Annahme hinnehmen würde, so ergeben sich daraus einige grundsätzliche Fragen, die durch das Modell nicht beantwortet werden können. Beispielsweise stellt sich die Frage, wie der Emittent, der annahmegemäß den Emissionspreis festsetzt, die ex ante-Unsicherheit der Investoren über den „wahren" Wert seines Unternehmens eruieren kann, wenn nur die informierten Investoren im Besitz vollkommener Informationen sind. Die Tatsache, dass selbst die Emittenten uninformiert sind und somit weder den „wahren" Wert des Unternehmens noch die Höhe der ex ante-Unsicherheit bezüglich des zukünftigen Sekundärmarktpreises kennen, wirft ferner die Frage auf, woher die Emittenten dann wissen sollen, welcher Emissionspreis bzw. welches Underpricing gerade notwendig ist, damit die uninformierten Investoren für das *winner´s curse* Problem kompensiert und die informierten Investoren für ihre Informationsbeschaffungskosten entschädigt werden. Es wird deutlich, dass die in dem Modell von ROCK (1986) unterstellte Informationsverteilung wenig realistisch ist und wichtige Fragen unbeantwortet lässt.

Kritisch hinterfragt werden sollte zudem die Aussage des Modells, dass das Underpricing genau die durchschnittlichen Informationsbeschaffungskosten der informierten Anleger abdeckt, so dass die Nettorendite sowohl der informierten als auch der uninformierten Investoren gerade der Gleichgewichtsrendite entspricht. In der Literatur wird in diesem Zusammenhang bezweifelt, dass die informierten Investoren einen solch hohen *research* Aufwand haben, der ein Underpricing in der in zahlreichen empirischen Arbeiten nachgewiesenen Höhe erforderlich macht.[525] Zum anderen muss bedacht werden, dass die gesammelten Informationen der informierten Investoren, die i. d. R. institutionelle Anleger sind, nicht nur für eine, sondern für eine Vielzahl von Transaktionen verwendet werden können. Richtigerweise

---

[524] Die grundsätzliche Annahme, wer von den Beteiligten an einer Emission über bessere Informationen verfügt, ist empirisch nicht testbar. Deshalb lässt sich auch nicht eindeutig feststellen, wer von den Beteiligten tatsächlich über bessere Informationen verfügt und welches der oben diskutierten und noch folgenden Erklärungsmodelle das „bessere" bzw. das realistischere Modell ist. Deshalb soll keines der Modelle aufgrund dieses Kritikpunktes kategorisch abgelehnt werden. Stattdessen sollten die unterschiedlichen Ideen der Erklärungsmodelle analysiert und verstanden werden, um dadurch das komplexe Underpricing Phänomen besser durchdringen zu können.

[525] Vgl. dazu die Ausführungen im zweiten Teil dieser Arbeit, Kapitel 3.4. Siehe auch die ausführliche Zusammenstellung der empirischen Untersuchungen zum Underpricing Phänomen im Anhang, Tabelle 48.

müsste demnach nicht die gesamte Höhe der Informationsbeschaffungskosten in das Underpricing einfließen, sondern nur die jeweils anteiligen Kosten der Informationsbeschaffung.[526] Zudem ist dem Emittenten auch nicht die Höhe dieser Kosten bekannt, so dass sich auch in diesem Zusammenhang wieder die anfangs erwähnte Frage stellt, nach welchen Kriterien der Emittent den Emissionspreis bzw. die Höhe des Underpricing festsetzt.

Ein weiterer entscheidender Nachteil des Modells von BEATTY/ RITTER (1986) liegt darin, dass das Modell nicht direkt, sondern nur über Proxies für die ex ante-Unsicherheit getestet werden kann. Folglich bleibt immer eine methodische Unsicherheit, ob die ausgewählten Proxies auch tatsächlich die richtigen Größen sind, um damit die ex ante-Unsicherheit quantifizieren bzw. messen zu können. Der Aussagegehalt der empirischen Ergebnisse hängt somit stark von der Repräsentativität der gewählten Proxy Variablen für die ex ante-Unsicherheit ab.[527]

Zusammengefasst kann konstatiert werden, dass ROCK (1986) und BEATTY/ RITTER (1986) einen wichtigen Beitrag für ein besseres Verständnis des Underpricing Phänomens geleistet haben, indem sie modelltheoretisch die Entstehung des Underpricing im Rahmen eines durch asymmetrische Informationsverteilung bedingten Gleichgewichts am Emissionsmarkt erklären können. Eine abschließende Begründung zur Entstehung des Underpricing Phänomens kann allerdings durch das Gleichgewichtsmodell von ROCK (1986) und BEATTY/ RITTER (1986) nicht erreicht werden. Wie sich noch zeigen wird, darf man dieses Defizit allerdings nicht überbewerten, da es bis dato in der Literatur kein Totalmodell gibt, welches das Underpricing Phänomen vollständig und umfassend erklären kann.

3.1.4 Empirische Studien zur *winner´s curse* Hypothese

Grundsätzlich lassen sich die Modelle von ROCK (1986) und BEATTY/ RITTER (1986) durch eine direkte und eine indirekte Vorgehensweise empirisch überprüfen. Die Überprüfbarkeit der Modelle ist jedoch aufgrund von institutionellen Rahmenbedingungen auf den jeweiligen Kapitalmärkten mit erheblichen Schwierigkeiten verbunden.[528] So werden beispielsweise für die direkte empirische Überprüfung des Modells von ROCK (1986) detaillierte Nachfrage- und Rationierungsinformationen über die jeweiligen IPOs benötigt.[529] Nur wenige Aktienmärkte veröffentlichen allerdings diese Daten. Lediglich einzelne Länder, wie z.B. Singapur, Finn-

---

[526] Vgl. HUNGER, A., IPO, 2001, S. 101.
[527] Vgl. WILKENS, M./ GRAßHOFF, A., Underpricing, 1999, S. 29.
[528] Vgl. AFFLECK-GRAVES, J./ MILLER, R. E., Regulatory, 1989, S. 193ff.
[529] Vgl. AUSSENEGG, W., Going public, 2000, S. 20.

land oder Polen, stellen eindeutige und nachvollziehbare Zuteilungsinformationen[530] bei der Emission von Aktien bereit, so dass das Modell von ROCK (1986) direkt empirisch getestet werden kann. Die in der Literatur bisher durchgeführten direkten Tests unterstützen i. d. R. das Modell von ROCK (1986).

KOH und WALTER (1989) können die Hypothesen von ROCK (1986) für Singapur durch einen direkten Test bestätigen. Sie weisen nach, dass sich für uninformierte Investoren die Emissionsrendite nicht signifikant von dem risikolosen Zins, den ROCK (1986) als Gleichgewichtsrendite bezeichnet, unterscheidet.[531] Darüber hinaus bestätigen sie eine positive Korrelation zwischen dem Grad der Überzeichnung und der Höhe der Emissionsrendite.[532]

LEE, TAYLOR und WALTER (1999) können empirisch nachweisen, dass die im Modell von ROCK (1986) getroffene Annahme der Existenz von zwei Investorengruppen mit asymmetrischer Informationsverteilung tatsächlich existent ist. Unter Zuhilfenahme der zugehörigen Nachfrage- und Rationierungsdaten zeigen sie, dass institutionelle Investoren der Gruppe der informierten Investoren und kleinere Investoren der Gruppe der uninformierten Anleger angehören. Darüber hinaus belegen sie, dass institutionelle Investoren bei unterbewerteten Emissionen relativ mehr und relativ größere Zeichnungsaufträge abgeben als bei überbewerteten IPOs. Dadurch kommt es zu einer großen Nachfrage bei unterbewerteten IPOs, wodurch die uninformierten Investoren vielfach verdrängt werden und nur eine verhältnismäßig geringe Zuteilung erhalten.[533] LEE, TAYLOR und WALTER (1999) stellen weiter fest, dass bei eher unattraktiven, d. h. bei überbewerteten IPOs, die Beteiligung der institutionellen Investoren relativ gering ist, so dass die uninformierten Anleger bei diesen Emissionen eine relativ große Zuteilung erhalten. Diese Ergebnisse sind konform mit dem Modell von ROCK (1986).

KELOHARJU (1993) untersucht die *winner's curse* Hypothese für 80 finnische IPOs mit Hilfe von Rationierungsdaten für den finnischen Kapitalmarkt.[534] Er bereinigt das festgestellte Underpricing in Höhe von 8,7% um die aus den Rationierungsdaten ermittelten Rationierungseffekte. Dabei stellt KELOHARJU (1993) fest, dass das um die Zuteilung bereinigte Underpricing auf etwa 0% sinkt, so dass das Underpricing dieser untersuchten finnischen IPOs voll-

---

[530] Wie z.B. die Zuteilungshöhe für einzelne Investorengruppen.
[531] Vgl. KOH, F./ WALTER, T., Test, 1989, S. 251ff.
[532] Vgl. KOH, F./ WALTER, T., Test, 1989, S. 260 und S. 262ff.
[533] Vgl. LEE, P. J./ TAYLOR, S. L./ WALTER, T. S., IPO, 1999, S. 425ff.
[534] Vgl. dazu KELOHARJU, M., Winner's curse, 1993, S. 251ff.

ständig durch den *winner´s curse* erklärt werden kann. Dadurch kann erstmals diese wesentliche Implikation des Modells von ROCK (1986) empirisch abgesichert werden.

CHOWDHRY und SHERMAN (1996) beweisen in einer modelltheoretischen Untersuchung, dass sich das erforderliche Gleichgewichtsunderpricing reduziert, wenn uninformierte Investoren bei der Zuteilung begünstigt werden. Eine solche Bevorzugung könnte beispielsweise darin bestehen, dass uninformierte Investoren bei unterbewerteten Emissionen eine größere Zuteilung erhalten.[535] Dieses Ergebnis steht im Einklang mit den Aussagen des *winner´s curse* Modells von ROCK (1986). Ebenso sind die empirischen Ergebnisse von MICHAELY und SHAW (1994) mit der Hypothese von ROCK (1986) konsistent, wonach die Höhe des Underpricing von dem Ausmaß der asymmetrischen Informationsverteilung abhängt.[536] In Ihrer Untersuchung stellen sie fest, dass IPOs kein Underpricing aufweisen, wenn alle Investoren gleich gut informiert sind. Auch die direkten Tests von LEVIS (1990) unterstützen für Großbritannien das Modell von ROCK (1986).[537]

Allerdings erfuhr das Modell von ROCK (1986) nicht nur Bestätigung. So stellen beispielsweise HANLEY und WILHELM (1995) fest, dass institutionelle (bzw. informierte) Investoren nicht nur ausschließlich unterbewertete Emissionen zeichnen, sondern dass sie auch mit einem Anteil von bis zu 60% an der Zuteilung von überbewerteten Emissionen beteiligt sind.[538] Diese Beobachtungen stehen im Widerspruch zu dem Modell von ROCK (1986), der eine Beteiligung von informierten Investoren nur an unterbewerteten Emissionen vorsieht.[539] Ebenso kommt auch AUSSENEGG (2000) zu dem Ergebnis, dass die postulierte Trennung in ROCK´S Modell zwischen informierten und uninformierten Anlegern für Polen nicht beobachtbar ist.[540] In Tabelle 19 findet sich ein Literaturüberblick über die zur *winner´s curse* Hypothese durchgeführten empirischen Untersuchungen.

---

[535] Vgl. CHOWDHRY, B./ SHERMAN, A., Winner´s curse, 1996, S. 15ff.
[536] Vgl. MICHAELY, R./ SHAW, W. H., Pricing, 1994, S. 279ff.
[537] Vgl. hierzu LEVIS, M., Winner´s, 1990, S. 76ff.
[538] Vgl. hierzu HANLEY, K. W./ WILHELM, W. J., Evidence, 1995, S. 239ff. Allerdings kann diese Beobachtung auch durch die in Kapitel 4.1. angesprochene Monopsonhypothese erklärt werden.
[539] Allerdings muss darauf hingewiesen werden, dass HANLEY und WILHELM (1995) diese Untersuchung ausschließlich an Hand von Allokationsdaten durchführen. Methodisch korrekter wäre die Berücksichtigung von Nachfragedaten. HANLEY, K. W./ WILHELM, W. J., Evidence, 1995, S. 239ff.
[540] Vgl. AUSSENEGG, W., Going public, 2000, S. 126.

Tabelle 19: Die winner's curse Hypothese als Erklärungsansatz für das Underpricing Phänomen

Hypothese/ Ergebnis	Quelle/ Autor	Empirische Evidenz		Land
1 In einer Umwelt, in der (i) eine kleine Gruppe von Investoren perfekt informiert ist und (ii) alle anderen Investoren keine Informationen über den „wahren" Wert des emittierenden Unternehmens haben, werden Emittenten bewusst ein Underpricing vornehmen, damit die uninformierten Investoren den Emissionsmarkt nicht verlassen.	ROCK (1986) BEATTY/ RITTER (1986)	Ja: Nein:	KOH/ WALTER (1989) LEVIS (1990) KELOHARJU (1993) LEE/ TAYLOR/ WALTER (1999) AUSSENEGG (2000) MCGUINESS (1993) HANLEY/ WILHELM (1995)	Singapur England Finnland diverse Länder Polen Hongkong diverse Länder
2 Informierte Investoren zeichnen keine überbewerteten IPOs.	ROCK (1986)	Ja: Nein:	LEE/ TAYLOR/ WALTER (1999) AUSSENEGG (2000) HANLEY/ WILHELM (1995)	USA Polen diverse Länder
3 Je größer die ex ante-Unsicherheit, desto größer ist das Underpricing.	RITTER (1984) BEATTY/ RITTER (1986)	Ja:	Siehe auch Tabelle 20. FUKUDA (1997) RITTER (1984)	 Japan USA
4 Je kleiner die bestehenden Informationsasymmetrien, desto geringer das Underpricing.	MICHAELY/ SHAW (1994)	Ja: Nein:	MICHAELY/ SHAW (1994) JENKINSON (1990) TINIC (1988)	USA England USA
5 Das Underpricing kann reduziert werden, wenn uninformierte Investoren bei unterbewerteten IPOs eine relativ größere Zuteilung erhalten.	CHOWDHRY/ SHERMAN (1996)	Ja:	CHOWDHRY/ SHERMAN (1996)	Singapur

Quelle: Eigene Darstellung, vgl. die jeweilige Primärliteratur.

Die empirische Überprüfung des Modells von BEATTY und RITTER (1986) erfolgt auf indirektem Weg. Dabei stellen BEATTY und RITTER (1986) unter Verwendung der von ihnen eingeführten ex ante-Unsicherheit die folgende testbare Hypothese auf: Je größer die ex ante-Unsicherheit bezüglich des ersten Sekundärmarktpreises, desto höher ist das notwendige Underpricing, um die uninformierten Investoren im IPO Markt zu halten.[541]

Da nun allerdings die ex ante-Unsicherheit in der Realität nicht direkt beobachtet und gemessen werden kann, erfolgt die empirische Überprüfung der Hypothese über einen indirekten Test, der mit Hilfe von Proxys für die ex ante-Unsicherheit durchgeführt wird.[542] Dabei

---

[541] BEATTY und RITTER (1986) weisen darauf hin, dass bei indirekten Tests die Hypothesen zum Underpricing nur als „joint"-Hypothese getestet werden kann. Vgl. BEATTY, R. P./ RITTER, J. R., Investment, 1986, S. 215, siehe auch RITTER, J. R., Market, 1984, S. 220ff.

[542] Vgl. WITTLEDER, C., Going public, 1989, S. 162f.

stellt sich natürlich die Frage, welche Proxys die ex ante-Unsicherheit am ehesten repräsentieren können. In der Literatur werden als Schätzer für die ex ante-Unsicherheit verschiedene Variablen vorgeschlagen, beispielsweise die Größen Umsatz, Alter und Grundkapital des IPO Unternehmens.[543] Dabei wird diesen Proxys eine negative Korrelation zum Underpricing unterstellt.[544] Tatsächlich führen die meisten empirischen Untersuchungen zu dem Ergebnis, dass IPOs bei Unternehmen mit hohem Umsatz, Alter und Grundkapital ein durchschnittlich niedrigeres Underpricing aufweisen als Emissionen von Unternehmen, die diese Merkmale nicht aufweisen.[545] Allerdings existieren auch Untersuchungen, die die aufgestellten Hypothesen nicht unterstützen können. So kann SCHLICK (1997) keine signifikante Korrelation der Proxy Variablen für die ex ante-Unsicherheit feststellen.[546] Ebenso kommt LEVIS (1990) zu dem Ergebnis, dass das Underpricing sinkt, je kleiner das Grundkapital bzw. der Umsatz des an die Börse gehenden Unternehmens ist.[547]

Häufig werden als Proxy für die ex ante-Unsicherheit auch die Standardabweichungen der täglichen indexbereinigten Renditen der IPOs im Sekundärmarkt in den ersten Wochen nach dem Handelsstart verwendet.[548] Dabei wird jedoch keine negative, sondern eine positive Korrelation zum Underpricing unterstellt. Die Wahl dieses Proxy wird damit begründet, dass sich die ex ante-Unsicherheit durch die Volatilitäten des Sekundärmarktkurses während der ersten Handelstage bemerkbar machen sollte.[549] In der Tat können die Untersuchungen von RITTER (1984) für die USA, FUKUDA (1997) für Japan und UHLIR (1989) für Deutschland eine positive Korrelation nachweisen und damit den Zusammenhang zwischen ex ante-Unsicherheit und Underpricing stützen.[550]

Die Eignung der Standardabweichung als Proxy für die ex ante-Unsicherheit wird allerdings in der Literatur angezweifelt. Die Kritik bezieht sich darauf, dass - sofern effiziente Kapitalmärkte unterstellt werden - die ex ante-Unsicherheit bereits mit dem ersten Börsenkurs nicht mehr existent ist, da ab diesem Zeitpunkt alle verfügbaren Informationen in dem Börsenkurs

---

[543] Vgl. RITTER, J. R., Market, 1984, S. 215ff. Dahinter verbirgt sich die Annahme, dass die Investoren mehr Vertrauen in größere und bekanntere Unternehmen haben, was wiederum zu einer geringeren ex ante-Unsicherheit führt. Vgl. hierzu auch GOERGEN, M., Insider, 1999, S. 1ff., vgl. WITTLEDER, C., Going public, 1989, S. 161.

[544] Je jünger das Unternehmen, desto größer ist die ex ante-Unsicherheit und desto größer ist letztlich auch das Underpricing. Ein weiteres Beispiel: Je höher das Grundkapital, desto geringer die ex ante-Unsicherheit und desto geringer das Underpricing.

[545] Vgl. hierzu TINIC, S. M., Anatomy, 1988, S. 817, siehe auch RITTER, J. R., Market, 1984, S. 223f.

[546] Vgl. SCHLICK, R., Going public, 1997, S. 161.

[547] Vgl. hierzu LEVIS, M., Winner's, 1990, S. 87f.

[548] Vgl. RITTER, J. R., Market, 1984, S. 215ff., vgl. McGUINNESS, P., Examination, 1992, S. 165, vgl. KUNZ, R. M., Underpricing, 1990, S. 216.

[549] Vgl. CUTHBERTSON, K./ HYDE, S., Excess, 2002, S. 399ff.

enthalten sind. Die Volatilität des Sekundärmarktkurses ist dann nicht mehr auf die ex ante-Unsicherheit zurückzuführen, sondern auf das unsystematische Risiko.

In Tabelle 20 sind einige ausgewählte Proxies aufgeführt, die im Rahmen von indirekten Tests bisher verwendet wurden und die einen Zusammenhang zwischen ex ante-Unsicherheit und Underpricing empirisch nachweisen konnten.

Tabelle 20:   *Proxys für die ex ante-Unsicherheit im Modell von BEATTY und RITTER (1986)*

Proxy für die ex ante-Unsicherheit	Quelle/ Autor	Land
Auf das Unternehmen bezogene Proxys		
- Alter des Unternehmens	RITTER (1984), RITTER (1991)	USA
- Umsatz	RITTER (1984)	USA
- Grundkapital des an die Börse gehenden Unternehmens	RITTER (1984)	USA
- Anzahl der Mitarbeiter	RITTER (1984), BEATTY/ RITTER (1986)	USA
Auf die Emission bezogene Proxys		
- Emissionspreis	TINIC (1988)	USA
	PRABHALA/ PURI (1999)	USA
- Gebühr für Emissionsbank	RITTER (1984)	USA
	HABIB/ LJUNGQVIST (2001)	USA
- Reputation der Emissionsbank	CARTER/ MANASTER (1990)	USA
	HABIB/ LJUNGQVIST (2001)	USA
Auf die Börsennotierung bezogene Proxys		
- Standardabweichungen der täglichen indexbereinigten Renditen	RITTER (1984)	USA
	WASSERFALLEN/ WITTLEDER (1994)	Deutschland
- Höhe des IPO Börsenumsatzes kurz nach dem Börsengang	MILLER/ REILLY (1987)	USA
	GÖPPL/ SAUER (1990)	Deutschland

Quelle: Eigene Darstellung, vgl. die jeweilige Primärliteratur.

3.1.5 Ableitung der testbaren Hypothese aus den *adverse-selection* Modellen

Die Überprüfung des Modells von ROCK (1986) erfordert Nachfrage- und Rationierungsdaten. Diese Daten werden jedoch an vielen Kapitalmärkten nicht veröffentlicht. Auch für den deutschen Kapitalmarkt, und demnach für den Neuen Markt, werden diese Daten nicht publiziert. Folglich lässt sich dieser Erklärungsansatz ökonometrisch nicht direkt überprüfen. Es wird deshalb versucht, den Erklärungsgehalt des Modells von ROCK (1986) für das Underpricing Phänomen am Neuen Markt, anhand von Plausibilitätsüberprüfungen herauszufinden. Während das Modell von ROCK (1986) nicht direkt überprüft werden kann, lässt sich die Modellerweiterung durch BEATTY und RITTER (1986) indirekt testen. Für die ökonometrische Überprüfung wird deshalb die folgende Hypothese abgeleitet:

---

[550] Siehe hierzu die Studien von RITTER, J. R., Market, 1984, S. 226, siehe auch FUKUDA, A., Effects, 1997, S. 21.

H 4:   Je größer die ex ante-Unsicherheit über den „wahren" Unternehmenswert ist, desto
größer ist das Underpricing.

3.1.6 Ökonometrische Überprüfung der *adverse-selection* Modelle

Im Folgenden wird zunächst die Erklärungskraft des Modells von ROCK (1986) für das Underpricing Phänomen am Neuen Markt anhand von Plausibilitätsprüfungen untersucht. Im
Anschluss daran wird die aus der Modellerweiterung von BEATTY und RITTER (1986) abgeleitete Hypothese H 4 ökonometrisch überprüft.[551]

Eine wichtige Annahme in dem Modell von ROCK (1986) besteht darin, dass das Underpricing eine notwendige Gleichgewichtsbedingung für das Funktionieren des Marktes für Börsenerstemissionen ist. Nur durch ein bewusstes Underpricing können die Investorengruppen, d. h. die informierten und die uninformierten Investoren, im Markt für Erstemissionen
gehalten werden.[552] Wenn das Modell von ROCK (1986) tatsächlich das Underpricing am
Neuen Markt erklären würde, dann sollten die mit der Wahrscheinlichkeit der Zuteilung ge-
wichteten Renditen der uninformierten Investoren der periodengerechten Rendite einer alternativen Anlage entsprechen.[553] Die informierten Investoren sollten ebenfalls nach Abzug
der entstandenen Informationskosten die periodengerechte Rendite eines alternativen Investments erzielen.[554]

Insofern kann davon ausgegangen werden, dass die Investoren den IPO Markt solange
nicht verlassen werden, wie sie dort einen marginalen Renditevorteil gegenüber dem Investment in einer alternativen Anlage erzielen können. Für die weiteren Überlegungen wird
angenommen, dass die Investoren eine alternative Anlage in ein Vergleichsportfolio tätigen
werden. Das Vergleichsportfolio wird dabei entsprechend den Ausführungen im dritten Kapitel dieser Arbeit durch den NEMAX All-Share Index abgebildet. Demnach sollte das Underpricing am Neuen Markt marginal höher sein, als die durchschnittliche periodengerechte
Rendite des NEMAX All-Share Index. Dabei wird für die Berechnung der periodengerechten

---

[551]   Vgl. dazu auch die Ausführungen bei HUNGER, A., IPO, 2001, S. 156.
[552]   Es ist zudem fraglich, wie ein bewusstes Underpricing in der Realität zu Stande kommen kann, wenn so-
        wohl der Emittent als auch die Emissionsbank zu der uninformierten Investorengruppe zählen. Lediglich die
        informierten Investoren erkennen die Qualität des Unternehmens. Für die informierten Investoren besteht
        allerdings kein Anreiz diesen Informationsvorsprung an die Marktteilnehmer preiszugeben, da sie dadurch
        ihre eigene Position schwächen würden. Vgl. ROCK, K., New issues, 1986, S. 187ff., siehe auch BEATTY, R.
        P./ RITTER, J. R., Investment, 1986, S. 213ff.
[553]   Vgl. EHRHARDT, O., Börseneinführungen, 1997, S. 112.
[554]   UHLIR (1989) spricht in diesem Zusammenhang von einer periodengerechten Normalverzinsung der alterna-
        tiven Anlage. Vgl. dazu UHLIR, H., Gang, 1989, S. 6f.

Rendite der Zeitraum zwischen dem Ende der Zeichnungsfrist und dem ersten Handelstag des IPOs zugrunde gelegt. Am Neuen Markt lag dieser Zeitraum durchschnittlich bei ca. 4 Tagen.[555] Die Investoren am Neuen Markt würden den IPO Markt folglich nach dem Modell von ROCK (1986) nicht verlassen, solange die durchschnittliche Höhe des Underpricing marginal über der durchschnittlichen „Vier-Tagesrendite" des NEMAX All-Share Index liegt. Abbildung 25 verdeutlicht, dass die mittlere Veränderung des NEMAX All-Share Index im Zeitraum von 1997 bis 2003 nur selten mehr als ca. 18% betragen hat.[556]

Abbildung 25: Volatilität der „Vier-Tagesrenditen" des NEMAX All-Share Index für den Zeitraum von 1997 bis 2003

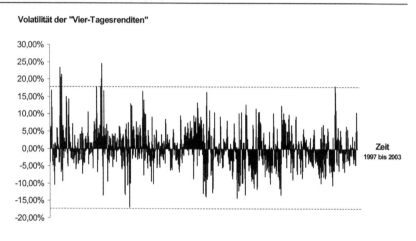

Quelle: Eigene Darstellung, Daten: Datastream.

Folglich wäre für die Investoren nach dem Modell von ROCK (1986) bereits ab einem Underpricing Niveau von 18% die Zeichnung von IPOs marginal vorteilhafter als ein Investment in das Vergleichsportfolio. Wie allerdings im empirischen Teil dieser Arbeit ermittelt wurde, beträgt das Underpricing am Neuen Markt durchschnittlich 48,54% und liegt damit um über

---

[555] Für die 328 untersuchten IPOs der Jahre 1997 bis 2003 beträgt der durchschnittliche Zeitraum zwischen dem Ende der Zeichnungsfrist und dem ersten Handelstag 3,72 Handelstage. Für die weiteren Ausführungen wird dieser Wert zur Vereinfachung auf vier Tage aufgerundet.

[556] Im Folgenden werden nur die positiven „Vier-Tagesrenditen" betrachtet, da davon auszugehen ist, dass die Investoren diese Überrendite für den Verbleib am Emissionsmarkt fordern werden. Die durchschnittliche Vier-Tagesrendite aus den positiven und negativen Überrenditen liegt unter den 18%. Dadurch würde die folgende Argumentation zusätzlich bekräftigt, da sich dadurch der *spread* zwischen dem Underpricing und der notwendigen Rendite noch weiter vergrößern würde.

30%-Punkte über der notwendigen Rendite, mit der die Investoren nach dem Model von ROCK (1986) im Emissionsmarkt gehalten werden könnten.

Allerdings muss beachtet werden, dass ROCK (1986) in seinem Gleichgewichtsmodell sowohl die Transaktionskosten als auch den Research Aufwand der informierten Investoren berücksichtigt. Das Underpricing muss also auch im Modell von ROCK (1986) absolut über der periodengerechten Rendite des Vergleichsportfolios liegen, damit die informierten Investoren ihre Kosten decken können. Es muss jedoch angezweifelt werden, dass die tatsächlichen Kosten der informierten Investoren so hoch liegen, dass eine zusätzliche Kompensation in Höhe von 30% des Underpricing Niveaus erforderlich ist. Selbst wenn angenommen wird, dass sich die Kosten der informierten Investoren tatsächlich auf einem solch hohen Niveau befinden würden, dann stellt sich die Frage, wieso das Underpricing in anderen Marktsegmenten des deutschen Kapitalmarktes bzw. auf anderen internationalen Kapitalmärkten deutlich niedriger ausfällt als am Neuen Markt.[557] Geht man nämlich davon aus, dass die Kosten der informierten Investoren auf dem Neuen Markt annähernd identisch sind mit den Kosten von informierten Investoren auf anderen internationalen Kapitalmärkten, dann müsste das Underpricing auf diesen Märkten ähnlich hoch sein, wie am Neuen Markt, damit der Modellansatz von ROCK (1986) Gültigkeit besitzt. De facto ist dies aber nicht der Fall.

Es kann deshalb vermutet werden, dass der Erklärungsansatz von ROCK (1986) das hohe Underpricing am Neuen Markt nicht erklären kann.[558] Allerdings darf das Modell durch diese Überlegungen nicht gänzlich verworfen werden - dazu wäre eine direkte ökonometrische Überprüfung erforderlich.[559]

Wenn das Modell von ROCK (1986) lediglich einen geringen Erklärungsgehalt aufweist, dann könnte vermutet werden, dass auch die Modellerweiterung durch BEATTY/ RITTER (1986) nur eine geringe Erklärungskraft für das hohe Underpricing Niveau am Neuen Markt besitzen sollte. Diese Vermutung soll im Folgenden überprüft werden, in dem die aus dem Modell von BEATTY/ RITTER (1986) abgeleitete Hypothese H 4 ökonometrisch untersucht wird.

---

[557] Vgl. dazu die Übersicht der empirischen Studien zum Underpricing im Anhang, Tabelle 48.
[558] Zu diesem Ergebnis kommen auch andere Untersuchungen. Vgl. beispielsweise LÖFFLER, G./ PANTHER, P. F./ THEISSEN, E., Information, 2001, S. 12.
[559] Eine direkte Überprüfung ist nur in solchen Ländern möglich, in denen die Emissionsbanken ihre Orderbücher veröffentlichen und folglich die Nachfrage- und Rationierungsdaten der emittierten IPOs veröffentlicht werden.

Bei der Überprüfung der Hypothese ergibt sich die Problematik, dass die ex ante-Unsicherheit empirisch nicht direkt beobachtet werden kann. Deshalb müssen in einem ersten Schritt geeignete Proxys gefunden werden, die als Indikatoren für die ex ante-Unsicherheit verwendet werden können. Es wird dabei im Folgenden auf Proxys zurückgegriffen, die bereits im Rahmen früherer Arbeiten zur Anwendung gekommen sind.[560] RITTER (1984) benutzte die Größen Grundkapital, Umsatz und Alter des IPO Unternehmens bei Börsengang als Schätzer für die ex ante-Unsicherheit.[561] In dieser Arbeit soll auf diese Proxys als Schätzwerte für die ex ante-Unsicherheit zurückgegriffen werden. Es wird vermutet, dass diese Schätzwerte eine negative Korrelation zum Underpricing aufweisen, d. h. je geringer das Grundkapital, der Umsatz bzw. das Alter des Unternehmens bei Börsengang sind, desto größer ist die ex ante-Unsicherheit und desto größer ist auch das Underpricing.

Mittels einer multiplen Regressionsanalyse soll die Beziehung zwischen dem Underpricing und der ex ante-Unsicherheit für die untersuchten IPOs des Neuen Marktes analysiert werden.[562] Dabei lässt sich mit Hilfe der multiplen Regressionsanalyse der funktionale Zusammenhang zwischen einer abhängigen und mehreren unabhängigen Variablen untersuchen.[563] Das multiple lineare Regressionsmodell lautet:

(XVI) $y_i = \alpha + \beta_1 x_{1i} + \beta_2 x_{2i} + \ldots + \beta_n x_{ni} + \varepsilon_i$

Die Variable ε_i ist als Störgröße definiert, d. h. als eine Größe, die den unterstellten Zusammenhang zwischen x_i und y_i beeinflussen bzw. „stören" kann.[564] Mit Hilfe der Methode der kleinsten Quadrate (KQ-Methode) werden aus den beobachteten Daten ($x_{1i}, x_{2i}, \ldots, x_{ni}$ und y_i) die Schätzwerte für die wahren, aber unbekannten Parameter α, β_1, β_2 bis β_n ermittelt.[565] Das

[560] Vgl. KRAUS, T., Underpricing, 2002, S. 14ff., vgl. CLARKSON, P. M., Underpricing, 1994, S. 67ff., vgl. MAUER, D. C./ SENBET, L. W., Effect, 1992, S. 72, vgl. YETMAN, M. H., Accounting, 2001, S. 17ff.
[561] Vgl. RITTER, J. R., Market, 1984, S. 215ff. Dahinter verbirgt sich die Annahme, dass die Investoren mehr Vertrauen in größere und bekanntere Unternehmen haben, was wiederum zu einer geringeren ex ante-Unsicherheit führt. Vgl. hierzu auch WITTLEDER, C., Going public, 1989, S. 161, siehe auch NG, P. H./ FUNG, S. M./ TAI, B. Y., Reputation, 1994, S. 230.
[562] Dabei reduziert sich der Untersuchungsumfang von 328 IPOs auf 258 IPOs. Für 70 IPOs konnten die erforderlichen Daten zum Zeitpunkt des Emissionstages nicht mit letzter Sicherheit ermittelt werden, so dass auf die Einbeziehung dieser Unternehmen verzichtet wurde. Da die Stichprobe allerdings immer noch mit 258 IPO Unternehmen sehr groß ist, sollten statistisch verlässliche Ergebnisse ermittelt werden können.
[563] Die abhängige Variable wird auch als erklärte oder endogene Variable, bzw. als Regressand bezeichnet. Die unabhängige Variable bezeichnet man auch als die erklärende oder exogene Variablen bzw. als Regressor. Vgl. dazu auch HARTUNG, J., Statistik, 1995, S. 81f., vgl. KÄHLER, J., Regressionsanalyse, 2002, S. 84ff., vgl. GRUBER, J., Ökonmetrie, 1997, S. 1ff., vgl. auch MARINELL, G., Multivariate Verfahren, 1990, S. 114ff.
[564] Es wird davon ausgegangen, dass der Störterm ε_i den Erwartungswert Null aufweist. Vgl. dazu HARTUNG, J., Statistik, 1995, S. 81f.
[565] Vgl. dazu JOHNSTON, J., Methods, 1984, S. 12ff.

geschätzte Pendant zum ökonometrischen Modell aus Gleichung (XVI) ist dann das folgende geschätzte Modell:

(XVII) $\hat{y}_i = \hat{\alpha} + \hat{\beta}_1 x_{1i} + \hat{\beta}_2 x_{2i} + ... + \hat{\beta}_n x_{ni}$.[566]

Gleichungen (XVI) und (XVII) spezifizieren ein multiples Modell mit n exogenen Variablen. Bei der Überprüfung der Hypothese H 4 liegen drei exogene Variabeln vor, das Grundkapital, der Umsatz und das Alter der IPO Unternehmen. Wendet man das beschriebene theoretische Konstrukt auf diese drei Variablen an, so ergibt sich die folgende Regressionsgleichung, mit der die Hypothese H 4 überprüft werden kann:

(XVIII) $UP_i = \alpha + \beta_1 GK_i + \beta_2 Umsatz_i + \beta_3 Alter_i + \varepsilon_i$

mit

α:	Konstante
UP_i:	Underpricing des IPOs i
GK_i:	Grundkapital des IPOs i
$Umsatz_i$:	Umsatz des IPOs i
$Alter_i$:	Alter des IPOs i
ε_i:	Störterm.

Tabelle 21 zeigt die Ergebnisse der multivariaten Regressionsanalyse. Es kann zwar eine signifikante Beziehung zwischen der Variable Underpricing (UP) und der Variable Grundkapital (GK) beobachtet werden, allerdings ist der Regressionskoeffizient nicht wie unterstellt negativ, sondern positiv. Die Regressionskoeffizienten weisen alle einen extrem nahe an Null liegenden Wert auf, der darauf hindeutet, dass zwischen den exogenen Variablen und der endogenen Variable Underpricing nur ein äußerst geringer Zusammenhang besteht. Zudem liegt der Wert für das Bestimmtheitsmaß R^2 nur bei 0,034.[567] Folglich können nur 3,4% der Veränderung des Underpricing durch die Veränderung der exogenen Variablen erklärt werden.

---

[566] Vgl. dazu auch AUER, L. V., Ökonometrie, 2003, S. 155f., vgl. auch KÄHLER, J., Regressionsanalyse, 2002, S. 84ff.

[567] Mit Hilfe des Bestimmtheitsmaßes versucht man die Erklärungskraft des Regressionsmodells zu erklären. Das Bestimmtheitsmaß liegt zwischen 0 und 1. Vgl. dazu auch AUER, L. V., Ökonometrie, 2003, S. 162.

Tabelle 21:   Ergebnisse der multiplen Regressionsanalyse

Konstante	GK	Umsatz	Alter	$F^{(a)}$	R^2	$R^2_{adj}{}^{(b)}$	$DW^{(c)}$
0,367	7,583E-09	-4,316E-10	2,277E-03		0,034	0,011	1,349
(3,483)***	(2,085)**	(-0,694)	(0,329)	1,512			
[0,001]***	[0,039]**	[0,489]	[0,743]	[0,215]			

Anmerkungen: ( ) t-Werte, [ ] p-Werte.
* Signifikant zum 1%-Niveau, ** Signifikant zum 5%-Niveau, *** Signifikant zum 10%-Niveau.
$^{(a)}$: F-Statistik, $^{(b)}$: Adjustiertes R^2, $^{(c)}$: DURBIN-WATSON-Statistik.
Quelle: Eigene Berechnungen.

Die Ergebnisse belegen, dass zwischen der durch die Proxys gemessenen ex ante-Unsicherheit und dem am Neuen Markt beobachteten Underpricing kein signifikanter Zusammenhang besteht. Somit ist die Hypothese H 4 zu verwerfen. Allerdings kann aufgrund der Ablehnung von Hypothese H 4 nicht mit letzter Sicherheit der Modellansatz von BEATTY/ RITTER (1986) als Erklärungsansatz für das Underpricing am Neuen Markt abgelehnt werden. Denn die fehlende Erklärungskraft könnte auch eine Folge davon sein, dass die gewählten Indikatoren keine hinreichende Approximation der nicht direkt zu beobachtenden Größe ex ante-Unsicherheit darstellen. Folglich bleibt die methodische Unsicherheit, ob die ausgewählten Proxies auch tatsächlich die richtigen Größen sind, um damit die ex ante-Unsicherheit quantifizieren bzw. messen zu können.[568] Insofern kann nur die Aussage getroffen werden, dass das Underpricing am Neuen Markt mit hoher Wahrscheinlichkeit nicht durch die adverse-selection-Modelle von BEATTY/ RITTER (1986) hinreichend erklärt werden kann.

---

[568] Der Aussagegehalt der empirischen Ergebnisse hängt folglich sehr stark von der Repräsentativität der gewählten Proxy Variablen für die ex ante-Unsicherheit ab. Vgl. WILKENS, M./ GRAßHOFF, A., Underpricing, 1999, S. 29.

3.2 *Signalling* Modelle: Underpricing als Signal der Unternehmensqualität

3.2.1 Das Modell von WELCH (1989): Informationsasymmetrien zwischen dem Emittenten und den Investoren

Ein in der Literatur sehr intensiv diskutierter Erklärungsansatz für das Underpricing Phänomen ist das *signalling* Modell, das vor allem auf WELCH (1989) zurückgeht.[569] Dieser Ansatz basiert auf der Annahme asymmetrisch verteilter Informationen zwischen dem Emittenten und den Investoren.[570] Es wird davon ausgegangen, dass die Emittenten einen Informationsvorsprung hinsichtlich der eigenen Unternehmensqualität gegenüber den Investoren besitzen. Die Investoren sind nicht in der Lage, zwischen Unternehmen von hoher Qualität, sogenannten *high-quality* Unternehmen, und Unternehmen von minderer Qualität, sogenannten *low-quality* Unternehmen, zu differenzieren.[571]

Wie bereits AKERLOF (1970) in seinem Artikel „*Market for 'lemons'*" nachweist, können derartige Informationsasymmetrien im schlimmsten Fall zu einem Marktversagen führen.[572] Überträgt man den theoretischen Ansatz von AKERLOF (1970) auf den IPO Markt, so führen die bestehenden heterogenen Informationen zunächst einmal dazu, dass sich durchschnittliche Emissionspreise für die IPOs bilden werden. Die *low-quality* Unternehmen profitieren davon, da der Durchschnittspreis i. d. R. über dem Emissionspreis liegt, der sich für das Unternehmen minderer Qualität bei vollkommener Informationsverteilung ergeben hätte. Die *high-quality* Unternehmen hingegen werden durch die Bildung von Durchschnittspreisen benachteiligt, da sie dadurch voraussichtlich nur einen unter ihrem tatsächlich „wahren" Unternehmenswert liegenden Emissionspreis erzielen werden. Unter diesen Umständen werden sich die *high-quality* Unternehmen vom Emissionsmarkt zurückziehen, so dass nur noch die *low-quality* Unternehmen auf dem Markt verbleiben. Die Investoren werden jedoch nicht be-

---

[569] Vgl. WELCH, I., Seasoned offerings, 1989, S. 421ff.

[570] Die im Rahmen der *signalling* Hypothese dargestellten Erklärungsmodelle sind Variationen des von SPENCE (1974) erstmals eingeführten *signalling* Modells zum Arbeitsmarkt. SPENCE (1974) unterstellt dabei, dass ein Bewerber besser über seine eigenen Qualifikationen und Fähigkeiten informiert ist, als der potentielle Arbeitgeber. Vgl. hierzu SPENCE, A. M., Market, 1974, S. 1ff. Übertragen auf das Underpricing Phänomen bedeutet dies, dass der Emittent bessere Informationen über Risiko und über die zukünftige Ertragsaussichten seines Unternehmens hat als der Investor.

[571] Im weiteren Verlauf dieser Arbeit soll der von WELCH (1989) eingeführte Begriff der *high-quality* und *low-quality* Unternehmen verwendet werden. Vgl. WELCH, I., Seasoned offerings, 1989, S. 421. Andere Autoren verwenden ähnliche Begriffe, wie z. B. ALLEN und FAULHABER (1989), die zwischen *good* und *bad-firms* differenzieren, oder CHEMMANUR (1993), der zwischen *high-value* und *low-value* Unternehmen unterscheidet. Vgl. ALLEN, F./ FAULHABER, G. R., Signalling, 1989, S. 307, vgl. auch CHEMMANUR, T. J., Pricing, 1993, S. 287, vgl. auch CAO, M./ SHI, S., Signalling, 2001, S. 1ff.

[572] Vgl. AKERLOF, G., Market, 1970, S. 488ff.

reit sein, nur *low-qualitiy* Unternehmen zu zeichnen. Sie werden sich deshalb auch mittel- bis langfristig vom Emissionsmarkt zurückziehen. Folglich können die angenommenen Informationsasymmetrien auch auf dem Markt für Erstemissionen zu Marktversagen führen.[573]

Um das Eintreten dieses Szenarios zu verhindern, werden die *high-quality* Unternehmen versuchen, die bestehenden Informationsasymmetrien auf dem Emissionsmarkt zu beseitigen, so dass die Investoren zwischen *high-quality* und *low-quality* Unternehmen differenzieren können. Eine Möglichkeit, dieses Ziel zu erreichen, besteht für die *high-quality* Unternehmen darin, Signale an die uninformierten Investoren zu senden, um auf diese Weise die Investoren von der hohen Qualität ihres Unternehmens zu überzeugen. Die *high-quality* Unternehmen hoffen dadurch, einen über den Durchschnittspreis hinausgehenden Emissionspreis zu erzielen, so dass der Emissionserlös insgesamt gesteigert werden kann. Zudem sollen die uninformierten Investoren aufgrund des Signals zu einer Investition in die Emission bewegt werden, so dass die Chancen einer vollständigen Platzierung erhöht werden.[574]

Den *high-quality* Unternehmen steht eine Vielzahl von Signalen zur Auswahl, um die Qualität ihres Unternehmens zu signalisieren. So können sie beispielsweise Angaben über zukünftige Dividendenzahlungen veröffentlichen oder den Anteil des von den Altaktionären zurückbehaltenen Grundkapitals publik machen.[575] Weitere Signale bestehen in der Auswahl einer Emissionsbank mit hoher Reputation oder in der Platzierung des eigenen IPOs mit einem Underpricing.[576] Insbesondere der letztgenannte Punkt soll im weiteren Verlauf dieser Arbeit näher analysiert werden.

Das Underpricing ist deshalb als Signal besonders gut geeignet, da die Kurssteigerungen bzw. die hohen Emissionsrenditen am ersten Börsentag einen positiven Eindruck bei den Investoren hinterlassen. Die Investoren sind sich bewusst, dass die Unternehmen freiwillig auf zusätzliche Emissionserlöse verzichten und assoziieren deshalb das Underpricing als

---

[573] Vgl. JAIN, B. A., Adverse selection, 1997, S. 365ff.
[574] Vgl. WILKENS, M./ GRAßHOFF, A., Underpricing, 1999, S. 39.
[575] Dabei wird das Signal für die Investoren um so positiver, je größer der von den Altaktionären zurückbehaltene Anteil am Grundkapital ist, der folglich nicht an der Börse platziert wird. Die Begründung für diesen Zusammenhang ist einfach: Die Investoren interpretieren den Verkauf eines geringen Unternehmensanteils als Signal, dass die Altaktionäre von der Qualität ihres eigenen Unternehmens weiterhin überzeugt sind und deshalb nur wenige Aktien an der Börse emittieren. Vgl. hierzu auch die Ausführungen in Kapitel 3.2.3.
[576] Die Vielzahl unterschiedlicher Signale deutet die in der Literatur bestehende allgemeine Problematik der Systematisierung der Erklärungsansätze für das Underpricing Phänomen an. So verstehen beispielsweise einige Autoren den Insideranteil als Teil der *signalling* Hypothese, andere wiederum modellieren daraus einen eigenständigen Erklärungsansatz. Vgl. TINIC, S. M., Anatomy, 1988, S. 789ff. Ein weiteres Beispiel ist bei METTLER (1990) zu finden, der Folgeemissionen als eigenständige „Anschlusstransaktionshypothese" beschreibt oder auch KADEN (1991), der mit dem Begriff „Kompensationshypothese" einen weiteren eigen-

Signal für ein qualitativ besonders hochwertiges Unternehmen, das mit einer soliden Finanz-kraft ausgestattet ist.[577]

„Underpricing the firm´s initial offering (which is an immediate loss to the initial owners) is a credible signal that the firm is good to investors,..." [578]

WELCH (1989) erweitert das *signalling* Modell, indem er die Erstemission nicht länger isoliert betrachtet, sondern zusätzlich die später geplanten Folgeemissionen, die so genannten *seasoned equity offerings (SEOs)*, in die Analyse mit einbezieht.[579] In seinem Erklärungsmodell für das Underpricing Phänomen geht WELCH (1989) davon aus, dass die Investoren durch das bewusste Underpricing hohe Renditen aus der Erstemission erzielen, so dass die Investoren künftige Kapitalmaßnahmen bzw. Folgeemissionen dieses Unternehmens besonders positiv aufnehmen werden. Dadurch können später folgende SEOs zu einem höheren Emissionspreis bei den Investoren platziert werden und die Unternehmen können einen höheren Emissionserlös bei der Folgeemission erzielen.[580] Die höheren Emissionserlöse aus der Folgeemission kompensieren somit die niedrigeren Emissionserlöse aufgrund des bewussten Underpricing der Erstemission.[581] Nach dem Ansatz von WELCH (1989) stellen folglich die mit dem Underpricing verbundenen geringeren Emissionserlöse der Erstemission lediglich die Opportunitätskosten bzw. den „Eintrittspreis" des Emittenten für den Kapitalmarkt dar. Das Underpricing stellt also eine Art Kaufanreiz dar, der die Investoren auf den „Geschmack" bringen soll, auch spätere Folgeemissionen des gleichen Emittenten zu zeichnen. IBBOTSON (1975) formulierte diesen Gedankengang in einem ähnlichen Zusammenhang wie folgt:

„...IPOs are underpriced to leave a good taste in investors´ mouths´ so that future underwritings from the same issuers could be sold at attractive prices." [582]

---

ständigen Erklärungsansatz kreiert. Vgl. dazu METTLER, A, Going public, 1990, S. 243 und KADEN, J., Going public, 1991, S. 146.

[577] Dies ist ein wichtiger Unterschied zu dem Modell von ROCK (1986). Während in dem Modell von ROCK (1986) die Emittenten mehr oder weniger unfreiwillig das Underpricing hinnehmen müssen, damit die uninformierten Investoren den IPO Markt nicht verlassen, gehen die Emittenten bei dem *signalling* Modell ein bewusstes Underpricing ein, um auf diese Weise ein Signal über die Qualität ihres Unternehmens an die Investoren zu senden.

[578] ALLEN, F./ FAULHABER, G. R., Signalling, 1989, S. 304.

[579] Vgl. WELCH, I., Seasoned offerings, 1989, S. 421ff.

[580] Vgl. hierzu HANLEY, K. W., Underpricing, 1993, S. 247. Allerdings kommen andere Untersuchungen zu dem Ergebnis, dass SEOs auch teilweise bewusst zu niedrig platziert werden. Vgl. KIM, K. A./ SHIN, H.-H., Underpricing, 2001, S. 1ff.

[581] Diesem Ansatz liegt allerdings die kritisch zu bewertende Annahme zugrunde, dass die Investoren durch das hohe Underpricing der Erstemission eher gewillt sein werden, Folgeemissionen desselben Emittenten zu zeichnen.

[582] IBBOTSON, R. G., Performance, 1975, S. 264.

Durch dieses Vorgehen kann die Folgeemission zu besseren Konditionen platziert werden, so dass über die Gesamtplatzierung gesehen, also sowohl IPO als auch SEO, nur ein sehr geringes bzw. gar kein durchschnittliches Underpricing mehr festgestellt werden kann.[583]

3.2.2 Die Erweiterung des *signalling* Modells durch ALLEN/ FAULHABER (1989)

ALLEN und FAULHABER (1989) erweitern das *signalling* Modell, indem sie annehmen, dass der Emittent nicht nur ein Signal, sondern mehrere Signale auswählt, um dadurch die Investoren von der hohen Qualität des eigenen Unternehmens zu überzeugen.[584] In ihrem Modellansatz werden *high-quality* Unternehmen nicht nur Underpricing als Signal einsetzen, sondern die Emittenten werden den Investoren als ein weiteres Signal die zukünftig beabsichtigten Dividendenauszahlungen ankündigen. Die Investoren verbinden zunächst einmal mit Unternehmen, die sowohl ein bewusstes Underpricing vornehmen als auch Dividenden auszahlen wollen, ein hohes Maß an Unternehmensqualität. In dem Zeitraum zwischen der Erstemission und der Folgeemission werden die Investoren die jeweiligen Unternehmen bewerten, inwieweit sie ihre Dividendenversprechungen auch tatsächlich eingehalten haben. Auf Basis dieser zwischenzeitlich erfolgten Dividendenzahlungen sind die Investoren dann in der Lage, die *high-quality* von den *low-quality* Unternehmen zu differenzieren. Die Investoren können somit rechtzeitig vor der Folgeemission den Preis, den sie bei dem bevorstehenden SEO für die Aktien zu zahlen bereit sind, adjustieren. ALLEN und FAULHABER (1989) schreiben dazu:

„*...investors update their prior beliefs on the basis of this new information, which determines what they are willing to pay...*"[585]

Als Folge dieser Neubewertung wird die Nachfrage nach den *high-quality* Unternehmen, die ihre Dividendenankündigungen einhalten konnten, steigen. Der dadurch ausgelöste Kursanstieg bildet die Grundlage für einen höheren Preis des SEOs für die geplante Folgeemission, so dass die höheren Emissionserlöse aus der Platzierung der restlichen Anteile erneut die geringeren Emissionserlöse aus der Erstemission kompensieren.[586] Auf diese Weise wird der Emittent bei einer Gesamtbetrachtung beider Emissionen, d. h. sowohl IPOs als auch

---

[583] Vgl. WILKENS, M./ GRAßHOFF, A., Underpricing, 1999, S. 40.
[584] Auch sie unterscheiden zwischen Unternehmen mit hohem Unternehmenswert und Unternehmen mit niedrigerem Unternehmenswert. Vgl. ALLEN, F./ FAULHABER, G. R., Signalling, 1989, S. 303f. ALLEN und FAULHABER (1989) sprechen allerdings von *good-firms* und *bad-firms*. Zum besseren Verständnis soll aber an den zuvor eingeführten Begriffen *high-quality* und *low-quality* festgehalten werden. Auch in dem Modell von ALLEN und FAULHABER kennen nur die Alteigentümer die tatsächliche Qualität ihres IPO Unternehmens, nicht aber die potentiellen neuen Investoren. „*... the best information about the new firm´s prospects is held by the firm itself.*" ALLEN, F./ FAULHABER, G. R., Signalling, 1989, S. 304.
[585] ALLEN, F./ FAULHABER, G. R., Signalling, 1989, S. 308.
[586] Vgl. dazu auch DENNING, K. C./ FERRIS, S. P./ WOLFE, G., Underpricing, 1992, S. 71ff.

SEOs, einen Gesamterlös für seine Eigenkapitalanteile erzielen, der dem tatsächlichen Unternehmenswert entspricht.[587]

Nun stellt sich die Frage, wieso Unternehmen mit niedriger Qualität nicht einfach die Unternehmen mit hoher Qualität imitieren, in dem sie den Investoren ebenfalls ein hohes Underpricing und Dividendenauszahlungen versprechen. Grundsätzlich besteht zwar für *low-quality* Unternehmen diese Möglichkeit, allerdings wären die Signale für diese Unternehmen mit erheblichen Kosten und Risiken verbunden. Sollten sie nämlich in der ersten Periode nach der Emission keine Dividendenzahlung leisten können, so werden diese Unternehmen als *low-quality* Unternehmen von den Investoren identifiziert und der Aktienkurs würde stark fallen. Sollte dieses Szenario eintreten, so müssten die *low-quality* Unternehmen die vollen Signalkosten aufgrund des gewährten Underpricing tragen, sie könnten aber nicht bei der Folgeemission von einem höheren Emissionspreis profitieren. Folglich könnten die Signalkosten der *low-quality* Unternehmen nicht durch die nachfolgend höheren Emissionserlöse kompensiert werden.[588] Dadurch kommt es bei den ohnehin nicht solventen *low-quality* Unternehmen zu einer weiteren Verschlechterung des *cash-flow*, wodurch schließlich ein unternehmensbedrohender Liquiditätsengpass ausgelöst werden kann. Deshalb werden nach dem Modell von ALLEN und FAULHABER (1989) Unternehmen mit niedriger Qualität gar nicht erst versuchen, Signale an die Investoren zu senden.[589]

3.2.3 Die Modifikation des *signalling* Modells durch GRINBLATT/ HWANG (1989) und CHEMMANUR (1993)

Eine weitere wichtige Modifikation des *signalling* Modells findet sich bei GRINBLATT/ HWANG (1989) und CHEMMANUR (1993).[590] Sie gehen in ihren Überlegungen davon aus, dass der Emittent neben dem bewussten Underpricing die Höhe des Anteils am Grundkapital, der bei der Erstemission platziert wird, als zweites zusätzliches Signal verwendet, um die Investoren von der Qualität ihres Unternehmens zu überzeugen. Dieser Gedankengang geht im wesentlichen auf eine Idee von LELAND und PYLE zurück, die bereits im Jahre 1977 in einer Studie untersucht haben, ob die Höhe des Anteils an Aktien, der bei den ursprünglichen Eigentümern verbleibt, als Signal für die Qualität eines Unternehmens eingesetzt werden

---

[587] ALLEN und FAULHABER (1989) gehen davon aus, dass bei der zweiten Emission das gesamte restliche Eigenkapital emittiert wird. Vgl. ALLEN, F./ FAULHABER, G. R., Signalling, 1989, S. 306f.
[588] Vgl. AUSSENEGG, W., Going public, 2000, S. 25f.
[589] Vgl. ALLEN, F./ FAULHABER, G. R., Signalling, 1989, S. 311ff.
[590] Vgl. die Werke von GRINBLATT, M./ HWANG, C. Y., Signalling, 1989, S. 393ff., siehe auch WELCH, I., Seasoned offerings, 1989, S. 421ff., vgl. CHEMMANUR, T. J., Pricing, 1993, S. 285ff.

kann.[591] Die oben erwähnten Studien kommen zu dem Ergebnis, dass sich *high-quality* Unternehmen besonders dadurch kennzeichnen, dass der Anteil des von den Altaktionären zurückbehaltenen Grundkapitals höher ist als bei *low-quality* Unternehmen. Demzufolge weisen Unternehmen mit höherer Qualität einen geringeren *free float* auf als Unternehmen mit niedriger Qualität.[592] Folglich signalisiert ein nach der Erstemission verbleibender hoher Aktienanteil an Altaktionären den Investoren, dass die Alteigentümer von der Qualität des eigenen Unternehmens weiterhin überzeugt sind und deshalb nur wenige Anteile verkaufen wollen.[593] Die Investoren sind in der Lage, mittels dieser Information die *high-quality* von den *low-quality* Unternehmen zu differenzieren. Nach dem Modell von GRINBLATT/ HWANG (1989) setzen die Emittenten also zwei Signale ein, um ihre hohe Unternehmensqualität hervorzuheben: ein hohes Underpricing und die Platzierung eines geringen Anteils vom Grundkapital.[594] Folglich besteht ein negativer Zusammenhang zwischen dem Underpricing und dem Anteil des an der Börse emittierten Grundkapitals.[595]

Der zeitliche Ablauf eines simplifizierten IPO Signalmodells ist in Abbildung 26 dargestellt. Wie aus Abbildung 26 ersichtlich ist, gehen die *signalling* Modelle grundsätzlich immer von zwei unterschiedlichen Unternehmenstypen aus: den *high-quality* Unternehmen, die durch einen hohen Unternehmenswert W_H gekennzeichnet sind und den *low-quality* Unternehmen, die einen niedrigen Unternehmenswert W_L aufweisen. Zum Zeitpunkt t=1 emittieren die Altaktionäre den Anteil (1-α) vom Grundkapital ihres Unternehmens an der Börse zum Emissionspreis p_0. In t=2 verkaufen die Altaktionäre dann das restliche Grundkapital α am Sekundärmarkt im Rahmen einer Folgeemission zum Preis p_1. Die Investoren erkennen zwischen den Zeitpunkten t=1 und t=2, also in dem Zeitraum zwischen dem IPO und dem SEO, mit einer Wahrscheinlichkeit von δ>0 die wahre Qualität des Unternehmens bzw. den wahren Unternehmenswert. Die *high-quality* Unternehmen verfolgen eine dynamische Emissions-

---

[591] Vgl. LELAND, H. E./ PYLE, D. H., Informational asymmetries, 1977, S. 371ff. Die Werke von GRINBLATT/ HWANG (1989) und CHEMMANUR (1993) verstehen sich als Erweiterung des Werkes von LELAND und PYLE (1977), da sie deren Modell um das Underpricing als weiteres Signal erweitern.

[592] Vgl. dazu auch EHRHARDT, O./ NOWAK, E., Stock, 2000, S. 3ff.

[593] Vgl. SCHMIDT, R. H. ET AL., Underpricing, 1988, S. 1196, siehe auch SCHLICK, R., Going public, 1997, S. 169.

[594] Vgl. dazu GRINBLATT, M./ HWANG, C. Y., Signalling, 1989, S. 407f., siehe auch EVERETT, R. W., Adverse selection, 1998, S. 33f.

[595] Vgl. HÖGHOLM, KENNETH, Determinants, 1994, S. 11f. Im Rahmen der *signalling* Modelle lassen sich zahlreiche weiterer Signale in der Literatur finden. NEUS (1995) sieht beispielsweise in der Auswahl des Wirtschaftsprüfers ein wichtiges Signal für die Investoren. Vgl. NEUS, W., Theorie, 1995, S. 154ff. Dabei bezieht sich NEUS (1995) auf die Arbeiten von TITMAN/ TRUEMANN (1986) und HUGHES (1986). Vgl. dazu die Arbeiten von TITMAN, S./ TRUEMAN, B., Information, 1986, S. 159ff. und HUGHES, P. J., Signalling, 1986, S. 119ff. NANDA (1988) differenziert *high-quality* von *low-quality* Unternehmen anhand der Höhe des Eigenkapitalanteils. Vgl. dazu NANDA, V., Firms, 1988, S. 1ff. Da sich diese Ansätze aber in erster Linie damit beschäftigen, die ex ante-Unsicherheit zu reduzieren, sollen sie an dieser Stelle nicht weiter verfolgt werden.

strategie, indem sie bei der Erstemission nur einen relativ kleinen Anteil des Grundkapitals emittieren und erst durch die Folgeemission das restliche Kapital verkaufen.

Abbildung 26: Zeitlicher Ablauf eines simplifizierten signalling Modells

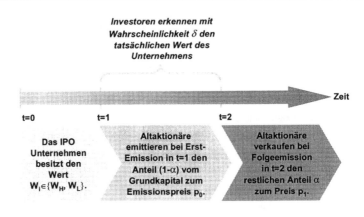

3.2.4 Kritische Bewertung der *signalling* Modelle

In der Literatur finden sich zahlreiche kritische Einwände gegen die innere Logik der *signalling* Modelle. Im Mittelpunkt der Kritik steht vor allem die Aussage von WELCH (1989), dass durch die höheren Emissionserlöse der Folgeemission (SEO), die auf das bewusste Underpricing zurückzuführenden geringeren Emissionserlöse der Erstemission kompensiert werden können. KUNZ und AGGARWAL (1994) sehen keinen Grund, warum die Investoren, die durch das Underpricing in der Vergangenheit eine Emissionsrendite als „Geschenk" erhalten haben, deshalb in der Zukunft eher bereit sein sollten, die Folgeemission zu höheren Emissionspreisen zu zeichnen.[596]

Andere Kritiker argumentieren, dass die positiven Wirkungen der eingesetzten Signale, aufgrund des in der Praxis existierenden Veräußerungsverbots für die Altaktionäre (*lock-up* Periode), nicht planbar sind und deshalb die Signalkosten nicht in jedem Fall durch die Folge-

---

[596] Vgl. KUNZ, R. M./ AGGARWAL, R., Initial public offerings, 1994, S. 720f., siehe auch SCHLICK, R., Going public, 1997, S. 167.

emission kompensiert werden können.[597] Häufig verlängern die Emittenten zudem freiwillig die *lock-up* Periode auf bis zu zwei Jahre, um damit den Investoren zu signalisieren, dass die Altaktionäre weiterhin in dem Unternehmen investiert bleiben möchten.[598] Die Kritiker des *signalling* Modells behaupten nun, dass mit Verlängerung der *lock-up* Periode das Risiko immer größer wird, dass das eigentlich beabsichtigte Signal bei den Investoren in Vergessenheit gerät und zunehmend exogene, nicht vorhersehbare Einflüsse den weiteren Kursverlauf des emittierten Unternehmens beeinflussen. Die Folge ist, dass der Zweck des verwendeten Signals, nämlich einen höheren Emissionspreis bei der Folgeemission zu erzielen, nicht mehr sicher planbar ist. Sind aber die höheren Emissionserlöse aus einer Folgeemission nur mit einem hohen Risiko kalkulierbar, dann werden nur noch sehr wenige Unternehmen bereit sein, die anfallenden, hohen Signalkosten zu tragen.

JENKINSON und LJUNGQVIST (1996) gehen sogar noch einen Schritt weiter und behaupten, dass die Emittenten bei der Vorbereitung ihres (Erst-) Börsengangs überhaupt nicht an eine zukünftige Folgeemission denken bzw. diese in ihren Kalkulationen berücksichtigen.[599] Nach dem *signalling* Modell ist aber der kostenintensive Einsatz von Underpricing als Signal obsolet, wenn die IPO Unternehmen keine weiteren Folgeemission planen. In diesem Fall wäre es für die Unternehmen wirtschaftlich sinnvoller, bereits bei der Erstemission einen möglichst hohen Emissionserlös zu erzielen, da sie keine späteren höheren Emissionserlöse aus einer Folgeemission als Kompensation ihrer Signalkosten erzielen werden.[600]

Vereinzelt wird in der Literatur auch die Frage diskutiert, ob anstelle des kostenintensiven Underpricing nicht prinzipiell auch andere, kostengünstigere Signale verwendet werden könnten. Kritiker behaupten, dass beispielsweise auch die Veröffentlichung von positiven Unternehmensdaten, das zielgruppenorientierte Marketing oder das publikumswirksame Spenden an karitative Einrichtungen alternative Signale zum Underpricing sind. ALLEN und FAULHABER (1989) sind allerdings der Meinung, dass das Underpricing als Signal eine weitaus höhere Wirkung in der Öffentlichkeit erzielt, als die erwähnten alternativen Signale. So veröffentlicht z. B. das WALL STREET JOURNAL regelmäßig eine Liste mit den „IPO-

[597] Vgl. dazu FERNANDO, C. S./ KRISHNAMURTHY, S./ SPINDT, P. A., Price, 2002, S. 32. Dabei handelt es sich um einen Zeitraum nach der Emission, in der sich das emittierende Unternehmen und dessen Altaktionäre verpflichten, keine weiteren Anteile zu veräußern. Die *lock-up* Periode war im Regelwerk des Neuen Marktes verankert. Vgl. REGELWERK NEUER MARKT, Abschnitt II, 7.3.9.
[598] Vgl. ROELOFSEN, N. K., Initial public offerings, 2002, S. 84.
[599] Vgl. JENKINSON, T./ LJUNGQVIST, A., Going public, 2001, S. 82.
[600] Zudem spricht auch ein kapitalmarkttheoretisches Argument gegen die Gültigkeit des *signalling* Modells. Wird nämlich von einem effizienten Sekundärmarkt ausgegangen, so sollten alle relevanten Informationen über die bevorstehenden Folgeemissionen zu jedem Zeitpunkt in den aktuellen Aktienkursen „eingepreist" sein. Aufgrund der Effizienzmarkthypothese kann deshalb der Emissionspreis der Folgeemission nicht einfach höher als der aktuelle Börsenkurs des IPOs festgesetzt werden.

Gewinnern", d. h. eine Liste mit den IPO Unternehmen, die den Investoren durch das Underpricing eine besonders hohe Rendite am ersten Börsentag gebracht haben. Durch solche Rankings können IPO Unternehmen neben der Signalfunktion an die Investoren auch wichtige *public relation* Erfolge erzielen.[601] Für die Wahl des Underpricing als Signal spricht zudem, dass das Underpricing unmittelbar und direkt einen finanziellen Vorteil bei den Investoren auslöst, während die Investoren von Werbemaßnahmen keinen direkten Vorteil haben. Darüber hinaus fehlt vielen jungen Unternehmen der notwendige *cash-flow*, um eine kommerzielle Werbung überhaupt durchführen zu können.[602]

3.2.5 Empirische Studien zu den *signalling* Modellen

Die bisher durchgeführten empirischen Studien zu den *signalling* Modellen weisen sehr unterschiedliche Ergebnisse auf, so dass weder eine eindeutige Bestätigung noch eine klare Ablehnung der *signalling* Modelle erfolgen kann. WELCH (1989) konnte erstmalig den Beweis liefern, dass Unternehmen das Ziel verfolgen, durch ein bewusstes IPO Underpricing einen höheren Emissionspreis bei der Folgeemission zu erzielen.[603] Im Jahr 1996 erweiterte er zudem sein ursprüngliches *signalling* Modell aus dem Jahr 1989, in dem er die Wahrscheinlichkeit, dass Investoren die Qualität des Emittenten in dem Zeitraum zwischen IPO und SEO erkennen, nicht mehr als eine konstante exogene Größe, sondern als eine endogene Größe annimmt. WELCH (1996) kommt dadurch zu dem Ergebnis, dass die *high-quality* Unternehmen, die durch das Underpricing Signale an die Investoren gegeben haben, einen signifikant höheren Marktwert aufweisen, als *low-quality* Unternehmen, die keine Signale an die Investoren gesendet haben.[604] Dieses Ergebnis lässt sich dahingehend interpretieren, dass die Investoren aufgrund des Signals nunmehr in der Lage sind, *high-quality* von *low-quality* Unternehmen zu differenzieren. Dadurch kommt es zu einer steigenden Nachfrage nach den Aktien der *high-quality* Unternehmen, was insgesamt einen steigenden Aktienkurs und einen höheren Marktwert zur Folge hat. Dieses Ergebnis ist konsistent mit dem *signalling* Modell.

JEGADEESH ET AL. (1993) untersuchen anhand von 1.400 US IPOs im Zeitraum von 1980 bis 1986 die Beziehung zwischen der Höhe des Underpricing und der Wahrscheinlichkeit, dass

---

[601] Vgl. ALLEN, F./ FAULHABER, G. R., Signalling, 1989, S. 306, vgl. auch DUCHARME, L. L./ RAJGOPAL, S./ SEFCIK, S. E., IPO, 2001, S. 31.

[602] Zudem ist kommerzielle Werbung für IPOs in den USA durch die SEC verboten. Vgl. WELCH, I., Seasoned offerings, 1989, S. 439.

[603] Für das detaillierte Vorgehen bei der Untersuchung wird auf die Originalquelle verwiesen. Siehe hierzu WELCH, I., Seasoned offerings, 1989, S. 421.

[604] Vgl. WELCH, I., Equity, 1996, S. 227ff.

eine Folgeemission durchgeführt wird. Dabei stellen sie eine positive Korrelation fest, d. h. je höher das Underpricing, desto größer ist die Wahrscheinlichkeit, dass eine Folgeemission vorgenommen wird. Darüber hinaus können sie empirisch belegen, dass durch das hohe Underpricing zudem die Folgeemissionen positiver vom Markt aufgenommen werden, so dass ein größeres Volumen platziert werden kann und folglich die Emissionserlöse erheblich ansteigen. Diese Ergebnisse stützen demnach die *signalling* Hypothese. [605]

Allerdings kann das *signalling* Modell durch eine Reihe von Untersuchungen nicht bestätigt werden. SPIESS und PETTWAY (1997) versuchen beispielsweise in einer empirischen Untersuchung US-amerikanischer IPOs nachzuweisen, dass die reduzierten Erlöse aus der bewusst unterbewerteten Erstemission durch höhere Erlöse aus der Folgeemission kompensiert werden. Sie kommen jedoch zu einem genau gegenteiligen Ergebnis. Die gesamten Emissionserlöse aus IPO und SEO stehen in einer negativen Beziehung zur Höhe des Underpricing, d. h. je höher das Underpricing ist, desto geringer ist der Gesamterlös aus IPO und nachfolgendem SEO.[606] Somit können die Signalkosten des Underpricing nicht durch die höheren Erlöse aus dem SEO kompensiert werden, was inkonsistent mit dem *signalling* Modell ist.

Auch MICHAELY und SHAW (1994) können die Hypothese von WELCH (1989) nicht unterstützen. Sie finden kein Indiz dafür, dass das Underpricing bewusst vom Emittenten eingesetzt wird, um damit bei der Folgeemission einen höheren Emissionspreis zu erzielen.[607] MICHAELY und SHAW (1994) führen eine Reihe direkter Tests zu den Modellen von ALLEN/ FAULHABER (1989) und GRINBLATT/ HWANG (1989) durch. Keiner dieser Tests kann allerdings das *signalling* Modell bestätigen.[608] Jüngste Untersuchungsergebnisse von ESPENLAUB und TONKS (1998) geben ebenfalls keine Hinweise darauf, dass das IPO Underpricing in Großbritannien durch das *signalling* Modell erklärt werden kann.[609] Neben den oben

[605] Vgl. JEGADEESH, N./ WEINSTEIN, M./ WELCH, I., Investigation, 1993, S. 153ff.
[606] Vgl. SPIESS, D. K./ Pettway, R. H., IPO, 1997, S. 986f.
[607] Ebenso kann GARFINKEL (1993) keinen signifikanten Zusammenhang zwischen dem Underpricing von IPOs und SEOs feststellen. Das Underpricing verharrt unter Berücksichtigung der Folgeemission auf demselben Niveau, so dass die geringeren Erlöse aus der Erstemission nicht durch höhere Erlöse aus der Folgeemission kompensiert werden können. Siehe hierzu GARFINKEL, J. A., IPO, 1993, S. 74ff. Zu einem gegenteiligen Ergebnis kommen HUSSON und JACQUILLAT (1989). In ihrer Stichprobe reduziert sich die Höhe des Underpricing aus dem IPO durch das SEO deutlich, so dass teilweise eine Kompensation der Emissionserlöse beobachtet werden kann. Vgl. dazu HUSSON, B./ JACQUILLAT, J., New issues, 1989, S. 349ff.
[608] So stellen MICHAELY und SHAW (1994) beispielsweise entgegen der Hypothese von ALLEN und FAULHABER (1989) in einem Sample von 889 IPOs fest, dass Unternehmen mit geringem Underpricing mit einer größeren Wahrscheinlichkeit eine höhere Dividende zu einem früheren Zeitpunkt zahlen. Auch die Hypothese von GRINBLATT/ HWANG (1989) ist aus Sicht von MICHAELY und SHAW (1994) nicht haltbar, da sie in der Untersuchung von 545 IPOs keine signifikante Korrelation zwischen der Höhe des Underpricing und dem Anteil des Kapitals, das an der Börse emittiert wird, feststellen können. Vgl. MICHAELY, R./ SHAW, W. H., Pricing, 1994, S. 279ff., siehe auch die Ausführungen bei DEGRAW, IRVING H., IPOs, 1999, S. 82f.

britannien durch das *signalling* Modell erklärt werden kann.[609] Neben den oben erwähnten Studien existiert eine Reihe weiterer empirischer Arbeiten zu den *signalling* Modellen, die in Tabelle 22 dargestellt sind.

Tabelle 22: Signalling Modelle als Erklärungsansatz für das Underpricing Phänomen

Hypothese/ Ergebnis	Quelle/ Autor	Empirische Evidenz		Land
1 Emittenten nehmen ein bewusstes Underpricing vor, um damit den Investoren die Qualität ihres Unternehmens zu signalisieren. Bei Folgeemissionen sollen dadurch höhere Emissionserlöse erzielt werden. Dabei wird angenommen, dass (i) die Emittenten über perfekte Informationen verfügen und (ii) die Investoren keinerlei Informationen bezüglich des 'wahren' Wertes des Unternehmens besitzen.	IBBOTSON (1975) ALLEN/ FAULHABER (1989) GRINBLATT/ HWANG (1989) WELCH (1989)	Ja:	WELCH (1989, 1996) KELOHARJU (1993) McGUINESS (1992)	USA Finnland Hongkong
		Nein:	SPIESS/ PETTWAY (1997) MICHAELY/ SHAW (1992) ESPENLAUB/ TONKS (1998) JENKISON (1990) GARFINKEL (1993) RUUD (1990)	UK USA UK USA USA USA
2 Es besteht eine positive Korrelation zwischen der Höhe des Underpricing und der Wahrscheinlichkeit, dass eine Folgeemission durchgeführt wird.	JEGADEESH ET AL. (1993)	Ja:	JEGADEESH ET AL. (1993) KELOHARJU (1993)	Finnland USA
		Nein:	MICHAELY/ SHAW (1994) GARFINKEL (1993) LEVIS (1995)	USA USA UK
3 Es besteht eine positive Korrelation zwischen der Höhe des Underpricing und dem Volumen der bei der Folgeemission platzierten Anteile.	WELCH (1989) JEGADEESH ET AL. (1993)	Ja:	JEGADEESH ET AL. (1993) KASERER/ KEMPF (1995) SCHMIDT ET AL. (1988)	USA } Deutschland }
		Nein:	MICHAELY/ SHAW (1994) KELOHARJU (1993)	USA Finnland
4 Es besteht eine positive Korrelation zwischen der Höhe des Underpricing und der Kürze des Zeitraums, in dem die Folgeemission stattfindet, d. h. je höher das Underpricing, desto kürzer der Zeitraum zwischen IPO und SEO.	JEGADEESH ET AL. (1993)	Ja:	LEVIS (1995) JEGADEESH ET AL. (1993)	UK USA
		Nein:	WELCH (1996) KELOHARJU (1993)	USA Finnland
5 Es besteht eine positive Korrelation zwischen der Höhe des Underpricing und der Höhe der Gewinne bzw. der Höhe der Dividendenauszahlungen in der Zeit nach dem IPO.	ALLEN/ FAULHABER (1989)	Nein:	MICHAELY/ SHAW (1994)	USA

Quelle: Eigene Darstellung, vgl. die jeweilige Primärliteratur.

3.2.6 Ableitung der testbaren Hypothesen aus den *signalling* Modellen

Signalling Modelle weisen einen sehr hohen Komplexitätsgrad auf, da sie das Verhalten mehrerer Personengruppen modellmäßig abbilden. Aufgrund dieses hohen Komplexitätsgrades ist die empirische Überprüfung der *signalling* Modelle problematisch.[610] Es müssen

---

[609] Vgl. hierzu ESPENLAUB, S./ TONKS, I., Sales, 1998, S. 1037ff.
[610] Vgl. WELCH, I., Seasoned offerings, 1989, S. 421ff., vgl. ALLEN, F./ FAULHABER, G. R., Signalling, 1989, S. 303ff., vgl. GRINBLATT, M./ HWANG, C. Y., Signalling, 1989, S. 393ff., vgl. WELCH, I., Seasoned offerings, 1989, S. 421ff. und vgl. CHEMMANUR, T. J., Pricing, 1993, S. 285ff.

vereinfachte Annahmen getroffen werden. In dieser Arbeit wird der Erklärungsgehalt dieser Modelle für das Underpricing am Neuen Markt ökonometrisch untersucht, in dem die folgenden Hypothesen getestet werden:

H 5:   *Es besteht ein positiver Zusammenhang zwischen der Höhe des Underpricing und dem Umfang zukünftiger Folgeemissionen (SEO), d. h. Unternehmen, die nach der Erstemission (IPO) weitere SEOs am Sekundärmarkt durchführen, weisen ein höheres IPO Underpricing auf als Unternehmen, die keine weiteren Kapitalmaßnahmen vornehmen.*

H 6:   *Die Performance der IPO Unternehmen, die weitere Folgeemissionen am Sekundärmarkt durchgeführt haben, ist durchschnittlich besser, als die Performance von IPO Unternehmen, die keine weiteren Folgeemissionen durchgeführt haben.*

H 7:   *Je höher der prozentuale Anteil des an der Börse emittierten Kapitals am gesamten Grundkapital ist, desto geringer fällt das Underpricing aus.*

3.2.7 Ökonometrische Überprüfung der *signalling* Modelle

Zunächst soll der Zusammenhang zwischen der Höhe des Underpricing auf dem Primärmarkt und zukünftigen Folgeemissionen (SEO) auf dem Sekundärmarkt überprüft werden. Hypothese H 5 unterstellt eine positive Beziehung, so dass Unternehmen mit einem oder mehreren SEOs ein größeres Underpricing verzeichnen sollten, als Unternehmen ohne SEOs.

Zur Überprüfung dieser Hypothese wird zunächst die SEO Aktivität der IPO Unternehmen für einen Zeitraum von bis zu zwei Jahren nach dem ersten Handelstag analysiert. Da der Handel am Neuen Markt zum 5. Juni 2003 eingestellt wurde, können nur solche Unternehmen in der folgenden Untersuchung berücksichtigt werden, die vor dem 5. Juni 2001 an den Neuen Markt emittiert wurden. Durch diese Restriktion verringert sich die Gesamtstichprobe von 328 auf 324 Unternehmen.[611] Von diesen 324 untersuchten IPOs haben 89 Unternehmen innerhalb von zwei Jahren nach dem Börsengang eine oder mehrere SEOs vorgenommen.

---

[611]   Es werden im weiteren Verlauf die folgenden IPO Unternehmen aus der Untersuchung ausgeschlossen: PULSION Medical Systems AG, W.O.M. World of Medicine AG, init innovation in traffic systems AG und REpower Systems AG.

Im nächsten Schritt wird die Gesamtstichprobe in zwei Teilstichproben aufgeteilt. Die erste Gruppe enthält jene 89 IPO Unternehmen, die nach dem Börsengang eine oder mehrere Kapitalmaßnahmen am Neuen Markt durchgeführt haben.[612] Der zweiten Teilstichprobe werden die restlichen 235 IPO Unternehmen zugeteilt, die keine spätere Folgeemission vorgenommen haben. Durch diese Vorgehensweise kann überprüft werden, ob die Unternehmen, die nach der Börseneinführung mindestens eine Folgeemission durchgeführt haben, ein höheres durchschnittliches Underpricing aufweisen, als die Vergleichsstichprobe.[613] Die zu testende Nullhypothese H_0 lautet, dass die durchschnittlichen *initial returns* der beiden gebildeten Stichproben identisch sind:

H_0: $IR_{Gruppe1} = IR_{Gruppe2}$ H_A: $IR_{Gruppe1} \neq IR_{Gruppe2}$ bzw.

H_0: $IR_{Gruppe1} - IR_{Gruppe2} = 0$ H_A: $IR_{Gruppe1} - IR_{Gruppe2} \neq 0$

Um Hypothese H 5 testen zu können, müssen zunächst die *initial returns* der beiden Teilstichproben ermittelt werden. Tabelle 23 zeigt die Ergebnisse dieser Berechnungen. Es fällt auf, dass die erste Teilstichprobe (Gruppe I), d. h. die IPO Unternehmen, die am Neuen Markt innerhalb der ersten zwei Jahre nach dem Börsengang mindestens eine Folgeemission durchgeführt haben, ein deutlich höheres durchschnittliches Underpricing (71,10%) aufweist als die Vergleichsgruppe II, deren durchschnittliches Underpricing lediglich 40,81% beträgt.

---

[612] In der Literatur wird teilweise auch die Periode von drei Jahren zur Überprüfung der *Signalling* Hypothese verwendet. Vgl. dazu beispielsweise JEGADEESH, N./ WEINSTEIN, M./ WELCH, I, Investigation, 1993, S. 153ff. Da allerdings davon auszugehen ist, dass die jungen und wachstumsstarken Unternehmen des Neuen Marktes einen kürzeren Zyklus in Bezug auf die Aufnahme von „frischem" Kapital besitzen, wird der Zeitraum in dieser Untersuchung auf zwei Jahre festgelegt.

[613] Vgl. dazu auch die Ergebnisse bei WEINBERGER, A., Going publics, 1995, S. 108ff.

Tabelle 23:   *Underpricing von IPO Unternehmen mit SEO Aktivitäten im Vergleich zu IPO Unternehmen ohne SEO Aktivitäten*

	Gruppe I IPOs mit SEOs	Gruppe II IPOs ohne SEOs	Differenz
N	89	235	
Ø IR[1] (t-Wert) [p-Wert]	71,10% (7,554)*** [0,000}	40,81% (10,004)*** [0,000]	
Ø IR Differenz[2] (t-Wert) [p-Wert]			30,29% (-3,440)*** [0,001]

Anmerkungen: N: Anzahl der untersuchten IPOs; IR: initial return.
* Signifikant zum 1%-Niveau, ** Signifikant zum 5%-Niveau, *** Signifikant zum 10%-Niveau.
[1]: Getestet wird jeweils, ob der initial return , d. h. der Mittelwert der jeweiligen Gruppe, signifikant von Null verschieden ist. Für diesen Test wird die um die Schiefeeffekte adjustierte Teststatistik nach LYON, BARBER und TSAI (1999) angewendet, wobei der p-Wert über ein bootstrapping Verfahren ermittelt wird. Vgl. dazu auch die Ausführungen im zweiten Teil dieser Arbeit.
[2]: Getestet wird, ob die Differenz der initial returns, d. h. die Differenz der Mittelwerte, signifikant von Null verschieden ist. Für die Mittelwerte kommt ein t-Test für zwei unabhängige Stichproben zur Anwendung.
Quelle: Eigene Berechnungen.

Die in Tabelle 23 dargestellten Ergebnisse sind auf einem 1%-igen Niveau signifikant, so dass die Nullhypothese, dass sich die *initial returns* der beiden Stichproben nicht unterscheiden, verworfen werden kann. Durch den empirischen Test kann somit der in Hypothese H 5 unterstellte positive Zusammenhang zwischen Underpricing und späteren Kapitalmaßnahmen bestätigt werden. Das auf WELCH (1989) und ALLEN/ FAULHABER (1989) zurückgehende *signalling* Modell, nach dem die IPO Unternehmen das Underpricing bewusst vornehmen, weil sie weitere Kapitalmaßnahmen in Zukunft planen, könnte ein möglicher Erklärungsansatz für das Underpricing der IPOs am Neuen Markt sein.

Aus der empirischen Bestätigung des positiven Zusammenhangs zwischen dem Underpricing und den zukünftigen SEO Aktivitäten der IPO Unternehmen, ergibt sich die Frage, ob die IPO Unternehmen am Neuen Markt tatsächlich ihre Folgeemissionen zu einem im Vergleich zum Emissionspreis höheren Marktpreis durchführen konnten. Die höheren Emissionserlöse aus diesen SEO Aktivitäten würden dann die geringeren Emissionserlöse aus der Erstemission aufgrund der mit dem Underpricing verbundenen Opportunitätskosten kompensieren.[614]

Aus diesen Überlegungen wurde Hypothese H 6 abgeleitet, die unterstellt, dass IPOs mit durchgeführten Folgeemissionen eine höhere Sekundärmarktperformance aufweisen, als

---

[614] Auf diese Weise erzielt der Emittent bei Betrachtung beider Emissionen (IPOs und SEOs) einen höheren Gesamterlös für seine Eigenkapitalanteile erzielen. Vgl. ALLEN, F./ FAULHABER, G. R., Signalling, 1989, S. 306f.

IPO Unternehmen, die keine weiteren SEO Aktivitäten vorgenommen haben. Die Überprüfung dieser Hypothese erfolgt über einen Vergleich der Sekundärmarktperformance der IPOs aus den zuvor gebildeten Gruppen I und II für einen Zeitraum von bis zu 2 Jahren nach dem ersten Handelstag. Die jeweilige Sekundärmarktperformance ist in Abbildung 27 dargestellt.

Abbildung 27: Vergleich der Sekundärmarktperformance von IPOs mit SEO Aktivitäten (Gruppe I) und IPOs ohne SEO Aktivitäten (Gruppe II)

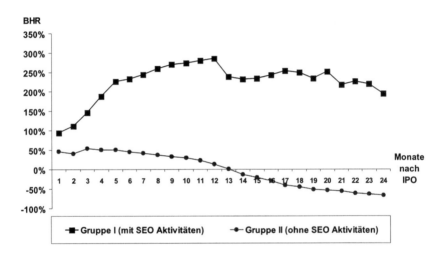

Quelle: Eigene Berechnungen und Darstellung.

Aus Abbildung 27 wird ersichtlich, dass die Sekundärmarktperformance für die beiden untersuchten Stichproben über einen Zeitraum von zwei Jahren signifikant unterschiedlich verläuft. Während die IPOs mit SEO Aktivitäten bis ca. ein Jahr nach dem ersten Handelstag einen deutlichen Anstieg um ca. 200%-Punkte verzeichnen, setzt bei Gruppe II bereits ab dem dritten Monat nach der Börseneinführung ein Abwärtstrend ein, der sich bis zum Ende des Untersuchungszeitraumes erstreckt. Ab dem 13. Monat nach der Börseneinführung weisen die 235 IPOs ohne SEO Aktivitäten (Gruppe II) eine deutliche Underperformance auf, die 24 Monate nach Börseneinführung durchschnittlich -66% beträgt.

Mit Hilfe des nichtparametrischen WILCOXON-Test wird überprüft, ob der Sekundärmarktverlauf der beiden Gruppen signifikant verschieden ist. Die Nullhypothese, dass sich der Renditeverlauf der Gruppe I von dem Renditeverlauf der Gruppe II nicht unterscheidet, muss bei einem Testwert von -4,286 auf dem 1%-Signifikanzniveau verworfen werden. Die IPOs aus Gruppe I weisen folglich einen signifikant besseren Performanceverlauf auf, als die IPOs aus Gruppe II. Hypothese H 6 kann somit bestätigt werden. Diese empirischen Ergebnisse unterstützen erneut das *signalling* Modell.

Abschließend soll Hypothese H 7 überprüft werden, die im Wesentlichen aus dem Modellansatz von GRINBLATT/ HWANG (1989) abgeleitet wurde.[615] GRINBLATT/ HWANG (1989) unterstellen einen negativen Zusammenhang zwischen dem Underpricing und dem Anteil des an der Börse eingeführten Kapitals am gesamten Grundkapital. Das Underpricing am Neuen Markt sollte demnach um so höher sein, je geringer der Anteil ist, der im Rahmen des Börsengangs vom Grundkapital verkauft wird. Der sich am Kapitalmarkt im Umlauf befindliche Anteil am Grundkapital wird auch als Streubesitz bzw. *free-float* bezeichnet. Abbildung 28 stellt den Zusammenhang zwischen der Höhe des Underpricing und der Höhe des *free-floats* für die IPOs am Neuen Markt in einer Punktwolke dar.[616]

Abbildung 28:   Underpricing in Abhängigkeit des free-floats (Punktwolke)

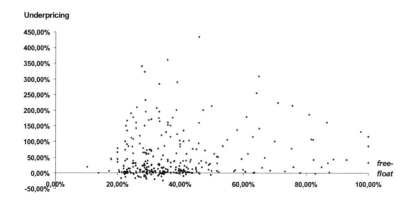

Quelle: Eigene Darstellung.

Aus Abbildung 28 ist zunächst keine eindeutige Abhängigkeit der beiden untersuchten Größen zu erkennen. Auffällig ist lediglich, dass eine Konzentration des *free-floats* der IPO Un-

---

[615]   Vgl. GRINBLATT, M./ HWANG, C. Y., Signalling, 1989, S. 393ff.
[616]   Allerdings reduziert sich der Untersuchungsumfang um 11 auf 317 IPO Unternehmen, da für diese Unternehmen keine verifizierten Daten über deren *free-float* zum Zeitpunkt des Börsengangs ermittelt werden konnte.

ternehmen zwischen 20% bis 40% zu beobachten ist.[617] Ein negativer Zusammenhang, so wie ihn Hypothese H 7 unterstellt, kann allerdings durch diese Darstellung nicht bestätigt werden.

Ob am Neuen Markt ein negativer Zusammenhang zwischen den Größen Underpricing und *free-float* besteht, soll nunmehr ökonometrisch überprüft werden. Dazu wird die Gesamtstichprobe in vier Klassen aufgeteilt. Die Klasseneinteilung wird dabei so gewählt, dass einerseits wichtige Mitsprachebestimmungen, die am deutschen Kapitalmarkt bestehen, berücksichtigt werden.[618] Andererseits orientiert sich die Klasseneinteilung an früheren Untersuchungen, um dadurch einen Vergleich mit diesen Untersuchungen zu ermöglichen.[619] Die untersuchten IPO Unternehmen werden anschließend, je nach Höhe des emittierten Anteils am Grundkapital, den jeweiligen Klassen zugeordnet. Tabelle 24 zeigt das Underpricing in Abhängigkeit der gebildeten Klassen, sowie die Ergebnisse früherer Studien zur *signalling* Hypothese.

Tabelle 24: *Free-float und Underpricing am Neuen Markt im Vergleich zu ausgewählten früheren Untersuchungen*

	Eigene Untersuchung (1997 bis 2003)		Frühere Untersuchungen	
			HUNGER (1997 bis 1999)	KASERER/ KEMPF (1983 bis 1992)
Free-float	N	Underpricing	Underpricing	Underpricing
0,00% < x ≤ 25,00%	57	20,66%	53,62%	16,78%
25,00% < x ≤ 33,33%	93	29,43%	52,41%	14,83%
33,33% < x ≤ 50,00%	120	40,05%	60,20%	12,09%
50,00% < x ≤ 100,00%	47	70,94%	61,10%	8,30%

Quelle: Eigene Berechnungen, vgl. auch HUNGER, A., IPO, 2001, S. 163 und KASERER, C./ KEMPF, V., Underpricing, 1995, S. 52.

Wie aus Tabelle 24 erkennbar ist, wird das Underpricing am Neuen Markt mit der Höhe des *free-floats* nicht geringer, so wie Hypothese H 7 unterstellt, sondern nimmt mit steigendem *free-float* zu. Der Zusammenhang zwischen dem Underpricing und dem Anteil des emittierten Grundkapitals scheint deshalb nicht negativ, sondern viel eher positiv zu sein.

---

[617] Es ist zu vermuten, dass die IPO Unternehmen u. a. die Höhe des Streubesitzes aufgrund der in Deutschland herrschenden Mitsprachemöglichkeiten festlegen. Vgl. dazu auch Fußnote 618. Es sind die vorgeschriebenen Mindestwerte aus dem Regelwerk des Neuen Marktes zu beachten. Vgl. dazu auch die Ausführungen im ersten Teil dieser Arbeit, Kapitel 2.2.

[618] Beispielsweise liegt bei 25% eine Sperrminorität vor, mit der Abstimmungsentscheidungen, die eine qualifizierte Mehrheit erfordern, verhindert werden können. Ab einem Stimmenanteil von mehr 50% hat man die Kontrolle über ein Unternehmen.

[619] Vgl. HUNGER, A., IPO, 2001, S. 163, siehe auch KASERER, C./ KEMPF, V., Underpricing, 1995, S. 52.

Die statistische Überprüfung dieser Vermutung erfolgt mit Hilfe des Rangkorrelationskoeffizienten von SPEARMAN (r_{sp}). Es errechnet sich für den Koeffizienten von SPEARMAN ein positiver Wert von r_{sp} = 0,127. Damit lässt sich statistisch ein positiver Zusammenhang zwischen der Höhe des an der Börse eingeführten Grundkapitals und der Höhe des Underpricing für den Neuen Markt ermitteln. Dies steht im Widerspruch zu Hypothese H 7. Zur Überprüfung, ob die Höhe des Underpricing und die Höhe des an den Börsen eingeführten Kapitals am gesamten Grundkapital voneinander unabhängig sind, wird zudem ein Unabhängigkeitstest mit Hilfe des Rangkorrelationskoeffizienten von SPEARMAN (r_{sp}) durchgeführt.[620] Dabei lautet die Nullhypothese, dass die beiden untersuchten Größen voneinander unabhängig sind.[621] Es errechnet sich eine Teststatistik von 2,258, so dass die Nullhypothese auf einem 5% Signifikanzniveau verworfen werden kann. Die beiden Größen sind folglich abhängig voneinander und stehen in einem positiven Zusammenhang. Hypothese H 7 ist damit zu verwerfen.

Die Ablehnung der aus dem Modell von GRINBLATT/ HWANG (1989) abgeleiteten Hypothese H 7 sollte aber nicht überbewertet werden. GRINBLATT/ HWANG (1989) weisen selbst in ihrem Aufsatz darauf hin, dass Verwerfung und Annahme der aus ihrem Modell abzuleitenden Hypothesen vorsichtig zu interpretieren sind, da bei der empirischen Prüfung eine Vielzahl von Faktoren, die den Emissionspreis beeinflussen können, vernachlässigt werden.[622] Auch frühere Untersuchungen zum Modell von GRINBLATT/ HWANG (1989) für den deutschen Kapitalmarkt weisen unterschiedliche empirische Ergebnisse auf. Während KASERER/ KEMPF (1995) für den Zeitraum von 1983 bis 1992 insgesamt 171 IPOs am deutschen Kapitalmarkt untersuchen und den in der *signalling* Hypothese formulierten negativen Zusammenhang zwischen dem Underpricing und dem *free-float* bestätigen können, kommt HUNGER (2001), der bei der Überprüfung der *signalling* Hypothese nur auf die Erstemissionen des Neuen Marktes zurückgreift, zu einem ähnlichen Untersuchungsergebnis wie diese Arbeit. HUNGER (2001) stellt ebenfalls keinen negativen, sondern einen positiven Zusammenhang zwischen dem Underpricing und der Höhe des emittierten Anteils am Grundkapital fest. Da die vorliegende Arbeit erneut den von GRINBLATT/ HWANG (1989) aufgestellten Modellansatz zur Erklärung des Underpricing für den Neuen Markt ablehnt, scheint dieser Ansatz das Underpricing am Neuen Markt nicht erklären zu können.

---

[620] Ein ähnliches Vorgehen wählt auch WEINBERGER, A., Going publics, 1995, S. 114, der allerdings für den deutschen Markt, ähnlich wie KASERER/ KEMPF (1995) einen negativen Zusammenhang zwischen Underpricing und Höhe des emittierten Grundkapitals konstatieren kann.

[621] Vgl. zum Vorgehen beim Unabhängigkeitstest die Ausführungen in Kapitel 1.

[622] Vgl. dazu auch GRINBLATT, M./ HWANG, C. Y., Signalling, 1989, S. 415, siehe auch WEINBERGER, A., Going publics, 1995, S. 114.

Zusammenfassend lässt sich aus den empirischen Analysen der verschiedenen Facetten des *signalling* Modells ein hoher Erklärungsgehalt für das Underpricing am Neuen Markt ableiten. Zwar kann Hypothese H 7 nicht bestätigt werden. Allerdings führt die ökonometrische Überprüfung der Hypothesen H 5 und H 6 zu der Schlussfolgerung, dass die Emittenten durch ein bewusstes Underpricing die Gunst der Investoren erwerben wollen, mit der Intention - nach erfolgreich aufgebautem Finanzstanding - zu einem späteren Zeitpunkt weitere Kapitalmaßnahmen auf dem Sekundärmarkt vorzunehmen. Es kann demnach IBBOTSON (1975) zugestimmt werden, dass das Underpricing *"a good taste in investors´ mouths"* hinterlassen soll.[623]

3.3 Weitere informationsorientierte Erklärungsmodelle

Im Folgenden werden drei weitere auf asymmetrischer Informationsverteilung basierende Erklärungsansätze für das Underpricing Phänomen vorgestellt. Da für deren Überprüfung spezielle Nachfrage- und Rationierungsdaten erforderlich sind, die in Deutschland nicht veröffentlicht werden bzw. nicht zur Anwendung kommen, können diese Modelle nicht auf deren Relevanz für das Underpricing Phänomen am Neuen Markt ökonometrisch getestet werden. Wenn auch keine statistische Überprüfung dieses Modellansatzes möglich ist, so soll doch der theoretische Erklärungsansatz für das Underpricing Phänomen am Neuen Markt kritisch diskutiert werden.

3.3.1 Das *principal-agent* Modell von BARON (1982): Informationsasymmetrien zwischen Emittent und Emissionsbank

Das Modell von BARON (1982) erklärt das Underpricing Phänomen auf dem Emissionsmarkt aufgrund von bestehenden Informationsasymmetrien zwischen dem Emittenten und der Emissionsbank.[624] Dabei wird davon ausgegangen, dass die Emissionsbank einen Informationsvorsprung gegenüber dem Emittenten hinsichtlich des Nachfrageverhaltens der Investoren am IPO Markt besitzt.

"...the banker has better information about the likely market demand than does the issuer."[625]

---

[623] IBBOTSON, R. G., Performance, 1975, S. 264.

[624] BARON (1982) wählt in seinem Ansatz eine sehr mathematische Vorgehensweise, ohne die ökonomischen Zusammenhänge zu verdeutlichen. Im folgenden Kapitel werden die ökonomischen Kernaussagen des Modells als Erklärungsansatz für das Underpricing herausgestellt. Vgl. BARON, D. P., Model, 1982, S. 955ff. Das Modell bezieht sich dabei teilweise auf Ausführungen von BARON/ HOLMSTRÖM (1980). Vgl. dazu BARON, D. P./ HOLMSTRÖM, B., Investment, 1980, S. 1115ff.

[625] BARON, D. P., Model, 1982, S. 957.

BARON (1982) nimmt an, dass der Emissionserlös vor allem von der Höhe des erzielten Emissionspreises abhängt.[626] Der Emissionspreis wiederum ist eine Funktion der erwarteten Nachfrage. In dem Modell wird nun angenommen, dass die Emissionsbank die erwartete Nachfrage über spezifische nachfrageorientierte Verkaufsanstrengungen beeinflussen kann. Durch umfangreiche Verkaufsbemühungen ist die Emissionsbank also grundsätzlich in der Lage, den maximal möglichen Emissionspreis zu erzielen, zu dem die Emission gerade noch vollständig platziert werden kann.[627] Der Emittent möchte diese Fähigkeit der Emissionsbank nutzen und überlässt daher die Emissionspreisfestsetzung vollkommen der Emissionsbank. Inwiefern nun aber die Emissionsbank tatsächlich Verkaufsanstrengungen vornimmt und sich bemüht, den maximalen Emissionspreis zu erzielen, kann der Emittent aufgrund seiner fehlenden Kenntnisse bezüglich des Nachfrageverhaltens der Investoren weder einschätzen noch kontrollieren.[628]

„...the banker has the opportunity through its advisement function to recommend an offer price that is contrary to the issuer´s interests, and because of his limited information, the issuer is unable to determine if the recommended price is appropriate." [629]

Die Emissionsbank könnte deshalb dazu verleitet werden, nicht den maximal erzielbaren Emissionspreis anzustreben, da dieser nur mit entsprechend hohen Verkaufsanstrengungen am Markt durchgesetzt werden kann. Stattdessen wäre es für die Emissionsbank einfacher, einen niedrigeren Emissionspreis anzusetzen, der zudem eine vollständige Platzierung der Emission erleichtern würde. In dieser *principal-agent* Beziehung zwischen dem Emittenten und der Emissionsbank kann deshalb das Problem des *moral hazard* auftreten.[630]

BARON (1982) kann in seinem Modell zeigen, dass der erwartete Emissionserlös bei asymmetrisch verteilten Informationen stets geringer ausfällt als bei symmetrisch verteilten Informationen. Der Emittent könnte folglich einen höheren Emissionspreis erzielen, wenn er keinen Informationsnachteil gegenüber der Emissionsbank hätte bzw. wenn die *moral hazard* Problematik nicht existieren würde.[631] Das *moral hazard* Problem könnte verhindert werden, wenn der Emittent die Aktivitäten der Emissionsbank beurteilen bzw. überwachen könnte.

---

[626] Vgl. BARON, D. P., Model, 1982, S. 958f.

[627] Vgl. SCHWEINITZ, J., Renditeentwicklungen, 1997, S. 89.

[628] Die Emissionsbank ist vor allem daran interessiert, durch ein bewusstes Underpricing das Platzierungsrisiko zu reduzieren. Siehe hierzu auch die Ausführungen in Kapitel 4.1.1.

[629] BARON, D. P./ HOLMSTRÖM, B., Investment, 1980, S. 1116.

[630] Deshalb wird das Modell von BARON (1982) auch vereinzelt in der Literatur als *moral-hazard* Modell bezeichnet. Siehe hierzu DAWSON, S. M., Stock, 1987, S. 65ff., siehe auch BILL, M., Emissionspreisfestsetzung, 1991, S. 95f.

[631] Vgl. BARON, D. P., Model, 1982, S. 955ff. und S. 963.

Dann würde die Emissionsbank nämlich die notwendigen Verkaufsanstrengungen erbringen müssen, die erforderlich sind, um die Nachfrage nach dem IPO so weit zu steigern, dass ein maximaler Emissionspreis für den Emittenten erzielt werden kann.[632] Da es dem Emittenten jedoch i. d. R. nicht möglich ist, diese Aktivitäten der Emissionsbank zu kontrollieren, muss er ein Underpricing im Sinne einer Kompensation für die Nutzung der Informationen über das Nachfrageverhalten der Investoren akzeptieren.[633] Wie in dem Modell von BEATTY und RITTER (1986) geht BARON (1982) auch in seinem Modell davon aus, dass der Emittent mit einem um so geringeren Emissionspreis und folglich mit einem um so größeren Underpricing rechnen muss, je größer die ex ante-Unsicherheit über die zu erwartende Nachfrage auf dem Sekundärmarkt ist.

„The issuer ... also would be willing to accept a lower price the greater is their uncertainty about the market demand for the issue."[634]

Das Modell von BARON gilt in der Literatur als nicht bestätigt. Allerdings sollte die Existenz von Informationsasymmetrien zwischen Emittent und Emissionsbank deshalb nicht kategorisch abgelehnt werden. Sehr fragwürdig bleibt jedoch die Annahme in BARON´S Modell, dass der Emittent bereit ist, den Informationsvorsprung der Emissionsbank durch ein zusätzliches Underpricing zu vergüten. Denn warum sollte der Emittent, neben der ohnehin schon zu entrichtenden ausgehandelten Provision an die Emissionsbank, eine weitere zusätzliche „Informationsnutzungsvergütung" in Form des Underpricing zahlen. Dies ließe sich nur mit einer starken Monopolstellung der Emissionsbank begründen.[635] Allerdings geht BARON (1982) auf Marktunvollkommenheiten in seiner Modelldarstellung gar nicht ein.

In der Literatur erfolgt die Überprüfung des Modells von BARON (1982) i. d. R. dadurch, dass das Underpricing sogenannter Selbstemissionen überprüft wird. Unter einer Selbstemission versteht man den Börsengang einer Emissionsbank, die ihre eigenen Aktien platziert. Die empirische Überprüfung erfolgt deshalb mit Hilfe von Selbstemissionen, weil in diesem speziellen Fall der Emittent und die Emissionsbank identisch sind und folglich keine Informationsasymmetrien bestehen können.[636] Sollte also das Underpricing Phänomen auf die von

---

[632]   Zu dem die Emission noch vollständig platziert werden kann. Vgl. SCHWEINITZ, J., Renditeentwicklungen, 1997, S. 89f.
[633]   Vgl. WILKENS, M./ GRAßHOFF, A., Underpricing, 1999, S. 30.
[634]   BARON, D. P., Model, 1982, S. 976.
[635]   Vgl. dazu die Ausführungen in Kapitel 4.1.1.
[636]   Vgl. WILKENS, M./ GRAßHOFF, A., Underpricing, 1999, S. 30.

BARON (1982) genannten Gründe zurückzuführen sein, so müsste folglich das Underpricing bei den Selbstemissionen besonders niedrig sein bzw. gegen Null konvergieren.[637]

MUSCARELLA und VETSUYPENS (1989) testen für den Zeitraum von 1970 bis 1987 das Modell von BARON (1982) für den US-amerikanischen Kapitalmarkt, in dem sie die Selbstemission von 37 Emissionsbanken untersuchen. Dabei beträgt das durchschnittliche Underpricing bei Selbstemissionen 12,6%, während das Underpricing in der Kontrollstichprobe, die keine Selbstemissionen enthält, mit lediglich 3% signifikant geringer ausfällt. Demzufolge können MUSCARELLA und VETSUYPENS (1989) die Hypothesen des Modells von BARON (1982) nicht unterstützen.[638]

CHEUNG und KRINSKY (1994) untersuchen das Modell von BARON (1982) für sämtliche Investmentbanken, die in dem Zeitraum von 1982 bis 1988 den Gang an die Börse in Kanada vollzogen haben. Auch die Ergebnisse dieser empirischen Untersuchung falsifizieren die Hypothese von BARON (1982).[639] Ebenfalls kommen BILL (1991) und KUNZ (1991) in ihren empirischen Untersuchungen zu dem Ergebnis, dass das Underpricing für die IPOs aus Selbstemissionen signifikant höher - und nicht niedriger - ist, als bei den Kontrollgruppen. Aus diesem Grund lehnen auch sie das Modell von BARON (1982) als Erklärungsansatz für das Underpricing ab.[640] AGGARWAL/ LEAL und HERNANDEZ (1993) negieren ebenfalls das Modell von BARON (1982).[641] In Tabelle 25 werden die wichtigsten testbaren Hypothesen sowie die empirischen Untersuchungen zu dem *principal-agent* Modell zusammengefasst.

---

[637] Vgl. WEINBERGER, A., Going public, 1995, S. 105.

[638] Vgl. MUSCARELLA, C. J./ VETSUYPENS, M. R., Test, 1989, S. 125ff.

[639] Vgl. CHEUNG, S. C./ KRINSKY, I., Information, 1994, S. 746.

[640] Vgl. BILL, M., Emissionspreisfestsetzung, 1991, S. 56 und S. 99, siehe auch KUNZ, R. M., Going public, 1991, S. 87-89.

[641] AGGARWAL/ LEAL und HERNANDEZ (1993) untersuchen den chilenischen Kapitalmarkt. Dort werden Aktien ohne Beteiligung von Emissionsbanken direkt von den Emittenten mittels eines Auktionsverfahrens plaziert. Trotzdem sind auch dort positive Emissionsrenditen nachweisbar, so dass sie zu dem Ergebnis kommen, dass Informationsasymmetrien zwischen dem Emittenten und der Emissionsbank nicht als Ursache für das Underpricing angesehen werden können. Vgl. AGGARWAL, R./ LEAL, R./ HERNANDEZ, L., Performance, 1993, S. 52.

Tabelle 25: Das principal-agent Modell als Erklärungsansatz für das Underpricing
Phänomen

Hypothese/ Ergebnis	Quelle/ Autor	Empirische Evidenz	Land
1 Wird unterstellt, dass (i) die Emissions-banken über einen Informationsvorsprung hinsichtlich des Nachfrageverhaltens der Investoren nach den IPOs verfügen und (ii) dass die Verkaufsanstrengungen der E-missionsbank nicht kontrollierbar sind, so werden die Emittenten einem Underpricing bewusst zustimmen.	BARON (1982) BARON/ HOLMSTRÖM (1980)	Ja: MUSCARELLA/ VETSUYPENS (1989) Nein: BARRY ET AL. (1990)	USA USA
2 Selbstemissionen weisen ein geringeres Underpricing auf als konventionelle Emissionen, da Emittent und Emissionsbank identisch sind und deshalb keine Informationsasymmetrien bestehen können.	MUSCARELLA/ VETSUYPENS (1989)	Nein: MUSCARELLA/ VETSUYPENS (1989) CHEUNG/ KRINSKY (1994) BILL (1991) KUNZ (1991)	USA Kanada Schweiz Schweiz
3 IPOs mit einem großen Emissionsvolumen bedürfen größerer Verkaufsanstrengungen der Emissionsbanken. Deshalb wird bei solchen IPOs ein höheres Underpricing vorgenommen.	MICHAELLY/ SHAW (1994)	Ja: MICHAELLY/ SHAW (1994)	USA

Quelle: Eigene Darstellung, vgl. die jeweilige Primärliteratur.

Aus dem theoretischen Modell von BARON (1982) lässt sich prinzipiell die testbare Hypothese ableiten, dass die Höhe des Underpricing bei Selbstemissionen nicht signifikant von Null verschieden ist. Das Modell von BARON (1982) kann allerdings für den Neuen Markt empirisch nicht überprüft werden, da am Neuen Markt keine Selbstemissionen stattgefunden haben. Selbstemissionen sind am deutschen Kapitalmarkt sehr ungewöhnlich. Dies hängt damit zusammen, dass am deutschen Kapitalmarkt, d. h. sowohl im Amtlichen Handel, im Geregelten Markt als auch im Neuen Markt der Antrag auf Zulassung vom Emittenten nur zusammen mit einem Kreditinstitut, Finanzdienstleistungsinstitut oder einem nach §53 Abs. 1 Satz 1 oder §53b Abs. 1 Satz 1 des Gesetzes über das Kreditwesen tätigen Unternehmen gestellt werden darf.[642] IPOs werden aufgrund dieser Zulassungspflicht immer in Begleitung einer weiteren Emissionsbank durchgeführt. Die Relevanz des Modells von BARON (1982) als Erklärungsansatz für das Underpricing am Neuen Markt kann deshalb ökonometrisch für den Neuen Markt nicht überprüft werden.

---

[642] Vgl. §30 Abs. 2 BörsG in der Fassung vom 21. Juni 2002. Allerdings könnten theoretisch Emittenten, die ein Institut im Sinne des §30 BörsG sind, den Antrag auf Börsenzulassung selber stellen. Selbstemissionen könnten demnach theoretisch auch in Deutschland durchgeführt werden. In der Praxis spielen Selbstemissionen aber am deutschen Kapitalmarkt keine Rolle.

3.3.2 Das Modell von Cho (1987): Informationsasymmetrien zwischen Emittent und Investor/ Emissionsbank

Cho (1987) geht in seinem Modell davon aus, dass der Emittent einen Informationsvorsprung gegenüber den Investoren und der Emissionsbank besitzt.[643] Cho (1987) unterstellt, dass der Emittent den „wahren" Wert seines Unternehmens am besten kennt, so dass er den Gleichgewichtskurs am Emissionstag antizipieren kann. Allerdings kann der Emittent nicht einschätzen, welchen Wert die Investoren der Emission beimessen und ob er die Anleger von dem „wahren" Unternehmenswert tatsächlich überzeugen kann.[644] Der Emittent ist sich deshalb hinsichtlich des gesamten Emissionserfolges unsicher, denn wenn er als Emissionskurs den „wahren" Wert festsetzt, die Investoren jedoch das Unternehmen niedriger bewerten, kann die Emission nicht vollständig platziert werden. Um dieses Platzierungsrisiko zu verringern, akzeptiert er einen Emissionspreis, der unter dem von ihm als angemessen betrachteten „wahren" Unternehmenswert liegt. Dieser Abschlag bzw. dieses Underpricing stellt somit eine Prämie für eine vollständige Platzierung der Emission dar. Die Höhe des vorzunehmenden Underpricing hängt, wie bereits bei Beatty und Ritter (1986) von der ex ante-Unsicherheit der Investoren über den Marktgleichgewichtskurs bzw. den ersten Sekundärmarktkurs der Aktien ab. Je größer diese ex ante-Unsicherheit, desto größer wird auch das Underpricing sein.[645] Der Emittent versucht also durch ein bewusstes Underpricing diese ex ante-Unsicherheit zu reduzieren und dadurch eine vollständige Platzierung zu gewährleisten.

Allerdings existiert eine Grenze für den Preisabschlag, ab der ein rational handelnder Emittent nicht mehr bereit ist, ein weiteres Underpricing zu akzeptieren. Cho (1987) leitet diese Schwelle wie folgt her: Er unterstellt, dass die Emissionserlöse für die Finanzierung von Investitionen mit einem positiven Kapitalwert[646] verwendet werden.[647] Durch das bewusste Underpricing verzichtet der Emittent auf einen Teil des potentiellen Emissionserlöses. Diese „Opportunitätskosten" berücksichtigt der Emittent nun in seinen Investitionsberechnungen. Die Höhe des Underpricing ist demnach für den Emittenten optimal, wenn der erwartete Ka-

---

[643] Da das *working paper* von Cho, S. I., An alternative model to resolve the underpricing puzzle of initial public offerings, 1987, nicht verfügbar war, wird für die folgende Darstellung auf die Ausführungen von Döhrmann, A., Underpricing, 1990, S. 354ff. zurückgegriffen.
[644] Vgl. Weinberger, A., Going publics, 1995, S. 115.
[645] Vgl. Döhrmann, A., Underpricing, 1990, S. 354ff.
[646] Der Kapitalwert wird durch Abzinsen aller Zahlungen auf den Anfangszeitpunkt t=0 berechnet. Er ist also der Barwert aller Zahlungen: $C_0 = \sum_{t=0}^{T} \frac{z_t}{(1+i)^t}$, mit C_0= Kapitalwert, i= Zinssatz, z_t= Zahlungen.
[647] Vgl. Schweinitz, J., Renditeentwicklungen, 1997, S. 90.

pitalwert der Investition abzüglich der Kosten des Underpricing maximal ist.[648] Damit besteht aber die Gefahr, dass sich bei Investitionen, die ohnehin schon niedrige Kapitalwerte besitzen, durch die Berücksichtigung dieser Opportunitätskosten letztlich negative Kapitalwerte ergeben werden. Der Emittent wird deshalb nur so lange Underpricing akzeptieren, wie sein gesamter Kapitalwert positiv bleibt.

CHO (1987) trifft darüber hinaus die Annahme, dass die Emittenten grundsätzlich den Emissionspreis so hoch wie möglich festsetzen werden. Häufig versuchen Emittenten sogar einen Emissionspreis am Markt durchzusetzen, der oberhalb des von ihnen als „wahr" empfundenen Unternehmenswertes liegt.[649] Der Grund für dieses Verhalten liegt darin, dass die Emittenten, sollten sie einen solch hohen Emissionspreis am IPO Markt erzielen können, dann auch Investitionen mit niedrigeren Kapitalwerten durchführen könnten.[650] Dass es in der Realität nicht viel häufiger zu Overpricing kommt, begründet CHO (1987) zum einen damit, dass sich dann die Anleger langfristig nicht mehr an der Zeichnung von Emissionen beteiligen und dadurch der Emissionsmarkt zusammenbrechen würde.[651] Zum anderen steht die mit der Emission beauftragteEmissionsbank als ausgleichender Faktor zwischen den Interessen der beiden Parteien und sorgt dafür, dass Overpricing nicht häufiger vorkommt. Denn sollten die IPOs einer Emissionsbank regelmäßig überbewertet sein, so wird diese Emissionsbank langfristig ihre Reputation sowie Marktanteile verlieren.[652]

Das Modell von CHO (1987) konnte sich in der Literatur nicht durchsetzen. Dies hängt vor allem damit zusammen, dass in diesem mathematischen Modell sehr unrealistische Annahmen getroffen werden. CHO (1987) geht beispielsweise davon aus, dass die Investoren zwar nicht den „wahren" Wert der Emission kennen, dass sie aber exakt beurteilen können, bei welchem Emissionspreis der Gewinn der Emissionsbank gerade Null ist.[653] Nur in diesem speziellen Fall können die Investoren davon ausgehen, dass es sich um einen fairen Emissionspreis bzw. um einen für sie vorteilhaften Gleichgewichtskurs handelt. Deshalb werden in dem Modell von CHO (1987) die Anleger die Emission nur dann zeichnen, wenn der Ge-

---

[648] Vgl. BLÄTTCHEN, W./ JACQUILLAT, B., Börseneinführung, 1999, S. 203.
[649] Die Emittenten nehmen dann ein bewusstes Overpricing vor.
[650] Vgl. DÖHRMANN, A., Underpricing, 1990, S. 357f.
[651] Da viele Emittenten Folgeemissionen durchführen wollen, werden sie ein Interesse daran haben, dass es nicht zu einem Marktversagen kommt.
[652] Vgl. hierzu auch Kapitel 4.4.
[653] Übernimmt die Emissionsbank eine Emission im Festpreisverfahren mit Übernahmegarantie, so ergibt sich der Gewinn für die Emissionsbank bei einer vollständigen Platzierung durch die Provisionserlöse abzüglich der Kosten für die notwendige Informationsbeschaffung zur Ermittlung der ex ante-Unsicherheit. Kann die Emissionsbank die Emission nicht vollständig platzieren, so muss sie die jeweiligen unterbewerteten bzw. überbewerteten Aktien in den Eigenbestand aufnehmen. Bei diesem Szenario erhöht bzw. vermindert sich der Gewinn entsprechend.

winn der Emissionsbank genau Null ist. Es ist jedoch schwer vorstellbar, dass diese Prämisse in der Realität zutrifft.[654]

3.3.3 Das Modell von BENVENISTE und SPINDT (1989): Informationsasymmetrien zwischen Emissionsbank und Investoren

BENVENISTE und SPINDT (1989) unterstellen in ihrem Modell eine Informationsasymmetrie zwischen der Emissionsbank und den Investoren.[655] Sie nehmen an, dass bei der Emissionsbank eine größere ex ante-Unsicherheit über den voraussichtlichen Gleichgewichtskurs am ersten Börsentag besteht als bei den Investoren.[656] Wie in dem Modell von ROCK (1986), wird auch bei diesem Erklärungsansatz zwischen den informierten und den uninformierten Investoren unterschieden.[657] Allerdings gehen BENVENISTE und SPINDT (1989) in ihrem Modell davon aus, dass die bestehende Informationsasymmetrie zwischen der Emissionsbank und den Investoren mit Hilfe der informierten Anleger reduziert werden kann. Wenn für die informierten Investoren ein Anreiz bestehen würde, zumindest einen Teil ihrer privaten (besseren) Informationen bezüglich des emittierenden Unternehmens an die Emissionsbank weiterzugeben, dann könnte dadurch die asymmetrische Informationsverteilung reduziert und insgesamt die Informationseffizienz auf dem IPO Markt verbessert werden. In dem Modell von BENVENISTE und SPINDT (1989) besteht dieser Anreiz für die informierten Investoren darin, dass sie für die Abgabe von bisher nicht bekannten Informationen, die den Emissionspreis erhöhen und somit das Underpricing reduzieren,[658] von der Emissionsbank mit einer bevorzugten Zuteilung belohnt werden.[659] Die Informationsasymmetrien zwischen der Emissionsbank und den Investoren könnten also mit Hilfe dieser Preisfestsetzungs- und Zuteilungsregel deutlich reduziert werden.

„...any investor ... is rewarded with disproportionately high allocation of shares."[660]

Allerdings kommt es durch diesen Prozess immer noch nicht zu einer vollständigen Anpassung an den „wahren" Gleichgewichtskurs, da die Investoren trotz des bestehenden Anreizes nicht gewillt sein werden, sämtliche privaten Informationen preiszugeben. Dieses Verhalten lässt sich damit begründen, dass die informierten Investoren durch die teilweise Zurück-

---

[654] Vgl. dazu auch die Ausführungen bei DÖHRMANN, A., Underpricing, 1990, S. 359f.
[655] Vgl. BENVENISTE, L. M./ SPINDT, P. A., Investment bankers, 1989, S. 343ff.
[656] Vgl. WILKENS, M./ GRAßHOFF, A., Underpricing, 1999, S. 30.
[657] Vgl. hierzu die in Kapitel 3.1.1 angesprochenen Prämissen des Modells von ROCK (1986).
[658] In der Praxis drückt sich die private Information durch eine hohe Nachfrage aus.
[659] Umgekehrt werden sie bei der Preisgabe einer privaten Information, die den IPO Preis sinken lässt, dadurch „belohnt", dass ihnen relativ wenige oder gar keine Aktien zugeteilt werden.
[660] JENKINSON, T./ LJUNGQVIST, A., Going public, 2001, S. 91.

haltung von privaten Informationen einen größeren persönlichen Nutzen haben. Denn wenn sie nicht alle Informationen preisgeben, können sie die Emission zu einem niedrigeren Emissionspreis als den „wahren" Gleichgewichtskurs erwerben. BENVENISTE und SPINDT (1989) argumentieren nun, dass die Emissionsbank die restlichen Informationen von den informierten Investoren nur dann erhalten wird, wenn sie den informierten Investoren den - durch die Preisgabe sämtlicher privater Informationen entgangenen Nutzen - erstatten.[661] Deshalb wird die Emissionsbank neben der bevorzugten Zuteilung einen weiteren Anreiz gewähren: sie wird das IPO bewusst unterbewerten. Das Underpricing soll also die informierten Investoren für die Preisgabe sämtlicher Informationen entschädigen und ihnen letztlich mindestens denselben Nutzen bringen, den sie gehabt hätten, wenn sie die Informationen für sich behalten hätten. Durch die Preisgabe der Information hat die Emissionsbank den Vorteil, dass sie nun den „wahren" Wert des Unternehmens mit diesen neuen Informationen bestimmen kann. Auf diese Weise werden die Informationsasymmetrien auf dem IPO Markt abgebaut und es wird ein einheitliches Informationsniveau erreicht.[662]

Das Modell von BENVENISTE und SPINDT (1989) zeigt in einigen Punkten Schwachstellen. Zum einen ist kritisch zu betrachten, dass das Underpricing als Kompensation für die Informationspreisgabe gesehen wird. In der Praxis wird häufig der damit verbundene Informationsgewinn von der Emissionsbank ausgenutzt, um den Emissionspreis nach oben zu korrigieren. Die Investoren werden dann nicht mehr durch ein höheres Underpricing „belohnt", sondern vielmehr durch die Verringerung des Underpricing „bestraft".[663] Zum anderen ist es fraglich, ob die informierten Investoren auf die Anreize der Emissionsbank überhaupt eingehen. Der Informationsvorsprung der informierten Investoren könnte nämlich auch zu gegenseitigen Absprachen führen, so dass sie dadurch ein noch höheres Underpricing auslösen.[664] Tabelle 26 fasst die wichtigsten Ergebnisse des Modells von BENVENISTE und SPINDT (1989) zusammen und gibt einen Überblick über einige ausgewählte empirische Studien zu diesem Erklärungsmodell.

---

[661] Vgl. dazu auch BOMMEL, J. v., Messages, 2002, S. 134.
[662] Vgl. EHRHARDT, O., Börseneinführungen, 1997, S. 117f.
[663] Beispielsweise wurden die informierten Investoren bei dem IPO der Microsoft Corp. dafür „bestraft", dass sie ihre privaten Informationen in Form von hoher Nachfrage preisgaben, da letztlich der Preis am Emissionstag mit 21 USD deutlich die anvisierte Preisspanne von 16-19 USD übertraf. Vgl. HANLEY, K. W., Underpricing, 1993, S. 232.
[664] Allerdings hängt dies auch von der jeweiligen Wettbewerbssituation auf dem Emissionsmarkt ab. Siehe hierzu auch die Ausführungen in Kapital 4.1.

Tabelle 26: Das Modell von BENVENISTE und SPINDT (1989) als Erklärungsansatz für das Underpricing Phänomen

Hypothese/ Ergebnis	Quelle/ Autor	Empirische Evidenz	Land
1 Emissionsbanken können informierte Investoren mittels einer bevorzugten Zuteilung dazu bewegen, ihren Informationsvorsprung an die uninformierten Investoren und die Emissionsbanken preiszugeben. Das Underpricing kompensiert die informierten Investoren für die Veröffentlichung der Informationen.	BENVENISTE/ SPINDT (1989)	Ja: CORNELLI/ GOLDREICH (1999)	Diverse Länder
2 Mit der Preisgabe bisher unbekannter Informationen durch die informierten Investoren, wird sich der Emissionspreis an das obere Ende der *bookbuilding*-Spanne annähern. Allerdings wird die Emissionsbank den Emissionspreis immer unterhalb des Preises festsetzen, der sich aufgrund dieser neuen Informationen eigentlich ergeben würde. Durch dieses bewusste Underpricing sollen die informierten Investoren für die Preisgabe ihrer Informationen entschädigt werden.	BENVENISTE/ SPINDT (1989) HANLEY (1993)	Ja: HANLEY (1993)	USA
3 Emissionsbanken gewähren häufig Investoren, mit denen sie eine gute Geschäftsverbindung pflegen, eine bevorzugte Zuteilung. Im Gegenzug helfen diese Investoren den Emissionsbanken gelegentlich dadurch, dass sie auf Wunsch der Emissionsbank solche IPOs zeichnen, die nicht stark nachgefragt sind und die die Investoren ansonsten wahrscheinlich nicht gezeichnet hätten.	BENVENISTE/ SPINDT (1989)	Ja: HANLEY/ WILHELM (1995) AGGARWAL (2000) CORNELLI/ GOLDREICH (1999) Nein: KELOHARJU (1993) TINIC (1988)	USA USA Diverse Länder Finnland USA

Quelle: Eigene Darstellung, vgl. die jeweilige Primärliteratur.

4 Ad hoc-Erklärungshypothesen: Underpricing aufgrund von Marktunvollkommenheiten

Bei den bisher diskutierten Erklärungsmodellen lässt sich das Underpricing grundsätzlich mit einem Gleichgewicht auf dem Emissionsmarkt vereinbaren, so dass der Emissionspreis als markträumender Gleichgewichtspreis verstanden werden kann. Allerdings ist der Emissionspreis in seiner jeweils festgesetzten Höhe nur deshalb markträumend, weil angenommen wird, dass zwischen den einzelnen Marktteilnehmern auf dem Emissionsmarkt eine asymmetrische Informationsverteilung vorliegt. Ohne diese Informationsasymmetrien würden sich andere Emissionspreise im Marktgleichgewicht ergeben. Im Gegensatz zu den gleichgewichtsgeleiteten Modellen machen die ad hoc-Erklärungshypothesen auf dem Emissionsmarkt bestehende Marktunvollkommenheiten für die Existenz des Underpricing Phänomens verantwortlich.[665] Da es eine Vielzahl von unterschiedlichen Hypothesen gibt, die sich unter der Rubrik der ad hoc-Hypothesen subsumieren lassen, werden in den folgenden Kapiteln nur diejenigen Erklärungshypothesen vorgestellt, die in der Literatur die größte Beachtung gefunden haben.

4.1 Die Monopsonhypothese *(monopsony-power hypothesis)*

4.1.1 Unvollständiger Wettbewerb auf dem Emissionsmarkt

In diesem auf LOGUE (1973) zurückgehenden Ansatz, ist das Underpricing die Folge von mangelndem Wettbewerb auf dem Emissionsmarkt.[666] Aufgrund einer monopsonistischen Konkurrenzsituation auf dem IPO Markt, verfügen die Emissionsbanken über eine große Marktmacht, die ihnen eine starke Verhandlungsposition gegenüber ihren Kunden verleiht. Folglich können die Emissionsbanken ohne größere Schwierigkeiten ihre eigenen Interessen gegenüber den Emittenten durchsetzen.[667] Ein besonderes Interesse der Emissionsbanken besteht darin, das mit der Emission übernommene Platzierungsrisiko zu minimieren. Das Platzierungsrisiko wird am einfachsten dadurch minimiert, dass die IPO Aktien vollständig platziert werden, so dass die Emissionsbanken keine IPO Aktien in den Eigenbestand übernehmen müssen.[668] LOGUE (1973) unterstellt nun, dass eine vollständige Platzierung der

---

[665] Vgl. KASERER, C. / KEMPF, V., Underpricing, 1995, S. 49, siehe auch HUNGER, A., IPO, 2001, S. 111.
[666] Vgl. LOGUE, D. E., Pricing, 1973, S. 91ff.
[667] Es wird unvollkommener Wettbewerb auf dem Primärmarkt unterstellt. Darüber hinaus wird davon ausgegangen, dass die Emissionsbanken besser informiert sind als die Emittenten, die mangels ihrer Erfahrungen im IPO Geschäft auf das Know-how der Emissionsbanken mit IPO Expertise zurückgreifen müssen.
[668] Bei der Monopsonhypothese wird unterstellt, dass zwischen Emissionsbank und Emittent eine Übernahmegarantie im Rahmen eines Festpreisverfahrens *(firm-commitment-offering)* für die zu emittierenden Aktien

Emission um so wahrscheinlicher wird, je größer das Underpricing ist.[669] Er begründet diesen Zusammenhang damit, dass die Investoren durch das Underpricing einen zusätzlichen „Kaufanreiz" erhalten, so dass die Nachfrage nach dem IPO Unternehmen gesteigert werden kann.[670]

Die Emissionsbanken werden deshalb versuchen, ein bewusstes Underpricing vorzunehmen, d. h. den Emissionspreis deutlich unter dem erwarteten Sekundärmarktpreis festzusetzen. Aufgrund des lediglich geringen Wettbewerbs auf dem Emissionsmarkt wird es der Emissionsbank auch gelingen, einen niedrigen Emissionspreis gegenüber den Emittenten durchzusetzen. Den Emittenten hingegen wird es nicht möglich sein, bei der angenommenen Marktkonstellation eine andere Emissionsbank zu finden, die einen höheren Emissionspreis bietet. Folglich sind die Emittenten mehr oder weniger gezwungen, das von den jeweiligen Emissionsbanken vorgeschlagene Underpricing zu akzeptieren.[671] Aufgrund der monopsonistischen Marktstruktur, verbunden mit der Risikoaversion der Emissionsbanken, wird der Emissionspreis von Emissionsbanken deshalb regelmäßig zu niedrig angesetzt, so dass es zu einem systematischen Underpricing auf dem IPO Markt kommt.

---

vereinbart wird. In diesen Fällen ist die Emissionsbank verpflichtet, nicht platzierte IPO Aktien entweder in den Eigenbestand zu übernehmen oder diese auf eigene Rechnung am Sekundärmarkt zu verkaufen. Nicht platzierte IPO Aktien können aber i. d. R. am Sekundärmarkt nur deutlich unter dem Emissionspreis abgesetzt werden, so dass für die Emissionsbank erhebliche Verluste entstehen können. Deshalb wird das oberste Ziel der Emissionsbanken darin bestehen, eine möglichst vollständige Platzierung der Emission zu erreichen. Wird im Emissionsvertrag eine Kommissionsübernahme (*best effort offering*) vereinbart, so muss die Emissionsbank die nicht platzierten Aktien nicht in den Eigenbestand übernehmen. Bei diesem Szenario besteht dann das Risiko für die Emissionsbank „lediglich" in einem Reputationsverlust aufgrund der unvollständigen Platzierung der Emission. Vgl. hierzu auch Kapitel 4.4. Vgl. auch die Ausführungen bei WILKENS, M./ GRAßHOFF, A., Underpricing, 1999, S. 50 und BRÜHL, V./ SINGER, W. S., Underpricing, 2002, S. 214.

[669] Allerdings ist die Höhe des Underpricing begrenzt, da dem Emittenten alternative Finanzierungsinstrumente zur Verfügung stehen. Denkbar wäre z. B. die Substitution des durch den Börsengang angestrebten Eigenkapitals durch Fremdkapital, wenn die mit dem Underpricing verbundenen Grenzkosten die Grenzkosten einer Fremdkapitalaufnahme übersteigen. Siehe hierzu auch LOGUE, D. E., Appraisal, 1971, S. 181.

[670] Die steigende Nachfrage erhöht wiederum die Wahrscheinlichkeit, dass die Emission vollständig platziert werden kann, so dass die Emissionsbanken folglich keine Aktien in den Eigenbestand übernehmen müssen.

[671] Die Meinung, dass nur wenig Wettbewerb auf dem Emissionsmarkt herrscht, wird in der Literatur teilweise stark bestritten (vgl. hierzu auch Kapitel 4.1.2). So schätzt RITTER (1984) den Wettbewerb zwischen amerikanischen Investmentbanken als sehr intensiv ein. Er modifiziert deshalb den Ansatz von LOGUE (1973) dahingehend, dass er nicht einen Emissionsmarkt für alle IPOs annimmt, sondern er teilt den Emissionsmarkt in diverse Segmente auf. So spezialisieren sich die Emissionsbanken auf einzelne Marktsegmente, beispielsweise übernehmen Emissionsbanken mit hoher Reputation, sogenannte *major bracket underwriters* keine risikoreichen Emissionen, da sie bei diesen Emissionen eher der Gefahr ausgesetzt sind, ihrer Reputation zu schaden. Risikoreiche Emissionen werden eher von kleineren und relativ unbekannten Investmentbanken begleitet, die RITTER (1984) mit *fringe underwriter* bezeichnet. Dadurch herrscht besonders in diesem unteren Segment ein unzureichender Wettbewerb, so dass dort verstärkt Underpricing auftreten wird. Dieser Zustand wird so lange anhalten, bis neue Wettbewerber in dieses Marktsegment eintreten. Vgl. RITTER, J. R., Market, 1984, S. 234ff.

Mit Hilfe der Monopsonhypothese lässt sich demnach begründen, wieso die Emissionsbanken einen relativ niedrigen Emissionspreis bzw. ein hohes Underpricing ohne größeren Widerstand bei den Emittenten durchsetzen können. Allerdings beantwortet die Monopsonhypothese nicht die Frage, wieso die Emissionsbanken, trotz ihrer starken Marktstellung, die durch das Underpricing entstehende Überrendite vollständig den Investoren überlassen und nicht selbst in Anspruch nehmen. SMITH (1977) erklärt diese Bereitschaft damit, dass die Emissionsbanken ein großes Interesse an Folgegeschäften haben.[672] Deshalb werden die Emissionsbanken besonders guten Kunden eine bevorzugte Zuteilung der IPOs gewähren, so dass diese Kunden aufgrund des Underpricing eine IPO Überrendite erzielen können.

Die Emissionsbanken verfolgen mit dieser diskriminierenden Zuteilungsmethode verschiedene Ziele: Zum einen hoffen sie, dass auf diese Weise die bevorzugten Kunden zukünftig weitere Folgegeschäfte tätigen werden. In diesem Fall würde die Emissionsbank die aufgrund des geringeren Emissionsvolumens entgangenen Provisionen aus dem IPO Geschäft, wenigstens zum Teil über zukünftige *cross-selling* Geschäfte zurückerhalten. LOGUE (1973) spricht in diesem Zusammenhang von *„profit from noncash compensation".*[673] Zum anderen versucht die Emissionsbank durch die Weitergabe der Überrendite eine stärkere Kundenbindung zu erreichen, so dass die Emissionsbank spätere IPOs, mit der Unterstützung dieser Kundengruppen, ebenfalls erfolgreich am Markt platzieren kann.[674] Letztlich strebt die Emissionsbank durch dieses Vorgehen eine höhere Reputation bei ihren Kunden an und erhofft sich einen langfristigen Zugewinn von Marktanteilen.[675]

4.1.2 Kritische Bewertung der Monopsonhypothese

Der von der Monopsonhypothese unterstellte Zusammenhang zwischen der Wettbewerbsintensität auf dem Emissionsmarkt und der Höhe des Underpricing wird von mehreren Autoren angezweifelt. IBBOTSON (1975), BLOCK /STANLEY (1980) und HANSEN (2001) sehen alle im Gegensatz zu LOGUE (1973) kein Indiz dafür, dass der US-amerikanische Emissionsmarkt durch unzureichenden Wettbewerb charakterisiert ist.[676] Da aber trotzdem das Underpricing

---

[672] Vgl. SMITH, C. W., Methods, 1977, S. 287.
[673] LOGUE, D. E., Premia, 1973, S. 133ff.
[674] Die Intention der Emissionsbank liegt darin, bei späteren Folgeemissionen auf diesen Kundenkreis zurückgreifen zu können, um evtl. auch „schlechtere", d. h. überbewertete Emissionen, erfolgreich platzieren zu können. Tatsächlich können HANLEY und WILHELM (1995) nachweisen, dass die diskriminierende Zuteilung der Emissionsbanken dazu führt, dass die bevorzugten Kunden auch bei „schlechteren" Folgeemissionen Aktien abnehmen. In ihrer Untersuchung stellen sie fest, dass diesen Kunden 80% der „guten" IPOs, aber auch bis zu 60% der „schlechten" IPOs zugeteilt wurden. Siehe hierzu HANLEY, K. W./ WILHELM, W. J., Evidence, 1995, S. 240 und S. 247.
[675] Vgl. hierzu auch die Ausführungen bei DÖHRMANN, A., Underpricing, 1990, S. 314ff.
[676] Vgl. IBBOTSON, R. G., Performance, 1975, S. 235ff., vgl. BLOCK, S./ STANLEY, M., Financial characteristics, 1980, S. 30ff., siehe auch HANSEN, R. S., Investment, 2001, S. 313ff.,

Phänomen evident ist, kann die Monopsonhypothese keine Gültigkeit besitzen. IBBOTSON (1975) und BLOCK /STANLEY (1980) sind der Ansicht, dass eine starke Konkurrenz auf dem amerikanischen Emissionsmarkt herrscht und dass die Emissionsbanken deshalb nicht über eine hohe Marktmacht verfügen. Folglich wird es den Emissionsbanken auch nicht möglich sein, ein hohes Underpricing zwecks Minimierung ihres Platzierungsrisikos gegenüber den Emittenten durchsetzen zu können.[677] Bei der von IBBOTSON (1975) und BLOCK /STANLEY (1980) angenommenen Wettbewerbssituation auf dem Emissionsmarkt werden die Emissionsbanken stattdessen eher versuchen, den Emissionspreis so nah wie möglich an dem „wahren" Unternehmenswert festzusetzen. Diese Emissionspreisfestsetzung wird damit begründet, dass die Emissionsbank durch ein faires Pricing die Emittenten für spätere Folgeemissionen gewinnen möchte.[678] Zugleich will die Emissionsbank der Gefahr begegnen, aufgrund des zu hohen Underpricing, zukünftig Marktanteile zu verlieren.[679]

Selbst wenn in der Realität ein Emissionsmarkt mit geringer Wettbewerbsintensität vorliegen würde, bleibt die Frage unbeantwortet, ob das Underpricing die einzige Möglichkeit ist, um das Platzierungsrisiko der Emissionsbanken zu minimieren. In der Praxis haben die Emissionsbanken bereits vor Festlegung des Emissionspreises einen sehr guten Überblick über die voraussichtliche Nachfrage nach den zu emittierenden IPO Aktien und über den potentiellen Gleichgewichtspreis, da die Emissionsbanken a priori roadshows[680] bei institutionellen Kunden und Interessenabfragen bei Analysten durchführen.[681] Lassen diese Maßnahmen eine starke Nachfrage für die Aktien des IPO Unternehmens erwarten, ist ein Underpricing, welches das Risiko einer unvollständigen Platzierung reduzieren soll, obsolet. Ein bewusstes Underpricing erscheint nur bei solchen Emissionen sinnvoll, bei denen aufgrund der Pre-IPO-Phase vermutet werden kann, dass noch keine ausreichende Nachfrage für die Aktien des IPO Unternehmens besteht.[682]

Neben der Kritik an der angenommenen Wettbewerbsintensität, ergeben sich weitere Schwachstellen des Modells aufgrund der Annahme, dass die IPOs teilweise diskriminierend an bestimmte Kundengruppen zugeteilt werden. Es findet sich zum einen in der Literatur die Meinung, dass solche Investoren, die die Emission nicht aus „freiem Willen" zeichnen, ihre zugeteilten Aktien direkt wieder über den Sekundärmarkt abstoßen werden, um möglichst

---

[677] Vgl. IBBOTSON, R. G., Performance, 1975, S. 235ff., siehe auch BLOCK, S./ STANLEY, M., Financial characteristics, 1980, S. 30ff.
[678] Vgl. BEATTY, R. P./ RITTER, J. R., Investment, 1986, S. 213.
[679] Vgl. NEUS, W., Unterbewertung, 1994, S. 145.
[680] Vgl. dazu auch die Ausführungen im ersten Teil dieser Arbeit, Kapitel 1.3.2.
[681] Vgl. BILL, M., Emissionspreisfestsetzung, 1991, S. 136.
[682] Vgl. LÖFFLER, G./ PANTHER, P. F./ THEISSEN, E., Information, 2001, S. 12.

schnell die Emissionsrendite zu realisieren.[683] Dies führt aber gerade in den ersten Tagen nach dem IPO zu extrem volatilen Börsenkursen, denen die Emissionsbank nur durch besonders intensive Kurspflege entgegenwirken kann.[684] Zum anderen wird vereinzelt die Behauptung in Frage gestellt, dass sich die Investoren durch die bevorzugte Zuteilung an die Emissionsbank binden lassen. Die Kritiker bezweifeln, dass die Investoren, sofern sie nicht selbst von dem IPO Unternehmen überzeugt sind, bei späteren Folgeemissionen Zeichnungsaufträge erteilen werden, nur weil sie irgendwann einmal, aufgrund einer bevorzugten Zuteilung, eine positive Emissionsrendite erzielt haben.

Aufgrund dieser Kritik entwickelte sich im Laufe der Zeit eine neue Hypothese, die im Gegensatz zur Monopsonhypothese nicht mehr von einer niedrigen Wettbewerbsintensität auf dem Emissionsmarkt ausgeht: die Risikohypothese.[685] Wird allerdings nicht länger eine monopsonistische Marktstruktur angenommen und verfügen die Emissionsbanken folglich nicht mehr über eine große Marktmacht, dann stellt sich sofort die Frage, warum die Emittenten dann überhaupt noch ein erlösminderndes Underpricing akzeptieren sollten und stattdessen nicht einen höheren Emissionspreis fordern. Bislang wurde als Antwort auf diese Frage die Monopolstellung der Emissionsbanken bzw. die niedrige Wettbewerbsintensität angeführt. Bei der Risikohypothese kann diese Erklärung nun aber nicht mehr verwendet werden. Folglich müssen andere Argumente begründen können, weshalb der Emittent trotzdem mit dem festzustellenden Underpricing einverstanden ist, da ansonsten die Hypothese nicht stichhaltig wäre.[686] Die Risikohypothese begründet das Underpricing damit, dass die Unternehmen an guten Beziehungen zu ihren Kapitalgebern interessiert sind und deshalb die Überrenditen gerne an zufriedene Neuaktionäre weitergeben.[687] Diese Argumentation ist allerdings wenig stichhaltig, da sie nicht für solche Altaktionäre relevant ist, die ihre Anteile an der Börse nur einmalig verkaufen bzw. die Erstemission vollständig platzieren wollen. Sie sind nicht an einer langfristigen Performance, sondern nur an der Maximierung des Emissionserlöses interessiert, so dass zu vermuten ist, dass diese Gruppe einem bewussten Underpricing nicht zustimmen würde.[688] Eine andere Begründung weist darauf hin, dass das Underpricing bei den jeweiligen IPOs zu stärkeren Handelsaktivitäten und folglich zu höheren Umsätzen am

---

[683] Jedoch besitzen die Emissionsbanken das Druckmittel, dass sie solchen Investoren, die bereits innerhalb der ersten Börsentage ihre Aktien wieder verkaufen, zukünftig keine IPOs bevorzugt zuteilen werden.
[684] Vgl. auch FRANCIS, B. B./ HASAN, I., Underpricing, o. Jg., S. 3ff.
[685] Die Risikohypothese, die im angloamerikanischen Raum auch als *risk-averse-underwriter-hypothesis* bezeichnet wird, geht im Wesentlichen auf IBBOTSON (1975) zurück. Nach der Risikohypothese ist das Underpricing eine Folge der Risikoaversion der Emissionsbanken. Vgl. IBBOTSON, R. G., Performance, 1975, S. 264.
[686] Vgl. dazu auch KUNZ, R. M., Going public, 1991, S. 82f.
[687] Vgl. CHEMMANUR, T. J./ FULGHIERI, P., Investment bank, 1994, S. 57ff., siehe auch FULGHIERI, P./ SPIEGEL, M., Theory, 1993, S. 509ff.
[688] Vgl. SCHWEINITZ, J., Renditeentwicklungen, 1997, S. 67.

Sekundärmarkt führt. Durch die hohen Umsätze entsteht ein funktionsfähiger und liquider Sekundärmarkt, der sich wiederum positiv bei einer Folgeemission auswirken kann.[689] Deshalb, so wird argumentiert, sind auch die Emittenten dem Underpricing nicht abgeneigt.[690] Allerdings wird auch dieser Zusammenhang in der Literatur nicht belegt. Die geringe Überzeugungskraft der aufgeführten Antworten auf die zentrale Frage, warum die Emittenten bei hoher Wettbewerbsintensität ein Underpricing akzeptieren sollten, deutet darauf hin, dass die Risikohypothese als Erklärung für das Underpricing nicht überzeugen kann. TINIC (1988) kommt prägnant zu der Schlussfolgerung, dass die Risikohypothese für ihn nur unbefriedigende Erklärungsansätze liefert, und dass das Underpricing auf diese Weise nicht erklärt werden kann: *„Although it may have some superficial appeal, this explanation is not very satisfactory."*[691]

4.1.3 Empirische Studien zur Monopsonhypothese

Die empirische Überprüfung der Monopsonhypothese erfolgt i. d. R. dadurch, dass das Underpricing in Beziehung zu der Wettbewerbsintensität auf dem Primärmarkt gesetzt wird. Ein hohes Underpricing sollte immer dann festgestellt werden, wenn der Wettbewerb auf dem Emissionsmarkt besonders gering ist und deshalb eine besonders starke Verhandlungsmacht der Emissionsbank gegenüber dem Emittenten vorhanden ist. Tatsächlich können RITTER (1984) für den amerikanischen Markt[692] und FINN/ HIGHAM (1988) für den australischen Markt die Monopsonhypothese stützen (vgl. dazu Tabelle 27).[693]

Tabelle 27: Die Monopsonhypothese als Erklärungsansatz für das Underpricing Phänomen

Hypothese/ Ergebnis	Quelle/ Autor	Empirische Evidenz	Land
Aufgrund einer monopsonistischen Marktstruktur haben die Emissionsbanken eine starke Marktstellung. Sie können deshalb ihre Interessen gegenüber den Emittenten durchsetzen. Ein Interesse besteht darin, das mit der Emission eingegangene Platzierungsrisiko zu minimieren. Deshalb werden die Emissionsbanken bewusst Underpricing vornehmen, um damit die Wahrscheinlichkeit zu erhöhen, dass die Emission vollständig platziert wird.	Logue (1973)	Ja: RITTER (1984) FINN/ HIGHAM (1988) SAUNDERS/ LIM(1990) KUNZ/ AGGARWAL (1994) UHLIR (1989) KASERER/ KEMPF (1995)	 USA Australien Singapur Schweiz Deutschland Deutschland

Quelle: Eigene Darstellung, vgl. die jeweilige Primärliteratur.

---

[689] Dabei wird davon ausgegangen, dass die Höhe des Umsatzes mit dem Interesse an dem jeweiligen Aktientitel positiv korreliert. Folglich führt ein hoher Umsatz des Titels, bei einer Folgeemission zu einem überdurchschnittlichen Interesse an dem SEO.

[690] Vgl. DÖHRMANN, A., Underpricing, 1990, S. 321f.

[691] Vgl. TINIC, S. M., Anatomy, 1988, S. 791.

[692] Vgl. hierzu RITTER, J. R., Market, 1984, S. 236.

[693] Vgl. hierzu FINN, F./ HIGHAM, R., Performance, 1988, S. 333ff.

Sie führen das Underpricing eindeutig auf Wettbewerbsaspekte zurück. Auch andere Autoren können die negative Korrelation zwischen dem Underpricing und der Wettbewerbsintensität bestätigen, so z. B. SAUNDERS/ LIM (1990) für Singapur und KUNZ/ AGGARWAL (1994) für die Schweiz.[694] Für den deutschen Kapitalmarkt kommen neben UHLIR (1989) auch KASERER/KEMPF (1995) zu dem Ergebnis, „... *dass bei hinreichendem Wettbewerb nicht mehr mit einem Underpricing zu rechnen ist.*"[695] WITTLEDER (1989) stellt fest, dass „... *eine verstärkte Monopolstellung der Banken ein hohes durchschnittliches Underpricing begünstigt.*"[696]

4.1.4 Ableitung der testbaren Hypothesen aus der Monopsonhypothese

Aus der Monopsonhypothese lassen sich zwei testbare Hypothesen ableiten:

H 8:   *Je mehr Emissionsbanken auf dem Emissionsmarkt als Konsortialführer tätig sind, um so größer ist die Wettbewerbsintensität zwischen den Emissionsbanken.*

H 9:   *Das Underpricing korreliert negativ mit der Intensität des Wettbewerbs auf dem Emissionsmarkt, d. h. je niedriger der Wettbewerb zwischen den Emissionsbanken, desto höher ist das Underpricing.*

4.1.5 Ökonometrische Überprüfung der Monopsonhypothese

Vor der ökonometrischen Überprüfung der beiden Hypothesen, soll zunächst der Begriff der Wettbewerbsintensität eingegrenzt werden. Es stellt sich nämlich die Frage, wie Wettbewerbsintensität definiert ist und vor allem, wie sie gemessen werden kann und wann im Sinne der Monopsonhypothese eine ausreichende Wettbewerbsintensität vorliegt, damit das Underpricing Phänomen nicht mehr zu beobachten wäre.[697] Wie schwierig es ist, eine Antwort auf diese Frage zu finden, soll anhand der Wettbewerbsintensität des deutschen Kapitalmarktes demonstriert werden. Im Jahr 2001 waren in Deutschland insgesamt ca. 2.700 Kreditinstitute registriert.[698] Von diesen 2.700 Kreditinstituten waren im Jahr 2001 im Durchschnitt 421 an der Frankfurter Wertpapierbörse als zugelassene Marktteilnehmer re-

[694]   Vgl. SAUNDERS, A./ LIM, J., Underpricing, 1990, S. 297, siehe auch KUNZ, R. M./ AGGARWAL, R., Initial public offerings, 1994, S. 721.
[695]   KASERER, C. / KEMPF, V., Underpricing, 1995, S. 59.
[696]   WITTLEDER, C., Going public, 1989, S. 147.
[697]   HUNGER (2001) schreibt dazu: „...*was ein ausreichender Wettbewerb ist, der zu einem 'Null-Underpricing' führt.*" HUNGER, A., IPO, 2001, S. 170.
[698]   Vgl. DEUTSCHE BUNDESBANK, Entwicklung, 2002, S. 1.

gistriert.[699] An den jeweiligen Börsengängen der 328 untersuchten IPOs am Neuen Markt waren insgesamt 132 unterschiedliche Institute beteiligt.[700] Allerdings waren nur 51 dieser 132 Emissionsbanken als Konsortialführer tätig. Welche Schlussfolgerungen lassen sich nun aus dieser Analyse für die Wettbewerbsintensität am deutschen Emissionsmarkt ziehen?

Einerseits könnte argumentiert werden, dass den Emittenten am deutschen Kapitalmarkt grundsätzlich eine ausreichend hohe Anzahl von Emissionsbanken zur Verfügung steht. Theoretisch hätten die Emittenten jede der 132 Emissionsbanken mit der Konsortialführerschaft beauftragen können. Dies würde dann auf eine ausreichende Wettbewerbsintensität am deutschen Emissionsmarkt hindeuten. Andererseits könnte die Tatsache, dass nur 51 der 132 Emissionsbanken als Konsortialführer ausgewählt wurden, ein Indiz dafür sein, dass sich das Emissionsgeschäft am deutschen Kapitalmarkt de facto, trotz einer hohen Anzahl von Kreditinstituten, auf einige Emissionsbanken konzentriert.[701] Dies würde auf eine eher niedrige Wettbewerbsintensität hindeuten.[702]

Die vorangegangenen Ausführungen verdeutlichen, dass die Wettbewerbsintensität starken subjektiven Interpretationen unterworfen ist. Um die Frage zu beantworten, wie hoch die Wettbewerbsintensität am Neuen Markt war und welchen Einfluss das Wettbewerbsniveau auf das Underpricing hatte, ist es notwendig, eine Ersatzgröße für die nicht direkt zu messende Größe der Wettbewerbsintensität zu bestimmen. Erst dadurch wird es möglich, den Zusammenhang zwischen Wettbewerbsintensität und Underpricing statistisch zu überprüfen.

Als Ersatzgröße für die Wettbewerbsintensität wird im Folgenden auf den Konzentrationskoeffizienten von ROSENBLUTH (K_R) bzw. auf den Disparitätskoeffizienten von GINI (D_G) zurückgegriffen.[703] Mittels des Konzentrationskoeffizienten von ROSENBLUTH K_R kann ermittelt werden, ob eine geringe Anzahl von Merkmalsträgern einen großen Anteil der Merkmalssumme auf sich vereinigt (absolute Konzentration). Mit Hilfe des Disparitätskoeffizienten von GINI D_G

---

[699] Vgl. dazu DEUTSCHE BÖRSE AG, Factbook, 2003, S. 3.

[700] Eine Liste aller am Neuen Markt beteiligten Emissionsbanken befindet sich im Anhang, Tabelle 49.

[701] Eine Konzentration könnte beispielsweise dadurch entstehen, dass die ausgewählten Konsortialführer besondere, für das Emissionsgeschäft relevante Voraussetzungen erfüllen, die andere Emissionsbanken nicht vorweisen können. So ist z. B. ein überregionales bzw. internationales Vertriebsnetz ein kritischer Erfolgsfaktor für eine vollständige Platzierung der Emission.

[702] An dieser Stelle sei darauf hingewiesen, dass der Zusammenhang zwischen einer geringen Anzahl von Emissionsbanken und einer niedrigen Wettbewerbsintensität auf dem Emissionsmarkt nur besteht, wenn dort hohe Marktzutritts- bzw. austrittsschranken vorzufinden sind. Solche Schranken können beispielsweise in economies of scale bzw. economies of scope oder aber auch aufgrund von Regulierungen oder monopolisierten Ressourcen bestehen. Für die weiteren Ausführungen wird von einem positiven Zusammenhang zwischen der Wettbewerbsintensität und der Anzahl der Emissionsbanken ausgegangen.

[703] Vgl. zur Berechnung des Konzentrations- bzw. Disparitätskoeffizienten BOMSDORF, E., Statistik, 1997, S. 65ff.

lässt sich feststellen, ob ein kleiner Anteil der Merkmalsträger einen großen Anteil der Merkmalssumme auf sich vereinigt (relative Konzentration).[704] Bei den folgenden Untersuchungen bilden die Emissionsbanken den Merkmalsträger. Merkmalssumme ist sowohl die kumulierte relative Anzahl der emittierten IPOs am Neuen Markt zwischen 1997 und 2003 pro Emissionsbank als auch der kumulierte Anteil des nominalen Emissionsvolumen sämtlicher 328 IPOs pro Emissionsbank.[705] Es wird folgender Zusammenhang zwischen den Koeffizienten und der Wettbewerbsintensität angenommen: Die Wettbewerbsintensität ist um so geringer, je größer der Koeffizient von ROSENBLUTH bzw. von GINI ist.[706] Die Wettbewerbsintensität zwischen den Emissionsbanken am Neuen Markt für die Jahre 1997 bis 2003 wird mit Hilfe der LORENZKURVE grafisch in Abbildung 29 und Abbildung 30 dargestellt.[707]

Abbildung 29: Wettbewerbsintensität am Neuen Markt für den Zeitraum von 1997 bis 2003 nach der kumulierten relativen Anzahl der emittierten IPOs

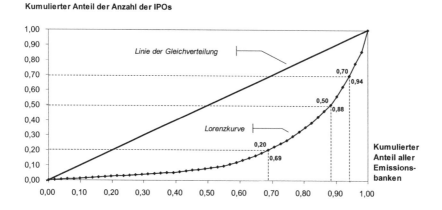

Quelle: Eigene Berechnungen und Darstellung.

---

[704] Vgl. dazu auch BOMSDORF, E., Statistik, 1997, S. 65ff.
[705] Das nominale Emissionsvolumen ergibt sich dabei aus der Multiplikation des Emissionspreises mit der Anzahl der emittierten Aktien.
[706] Vgl. dazu auch WEINBERGER, A., Going publics, 1995, S. 146.
[707] Die notwendigen Berechnungen zur Erstellung der Lorenzkurve befinden sich im Anhang, Tabelle 50 und Tabelle 51.

Abbildung 29 zeigt für den Zeitraum von 1997 bis 2003 die Verteilung der Anzahl der emittierten IPOs am Neuen Markt auf die konsortialführenden Emissionsbanken.[708] Insgesamt lässt sich eine mittelstarke bis starke Wettbewerbsintensität auf dem Emissionsmarkt feststellen. Es werden ca. 30% aller am Neuen Markt durchgeführten IPOs von nur ca. 6% der Emissionsbanken ($\cong$ 3 Emissionsbanken) begleitet. Die Hälfte aller emittierten IPOs ($\cong$ 164 IPOs) werden lediglich von 12% der Emissionsbanken ($\cong$ 6 Emissionsbanken) und 80% aller Emissionen ($\cong$ 262 IPOs) werden von nur knapp 30% der Emissionsbanken ($\cong$ 15 Emissionsbanken) an den Neuen Markt begleitet. Die Verteilung dieser Wertepaare verdeutlicht, dass sich das Emissionsgeschäft des Neuen Marktes auf einige wenige Emissionsbanken konzentriert. Aus diesen Daten errechnet sich für den Disparitätskoeffizienten von GINI D_G eine relative Konzentration in Höhe von $D_G=0{,}62$. Der Wertebereich des Disparitätskoeffizienten von GINI liegt bei $0{,}02 \leq D_G \leq 1$.[709]

Eine noch stärkere Disparität ergibt sich, wenn nicht der kumulierte Anteil aller emittierten IPOs, sondern das relative nominale Emissionsvolumen der von den Emissionsbanken begleiteten IPOs als Merkmalssumme zugrunde gelegt wird. Dies wird in Abbildung 30 dargestellt.

---

[708] Im Vergleich zu dem empirischen Teil dieser Arbeit, in dem das Underpricing nur für Emissionsbanken errechnet wurde, die mehr als fünf Konsortialführerschaften bei einem Börsengang verantwortet haben, wird in den folgenden Berechnungen diese Beschränkung aufgehoben. Folglich wird die Wettbewerbsintensität zwischen allen 50 konsortialführenden Emissionsbanken auf dem Neuen Markt analysiert. Da auch diesmal bei manchen IPOs mehrere Emissionsbanken gemeinschaftlich als Konsortialführer tätig waren, kommt es auch bei diesen Berechnungen zu einer mehrfachen Berücksichtigung einzelner IPOs. Das Untersuchungsergebnis wird dadurch allerdings nur unwesentlich verzerrt.

[709] Da zwischen dem Disparitätskoeffizienten von GINI D_G und dem Konzentrationskoeffizienten von ROSENBLUTH K_R die Beziehung $K_R = \frac{1}{n(1-D_G)}$ besteht, errechnet sich für K_R ein Wert von $K_R = 0{,}05$. Die untere Grenze des Wertebereichs errechnet sich dabei durch die Formel $1/n$.

Abbildung 30: Wettbewerbsintensität am Neuen Markt für den Zeitraum von 1997 bis 2003
nach dem kumulierten Anteil des nominalen Emissionsvolumens

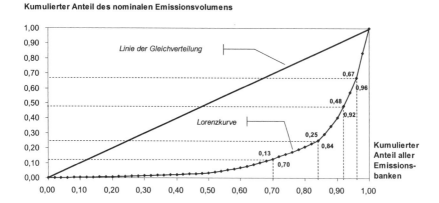

Quelle: Eigene Berechnungen und Darstellung.

Aus Abbildung 30 wird deutlich, dass 4% der Emissionsbanken ($\cong$ 2 Emissionsbanken) ein Drittel des nominalen Emissionsvolumens am Neuen Markt platziert haben. Auch die weiteren auf der Lorenzkurve abgetragenen Wertepaare deuten auf eine sehr hohe Konzentration des Emissionsgeschäftes hin. So emittieren 8% der Emissionsbanken ($\cong$ 4 Emissionsbanken) mehr als die Hälfte des nominalen Emissionsvolumens, drei Viertel des Emissionsvolumens werden von 16% aller Emissionsbanken ($\cong$ 8 Emissionsbanken) emittiert.[710] Entsprechend hoch fällt der Disparitätskoeffizient von GINI D_G aus. Bei einem Wertebereich zwischen 0,02 $\leq D_G \leq$ 1 liegt D_G bei 0,74.[711] Insofern wird die starke relative Konzentration des Emissionsgeschäftes auf einige wenige Emissionsbanken durch den Disparitätskoeffizienten bestätigt.

Die Ergebnisse zur Wettbewerbsintensität am Neuen Markt sind konform mit den Untersuchungsergebnissen von UHLIR (1989) sowie HUNGER (2001), die ebenfalls eine starke Konzentration auf dem deutschen Emissionsmarkt konstatieren.[712] Diese starke Konzentration

---

[710] Bei diesen Instituten handelt es sich um Goldman Sachs & Co., Dresdner Kleinwort Wasserstein, Deutsche Bank und DZ Bank.
[711] Für den Konzentrationskoeffizienten von ROSENBLUTH K_R lässt sich ein Wert von K_R = 0,08 ermitteln.
[712] Es ist davon auszugehen, dass die Emissionsbanken, die auf dem Neuen Markt tätig sind auch das Emissionsgeschäft an den anderen Marktsegmenten betreiben und vice versa, deshalb sollten die Untersuchungen gut vergleichbar sein. Vgl. dazu UHLIR, H., Gang, 1989, S. 6f., siehe auch KASERER, C./ KEMPF, V., Underpricing, 1995, S. 57f.

darf nun jedoch nicht als Erklärung für das hohe Underpricing herangezogen werden. Genau dies praktiziert aber UHLIR (1989), der in seiner Untersuchung für die Jahre von 1977 bis 1987 eine niedrige Wettbewerbsintensität feststellt und folglich die Konzentration des Emissionsgeschäftes auf einige Emissionsbanken als Erklärung für das beobachtete Underpricing sieht.[713] Ein solches Vorgehen erscheint deshalb nicht zu überzeugen, da es sich bei den zuvor berechneten Disparitätskoeffizienten lediglich um eine Momentaufnahme des Emissionsmarktes handelt. Es empfiehlt sich jedoch, die Monopsonhypothese mittels einer komparativ-statischen Analyse zu untersuchen, bei der die Entwicklung der Wettbewerbsintensität und die jeweilige Höhe des Underpricing im Zeitablauf betrachtet werden. Eine solche Vorgehensweise wählen auch KASERER/ KEMPF (1995). Sie analysieren die Perioden zwischen 1983 und 1987 bzw. von 1988 bis 1992 und stellen eine Veränderung von einer fast monopolistischen hin zu einer eher oligopolistischen Marktstruktur fest. Gleichzeitig verändert sich das festgestellte Underpricing während dieser beiden Teilperioden von 21,77% auf 6,82%. KASERER/ KEMPF (1995) schließen daraus, dass die Wettbewerbsintensität mit der Höhe des Underpricing negativ korreliert.[714]

Eine ähnliche Vorgehensweise wird nun auch zur Überprüfung der Hypothesen H 8 und H 9 angewendet. Dafür ist es zunächst erforderlich, die Wettbewerbsintensität am Neuen Markt, ausgedrückt durch den Konzentrationskoeffizienten von ROSENBLUTH K_R nicht nur für den Zeitraum von 1997 bis 2001, sondern für die einzelnen Jahre von 1997 bis 2001 zu berechnen.[715] Den Konzentrationskoeffizienten wird das jeweilige durchschnittliche Underpricing in Abhängigkeit der einzelnen Jahre, welches im zweiten Teil dieser Arbeit bereits ermittelt wurde, gegenübergestellt. Besitzt die Monopsonhypothese für den Neuen Markt Gültigkeit, dann sollte in den Jahren, für die ein hohes durchschnittliches Underpricing errechnet wurde, eine niedrigere Wettbewerbsintensität, d. h. ein höherer Wert des ROSENBLUTH Koeffizienten, festzustellen sein. Tabelle 28 beinhaltet die für die Hypothesentests notwendigen Daten.

---

[713] UHLIR, H., Gang, 1989, S. 6f.
[714] Vgl. KASERER, C./ KEMPF, V., Underpricing, 1995, S. 57f.
[715] Im Jahr 2002 wurde am Neuen Markt lediglich ein IPO emittiert, so dass die Berechnung der Wettbewerbskonzentration des Emissionsmarktes hier wenig sinnvoll erscheint.

Tabelle 28: *Konzentrationskoeffizient von ROSENBLUTH K_R und durchschnittliches Underpricing am Neuen Markt für die Jahre von 1997 bis 2001*

Jahr	Anzahl der IPOs	Anzahl der tätigen Emissionsbanken	Konzentrationskoeffizient von ROSENBLUTH K_R	Durchschnittliches Underpricing
1997	11	14	0,142	56,06%
1998	41	16	0,118	78,92%
1999	131	37	0,071	44,37%
2000	133	40	0,091	46,24%
2001	11	9	0,264	9,43%

Anmerkungen: *Das Jahr 2002 wurde aus der Untersuchung ausgeschlossen, da in diesem Jahr nur ein IPO durchgeführt wurde und somit der Untersuchungsumfang zu gering ist.*
Quelle: *Eigene Berechnungen und Darstellung.*

Um zu überprüfen, ob der in Hypothese H 8 unterstellte lineare Zusammenhang zwischen der Anzahl der Emissionsbanken und der Wettbewerbsintensität besteht, wird der Rangkorrelationskoeffizient nach SPEARMAN (r_{sp}) berechnet. Dazu wird über die Anzahl der tätigen Emissionsbanken und über den Konzentrationskoeffizienten von ROSENBLUTH K_R jeweils für die Jahre von 1997 bis 2001 der Rang bestimmt und anschließend der Koeffizient berechnet.[716] Es lässt sich für r_{sp} ein Wert von –0,90 errechnen, d. h. es besteht ein deutlich negativer Zusammenhang zwischen der Anzahl der Emissionsbanken und dem Konzentrationskoeffizienten von ROSENBLUTH K_R. Hypothese H 8 kann somit bestätigt werden. Bei einer höheren Anzahl von Emissionsbanken ist eine größere Wettbewerbsintensität und folglich eine niedrigere Konzentration auf dem deutschen Emissionsmarkt vorhanden. Allerdings ist der ermittelte Koeffizient auf einem Niveau von 5% statistisch nicht signifikant, da der Wert der Teststatistik mit 1,80 knapp unter dem kritischen Wert von 1,96 liegt. Dies ist vor allem auf die geringe Anzahl der Wertepaare zurückzuführen. Es kann jedoch davon ausgegangen werden, dass ein solch eindeutiger Wert bei einer höheren Anzahl von Wertepaaren statistisch signifikant wäre.

Als nächstes erfolgt die Überprüfung von Hypothese H 9, in der unterstellt wird, dass das Underpricing negativ mit der Intensität des Wettbewerbs auf dem Emissionsmarkt korreliert. Zur Überprüfung wird der statistische Zusammenhang zwischen den berechneten Konzentrationskoeffizienten von ROSENBLUTH K_R und den jeweiligen Underpricing Werten für die Jahre von 1997 bis 2001 aus Tabelle 28 errechnet. Bei Gültigkeit der zu testenden Hypothese sollte ein positiver Zusammenhang zwischen den Konzentrationskoeffizienten von

---

[716] Vgl. zur Berechnung des Rangkorrelationskoeffizienten nach SPEARMAN (r_{sp}) auch SACHS, L., Statistik, 2002, S. 512ff., siehe auch WEINBERGER, A., Going publics, 1995, S. 146.

ROSENBLUTH K_R und den Underpricing Werten nachzuweisen sein.[717] Die Überprüfung der Hypothese erfolgt ebenfalls mit Hilfe des Rangkorrelationskoeffizienten nach SPEARMAN (r_{sp}). Es ergibt sich für die Jahre von 1997 bis 2001 ein r_{sp} in Höhe von -0,1. Der negative Wert des Korrelationskoeffizienten überrascht, da der unterstellte Zusammenhang der Hypothese H 9 nicht unterstützt wird. Zudem ist der Wert statistisch auf dem 5% Niveau nicht signifikant. Die negative Korrelation könnte auf verschiedene Ursachen zurückzuführen sein:

(i)   Zum einen könnte der Korrelationskoeffizient von ROSENBLUTH K_R, der als Ersatzgröße zur Messung der Wettbewerbsintensität herangezogen wurde, nicht in dem gewünschten Sinn die tatsächliche Wettbewerbsintensität auf dem Neuen Markt wiedergeben. Dadurch käme es zu verzerrten Ergebnissen. Dies soll an folgendem Beispiel verdeutlicht werden: Es wird angenommen, dass der Konzentrationskoeffizient des Jahres 2001 die tatsächliche Wettbewerbsintensität am Emissionsmarkt nicht richtig wiedergibt, da es im Jahr 2001 zu einem extremen Abwärtstrend am Neuen Markt gekommen ist und ab Juni 2001 alle geplanten IPOs verschoben wurden. Da in dieser Untersuchung nur die tatsächlich durchgeführten IPOs berücksichtigt werden, nicht aber die geplanten bzw. verschobenen Erstemissionen, könnte folglich die Wettbewerbsintensität am Neuen Markt im Jahr 2001 höher gelegen haben, als sich auf Basis der realisierten Börsengänge durch den Konzentrationskoeffizienten K_R errechnen lässt. Definiert man das Jahr 2001 als ein „Ausreißerjahr" und schließt es aus der Untersuchung aus, so errechnet sich ein Rangkorrelationskoeffizienten nach SPEARMAN r_{sp} für die Jahre von 1997 bis 2000 von 0,4. Dieser Wert unterstützt nunmehr den unterstellten Zusammenhang der zu testenden Hypothese. Allerdings ist auch dieser Wert auf einem Signifikanzniveau von 5% nicht signifikant.

(ii)   Zum anderen ist der Zeitraum von fünf Jahren, sowie die sich daraus ergebenden fünf Wertepaare, eine zu geringe Stichprobe, um daraus verlässliche statistische Ergebnisse zu erhalten. Einzelne Ausreißer könnten das gesamte Ergebnis verzerren und letztlich zu falschen Ergebnissen führen.

Als Ergebnis kann festgehalten werden, dass für den Neuen Markt lediglich Hypothese H 8 bestätigt werden kann. Die für diese Untersuchung wichtigere Hypothese H 9, die besagt, dass das Underpricing negativ mit der Wettbewerbsintensität korreliert, kann jedoch nicht verifiziert werden. Im Gegenteil, die Ergebnisse zeigen eher, dass das Underpricing um so

---

[717] Ein hoher Konzentrationskoeffizient K_R bedeutet eine hohe Konzentration auf dem Emissionsmarkt und folglich geringer Wettbewerb. Ein geringer Wettbewerb führt nach der Monopsonhypothese zu einem höheren Underpricing.

höher ist, je größer der Wettbewerb ist. Das Underpricing am Neuen Markt kann deshalb wohl nicht durch die Monopsonhypothese erklärt werden.

4.2 Die Kurspflegehypothese *(price-support hypothesis)*

4.2.1 Kurspflege der Emissionsbank am Sekundärmarkt

Die Kurspflegehypothese ist ein relativ neuer Erklärungsansatz, der die Ursache für die positiven Zeichnungserfolge an den ersten Handelstagen vor allem durch Kurspflegemaßnahmen der jeweiligen Emissionsbank erklärt.[718] Im Vergleich zu den zuvor aufgeführten Hypothesen führt dieser auf RUUD (1993) basierende Erklärungsansatz das Underpricing nicht auf einen zu niedrigen Emissionskurs, sondern auf einen zu hohen Sekundärmarktkurs zurück. Der hohe Sekundärmarktkurs ergibt sich durch preisstabilisierende Maßnahmen der Emissionsbank nach der offiziellen Platzierung des IPOs. Emissionsbanken führen derartige Kurspflegemaßnahmen insbesondere bei solchen IPOs durch, die keine positive Emissionsrendite erwarten lassen, wenn beispielsweise nur zögerliche Nachfrage am Sekundärmarkt vorhanden ist.[719] HAGENMÜLLER und DIEPEN (1993) schreiben dazu:

„Die Kreditinstitute, die mit der ... Börseneinführung beauftragt sind, werden ... darauf achten, dass die Einführung nicht zu einem niedrigeren Kurs als dem Emissionspreis erfolgt. Sie wollen damit eine Enttäuschung der Anleger vermeiden ... . Emissionsrückkäufe seitens der Banken sind daher häufig nicht zu vermeiden."[720]

Das primäre Ziel der Kurspflege besteht darin, negative Emissionsrenditen zu vermeiden, da eine unterdurchschnittliche Emissionsrendite nicht nur dem Finanzstanding des Emittenten, sondern auch der Reputation der Emissionsbank schaden würde.[721] Um die Kurse der IPO Unternehmen stützen zu können, verfügen die Emissionsbanken über verschiedene Möglichkeiten von Kurspflegemaßnahmen, die sich folgendermaßen einteilen lassen:

(i) Kurspflegemaßnahmen im engeren Sinne: darunter werden aktive und passive Handelsaktivitäten der Emissionsbank verstanden, um dadurch die Nachfrage nach den IPO Wertpapieren zu beeinflussen. Im Rahmen der aktiven Handelsaktivität kauft die Emissionsbank die IPO Aktien auf eigene Rechnung zurück und stützt durch diese

[718] Vgl. hierzu auch die Ausführungen JENKINSON, T./ LJUNGQVIST, A., Going public, 2001, S. 114.
[719] Vgl. RUUD, J. S., Underwriter, 1993, S. 135ff.
[720] HAGENMÜLLER, K. F./ DIEPEN, G., Bankbetrieb, 1993, S. 707f.
[721] SCHULTZ/ ZAMAN (1994) stellen die Hypothese auf, dass durch diese Kurspflegemaßnahmen das Risiko minimiert wird, aufgrund der Prospekthaftung mit einem Gerichtsverfahren konfrontiert zu werden. Vgl. SCHULTZ, P. H./ ZAMAN, M. A., Support, 1994, S. 199ff. Siehe dazu Kapitel 4.2.5.

zusätzliche Nachfrage den Börsenkurs des IPOs *(stabilizing trades)*.[722] Die passive Handelsaktivität besteht darin, dass die Emissionsbank indirekt Einfluss auf das Angebot nimmt, in dem sie beispielsweise bereits erworbene Wertpapiere weiterhin im Bestand hält und nicht auf dem Markt anbietet *(stabilizing bids)*.[723] Eine weitere passive Aktivität der Emissionsbank könnte darin bestehen, auf die Ausübung des *greenshoe*[724] zu verzichten. Auf diese Weise könnte die Emissionsbank ebenfalls ein knapperes Angebot an IPO Wertpapieren erreichen, was sich letztlich positiv auf den Kurs des IPOs auswirkt.[725]

(ii) Kurspflegemaßnahmen im weiteren Sinne: hierunter werden sämtliche Maßnahmen zur gezielten Beeinflussung des Nachfrageverhaltens der Investoren durch die Emissionsbank subsumiert, wie z. B. die Veröffentlichung von Kaufempfehlungen für die unterbewerteten IPOs oder sonstige Publizitätsmaßnahmen. Bei diesen Aktivitäten nutzt die Emissionsbank bewusst ihren Informationsvorsprung, den sie sich bei der Emissionsvorbereitung angeeignet hat.[726]

Mit Hilfe dieser Maßnahmen kann die Emissionsbank nicht nur einen unter Umständen höheren Sekundärmarktkurs erreichen, sondern es können auch unmittelbar nach der Erstnotiz eventuell bestehende Kursschwankungen des IPO Unternehmens stabilisiert werden. Kursstabilisierungen spielen beim Börsengang eine nicht zu unterschätzende Rolle, da auf diese Weise auch die in der Presse kommunizierten Kursziele eingehalten werden können, so dass die Glaubwürdigkeit bei den Anlegern aufrecht erhalten bleibt.[727]

Das Novum der Kurspflegehypothese von RUUD (1993) besteht darin, dass nach ihrer Auffassung das Underpricing nicht bewusst von den Emissionsbanken vorgenommen wird, sondern dass das Underpricing eine unbeabsichtigte Folge der kursstützenden Maßnahmen der Emissionsbanken zur Vermeidung negativer bzw. unterdurchschnittlicher Emissionsrenditen ist. Insofern stellt das Modell von RUUD (1993) die Hypothese eines bewusst vorgenommenen Underpricing von Seiten der Emissionsbank oder der Emittenten in Frage und bringt einen neuen Aspekt in die Underpricing Diskussion ein.[728]

---

[722] Vgl. EHRHARDT, O., Börseneinführungen, 1997, S. 129f.
[723] Vgl. dazu JENKINSON, T./ LJUNGQVIST, A., Going public, 2001, S. 115 und 119.
[724] Der *green-shoe* verdankt seinen Namen der Greenshoe Corporation, wo dieses Instrument erstmalig angewendet wurde. Vgl. auch die Ausführungen im ersten Teil dieser Arbeit, Kapitel 1.3.2. Für weitere Ausführungen zum *green-shoe* siehe beispielsweise ROHLEDER, M., Emissionspreisfindung, 2001, S. 400f. oder auch KOLB, R. W., Investments, 1995, S. 149-151, vgl. auch SUTTON, D. P./ BENEDETTO, M. W., Initial public offerings, 1988, S. 158f.
[725] Vgl. dazu AGGARWAL, R., Stabilization, 2000, S. 1075ff.
[726] Vgl. EHRHARDT, O., Börseneinführungen, 1997, S. 129f.
[727] Vgl. ROHLEDER, M., Emissionspreisfindung, 2001, S. 400.
[728] Vgl. RUUD, J. S., Underwriter, 1993, S. 150f.

„... this paper challenges the presumption underlying many previous theories that positive average initial IPO returns result from deliberate underpricing of most offerings."[729]

Um ihre Vermutung zu beweisen, geht RUUD (1993) in ihrem Modell zunächst von der Annahme aus, dass die Emissionsbanken weder den Emissionspreis systematisch zu niedrig ansetzen noch Kurspflegemaßnahmen betreiben. Unter diesen Umständen dürfte der Emissionspreis nicht systematisch vom ersten Börsenkurs abweichen und der Erwartungswert der Emissionsrendite würde gegen Null tendieren. Folglich sollte die Verteilung der Emissionsrenditen symmetrisch sein, da sowohl positive als auch negative Kursabweichungen und demnach auch Gewinn-/ Verlustrealisierungen zufallsbedingt sind und mit gleicher Wahrscheinlichkeit zu erwarten sind.[730] Ausgehend von diesen Annahmen unterstellt RUUD (1993), dass die Kurspflegemaßnahmen der Emissionsbanken genau dann einsetzen, wenn der Sekundärmarktkurs unter den Emissionspreis zu fallen droht. Die Folge dieser Interventionen der Emissionsbanken besteht darin, dass die negativen Emissionsrenditen in den ersten Börsentagen deutlich reduziert werden. Deshalb wird sich eine leptokurtische, rechtsschiefe Form der Verteilung der Emissionsrenditen einstellen.[731] RUUD (1993) geht davon aus, dass die Emissionsbanken die Kurspflege nur über einen gewissen Zeitraum vornehmen, so dass sich im Verlaufe des Börsenhandels die Werte für die Schiefe und die Wölbung wieder normalisieren sollten.[732] Mit Hilfe dieser getroffenen Modellannahmen kann RUUD (1993) die Kurspflegehypothese bestätigen.

4.2.2 Kritische Bewertung der Kurspflegehypothese

In der Literatur wird vor allem die zentrale Aussage von RUUD (1993) kritisiert, dass das Underpricing nicht bewusst von den Emissionsbanken vorgenommen wird, sondern mehr oder weniger eine unbeabsichtigte Folge der kursstützenden Maßnahmen der Emissionsbanken zur Vermeidung negativer Emissionsrenditen ist. Der Ansatz von RUUD (1993) kann insofern nicht nachvollzogen werden, da ein bewusstes Underpricing und Kurspflegemaßnahmen keine sich gegenseitig ausschließenden Erklärungsansätze für das Underpricing Phänomen sind. So sind beispielsweise auch SCHULTZ und ZAMAN (1994) der Ansicht, dass es für

---

[728] Vgl. RUUD, J. S., Underwriter, 1993, S. 150f.
[729] RUUD, J. S., Underwriter, 1993, S. 150.
[730] Vgl. GIUDICI, G./ PALEARI, S., Underpricing, 1999, S. 15ff., vgl. EHRHARDT, O., Börseneinführungen, 1997, S. 122.
[731] Vgl. hierzu RUUD, J. S., Underwriter, 1993, S. 144f., siehe auch NORONHA, G/ YUNG, K, LBO, 1997, S. 69f.
[732] RUUD bezeichnet das als *„gradual withdrawal of price support"*. Siehe RUUD, J. S., Underwriter, 1993, S. 136.

Emissionsbanken durchaus sinnvoll und vorteilhaft sein kann, neben einem bewussten Underpricing auch noch zusätzliche Kurspflegemaßnahmen vorzunehmen.[733]

Eine weitere Schwachstelle des Erklärungsansatzes von RUUD (1993) besteht in der nicht hinreichenden Berücksichtigung der Nachteile, die der Emissionsbank durch eine intensive Kurspflege unter Umständen entstehen können. So ergeben sich beispielsweise für die Emissionsbank Risiken, wenn die Portfoliodiversifikation des Eigenbestands durch das ständige Rückkaufen von IPO Aktien ungewollt negativ verändert wird. Außerdem können bei den zurückgekauften Titeln Kursverluste eintreten, die schnell zu einer kritischen Größe anwachsen und die dann für die Emissionsbank ein erhebliches Risiko darstellen. Des Weiteren berücksichtigt die Kurspflegehypothese häufig die entstehenden Refinanzierungs- bzw. Opportunitätskosten nicht genügend, die der Emissionsbank für den Zeitraum entstehen, in dem sie die Titel in ihrem Eigenbestand hält.[734]

Neben der mangelnden Berücksichtigung einzelner Kosten und Risiken ist die Kurspflegehypothese zudem an einigen Punkten nicht immer nachvollziehbar. SCHÜRMANN und KÖRFGEN (1987) sind der Ansicht, dass es für eine Emissionsbank grundsätzlich nur schwer möglich ist, gegen einen bestehenden Markttrend erfolgreich Kurspflege zu betreiben und dadurch dem Kurs eines IPO Unternehmens zu einer Trendwende zu verhelfen.[735] Zwar sind die zuvor aufgeführten Kritikpunkte und Nachteile letztlich nicht unbedingt ausschlaggebend, wenn über die Gültigkeit der Kurspflegehypothese befunden wird. Doch tragen solche in dem Modell nicht berücksichtigten Aspekte dazu bei, dass die Literatur eine eher kritische Haltung gegenüber der Kurspflegehypothese einnimmt.

Zudem wird in der Literatur kritisiert, dass die Kurspflegehypothese kein eigenständiger Ansatz zur Erklärung des Underpricing Phänomens, sondern lediglich ein Modellansatz zur Erklärung der Kursentwicklungen der IPOs auf dem Sekundärmarkt ist. Per Definition ist das Underpricing die Preisdifferenz zwischen dem Emissionspreis und dem ersten Börsenkurs. Das Underpricing ist ein Phänomen, das sich sowohl auf dem Primärmarkt als auch auf dem Sekundärmarkt abspielt. Die Kurspflegehypothese bezieht sich jedoch ausschließlich auf die Aktivitäten der Emissionsbank auf dem Sekundärmarkt. Schon allein aus diesem Grund kann die Hypothese nicht als alleiniger Erklärungsansatz für das Underpricing im engeren Sinne verstanden werden.

---

[733] Vgl. SCHULTZ, P. H./ ZAMAN, M. A., Support, 1994, S. 201.
[734] Vgl. dazu auch EHRHARDT, O., Börseneinführungen, 1997, S. 124.
[735] Vgl. dazu SCHÜRMANN, W./ KÖRFGEN, K., Familienunternehmen, 1987, S. 9.

4.2.3 Empirische Studien zur Kurspflegehypothese

RUUD (1993) kann in ihrer empirischen Studie, in der sie die Entwicklung der Verteilung der Emissionsrenditen von 463 US-amerikanischen IPOs für die Jahre von 1982 bis 1983 untersucht, eine leptokurtische Verteilungen der *initial returns* nachweisen. Eine gewisse Zeit nach dem Börsengang nimmt diese Rechtsschiefe jedoch wieder ab und die Emissionsrenditen lassen sich wieder durch eine Normalverteilung approximieren (vgl. Tabelle 29).[736] Diesen Rückgang erklärt RUUD (1993) damit, dass die Emissionsbanken zum einen nur für eine bestimmte Zeit vertraglich verpflichtet sind, Kurspflege zu betreiben. Zum anderen wird im Verlaufe des Börsenhandels auch der Einfluss der Emissionsbank auf die Kursstabilisierung durch das steigende Handelsvolumen in den jeweiligen IPO Titeln sukzessive reduziert.[737]

Tabelle 29: *Untersuchungsergebnisse von RUUD (1993) bezüglich der Verteilung der Emissionsrenditen*

	Zeit t nach dem Börsengang der IPOs				
	1 Tag	1 Woche	2 Wochen	3 Wochen	4 Wochen
Schiefe	1,54	0,89	0,64	0,46	0,35
Wölbung	6,02*	4,60*	3,96*	3,43*	3,21

Anmerkung:
* Die Normalverteilungshypothese muss für eine Irrtumswahrscheinlichkeit von $p \leq 0,05$ abgelehnt werden.
Quelle: RUUD, J. S., Underwriter, 1993, S. 146.

HANLEY ET AL. (1993) beobachten ebenfalls, dass der Börsenkurs meist nach Einstellung der Kurspflegemaßnahmen fällt und sich in der Folgezeit verstärkt negative Renditen ergeben.[738] Auch andere Autoren können die Kurspflegehypothese bestätigen. SCHULTZ und ZAMAN (1994) analysieren ein Sample von 72 IPOs und stellen fest, dass mehr als 21% der Emissionsbanken die von ihnen ausgegebenen Aktien in den ersten drei Handelstagen wieder zurückkaufen.[739] AGGARWAL (2000) kann zeigen, dass die Emissionsbanken bei sogenannten „weak" IPOs, d. h. bei Emissionen, die eine schlechte Performance erwarten lassen, in 81% der Fälle die IPO Aktien wieder zurückkaufen.[740]

ASQUITH ET AL. (1998) können zwar beobachten, dass in den Jahren von 1982 bis 1983 fast 50% der US-amerikanischen IPOs durch Kurspflegemaßnahmen gestützt werden, trotzdem

---

[736] Vier Wochen nach der Börseneinführung kann RUUD (1993) die Hypothese normalverteilter Renditen für eine Irrtumswahrscheinlichkeit von $p \leq 0,05$ nicht mehr ablehnen. Vgl. RUUD, J. S., Underwriter, 1993, S. 146.
[737] Vgl. RUUD, J. S., Underwriter, 1993, S. 136.
[738] Vgl. HANLEY ET AL., Price, 1993, S. 194, vgl. RUUD, J. S., Underpricing, 1991, S. 83ff.
[739] Vgl. SCHULTZ, P. H./ ZAMAN, M. A., Support, 1994, S. 200.
[740] Vgl. AGGARWAL, R., Stabilization, 2000, S. 1075ff.

können sie die Kurspflegehypothese nicht bestätigen. Sie stellen nämlich fest, dass bei IPOs, die nicht durch Kurspflegemaßnahmen unterstützt werden, entgegen der Annahme von RUUD (1993), der Emissionspreis sehr wohl systematisch vom ersten Sekundärmarktkurs abweicht. Mit einem durchschnittlichen Underpricing von 18% sind diese IPOs deutlich unterbewertet und der Erwartungswert der Rendite tendiert nicht gegen Null.[741] Auch PRABHALA und PURI (1999) verwerfen die Hypothese von RUUD (1993).[742]

Die heterogenen empirischen Ergebnisse deuten an, dass sich die Kurspflegehypothese in der Literatur als eigenständiger Erklärungsansatz für das Underpricing Phänomen nicht durchsetzen konnte. Trotzdem hat dieser Modellansatz wesentlich dazu beigetragen, dass die Forschung und die Weiterentwicklung der Erklärungsmodelle neue, zuvor unberücksichtigte Dimensionen aufgreift, die dazu beitragen, dass das Underpricing Phänomen besser verstanden wird. In Tabelle 30 werden die bedeutendsten empirischen Studien zur Kurspflegehypothese und die dazu relevanten Untersuchungsergebnisse zusammengefasst.

Tabelle 30: Die Kurspflegehypothese von RUUD (1993) als Erklärungsansatz für das Underpricing Phänomen

Hypothese/ Ergebnis	Quelle/ Autor	Empirische Evidenz		Land
1 Emissionsbanken stützen durch Kurspflege den Emissionskurs des IPOs nach dessen Platzierung. Dadurch wird das Risiko reduziert, dass der Sekundärmarktkurs unter den Emissionskurs fällt.	RUUD (1991, 1993)	Ja:	RUUD (1991, 1993) DÖHRMANN (1990)	USA Deutschland
		Nein:	ASQUITH ET AL. (1998) PRABHALA/ PURI (1999)	USA USA
2 Emissionsbanken werden Kurspflegemaßnahmen nur über eine gewisse Zeit vornehmen. Nach Beendigung der Kurspflege werden die Kurse des IPOs fallen.	RUUD (1991) HANLEY ET AL. (1993)	Ja:	RUUD (1991) HANLEY ET AL. (1993)	USA USA
		Nein:	SCHULTZ/ ZAMAN (1994) PRABHALA/ PURI (1999)	USA USA
3 Emissionsbanken werden bei starker Nachfrage nach dem IPO den *greenshoe* in Anspruch nehmen, um zusätzliches Angebot zu schaffen. Bei überbewerteten IPOs werden Emissionsbanken hingegen als Käufer auftreten, um zusätzliche Nachfrage zu generieren und auf diese Weise den Aktienkurs zu stützen.	AGGARWAL (2000)	Ja:	AGGARWAL (2000)	USA
4 Durch die Kurspflegemaßnahmen wird das Risiko minimiert, mit einem Gerichtsverfahren konfrontiert zu werden. Dadurch reduziert sich auch die Notwendigkeit von Underpricing.	SCHULTZ/ ZAMAN (1994)	Ja:	SCHULTZ/ ZAMAN (1994)	USA

Quelle: Eigene Darstellung, vgl. die jeweilige Primärliteratur.

---

[741] Vgl. dazu ASQUITH, D./ JONES, J. D./ KIESCHNICK, R., Evidence, 1998, S. 1759ff.

[742] PRABHALA und PURI (1999) analysieren den prozentualen Anteil, der vom gesamten festgestellten Underpricing auf die Kurspflegemaßnahmen der Emissionsbanken zurückzuführen ist. Sie stellen fest, dass nur ein ganz geringer Anteil, nämlich lediglich 1,8% des empirisch ermittelten Underpricing in Höhe von 10,2% durch die Kurspflegemaßnahmen der Emissionsbank verursacht wird. Demzufolge verwerfen sie die Hypothese von RUUD (1993). Vgl. PRABHALA, N. R./ PURI, M, IPOs, 1999, S. 1ff.

4.2.4 Ableitung der testbaren Hypothesen aus der Kurspflegehypothese

Es lassen sich folgende testbaren Hypothesen aus dem Modellansatz von RUUD (1993) ableiten:

H 10: *Die anfänglichen Emissionsrenditen sind nicht normalverteilt. Die Verteilung der Emissionsrenditen ist durch eine positive Schiefe und eine höhere Wölbung als die Normalverteilung charakterisiert. Dies ist darauf zurückzuführen, dass negative Emissionsrenditen durch die Kurspflege der Emissionsbanken seltener zu beobachten sind. Je weiter der Emissionstag zeitlich zurückliegt, um so kleiner werden die Werte für die Schiefe und die Wölbung.*

H 11: *IPOs, die einen Zeichnungserfolg von Null oder nahe Null aufweisen, werden bereits am ersten Handelstag preisstabilisiert und erzielen im nachfolgenden Börsenhandel eine schlechtere Performance als IPOs, die nicht preisstabilisiert sind.*

4.2.5 Ökonometrische Überprüfung der Kurspflegehypothese

Zur Überprüfung der Hypothese H 10 wird die Verteilungseigenschaft der *initial returns* der IPOs des Neuen Marktes untersucht.[743] Sollten die Emissionsbanken tatsächlich Kurspflegemaßnahmen am Neuen Markt vornehmen, dann müssten sich diese Unterstützungsmaßnahmen statistisch gesehen in einer linksteilen, leptokurtischen Verteilung der Emissionsrenditen ausdrücken.[744] Das würde bedeuten, dass die Schiefe größer Null und die Wölbung, das vierte zentrale Moment, größer als 3 ist. Somit würde die Verteilung der Emissionsrenditen keiner Normalverteilung entsprechen.[745]

Im Rahmen der empirischen Berechnungen zum Underpricing am Neuen Markt wurden bereits die Schiefe und die Wölbung der Emissionsrenditen berechnet. Für den Zeitraum von 1997 bis 2003 ließ sich durchschnittlich für die 328 IPOs am Neuen Markt eine Schiefe von 2,10 und eine Wölbung von 5,17 ermitteln.[746] Obwohl diese Werte eine linksteile, leptokurtische Verteilung der *initial returns* belegen und somit die von RUUD (1993) unterstellte These der Preisstützungsaktivitäten der Emissionsbanken unterstützen, reichen diese Berech-

---

[743] Am deutschen Kapitalmarkt werden die Orderbücher der Kursmakler nicht veröffentlicht. Es lassen sich deshalb keine konkreten Angaben über Volumina und Auftraggeber der Wertpapieraufträge in den ersten Handelstagen ermitteln. Würden diese Angaben veröffentlicht, dann ließe sich exakt bestimmen, inwieweit die Emissionsbanken in den Emissionsmarkt mittels kursbeeinflussender Wertpapieraufträge eingreifen. Es ist daher in Deutschland nur möglich, die Kurspflegehypothese auf der in dieser Untersuchung durchgeführten Weise statistisch zu überprüfen.

[744] Vgl. RUUD, J. S., Underpricing, 1991, S. 85.

[745] Bei einer Normalverteilung liegt der Wert für die Schiefe bei 0 und der Wert für die Wölbung bei 3.

[746] Vgl. dazu auch die Ausführungen im zweiten Teil dieser Arbeit, Kapitel 3.

nungen noch nicht aus, um Hypothese H 10 bestätigen zu können. Hinweise auf Kurspflegemaßnahmen der Emissionsbanken ergeben sich erst dann, wenn die Verteilung mit zunehmender Haltedauer symmetrischer würde, d. h. wenn sich die Werte für Schiefe und Wölbung über den Zeitverlauf der Normalverteilung angleichen würden.[747] Diese Annahme lässt sich darauf zurückführen, dass in dem theoretischen Modell von RUUD (1993) unterstellt wird, dass die Emissionsbanken Kurspflegemaßnahmen nur in den ersten Handelstagen vornehmen.[748] Demnach müssten sich die durch die Preisstützungsaktivitäten sichtbare linkssteile und leptokurtische Verteilung der Emissionsrenditen mit zunehmender Haltedauer abbauen und einer Normalverteilung annähern.

Im Folgenden werden deshalb die *initial returns* der IPOs am Neuen Markt für einen Zeitraum von 1, 5, 10, 15, 20, 30, 60 und 90 Tagen nach der Börseneinführung ermittelt. Für die Berechnung der Emissionsrenditen wird auf die im zweiten Teil dieser Arbeit eingeführte Formel zur Berechnung des *initial return* (IR) zurückgegriffen:

$$(XIX) \quad IR_{i,t} = \frac{K_{i,1} - E_{i,0}}{E_{i,0}} = \frac{K_{i,1}}{E_{i,0}} - 1$$

mit

$IR_{i,t}$:   Emissionsrendite bzw. *initial return* der Aktie i zum Zeitpunkt t

$K_{i,1}$:   Erster Börsenkurs der Aktie i am ersten Handelstag

$E_{i,0}$:   Emissionspreis der Aktie i

t: 1, 5, 10, 15, 20, 30, 60 und 90 Handelstage nach Börseneinführung.

Es gilt weiterhin

$$(XX) \quad IR_t = \frac{1}{N} \sum_{i=1}^{N} IR_{i,t}$$

mit

IR_t: durchschnittliche Emissionsrendite der Stichprobe

N :   Anzahl der IPOs in der Stichprobe

t: 1, 5, 10, 15, 20, 30, 60 und 90 Handelstage nach Börseneinführung.

Die Emissionsrenditen sowie die Verteilungseigenschaften der Emissionsrenditen IR_T für den Zeitraum t nach Börseneinführung sind in Tabelle 31 zusammengefasst.

---

[747] Vgl. KASERER, C./ KEMPF, V., Underpricing, 1995, S. 59f.
[748] Andere Untersuchungen gehen davon aus, dass Kurspflegemaßnahmen höchstens drei bis vier Wochen durchgeführt werden. Vgl. dazu DRAHO, J. Effect, 2001, S. 106.

Tabelle 31: Verteilungseigenschaften der Emissionsrenditen nach t Tagen

	t = 1	t = 5	t = 10	t = 15	t = 20	t = 30	t = 60	t = 90
N	328	328	328	328	328	328	328	328
IR_t	50,77%	52,03%	54,17%	56,66%	58,10%	59,65%	72,10%	88,82%
STABW	80,01%	82,89%	88,93%	98,80%	93,96%	101,38%	133,44%	172,17%
Median	23,81%	27,21%	26,67%	24,52%	27,86%	26,36%	25,60%	32,31%
Modalwert	0,00%	0,00%	0,00%	0,00%	0,00%	100,00%	-2,50%	100,00%
IR Minimum	-37,44%	-45,45%	-40,00%	-55,24%	-51,36%	-53,18%	-86,94%	-78,82%
IR Maximum	600,00%	522,20%	544,47%	640,74%	537,04%	681,91%	899,03%	1092,00%
IR > 0 (relativ)	248 (75,61%)	240 (73,17%)	232 (70,73%)	228 (69,51%)	231 (70,43%)	228 (69,51%)	220 (67,07%)	212 (64,63%)
IR = 0 (relativ)	20 (6,10%)	12 (3,66%)	10 (3,05%)	10 (3,05%)	9 (2,74%)	3 (0,91%)	3 (0,91%)	1 (0,30%)
IR < 0 (relativ)	60 (18,29%)	76 (23,17%)	86 (26,22%)	90 (27,44%)	88 (26,83%)	97 (29,57%)	105 (32,01%)	115 (35,06%)
Schiefe	2,82	2,43	2,35	2,65	2,33	2,46	2,48	2,48
Wölbung	11,85	7,82	6,97	9,39	7,23	9,36	8,46	7,93

N: Anzahl der untersuchten IPO Unternehmen; STABW: Standardabweichung.
Quelle: Eigene Berechnungen.

Die Analyse der Werte für die Schiefe und die Wölbung zeigen, dass die Verteilung der Emissionsrenditen 10 Tage nach Börseneinführung zunächst symmetrischer wird und sich einer Normalverteilung annähert. Ab dem 15. Tag steigen allerdings die zentralen Momente wieder an und es lässt sich mit zunehmender Haltedauer kein eindeutiger Trend bestimmen. Zwar könnte der Rückgang der Werte bis zum 10. Handelstag nach Börseneinführung im Sinne der Hypothese von Ruud (1993) interpretiert werden, allerdings muss berücksichtigt werden, dass die Verteilung der *initial returns* immer noch weit von einer symmetrischen Verteilung entfernt ist. Alle errechneten Werte der Schiefe und der Wölbung liegen für die Perioden t=1 bis t=90 deutlich über den Werten einer Normalverteilung. Zudem stimmt auch nicht die Verteilung der relativen Häufigkeiten der *initial returns* mit den Verteilungseigenschaften einer Normalverteilung überein. Sollte der Erklärungsansatz von Ruud (1993) tatsächlich Gültigkeit besitzen, dann müssten in den ersten 90 Tagen nach Börseneinführung die relativen Häufigkeiten der negativen und der unveränderten Emissionsrenditen bei ca. 50% liegen.[749] Tatsächlich liegen aber die negativen Emissionsrenditen der IPOs am Neuen Markt für einen Zeitraum von t Tagen nach der Börseneinführung deutlich unter den geforderten 50% bei normalverteilten Zufallsgrößen.

---

[749] Damit eine Normalverteilung unterstellt werden kann.

Die Auswertung der Verteilungseigenschaften der Emissionsrenditen deutet an, dass das hohe Underpricing am Neuen Markt nicht alleine auf kurzfristige Kurspflegemaßnahmen zurückgeführt werden kann. Um diese Vermutung statistisch zu überprüfen, werden die Emissionsrenditen einem Test auf Normalverteilung unterzogen. Dadurch soll ökonometrisch überprüft werden, ob sich die Verteilung der Emissionsrenditen mit zunehmender Haltedauer einer Normalverteilung annähert. Ein häufig verwendeter Test auf Normalverteilung ist der JARQUE-BERA-Test, der auf Schätzungen des Schiefekoeffizienten und des Wölbungskoeffizienten aufbaut.[750] Die Testgröße lautet:

$$(XXI) \quad JB = N \cdot \left(\frac{\hat{s}^2}{6} + \frac{(\hat{k}-3)^2}{24} \right) \sim \chi^2.$$

mit

$$s = \frac{\frac{1}{N} \sum_{i=1}^{N} (IR_i - \hat{\mu})^3}{\hat{\sigma}^3} \sim N(0, \frac{6}{N}) \text{ und } \hat{k} = \frac{\frac{1}{N} \sum_{i=1}^{N} (IR_i - \hat{\mu})^4}{\hat{\sigma}^4} \sim N(3, \frac{24}{N}).[751]$$

Die Nullhypothese (H_0: s=0 und $\hat{k}$=3) wird genau dann verworfen, wenn gilt: JB > χ_a^2. Für eine Irrtumswahrscheinlichkeit von α =1% ist der kritische Wert 9,21, bei 5% Irrtumswahrscheinlichkeit beträgt er 5,99.[752] Tabelle 32 gibt die Ergebnisse des JARQUE-BERA-Tests für die Verteilung der Emissionsrenditen am Neuen Markt wieder. Die Testgröße JB weist in allen betrachteten Perioden einen Wert auf, der deutlich über dem kritischen Wert bei einer Irrtumswahrscheinlichkeit von 5% liegt, so dass die Nullhypothese, die Emissionsrenditen entsprechen einer Normalverteilung, klar abgelehnt werden muss. Die ungewöhnlich hohen Werte aus dem JARQUE-BERA-Test werden mittels des KOLMOGOROV-SMIRNOV-Tests,[753] ein ebenfalls häufig verwendeter Test zur Überprüfung einer Normalverteilung, abgesichert. Auch bei Anwendung des KOLMOGOROV-SMIRNOV-Tests kann nach 90 Tagen keine Annäherung der Verteilung der Emissionsrenditen an eine Normalverteilung festgestellt werden. Die Irrtumswahrscheinlichkeit des KOLMOGOROV-SMIRNOV-Tests ist annähernd Null, so dass auch mit diesem Test die Nullhypothese eindeutig verworfen werden muss.

---

[750] Vgl. auch AUER, L. V., Ökonometrie, 2003, S. 410f.
[751] Dabei ist $\hat{\sigma}$ ein Schätzer der Standardabweichung und $\hat{\mu}$ ist der Schätzer des Erwartungswertes. Vgl. dazu auch SCHRÖDER, M., Eigenschaften, 2002, S. 6.
[752] Vgl. dazu SCHRÖDER, M., Eigenschaften, 2002, S. 8.
[753] Der KOLMOGOROV-SMIRNOV-Test prüft die Anpassung einer beobachteten an eine theoretisch erwartete Verteilung. Der KOLMOGOROV-SMIRNOV-Test ist verteilungsunabhängig und entspricht dem χ^2-Anpassungstest. Vgl. dazu SACHS, L., Statistik, 2002, S. 428.

Tabelle 32: Tests auf Normalverteilung

	t = 1	t = 5	t = 10	t = 15	t = 20	t = 30	t = 60	t = 90
N	328	328	328	328	328	328	328	328
IR_t	50,77%	52,03%	54,17%	56,66%	58,10%	59,65%	72,10%	88,82%
JARQUE-BERA-Test (p-Wert)[1]	2286,02*** (0,000)	1127,55*** (0,000)	941,72*** (0,000)	1543,90*** (0,000)	983,55*** (0,000)	1142,61*** (0,000)	1277,80*** (0,000)	1162,01*** (0,000)
KOLMOGOROV-SMIRNOV-Test (p-Wert)[1]	3,444+++ (0,000)	3,113+++ (0,000)	3,256+++ (0,000)	3,240+++ (0,000)	3,018+++ (0,000)	3,068+++ (0,000)	2,877+++ (0,000)	3,305+++ (0,000)

N: Anzahl der untersuchten IPO Unternehmen.
JARQUE-BERA-TEST: * Signifikanzniveau von 10%, ** Signifikanzniveau von 5%, *** Signifikanzniveau von 1%.
KOLMOGOROV-SMIRNOV-Test: + Signifikanzniveau von 10%, ++ Signifikanzniveau von 5%, +++ Signifikanzniveau von 1%.
[1]: Einige Statistik Softwarepakete errechnen die Irrtumswahrscheinlichkeiten (p-Werte) auf drei Dezimalstellen gerundet. Eine Irrtumswahrscheinlichkeit von 0,000 bedeutet also, dass die Irrtumswahrscheinlichkeit kleiner als 0,0005 (oder 0,05%), nicht aber, dass sie Null ist.
Quelle: Eigene Berechnungen.

Die Ergebnisse zeigen, dass selbst 90 Tage nach dem Börsengang keine Annäherung der Verteilung der *initial returns* an eine Normalverteilung zu erkennen ist. Diese Feststellung spricht gegen die Vermutung von Preisstützungsaktivitäten durch die Emissionsbank. Da das durchschnittliche Underpricing sogar in jedem Zeitpunkt t nach der Börseneinführung höher liegt, als am ersten Tag des Sekundärmarkthandels, kann davon ausgegangen werden, dass das Underpricing ein dauerhaftes und nicht ein kurzfristiges - durch Kurspflege-maßnahmen hervorgerufenes - Phänomen am Neuen Markt war.[754] Es gibt folglich keinen Anlass zu der Vermutung, dass die positiven Emissionsrenditen, die bis zum 90. Tag festgestellt wurden, allein auf die Kurspflege der Emissionsbanken zurückzuführen sind.[755] Die Hypothese H 10 wird somit abgelehnt.

In einem zweiten Schritt soll nun die Hypothese H 11 überprüft werden. Sofern sich die Kurspflegemaßnahmen der Emissionsbanken - wie bei RUUD (1993) unterstellt - tatsächlich nur auf die ersten Handelstage beziehen, kann erwartet werden, dass preisstabilisierte IPOs in den ersten Sekundärmarktwochen eine schlechtere Performance aufweisen, als solche IPOs, die nicht preisstabilisiert sind. Zur Überprüfung der Hypothese H 11 werden deshalb zunächst die 328 IPOs des Neuen Marktes in zwei Gruppen aufgeteilt. Die erste Gruppe wird aus potentiellen preisstabilisierten IPOs gebildet. Die zweite Gruppe beinhaltet solche Emissionen, bei denen keine Preisstabilisierung erwartet werden sollte. Die Abgrenzung zwischen preisstabilisierten und nicht preisstabilisierten IPOs erfolgt mit Hilfe der am ersten

---

[754] Dieses Ergebnis ist im übrigen konform mit den Aussagen im zweiten Teil dieser Arbeit. Auch die langfristige Performance der Emissionsrenditen hat gezeigt, dass das Underpricing kein kurzfristiges Phänomen am Neuen Markt war. Vgl. dazu Kapitel 4 im zweiten Teil dieser Arbeit.

[755] Vgl. dazu auch die Ergebnisse von KASERER, C./ KEMPF, V., Underpricing, 1995, S. 60.

Handelstag erzielten Emissionsrendite. Es wird angenommen, dass die Emissionsbanken insbesondere bei solchen IPOs Preisstützungsaktivitäten vornehmen werden, die nach Börseneinführung erstmalig unter bzw. nur leicht oberhalb des Emissionspreises notieren. Bei diesen IPOs ist die Wahrscheinlichkeit am größten, dass der Sekundärmarktkurs unter den Emissionspreis fällt und die Investoren dadurch eine negative Rendite erleiden. Um eventuelle Reputationsverluste zu vermeiden, werden deshalb die Emissionsbanken insbesondere bei diesen Emissionen preisstabilisierend eingreifen. Als preisstabilisierte IPOs gelten im Folgenden solche Emissionen, die einen *initial return* von $\leq$ +2% aufweisen.[756]

Die Gruppe der preisstabilisierten IPOs besteht aus insgesamt 84 Unternehmen. 33 dieser Unternehmen weisen einen negativen *initial return* auf, 38 Unternehmen haben eine Emissionsrendite von 0% und bei 13 Unternehmen liegt die Emissionsrendite zwischen Null und +2%. Zu Vergleichszwecken werden unabhängig von den zuvor gebildeten Gruppen zwei weitere Gruppen definiert. Gruppe 3 enthält die IPOs, die genau eine Emissionsrendite von Null aufweisen. Gruppe 4 enthält sämtliche 328 untersuchten IPOs. Durch dieses Vorgehen sollen zusätzliche Erkenntnisse hinsichtlich des Renditeverlaufs der IPOs aus den verschiedenen Gruppen und somit Hinweise auf potentielle Kurspflegeaktivitäten der Emissionsbanken gewonnen werden.

Mittels eines nichtparametrischen WILCOXON-Tests wird überprüft, ob

(i) die Renditeveränderungen bezüglich der Ausgangssituation, d. h. bezüglich der Emissionsrendite am ersten Börsentag (p-Wert 1) und

(ii) die Renditeveränderungen zwischen den aufeinanderfolgenden Perioden t Tage nach dem Börsengang (p-Wert 2) signifikant sind.[757]

Die *initial returns* für den Zeitraum t=1 bis t=90 Handelstage nach der Börseneinführung und die zugehörigen Irrtumswahrscheinlichkeiten des Signifikanztests sind in Tabelle 33 angegeben.

---

[756] Diese Grenze verwenden auch andere Untersuchungen zur Kurspflegehypothese, vgl. hierzu beispielsweise AUSSENEGG, W., Going public, 2000, S. 136.

[757] Vgl. für diese Vorgehensweise auch die Ausführungen bei EHRHARDT, O., Börseneinführungen, 1997, S. 126.

Tabelle 33: Renditeveränderungen in den ersten Handelstagen t und Wahrscheinlichkeit von Kurspflegemaßnahmen durch die Emissionsbanken

	IR_0	IR_1	IR_5	IR_{10}	IR_{15}	IR_{20}	IR_{30}	IR_{60}	IR_{90}
Gruppe 1: IR ≤ 2,0%									
N = 84	-3,36%	19,58%	19,30%	18,43%	19,63%	22,63%	22,84%	40,39%	71,12%
p-Wert 1		0,0029	0,0408	0,3214	0,1585	0,0732	0,3748	0,0498	0,0457
p-Wert 2		0,0029	0,0387	0,1408	0,6809	0,2108	0,0355	0,2085	0,2662
Gruppe 2: IR > 2,0%									
N = 244	66,41%	69,57%	71,09%	74,81%	78,05%	79,10%	81,98%	94,58%	112,21%
p-Wert 1		0,5148	0,3879	0,2782	0,3707	0,1257	0,2278	0,7549	0,6129
p-Wert 2		0,5148	0,0883	0,7715	0,1494	0,5371	0,4850	0,2694	0,7614
Gruppe 3:IR = 0%									
N = 38	0,00%	28,99%	34,00%	31,82%	28,41%	28,40%	31,29%	38,48%	58,67%
p-Wert 1		0,0142	0,0702	0,2714	0,2482	0,1085	0,2519	0,1184	0,2045
p-Wert 2		0,0142	0,7415	0,2654	0,1197	0,4519	0,3940	0,7169	0,6893
Gruppe 4: alle IPOs									
N = 328	48,54%	56,77%	57,83%	60,37%	63,09%	64,64%	66,83%	80,70%	101,69%
p-Wert 1		0,0399	0,0585	0,1202	0,1402	0,0202	0,1135	0,2158	0,1566
p-Wert 2		0,0399	0,0148	0,3531	0,1216	0,2742	0,1438	0,6711	0,4126

Anmerkungen: Die initial returns werden nach den Gleichungen auf S. 226 berechnet. Bei den durchgeführten Signifikanztests wird auf den nichtparametrischen WILCOXON-Test für zwei verbundene Stichproben zurückgegriffen. P-Wert 1 gibt die Irrtumswahrscheinlichkeit an, dass sich die Mittelwertunterschiede für IR_t und IR_0 unterscheiden. P-Wert 2 zeigt die Irrtumswahrscheinlichkeit, dass sich die Mittelwerte der aufeinanderfolgenden Zeitpunkte unterscheiden.
Quelle: Eigene Berechnungen.

Die dazugehörigen Renditeveränderungen der gebildeten Untersuchungsgruppen I-IV sind in Abbildung 31 dargestellt.

Abbildung 31:   Renditeveränderungen t Handelstage nach der Börseneinführung

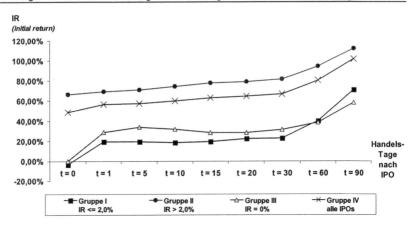

Quelle: Eigene Berechnungen und Darstellung.

Die Untersuchungsergebnisse zeigen für die gebildeten Untersuchungsgruppen in den ersten 90 Handelstagen nach Börseneinführung einen deutlich unterschiedlichen Renditeverlauf. Aus Abbildung 31 wird ersichtlich, dass die IPOs, bei denen Kurspflegemaßnahmen vermutet werden (Gruppe I), einen auffallend starken Renditeanstieg am ersten Handelstag verzeichnen.[758] Die durchschnittliche Rendite der Gruppe I steigt von −3,36% auf +19,58% innerhalb eines Tages. Bei Gruppe III ist sogar ein Anstieg von 0 auf 28,99% zu beobachten.

Entsprechend niedrig ist bei diesen beiden Gruppen in t=1 der ermittelte p-Wert des nichtparametrischen WILCOXON-Tests. Statistisch kann bei einem 5%-igen Niveau bestätigt werden, dass sich die Renditeveränderungen bezüglich der Emissionsrendite am ersten Börsentag signifikant unterscheiden. Es kann somit die Schlussfolgerung getroffen werden, dass die Emissionsbanken durch gezielte Preisstützungskäufe ein *overpricing* bei den IPOs mit niedriger Anfangsrendite zu verhindern versuchen. Gestützt wird diese Aussage dadurch, dass es nach der erfolgreichen Kursstützung bei den preisstabilisierten IPOs aus Gruppe I und III in den nächsten 10 bis 15 Handelstagen zu einer leichten Preiskorrektur kommt, die dazu führt, dass die durchschnittlichen Renditen auf dem durch die Preisstabilisierung erreichten Niveau verweilen. Im Vergleich dazu können für die IPOs aus Gruppe II, bei denen keine

---

[758]   Sowohl Gruppe I als auch Gruppe III weisen an einem Börsentag einen Anstieg von mehr als 20 Prozentpunkten auf.

Kurspflegeaktivitäten unterstellt wurden, keine signifikanten Veränderungen der Renditen in den ersten 90 Handelstagen festgestellt werden. Die deutlich höher liegenden p-Werte im Vergleich zu Gruppe I und III deuten zudem darauf hin, dass keine Kurspflegemaßnahmen vorgenommen wurden. Diese Ergebnisse unterstützen somit die Kurspflegehypothese.

Im Gegensatz zu den Untersuchungsergebnissen von RUUD (1993) kann allerdings nicht festgestellt werden, dass es bei der Gruppe der preisstabilisierten IPOs nach den ersten Handelstagen zu signifikanten negativen Renditen kommt. Dies wäre RUUD (1993) zufolge ein weiteres Indiz für Kurspflegemaßnahmen durch die Emissionsbank. Bei den IPOs am Neuen Markt kommt es stattdessen ab dem 30. Handelstag zu einem deutlichen Aufwärtstrend der durchschnittlichen Renditen.

Insgesamt führen die Tests der Hypothesen H 10 und H 11 zu der Schlussfolgerung, dass die IPOs am Neuen Markt, zumindest kurzfristig, durch die Emissionsbanken preisstabilisiert wurden. Dies scheinen die beobachteten Renditeverläufe innerhalb der ersten 90 Handelstage sowie die durchgeführten nichtparametrischen Tests zu bestätigen. Das hohe Underpricing am Neuen Markt kann allerdings nicht ausschließlich aufgrund von Kurspflegemaßnahmen erklärt werden. Die Tatsache, dass sich die Verteilung der Emissionsrenditen nicht einer Normalverteilung annähert, deutet darauf hin, dass das Underpricing von langfristiger Natur ist und nicht nur auf kurzfristige Kurspflegemaßnahmen der Emissionsbanken zurückzuführen ist. Die Kurspflegehypothese von RUUD (1993) kann deshalb weder abgelehnt noch bestätigt werden. Es ist allerdings mit hoher Wahrscheinlichkeit davon auszugehen, dass am Neuen Markt - trotz nicht eindeutiger empirischer Bestätigung der Kurspflegehypothese - die konsortialführenden Emissionsbanken Kurspflegemaßnahmen durchgeführt haben.

4.3 Die Prospekthaftungshypothese *(litigation-risk hypothesis)*

4.3.1 Underpricing als Versicherungsprämie gegen die Prospekthaftung

Ein insbesondere auf TINIC (1988) zurückgehender Erklärungsansatz versteht das Underpricing als eine Art Versicherungsprämie gegen potentielle Regressansprüche aus der Prospekthaftung.[759] Unter Prospekthaftung versteht man die Haftung der Emissionsbank und des Emittenten für Schäden, die den Aktionären aus vorsätzlich oder fahrlässig unrichtig oder

---

[759] Vgl. TINIC, S. M., Anatomy, 1988, S. 789ff. Allerdings wurde dieser Erklärungsansatz auch schon von IBBOTSON (1975) angesprochen. Vgl. dazu IBBOTSON, R. G., Performance, 1975, S. 264.

unvollständig erteilten Angaben in den Prospekten entstehen, die bei der Emission von Aktien zur Information der Investoren veröffentlicht werden.[760] Der Grundgedanke dieses Erklärungsansatzes beruht auf dem US-amerikanischen *Securites Act of 1933*, nach dem die Emissionsbanken zivilrechtlich dafür haften müssen, wenn den Investoren durch falsche oder fehlende Angaben im Emissionsprospekt ein wirtschaftlicher Nachteil entstanden ist.[761]

„*... any part of the registration statement [dies ist beispielsweise ein Verkaufsprospekt, Anmerkung des Verfassers]... contained an untrue statement ... or omitted to state a material fact ... any person acquiring such security ... may ... sue ... every underwriter with respect to such security.*"[762]

Emissionsbanken haben ein großes Interesse daran, die Risiken aus der Prospekthaftung zu reduzieren. Dazu können sie beispielsweise frühzeitig eine *due diligence*[763] des IPO Unternehmens durchführen, um dadurch mögliche Schwachstellen des Unternehmens, sei es in den Geschäftsplänen oder im Management, zu identifizieren. Allerdings kann selbst die beste *due diligence* zukünftige Geschäftsentwicklungen und Umwelteinflüsse nicht mit Sicherheit antizipieren, so dass bei den Emissionsbanken stets ein gewisses Restrisiko verbleiben wird. Um dieses Restrisiko potentieller Schadenersatzforderungen zu eliminieren, werden die Emissionsbanken die IPOs zusätzlich bewusst unter ihrem tatsächlichen Wert emittieren. Durch dieses bewusste Underpricing verringert sich die Wahrscheinlichkeit auf ein Minimum, dass die Investoren einen wirtschaftlichen Verlust erleiden und geschädigt

---

[760] In Deutschland ist die Prospekthaftung im Börsengesetz und im Verkaufsprospektgesetz gesetzlich verankert. Vgl. dazu die §§ 77 und 45ff. BörsG und §§1ff. VerkaufsprospektG. Im Schadensfall kann der Erwerber der Aktien von der Emissionsbank und dem Emittenten als Gesamtschuldner die Übernahme der Aktie gegen Erstattung des von ihm gezahlten Betrages bis hin zur Höhe des Emissionspreises zuzüglich der mit dem Erwerb verbundenen Kosten verlangen. Vgl. §13 VerkaufsprospektG i. V. m. §§ 45 bis 48 BörsG. Sollte der Erwerber zu dem Zeitpunkt, in dem er von der Unrichtigkeit bzw. Unvollständigkeit des Prospektes Kenntnis erhält, nicht mehr im Besitz des Wertpapiers sein, so kann er die Erstattung des Betrages verlangen, um den der von ihm beim Verkauf der Aktien erlöste Betrag den Ausgabepreis zuzüglich der mit dem Erwerb verbundenen Kosten unterschreitet. Emissionsbanken können nur dann nicht aus der Prospekthaftung in Anspruch genommen werden, wenn sie nachweisen können, dass sie von der Unrichtigkeit oder Unvollständigkeit der Angaben im Prospekt nicht in Kenntnis gesetzt worden sind und wenn diese Unkenntnis nicht grob fahrlässig war.

[761] Auf einigen Emissionsmärkten, so z. B. der USA, ist der Emissionsprospekt nicht nur als Informationsmedium zu verstehen, sondern er ist zugleich das einzig zulässige Marketinginstrument für die IPO Platzierung. Häufig versuchen deshalb die Emissionsbanken ihre Platzierungsbemühungen dadurch zu unterstützen, dass sie in dem Emissionsprospekt besonders positive Berichte über das IPO Unternehmen veröffentlichen. Allerdings führen diese häufig stark geschönten Angaben in den USA zu relativ zahlreichen Schadenersatzansprüchen von geschädigten Anlegern gegen die Emissionsbanken und den Emittenten. Vgl. hierzu HENSLER, D. A., Litigation, 1995, S. 111ff., vgl. RÖDL, B./ ZINSER, T., Going public, 2000, S. 52f., siehe auch REUSCHENBACH, H., Börsengang, 2000, S. 177f. Vgl. auch den SECURITIES ACT OF 1933, Section 11.

[762] SECURITIES ACT OF 1933, Section 11a. Dabei können die Aktionäre ihren Anspruch aus Prospekthaftung bis zu 12 Monaten nach Bekanntwerden des „*registration statement*" geltend machen.

[763] *Due diligence* wird im Deutschen mit „Sorgfaltsprüfung" übersetzt. Diese Prüfung ist meist eingeteilt in wirtschaftliche (*commercial and financial due diligence*), steuerliche (*tax due diligence*), rechtliche (*legal due diligence*) und technische bzw. sonstige Sorgfaltsprüfung (*environmental due diligence*). Detailliertere Ausführungen zur *due diligence* finden sich beispielsweise bei MAUTE, H., Due Diligence, 2001, S. 354ff. oder bei LÖHR, A., Börsengang, 2000, S. 94.

werden.[764] Dadurch sinkt auch die Wahrscheinlichkeit, dass die Emissionsbanken aus der Prospekthaftung rechtlich in Anspruch genommen werden.

TINIC (1988) ist der Ansicht, dass das Underpricing sowohl für Emissionsbanken als auch für Emittenten eine wirksame Absicherung gegen mögliche Ansprüche aus Schadenersatzzahlungen ist. Darüber hinaus werden Reputationsschäden der Emissionsbanken, aufgrund erfolgloser[765] Emissionen, deutlich vermieden. LOWRY und SHU (2002) formulieren diesen Sachverhalt treffend:

„For this reason, underpricing is a particularly attractive form of insurance."[766]

In der obigen Darstellung wird dem Underpricing eine präventiv wirkende Funktion zugeschrieben, da es erst gar nicht zu Schadenersatzforderungen kommen soll. Darüber hinaus ist ein bewusstes Underpricing aber auch dann hilfreich, wenn es letztlich doch zu einer rechtlichen Auseinandersetzung kommt.[767] In diesen Fall verringert sich nämlich mit der Höhe des Underpricing gleichzeitig auch die Höhe des Schadenersatzanspruches gegen die Emissionsbank und den Emittenten. Dieser Mechanismus ist dadurch begründet, dass die Höhe des Schadenersatzanspruches gemäß dem *Securities Act of 1933* auf den Emissionspreis beschränkt ist, so dass die Höhe des maximalen Anspruches der Investoren durch das Underpricing reduziert wird.[768]

---

[764] Da auch die Wahrscheinlichkeit sinkt, dass der erste Sekundärmarktkurs unter den Emissionspreis fällt.
[765] In diesem Zusammenhang wird von einer erfolglosen Emission gesprochen, wenn die Investoren keine positiven Emissionsrenditen erzielen.
[766] LOWRY, M./ SHU, S., Litigation, 2002, S. 310.
[767] Eine weitere Alternative zum Underpricing könnte für Emissionsbanken auch darin bestehen, dass sie eine Art Risikoprämie, quasi als Rückstellung für evtl. eintretende Regressansprüche von enttäuschten Investoren, bereits in den Verkaufspreisen einkalkulieren. Allerdings würde dies zu einem höheren Emissionspreis führen, und damit zu einer höheren Wahrscheinlichkeit, dass die Investoren letztlich keine positive Emissionsrendite erzielen. Außerdem steigt durch eine solche Maßnahme das Risiko des Reputationsverlustes erheblich an. Deshalb wird ein solches Vorgehen i. d. R. von den Emissionsbanken als keine wirkliche Alternative zum Underpricing angesehen. Vgl. hierzu auch WEINBERGER, A., Going publics, 1995, S. 116. Darüber hinaus könnte die Frage gestellt werden, wieso es bis heute keine Versicherung gegen Schadenersatzansprüchen aus der Prospekthaftung gibt, die der Emittent oder die Emissionsbank abschließen kann. Der Grund dafür lässt sich allerdings einfach herleiten. So würde sowohl die Emissionsbank als auch der Emittent bei Abschluss einer solchen Versicherung die Emission deutlich überbewertet auf dem Emissionsmarkt platzieren, um auf diese Weise die Emissionserlöse zu maximieren. Das Risiko einer Schadenersatzzahlung wird hingegen auf die Versicherungsgesellschaft übertragen. Auf diese Weise könnten die Emissionsbank und die Emittenten zusätzliche Gewinne erzielen, ohne die damit verbundenen Risiken zu tragen. Diese Risiken müsste der Versicherer tragen, der sich voraussichtlich mit hohen Schadenersatzansprüchen konfrontiert sieht, die aus der Prospekthaftung heraus von den geschädigten Investoren gegen ihn geltend gemacht werden. Der Versicherer durchschaut dieses *moral-hazard* Verhalten der Emissionsbank und der Emittenten und wird folglich eine sehr hohe Prämie verlangen, damit er seine hohen Schadenersatzzahlungen auch leisten kann. Jene Emissionsbanken, die nun ein faires Pricing und kein besonders hohes Underpricing anstreben, werden aufgrund der hohen Prämien diese Versicherung nicht abschließen, so dass allein die *„lemons"* einen Versicherungsschutz anstreben werden. Die Versicherungsgesellschaften werden wegen diesem *adverse-selection* Problem deshalb gar keinen Versicherungsschutz anbieten. Vgl. dazu auch die Ausführungen bei DÖHRMANN, A., Underpricing, 1990, S. 325f.
[768] Vgl. HUGHES, P. J./ THAKOR, A. V., Litigation, 1992, S. 713.

4.3.2 Kritische Bewertung der Prospekthaftungshypothese

Die Prospekthaftungshypothese von TINIC (1988) kann international nur eine unbedeutende Rolle als Erklärungsansatz für das Underpricing Phänomen einnehmen. Zu dieser Schluss-folgerung kommt man, da das Underpricing auf allen internationalen Kapitalmärkten zu beo-bachten ist, während Schadenersatzforderungen bei IPOs fast ausschließlich für den ameri-kanischen Kapitalmarkt bekannt sind.[769] In anderen Ländern wie z.B. Deutschland, Japan oder Singapur sind Regressansprüche unzufriedener Investoren bisher gar nicht oder nur äußerst selten aufgetreten. Wenn aber das Risiko eines Gerichtsverfahren in diesen Län-dern nicht evident ist, trotzdem aber in diesen Ländern teilweise ein höheres Underpricing als in den USA festgestellt wird, dann kann die Prospekthaftungshypothese nicht als Erklä-rungsansatz für das Underpricing geeignet sein.

4.3.3 Empirische Studien zur Prospekthaftungshypothese

Empirisch testet TINIC (1988) seine Hypothese, indem er das Underpricing von IPOs vor und nach Einführung des *Securities Act of 1933*, in dem erstmals in den USA die Prospekthaf-tung gesetzlich verankert wurde, vergleicht. Dabei kann TINIC (1988) nachweisen, dass die von ihm untersuchten 70 IPOs in dem Zeitraum von 1923 bis 1930 ein signifikant geringeres Underpricing aufweisen (5,2%) als die 134 IPOs, die zwischen 1966 und 1971 an der Börse emittiert wurden (11,1%). Diese Ergebnisse deutet er als Bestätigung seiner Hypothese. Allerdings wird das methodische Vorgehen in seiner Untersuchung starkt kritisiert. Kritiker werfen ihm vor, dass der Zeitabstand von 36 Jahren, der zwischen den beiden Stichproben liegt, zu groß ist, so dass in der Zwischenzeit auch andere Ursachen für das höhere Un-derpricing der zweiten Stichprobe verantwortlich sein könnten.

VOS und CHEUNG (1992) wenden dasselbe methodische Vorgehen von TINIC (1988) auf den neuseeländischen Kapitalmarkt an. Dort kam es im Jahre 1983 zu der Einführung des *Secu-rities Regulations Act*, der - ähnlich wie der *Securities Act von 1933* – für die Emissionsban-ken strenge Haftungsauflagen vorsieht, wenn diese vorsätzlich oder grob fahrlässig Tatsa-chen verschweigen bzw. falsch darstellen. Allerdings können VOS und CHEUNG (1992) im Gegensatz zu TINIC (1988) kein höheres Underpricing nach Einführung des *Securities Regu-lations Act* feststellen, so dass sie die Prospekthaftungshypothese nicht bestätigen kön-nen.[770] Auch KUNZ und AGGARWAL (1994) lehnen für den Kapitalmarkt der Schweiz die Hypothese ab. Sie sehen keine Hinweise dafür, dass Emissionsbanken das Underpricing als

---

[769] Dies ist vor allem auf die strengen Rechtsvorschriften des *Securities Act of 1933* zurückzuführen.
[770] Vgl. VOS, E. A./ CHEUNG, J., IPO, 1992, S. 13ff.

eine Versicherungsprämie zur Absicherung gegen eventuelle Regressansprüche aus der Prospekthaftung benutzen.[771]

DRAKE und VETSUYPENS (1993) testen die Hypothese, dass das Underpricing die Wahrscheinlichkeit reduziert, mit einem Gerichtsverfahren konfrontiert zu werden. Dabei untersuchen sie sämtliche gerichtliche Auseinandersetzungen am amerikanischen Kapitalmarkt seit der Einführung des *Securities Act of 1933*.[772] In ihrer Untersuchung stellen sie fest, dass die Emissionsbanken bzw. die Emittenten genauso häufig von Erstzeichnern unterbewerteter IPOs verklagt werden, wie von Erstzeichnern überbewerteter IPOs. Zudem finden sie heraus, dass die Unternehmen, die Schadenersatzzahlungen leisten mussten, ein vergleichbar höheres Underpricing vorgenommen hatten, als diejenigen Unternehmen, die gar nicht erst verklagt worden sind. DRAKE und VETSUYPENS (1993) kommen aufgrund dieser Ergebnisse zu der Schlussfolgerung, dass durch niedrige Emissionspreise bzw. durch ein hohes Underpricing nicht die Wahrscheinlichkeit reduziert werden kann, mit einem Gerichtsverfahren konfrontiert bzw. zu einer Schadenersatzzahlung verurteilt zu werden. Deshalb lehnen sie die Prospekthaftungshypothese als Erklärungsansatz für das Underpricing ab.[773]

ALEXANDER (1993) zweifelt ebenfalls an der Gültigkeit der Prospekthaftungshypothese.[774] Zu dieser Schlussfolgerung kommt sie, nachdem sie die durchschnittlichen Kosten eines Rechtsstreites analysiert hat. Bei ihrer Analyse stellt sie fest, dass diese Kosten im Verhältnis zu den durchschnittlichen Kosten des Underpricing relativ gering sind. Ihrer Meinung nach rechtfertigen die geringen Kosten eines Rechtsstreites, die außerdem nur zu einer sehr geringen Wahrscheinlichkeit entstehen werden, nicht die durch das Underpricing anfallenden hohen Kosten.[775] Deshalb, so argumentiert ALEXANDER (1993), ist das Risiko aus der Prospekthaftung für die Emissionsbanken relativ überschaubar und die Kosten sind kalkulierbar.[776]

---

[771] Vgl. KUNZ, R. M./ AGGARWAL, R., Initial public offerings, 1994, S. 720.
[772] Bis 1993 waren das genau 93 IPO Prozesse.
[773] Vgl. DRAKE, P. D./ VETSUYPENS, M. R., IPO, 1993, S. 65 und S. 72.
[774] Vgl. ALEXANDER, J., Lawsuit, 1993, S. 17ff.
[775] DRAKE/ VETSUYPENS (1993) und LOWRY/ SHUUND (2002) bestätigen diese Aussage von ALEXANDER (1993). Sie quantifizieren die Wahrscheinlichkeit, mit einem Gerichtsverfahren konfrontiert zu werden, auf ca. 4-7%. Vgl. dazu DRAKE, P. D./ VETSUYPENS, M. R., IPO, 1993, S. 64ff., siehe LOWRY, M./ SHU, S., Litigation, 2002, S. 310, vgl. auch ALEXANDER, J., Lawsuit, 1993, S. 17ff.
[776] Allerdings kann dieser Argumentation nicht zugestimmt werden, denn es kann nicht ausgeschlossen werden, dass gerade weil sich die Unternehmen und die Emissionsbanken für ein bewusstes Underpricing entschieden haben, die Quoten für die Gerichtsverfahren und Schadenersatzzahlungen so niedrig ausfallen. Darüber hinaus werden nicht selten die indirekten Kosten, die im Rahmen eines Gerichtsverfahrens entstehen können, übersehen. So stellen beispielsweise sowohl die Kosten eines potentiellen Reputationsverlustes als auch die Opportunitätskosten für die Zeit, die das Management für die Bearbeitung des Rechtsstreites aufwenden muss, nicht unerhebliche Kosten dar. Unter Berücksichtigung dieser nicht direkt beobachtbaren Positionen nähern sich die Kosten eines Rechtsstreites stark an die Kosten, die durch das Underpri-

Die Ergebnisse der bisher durchgeführten empirischen Untersuchungen zur Prospekthaftungshypothese lassen erkennen, dass in der Literatur überwiegend die Auffassung vertreten wird, dass mittels der Prospekthaftungshypothese das Underpricing Phänomen nicht hinreichend erklärt werden kann. In Tabelle 34 sind nochmals die wichtigsten Studien zur Prospekthaftungshypothese zusammengefasst.

Tabelle 34: Die Prospekthaftungshypothese als Erklärungsansatz für das Underpricing Phänomen

Hypothese/ Ergebnis	Quelle/ Autor	Empirische Evidenz		Land
1 Um rechtliche Auseinandersetzungen aufgrund falscher oder fehlender Prospektangaben zu vermeiden, werden Emissionsbanken und Emittenten ein bewusstes Underpricing vornehmen.	TINIC (1988)	Ja:	TINIC (1988)	USA
			LOWRY/ SHU (2002)	USA
		Nein:	DRAKE/ VETSUYPENS (1993)	USA
			JENKINSON (1990)	UK
			VOS/ CHEUNG (1992)	Neuseeland
			KELOHARJU (1993)	Finnland
			RYDQVIST (1994)	Schweiz
			KUNZ/ AGGARWAL (1994)	Schweiz
2 Underpricing reduziert die Wahrscheinlichkeit eines Gerichtsverfahrens.	TINIC (1988)	Ja:	LOWRY/ SHU (2002)	USA
		Nein:	DRAKE/ VETSUYPENS (1993)	USA
3 Underpricing verringert die bedingte Wahrscheinlichkeit, im Falle eines Rechtsstreites, Schadenersatz leisten zu müssen.	TINIC (1988)	Ja:	TINIC (1988)	USA
4 Underpricing verringert die Höhe des zu leistenden Schadenersatzes im Falle eines verlorenen Rechtsstreites.	TINIC (1988)	Ja:	TINIC (1988)	USA
5 Schadenersatzansprüche aufgrund von Prospekthaftung waren vor dem *Securities Act of 1933* nicht durchsetzbar, so dass vor 1933 kein bzw. nur sehr geringes Underpricing festzustellen ist.	TINIC (1988)	Ja:	TINIC (1988)	USA
		Nein:	PRABHALA/ PURI (1999)	USA

Quelle: Eigene Darstellung, vgl. die jeweilige Primärliteratur.

4.3.4 Ableitung der testbaren Hypothesen aus der Prospekthaftungshypothese

Aus den Modellüberlegungen von TINIC (1988) lässt sich folgende testbare Hypothese herleiten:

H 12: Eine (gesetzliche) Verschärfung der Prospekthaftung führt zu einem höheren Underpricing.

---

cing entstehen, an. Vgl. dazu auch die Ausführungen bei ALEXANDER, J., Lawsuit, 1993, S. 17ff., vgl. LOWRY, M./ SHU, S., Litigation, 2002, S. 310.

4.3.5 Ökonometrische Überprüfung der Prospekthaftungshypothese

Die empirische Überprüfung der Prospekthaftungshypothese erfolgt für den amerikanischen Kapitalmarkt i. d. R. dadurch, dass die Höhe des Underpricing von IPOs für einen Zeitraum vor und nach Inkrafttreten des *Securities Act von 1933* untersucht wird.[777] Sollte das Underpricing Niveau nach der Einführung des *Securities Act von 1933* signifikant angestiegen sein, so kann daraus die Gültigkeit der Hypothese von TINIC (1988) abgeleitet werden.

Die Modellüberlegungen von TINIC (1988) sind für den deutschen Kapitalmarkt im Allgemeinen und für den Neuen Markt im Speziellen statistisch nicht überprüfbar. Will man die allgemeine Gültigkeit der Prospekthaftungshypothese auf dem deutschen Kapitalmarkt überprüfen, so müsste analog zur Vorgehensweise von TINIC (1988) die Höhe des Underpricing für einen Zeitraum vor Inkrafttreten des Börsengesetzes, in der erstmalig die Haftungsfragen von Börsenerstemissionen gesetzlich verankert wurde,[778] und nach Inkrafttreten des Börsengesetzes untersucht werden. Da das Börsengesetz allerdings am 1. Januar 1897 in Kraft getreten ist, sind keine oder nur sehr unvollständige Kapitalmarktdaten zu den Börsengängen für den Zeitraum vor und nach dem Inkrafttreten des Börsengesetzes erhältlich. Zum anderen ist davon auszugehen, dass es - selbst wenn die benötigten Daten erhältlich wären - über einen solch langen Zeitraum, aufgrund von zahlreichen Fremdeinflüssen, nur zu sehr unverlässlichen Ergebnissen kommen würde. Aus diesem Grund konnte die Prospekthaftungshypothese am deutschen Kapitalmarkt bisher noch nicht im Sinne von TINIC (1988) getestet werden.

Der Zusammenhang zwischen der Prospekthaftung und dem Underpricing könnte allerdings getestet werden, wenn es in dem Untersuchungszeitraum zu einer Verschärfung des Prospekthaftungsgesetzes gekommen wäre. Dann ließe sich überprüfen, ob mit der Verschärfung des Prospekthaftungsgesetzes auch eine Erhöhung des Underpricing Niveaus zu beobachten ist. Jedoch kam es weder vor noch während des Bestehens des Neuen Marktes zu einer Verschärfung der gesetzlichen oder der privatrechtlichen Prospekthaftung. Die Prospekthaftung ist gesetzlich in den §§44 bis 47 BörsG verankert. Sie ist für alle Börsensegmente identisch.[779] Folglich ist eine Überprüfung, ob durch die Prospekthaftungshypothese

---

[777] Vgl. dazu auch RAMAN, K., Essays, 1998, S. 4.

[778] Gesetzlich wurde die Prospekthaftung in Deutschland mit Inkrafttreten des Börsengesetzes vom 1. Januar 1897 gesetzlich eingeführt. Im dem Gesetzestext von 1897 hieß es dazu: *„...dass diejenigen, die den Prospekt erlassen haben, sowie diejenigen, die den Erlass des Prospektes veranlasst haben, für fehlende, falsche oder unrichtige Angaben als Gesamtschuldner dem Besitzer eines solchen Wertpapiers für den Schaden haften..."*

[779] Die Prospekthaftung für den Freiverkehr wurde erst im Jahr 1991 gesetzlich verankert.

das hohe Underpricing Niveau auf dem Neuen Markt erklärt werden kann, ökonometrisch nicht möglich.

Es lassen sich allerdings Überlegungen anstellen, wie wahrscheinlich es ist, dass durch die Hypothese von TINIC (1988) das Underpricing am Neuen Markt erklärt werden kann. Dazu werden die Untersuchungsergebnisse von HUNGER (2001) herangezogen, der das Underpricing in den unterschiedlichen Börsensegmenten am deutschen Kapitalmarkt für die Jahre von 1997 bis 1999 ermittelt hat.

HUNGER (2001) berechnet ein durchschnittliches Underpricing für den amtlichen Handel von 12,05%, für den geregelten Markt von 26,60% und für den Freiverkehr von 42,80%.[780] Das Underpricing für den Neuen Markt beträgt – nach der vorliegenden Arbeit - für die Jahre von 1997 bis 1999 durchschnittlich 52,81%.[781] Da das errechnete Underpricing für den Neuen Markt deutlich über dem Underpricing der anderen deutschen Marktsegmente liegt, müsste bei Gültigkeit der Prospekthaftungshypothese von TINIC (1988), die gesetzliche Prospekthaftung am Neuen Markt bzw. am Freiverkehr deutlich strenger geregelt sein, als im Amtlichen Handel bzw. im Geregelten Markt. Dies ist aber nicht der Fall, da die gesetzliche Prospekthaftung für alle Marktsegmente vollkommen identisch ist und einheitlich im Börsengesetz geregelt ist. Dieses Ergebnis steht folglich im Widerspruch zu der Prospekthaftungshypothese von TINIC (1988).

Gegen die Relevanz der Hypothese von TINIC (1988) spricht ferner, dass in Deutschland bislang keine Prozesse im Zusammenhang mit der Durchführung von Börsenerstmissionen bekannt sind.[782] Am deutschen Kapitalmarkt kann somit die Gefahr, aufgrund der Prospekthaftung zu Schadenersatzzahlungen verpflichtet zu werden, als sehr gering eingeschätzt

---

[780] Vgl. HUNGER, A., IPO, 2001, S. 18.

[781] Das Underpricing im Jahr 1997 bis 1999 betrug 56,06%, 78,92% und 44,37%. Gewichtet mit der Anzahl der durchgeführten IPOs in den jeweiligen Jahren (1997: 11, 1998: 41 und 1999: 131) ergibt sich ein durchschnittliches Underpricing von 52,81%. Vgl. Kapitel 3.1 im zweiten Teil dieser Arbeit.

[782] Für den deutschen Kapitalmarkt war bis November 2002 kein Fall von Schadenersatzforderungen aufgrund der Prospekthaftung bekannt. Seit dem 22. November 2002 hat sich dieser Sachverhalt allerdings geändert. Erstmalig in der deutschen Kapitalmarktgeschichte ist eine Investmentgesellschaft, die Julius Bär Kapitalanlage AG, zu einer Schadenersatzzahlung in Höhe von 3,5 Mio. Euro verurteilt worden, weil sie falsche bzw. unzureichende Angaben in ihrem Verkaufsprospekt vorgenommen hat. In diesem speziellen Einzelfall ging ein Investor eine hohe Beteiligung an dem Julius Bär Creativ Fonds ein. Der Fonds investierte überwiegend in wenig liquide Wachstumswerte des Neuen Marktes. Zwar konnten in den Boomjahren (1997-2000) mit diesem Neuen Markt Fonds überdurchschnittlich hohe Kursgewinne und demnach eine gute Performance erwirtschaftet werden, allerdings kam es bei diesem Fonds nach den Kurseinbrüchen am Neuen Markt ab März 2000 zu starken Kursverlusten. Darauf hin hat ein Investor dem Vermögensverwalter Julius Bär vorgeworfen, hohe Risiken am Neuen Markt eingegangen zu sein, ohne darauf in der Informationsbroschüre hingewiesen zu haben. Es bleibt abzuwarten, ob dieser Präzedenzfall weitere Schadenersatzforderungen enttäuschter Investoren, nicht nur im Fondsgeschäft, sondern auch im Emissionsgeschäft nach sich ziehen wird.

werden.[783] Es existieren folglich weder für die Emittenten noch für die Emissionsbanken plausible Gründe dafür, ein bewusst hohes Underpricing vorzunehmen, um dadurch potentielle Regressansprüche zu verhindern.

Aus diesen Überlegungen lassen sich folglich keine stichhaltigen Indizien finden, die darauf hindeuten, dass durch die Prospekthaftungshypothese das hohe Underpricing am Neuen Markt erklärt werden könnte. Die Prospekthaftungshypothese kann deshalb – wenn überhaupt - nur in Verbindung mit anderen Erklärungsansätzen einen Beitrag zur Lösung des Underpricing Phänomens liefern.

4.4 Die Reputationshypothese *(reputation hypothesis)*

4.4.1 Die Reputation der Emissionsbanken

In der Literatur wird häufig die Reputation[784] der konsortialführenden Emissionsbank angeführt, um damit die unterschiedlich hohen Niveaus des Underpricing zu erklären.[785] Der Grundgedanke der Reputationshypothese findet sich in vielen der oben angesprochenen Erklärungsmodelle wieder. So ist beispielsweise bei der Monopsonhypothese das Streben der Emissionsbank nach einem Zugewinn an Reputation der Hauptgrund dafür, dass die Emissionsbank letztlich die Überrendite durch das Underpricing des IPOs an die Investoren weitergibt. Im Zusammenhang mit der Kurspflegehypothese spielt die Reputation ebenfalls eine bedeutende Rolle, da die Emissionsbanken häufig Kurspflegemaßnahmen gerade deshalb durchführen, um die eigene Reputation nicht durch einen unter den Emissionspreis fallenden Kurs zu gefährden. Auch bei der Prospekthaftungshypothese sorgen sich die Emissionsbanken in erster Linie um ihre Reputation für den Fall, dass es zu einer Schadenersatzforderung bzw. zu einer gerichtlichen Auseinandersetzung mit einzelnen Investoren kommt.[786] Die Reputation als möglicher Grund für bewusstes Underpricing findet sich demzufolge - zumindest latent - in vielen Erklärungsansätzen wieder.[787]

---

[783] Vgl. dazu auch SCHLICK, R., Going public, 1997, S. 166.

[784] Unter dem Begriff der Reputation wird im Folgenden das Vertrauen der Investoren und der Emittenten in die Fähigkeit der Emissionsbank verstanden, einen markträumenden Emissionspreis festzusetzen. Dabei vertrauen sowohl die Investoren als auch die Emittenten der Emissionsbank, dass diese den Emissionspreis nach besten Wissen und Gewissen ermittelt, so dass weder die Investoren noch die Emittenten bevorzugt oder benachteiligt werden.

[785] Gewissermaßen handelt es sich bei der Reputationshypothese auch um ein *signalling* Modell, allerdings besteht das Signal nun nicht mehr in dem Underpricing an sich, sondern in der Wahl der Emissionsbank. Vgl. hierzu auch BALVERS, R. J./ MCDONALD, B./ MILLER, R. E., Underpricing, 1988, S. 605ff. Auch wenn dieser Ansatz theoretisch unter den *signalling* Modellen subsumiert werden kann, soll die Reputationshypothese aufgrund ihrer bedeutenden Stellung in der Literatur, in dieser Arbeit als eigenständiges Modell behandelt werden.

[786] Vgl. WEINBERGER, A., Going publics, 1995, S. 124.

[787] Vgl. auch CHEN, CARL R./ MOHAN, NANCY J., Underwriter, 2002, S. 521ff.

Die direkte Verknüpfung zwischen der Reputation und dem Underpricing wurde im Wesentlichen durch CARTER und MANASTER (1990) manifestiert. Sie erklären die empirisch zu beobachtenden Unterschiede in der Höhe des Underpricing durch die differierende Reputation der jeweiligen Emissionsbanken.[788] Nach ihrem Modellansatz signalisiert die Reputation der jeweiligen konsortialführenden Emissionsbank das mit dem IPO verbundene Risiko. CARTER und MANASTER (1990) stellen die Hypothese auf, dass die Reputation negativ mit dem Risiko bzw. mit der ex ante-Unsicherheit des IPOs und letztlich mit dem Underpricing korreliert. Je höher folglich die Reputation derEmissionsbank ist, desto geringer wird von den Investoren das Risiko der Emission eingeschätzt und desto geringer wird das durchschnittliche Underpricing ausfallen.[789]

Dem Emittenten ist es der Reputationshypothese zufolge möglich, den Investoren durch die Wahl der Emissionsbank ein Signal über die Qualität ihres Unternehmens bzw. über den Grad der ex ante-Unsicherheit zu übermitteln.[790] Allerdings kann ein solches Signal nur dann richtig von den Investoren interpretiert werden, wenn die Emissionsbanken bestimmte Regeln beachten und nur spezielle IPO Unternehmen an die Börse bringen. Es wird deshalb angenommen, dass Emissionsbanken mit einer hohen Reputation ausschließlich IPOs von hoher Qualität und geringer ex ante-Unsicherheit begleiten.[791] CARTER und MANASTER (1990) argumentieren, dass die Emissionsbanken mit hoher Reputation diesen Grundsatz strikt einhalten werden, da sie andernfalls eine „Fehlsignalisierung" am Emissionsmarkt auslösen würden, die von den Investoren in der Folgeperiode mit einem konsequentem Reputationsverlust sanktioniert wird.[792] Die Emissionsbanken werden deshalb ein starkes Eigeninteresse haben, tatsächlich nur solche Unternehmen an der Börse einzuführen, die durch eine besonders hohe Qualität gekennzeichnet sind und demzufolge eine geringe ex ante-Unsicherheit aufweisen und bei denen nur ein geringes Underpricing erforderlich ist.[793]

„...underwriters, to maintain their reputation, only market IPOs of low dispersion firms. As a result, a signal, in the form of underwriter reputation, is provided to the market." [794]

---

[788] Vgl. CARTER, R./ MANASTER, S., Initial public offerings, 1990, S. 1045ff.
[789] Dabei wird in dem Modell vorausgesetzt, dass allen Marktteilnehmern die Reputation der Emissionsbank bekannt ist.
[790] Vgl. dazu AUSSENEGG, W., Going public, 2000, S. 27.
[791] Vgl. CARTER, R./ MANASTER, S., Initial public offerings, 1990, S. 1045ff.
[792] Siehe hierzu auch WEINBERGER, A., Going publics, 1995, S. 130.
[793] Vgl. hierzu auch die Ausführungen von BOOTH, J. R./ SMITH, R. L., Capital raising, 1986, S. 261ff. und NEUS, W., Emissionskredit, 1993, S. 897ff.
[794] CARTER, R./ MANASTER, S., Initial public offerings, 1990, S. 1062.

Das Modell von CARTER und MANASTER (1990) beruht letztlich auch auf einem informationsasymmetrischen Ansatz. Denn die Reputation der Emissionsbank trägt dazu bei, dass die bestehenden Informationsasymmetrien zwischen dem Emittenten und den Investoren verringert werden. Je höher die Reputation der Emissionsbank, desto geringer ist die verbleibende Informationsasymmetrie und desto geringer ist folglich auch das notwendige Underpricing.[795] In der Literatur findet sich eine Reihe weiterer Arbeiten, die sich mit dem Konnex zwischen der Reputation der Emissionsbank und dem Underpricing befassen. Allerdings nähern sich diese Modelle dem Ansatz von CARTER und MANASTER (1990) stark an.[796]

BEATTY und RITTER (1986) gehen bereits im Jahre 1986 auf die Reputation von Emissionsbanken im Zusammenhang mit Erstemissionen ein.[797] In ihrem Modell befindet sich die Emissionsbank inmitten eines Interessenkonfliktes zwischen dem Emittenten und den Investoren. Während der Emittent grundsätzlich einen hohen Emissionspreis erzielen möchte, sind die Investoren in erster Linie an einem möglichst niedrigenEmissionspreis interessiert, damit sie eine hohe Rendite mit der Zeichnung des IPOs erwirtschaften können.[798] Die schwierige Aufgabe der Emissionsbank besteht nun darin, einen fairen Interessenausgleich zwischen den entgegenlaufenden Zielen ihrer Kunden herbeizuführen. Dazu muss sie einerseits den Emissionspreis hoch genug ansetzen, um den Forderungen des Emittenten nach einem möglichst hohen Emissionserlös gerecht zu werden. Andererseits muss der Emissionspreis tief genug sein, um den Investoren die Möglichkeit zu gewähren, ausreichende Kurssteigerungen mit der Aktienemission zu erzielen.[799] Schafft es die Emissionsbank nicht, den Emissionspreis durch ein angemessenes Gleichgewichts-Underpricing so festzusetzen, dass ein *„goldener Schnitt verschiedener Interessen"*[800] erreicht wird, so verliert die Emissionsbank an Reputation, entweder bei den Erstzeichnern oder bei den Emittenten.[801] Der Reputationsverlust führt wiederum zu einem Verlust von Marktanteilen, da die Investoren

---

[795] Vgl. dazu AUSSENEGG, W., Going public, 2000, S. 27.
[796] An dieser Stelle sei auf folgende Arbeiten verwiesen: vgl. JOHNSON, J. M./ MILLER, R. E., Investment, 1988, S. 19ff., vgl. BALVERS, R. J./ McDONALD, B./ MILLER, R. E., Underpricing, 1988, S. 605ff., vgl. BERGLUND, T., PRICING, 1994, S. 3ff., vgl. CARTER, R. B./ DARK, F. H./ SINGH, A. K., Underwriter, 1998, S. 285ff., vgl. PAUDYAL, K./ SAADOUNI, B./ BRISTON, R. J., Privatisation, 1998, S. 427ff.
[797] Vgl. BEATTY, R. P./ RITTER, J. R., Investment, 1986, S. 213ff.
[798] Dabei wird unterstellt, dass die Emittenten keine Folgeemissionen planen und insofern einen maximalen Emissionserlös anstreben werden.
[799] Vgl. dazu auch die Ausführungen bei WILKENS, M./ GRAßHOFF, A., Underpricing, 1999, S. 27 und WEINBERGER, A., Going publics, 1995, S. 125.
[800] TITZRATH, A., Bedeutung, 1995, S. 141.
[801] DUNBAR (2000) argumentiert aus Sicht der Emittenten, die in der Zukunft ihr Unternehmen an die Börse bringen wollen, dass diese nicht bereit sein werden, solche Emissionsbanken zu wählen, die sich durch ein zu hohes Underpricing charakterisieren. *„Future issuers appear to avoid banks that leave too much money on the table".* DUNBAR, C. G., Factors, 2000, S. 5.

bzw. die Emittenten zukünftig eine andere Emissionsbank in Anspruch nehmen werden.[802] BEATTY und RITTER (1986) fassen diesen Gedanken wie folgt zusammen:

„Underwriters whose offerings have average initial returns that are not commensurate with their ex ante uncertainty lose subsequent market shares." [803]

Der Verlust von Reputation und Marktanteilen kann also nach BEATTY und RITTER (1986) nur dann verhindert werden, wenn die von einer Emissionsbank emittierten Unternehmen eine durchschnittliche Emissionsrendite erzielen, die der ex ante-Unsicherheit dieses IPOs entsprechen. In der Praxis werden besonders die Emissionsbanken Marktanteile verlieren, die bei der Emissionspreisfindung häufig den „wahren" Wert des IPOs verfehlt haben.[804]

4.4.2 Kritische Bewertung der Reputationshypothese

Obwohl die Reputationshypothese in der Literatur in zahlreichen wissenschaftlichen Beiträgen intensiv diskutiert und auch weiterentwickelt wurde, bleibt eine zentrale Frage im Zusammenhang mit der Reputationshypothese bisher unbeantwortet: Durch welchen Erfolg kann eine Emissionsbank Reputation aufbauen: Sind es eher die hohen Renditen, zu denen die Emissionsbank den Emittenten verhilft oder sind es die hohen Emissionserlöse für die Emittenten?[805]

Eine erste Antwort auf diese Frage könnte unmittelbar aus der formulierten Reputationshypothese abgeleitet werden: *„Je höher die Reputation der Emissionsbank, desto geringer ... das notwendige Underpricing...".* Diese Formulierung der Hypothese spiegelt in erster Linie die Sichtweise der Emittenten wider. Aus Investorensicht hingegen würde eine Emissionsbank vor allem dadurch zu hoher Reputation gelangen, wenn sie den Investoren durch ein hohes Underpricing zu einer hohen Emissionsrendite verhelfen würde. Die Reputationshypothese könnte also dahingehend interpretiert werden, dass die Emissionsbank ihre Reputation steigern kann, indem sie primär die Interessen der Emittenten vertritt. Kritiker weisen allerdings zu Recht darauf hin, dass diese Interpretation zu undifferenziert ist und keine nachhaltige Antwort auf obige Ausgangsfrage sein kann. Langfristig wird eine Emissionsbank nur dann Reputation aufbauen können, wenn sie den *„goldenen Schnitt verschiedener Interessen"* [806] schafft, indem sie im Durchschnitt keinen Marktteilnehmer übervorteilt und die Inte-

---

[802] Vgl. dazu NANDA, V./ YUN, Y., Reputation, 1997, S. 39ff.
[803] BEATTY, R. P./ RITTER, J. R., Investment, 1986, S. 217.
[804] Vgl. BEATTY, R. P./ RITTER, J. R., Investment, 1986, S. 217.
[805] Vgl. HUNGER, A., IPO, 2001, S. 109.
[806] Vgl. dazu auch Kapitel 4.4.

ressen der Emittenten als auch die Belange der Investoren zufrieden stellt. Dies erreicht eine Emissionsbank i. d. R. nur dann, wenn sie einen fairen Emissionspreis festsetzt und wenn sie beide Parteien nach bestem Wissen und Gewissen vertritt.[807]

Allerdings ist genau dieser faire Interessenausgleich zwischen dem Emittenten und den Investoren in der Realität schwer zu erreichen. Nicht selten wird die Emissionspreisfindung von der Stellung der Emissionsbank gegenüber ihren Kunden bzw. den Wettbewerbern beeinflusst. Hat die Emissionsbank beispielsweise eine schwache Marktstellung, so wird sie sich eher an den Interessen ihrer Emittentenkunden ausrichten. Bei einer stärkeren Stellung kann sie eher ihre eigenen Interessen verfolgen und durchsetzen. Die Ausprägungen dieser beiden Marktstellungen der Emissionsbank werden in der Literatur durch die Monopsonhypothese beschrieben.

Neben dieser grundsätzlichen Frage muss in Verbindung mit der Reputationshypothese vor allem auf die Schwierigkeit bei der Messung der Reputation einer Emissionsbank hingewiesen werden. In der Regel wird die Reputation einer Emissionsbank in der Literatur mit Hilfe der Rangfolgemethode von CARTER und MANASTER (1990) ermittelt, die die quantitative und qualitative Beteiligung einer Emissionsbank an einem IPO bewerten. CARTER und MANASTER (1990) gehen dabei wie folgt vor. Zunächst ordnen sie die Emissionsbanken nach der Bedeutung ihrer Funktion für den Emissionsprozess in absteigender Reihenfolge. Dieser Prozess ist für den US-amerikanischen Kapitalmarkt einfach durchzuführen, da dort in den jeweiligen Verkaufsprospekten der IPO Unternehmen alle benötigten Informationen enthalten sind.[808] Folglich steht die wichtigste Emissionsbank, der so genannte *lead-manager*, an erster Stelle des Verkaufsprospekts, der *co-lead-manager* an zweiter Stelle usw. Nach Ordnung der Emissionsbanken werden den jeweiligen Emissionsbanken im Verkaufsprospekt in absteigender Reihenfolge Punkte zugeteilt. Im Anschluss daran addieren CARTER und MANASTER (1990) die Punkte über alle IPOs und können dann mit Hilfe der Punktzahl eine Reputationsrangliste der Emissionsbanken erstellen.[809] In der Literatur wird allerdings die

---

[807] Vgl. KASERER, C. / KEMPF, V., Underpricing, 1995, S. 56.

[808] Auf Kapitalmärkten außerhalb der USA kann die Rangfolgemethode von CARTER und MANASTER (1990) jedoch nur mit erheblichen Schwierigkeiten angewendet werden. Das hängt damit zusammen, dass auf anderen Kapitalmärkten, beispielsweise auch auf dem deutschen, die Emissionsbanken keiner so eindeutigen Hierarchie unterliegen und die beteiligten Emissionsbanken im Verkaufsprospekt alphabetisch geordnet werden. Die jeweiligen Funktionen der Emissionsbanken werden in den Verkaufsprospekten teilweise nur sehr granulär bzw. ungenau offen gelegt. Folglich kann, bedingt durch einen länderspezifischen heterogenen Grad der Informationstiefe die Anwendung der Rangfolgemethode nach CARTER und MANASTER (1990) erheblich erschwert werden und letztlich auch zu Fehlern in der Messung der Reputation führen.

[809] Im Anschluss daran wird diese Reputationsrangliste in Relation zu der Höhe des Underpricing gesetzt. CARTER und MANASTER (1990) können auf diese Weise erstmalig empirisch nachweisen, dass die Emissionsbanken mit einem hohen Maß an Reputation ein deutlich geringeres Underpricing aufweisen als Emis-

Stichhaltigkeit dieses Verfahrens angezweifelt. Da die Mehrzahl der IPOs nicht nur von einer Emissionsbank, sondern von einem Emissionskonsortium an die Börse begleitet werden,[810] kann eine Emissionsbank einen relativ hohen Rang in der Reputationsliste allein dadurch erlangen kann, dass sie sich an relativ vielen Emissionen in jedoch unbedeutender Funktion beteiligt. Nach der Rangfolgemethode kann diese Emissionsbank zwar viele Punkte aggregieren und demzufolge eine „scheinbar" hohe Reputation vorzeigen, in der Realität baut sich eine Emissionsbank allerdings erst dadurch Reputation auf, dass sie IPOs eigenständig bzw. als Konsortialführer an den Markt begleitet.

4.4.3 Empirische Studien zur Reputationshypothese

CARTER und MANASTER (1990) überprüfen ihre Hypothese, dass die Reputation der Emissionsbank negativ mit der ex ante-Unsicherheit des IPOs und letztlich mit dem Underpricing korreliert mittels eines indirekten Tests. Zunächst ermitteln sie dazu die Reputation der Emissionsbanken. Die Messung der Reputation erfolgt mit der von ihnen entwickelten Rangfolgemethode.[811] Für ein Sample von 501 IPOs können CARTER und MANASTER (1990) für den Zeitraum von 1979 bis 1983 nachweisen, dass IPOs von Emissionsbanken mit hoher Reputation, so genannte „prestigious underwriters", ein signifikant geringeres Underpricing (13,2%) aufweisen, als die IPOs von Emissionsbanken mit niedriger Reputation, die als „nonprestigious underwriters" bezeichnet werden (19,5%).[812]

„...a significant negative relation is found between underwriter prestige and the price run-up variance for the IPOs they market."[813]

Für den deutschen Markt wird die Hypothese von CARTER und MANASTER (1990) durch zahlreiche Untersuchungen bestätigt. WEINBERGER (1995) kann beispielsweise zeigen, dass die Reputation der Emissionsbank einen Einfluss auf die Höhe des Underpricing hat. In seiner Untersuchung weisen die Emissionsbanken mit hoher Reputation, die „prestigious underwriter", ein Underpricing von lediglich 9,3% auf, während die Kontrollgruppe der „nonprestigious

---

[810] sionsbanken, die nur eine niedrigere Reputation am Markt genießen. Siehe hierzu CARTER, R./ MANASTER, S., Initial public offerings, 1990, S. 1045ff.
In dem Zeitraum von 1997 bis 1999 wurden am deutschen Markt nur ca. 15% aller IPOs von nur einer Emissionsbank begleitet.

[811] Vgl. hierzu die ausführliche Kritik an diesem Verfahren in Kapitel 4.4.2. CARTER und MANASTER (1990) testen ihre Hypothese auf dem amerikanischen Aktienmarkt, in dem sie die jeweilige Rangfolge der Nennung der Emissionsbanken mit Rangziffern von 0-9 bewerten und somit eine Punktzahl für jede Emissionsbank erhalten. Anschließend setzen sie dieses Reputationsranking in Relation zu den empirischen Ergebnissen bezüglich der Höhe des Underpricing. Vgl. CARTER, R./ MANASTER, S., Initial public offerings, 1990, S. 1045.

[812] Vgl. CARTER, R./ MANASTER, S., Initial public offerings, 1990, S. 1059 und S. 1062.

[813] CARTER, R./ MANASTER, S., Initial public offerings, 1990, S. 1062.

underwriter" ein deutlich höheres Underpricing mit 16,7% verzeichnet.[814] SCHMIDT ET AL. (1988) und SPRINK (1996) kommen in ihren Untersuchungen zu ähnlichen Ergebnissen.[815] Allerdings können KASERER/ KEMPF (1995) sowie EHRHARDT (1997) keinen stabilen Zusammenhang zwischen dem Underpricing und der Reputation der Emissionsbank feststellen.[816] Die Reputationshypothese scheint bei ihren Untersuchungen keine Erklärungskraft für den deutschen Kapitalmarkt zu besitzen.

BEATTY und RITTER (1986) analysieren, inwieweit ein überdurchschnittlich hohes bzw. niedriges Underpricing zu Marktanteilsverlusten der jeweiligen Emissionsbanken führen kann. Dazu untersuchen sie die Marktanteilsentwicklung und die Höhe des Underpricing von 49 Emissionsbanken in den USA. Die Emissionsbanken teilen sie in zwei Gruppen auf. In der ersten Gruppe befinden sich die Emissionsbanken, die den Emissionspreis deutlich *„off the line"*[817] festgesetzt haben. Die von diesen Banken emittierten IPOs werden folglich mit einem extrem hohen Underpricing bzw. Overpricing platziert. Der Marktanteil der Emissionsbanken dieser ersten Gruppe sinkt signifikant von 46,6% auf 24,5%. Dagegen reduziert sich der Marktanteil der zweiten Gruppe, die den Emissionspreis *„on the line"* festgesetzt hat, nur von 27,2% auf 21,0%.[818] BEATTY und RITTER (1986) können auf diese Weise ihre Hypothese bestätigen, dass Emissionsbanken, die bei der Emissionspreisfindung deutlich den „wahren" Wert des IPOs verfehlen, in der Folgeperiode signifikant Marktanteile verlieren.

„We find that investment bankers pricing off the line in one subperiod do in fact lose market share in the subsequent subperiod..." [819]

Auch DUNBAR (2000) kann nachweisen, dass die Emissionsbanken deutlich Marktanteile verlieren, wenn die von ihnen begleiteten Emissionen abnormale, d.h. zu große Zeichnungsverluste bzw. -erfolge aufweisen.[820] Für den deutschen Markt wird die Hypothese von BEATTY und RITTER (1986) vor allem durch die Arbeiten von UHLIR (1989) bestätigt. UHLIR (1989) zeigt, dass der Marktanteil der Emissionsbanken mit überdurchschnittlich hohem Un-

---

[814] Vgl. WEINBERGER, A., Going publics, 1995, S. 132.
[815] Siehe die Arbeiten von SCHMIDT, R. H. ET AL., Underpricing, 1988, S. 1196ff. und SPRINK, J., Underpricing, 1996, S. 204.
[816] In ihrer Untersuchung weist beispielsweise die Deutsche Bank AG ein höheres durchschnittliches Underpricing auf als die Bayrische Vereinsbank AG, so dass entsprechend der Reputationshypothese die Deutsche Bank AG eine geringere Reputation am Emissionsmarkt haben müsste, als die Bayrische Vereinsbank AG – was angezweifelt werden muss. Vgl. KASERER, C. / KEMPF, V., Underpricing, 1995, S. 57, siehe auch EHRHARDT, O., Börseneinführungen, 1997, S. 120.
[817] Dabei meinen die Autoren mit *„off the line"*, dass der von den Emissionsbanken festgesetzte Emissionspreis nicht dem „wahren" Wert des IPOs entspricht, also nicht *„on the line"* ist. Vgl. BEATTY, R. P./ RITTER, J. R., Investment, 1986, S. 227.
[818] Vgl. BEATTY, R. P./ RITTER, J. R., Investment, 1986, S. 222ff.
[819] BEATTY, R. P./ RITTER, J. R., Investment, 1986, S. 227.
[820] Vgl. DUNBAR, C. G., Factors, 2000, S. 3ff. bzw. DUNBAR, C. G., Factors, 1997, S. 1ff.

derpricing deutlich um 17,3% abnimmt, während der Marktanteil bei Emissionsbanken, die sich durch ein geringfügiges Underpricing kennzeichnen, um 9,8% zunimmt. UHLIR (1989) ist deshalb der Auffassung, dass ein überdurchschnittliches Underpricing im Extremfall sogar zum Ausscheiden der Emissionsbank aus dem IPO Markt führen kann.[821]

NANDA/ YI und YUN (1995) bestätigen die Reputationshypothese auf eine eher unkonventionellen Art und Weise. Sie analysieren in ihrer Studie die Entwicklung der Marktwerte von den Emissionsbanken, die in der Vergangenheit ihre IPOs deutlich zu hoch bzw. zu niedrig bewertet haben. Dabei gehen sie davon aus, dass solche Emissionsbanken in Zukunft Marktanteile verlieren werden. Folglich werden die Investoren Aktien dieser Emissionsbanken verkaufen, was zu fallenden Kursen und zu einer Verringerung des Marktwertes führt. NANDA/ YI und YUN (1995) stellen deshalb die Hypothese auf, dass die Aktien der Emissionsbanken, die häufig den „wahren" Wert des IPOs verfehlen und folglich einen zu hohen bzw. zu niedrigen Emissionspreis festsetzen, an Marktwert verlieren werden. Tatsächlich können sie empirisch nachweisen, dass deutlich überbewertete IPOs eine Reduzierung des Marktwertes der jeweils betreuenden Emissionsbank zur Folge hat.[822] Die empirischen Ergebnisse deuten darauf hin, dass der durch die Reputationshypothese zum Ausdruck kommende Zusammenhang zwischen Reputation, Marktanteil und Höhe des Underpricing in der Literatur als empirisch belegt angesehen wird (vgl. Tabelle 35).

---

[821] Vgl. UHLIR, H., Gang, 1989, S. 12.
[822] Vgl. NANDA, V./ YI, J.-H./ YUN, Y., Reputation, 1995, S. 1ff.

Tabelle 35: Die Reputationshypothese als Erklärungsansatz für das Underpricing Phänomen

Hypothese/ Ergebnis	Quelle/ Autor	Empirische Evidenz		Land
1 Emissionsbanken, die bei der Emissionspreisfindung häufig deutlich den „wahren" Wert des IPOs verfehlen, werden von den Emittenten zukünftig nicht mehr berücksichtigt und werden deshalb Marktanteile verlieren.	BEATTY/ RITTER (1986)	Ja:	BEATTY/ RITTER (1986) DUNBAR (2000) UHLIR (1989)	USA USA Deutschland
2 Die Reputation einer Emissionsbank korreliert negativ mit dem Risiko bzw. mit der ex ante-Unsicherheit des IPOs und mit dem Underpricing, d. h. je höher die Reputation einer Emissionsbank, desto geringer wird von den Investoren das Risiko der Emission eingeschätzt und desto geringer wird das durchschnittliche Underpricing sein. Durch die Auswahl einer Emissionsbank mit hoher Reputation können Informationsasymmetrien reduziert werden.	CARTER/ MANASTER (1990)	Ja:	CARTER/ MANASTER (1990) WEINBERGER (1995) SCHMIDT ET AL. (1988) SPRINK (1996) HABIB/ LJUNGQVIST (2001) KIM ET AL. (1995)	USA Deutschland Deutschland Deutschland USA Korea
		Nein:	EHRHARDT (1997) KASERER/ KEMPF (1995) LJUNGQVIST (1997) MCGUINESS (1992)	Deutschland Deutschland Deutschland Hongkong
3 Emissionsbanken, die den Emissionspreis des an die Börse begleiteten IPOs deutlich zu hoch bzw. zu niedrig festsetzen, verlieren an Marktwert.	NANDA/ YI/ YUN (1995)	Ja:	NANDA/ YI/ YUN (1995)	USA

Quelle: Eigene Darstellung, vgl. die jeweilige Primärliteratur.

4.4.4 Ableitung der testbaren Hypothese aus der Reputationshypothese

Aus den dargestellten Modellansätzen lässt sich eine testbare Hypothese ableiten, die im Folgenden ökonometrisch überprüft werden soll:

H 13: *Das durchschnittliche Underpricing von Emissionen ist um so geringer, je höher die Reputation der jeweilig begleitenden Emissionsbank ist.*

4.4.5 Ökonometrische Überprüfung der Reputationshypothese

Die ökonometrische Überprüfung, ob ein statistischer Zusammenhang zwischen der Höhe des Underpricing und der Reputation einer Emissionsbank besteht, ist mit einigen Schwierigkeiten verbunden. Ein Hauptproblem besteht darin, dass es bisher noch kein Maß gibt, mit dessen Hilfe die Reputation einer Emissionsbank gemessen werden kann. In Untersuchungen zur Reputationshypothese am amerikanischen Kapitalmarkt erfolgt die Messung der Reputation einer Emissionsbank i. d. R. mit Hilfe der Rangfolgemethode von CARTER und MANASTER (1990).[823] Während für den US-amerikanischen Kapitalmarkt dieses Vorgehen relativ einfach angewendet werden kann, da dort in den jeweiligen Verkaufsprospekten die benötigten Informationen detailliert enthalten sind, ist die Rangfolgemethode von CARTER und MANASTER (1990) auf den deutschen Kapitalmarkt nicht übertragbar. Am deutschen Kapitalmarkt werden die an einem IPO beteiligten Emissionsbanken nicht in dem Verkaufsprospekt nach ihrer Wichtigkeit absteigend geordnet, sondern meist nur alphabetisch geordnet. Zudem werden die jeweiligen Funktionen der Emissionsbanken im Rahmen eines IPO Prozesses teilweise in den Verkaufsprospekten nur sehr ungenau beschrieben und veröffentlicht. Folglich würde die Bestimmung der Reputation der Emissionsbanken nach der Methode von CARTER und MANASTER (1990) am deutschen Kapitalmarkt zu der Ermittlung einer falschen bzw. verzerrten Reputationsrangliste führen.

Bei der im Folgenden durchzuführenden Überprüfung der Reputationshypothese wird deshalb auf eine frühere Untersuchung von GERKE/ BANK/ EHRLICH/ FLEISCHER (2001) zurückgegriffen, die in einer umfassenden empirischen Studie die Reputation der Emissionsbanken am deutschen Kapitalmarkt für die Jahre 1999 und 2000 berechnet haben.[824] Die Autoren gehen in ihrer Untersuchung wie folgt vor: Zunächst leiten sie diverse Kriterien ab, die entscheidend zur Reputation einer Emissionsbank beitragen.[825] Im Anschluss daran werden

---

[823] Dabei werden die Emissionsbanken nach der Bedeutung ihrer Funktion während eines begleiteten Emissionsprozesses in absteigender Reihenfolge geordnet, so dass die wichtigste Emissionsbank, der sogenannte *lead-manager*, an erster Stelle steht, der *co-lead-manager* an zweiter Stelle usw. Nach Ordnung der Emissionsbanken werden den jeweiligen Emissionsbanken in absteigender Reihenfolge Punkte von 0-9 zugeteilt. Im Anschluss daran addiert man die Punkte pro Emissionsbank für alle von ihr begleiteten IPOs. Mit Hilfe dieser Punktzahl kann eine Reputationsrangliste der Emissionsbanken erstellt werden. Im Anschluss daran wird diese Reputationsrangliste in Relation zu der Höhe des Underpricing gesetzt. Siehe hierzu CARTER, R./ MANASTER, S., Initial public offerings, 1990, S. 1045ff., vgl. CARTER, R. B./ DARK, F. H./ SINGH, A. K., Underwriter, 1998, S. 285ff.

[824] Vgl. GERKE, W./ BANK, M./ EHRLICH, F./ FLEISCHER, J., Ranking, 2001, S. 2ff.

[825] Diese Kriterien sind: die Attraktivität der Emissionsbank für den Emittenten, die Qualität der Emissionsbank zur Festlegung des Emissionspreises, die Qualität der Emissionsbank zur Platzierung des IPOs sowie die Qualität der Betreuung durch die Emissionsbank nach dem IPO. Vgl. GERKE, W./ BANK, M./ EHRLICH, F./ FLEISCHER, J., Ranking, 2001, S. 3f.

diese Kriterien mittels verschiedener Messgrößen quantifiziert und entsprechend ihrer Relevanz gewichtet.[826] Durch die Addition der jeweiligen Werte erhalten GERKE/ BANK/ EHRLICH/ FLEISCHER (2001) eine Gesamtpunktzahl für jede Emissionsbank, mit deren Hilfe sie eine Reputationsrangliste der einzelnen Emissionsbanken erstellen können.

Es ist davon auszugehen, dass diese methodische Vorgehensweise von GERKE/ BANK/ EHRLICH/ FLEISCHER (2001) zu einem realistischeren Reputationswert für die Emissionsbanken am deutschen Kapitalmarkt führt, als wenn ein Reputationswert nach der Methode von CARTER und MANASTER (1990) errechnet worden wäre. Deshalb sollen in der nachfolgenden ökonometrischen Überprüfung der Reputationshypothese die Ergebnisse der Untersuchung von GERKE/ BANK/ EHRLICH/ FLEISCHER (2001) verwendet werden.[827] Weitere Gründe, die es als sinnvoll erachten lassen, auf diese Ergebnisse zurückzugreifen, bestehen in den folgenden Überlegungen:

(i) Der Untersuchungszeitraum der Analyse liegt in den Jahren von 1999 bis 2000. Während dieses Zeitraumes wurden in Deutschland die meisten IPOs seit der Nachkriegszeit emittiert.[828] Am Neuen Markt wurden in den Jahren 1999 und 2000 insgesamt 264 IPOs der 328 in dieser Arbeit untersuchten IPOs emittiert, d. h. mehr als 80% der untersuchten IPOs bzw. der untersuchten Emissionsbanken sind ebenfalls Gegenstand der oben genannten Analyse. Die Studie basiert demnach auf einem großen Untersuchungsumfang und sollte statistisch repräsentativ sein.

(ii) Die Autoren berechnen die Reputation der Emissionsbanken für den gesamten deutschen Kapitalmarkt. Aufgrund des vorliegenden Datenmaterials hätte in dieser Arbeit die Reputation der Emissionsbanken nur auf Basis der Emissionstätigkeit am Neuen Markt berechnet werden können. Da die Emissionstätigkeit am Neuen Markt aber nur

---

[826] Die Attraktivität wird mittels des Marktanteils im jeweiligen Jahr gemessen. Die Qualität der Festlegung des Emissionspreises wird über ein Bonus- Malussystem quantifiziert, das den Emissionspreis mit der Entwicklung des Börsenkurses am Kapitalmarkt vergleicht und entsprechend bewertet. Die Qualität der Platzierung erfolgt durch das relative Handelsvolumen des ersten Börsentages und die Qualität der Betreuung nach der Emission wird über die Nachhaltigkeit der Aktivität des *designated sponsors* gemessen. Vgl. GERKE, W./ BANK, M./ EHRLICH, F./ FLEISCHER, J., Ranking, 2001, S. 3f.

[827] Einen alternativen Weg zur Ermittlung der Reputation der Emissionsbanken gehen KASERER/ KEMPF (1995), in dem sie die Reputation anhand der Höhe des Bilanzvolumens bestimmen. Dieses Vorgehen erscheint allerdings nicht sinnvoll, da dadurch Universalbanken gegenüber Investmentbanken per definitionem einen Reputationsvorteil hätten. Vgl. KASERER, C./ KEMPF, V., Underpricing, 1995, S. 55f. EHRHARDT (1997) verwendet als Reputationsmaßstab die Anzahl der von den Emissionsbanken begleiteten IPOs. Wieso es legitim ist, von einem quantitativen Aspekt auf einen qualitativen Aspekt zu schließen, wird von EHRHARD (1997) allerdings nicht näher ausgeführt. Siehe auch EHRHARDT, O., Börseneinführungen, 1997, S. 99.

[828] Dem Einwand, dass der lediglich zweijährige Untersuchungszeitraum von GERKE/ BANK/ EHRLICH/ FLEISCHER (2001) zur Ermittlung eines langfristig angelegten Reputationswertes zu kurz sei, kann aufgrund der Vielzahl der berücksichtigten Emissionsbanken widersprochen werden.

einen Teil der gesamten Emissionstätigkeit der jeweiligen Emissionsbanken wider-spiegelt, wäre das Reputationsergebnis bei eigener Berechnung verzerrt gewesen.

Die Ergebnisse der Reputationsmessung von GERKE/ BANK/ EHRLICH/ FLEISCHER (2001) werden in Tabelle 36 zusammengefasst.

Tabelle 36:   *Reputation der Emissionsbanken für die Jahre von 1999 bis 2000*

Rang	Emissionsbank	Markt-anteil (Punkte) Gewichtung: mal 4	Pricing (Punkte) Gewichtung: mal 4	Platzierung (Punkte) Gewichtung: mal 1	Designated sponsors (Punkte) Gewichtung: mal 1	Gesamt
1	Deutsche Bank	100	40	31	100	691
2	Goldman Sachs	78	45	57	85	634
3	LBBW	2	100	20	100	528
4	BNP Paribas	10	89	28	43	467
5	Dresdner Kleinwort	31	41	41	96	425
6	Bank J. Vontobel	4	62	40	100	404
7	BHF Bank	4	67	12	100	396
8	Nord LB	2	72	12	83	391
9	DZ Bank	19	44	1	97	350
10	Coba	23	38	7	97	348
11	BW Bank	4	46	24	100	324
12	CSFB	6	56	9	38	295
13	West LB	9	29	9	100	261
14	HSBC	4	34	11	92	255
15	Gontard Metall.	5	26	32	94	250
16	Bayer. Hypo	13	18	6	96	226
17	Concord Effekten	2	29	0	100	224
18	Oppenheim	6	0	17	93	134
19	Berliner Effekten	1	1	63	0	71

Abkürzungen: Bank J. Vontobel = Bank J. Vontobel & Co., Bayer. Hypo = Bayerische Hypo- und Vereinsbank, Berliner Effekten = Berliner Effektenbank, BW Bank = Baden-Württembergische Bank, Coba = Commerzbank, CSFB = Credit Suisse First Boston, Dresdner Kleinwort = Dresdner Kleinwort Wasserstein, Goldman Sachs = Goldman Sachs & Co., Gontard Metall. = Gontard & MetallBank, HSBC = HSBC Trinkaus & Burkhardt, LBBW Bank = Landesbank Baden-Württemberg, NordLB = Norddeutsche Landesbank, Oppenheim = Sal. Oppenheim jr. & Cie., WestLB = Westdeutsche Landesbank.
Quelle: Vgl. GERKE, W./ BANK, M./ EHRLICH, F./ FLEISCHER, J., Ranking, 2001, S. 12.

Nach der Untersuchung von GERKE/ BANK/ EHRLICH/ FLEISCHER (2001) besitzt die Deutsche Bank in den Jahren von 1999 bis 2000 die höchste Reputation am deutschen Kapitalmarkt, gefolgt von Goldman Sachs & Co. und der Landesbank Baden-Württemberg (LBBW). Dagegen weist die Berliner Effektenbank mit Abstand den geringsten Reputationswert auf.

Damit der Zusammenhang zwischen der Höhe des Underpricing am Neuen Markt und der Reputation der emissionsbegleitenden Emissionsbanken berechnet werden kann, muss das für die einzelnen Emissionsbanken ermittelte Underpricing den jeweiligen Reputationswerten der Emissionsbanken aus der Untersuchung von GERKE/ BANK/ EHRLICH/ FLEISCHER (2001) gegenübergestellt werden. Dabei ist zu berücksichtigen, dass GERKE/ BANK/ EHRLICH/ FLEISCHER (2001) die Werte für die Reputation der Emissionsbanken nur für die Jahre von

1999 bis 2000 berechnet haben, während im zweiten Teil dieser Arbeit das Underpricing in Abhängigkeit der Emissionsbanken für den Untersuchungszeitraum von 1997 bis 2003 errechnet wurde.[829] Damit Verzerrungen bei der nachfolgenden Regressionsanalyse zwischen der Reputation der Emissionsbank und der Höhe des Underpricing vollständig ausgeschlossen werden, sollten die Berechnungszeiträume der beiden zu vergleichenden Untersuchungsgegenstände identisch sein. Deshalb wird das Underpricing speziell für die Jahre 1999 und 2000 in Abhängigkeit der Emissionsbanken errechnet. Die Ergebnisse dieser Berechnungen finden sich in Tabelle 37.

Tabelle 37:   Underpricing in den Jahren von 1999 bis 2000 in Abhängigkeit der Emissionsbanken

Emissionsbank	Ø Underpricing für die Jahre 1997 bis 2003 [a]	Ø Underpricing für die Jahre 1999 bis 2000	Veränderung des Ø Underpricing (in Prozentpunkte)
Deutsche Bank	51,30%	50,72%	-0,58
Goldman Sachs	29,57%	23,43%	-6,14
LBBW	37,00%	35,70%	-1,30
BNP Paribas	58,63%	62,32%	3,69
Dresdner Kleinwort	36,20%	25,40%	-10,80
Bank J. Vontobel	62,03%	14,83%	-47,20
BHF Bank	57,25%	29,62%	-27,63
Nord LB	35,29%	38,65%	3,36
DZ Bank	44,00%	43,46%	-0,54
Coba	49,61%	54,69%	5,08
BW Bank	49,85%	49,98%	0,13
CSFB	38,70%	38,70%	0,00
West LB	56,22%	49,32%	-6,90
HSBC	60,53%	60,53%	0,00
Gontard Metall.	74,03%	59,41%	-14,62
Bayer. Hypo	66,31%	62,47%	-3,84
Concord Effekten	33,78%	33,78%	0,00
Oppenheim	52,27%	56,40%	4,13
Berliner Effekten	29,43%	29,43%	0,00

[a]: Vgl. dazu auch die Ausführungen im zweiten Teil dieser Arbeit, Kapitel 3.3.
Abkürzungen: Bank J. Vontobel = Bank J. Vontobel & Co., Bayer. Hypo = Bayerische Hypo- und Vereinsbank, Berliner Effekten = Berliner Effektenbank, BW Bank = Baden-Württembergische Bank, Coba = Commerzbank, CSFB = Credit Suisse First Boston, Dresdner Kleinwort = Dresdner Kleinwort Wasserstein, Goldman Sachs = Goldman Sachs & Co., Gontard Metall. = Gontard & MetallBank, HSBC = HSBC Trinkaus & Burkhardt, LBBW Bank = Landesbank Baden-Württemberg, NordLB = Norddeutsche Landesbank, Oppenheim = Sal. Oppenheim jr. & Cie., WestLB = Westdeutsche Landesbank.
Quelle: Eigene Berechnungen.

Im Vergleich zu den im empirischen Teil dieser Arbeit ermittelten Ergebnissen zum Underpricing für den Zeitraum von 1997 bis 2003 sind bei der Berechnung des Underpricing für die Jahre von 1999 bis 2000 für eine Vielzahl von Emissionsbanken erhebliche Veränderungen in der Höhe des Underpricing festzustellen. So liegt beispielsweise das Underpricing der Bank J. Vontobel in den Jahren von 1999 bis 2000 mehr als 47%-Punkte niedriger als in den

---

[829]   Vgl. dazu die Ergebnisse im zweiten Teil dieser Arbeit, Kapitel 3.3.

Jahren von 1997 bis 2003. Auch andere Emissionsbanken zeigen deutlich unterschiedliche Underpricing Niveaus, z. B. liegt das Underpricing der von der BHF Bank begleiteten IPOs für die Jahre von 1999 bis 2000 um mehr als 27%-Punkte niedriger als in den Jahren von 1997 bis 2003 und beträgt nur noch 29,62% (zuvor 57,25%).[830] In Anbetracht dieser Abweichungen erweist sich die zusätzliche Berechnung des Underpricing speziell für die Jahre von 1999 bis 2000 zur Überprüfung der Reputationshypothese als sinnvoll, da es ansonsten in den folgenden Analysen zu verzerrten Ergebnissen gekommen wäre.

Nach Abschluss der Datenaufbereitung können nun die Ergebnisse der Untersuchung von GERKE/ BANK/ EHRLICH/ FLEISCHER (2001) mit den Ergebnissen dieser Studie zum Underpricing am Neuen Markt in Abhängigkeit der Jahre von 1999 bis 2000 kombiniert werden. Es ergibt sich die in Abbildung 32 dargestellte Reputationsrangliste.

---

[830] Andere starke Veränderungen in der Höhe des Underpricing sind bei der Gontard & Metallbank festzustellen, die ein 15%-Punkte niedrigeres Underpricing verzeichnet als in den Jahren von 1997 bis 2003 (59,41% statt zuvor 74,03%). Für Dresdner Kleinwort Wasserstein berechnet sich nunmehr ein Underpricing in Höhe von 25,40% statt der zuvor errechneten 36,20%,

Abbildung 32: Reputationsrangliste der am Neuen Markt als Konsortialführer tätigen Emissionsbanken

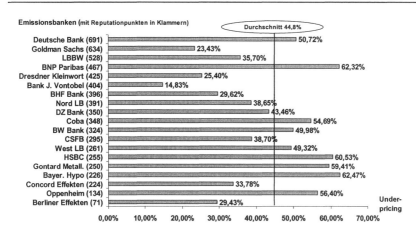

Abkürzungen: Bank J. Vontobel = Bank J. Vontobel & Co., Bayer. Hypo = Bayerische Hypo- und Vereinsbank, Berliner Effekten = Berliner Effektenbank, BW Bank = Baden-Württembergische Bank, Coba = Commerzbank, CSFB = Credit Suisse First Boston, Dresdner Kleinwort = Dresdner Kleinwort Wasserstein, Goldman Sachs = Goldman Sachs & Co., Gontard Metall. = Gontard & MetallBank, HSBC = HSBC Trinkaus & Burkhardt, LBBW Bank = Landesbank Baden-Württemberg, NordLB = Norddeutsche Landesbank, Oppenheim = Sal. Oppenheim jr. & Cie., WestLB = Westdeutsche Landesbank.
Quelle: Eigene Berechnungen und Darstellung, vgl. für die Reputationswerte GERKE, W./ BANK, M./ EHRLICH, F./ FLEISCHER, J., Ranking, 2001, S. 12.

In Abbildung 32 sind auf der Ordinate die Emissionsbanken mit den von GERKE/ BANK/ EHRLICH/ FLEISCHER (2001) ermittelten Reputationswerten und auf der Abszisse die durchschnittlichen Underpricing Werte der Emissionsbanken mit den von ihnen begleiteten Emissionen abgetragen. Aus Abbildung 32 lässt sich auf den ersten Blick kein eindeutiger Zusammenhang erkennen, der - entsprechend der Reputationshypothese – darauf hindeuten würde, dass das Underpricing um so geringer ist, je höher die Reputation der jeweiligen Emissionsbank ist. Schließt man allerdings einzelne Ausreißer aus, beispielsweise die BNP Paribas sowie die Deutsche Bank, die trotz einer hohen Reputation ein hohes durchschnittliches Underpricing aufweisen (62,32% und 50,72%), so könnte man den Eindruck gewinnen, dass die Emissionsbanken in der oberen Hälfte der Ordinate ein geringeres Underpricing aufweisen, als die Emissionsbanken in der unteren Hälfte der Abbildung. Dies wäre ein Indiz für die Gültigkeit der Reputationshypothese.

Ob allerdings nicht nur ein solcher „gefühlsmäßiger", sondern auch ein statistischer Zusammenhang im Sinne der Reputationshypothese besteht, wird im Folgenden mittels einer einfachen Regressionsanalyse überprüft werden. Das korrespondierende ökonometrische Modell lautet dazu:

(XXII) $y_i = \alpha + \beta x_i + \varepsilon_i$

mit i=1,2,...19 und den Parametern α und β als Regressionsparameter.

Die Variable ε_i ist wiederum als Störgröße definiert.[831] Auch bei dieser einfachen Regressionsanalyse werden mit Hilfe der Methode der kleinsten Quadrate (KQ-Methode) die geschätzten Werte für $\hat{\alpha}$ und $\hat{\beta}$ ermittelt, für die sich die geringste Summe der Residuenquadrate ergeben.[832] Das geschätzte Pendant zum ökonometrischen Modell aus Gleichung (XXII) ist das folgende geschätzte Modell:

(XXIII) $\hat{y}_i = \hat{\alpha} + \hat{\beta} x_i$ oder aber wegen $\hat{\varepsilon}_i = y_i - \hat{y}_i$ auch $y_i = \hat{\alpha} + \hat{\beta} x_i + \hat{\varepsilon}_i$.[833]

Dabei gibt die endogene Variable $\hat{y}_i$ zu jedem Reputationswert x_i das Underpricing der jeweiligen Emissionsbank an, das sich aus den Schätzern $\hat{\alpha}$ und $\hat{\beta}$ errechnet. Die ermittelte Regressionsgleichung sowie die Regressionsgerade ist in Abbildung 33 dargestellt.

Abbildung 33:   Regressionsanalyse zur Reputationshypothese

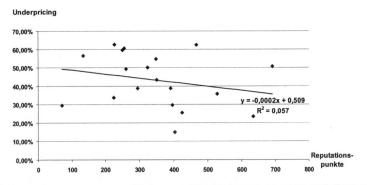

Abkürzungen: Bank J. Vontobel = Bank J. Vontobel & Co., Bayer. Hypo = Bayerische Hypo- und Vereinsbank, Berliner Effekten = Berliner Effektenbank, BW Bank = Baden-Württembergische Bank, Coba = Commerzbank, CSFB = Credit Suisse First Boston, Dresdner Kleinwort = Dresdner Kleinwort Wasserstein, Goldman Sachs = Goldman Sachs & Co., Gontard Metall. = Gontard & MetallBank, HSBC = HSBC Trinkaus & Burkhardt, LBBW Bank = Landesbank Baden-Württemberg, NordLB = Norddeutsche Landesbank, Oppenheim = Sal. Oppenheim jr. & Cie., WestLB = Westdeutsche Landesbank.
Quelle: Eigene Berechnungen und Darstellung.

---

[831]   Vgl. dazu auch AUER, L. v., Ökonometrie, 2003, S. 21.
[832]   Vgl. HEIL, J., Einführung, 2000, S. 34ff.
[833]   Es wird dabei nach wie vor von einem linearen Zusammenhang ausgegangen.

Wie aus Abbildung 33 zu erkennen ist, lässt sich ein leicht negativer Zusammenhang zwischen der Reputation der Emissionsbank und dem Underpricing erkennen. Der Korrelationskoeffizient nach BRAVAIS-PEARSON beträgt r= -0,239, wodurch eine schwache negative Korrelation statistisch nachgewiesen werden kann. Die ursprünglich aufgestellte Hypothese, dass das durchschnittliche Underpricing von Emissionen um so geringer ausfällt, je höher die Reputation der jeweiligen begleitenden Emissionsbank ist, wird von der Tendenz her unterstützt. Allerdings ergibt sich ein extrem niedriges Bestimmtheitsmaß R^2 von 0,057, welches darauf hindeutet, dass die Erklärungskraft der ermittelten Regressionsgerade zu gering ist, um eine statistisch signifikante Aussage zu treffen.[834] Die berechnete t-Statistik für $\hat{\beta}$ (-1,0135) bestätigt die fehlende Signifikanz der ermittelten Regressionsgerade auf einem 5%-igen Niveau.

Neben der fehlenden statistischen Signifikanz der Reputationshypothese ergeben sich zudem auch Zweifel an dem Erklärungsgehalt des Modellansatzes, wenn man die Frage beantworten möchte, wieso das Underpricing nach Gründung des Neuen Marktes deutlich höher liegt, als in den Jahren vor seiner Gründung. Im Sinne der Reputationshypothese würde das deutlich höhere Underpricing am Neuen Markt nämlich darauf hindeuten, dass die IPO Unternehmen am Neuen Markt von Emissionsbanken mit deutlich niedrigerer Reputation an die Börse begleitet wurden, als IPO Unternehmen, die vor der Gründung des Neuen Marktes einen Börsengang gewagt haben. Die Liste der Investmentbanken, die IPO Unternehmen an den Neuen Markt begleitet haben, weist allerdings international renommierte Investmentbanken auf und unterscheidet sich nicht von der Namensliste der Emissionsbanken, die vor der Gründung des Neuen Marktes am deutschen Kapitalmarkt im Emissionsgeschäft tätig gewesen sind.[835]

Es lassen sich folgende Ergebnisse zur Reputationshypothese zusammenfassen:

---

[834] Das Bestimmtheitsmaß R^2 ist ein Maß für die Erklärungskraft der Regressionsgeraden. Es wird berechnet aus dem Anteil der erklärten Variation an der gesamten Variation der endogenen Variablen. Der Wertebereich von R^2 liegt zwischen 0 und 1. Je höher der Anteil der erklärten Variation, desto größer auch der Wert für das R^2. Ein R^2 von 1 bedeutet, dass alle Beobachtungspunkte auf der Regressionsgerade liegen. Vgl. dazu auch HEIL, J., Einführung, 2000, S. 138ff.

[835] Ähnliche Interpretationsschwierigkeiten ergeben sich, wenn das Underpricing auf den internationalen Kapitalmärkten im Sinne der Reputationshypothese analysiert wird. So weist beispielsweise RITTER (1987) für den US-amerikanischen Kapitalmarkt für den Zeitraum 1977-1982 ein deutlich höheres Underpricing (+31,3%) auf, als DAWSON (1987) für einen ähnlichen Zeitraum für den chinesischen Kapitalmarkt (+13,8%). Bei Gültigkeit der Reputationshypothese würden diese Differenzen im Underpricing darauf hindeuten, dass die Emissionshäuser in China eine höhere Reputation genießen als die der USA, was angezweifelt werden müsste. Vgl. dazu DAWSON, S. M., Stock, 1987, S. 65ff., siehe auch RITTER, J. R., Costs, 1987, S. 269ff.

(i)   Die Reputationshypothese, dass das Underpricing um so niedriger ausfällt, je höher die Reputation der Emissionsbank ist, kann statistisch auf einem 5%-igen Signifikanzniveau nicht bestätigt werden. Die Hypothese H 13 ist somit zu verwerfen.

(ii)   Die durchgeführte Regressionsanalyse deutet jedoch darauf hin, dass von der Tendenz her ein Zusammenhang zwischen Reputation und Underpricing am Neuen Markt existiert. Die Reputationshypothese könnte insofern einen teilweisen Erklärungsgehalt für das Underpricing Phänomen am Neuen Markt erbringen.

4.5 Die *hot-issue* Markthypothese *(fads hypothesis)*

4.5.1 *Fads* und *Timing*[836]

Unter einem *fad* wird die temporäre Überbewertung von Aktien verstanden, die durch euphorische Investoren am Kapitalmarkt entstehen kann.[837] Nach einiger Zeit bauen sich diese Kursübertreibungen von alleine wieder ab, da die Investoren anhand neuer Informationen ihre zu optimistischen Erwartungen nach unten korrigieren.[838] CAMERER (1989) definiert den *fad* als eine zum Mittelwert zurückkehrende temporäre Abweichung des Aktienpreises vom „wahren" Wert, die vor allem durch psychologische Einflussfaktoren am Kapitalmarkt verursacht wird.[839] *Fads* können demnach als eine bestimmte Ausprägung von Ineffizienzen am Kapitalmarkt verstanden werden.[840]

RITTER verwendet bereits 1984 im Zusammenhang mit vorübergehenden Überbewertungen am Kapitalmarkt die Begriffe *hot-issue* und *cold-issue* Märkte.[841] Dabei definiert RITTER (1984) einen *hot-issue* Markt als eine Marktphase, während der überdurchschnittliche Zeichnungsgewinne insbesondere auf dem IPO Markt beobachtet werden können. Dementspre-

---

[836] Vgl. zur *timing*-Problematik auch NAGLER, F., Timing-Probleme, 1979, S. 6ff.

[837] Vgl. AGGARWAL, R./ RIVOLI, P., Fads, 1990, S. 47.

[838] Vgl. ROELOFSEN, N. K., Initial public offerings, 2002, S. 173.

[839] Vgl. CAMERER, C., Bubbles, 1989, S. 3, vgl. WEST, K. D., Bubbles, 1988, S. 639ff., vgl. FLOOD, R. P./ HODRICK, R. J., Bubbles, 1990, S. 85ff., vgl. DIBA, B. T./ GROSSMAN, H. I., Bubbles, 1988, S. 520ff., vgl. LOWRY, M./ SCHWERT, G. W., IPO, 2002, S. 1171ff., vgl. EHRHARDT, O., Börseneinführungen, 1997, S. 35.

[840] Vgl. HAHN, T.-W., Price, 2000, S: 61f., siehe auch SEMBEL, R. H., IPO, 1996, S. 17. Mathematisch lassen sich *fads* durch folgende Gleichung schreiben: $P_{n,t=0} = P_t^{th} + \tilde{F}_t$ mit $\tilde{F}_{t+1} = C \cdot \tilde{F}_t + \tilde{e}_t$ mit $\tilde{F}_t$ = Abweichung zwischen dem heutigen Aktienkurs und dem „wahren" Wert der Aktie *(fad)*, C = Parameter des zeitlichen Verfalls des *fads*, C<1 und $\tilde{e}_t$ = Störterm. Die *fad* Variable ist mathematisch nur eine sich im Zeitablauf verändernde additive Größe bezüglich des Kurses eines Wertpapiers. Deshalb können *fads* am IPO Markt nicht direkt getestet werden. Es ist lediglich möglich die Übereinstimmung des Preisverlaufs der Wertpapiere mit den Erklärungen der Existenz von *fads* zu prüfen. Vgl. dazu auch die detaillierten Ausführungen bei EHRHARDT, O., Börseneinführungen, 1997, S. 35.

[841] Vgl. RITTER, J. R., Market, 1984, S. 215ff.

chend ist ein *cold-issue* Markt ein Zeitabschnitt mit besonders niedrigen Emissionsrenditen. Zudem verwendet RITTER (1984) den Begriff *hot-market,* worunter er einen Zeitabschnitt mit mindestens mittelfristig anhaltenden Kurssteigerungen auf dem gesamten Aktienmarkt versteht. Die *hot-issue* Markthypothese erklärt das Underpricing auf dem Emissionsmarkt durch die temporären Übertreibungen der Investoren auf dem Primär- und dem Sekundärmarkt.

4.5.2 Kritische Bewertung der *hot-issue* Markthypothese

Kritik hat die *hot-issue* Markthypothese durch SHILLER (1990) erfahren, der nicht psychologische Faktoren, sondern vor allem die Emissionsbanken für die Entstehung von *hot-issue* Märkten verantwortlich macht. SHILLER (1990) argumentiert, dass die Emissionsbanken entscheiden, wann bestimmte Branchen börsenreif sind. Um die Investoren für die von ihnen geplanten Börsengänge zu begeistern, versuchen die Emissionsbanken durch bewusst niedrige Emissionspreise öffentliches Aufsehen zu erzeugen, um dadurch eine starke Nachfrage nach den IPOs auszulösen.[842] Selbst wenn diese Kritik von SHILLER (1990) etwas übertrieben erscheint, bleibt festzuhalten, dass viele empirische Untersuchungen nachweisen können, dass besonders in *hot-issue* Märkten auffällig viele und spekulative Firmen den Gang an die Börse wagen, da sie sich in solchen Marktphasen deutlich bessere Platzierungschancen versprechen.

4.5.3 Empirische Studien zur *hot-issue* Markthypothese

Zahlreiche internationale Untersuchungen bestätigen, dass die verschiedenen *hot-issue* und *cold-issue* Marktphasen tatsächlich existieren.[843] Eine der bekanntesten Studien ist die von IBBOTSON/ SINDELAR/ RITTER (1988). Die Autoren weisen eine enge Korrelation zwischen den durchschnittlichen Emissionsrenditen und den durchschnittlichen Kapitalmarktrenditen nach. So berechnen sie beispielsweise für das Jahr 1972, das sie als ein *hot-issue* Jahr einstufen, ein durchschnittliches Underpricing von 7,5%, während sie für das *cold-issue* Jahr der Ölkrise (1973) ein durchschnittliches Overpricing von -17,8% ermitteln.[844]

Auch TITZRATH (1995) bestätigt den zuvor unterstellten Zusammenhang, indem er für das *cold-issue* Jahr 1988 lediglich ein durchschnittliches Underpricing von 3%, während er für das *hot-issue* Jahr 1985 ein überdurchschnittliches Underpricing von 33% feststellen

---

[842] Vgl. dazu SHILLER, R. J., Prices, 1990, S. 62. Siehe hierzu auch die Ausführungen bei WILKENS, M./ GRAßHOFF, A., Underpricing, 1999, S. 34.
[843] Vgl. beispielsweise KOOLI, M./ SURET, J.-M., Underpricing, 2001, S. 18.
[844] Vgl. IBBOTSON, R. G./ SINDELAR, J. L./ RITTER, J. R., Initial public offerings, 1988, S. 41.

kann.[845] Für den deutschen Kapitalmarkt kann der Zusammenhang von UHLIR (1989) bestätigt werden. UHLIR (1989) kommt zu dem Ergebnis, dass in *hot-issue* Marktphasen die Emissionsrenditen durchschnittlich doppelt so hoch sind, als in *cold-issue* Marktphasen.[846]

4.5.4 Ableitung der testbaren Hypothesen aus der *hot-issue* Markthypothese

In positiven Marktphasen haben die Investoren im Allgemeinen positive Markterwartungen, so dass die Nachfrage nach Erstemissionen im Gegensatz zu einer *cold-issue* Marktphase überproportional hoch sein wird.[847] Durch diese starke Nachfrage nach den Emissionsunternehmen wird voraussichtlich nicht nur die Emission vollständig platziert, sondern es werden auch die Sekundärmarktpreise der IPOs nach Aufnahme des Börsenhandels stark ansteigen. Daraus lässt sich unmittelbar die erste testbare Hypothese ableiten:

H 14: Investoren werden in hot-issue Marktphasen im Vergleich zu cold-issue Marktphasen überproportional hohe Emissionsrenditen erzielen können.[848]

Unterstellt man nun, dass die Emittenten rational handelnde Wirtschaftssubjekte sind, so werden sie versuchen, von der *hot-issue* Marktphase zu profitieren, in dem sie ihren Börsengang gezielt in einer solchen *hot-issue* Marktphase zeitlich planen. Auf diese Weise erhoffen sich die Unternehmen, einen möglichst hohen Emissionserlös zu erzielen.[849] Diese Vermutung wird durch RITTER (1984) bestätigt, in dem er feststellt, dass die IPO Aktivität, d. h. die Anzahl von Neuemissionen pro Jahr, über die Zeit nicht gleichverteilt ist, sondern eher einen zyklischen Charakter aufweist.[850] Die beobachteten Zyklen können dahingehend interpretiert werden, dass die Emittenten tatsächlich auf *hot-issue* Marktphasen, in denen besonders hohe Emissionsvolumina und Zeichnungsrenditen erzielt werden, bewusst warten, um dadurch ihre Chancen auf eine erfolgreiche Emission zu erhöhen.[851] Besonders interessant ist in diesem Zusammenhang die Feststellung von TINIC (1988), dass in *hot-issue* Märkten überdurchschnittlich viele kleine und spekulative Firmen ihren Börsengang vornehmen, da sie sich in einer solchen Marktphase bessere Platzierungschancen erhoffen.[852] Sind nun allerdings die überdurchschnittlichen IPO Renditen in den *hot-issue* Marktphasen auf *fads* zurückzuführen, so bedeutet dies der Definition zu Folge, dass es langfristig zu einer

---

[845] Vgl. TITZRATH, A., Bedeutung, 1995, S. 151.
[846] Vgl. hierzu UHLIR, H., Gang, 1989, S. 12ff. Vgl. auch die Ausführungen bei SCHWEINITZ, J., Renditeentwicklungen, 1997, S. 72 und bei DÖHRMANN, A., Underpricing, 1990, S. 170ff., der die Ergebnisse von UHLIR (1989) in Frage stellt, da er die Abgrenzung von *hot*- und *cold-market* nicht nachvollziehen kann.
[847] Vgl. dazu LOWRY, M./ SCHWERT, W., IPO, 2002, S. 1171f.
[848] Vgl. auch SCHWEINITZ, J., Renditeentwicklungen, 1997, S. 72.
[849] Vgl. ROELOFSEN, N. K., Initial public offerings, 2002, S. 173.
[850] Vgl. RITTER, J. R., Market, 1984, S. 215ff., siehe auch AUSSENEGG, W., Going public, 2000, S. 65.
[851] Vgl. ROELOFSEN, N. K., Initial public offerings, 2002, S. 173.
[852] Vgl. TINIC, S. M., Anatomy, 1988, S. 817, vgl. WILKENS, M./ GRAßHOFF, A., Underpricing, 1999, S. 34.

Korrektur der Renditen der emittierten Unternehmen kommen muss.[853] Durch diesen Gedankengang lässt sich die zweite testbare Hypothese herleiten, die ökonometrisch überprüft
werden soll:

H 15: *IPOs, die in hot-issue Marktphasen mit hohen Zeichnungsrenditen emittiert werden,*
weisen eine unterdurchschnittliche langfristige Performance auf.

4.5.5 Ökonometrische Überprüfung der *hot-issue* Markthypothese

Um den Erklärungsgehalt der abgeleiteten Hypothesen H 14 und H 15 für das Underpricing
Phänomen am Neuen Markt zu überprüfen, wird in einem ersten Schritt eine grobe *hot-issue*
und *cold-issue* Klassifikation des Neuen Marktes anhand des Performanceverlaufes des
Nemax All-Share Index vorgenommen. Die Marktphasen werden dabei mit Hilfe der
ALEXANDER Filtertest Regel bestimmt.[854] Mit Hilfe dieser Filter-Strategie sollen Kursverände-
rungen oberhalb des Filtersatzes identifiziert werden, die einen nachfolgenden Kurstrend
bzw. eine autokorrelierte Kurssequenz auslösen können.[855] Die sich ergebenden jeweiligen
hot- bzw. *cold- issue* Marktphasen sind in Abbildung 34 eingezeichnet.[856]

---

[853] Vgl. AGGARWAL, R./ RIVOLI, P., Fads, 1990, S. 45ff., vgl. EHRHARDT, O., Börseneinführungen, 1997, S. 35.
[854] Vgl. dazu ALEXANDER, S. S., Price, 1964, S. 25ff. Dabei werden zunächst die täglichen Renditeveränderungen des Nemax All-Share Index errechnet. Mit Hilfe der Filter Regel wird dann versucht, die einsetzende
Hausse Phase zu erkennen. Eine Hausse Phase setzt ein, wenn die täglichen Renditeveränderungen dreimal hintereinander einen Anstieg von mehr als 1% aufweisen. Die Phase ist beendet, wenn dreimal hintereinander negative Renditeveränderungen in Höhe von minus 1% einsetzen. Mit Hilfe dieser systematischen
Vorgehensweise kann zwar ein gewisser Grad an Objektivität bei der Auswahl der Marktphasen erzielt werden, letztlich erfolgt die Wahl der Höhe des Prozentsatzes allerdings willkürlich und kann je nach gewählter
Höhe zu anderen Zeiträumen für die jeweiigen Marktphasen führen.
[855] Vgl. auch die Ausführungen bei NIERMANN, W., Zinsfutures, 1999, S. 237ff., vgl. KLEIN, S., Aktien-
Analysemethoden, 1999, S. 173ff.
[856] Die erste *hot-issue* Marktphase geht vom 12. Januar 1998 bis 24. August 1998, die zweite Phase beginnt
am 2. Oktober 1998 und endet am 10. März 1999 und die dritte Marktphase ist vom 30. September 1999
bis 28. März 2000. Alle anderen Phasen werden per Definition als *cold-issue* Marktphase betrachtet.

Abbildung 34:   Bestimmung der hot-issue und cold-issue Marktphasen

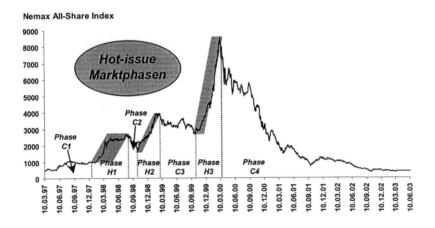

Anmerkungen: H steht für hot-issue Marktphase, C steht für cold-issue Marktphase.
Quelle: Eigene Berechnungen und Darstellung.

Im nächsten Schritt werden die 328 untersuchten IPOs entsprechend ihrer Emissionszeit-punkte entweder als *hot-issue* IPO oder als *cold-issue* IPO klassifiziert. Im Anschluss daran werden die durchschnittlichen Emissionsrenditen der jeweiligen Marktphasen errechnet. Die Ergebnisse sind in Tabelle 38 aufgeführt.

Tabelle 38:   Zeichnungserfolge in Abhängigkeit unterschiedlicher Marktphasen

	N hot-issue	N cold-issue	IR hot-issue (t-Wert)	IR cold-issue (t-Wert)	IR Minimum	IR Maximum	IR < 0
Phase C1 (10.3.97 bis 11.1.98)		11		56,06% (4,00***)	0,60%	142,62%	0
Phase H1 (12.1.98 bis 24.8.98)	23		113,23% (6,33***)		13,94%	308,14%	0
Phase C2 (25.8.98 bis 1.10.98)		7		17,35% (3,20**)	3,05%	38,80%	0
Phase H2 (2.10.98 bis 10.3.99)	24		106,10% (5,02***)		1,11%	360,87%	0
Phase C3 (11.3.99 bis 29.9.99)		84		32,71% (5,79***)	-13,33%	195,45%	13
Phase H3 (30.9.99 bis 28.3.00)	72		68,82% (6,65***)		-4,35%	433,33%	2
Phase C4 (29.3.99 bis 5.6.03)		107		21,77% (5,70***)	-25,00%	178,95%	18
Ø IR *hot-issue*	119		84,93% (10,04***)		-4,35%	433,33%	2
Ø IR *cold-issue*		209		27,82% (8,89***)	-25,00%	195,45%	31

N: Anzahl der untersuchten IPO Unternehmen.
t-Test: * Signifikanzniveau von 10%, ** Signifikanzniveau von 5%, *** Signifikanzniveau von 1%.
Quelle: Eigene Berechnungen und Darstellung.

Während insgesamt 209 IPOs in einer *cold-issue* Phase emittiert wurden, wagten nur 119 IPOs während einer *hot-issue* Phase den Börsengang an den Neuen Markt. Dieses Ergebnis überrascht insofern, als dass RITTER (1984) in seiner Untersuchung zu der Feststellung gekommen ist, dass besonders viele Unternehmen *hot-issue* Marktphasen ausnutzen, um ihr IPO erfolgreich zu platzieren. Dies kann für den Neuen Markt nicht bestätigt werden.[857]

Die Analyse der durchschnittlich erzielten Emissionsrenditen in den jeweiligen Marktphasen zeigt allerdings signifikante Unterschiede in der Höhe des Underpricing Niveaus. So beträgt das Underpricing der 119 IPOs, die während der *hot-issue* Marktphase emittiert wurden, durchschnittlich 84,93% und ist auf einem 1%-igen Niveau höchst signifikant von Null verschieden. Damit liegt das durchschnittliche Underpricing in den *hot-issue* Phasen um mehr als 50%-Punkte über dem durchschnittlichen Underpricing Niveau der *cold-issue* Marktphasen. Auffallend ist weiterhin, dass in der *hot-issue* Marktphase nur zwei IPOs mit einem Overpricing emittiert wurden (≅ 2% der IPOs), während in der *cold-issue* Marktphase 31 I-POs eine negative Emissionsrendite aufweisen (≅ 15% der IPOs). Aufgrund dieser Eigen-

---

[857] Allerdings sei darauf hingewiesen, dass die *hot-issue* Marktphasen in dieser Untersuchung sehr restriktiv bestimmt wurden. Würden die Renditesätze in der Filterregel niedriger festgelegt, so würden sich die *hot-issue* Marktphasen verlängern und die Anzahl der IPOs in dieser Phase würde sich deutlich erhöhen. Vgl. RITTER, J. R., Market, 1984, S. 215, vgl. IBBOTSON, R. G./ RITTER, J. R., Initial public offerings, 1995, S. 1002.

schaften kann Hypothese H 14, die besagt, dass Investoren in *hot-issue* Marktphasen im Vergleich zu *cold-issue* Phasen überproportional hohe Emissionsrenditen erzielen können, bestätigt werden.[858]

Abschließend wird Hypothese H 15 überprüft, die beinhaltet, dass die während einer *hot-issue* Marktphase emittierten IPOs in den ersten Monaten nach dem Börsengang eine signifikant schlechtere Performance aufweisen, als die während der *cold-issue* Marktphase platzierten IPOs. Dazu wird die Renditeveränderung der IPOs aus den beiden Marktphasen für den Zeitraum t= 10, 20, 30, 60 und 90 Tage nach dem Börsengang berechnet. Mit Hilfe des nicht-parametrischen WILCOXON-Test wird überprüft, ob sich die Renditeveränderungen zwischen dem Zeitpunkt t und dem Emissionstag signifikant unterscheiden. Tabelle 39 gibt die Berechnungsergebnisse wieder.

Tabelle 39:   *Sekundärmarktperformance der in hot-issue und cold-issue Marktphasen e-mittierten IPOs für die Zeiträume t= 10, 20, 30, 60 und 90 Tage nach Börseneinführung*

	N	IR_0	IR_{10}	IR_{20}	IR_{30}	IR_{60}	IR_{90}
Hot-issue-Phasen (H1-H3)[1]	119	84,92%	99,60%	108,27%	114,71%	146,72%	174,65%
(z-Wert)			(-1,833)[+]	(-2,493)[++]	(-2,621)[+++]	(-2,371)[++]	(-2,673)[+++]
[p-Wert]			[0,067]	[0,013]	[0,009]	[0,018]	[0,008]
Cold-issue Phasen (C1-C4)[2]	209	27,82%	38,03%	39,79%	39,58%	43,11%	60,15%
(z-Wert)			(-0,459)	(-0,847)	(-0,312)	(-0,393)	(-0,439)
[p-Wert]			[0,646]	[0,397]	[0,755]	[0,694]	[0,661]

Anmerkungen:
[1]: *umfasst die Zeiträume vom 12.1.98 bis 24.8.98, 2.10.98 bis 10.3.99 und 30.9.99 bis 28.3.00.*
[2]: *umfasst die Zeiträume vom 10.3.97 bis 11.1.98, 25.8.98 bis 1.10.98, 11.3.99 bis 29.9.99 und 29.3.99 bis 5.6.03.*
WILCOXON-Rangtest: [+] *Signifikanzniveau von 10%,* [++] *Signifikanzniveau von 5%,* [+++] *Signifikanzniveau von 1%.*
Die initial returns werden nach den Gleichungen auf S. 226 berechnet. Bei den durchgeführten Signifikanztests wird auf den nicht-parametrischen WILCOXON-Test für zwei verbundene Stichproben zurückgegriffen. Der p-Wert gibt die Irrtumswahrscheinlichkeit an, dass sich die Mittelwerte für IR_t und IR_0 der jeweiligen Marktphase unterscheiden.
Quelle: Eigene Berechnungen.

Tabelle 39 zeigt, dass die Sekundärmarktperformance der IPOs, die während der *hot-issue*-Marktphase emittiert wurden, nicht signifikant schlechter ist, als die IPOs die in der *cold-issue* Marktphase am Neuen Markt platziert wurden. Im Gegenteil: Während *cold-issue* IPOs 90 Tage nach dem Emissionstag nur einen Renditeanstieg von 27,82% auf 60,15% verzeichnen können, der zudem auf einem 10%-igen Niveau nicht signifikant von IR_0 verschieden ist, lässt sich bei den *hot-issue* IPOs für den gleichen Zeitraum ein signifikanter Renditeanstieg von 84,92% auf 174,65% feststellen. Hypothese H 15 ist demnach zu verwerfen.

---

[858]   Auch andere Studien kommen zu diesem Ergebnis. Vgl. beispielsweise HOFFMANN-BURCHARDI, U., Clustering, 2001, S. 375, vgl. HUANG, Q./ LEVICH, R. M., Underpricing, 1999, S. 37.

Insgesamt betrachtet weist die *fads* und *hot-issue* Markthypothese allerdings einen starken Erklärungsgehalt für das Underpricing der IPOs am Neuen Markt auf. Es kann statistisch nachgewiesen werden, dass IPOs in *hot-issue* Marktphasen ein signifikant höheres Underpricing aufweisen als IPOs, die in sogenannten *cold-issue* Phasen emittiert werden. Dies deutet auf die Gültigkeit der *hot-issue* Hypothese für den Neuen Markt hin. Allerdings kann statistisch nicht festgestellt werden, dass die IPOs der *hot-issue* Marktphase bis zu einem Zeitraum von 3 Monaten nach dem Börsengang eine schlechtere Performance aufweisen, als die IPOs, die während einer *cold-issue* Marktphase platziert wurden.

4.6 Die Hypothese der spekulativen Blase (*speculative-bubble* Hypothese)

4.6.1 Entstehung von spekulativen Blasen

Treffen die Investoren ihre Anlageentscheidungen nicht mehr anhand fundamentaler Unternehmensdaten, sondern ausschließlich aus der Überzeugung, durch die Zeichnung des IPOs eine positive Emissionsrendite zu erzielen, dann kommt es zu einer spekulativen Blase (*speculative-bubble*).[859] Ausgelöst werden spekulative Blasen meist durch einen starken Kursanstieg. Die Ursache dieser Kursanstiege bleibt allerdings in der Literatur weitestgehend unbeantwortet.[860] Die Anleger interpretieren diesen Kursanstieg als Signal und erwarten weiter steigende Kurse.[861] Obwohl sich die Investoren darüber bewusst sind, dass der gegenwärtige Kurs die Ertragskraft des Unternehmens nicht mehr widerspiegelt, kaufen sie die Aktien in der Hoffnung durch weitere erwartete Kurssteigerungen ihre Positionen mit Gewinn verkaufen zu können.[862] Durch diese zusätzliche Nachfrage nach diesen Aktien, kommt es erneut zu einer positiven Rückkoppelung in Form von weiter steigenden Kursen.[863] MALKIEL (1996) bezeichnet dieses Investorenverhalten mit der auch von KEYNES vertretenen *castle-in-the-air*-Theorie:

---

[859] Vgl. WEINBERGER, A., Going publics, 1995, S. 117, siehe auch SCHWEINITZ, J., Renditeentwicklungen, 1997, S. 70.

[860] Vereinzelt finden sich in der Literatur Hinweise, dass beispielsweise die Überzeichnung von Emissionen ein möglicher Auslöser für eine spekulative Blase sein könnte. Dabei wird folgender Gedankengang zugrunde gelegt. IPOs sind häufig überzeichnet, so dass es zu einer Rationierung der Aktien kommt. In diesen Fällen kann dann die starke Nachfrage meist erst über den Sekundärmarkt gedeckt werden. Bleibt auch auf dem Sekundärmarkt der Nachfrageüberhang bestehen, so entstehen auf dem Sekundärmarkt starke Kurssteigerungen, die letztlich von den Investoren als ein Signal betrachtet werden und sie folglich veranlassen diesen Titel weiter zu kaufen. Es kommt dann zu einer spekulativen Blase. Vgl. GRUBER, A., Signale, 1988, S. 16ff.

[861] Unterstellt wird hier eine preisunelastische Nachfrage, da die Nachfrage auch bei steigenden Kursen zunimmt.

[862] Siehe KUNZ, R. M., Going public, 1991, S. 80.

[863] Vgl. UHLIG, H., Finanzmarktanalyse, 1999, S. 195.

„... investors prefer to devote their energies not estimating intrinsic values, but rather to analyzing how the crowd of investors is likely to behave in the future and how during periods of optimism they tend to build their hopes into castles in the air." [864]

Diese Anlagestrategie wird allerdings nur so lange erfolgreich sein, wie die Investoren andere Abnehmer finden, die von ihnen diese Werte zu noch höheren Kursen erwerben.[865] Auf diese Weise schießen die Kurse in die Höhe und entfernen sich von jeglicher fundamentaler Grundlage.[866] Erst wenn die ersten Anleger nicht mehr von weiteren Kurssteigerungen überzeugt sind, platzt die spekulative Blase.[867] Das Platzen der Blase löst bei den Anlegern wieder ein Signal aus, diesmal allerdings ein Negatives, so dass diesmal ein Abwärtstrend eingeleitet wird. Dieser Abwärtstrend, der sich nun wieder bis weit unter den fundamentalen Wert fortsetzen kann, hält meist solange an, bis ein erneuter Auslöser zu einer erneuten spekulativen Blase mit Kurssteigerungen führt.

4.6.2 Kritische Bewertung der Hypothese der spekulativen Blase

Die Hypothese der spekulativen Blase soll in dieser Arbeit aus mehreren Gründen nicht weiter vertieft bzw. analysiert werden. Zum einen kommt es auf dem Markt für IPOs nur sehr selten zu plötzlichen Kurseinbrüchen.[868] RITTER (1984) und TINIC (1988) gehen sogar soweit, dass sie die Existenz von spekulativen Blasen bei Aktienerstemissionen verneinen.[869] Darüber hinaus stellt die Hypothese der spekulativen Blase, ähnlich wie die Kurspflegehypothese, eigentlich gar keinen eigenständigen Ansatz dar, obwohl beide Hypothesen in der Literatur in vielen Aufsätzen als Erklärungsansatz für das Underpricing erwähnt werden. Underpricing ist per Definition die positive Differenz zwischen dem ersten Sekundärmarktkurs und dem Emissionspreis, so dass im engeren Sinne die weiteren Kursentwicklungen auf dem Sekundärmark für die Erklärung des Underpricing Phänomen eigentlich gar keine Rolle spielen.[870]

Schließlich sei angemerkt, dass der kausale Zusammenhang zwischen Underpricing und spekulativer Blase nicht eindeutig erkennbar ist, so dass die Hypothese der spekulativen Blase bei der Suche nach den Erklärungsansätzen für das Underpricing nur wenig hilfreich

---

[864] MALKIEL, B. G., Random Walk, 1996, S. 30.
[865] Vgl. auch DÖHRMANN, A., Underpricing, 1990, S. 361.
[866] Vgl. GRUBER, A., Signale, 1988, S. 20ff.
[867] Vgl. SCHWEINITZ, J., Renditeentwicklungen, 1997, S. 71.
[868] Gründe liegen hierfür beispielsweise in der in Kapitel 4.2 dargestellten Kurspflegehypothese oder in dem allgemeinen Interesse der Emissionsbanken an einer guten Performance ihrer emittierten Aktien, da sie ansonsten Reputationsverluste befürchten.
[869] Vgl. RITTER, J. R., Market, 1984, S. 234, siehe auch TINIC, S. M., Anatomy, 1988, S. 792.
[870] Vgl. HUNGER, A., IPO, 2001, S. 118.

ist. Es existiert nämlich die Gefahr, dass Ursache und Wirkung verwechselt werden. Letztlich kann nicht geklärt werden, ob es deshalb zu den Überzeichnungen gekommen ist, weil die Emission unterbewertet ist oder weil die Investoren diesen Titel aufgrund einer nicht rational nachvollziehbaren Emissionseuphorie gezeichnet haben. Zudem bleibt in der Literatur die Frage nach dem eigentlichen Auslöser einer spekulativen Blase unbeantwortet. Es macht aber keinen Sinn, das Underpricing auf eine spekulative Blase zurückzuführen, ohne eigentlich genau zu wissen, was der Auslöser für diese spekulative Blase ist. Insofern schreibt HUNGER (2001) zu Recht, *„dass diese These Ursache und Auslöser in einem Atemzug betrachtet, ohne auf deren Unterschiede einzugehen".* [871]

Zusammenfassend lässt sich feststellen, dass mit Hilfe der Hypothese der spekulativen Blase zwar die Kursentwicklungen des IPOs am ersten oder an den folgenden Börsentagen analysiert werden kann. Eine Erklärung, wieso der erste Sekundärmarktkurs von dem Emissionspreis abweicht und dadurch letztlich Underpricing auftritt, kann allerdings mit dieser Hypothese nicht erreicht werden. So ist auch eine empirische Überprüfung der Hypothese der spekulativen Blase kaum möglich, wenn noch nicht einmal der Auslöser für die Blase eindeutig identifiziert werden kann. Folglich wird es mit Hilfe der Hypothese der spekulativen Blase auch nicht möglich sein, die Frage zu beantworten, wieso beispielsweise die spekulative Blase am Neuen Markt in Deutschland eine größere Dimension zu haben scheint, als die spekulativen Blasen auf anderen Handelssegmenten. Die Hypothese der spekulativen Blase, die sich in der Literatur als Erklärungsansatz für das Underpricing Phänomen nicht durchsetzen konnte, wird deshalb keiner ökonometrischen Überprüfung unterzogen.

---

[871] HUNGER, A., IPO, 2001, S. 118.

„Despite a multitude of models, no single explanation can claim universal acceptance..."[872]

5 Bewertung der Ergebnisse aus den ökonometrischen Untersuchungen

Die Ergebnisse der ökonometrischen Untersuchungen deuten darauf hin, dass das hohe Underpricing am Neuen Markt nur partiell mit Hilfe der theoretischen Modelle erklärt werden kann (vgl. Tabelle 40). Abhängig von der Stärke des festgestellten Erklärungsgehaltes für das Underpricing am Neuen Markt, lassen sich drei Gruppen von Erklärungsansätzen bilden:

(i)　Gruppe I umfasst die theoretischen Modelle, durch die das Underpricing Phänomen am Neuen Markt nicht erklärt werden kann. Dieser Gruppe sind das *adverse-selection* Modell und die Prospekthaftungshypothese zuzurechnen. Bei der Überprüfung des *adverse-selection* Modells kann kein signifikanter Zusammenhang zwischen der Höhe der ex ante-Unsicherheit und der Höhe des Underpricing am Neuen Markt nachgewiesen werden.[873] Mit Hilfe der Prospekthaftungshypothese lässt sich das Underpricing am Neuen Markt ebenfalls nicht erklären. Am Neuen Markt kam es während seines Bestehens weder zu einer Veränderung der gesetzlichen Rahmenbedingungen noch zu Schadenersatzforderungen von IPO Investoren.

(ii)　Gruppe II beinhaltet diejenigen Erklärungsansätze, für die eine mittlere Erklärungskraft für das Underpricing Phänomen am Neuen Markt nachgewiesen werden kann. Diese Gruppe setzt sich aus der Monopsonhypothese, der Kurspflegehypothese und der Reputationshypothese zusammen. Bei der Überprüfung der Monopsonhypothese kann eine positive Beziehung zwischen der Anzahl der auf dem IPO Markt tätigen Emissionsbanken und der Wettbewerbsintensität nachgewiesen werden, allerdings lässt sich statistisch kein negativer Zusammenhang zwischen der Wettbewerbsintensität und dem Underpricing bestätigen. Die Überprüfung der Kurspflegehypothese ergibt auf einem 5%-igen Signifikanzniveau, dass die IPOs in den ersten Handelstagen eine bessere Performance aufweisen, als nicht preisstabilisierte IPOs. Dies ist zwar eine Bestätigung der Kurspflegehypothese, allerdings ist zweifelhaft, ob dadurch ursächlich das Underpricing am Neuen Markt erklärt werden kann. Denn Kurspflegemaßnahmen setzen

---

[872]　JENKINSON, T./ LJUNGQVIST, A., Going public, 2001, S. 60.
[873]　Dies könnte ein Indiz dafür sein, dass es durch die strengen Zulassungsvoraussetzungen des Neuen Marktes zu mehr Transparenz und damit zu geringeren Informationsasymmetrien zwischen den Emittenten und den Investoren gekommen ist.

Tabelle 40: Übersicht der Untersuchungsergebnisse

Hypothese/ Erklärungsansatz Inhalt		Unterstellter Zusammen-hang in der Hypothese bestätigt	Unterstellter Zusammen-hang signi-fikant bestä-tigt	Bewertung des Erklärungsgehalts für das Underpricing Phänomen am Neu-en Markt
H 4	**Adverse-selection Modell** Je größer die ex ante-Unsicherheit über den „wahren" Unternehmenswert ist, desto größer ist das Underpricing.	Nein	Nein	Niedrig
H 5	**Signalling Modell** Es besteht ein positiver Zusammenhang zwischen der Höhe des Underpricing und dem Umfang zukünftiger Folgeemissi-onen (SEO), d. h. Unternehmen, die nach der Erstemission (IPO) weitere SEOs am Sekundärmarkt durchführen, weisen ein höheres IPO Underpricing auf als Unternehmen, die keine weiteren Kapitalmaßnahmen vornehmen.	Ja	Ja	Hoch
H 6	**Signalling Modell** Die Performance der IPO Unternehmen, die weitere Folge-emissionen am Sekundärmarkt durchgeführt haben, ist durchschnittlich besser, als die Performance von IPO Unter-nehmen, die keine weiteren Folgeemissionen durchgeführt haben.	Ja	Ja	
H 7	**Signalling Modell** Je höher der prozentuale Anteil des an der Börse emittierten Kapitals am gesamten Grundkapital ist, desto geringer fällt das Underpricing aus.	Nein	Nein	
H 8	**Monopsonhypothese** Je mehr Emissionsbanken auf dem Emissionsmarkt als Konsortialführer tätig sind, um so größer ist die Wettbe-werbsintensität zwischen den Emissionsbanken.	Ja	Nein	Mittel
H 9	**Monopsonhypothese** Das Underpricing korreliert negativ mit der Intensität des Wettbewerbs auf dem Emissionsmarkt, d. h. je niedriger der Wettbewerb zwischen den Emissionsbanken, desto höher ist das Underpricing.	Nein	Nein	
H 10	**Kurspflegehypothese** Die anfänglichen Emissionsrenditen sind nicht normalverteilt. Die Verteilung der Emissionsrenditen ist durch eine positive Schiefe und eine höhere Wölbung als die Normalverteilung charakterisiert. Dies ist darauf zurückzuführen, dass negative Emissions-renditen durch die Kurspflege der Emissionsbanken seltener zu beobachten sind. Je weiter der Emissionstag zeitlich zurückliegt, um so kleiner werden die Werte für die Schiefe und die Wölbung.	Nein	Nein	Mittel
H 11	**Kurspflegehypothese** IPOs, die einen Zeichnungserfolg von Null oder nahe Null aufweisen, werden bereits am ersten Handelstag preisstabi-lisiert und erzielen im nachfolgenden Börsenhandel eine schlechtere Performance als IPOs, die nicht preisstabilisiert sind.	Ja	Ja	
H 12	**Prospekthaftungshypothese** Eine (gesetzliche) Verschärfung der Prospekthaftung führt zu einem höheren Underpricing.	Nein	Nein	Niedrig
H 13	**Reputationshypothese** Das durchschnittliche Underpricing von Emissionen ist um so geringer, je höher die Reputation der jeweilig begleiten-den Emissionsbank ist.	Ja	Nein	Mittel
H 14	**Hot issue Hypothese** Investoren werden in hot-issue Marktphasen im Vergleich zu cold-issue Marktphasen überproportional hohe Emissions-renditen erzielen können.	Ja	Ja	Hoch
H 15	**Hot issue Hypothese** IPOs, die in hot-issue Marktphasen mit hohen Zeichnungs-renditen emittiert werden, weisen eine unterdurchschnittliche langfristige Performance auf.	Nein	Nein	

Underpricing aufgrund asymmetrischer Informationsverteilung aufgrund von In-formationsasymmetrien (H4–H7)

Underpricing aufgrund von Marktunvollkommenheiten (H8–H15)

Quelle: Eigene Darstellung.

erst nach erfolgter Börsennotierung am Sekundärmarkt ein, während sich das Underpricing per Definition auf den Zeitraum bis zur ersten Börsennotierung bezieht. Es kann insofern davon ausgegangen werden, dass die Kurspflegehypothese das Underpricing nur bedingt erklären kann. Für die Reputationshypothese wird zwar ein negativer Zusammenhang zwischen dem durchschnittlichen Underpricing und der Reputation der Emissionsbank nachgewiesen, allerdings sind die Ergebnisse statistisch nicht signifikant.

(iii) Gruppe III beinhaltet die theoretischen Erklärungsmodelle, die die stärkste Erklärungskraft für das Underpricing Phänomen am Neuen Markt aufweisen. Den ökonometrischen Ergebnissen zu Folge können das *signalling* Modell und die *hot-issue* Markthypothese das Underpricing am Neuen Markt am ehesten erklären. Im Rahmen des *signalling* Modells kann eine eindeutig positive Korrelation zwischen der Höhe des Underpricing und der Wahrscheinlichkeit zukünftiger Folgeemissionen nachgewiesen werden. Zudem zeigen IPOs mit Folgeemissionen eine bessere Performance, als IPOs ohne SEO Aktivitäten. Daraus lässt sich folgern, dass die IPO Unternehmen des Neuen Marktes bewusst das Underpricing als Signal eingesetzt haben, um zum einen die Investoren von Ihrer Unternehmensqualität zu überzeugen. Zum anderen versuchten die IPO Unternehmen auf diese Weise die Investoren gewissermaßen zu „ködern", damit diese bei zukünftigen Kapitalmaßnahmen erneut die Aktien des IPO Unternehmens nachfragen. Ebenfalls hohe Relevanz für das Underpricing am Neuen Markt kann statistisch für die *hot-issue* Markthypothese nachgewiesen werden. Auf einem 1%-igen Signifikanzniveau kann bestätigt werden, dass die IPOs in einer *hot-issue* Phase ein deutlich höheres Underpricing aufweisen, als die IPOs, die während einer *cold-issue* Marktphase emittiert werden. Für den Neuen Markt scheint dieses Erklärungsmodell ebenfalls einen sehr hohen Erklärungsgehalt aufzuweisen. Definiert man *hot-issue* Marktphase weiter, beispielsweise als die Zeit von der Gründung des Neuen Marktes bis zum Ende des Neuen Marktes im Jahre 2003, dann könnte mit dieser Hypothese auch erklärt werden, wieso das Underpricing am Neuen Markt bisher ungeahnte Höhen erreicht hat: nämlich weil die Gründung des Neuen Marktes genau in die Zeit einer *hot-issue* Marktphase fiel.

„Since the unknown is never exhausted, the list of what we do not know about finance could go on forever."[874]

Schlusswort

1 Zusammenfassung der Untersuchungsergebnisse

In der Literatur werden aktuell zwei interessante Phänomene im Zusammenhang mit der Börseneinführung von Aktien diskutiert: das weltweit zu beobachtende Underpricing Phänomen sowie die *long-run underperformance* von IPO Unternehmen.[875] Die vorliegende Arbeit hat diese beiden Phänomene für den Neuen Markt, der als Wachstumssegment im Jahr 1997 gegründet und im Jahre 2003 bereits wieder geschlossen wurde, untersucht. Es wurden dabei vier zentrale Fragestellungen behandelt:

Die erste zentrale Frage bestand darin, ob das Underpricing Phänomen am Neuen Markt nachgewiesen werden kann. Zur Beantwortung dieser Frage wurden die *initial returns* von 328 IPO Unternehmen über den oben erwähnten Zeitraum empirisch untersucht. Als Ergebnis konnte festgestellt werden, dass das Underpricing Phänomen am Neuen Markt evident war und mit einer Höhe von +48,54% eine bisher unbekannte Dimension für den deutschen Kapitalmarkt einnimmt.[876]

Auf den ersten Blick ist dieses Ergebnis für die Investoren zunächst einmal positiv zu bewerten. Sie konnten am Neuen Markt durch die regelmäßige Zeichnung sämtlicher IPOs eine systematische Überrendite, einen sogenannten *free lunch* erzielen. Im weiteren Verlauf dieser Arbeit zeigte sich allerdings, dass sich diese Überrenditen deutlich verringern, wenn die Zuteilungschancen der Investoren in die Berechnung des Underpricing Niveaus mit einfließen. Zwar konnte aufgrund der Tatsache, dass die Zuteilungsquoten am Neuen Markt nicht veröffentlicht werden, keine exakte Bereinigung der Überrendite vorgenommen werden, doch führte bereits die Ausklammerung einer kleinen Gruppe von IPOs, die durch ein be-

---

[874] BREALEY, R. A./ MYERS, S. C., Principles, 2000, S. 1010.
[875] Aufgrund der außergewöhnlichen Entwicklungen an den internationalen Kapitalmärkten und dem damit verbundenen starken Anstieg des Underpricing Phänomens, sind insbesondere in den letzten Jahren zahlreiche Veröffentlichungen, zu dem seit Mitte der siebziger Jahre bekannten Thema des Underpricing Phänomens, erschienen. Vgl. dazu die zahlreichen aktuellen Aufsätze im Literaturverzeichnis.
[876] Von den in der deutschen Literatur bekannten Studien zum Underpricing stellen nur GERKE/ FLEISCHER (2001) ein noch höheres Underpricing mit +49,98% für den Neuen Markt fest. Dies ist darauf zurückzuführen, dass der Untersuchungszeitraum in der Studie von GERKE/ FLEISCHER (2001) nur bis zum Jahr 2000 ging. Folglich wurden in der Untersuchung von GERKE/ FLEISCHER (2001) nicht die Auswirkungen des ab dem Jahr 2001 einsetzenden Abwärtstrends am Neuen Markt berücksichtigt. Vgl. dazu GERKE, W./ FLEISCHER, J., Performance, 2001, S. 827ff.

sonders hohes Underpricing sowie eine hohe Überzeichnung charakterisiert waren, zu einer deutlichen Reduzierung der systematischen Überrendite auf bis zu 23,15%. Bei Berücksichtigung der tatsächlichen Zuteilungsquoten ist zu erwarten, dass sich das Underpricing über den gesamten Zeitraum der Untersuchung noch weiter verringern würde.[877]

Für die Emittenten am Neuen Markt bedeutete das hohe konstatierte Underpricing allerdings, unabhängig von den Zuteilungsquoten, einen erheblichen Erlösverzicht. Die durchschnittlichen Opportunitätskosten durch das Underpricing betrugen für sie mehr als 28,9 Mio. Euro pro Emission. Die Dimension dieser Opportunitäskosten, die in der Literatur auch als „money left on the table" bezeichnet werden, wird besonders deutlich, wenn diese Kosten in Relation zu dem durchschnittlichen nominalen Emissionsvolumen eines IPOs am Neuen Markt gesetzt werden. Durchschnittlich erreichte das Emissionsvolumen eine Höhe von 73,85 Mio. Euro, so dass die Emittenten ohne Underpricing einen um fast 40% höheren Emissionserlös erzielt hätten.[878] Folglich konnte am Neuen Markt ein beachtliches Emissionsvolumen nicht aktiviert werden und damit bestimmte Investitionen nicht durchgeführt werden.[879]

Die zweite wichtige Fragestellung bezog sich auf die langfristige Performance der IPO Unternehmen am Neuen Markt. In der Literatur wird bescheinigt, dass es bei IPOs immer wieder zu einer long-run underperformance, d. h. einer systematisch schlechteren Sekundärmarktperformance von IPO Unternehmen im Vergleich zu anderen börsennotierten Unternehmen, kommt.[880] Zur Überprüfung dieses Phänomens am Neuen Markt wurde deshalb die langfristige Sekundärmarktperformance der IPOs über einen Zeitraum von bis zu 24 Monate nach dem Börsengang, sowohl unbereinigt als auch marktbereinigt, ermittelt.

Die empirischen Untersuchungen lieferten interessante Ergebnisse: Entgegen der in der Literatur vielfach konstatierten long-run underperformance, konnte für die IPOs am Neuen Markt marktbereinigt langfristig keine negative Sekundärmarktperformance festgestellt werden. Zwei Jahre nach dem Börsengang war die durchschnittliche marktbereinigte Performance der 328 untersuchten IPOs immer noch positiv und lag bei +5,04%. Da auch andere

[877] Es ist wünschenswert, dass zukünftig die Emissionsbanken dieses Datenmaterial veröffentlichen, damit noch differenziertere Berechnungen für den deutschen Kapitalmarkt durchgeführt werden können.
[878] Insgesamt belief sich das „money left on the table" am Neuen Markt auf 9,5 Mrd. Euro.
[879] Wirtschaftspolitisch gesehen könnten solche Investitionsunterlassungen mit einer Fehlallokation des Kapitals gleichgesetzt werden. Vgl. dazu auch die Ausführungen weiter unten.
[880] Vgl. dazu beispielsweise RITTER, J. R., Performance, 1991, S. 3ff., vgl. LOUGHRAN, T./ RITTER, J. R., Puzzle, 1995, S. 23ff., vgl. BRAV, A./ GOMPERS, P. A., Myth, 1997, S. 1791ff., vgl. HONG TEOH, S./ WELCH, I./ WONG, T.J., Management, 1998, S. 1935ff.

neuere Untersuchungen zur langfristigen Performance von IPO Unternehmen keine eindeutig negative langfristige Sekundärmarktperformance bescheinigen können, bleibt abzuwarten, ob sich dieses Phänomen eventuell in Zukunft zurückbilden wird.[881]

Im Rahmen der Berechnungen zur langfristigen Sekundärmarktperformance wurde in der vorliegenden Arbeit zudem nachgewiesen, dass die Untersuchungsergebnisse sehr stark von dem jeweils gewählten Vergleichsindex abhängen. Bei der Berechnung der langfristigen Sekundärmarktperformance mit alternativen Vergleichsindizes konnte die zuvor festgestellte Overperformance nicht mehr nachgewiesen werden. Diese in der Literatur vereinzelt vermutete und durch einzelne empirische Studien ebenfalls nachgewiesene Auffälligkeit,[882] weist auf eine wesentliche Problematik bei der Analyse langfristiger Renditeverläufe hin. Je nach Vergleichsindex können teilweise signifikant unterschiedliche Ergebnisse festgestellt werden.

Durch die Synthese der Untersuchungsergebnisse zum (kurzfristigen) Underpricing Phänomen und zur langfristigen Sekundärmarktperformance, konnte die dritte zentrale Frage dieser Untersuchung beantwortet werden, in wie weit der Emissionsmarkt informationseffizient im Sinne von FAMA (1970) und JENSEN (1978) war. Es bestätigte sich die Vermutung, dass der Primärmarkt nicht informationseffizient war und dass die Emissionspreise am Neuen Markt systematisch zu niedrig festgesetzt worden sind. Diese Ergebnisse sind konsistent mit denen zahlreicher früherer empirischer Untersuchungen zum Underpricing Phänomen.[883] Überraschend waren in diesem Zusammenhang aber die Ergebnisse hinsichtlich der Informationseffizienz des Sekundärmarktes: es konnte nämlich gezeigt werden, dass auch der Sekundärmarkt des Neuen Marktes temporär informationsineffizient war und deutliche Überreaktionen *(fads)* aufwies, die sich erst nach mehreren Monaten abgebaut haben. Noch bis zu 12 Monate nach dem Börsengang konnten Renditen erzielt werden, die auf einem Signifikanzniveau von 5% systematisch von Null verschieden sind. Erst 24 Monate nach dem Börsengang kann der Sekundärmarkt - statistisch gesehen – als informationseffizient betrachtet werden. Allerdings erscheint dieser Zeitraum, bis zu dem alle Informationen in den Börsenkursen verarbeitet sind, besonders vor dem Hintergrund einer dynamischen Informations-

---

[881] Vgl. dazu auch die empirischen Ergebnisse von KUNZ/ AGGARWAL (1994) für den Kapitalmarkt der Schweiz. Vgl. dazu KUNZ, R. M./ AGGARWAL, R. Initial public offerings, 1994, S. 705ff. Weiterhin messen KIM ET AL. (1995) für Korea, LOUGHRAN ET AL. (1994) für Schweden und KIYMAZ (2000) für die Türkei eine positive langfristige Performance von IPO Unternehmen. Vgl. dazu KIM, J.-B. et al., Performance, 1995, S. 429ff., siehe LOUGHRAN, T. ET AL., Initial public offerings, 1994, S. 165ff., vgl. SPIESS, D. K./ AFFLECK-GRAVES, J., Underperformance, 1995, S. 244, siehe auch KIYMAZ, H., Performance, 2000, S. 213ff.,
[882] Vgl. dazu RITTER, J. R., Performance, 1991, S. 3ff., vgl. LOUGHRAN, T./ RITTER, J. R., Puzzle, 1995, S. 23ff.
[883] Vgl. beispielsweise DÖHRMANN, A., Underpricing, 1990, S. 298ff., siehe auch WEINBERGER, A., Going public, 1995, S. 96ff.

verarbeitung auf den Kapitalmärkten, extrem lang. Insofern zeigen sowohl der Primärmarkt als auch der Sekundärmarkt nicht die gewünschte Informationsverarbeitung, um sie als informationseffizient einzustufen.

Die vierte zentrale Frage dieser Arbeit befasste sich mit den Erklärungsansätzen zum Underpricing Phänomen. Es konnte gezeigt werden, dass trotz der Vielzahl der in der Literatur aufzufindenden Erklärungsansätze das Underpricing Phänomen nicht durch ein einzelnes theoretisches Modell vollständig erklärt werden kann. Vielmehr erklären die unterschiedlichen theoretischen Modelle, jedes für sich, einen gewissen Teil des Underpricing Phänomens. Bei zwei Modellen konnte allerdings ein besonders hoher Erklärungsgehalt für das Underpricing Phänomen nachgewiesen werden: dabei handelt es sich um das *signalling* Modell und um die *hot-issue* Markthypothese. Im Rahmen der *signalling* Modelle haben die IPO Unternehmen am Neuen Markt das Underpricing als Signal eingesetzt, um dadurch die Informationsasymmetrien zwischen den Unternehmen und den Investoren abzubauen und um die Investoren von der Qualität ihres Unternehmens zu überzeugen.[884] Die Emittenten versuchten folglich durch das Underpricing „*a good taste in investors' mouths'*"[885] zu hinterlassen. Auf diese Weise sollte bei zukünftigen Folgeemissionen ein höherer Emissionspreis erzielt und somit die Kosten des Underpricing kompensiert werden. Das Underpricing stellte für Emittenten am Neuen Markt somit eine Art „Eintrittskarte in den Kapitalmarkt" dar.[886] Neben dem *signalling* Modell konnte zudem für die *hot-issue* Markthypothese ein starker Erklärungsgehalt für das Underpricing Phänomen am Neuen Markt nachgewiesen werden. Insbesondere in den ersten drei Jahren seit Bestehen des Neuen Marktes, war das Marktumfeld ausgesprochen positiv. Es konnte ökonometrisch nachgewiesen werden, dass während diesen *hot-issue* Phasen das Underpricing am Neuen Markt signifikant höher ausfiel, als in *cold-issue* Marktphasen.

Während diese beiden theoretischen Modelle eine besonders hohe Erklärungskraft für das Underpricing am Neuen Markt aufzeigten, spielten die anderen Modellansätze für die Erklärung des Underpricing Phänomens am Neuen Markt nur eine untergeordnete Rolle. Allerdings darf diesen theoretischen Modellen deshalb nicht generell eine mangelnde Erklärungskraft für das Underpricing Phänomen abgesprochen werden. Lediglich für das Un-

---

[884] Auf diese Weise versucht der Emittent die Informationsasymmetrien zwischen ihm und den Investoren abzubauen.

[885] IBBOTSON, R. G., Performance, 1975, S. 264.

[886] Vgl. WILKENS, M./ GRABHOFF, A., Underpricing, 1999, S. 27.

derpricing am Neuen Markt weisen diese Modelle keine statistisch nachweisbare Relevanz auf.[887]

2 Implikationen der Untersuchungsergebnisse für die Wissenschaft

In der vorliegenden Arbeit wurde nachgewiesen, dass das Underpricing Phänomen am Neuen Markt evident war. Zudem wurde analysiert, worauf das Underpricing voraussichtlich zurückzuführen ist. Allerdings konnte nicht der Frage nachgegangen werden, ob das ermittelte Underpricing Niveau der Höhe nach optimal war und wie, wenn man denn zu dem Schluss kommen sollte, dass das Underpricing auf dem festgestellten Niveau übertrieben hoch war, das Underpricing in Zukunft reduziert werden könnte. Damit einhergehend schließt sich die wirtschaftspolitische Frage an, ob es durch den Emissionserlösverzicht der Emittenten und der damit verbundenen Investitionsunterlassungen zu einer Fehlallokation des Kapitals gekommen ist.[888] In zukünftigen Untersuchungen sollte deshalb das Underpricing Phänomen insbesondere unter dem Gesichtspunkt der allokativen Effizienz betrachtet werden. Liegt nämlich tatsächlich eine systematische Fehlallokation des Kapitals am Emissionsmarkt vor, so sollten, um ein wohlfahrtsökonomisches Optimum zu erreichen, die Gründe dafür beseitigt werden. Die Tatsache, dass systematische Überrenditen aufgrund des Underpricing Phänomens erzielt werden können, lässt auf negative externe Effekte schließen.[889] Da nach den Erkenntnissen der Institutionenökonomik externe Effekte auf ein Marktversagen hindeuten könnten, sollte versucht werden, die Auslöser dieser Effekte zu beseitigen. Aus diesem Grund wäre es wünschenswert, wenn sich zukünftige wissenschaftliche Arbeiten dieser Problemstellung annehmen würden, damit eine Steigerung der allokativen Effizienz des Emissionsmarktes erzielt werden kann.

---

[887] Es kann insofern nicht ausgeschlossen werden, dass die anderen theoretischen Modellansätze das hohe Underpricing am Neuen Markt zumindest auch partiell erklären.

[888] Vgl. dazu auch GERKE, W./ RÜTH, V. v./ SCHÖNER, M. A., Informationsbörse, 1992, S. 29ff.

[889] In der Institutionenökonomik werden als negative externe Effekte solche Umweltzustände bezeichnet, in denen Wirkungen den Wirtschaftssubjekten nicht über den Marktpreis zugerechnet werden. Im Falle des Underpricing stellt sich der negative externe Effekt dadurch ein, dass der Profit der Kapitalanleger für die emittierenden Unternehmen einen negativen Effekt hat, da diese Unternehmen durch die zu niedrige Festsetzung ihres Emissionspreises die Kurssteigerungen der Aktien und somit den Zeichnungsgewinn der Investoren erst ermöglichen. Die Emittenten werden aber für diesen zu niedrigen Emissionspreis entschädigt und der Zeichnungsgewinn ist der Erlösverzicht der Unternehmen, wodurch geplante Investitionsvorhaben der Emittenten nur zu höheren Kapitalkosten realisiert werden können. Diese höheren Kapitalkosten können auch als negativer externer Effekt eines IPOs betrachtet werden, wenn der Emissionspreis aus Gründen, die der Emittent nicht zu vertreten hat, unterhalb des *fair value* liegt.

3 Ausblick

Die Gründung des Neuen Marktes hatte einen starken Einfluss auf das IPO Geschäft am deutschen Kapitalmarkt. Es kam nicht nur zu einer deutlich größeren Anzahl von IPOs, sondern - wie es diese Untersuchung nachweisen konnte - auch zu einem deutlichen Anstieg in der Höhe des Underpricing. Nicht zuletzt durch das Scheitern des Neuen Marktes wurde das mühsam aufgebaute Vertrauen der Anleger in die Zeichnung von Aktien nachhaltig erschüttert.[890] So ist es nicht verwunderlich, dass sich die Anzahl der IPOs nach dem Boom in den Jahren von 1997 bis 2000 wieder auf dem Niveau der frühen 90er Jahre bewegt. Die Börse kann deshalb zurzeit eine ihrer wichtigsten Funktionen, die Kapitalbeschaffung für (junge) Unternehmen, nicht adäquat erfüllen.

Deutschland würde allerdings im internationalen Wettbewerb um Jahre zurückfallen, wenn künftig die Börsenfinanzierung von Wachstumsunternehmen nicht mehr möglich wäre und die privaten Investoren dem Kapitalmarkt fernblieben. Deshalb ist es eine der wichtigsten Aufgaben, die Reputation des deutschen Kapitalmarktes durch verständliche, strenge und transparente Vorschläge wiederherzustellen, um dadurch die Investoren wieder zu einer Anlage in Aktien und einer Zeichnung von IPOs bewegen zu können.

Erste institutionelle Rahmenbedingungen wurden bereits eingeleitet, durch die das Vertrauen in den Kapitalmarkt in Deutschland wiedergestellt werden soll. So hat die Bundesregierung mit dem vierte Finanzmarktförderungsgesetz nicht nur das Börsenrecht völlig neu gefasst, sondern auch deutlich strengere Schadenersatzverpflichtungen für die Emittenten eingeführt, die bei fehlerhaften ad hoc-Meldungen und Prospektinhalten greifen. Die DEUTSCHE BÖRSE AG hat im März des Jahres 2003 die Neusegmentierung des Aktienmarktes umgesetzt. Der diskreditierte Neue Markt wurde durch eine neue Segmentierung der Börsensegmente ersetzt. Zudem wurden die getrennten Aufsichtsbehörden für Banken, Versicherungen und das Wertpapiergeschäft in die Bundesanstalt für Finanzdienstleistungsaufsicht (BaFin) zusammengefasst.

Allerdings reichen diese institutionellen Ansätze nicht aus, um das zerstörte Vertrauen der Investoren in die Kapitalmärkte wieder aufzubauen. Die Wiederherstellung des Vertrauens in die Märkte kann nur dann erreicht werden, wenn alle Kapitalmarktteilnehmer, d. h. Emittenten, Finanzintermediäre und staatliche Institutionen einen noch stärkeren Anlegerschutz am

---

[890] Darüber hinaus führten auch andere Faktoren, wie z. B. die jüngsten Bilanzskandale der internationalen Konzerne Enron oder Worldcom zu einem Vertrauensverlust der Anleger.

deutschen Kapitalmarkt sicherstellen. Dabei ist zu hoffen, dass sich die unterschiedlichen Akteure einer freiwilligen stärkeren Selbstverpflichtung unterziehen, so dass keine weiteren staatlichen Reglementierungen vorgenommen werden müssen.[891]

Sollte sich das IPO Geschäft in naher Zukunft erholen, dann wird auch das Underpricing von IPOs wieder in den Mittelpunkt des Interesses zahlreicher Anleger rücken. Insofern kann das Underpricing Phänomen zu Recht als ein *„unsolved mystery"* bezeichnet werden.[892]

---

[891] Eine solche Selbstverpflichtung könnte beispielsweise in der Form aussehen, dass Emissionsbanken oder Wirtschaftsprüfer eine finanzielle Beteiligung im Falle einer Fehlprognose auferlegt bekommen. Dadurch würden die Qualität und die Sorgfältigkeit der Prognosen deutlich ansteigen.

[892] Vgl. IBBOTSON, R. G., Performance, 1975, S. 235.

Anhang

Tabelle 41:   *Beispielhafte Kalkulation der einmaligen Kosten einer Börseneinführung*

	(alle Angaben in Euro)	
	BEISPIEL A	**BEISPIEL B**
EMISSIONSVOLUMEN	25.000.000	100.000.000
GRUNDKAPITAL	5.000.000	15.000.000
UMSATZ	10.000.000	50.000.000

EINMALIGE KOSTEN		
Kosten der Emissionsbankbegleitung		
- Provision an Emissionsbank	1.125.000	4.300.000
(ca. 4 bis 6% vom Emissionserlös)		
- Börseneinführungsprovision (ca. 1% des Nennbetrages)	50.000	150.000
- Emissionsprospekt	100.000	150.000
- Prospekthaftung (1% vom Grundkapital)	50.000	150.000
	1.325.000	4.750.000
Kosten der Finanzwerbung	300.000	1.000.000
Kosten der Emissionsberatung	300.000	700.000
Druck- und Versandkosten	50.000	150.000
Umwandlungskosten	50.000	200.000
(Rechtsberatung, Notarkosten)		
Veröffentlichungskosten		
- im Bundesanzeiger	5.000	5.000
- in einem Börsenpflichtblatt	20.000	50.000
	25.000	55.000
Börsenzulassungsgebühr	5.000	5.000
Gesamten einmaligen Kosten der Börseneinführung (Absolut)	**2.055.000**	**6.860.000**
Gesamten einmaligen Kosten der Börseneinführung (v. H des Emissionsvolumens)	**8,2%**	**6,9%**

Quelle: *Eigene Darstellung in Anlehnung an FÖRSCHLE, G./ HELMSCHROTT, H., Neuer Markt, 2001, S. 68f., siehe auch KOCH, W. / WEGMANN, J., Börseneinführung, 1998, S. 176.*

Tabelle 42: Beispielhafte Kalkulation der laufenden Kosten einer Börseneinführung

	(alle Angaben in Euro)	
	BEISPIEL A	BEISPIEL B
EMISSIONSVOLUMEN	25.000.000	100.000.000
GRUNDKAPITAL	5.000.000	15.000.000
UMSATZ	10.000.000	50.000.000

LAUFENDE KOSTEN

Aufgrund der Rechtsform		
- Rechnungslegung	50.000	100.000
- Hauptversammlung	50.000	75.000
- Aufsichtsratsitzung	30.000	60.000
	130.000	235.000
Aufgrund der Börsennotierung		
- Jahresabschlüsse	100.000	100.000
- Quartalsberichte	50.000	50.000
- Ad hoc-Publizität	5.000	5.000
- Designated sponsors	50.000	50.000
- Investor Relations	50.000	100.000
	255.000	305.000
Gesamten laufenden Kosten	**385.000**	**540.000**

Quelle: Eigene Darstellung in Anlehnung an FÖRSCHLE, G./ HELMSCHROTT, H., Neuer Markt, 2001, S. 68f., siehe auch KOCH, W. / WEGMANN, J., Börseneinführung, 1998, S. 176.

Tabelle 43:   *Zeitpunkt und Begründung der delistings am Neuen Markt*

Nr.	Name	Datum	Begründung
1	Lösch Umweltschutz AG	06.04.1999	Freiwilliger Segmentwechsel in den Geregelten Markt
2	SERO Entsorgung AG	06.04.1999	Freiwilliger Segmentwechsel in den Geregelten Markt
3	SVC AG	01.09.2000	Unternehmensübernahme/ -fusion
4	ricardo. de AG	19.01.2001	Unternehmensübernahme/ -fusion
5	Entrium Direct Bankers AG	06.02.2001	Unternehmensübernahme/ -fusion
6	MSH International Service AG	15.02.2001	Unternehmensübernahme/ -fusion
7	Gigabell AG	23.02.2001	Verstoß gegen das Regelwerk des Neuen Marktes
8	ISION Internet	04.05.2001	Freiwilliger Segmentwechsel in den Geregelten Markt
9	SYSTEMATICS AG	29.06.2001	Unternehmensübernahme/ -fusion
10	Sunburst Merchandising AG	06.07.2001	Freiwilliger Segmentwechsel in den Geregelten Markt
11	Refugium Holding AG	31.07.2001	Freiwilliger Segmentwechsel in den Geregelten Markt
12	TEAM Communications Group Inc.	27.08.2001	Freiwilliger Segmentwechsel in den Geregelten Markt
13	TelDaFax AG	31.08.2001	Verstoß gegen das Regelwerk des Neuen Marktes
14	edel music AG	05.10.2001	Freiwilliger Segmentwechsel in den Geregelten Markt
15	mediantis AG	31.10.2001	Freiwilliger Segmentwechsel in den Geregelten Markt
16	Kabel New Media AG I.A.	02.11.2001	Verstoß gegen das Regelwerk des Neuen Marktes
17	Management Data Media Systems AG	04.11.2001	Verstoß gegen das Regelwerk des Neuen Marktes
18	INFOMATEC AG	10.11.2001	Verstoß gegen das Regelwerk des Neuen Marktes
19	mb Software AG	10.11.2001	Verstoß gegen das Regelwerk des Neuen Marktes
20	PopNet Internet AG	16.11.2001	Freiwilliger Segmentwechsel in den Geregelten Markt
21	United Visions Entertainment AG	23.11.2001	Unternehmensübernahme/ -fusion
22	Dino entertainment AG	30.11.2001	Freiwilliger Segmentwechsel in den Geregelten Markt
23	LIPRO AG Logistik und Information für die	02.12.2001	Verstoß gegen das Regelwerk des Neuen Marktes
24	feedback AG	14.12.2001	Freiwilliger Segmentwechsel in den Geregelten Markt
25	TOMORROW Internet AG	20.12.2001	Unternehmensübernahme/ -fusion
26	Prodacta AG	21.12.2001	Verstoß gegen das Regelwerk des Neuen Marktes
27	musicmusicmusic inc.	28.12.2001	Freiwilliger Segmentwechsel in den Geregelten Markt
28	BRAINPOOL TV AG	11.01.2002	Freiwilliger Segmentwechsel in den Geregelten Markt
29	Brokat Technologies AG	25.01.2002	Freiwilliger Segmentwechsel in den Geregelten Markt
30	SALTUS Technology AG	31.01.2002	Freiwilliger Segmentwechsel in den Geregelten Markt
31	TRIUS AG	31.01.2002	Freiwilliger Segmentwechsel in den Geregelten Markt
32	eJay AG	08.02.2002	Verstoß gegen das Regelwerk des Neuen Marktes
33	Kinowelt Medien AG	22.02.2002	Freiwilliger Segmentwechsel in den Geregelten Markt
34	CAMELOT tele.communication.onli	08.03.2002	Freiwilliger Segmentwechsel in den Geregelten Markt
35	aeco N.V.	15.03.2002	Freiwilliger Segmentwechsel in den Geregelten Markt
36	Micrologica AG	19.03.2002	Verstoß gegen das Regelwerk des Neuen Marktes
37	Blue C Consulting AG	22.03.2002	Freiwilliger Segmentwechsel in den Geregelten Markt
38	Lobster Network Storage AG	27.03.2002	Verstoß gegen das Regelwerk des Neuen Marktes
39	ABACHO AG	28.03.2002	Freiwilliger Segmentwechsel in den Geregelten Markt
40	buch.de internetstores AG	28.03.2002	Freiwilliger Segmentwechsel in den Geregelten Markt
41	Carrier 1 International S.A.	28.03.2002	Freiwilliger Segmentwechsel in den Geregelten Markt
42	ELSA AG	28.03.2002	Freiwilliger Segmentwechsel in den Geregelten Markt
43	Heyde AG	28.03.2002	Freiwilliger Segmentwechsel in den Geregelten Markt
44	SER Systems AG	28.03.2002	Freiwilliger Segmentwechsel in den Geregelten Markt
45	m+s Elektronik AG	08.04.2002	Verstoß gegen das Regelwerk des Neuen Marktes
46	Concept! AG	12.04.2002	Freiwilliger Segmentwechsel in den Geregelten Markt
47	UBAG Unternehmer Beteiligungen AG	16.04.2002	Freiwilliger Segmentwechsel in den Geregelten Markt
48	CineMedia Film AG	19.04.2002	Freiwilliger Segmentwechsel in den Geregelten Markt

Nr.	Name	Datum	Begründung
49	ComROAD AG	19.04.2002	Verstoß gegen das Regelwerk des Neuen Marktes
50	H5B5 Media AG	30.04.2002	Freiwilliger Segmentwechsel in den Geregelten Markt
51	Met@box AG	30.04.2002	Freiwilliger Segmentwechsel in den Geregelten Markt
52	USU AG	17.05.2002	Freiwilliger Segmentwechsel in den Geregelten Markt
53	Kretztechnik AG	20.05.2002	Freiwilliger Segmentwechsel in den Geregelten Markt
54	CeoTronics AG	31.05.2002	Freiwilliger Segmentwechsel in den Geregelten Markt
55	IPC Archtec AG	31.05.2002	Freiwilliger Segmentwechsel in den Geregelten Markt
56	Telesens KSCL AG	07.06.2002	Freiwilliger Segmentwechsel in den Geregelten Markt
57	ArtStor AG	14.06.2002	Freiwilliger Segmentwechsel in den Geregelten Markt
58	digital advertising AG	14.06.2002	Freiwilliger Segmentwechsel in den Geregelten Markt
59	Gedys Internet Products	14.06.2002	Freiwilliger Segmentwechsel in den Geregelten Markt
60	Hunzinger Information AG	14.06.2002	Freiwilliger Segmentwechsel in den Geregelten Markt
61	I-D Media AG	21.06.2002	Freiwilliger Segmentwechsel in den Geregelten Markt
62	Mühl Product and Service AG	21.06.2002	Freiwilliger Segmentwechsel in den Geregelten Markt
63	CAA AG	28.06.2002	Freiwilliger Segmentwechsel in den Geregelten Markt
64	Helkon Media AG	28.06.2002	Freiwilliger Segmentwechsel in den Geregelten Markt
65	Softmatic AG	30.06.2002	Verstoß gegen das Regelwerk des Neuen Marktes
66	Condat AG	05.07.2002	Freiwilliger Segmentwechsel in den Geregelten Markt
67	CEYONIQ AG	12.07.2002	Verstoß gegen das Regelwerk des Neuen Marktes
68	ebookers	12.07.2002	Freiwilliger Segmentwechsel in den Geregelten Markt
69	RTV Family Entertainment AG	19.07.2002	Freiwilliger Segmentwechsel in den Geregelten Markt
70	Euromed AG	26.07.2002	Freiwilliger Segmentwechsel in den Geregelten Markt
71	Phenomedia AG	26.07.2002	Verstoß gegen das Regelwerk des Neuen Marktes
72	F.A.M.E.	31.07.2002	Freiwilliger Segmentwechsel in den Geregelten Markt
73	tiscon AG Infosystems	31.07.2002	Freiwilliger Segmentwechsel in den Geregelten Markt
74	Vectron Systems AG	09.08.2002	Freiwilliger Segmentwechsel in den Geregelten Markt
75	JUMPtec Industrielle Computertechnik AG	13.08.2002	Unternehmensübernahme/ -fusion
76	Kontron embedded computers AG	13.08.2002	Unternehmensübernahme/ -fusion
77	GENMAB A/S	16.08.2002	Freiwilliger Segmentwechsel in den Geregelten Markt
78	Energiekontor AG	20.08.2002	Freiwilliger Segmentwechsel in den Geregelten Markt
79	FORIS AG	30.08.2002	Freiwilliger Segmentwechsel in den Geregelten Markt
80	HAITEC AG	30.08.2002	Freiwilliger Segmentwechsel in den Geregelten Markt
81	Arxes Information Design AG	06.09.2002	Freiwilliger Segmentwechsel in den Geregelten Markt
82	Internolix AG	06.09.2002	Freiwilliger Segmentwechsel in den Geregelten Markt
83	Consors AG	13.09.2002	Freiwilliger Segmentwechsel in den Geregelten Markt
84	Fineco S.p.A	13.09.2002	Freiwilliger Segmentwechsel in den Geregelten Markt
85	Rhein Biotech N.V.	20.09.2002	Freiwilliger Segmentwechsel in den Geregelten Markt
86	artnet.com AG	04.10.2002	Freiwilliger Segmentwechsel in den Geregelten Markt
87	Brain International AG	04.10.2002	Verstoß gegen das Regelwerk des Neuen Marktes
88	Fortune City.com Inc.	04.10.2002	Freiwilliger Segmentwechsel in den Geregelten Markt
89	PixelNet AG	04.10.2002	Verstoß gegen das Regelwerk des Neuen Marktes
90	Sachsenring Automobiltechnik AG	12.10.2002	Verstoß gegen das Regelwerk des Neuen Marktes
91	jobpilot AG	18.10.2002	Unternehmensübernahme/ -fusion
92	NSE Software AG	18.10.2002	Freiwilliger Segmentwechsel in den Geregelten Markt
93	pgam advanced technologies AG	18.10.2002	Freiwilliger Segmentwechsel in den Geregelten Markt
94	WWL Internet AG	18.10.2002	Freiwilliger Segmentwechsel in den Geregelten Markt
95	AmaTech AG	23.10.2002	Verstoß gegen das Regelwerk des Neuen Marktes
96	MWG Biotech AG	31.10.2002	Freiwilliger Segmentwechsel in den Geregelten Markt
97	CPU Softwarehouse AG	08.11.2002	Freiwilliger Segmentwechsel in den Geregelten Markt

Nr.	Name	Datum	Begründung
98	DAS WERK AG	08.11.2002	Freiwilliger Segmentwechsel in den Geregelten Markt
99	Datasave AG	08.11.2002	Freiwilliger Segmentwechsel in den Geregelten Markt
100	Mensch und Maschine Software AG	15.11.2002	Freiwilliger Segmentwechsel in den Geregelten Markt
101	NorCom Information Technology AG	15.11.2002	Freiwilliger Segmentwechsel in den Geregelten Markt
102	Odeon Film AG	29.11.2002	Freiwilliger Segmentwechsel in den Geregelten Markt
103	Pironet NDH AG	29.11.2002	Freiwilliger Segmentwechsel in den Geregelten Markt
104	SENATOR Entertainment AG,	29.11.2002	Freiwilliger Segmentwechsel in den Geregelten Markt
105	bäurer Aktiengesellschaft	06.12.2002	Freiwilliger Segmentwechsel in den Geregelten Markt
106	EASY SOFTWARE AG	06.12.2002	Freiwilliger Segmentwechsel in den Geregelten Markt
107	GROUP Technologies AG	13.12.2002	Freiwilliger Segmentwechsel in den Geregelten Markt
108	SZ Testsysteme AG	20.12.2002	Freiwilliger Segmentwechsel in den Geregelten Markt
109	3U TELEKOM AG,	30.12.2002	Segmentwechsel in den Prime Standard
110	4MBO International Electronic AG	30.12.2002	Segmentwechsel in den Prime Standard
111	ACG Advanced Component Group AG	30.12.2002	Segmentwechsel in den Prime Standard
112	AC-Service AG	30.12.2002	Segmentwechsel in den Prime Standard
113	ad pepper media International N.V., Amsterdam	30.12.2002	Segmentwechsel in den Prime Standard
114	Adlink Internet Media AG	30.12.2002	Segmentwechsel in den General Standard
115	AIXTRON AG	30.12.2002	Segmentwechsel in den Prime Standard
116	Alphaform AG Enabling Technologies & Services	30.12.2002	Segmentwechsel in den Prime Standard
117	Analytik Jena AG,	30.12.2002	Segmentwechsel in den Prime Standard
118	ARBOmedia AG,	30.12.2002	Segmentwechsel in den Prime Standard
119	AT&S Austria Technologie & Systemtechnik AG, Österreich	30.12.2002	Segmentwechsel in den Prime Standard
120	ATOSS Software AG	30.12.2002	Segmentwechsel in den Prime Standard
121	AUGUSTA Technologie AG	30.12.2002	Segmentwechsel in den Prime Standard
122	b.i.s. börsen-informations-systeme AG	30.12.2002	Segmentwechsel in den Prime Standard
123	Balda Aktiengesellschaft	30.12.2002	Segmentwechsel in den Prime Standard
124	Basler Aktiengesellschaft	30.12.2002	Segmentwechsel in den Prime Standard
125	Bechtle Aktiengesellschaft	30.12.2002	Segmentwechsel in den Prime Standard
126	BrainPower N.V., Niederlande	30.12.2002	Segmentwechsel in den Prime Standard
127	Broadnet Mediascape Commnuications AG	30.12.2002	Segmentwechsel in den Prime Standard
128	CANCOM IT Systeme	30.12.2002	Segmentwechsel in den Prime Standard
129	Carl Zeiss Meditec AG	30.12.2002	Segmentwechsel in den Prime Standard
130	CDV Software Entertainment AG	30.12.2002	Segmentwechsel in den Prime Standard
131	ce CONSUMER ELECTONIC AG	30.12.2002	Segmentwechsel in den Prime Standard
132	CENIT Aktiengesellschaft Systemhaus	30.12.2002	Segmentwechsel in den Prime Standard
133	Centrotec Hochleistungskunststoffe AG	30.12.2002	Segmentwechsel in den Prime Standard
134	COMPUTEC MEDIA AG	30.12.2002	Segmentwechsel in den Prime Standard
135	ComputerLinks Aktiengesellschaft	30.12.2002	Segmentwechsel in den Prime Standard
136	Constantin Film AG	30.12.2002	Segmentwechsel in den Prime Standard
137	COR AG Insurance Technologies AG	30.12.2002	Segmentwechsel in den Prime Standard
138	curasan Aktiengesellschaft	30.12.2002	Segmentwechsel in den Prime Standard
139	CyBio AG	30.12.2002	Segmentwechsel in den Prime Standard
140	d+s online Aktiengesellschaft	30.12.2002	Segmentwechsel in den Prime Standard
141	DAB bank AG	30.12.2002	Segmentwechsel in den Prime Standard
142	DataDesign AG	30.12.2002	Freiwilliger Segmentwechsel in den Geregelten Markt
143	DCI Database for Commerce & Industry AG	30.12.2002	Segmentwechsel in den Prime Standard
144	DEAG Deutsche Entertainment AG	30.12.2002	Segmentwechsel in den Prime Standard
145	Dialog Semiconductor Plc, Engand	30.12.2002	Segmentwechsel in den Prime Standard
146	Drillisch Aktiengesellschaft	30.12.2002	Segmentwechsel in den Prime Standard

Nr.	Name	Datum	Begründung
147	ELMOS Semiconductor AG	30.12.2002	Segmentwechsel in den Prime Standard
148	EMPRISE Mangagement Consulting AG	30.12.2002	Segmentwechsel in den Prime Standard
149	Eurofins Scientific S.A., Frankreich	30.12.2002	Segmentwechsel in den Prime Standard
150	Evotec OAI AG	30.12.2002	Segmentwechsel in den Prime Standard
151	FJA AG	30.12.2002	Segmentwechsel in den Prime Standard
152	freenet.de AG	30.12.2002	Segmentwechsel in den Prime Standard
153	Funkwerk AG	30.12.2002	Segmentwechsel in den Prime Standard
154	GeneScan Europe AG	30.12.2002	Freiwilliger Segmentwechsel in den Geregelten Markt
155	Gericom AG, Österreich	30.12.2002	Segmentwechsel in den Prime Standard
156	GFT Technologies AG	30.12.2002	Segmentwechsel in den Prime Standard
157	Girindus Aktiengesellschaft	30.12.2002	Segmentwechsel in den Prime Standard
158	GPC Biotech AG	30.12.2002	Segmentwechsel in den Prime Standard
159	Graphisoft N.V., Niederlande	30.12.2002	Segmentwechsel in den Prime Standard
160	GRENKELEASING AG	30.12.2002	Segmentwechsel in den Prime Standard
161	Heiler Software AG	30.12.2002	Segmentwechsel in den Prime Standard
162	Highlight Communications AG	30.12.2002	Segmentwechsel in den Prime Standard
163	Höft & Wessel Aktiengesellschaft	30.12.2002	Segmentwechsel in den Prime Standard
164	IDS Scheer Aktiengesellschaft	30.12.2002	Segmentwechsel in den Prime Standard
165	infor business solutions AG	30.12.2002	Segmentwechsel in den Prime Standard
166	init innovation in traffic systems AG	30.12.2002	Segmentwechsel in den Prime Standard
167	INTERSHOP Communications AG	30.12.2002	Segmentwechsel in den Prime Standard
168	IntraWare AG	30.12.2002	Segmentwechsel in den Prime Standard
169	itelligence AG	30.12.2002	Segmentwechsel in den Prime Standard
170	IVU Traffic Technologies AG	30.12.2002	Segmentwechsel in den Prime Standard
171	iXOS Software Aktiengesellschaft	30.12.2002	Segmentwechsel in den Prime Standard
172	Jack White Productions AG	30.12.2002	Segmentwechsel in den Prime Standard
173	Jetter AG	30.12.2002	Segmentwechsel in den Prime Standard
174	Kleindienst Datentechnik AG	30.12.2002	Segmentwechsel in den Prime Standard
175	Lambda Physik AG	30.12.2002	Segmentwechsel in den Prime Standard
176	LION bioscience Aktiengesellschaft	30.12.2002	Segmentwechsel in den Prime Standard
177	LPKF Laser & Electronics AG	30.12.2002	Segmentwechsel in den Prime Standard
178	LS telcom Aktiengesellschaft	30.12.2002	Segmentwechsel in den Prime Standard
179	Lycos Europe N.V., Niederlande	30.12.2002	Segmentwechsel in den Prime Standard
180	MacroPore Biosurgery, Inc., USA	30.12.2002	Segmentwechsel in den Prime Standard
181	MatchNet Plc, England	30.12.2002	Segmentwechsel in den Prime Standard
182	MAXDATA AG	30.12.2002	Segmentwechsel in den Prime Standard
183	MediGene AG	30.12.2002	Segmentwechsel in den Prime Standard
184	MEDION AG	30.12.2002	Segmentwechsel in den Prime Standard
185	Micronas Semiconductor Holding AG, Schweiz	30.12.2002	Segmentwechsel in den Prime Standard
186	MOSAIC Software AG	30.12.2002	Segmentwechsel in den Prime Standard
187	Mount10 Holding AG, Schweiz	30.12.2002	Segmentwechsel in den Prime Standard
188	Mühlbauer Holding AG & Co. KGaA	30.12.2002	Segmentwechsel in den Prime Standard
189	Nemetschek Aktiengesellschaft	30.12.2002	Segmentwechsel in den Prime Standard
190	Netlife AG	30.12.2002	Segmentwechsel in den Prime Standard
191	Neue Sentimental Film AG	30.12.2002	Segmentwechsel in den Prime Standard
192	NEXUS Aktiengesellschaft	30.12.2002	Segmentwechsel in den Prime Standard
193	Nordex AG	30.12.2002	Segmentwechsel in den Prime Standard
194	Novasoft AG	30.12.2002	Segmentwechsel in den Prime Standard
195	november Aktiengesellschaft	30.12.2002	Segmentwechsel in den Prime Standard

Nr.	Name	Datum	Begründung
196	OHB Technology AG	30.12.2002	Segmentwechsel in den Prime Standard
197	OnVista Aktiengesellschaft	30.12.2002	Segmentwechsel in den Prime Standard
198	P&I Personal & Informatik AG	30.12.2002	Segmentwechsel in den Prime Standard
199	PANDATEL Aktiengesellschaft	30.12.2002	Segmentwechsel in den Prime Standard
200	paragon Aktiengesellschaft	30.12.2002	Segmentwechsel in den Prime Standard
201	PARSYTEC Aktiengesellschaft	30.12.2002	Segmentwechsel in den Prime Standard
202	PC-SPEZIALIST Franchise AG	30.12.2002	Segmentwechsel in den Prime Standard
203	PC-Ware Information Technologies AG	30.12.2002	Segmentwechsel in den Prime Standard
204	Pfeiffer Vacuum Technology AG	30.12.2002	Segmentwechsel in den Prime Standard
205	Plambeck Neue Energien AG	30.12.2002	Segmentwechsel in den Prime Standard
206	PLAUT AG	30.12.2002	Freiwilliger Segmentwechsel in den Geregelten Markt
207	plenum Aktiengesellschaft	30.12.2002	Segmentwechsel in den Prime Standard
208	POET HOLDINGS, Inc., USA	30.12.2002	Segmentwechsel in den Prime Standard
209	PRO DV Software AG	30.12.2002	Segmentwechsel in den Prime Standard
210	PROUT Aktiengesellschaft	30.12.2002	Segmentwechsel in den Prime Standard
211	PSI Aktiengesellschaft	30.12.2002	Segmentwechsel in den Prime Standard
212	PVA TePla AG	30.12.2002	Segmentwechsel in den Prime Standard
213	realTech Aktiengesellschaft	30.12.2002	Segmentwechsel in den Prime Standard
214	REpower Systems AG	30.12.2002	Segmentwechsel in den Prime Standard
215	Rofin-Sinar Technologies Inc., USA	30.12.2002	Segmentwechsel in den Prime Standard
216	Rücker Aktiengesellschaft	30.12.2002	Segmentwechsel in den Prime Standard
217	SAP Systems Integration AG	30.12.2002	Segmentwechsel in den Prime Standard
218	SHS Informationssysteme AG	30.12.2002	Segmentwechsel in den Prime Standard
219	Singulus Technologies AG	30.12.2002	Segmentwechsel in den Prime Standard
220	SinnerSchrader Aktiengesellschaft	30.12.2002	Segmentwechsel in den Prime Standard
221	Softing AG	30.12.2002	Segmentwechsel in den Prime Standard
222	Splendid Medien AG	30.12.2002	Segmentwechsel in den Prime Standard
223	STEAG HamaTech AG	30.12.2002	Segmentwechsel in den Prime Standard
224	Süss MicroTec AG	30.12.2002	Segmentwechsel in den Prime Standard
225	syskoplan AG	30.12.2002	Segmentwechsel in den Prime Standard
226	Syzygy AG	30.12.2002	Segmentwechsel in den Prime Standard
227	TDS Informationstechnologie AG	30.12.2002	Segmentwechsel in den Prime Standard
228	Telegate AG	30.12.2002	Segmentwechsel in den Prime Standard
229	TELES Aktiengesellschaft	30.12.2002	Segmentwechsel in den Prime Standard
230	Thiel Logistik AG, Luxembourg	30.12.2002	Segmentwechsel in den Prime Standard
231	TOMORROW FOCUS AG	30.12.2002	Segmentwechsel in den Prime Standard
232	T-Online International AG	30.12.2002	Segmentwechsel in den Prime Standard
233	Travel24.com AG	30.12.2002	Segmentwechsel in den Prime Standard
234	UMS United Medical Systems International AG	30.12.2002	Segmentwechsel in den Prime Standard
235	Umweltkontor Renewable Energy AG	30.12.2002	Segmentwechsel in den Prime Standard
236	United Internet AG	30.12.2002	Segmentwechsel in den Prime Standard
237	Valor Computerized Systems, Israel	30.12.2002	Segmentwechsel in den Prime Standard
238	VIVA Media AG	30.12.2002	Segmentwechsel in den Prime Standard
239	W.E.T. Automotive Systems AG	30.12.2002	Segmentwechsel in den Prime Standard
240	W.O.M. World of Medicine AG	30.12.2002	Segmentwechsel in den Prime Standard
241	Wapme Systems AG	30.12.2002	Segmentwechsel in den Prime Standard
242	WaveLight Laser Technologie AG	30.12.2002	Segmentwechsel in den Prime Standard
243	WEB.DE Aktiengesellschaft	30.12.2002	Segmentwechsel in den Prime Standard
244	Winter AG	30.12.2002	Segmentwechsel in den Prime Standard

Nr.	Name	Datum	Begründung
245	Allgeier Computer AG	10.01.2003	Segmentwechsel in den General Standard
246	fluxx.com AG	10.01.2003	Segmentwechsel in den General Standard
247	MME Me, Myself & Eye Entertainment AG	10.01.2003	Segmentwechsel in den General Standard
248	ABIT Aktiengesellschaft	14.01.2003	Segmentwechsel in den Prime Standard
249	Adcon Telemetry AG, Österreich	14.01.2003	Segmentwechsel in den Prime Standard
250	ADORI AG	14.01.2003	Segmentwechsel in den Prime Standard
251	ADVA AG Optical Networking	14.01.2003	Segmentwechsel in den Prime Standard
252	Advanced Medien AG	14.01.2003	Segmentwechsel in den Prime Standard
253	Advanced Photonics Technologies AG	14.01.2003	Segmentwechsel in den Prime Standard
254	Advanced Vision Technology Ltd., Israel	14.01.2003	Segmentwechsel in den Prime Standard
255	Antwerpes AG	14.01.2003	Segmentwechsel in den Prime Standard
256	Articon-Integralis AG	14.01.2003	Segmentwechsel in den Prime Standard
257	Beta Systems Software AG	14.01.2003	Segmentwechsel in den Prime Standard
258	biolitec AG	14.01.2003	Segmentwechsel in den Prime Standard
259	BOV AG	14.01.2003	Segmentwechsel in den Prime Standard
260	BRAIN FORCE SOFTWARE AG, Österreich	14.01.2003	Segmentwechsel in den Prime Standard
261	caatoosee ag	14.01.2003	Segmentwechsel in den Prime Standard
262	comdirect bank Aktiengesellschaft	14.01.2003	Segmentwechsel in den Prime Standard
263	COMTRADE Aktiengesellschaft	14.01.2003	Segmentwechsel in den Prime Standard
264	CTS EVENTIM Aktiengesellschaft	14.01.2003	Segmentwechsel in den Prime Standard
265	D.Logistics Aktiengesellschaft	14.01.2003	Segmentwechsel in den Prime Standard
266	Electronics Line (E.L.) Ltd., Israel	14.01.2003	Segmentwechsel in den Prime Standard
267	EM.TV & Merchandising AG	14.01.2003	Segmentwechsel in den Prime Standard
268	E-M-S new media AG	14.01.2003	Segmentwechsel in den Prime Standard
269	Fabasoft AG, Österreich	14.01.2003	Segmentwechsel in den Prime Standard
270	Gauss Interprise AG	14.01.2003	Segmentwechsel in den Prime Standard
271	IBS AG	14.01.2003	Segmentwechsel in den Prime Standard
272	IM Internationalmedia AG	14.01.2003	Segmentwechsel in den Prime Standard
273	Intertainment Aktiengesellschaft	14.01.2003	Segmentwechsel in den Prime Standard
274	ISRA VISION SYSTEMS AG	14.01.2003	Segmentwechsel in den Prime Standard
275	Kontron AG	14.01.2003	Segmentwechsel in den Prime Standard
276	LINOS Aktiengesellschaft	14.01.2003	Segmentwechsel in den Prime Standard
277	LINTEC Information Technologies AG	14.01.2003	Segmentwechsel in den Prime Standard
278	media (netCom) AG	14.01.2003	Segmentwechsel in den Prime Standard
279	MobilCom Aktiengesellschaft	14.01.2003	Segmentwechsel in den Prime Standard
280	MorphoSys AG	14.01.2003	Segmentwechsel in den Prime Standard
281	net AG infrastructure	14.01.2003	Segmentwechsel in den Prime Standard
282	ORBIS AG	14.01.2003	Segmentwechsel in den Prime Standard
283	PlasmaSelect Aktiengesellschaft	14.01.2003	Segmentwechsel in den Prime Standard
284	PSB Aktiengesellschaft	14.01.2003	Segmentwechsel in den Prime Standard
285	PULSION Medical Systems AG	14.01.2003	Segmentwechsel in den Prime Standard
286	QSC AG	14.01.2003	Segmentwechsel in den Prime Standard
287	SCM Microsystems, Inc., USA	14.01.2003	Segmentwechsel in den Prime Standard
288	sunways Aktiengesellschaft	14.01.2003	Segmentwechsel in den Prime Standard
289	technotrans AG	14.01.2003	Segmentwechsel in den Prime Standard
290	Tele Atlas N.V., Niederlande	14.01.2003	Segmentwechsel in den Prime Standard
291	The Fantastic Corporation, Schweiz	14.01.2003	Segmentwechsel in den Prime Standard
292	TIPTEL Aktiengesellschaft	14.01.2003	Segmentwechsel in den Prime Standard
293	transtec Aktiengesellschaft	14.01.2003	Segmentwechsel in den Prime Standard

Nr.	Name	Datum	Begründung
294	Trintech Group PLC, Irland	14.01.2003	Segmentwechsel in den Prime Standard
295	United Labels Aktiengesellschaft	14.01.2003	Segmentwechsel in den Prime Standard
296	vi[z]rt Ltd., Israel	14.01.2003	Segmentwechsel in den Prime Standard
297	Visionix Ltd., Israel	14.01.2003	Segmentwechsel in den Prime Standard
298	WizCom Technologies Ltd., Israel	14.01.2003	Segmentwechsel in den Prime Standard
299	co.don AG	17.01.2003	Segmentwechsel in den General Standard
300	IN-motion AG	17.01.2003	Segmentwechsel in den General Standard
301	TTL Information Technology AG	17.01.2003	Segmentwechsel in den General Standard
302	CYCOS AG	20.01.2003	Segmentwechsel in den General Standard
303	Dr. Hönle Aktiengesellschaft	30.01.2003	Segmentwechsel in den Prime Standard
304	farmatic biotech energy ag	30.01.2003	Segmentwechsel in den Prime Standard
305	GAP AG	30.01.2003	Segmentwechsel in den Prime Standard
306	MEDIA! AG	30.01.2003	Segmentwechsel in den Prime Standard
307	MIS AG	30.01.2003	Segmentwechsel in den Prime Standard
308	ON TRACK INNOVATIONS LTD., Israel	30.01.2003	Segmentwechsel in den Prime Standard
309	Orad Hi-Tec Systems Ltd., Israel	30.01.2003	Segmentwechsel in den Prime Standard
310	Sanochemia Pharmazeutika AG	30.01.2003	Segmentwechsel in den Prime Standard
311	Silicon Sensor International AG	30.01.2003	Segmentwechsel in den Prime Standard
312	Teleplan International N.V., Niederlande	30.01.2003	Segmentwechsel in den Prime Standard
313	TV-Loonland AG	30.01.2003	Segmentwechsel in den Prime Standard
314	varetis AG	30.01.2003	Segmentwechsel in den Prime Standard
315	euromicron AG	31.01.2003	Segmentwechsel in den General Standard
316	update software AG, Österreich	31.01.2003	Segmentwechsel in den General Standard
317	USU-Openshop AG	03.02.2003	Segmentwechsel in den Prime Standard
318	Eckert & Ziegler Strahlen- und Medizintechnik AG	19.02.2003	Segmentwechsel in den Prime Standard
319	Utimaco Safeware AG	20.02.2003	Segmentwechsel in den Prime Standard
320	Swing! Entert@inment Media AG	21.02.2003	Segmentwechsel in den General Standard
321	Microlog Logistics AG	28.02.2003	Segmentwechsel in den General Standard
322	Pixelpark AG	28.02.2003	Segmentwechsel in den General Standard
323	Teamwork Information Management AG	28.02.2003	Verstoß gegen das Regelwerk des Neuen Marktes
324	Softline AG	21.03.2003	Segmentwechsel in den General Standard
325	LetsBuyit.com	25.04.2003	Segmentwechsel in den General Standard
326	BioTissue Technologies AG	25.04.2003	Segmentwechsel in den General Standard
327	AAP Implantate AG	16.05.2003	Segmentwechsel in den Prime Standard
328	Primacom AG	05.06.2003	Segmentwechsel in den Prime Standard

Quelle: Daten DEUTSCHE BÖRSE AG.

Tabelle 44: Chronik des Neuen Marktes

Datum	Ereignis
10. März 1997:	Der Neue Markt nimmt den Handel auf. Als erste Unternehmen notieren die Mobilcom AG und die Bertrandt AG am Neuen Markt.
25. September 1997:	Als erste ausländische Gesellschaft notiert das niederländische Biotech-Unternehmen Qiagen am Neuen Markt. Zum Jahresende sind 11 Firmen am Neuen Markt gelistet. Der Neue-Markt-Index steigt von März bis September um 97,4%.
1998:	Zum Jahresende sind 52 Werte mit einem Marktwert von rund 26 Milliarden Euro notiert. Der Neue-Markt-Index legt bis Ende des Jahre um 174,4% auf 2.738,64 Punkte zu.
6. April 1999:	Die Lösch Umweltschutz AG und die Sero Entsorgung AG ziehen als erste Unternehmen ihre Aktien aus dem Neuen Markt wieder zurück und wechseln in den Geregelten Markt.
1. Juli 1999:	Die Deutsche Börse führt für die größten 50 Unternehmen am Neuen Markt den Blue-Chip-Index Nemax 50 ein. Als Stichtag dient der 30. Dezember 1997 mit einem Wert von 1000 Punkten. Zwei Jahre später wird dieser Anfangswert im Handelsverlauf des 30. August 2001 erstmals wieder unterschritten. Eine weitere Neuerung stellt die Umbenennung des Neue-Markt-Index in den Nemax All-Share Index dar. Dieser umfasst zu diesem Zeitpunkt 124 Unternehmen mit einer Marktkapitalisierung von 56 Milliarden Euro.
1999:	Die Zahl der Neuemissionen steigt auf 131 Gesellschaften an. Am Jahresende sind 201 Titel mit einer Marktkapitalisierung von 111,276 Milliarden Euro am Neuen Markt notiert. Der Nemax All-Share Index steigt in diesem Jahr um 66,2% auf 4.552 Punkte.
10. März 2000:	Der Nemax All-Share schließt drei Jahre nach Gründung auf einem neuen Allzeithoch von 8546,19 Punkten. Der Nemax 50 erreicht auf Schlusskurs-Basis sein bisheriges Allzeithoch bei 9665,81 Punkten. Die Marktkapitalisierung der 229 Unternehmen im Nemax All-Share Index beläuft sich auf 234,25 Milliarden Euro.
März 2000:	Nur einen Tag später beginnt die Talfahrt des Neuen Marktes - eng am Verlauf der US-Technologiebörse NASDAQ orientiert - mit zwischenzeitlichen Kurserholungen. Immer mehr Unternehmen verfehlen ihre Prognosen aus der Zeit vor dem Börsengang.
17. April 2000:	Die Emission von T-Online ist mit einem Volumen von 3.081 Millionen Euro das größte IPO am Neuen Markt.
Juli 2000:	In Börsenbriefen und Anlegermagazinen kursieren die ersten "Todeslisten" mit Unternehmen, die von Zahlungsunfähigkeit bedroht sein sollen. Zahlreiche Vorstände von Nemax-Firmen reagieren mit Dementis. Es stellt sich jedoch später heraus, dass viele dieser Listen noch viel zu optimistisch verfasst worden waren.
21. Juli 2000:	Mit dem Biotech-Unternehmen Genescan Europe wird das 300. Unternehmen am Neuen Markt gelistet. Seit Jahresbeginn verzeichnet der Markt für Wachstumswerte 99 Börsengänge.
15. September 2000:	Mit dem Telekom-Unternehmen Gigabell beantragt die erste Nemax-Firma ein Insolvenzverfahren.
2000:	Die Zahl der Neuemissionen liegt im Gesamtjahr bei 133. Ende des Jahres sind 339 Firmen mit einem Börsenwert von 120,992 Milliarden Euro am Neuen Markt gelistet.
3. Januar 2001:	Die Aktienkurse am Neuen Markt sinken weiter. Der Nemax Index 50 fällt auf ein neues Rekordtief von 2.175 Punkten.
23. Februar 2001:	Mit Gigabell wird zum ersten Mal eine Firma wegen Verstoßes gegen das Regelwerk ausgeschlossen.
3. April 2001:	Der Nemax Index 50 fällt unter die Marke von 1.300 Punkten.
6. Juli 2001:	Mit der insolventen Sunburst Merchandising AG beantragt eine Reihe von Unternehmen den Wechsel von dem Neuen Markt in den Geregelten Markt.
19. Juli 2001:	Die Deutsche Börse kündigt an, künftig so genannte penny-stocks sowie die Aktien insolventer Firmen vom Kurszettel des Neuen Marktes streichen zu wollen.
20. Juli 2001:	Die Börse nennt Details zu den penny-stock-Regeln. Nach dem ab 1. Oktober geltenden Regelwerk sind Firmen vom Ausschluss bedroht, deren Aktienkurs dauerhaft unter einem Euro und einer Marktkapitalisierung unter 20 Millionen Euro liegen.
30. August 2001:	Der Nemax 50, der Index der wichtigsten Werte des Neuen Markts, fällt im Handelsverlauf erstmals unter die Marke von 1000 Punkten.
11. September 2001:	Nach den Anschlägen in den USA brechen die Kurse weltweit ein. Der Nemax 50 fällt an diesem Tag auf 837 Punkte und der All-Share Index auf 867 Punkte. Bis zum 21. September setzen die Indizes ihre Talfahrt fort. Der Nemax 50 markiert mit 662 Punkten ein Allzeittief.
1. Oktober 2001:	Die penny-stock-Regeln der Deutschen Börse AG treten in Kraft. In den folgenden Monaten erwirken über 20 Firmen eine einstweilige Verfügung gegen ihren Ausschluss.
2. November 2001:	Kabel New Media ist die erste insolvente Firma, die auf Grund der penny-stock-Regeln ausgeschlossen wird.
20. November 2001:	Mit dem IT-Sicherheitsspezialisten Biodata Information Technology beantragt erstmals ein Wert des Nemax 50 die Eröffnung eines Insolvenzverfahrens. Ende des Jahres sind 327 Firmen mit einer Marktkapitalisierung von 49,93 Milliarden Euro am Neuen Markt gelistet. Lediglich 11 Unternehmen wagen in diesem Jahr den Gang an den Neuen Markt, wobei der Telematikanbieter Init am 24. Juli das Letzte Unternehmen bildet.
22. November 2001:	Die Deutsche Börse AG teilt mit, dass sie ihr Finanzportal Neuermarkt.com zum Jahresende beenden möchte. Die Trägergesellschaft, eine 100-prozentige Tochter der Deutschen Börse AG, war erst im Juni 2000 gegründet worden.
23. November 2001:	Die am Neuen Markt notierte Firma Brokat Technologies beantragt beim Amtsgericht Stuttgart die Eröffnung eines Insolvenzverfahrens. Das Unternehmen war dadurch bekannt geworden, dass das

Datum	Ereignis
	Bankhaus Metzler ein Kursziel von 0 Euro für die Aktie ausgegeben hatte.
19. Dezember 2001:	Erstmals wird jetzt auch gegen einen Analysten wegen Insider-Verdachts ermittelt. Die Staatsanwaltschaft prüft, ob der Bank-Mitarbeiter in Zusammenarbeit mit dem Vorstandschef der Aktiengesellschaft an Kursmanipulationen beim Unternehmen CPU beteiligt war.
4. Februar 2002:	Der an der NASDAQ gelistete Konzern Private Media sagt sein geplantes Zweitlisting am Neuen Markt wenige Stunden vor der Erstnotiz ab.
20. Februar 2002:	Die Wirtschaftsprüfungs-Gesellschaft KPMG kündigt nach wochenlangen Gerüchten über nicht existierende Geschäftsbeziehungen des im Nemax50 gelisteten Telematikanbieter Comroad ihr Mandat. In einer Sonderprüfung Mitte April kann nur ein Bruchteil der in der Comroad-Bilanz ausgewiesenen Umsatzerlöse nachgewiesen werden.
27. Februar 2002:	Die Deutsche Börse AG teilt mit, dass die Firmen Biodata und Lobster wegen Insolvenz zum 27. März vom Neuen Markt ausgeschlossen werden.
7. März 2002:	Der Hamburger Windenergiespezialist Repower Systems AG kündigt den Gang an den Neuen Markt für den 26. März an. Dieses Listing ist die einzige Neuemission im Jahr 2002.
10. März 2002:	Der Nemax All-Share Index befindet sich bei 1053 Punkten, der Auswahlindex Nemax 50 bei 1078 Punkten.
19. April 2002:	Die Deutsche Börse hat Comroad mit sofortiger Wirkung vom Neuen Markt ausgeschlossen. Der Gründer und Vorstandsvorsitzende Bodo Schnabel hatte nahezu alle bislang gemeldeten Umsatzzahlen erfunden. Comroad ist der bisher größte Bilanzskandal am Neuen Markt.
23. April 2002:	Die Deutsche Börse setzt nach einer Niederlage vor Gericht die Anfang Oktober 2001 in Kraft getretenen *penny-stock*-Regeln wieder aus. Vorher hatten bereits zahlreiche Firmen erfolgreich gegen ihren Ausschluss aus dem Neuen Markt geklagt.
30. August 2002:	Die ehemals am Neuen Markt notierte Metabox AG hat erneut einen Insolvenzantrag gestellt.
13. September 2002:	Nach dem Rückzug des Großaktionärs France Telecom kommt mit Mobilcom einer der beiden Segmentgründer in finanzielle Schwierigkeiten. Ein Insolvenzantrag kann nach Intervention der Bundesregierung vorerst abgewendet werden. Die Aktie des einstigen Marktschwergewichts wird zum Spielball der Spekulanten.
24. September 2002:	Der Nemax 50 fällt mit 325,45 Punkten auf ein neues Allzeittief. Der All-Share Index markiert mit 375,13 Punkten ebenfalls seinen bisher niedrigsten Stand.
26. September 2002:	Die Deutsche Börse kündigt das Ende des Neuen Marktes bis zum Dezember 2003 an. Es notieren nur noch 264 Unternehmen mit einer Marktkapitalisierung von 29,36 Milliarden Euro am Neuen Markt.
27. Oktober 2002 bis 26. November 2002:	Immer mehr Alteigentümer müssen sich wegen des Verdachts auf Betrug und Insiderhandel vor Gericht rechtfertigen (Beispielsweise die Brüder Kölmel (Kinowelt Medien AG), die Gründer Thomas und Florian Haffa (EM.TV) sowie Bodo Schnabel (Comroad AG).
1. Dezember 2002 bis 17. Dezember 2002:	Die Unternehmen SZ Testsysteme AG und Bintec Communications leiten das Insolvenzverfahren ein.
13. Januar 2003:	Die Ermittlungen bei dem Unternehmen Metabox haben zu einer Anklage gegen den Gründer Stefan Domeyer wegen Kursbetrugs in zwei Fällen geführt. Dabei geht es vor allem um zwei ad hoc-Meldungen aus dem Jahr 2000, deren Wahrheitsgehalt von Experten bereits damals bezweifelt wurde.
10. März 2003:	Der Nemax 50 notiert bei 325,04 Punkten. Der Nemax All- Share liegt mit 373,91 Punkten nur knapp über dem Nemax 50.
21. März 2003:	Am letzten Handelstag vor der Neusegmentierung verliert der Nemax 50 erneut und schließt mit einem Minus von 0,9% bzw. drei Punkten bei 351 Punkten. Der Nemax All-Share Index notiert nahezu unverändert bei 403 Punkten. Ab dem 24. März rückt der TecDax in den Mittelpunkt des Anlegerinteresses.
1. April 2003:	Vor der 3. Strafkammer des Landgerichts Augsburg beginnt das Verfahren gegen die ehemaligen Infomatec-Vorstände Gerhard Harlos und Alexander Häfele. Den beiden 42-Jährigen wird Gründungsschwindel, Kapitalanlage- und Kursbetrug sowie illegaler Insiderhandel vorgeworfen. Der Schaden der getäuschten Anleger wird auf rund 250 Millionen Euro geschätzt.
5. Juni 2003:	Das letzte am Neuen Markt notierte Unternehmen, die Primacom AG, wechselt in den Prime Standard. Der Neue Markt wird geschlossen.

Quelle: Eigene Darstellung, verschiedene Zeitungsartikel.

Tabelle 45: Das Gleichgewichtsunderpricing im Modell von ROCK (1986)

Emission	Initial Return* (Underpricing/ Overpricing)	Zuteilungs- quote**	Effektiver Zeichnungserfolg für	
			Uninformierte Investoren	Informierte Investoren
A	- 15%	1,0	- 15%	Zeichnen nicht
B	- 5%	1,0	- 5%	Zeichnen nicht
C	+ 5%	0,8	+ 4%	+ 4%
D	+ 20%	0,5	+ 10%	+ 10%
E	+ 30%	0,2	+ 6%	+ 6%
Durchschnitt	**7%**	-	**0%**	**6,7%**

* *positive Rendite = Underpricing, negative Rendite = Overpricing.*
** *Werden alle Zeichnungswünsche zu 100 % erfüllt, so führt dies zu einer Zuteilungsquote von 1,0.*
Annahmen: Zur Vereinfachung wird dabei angenommen, dass bei allen Investoren proportional zu ihren Zeichnungswün-schen rationiert wird. Ihren individuellen Zeichnungswünschen entsprechend müssen die Investoren Kapital zinslos hinterlegen.
Quelle: In Anlehnung an UHLIR, H., Gang, 1989, S. 6.

In Tabelle 45 werden fünf Emissionen (A-E) betrachtet. Während die Emissionen A-B über-bewertet sind und demzufolge eine negative Zeichnungsrendite aufweisen, kann mit den Emissionen C-E eine positive Rendite erzielt werden. Aus der Tabelle wird ersichtlich, dass der durchschnittliche *initial return*, d. h. das durchschnittliche Underpricing der Emissionen A-E 7% beträgt. Trotzdem erzielen die uninformierten Investoren, die grundsätzlich alle IPOs zeichnen, keine Überrendite, da die positiven Zeichnungsrenditen aus den Emissionen C, D, und E durch die negativen Zeichnungsrenditen aus den Emissionen A und B aufgezehrt werden. Letztlich stellt sich im Gleichgewichtsmodell von ROCK (1986) ein effektiver Zeich-nungserfolg der uninformierten Investoren von 0% ein. Die informierten Investoren, die nur die unterbewerteten IPOs zeichnen, verbuchen zwar einen Zeichnungserfolg in Höhe von 6,7%, allerdings handelt es sich dabei nur um eine Bruttoüberrendite.[893] Erst nach Abzug der mit der Informationsbeschaffung anfallenden Informationskosten ergibt sich für die informier-ten Anleger die Nettorendite, die jedoch ebenfalls *„nicht systematisch von Null verschieden ist."*[894]

---

[893] Durch die zusätzliche Nachfrage der informierten Investoren bei den Emissionen C-E nimmt die Wahr-scheinlichkeit der Zuteilung entsprechend dem *winner's curse* Phänomen abnimmt. Entsprechend geringer wird die jeweilige Zuteilungsquote.

[894] UHLIR, H., Gang, 1989, S. 6.

Tabelle 46: Untersuchte IPO Unternehmen am Neuen Markt im Zeitraum von 1997 bis 2003

Nr.	Name	IPO Datum	Bookbuilding- Spanne	Emissions- preis	Erster Börsenkurs	Initial return
1	3U TELEKOM AG,	25.11.99	25,00 - 30,00	30,00	30,50	1,67%
2	4MBO International Electronic AG	28.08.00	32,00 - 37,00	37,00	39,50	6,76%
3	AAP Implantate AG	10.05.99	8,50 - 10,00	10,00	11,20	12,00%
4	ABACHO AG	10.03.99	19,50 - 23,00	23,00	106,00	360,87%
5	ABIT AG	03.02.00	23,00 - 27,00	27,00	59,00	118,52%
6	ACG Advanced Component Group AG	01.07.99	39,00 - 46,00	46,00	70,00	52,17%
7	AC-Service AG	30.11.98	13,80 - 15,34	15,34	17,90	16,69%
8	ad pepper media International N.V., Amster-dam	09.10.00	14,00 - 17,00	17,00	17,50	2,94%
9	Adcon Telemetry AG, Österreich	28.07.99	7,00 - 8,00	8,00	8,50	6,25%
10	Adlink Internet Media AG	11.05.00	14,00 - 17,00	17,00	16,20	-4,71%
11	ADORI AG	10.05.00	11,00 - 13,50	13,50	13,50	0,00%
12	ADVA AG Optical Networking	29.03.99	29,00 - 32,00	32,00	39,00	21,88%
13	Advanced Medien AG	06.08.99	4,90 - 5,60	5,60	14,50	158,93%
14	Advanced Photonics Technologies AG	31.07.00	16,00 - 20,00	20,00	21,00	5,00%
15	Advanced Vision Technology Ltd., Israel	28.02.00	12,00 - 14,00	14,00	26,00	85,71%
16	aeco N.V.	25.07.00	12,00 - 14,00	14,00	16,00	14,29%
17	AIXTRON AG	06.11.97	42,95 - 51,13	51,13	72,60	41,99%
18	Allgeier Computer AG	11.07.00	22,50 - 24,50	22,50	21,00	-6,67%
19	Alphaform AG Enabling Technologies & Services	28.06.00	15,00 - 18,00	17,00	16,00	-5,88%
20	AmaTech AG	13.06.00	16,00 - 20,00	20,00	24,50	22,50%
21	Analytik Jena AG,	03.07.00	20,00 - 24,00	24,00	31,00	29,17%
22	Antwerpes AG	17.04.00	18,00 - 21,00	21,00	23,00	9,52%
23	ARBOmedia AG,	09.05.00	34,00 - 43,00	43,00	53,00	23,26%
24	Argyrakis Dein System	17.11.99	6,00 - 7,00	7,00	18,00	157,14%
25	Articon-Integralis AG	28.10.98	24,54 - 29,65	29,65	61,36	106,95%
26	artnet.com AG	17.05.99	40,00 - 46,00	46,00	48,00	4,35%
27	ArtStor AG	11.07.00	14,00 - 16,50	12,00	12,00	0,00%
28	Arxes Information Design AG	25.01.99	12,70 - 14,70	14,70	45,00	206,12%
29	AT&S Austria Technologie & Systemtechnik AG, Österreich	16.07.99	21,00 - 25,00	25,00	36,00	44,00%
30	ATOSS Software AG	21.03.00	27,00 - 30,00	30,00	31,50	5,00%
31	AUGUSTA Technologie AG	05.05.98	28,12 - 33,23	33,23	71,58	115,41%
32	b.i.s. börsen-informations-systeme AG	14.06.99	22,00 - 24,50	24,50	30,00	22,45%
33	Balda AG	23.11.99	20,00 - 24,00	24,00	31,50	31,25%
34	Basler AG	23.03.99	52,00 - 57,00	57,00	95,00	66,67%
35	bäurer AG	02.12.99	18,00 - 21,00	21,00	23,00	9,52%
36	Bechtle AG	30.03.00	23,00 - 27,00	27,00	30,00	11,11%
37	BEKO Holding AG	14.06.99	59,00 - 67,00	62,00	56,00	-9,68%
38	Beta Systems Software AG	30.06.97	43,46 - 51,13	51,13	109,93	115,00%
39	BinTec Communications AG	10.03.99	16,00 - 19,00	19,00	35,00	84,21%
40	BIODATA Information Technology AG	22.02.00	40,00 - 45,00	45,00	240,00	433,33%
41	biolitec AG	15.11.00	20,00 - 25,00	16,00	16,50	3,13%
42	Biotissue Technologies AG	01.12.00	27,00 - 34,00	27,00	27,15	0,56%
43	BKN International AG	09.03.00	26,00 - 30,00	30,00	58,00	93,33%
44	Blue C Consulting AG	24.08.00	9,00 - 10,00	9,50	12,00	26,32%
45	BOV AG	21.06.00	16,00 - 19,00	19,00	22,00	15,79%
46	BRAIN FORCE SOFTWARE AG, Österreich	10.06.99	23,00 - 28,00	26,00	25,00	-3,85%
47	Brain International AG	10.03.99	35,00 - 42,00	42,00	55,00	30,95%
48	BRAINPOOL TV AG	23.11.99	43,00 - 47,00	47,00	84,00	78,72%
49	BrainPower N.V., Niederlande	21.09.00	10,00 - 13,00	11,00	11,00	0,00%
50	Broadnet Mediascape Commnuications AG	22.05.00	45,00 - 50,00	47,00	45,00	-4,26%
51	Brokat Technologies AG	17.09.98	27,10 - 32,72	32,72	43,46	32,82%
52	buch.de internetstores AG	08.11.99	8,00 - 10,00	10,00	11,00	10,00%
53	CAA AG	21.07.00	26,00 - 31,00	27,00	28,00	3,70%
54	caatoosee ag	20.09.00	18,00 - 21,00	21,00	42,00	100,00%
55	CAMELOT tele.communication.onli	30.10.00	8,00 - 9,50	8,50	8,50	0,00%
56	CANCOM IT Systeme	16.09.99	19,50 - 22,50	21,50	21,50	0,00%
57	Carl Zeiss Meditec AG	22.03.00	24,00 - 29,00	29,00	34,50	18,97%
58	Carrier 1 International S.A.	24.02.00	77,00 - 87,00	87,00	125,00	43,68%
59	CDV Software Entertainment AG	17.04.00	40,00 - 45,00	45,00	58,00	28,89%
60	ce CONSUMER ELECTONIC AG	23.06.98	48,57 - 53,69	53,69	153,39	185,70%
61	CENIT AG Systemhaus	06.05.98	51,13 - 63,91	63,91	122,71	92,00%
62	Centrotec Hochleistungskunststoffe AG	08.12.98	35,28 - 38,86	38,86	69,02	77,61%
63	CeoTronics AG	09.11.98	30,17 - 34,77	34,77	38,35	10,30%
64	CEYONIQ AG	27.04.98	43,46 - 50,11	50,11	204,52	308,14%
65	CineMedia Film AG	03.02.99	21,00 - 25,00	25,00	75,00	200,00%
66	co.don AG	14.02.01	13,00 - 15,00	15,00	16,00	6,67%
67	comdirect bank AG	05.06.00	25,00 - 31,00	31,00	38,00	22,58%

Nr.	Name	IPO Datum	Bookbuilding-Spanne	Emissions-preis	Erster Börsenkurs	Initial return
68	COMPUTEC MEDIA AG	30.11.98	26,59 - 31,70	31,70	43,97	38,71%
69	ComputerLinks AG	07.07.99	18,00 - 22,00	22,00	28,00	27,27%
70	ComROAD AG	26.11.99	18,00 - 20,50	20,50	25,00	21,95%
71	COMTRADE AG	24.11.00	4,00 - 6,00	4,00	4,70	17,50%
72	Concept! AG	27.03.00	43,00 - 49,00	49,00	56,00	14,29%
73	Condat AG	17.07.00	19,00 - 22,00	22,00	30,00	36,36%
74	Conduit Plc.	30.06.00	13,00 - 16,00	16,00	16,00	0,00%
75	Consors AG	26.04.99	28,00 - 33,00	33,00	76,00	130,30%
76	Constantin Film AG	13.09.99	23,00 - 29,00	29,00	80,00	175,86%
77	COR AG Insurance Technologies AG	22.06.99	30,00 - 37,00	30,00	31,00	3,33%
78	CPU Softwarehouse AG	19.04.99	22,00 - 26,00	26,00	58,00	123,08%
79	CTS EVENTIM AG	01.02.00	18,00 - 21,50	21,50	25,50	18,60%
80	curasan AG	20.07.00	15,50 - 18,50	18,50	30,00	62,16%
81	CyBio AG	25.11.99	13,00 - 17,00	17,00	34,00	100,00%
82	CYCOS AG	18.04.00	16,00 - 19,00	19,00	33,00	73,68%
83	D.Logistics AG	28.04.99	26,00 - 30,00	30,00	33,00	10,00%
84	d+s online AG	23.05.00	22,00 - 25,00	25,00	25,00	0,00%
85	DAB bank AG	15.11.99	9,50 - 12,50	12,50	16,50	32,00%
86	DAS WERK AG	25.08.99	16,00 - 20,00	20,00	43,00	115,00%
87	DataDesign AG	09.11.98	27,61 - 31,70	31,70	76,44	141,14%
88	Datasave AG	14.02.00	15,00 - 18,00	18,00	29,00	61,11%
89	DCI Database for Commerce & Industry AG	13.03.00	28,00 - 32,00	32,00	65,00	103,13%
90	DEAG Deutsche Entertainment AG	14.09.98	29,00 - 35,00	35,28	36,81	4,34%
91	Dialog Semiconductor Plc, Engand	13.10.99	18,00 - 21,00	19,00	19,20	1,05%
92	digital advertising AG	29.10.99	11,50 - 14,50	12,50	12,50	0,00%
93	Dino entertainment AG	12.10.99	18,00 - 22,00	22,00	27,50	25,00%
94	Dr. Hönle AG	24.01.01	9,00 - 12,00	12,00	16,50	37,50%
95	Drillisch AG	22.04.98	38,35 - 43,97	43,97	168,73	283,74%
96	e.multi Digitale Dienste AG	19.07.00	11,00 - 13,50	10,50	11,00	4,76%
97	EASY SOFTWARE AG	19.04.99	19,00 - 22,00	22,00	65,00	195,45%
98	ebookers	12.11.99	15,00 - 18,00	18,00	26,00	44,44%
99	Eckert & Ziegler Strahlen- und Medizintech-nik AG	25.05.99	20,00 - 23,00	23,00	24,00	4,35%
100	edel music AG	31.08.98	41,93 - 50,11	50,11	51,64	3,05%
101	eJay AG	08.08.00	4,00 - 5,00	4,50	5,20	15,56%
102	ELMOS Semiconductor AG	11.10.99	22,00 - 27,00	22,00	22,00	0,00%
103	ELSA AG	15.06.98	55,22 - 62,89	62,89	112,48	78,85%
104	EM.TV & Merchandising AG	30.10.97	14,32 - 17,38	17,38	18,15	4,43%
105	EMPRISE Mangagement Consulting AG	16.07.99	10,00 - 11,50	11,50	19,50	69,57%
106	E-M-S new media AG	21.11.00	6,50 - 8,50	6,50	5,50	-15,38%
107	Energiekontor AG	25.05.00	28,00 - 32,00	32,00	36,00	12,50%
108	ENTRIUM DIRECT BANKERS AG	20.09.99	15,00 - 18,00	16,50	16,50	0,00%
109	Euromed AG	16.06.99	10,50 - 13,50	9,00	8,50	-5,56%
110	euromicron AG	29.06.98	32,72 - 40,39	40,39	46,02	13,94%
111	Evotec OAI AG	10.11.99	11,00 - 13,00	13,00	24,00	84,62%
112	F.A.M.E.	31.08.00	9,00 - 12,00	10,00	13,70	37,00%
113	Fabasoft AG, Österreich	01.10.99	22,50 - 29,00	25,00	25,50	2,00%
114	farmatic biotech energy ag	09.04.01	17,00 - 21,00	17,00	17,00	0,00%
115	feedback AG	28.06.00	11,50 - 13,50	11,50	10,50	-8,70%
116	FJA AG	21.02.00	41,00 - 48,00	48,00	60,00	25,00%
117	fluxx.com AG	28.09.99	19,00 - 21,00	19,00	19,00	0,00%
118	TOMORROW FOCUS AG	13.07.00	14,50 - 17,50	14,50	12,00	-17,24%
119	FORIS AG	19.07.99	39,00 - 45,00	45,00	80,00	77,78%
120	Fortune City.com Inc.	19.03.99	13,00 - 15,00	15,00	17,00	13,33%
121	freenet.de AG	03.12.99	25,00 - 29,00	29,00	68,00	134,48%
122	Funkwerk AG	15.11.00	19,00 - 22,50	20,00	23,50	17,50%
123	GAP AG	20.09.00	13,00 - 15,00	15,00	26,00	73,33%
124	Gauss Interprise AG	28.10.99	39,00 - 44,00	44,00	45,00	2,27%
125	Gedys Internet Products	27.09.99	8,50 - 9,80	9,00	9,30	3,33%
126	GeneScan Europe AG	21.07.00	35,50 - 39,50	39,50	80,00	102,53%
127	GENMAB A/S	18.10.00	34,00 - 40,00	34,89	30,00	-14,02%
128	Gericom AG, Österreich	20.11.00	19,00 - 26,00	17,00	17,00	0,00%
129	GFT Technologies AG	28.06.99	20,00 - 23,00	23,00	44,00	91,30%
130	Gigabell AG	11.08.99	38,00 - 42,00	38,00	33,00	-13,16%
131	Girindus AG	16.05.00	18,00 - 20,00	20,00	35,00	75,00%
132	GPC Biotech AG	31.05.00	20,50 - 25,00	24,00	31,50	31,25%
133	Graphisoft N.V., Niederlande	08.06.98	17,90 - 20,45	20,45	33,23	62,49%
134	GRENKELEASING AG	04.04.00	18,00 - 22,00	19,00	19,00	0,00%
135	GROUP Technologies AG	21.11.00	7,50 - 9,00	7,50	7,50	0,00%
136	H5B5 Media AG	21.02.00	21,00 - 25,00	25,00	55,00	120,00%
137	HAITEC AG	14.07.99	34,00 - 40,00	40,00	42,00	5,00%
138	Heiler Software AG	07.11.00	8,50 - 13,50	9,00	9,00	0,00%
139	Helkon Media AG	07.10.99	18,00 - 21,00	19,50	20,80	6,67%
140	Heyde AG	14.09.98	33,23 - 38,86	38,86	46,02	18,43%

Nr.	Name	IPO Datum	Bookbuilding-Spanne	Emissions-preis	Erster Börsenkurs	Initial return
141	Highlight Communications AG	11.05.99	22,50 - 25,00	25,50	28,00	9,80%
142	Höft & Wessel AG	20.07.98	63,91 - 71,58	71,58	98,42	37,50%
143	Hunzinger Information AG	30.03.98	48,57 - 56,24	56,24	150,83	168,19%
144	i:FAO AG	01.03.99	17,00 - 21,00	21,00	65,00	209,52%
145	IBS AG	21.06.00	15,50 - 18,50	18,50	25,00	35,14%
146	I-D Media AG	17.06.99	21,00 - 23,00	23,00	23,00	0,00%
147	IDS Scheer AG	11.05.99	10,50 - 12,50	12,50	12,50	0,00%
148	IM Internationalmedia AG	18.05.00	26,00 - 32,00	32,00	35,00	9,38%
149	InfoGenie Europe AG	25.10.00	5,00 - 7,50	5,00	5,20	4,00%
150	INFOMATEC AG	08.07.98	24,03 - 27,10	27,10	31,70	16,97%
151	infor business solutions AG	11.05.99	27,00 - 31,00	31,00	30,00	-3,23%
152	init innovation in traffic systems AG	24.07.01	5,10 - 6,40	5,10	5,10	0,00%
153	IN-motion AG	20.06.00	24,00 - 27,00	26,00	23,00	-11,54%
154	Internolix AG	27.03.00	30,00 - 35,00	35,00	40,50	15,71%
155	INTERSHOP Communications AG	16.07.98	40,90 - 51,13	51,13	132,94	160,00%
156	Intertainment AG	08.02.99	31,00 - 36,00	36,00	140,00	288,89%
157	IntraWare AG	12.05.00	24,00 - 28,00	28,00	29,00	3,57%
158	IPC Archtec AG	07.03.00	49,00 - 54,00	54,00	75,00	38,89%
159	ISION Internet	17.03.00	53,00 - 69,00	69,00	150,00	117,39%
160	ISRA VISION SYSTEMS AG	20.04.00	25,00 - 29,00	29,00	50,00	72,41%
161	IVU Traffic Technologies AG	07.07.00	9,00 - 10,50	10,50	18,00	71,43%
162	iXOS Software AG	07.10.98	84,36 - 99,70	86,92	92,03	5,88%
163	Jack White Productions AG	13.09.99	9,50 - 12,00	12,00	19,50	62,50%
164	Jetter AG	19.08.99	23,00 - 27,00	25,00	25,00	0,00%
165	jobpilot AG	06.04.00	23,00 - 27,00	23,00	19,00	-17,39%
166	JUMPtec Industrielle Computertechnik AG	26.03.99	23,00 - 26,00	26,00	53,50	105,77%
167	Kabel New Media AG I.A.	15.06.99	5,65 - 6,15	6,15	17,00	176,42%
168	Kinowelt Medien AG	12.05.98	24,03 - 28,12	28,12	66,47	136,38%
169	Kleindienst Datentechnik AG	02.06.99	23,00 - 27,00	24,00	24,00	0,00%
170	Kontron AG	06.04.00	36,00 - 41,00	39,00	39,50	1,28%
171	Kretztechnik AG	27.03.00	17,00 - 21,00	21,00	21,80	3,81%
172	Lambda Physik AG	21.09.00	29,00 - 35,00	35,00	56,00	60,00%
173	Letsbuyit.com N.V., Niederlande	21.07.00	3,00 - 4,00	3,50	5,00	42,86%
174	LINOS AG	04.09.00	24,00 - 27,00	27,00	73,00	170,37%
175	LINTEC Information Technologies AG	07.09.98	30,68 - 35,79	35,79	37,84	5,73%
176	LION bioscience AG	11.08.00	37,00 - 44,00	44,00	65,00	47,73%
177	LIPRO AG Logistik und Information für die	15.10.99	5,00 - 7,00	5,00	6,50	30,00%
178	LPKF Laser & Electronics AG	30.11.98	27,10 - 31,70	31,70	51,13	61,29%
179	LS telcom AG	15.03.01	11,50 - 14,50	12,50	9,85	-21,20%
180	Lycos Europe N.V., Niederlande	22.03.00	19,00 - 24,00	24,00	24,00	0,00%
181	m+s Elektronik AG	29.02.00	13,50 - 16,00	16,00	21,00	31,25%
182	MacroPore Biosurgery, Inc., USA	10.08.00	12,00 - 15,00	15,00	21,20	41,33%
183	Management Data Media Systems AG	22.06.99	16,00 - 19,00	16,00	16,50	3,13%
184	MANIA Technologie AG	26.07.99	15,00 - 18,00	18,00	18,00	0,00%
185	MatchNet Plc, England	27.06.00	7,50 - 9,00	7,50	6,50	-13,33%
186	MAXDATA AG	09.06.99	30,00 - 35,00	31,00	31,00	0,00%
187	mb Software AG	17.11.98	27,61 - 31,70	31,70	35,79	12,90%
188	media (netCom) AG	29.06.00	20,00 - 22,00	22,00	25,00	13,64%
189	MEDIA! AG	05.07.00	18,00 - 21,00	21,00	21,00	0,00%
190	mediantis AG	05.07.99	16,00 - 19,00	19,00	55,00	189,47%
191	MediGene AG	30.06.00	35,00 - 42,00	42,00	55,00	30,95%
192	MEDION AG	26.02.99	77,00 - 85,00	85,00	150,00	76,47%
193	Mensch und Maschine Software AG	21.07.97	19,43 - 23,01	23,01	30,68	33,33%
194	Met@box AG	07.07.99	40,00 - 45,00	45,00	48,50	7,78%
195	Microlog Logistics AG	28.06.00	29,00 - 34,00	34,00	56,00	64,71%
196	Micrologica AG	21.09.98	20,96 - 25,05	25,05	34,77	38,80%
197	MIS AG	15.02.00	45,00 - 50,00	50,00	130,00	160,00%
198	MME Me, Myself & Eye Entertainment AG	20.11.00	7,00 - 10,00	7,00	7,10	1,43%
199	MobilCom AG	10.03.97	26,84 - 31,96	31,96	48,57	51,97%
200	MorphoSys AG	09.03.99	22,00 - 25,00	25,00	31,00	24,00%
201	MOSAIC Software AG	01.07.99	20,00 - 23,00	23,00	30,00	30,43%
202	MSH International Service AG	10.09.99	18,50 - 21,50	15,50	15,15	-2,26%
203	Mühlbauer Holding AG & Co. KGaA	10.07.98	43,97 - 49,08	49,08	66,47	35,43%
204	Müller - Die lila Logistik AG	30.05.01	6,50 - 7,50	7,00	7,00	0,00%
205	musicmusicmusic inc.	01.10.99	9,00 - 11,00	9,00	9,10	1,11%
206	MWG Biotech AG	07.05.99	23,00 - 27,00	27,00	27,00	0,00%
207	Nemetschek AG	10.03.99	45,00 - 52,00	52,00	75,00	44,23%
208	net AG infrastructure	17.03.00	12,00 - 14,00	14,00	37,00	164,29%
209	Netlife AG	01.06.99	22,00 - 25,50	25,50	26,00	1,96%
210	Neue Sentimental Film AG	22.11.00	14,50 - 18,00	12,00	9,00	-25,00%
211	NEXUS AG	24.07.00	11,00 - 14,00	10,00	9,00	-10,00%
212	NorCom Information Technology AG	01.10.99	19,00 - 23,00	19,00	18,50	-2,63%
213	Nordex AG	02.04.01	9,00 - 11,50	9,00	9,00	0,00%
214	Novasoft AG	15.11.99	18,00 - 21,00	21,00	26,00	23,81%

Nr.	Name	IPO Datum	Bookbuilding- Spanne	Emissions- preis	Erster Börsenkurs	Initial return
215	november AG	10.04.00	14,00 - 17,00	17,00	40,00	135,29%
216	NSE Software AG	20.04.99	16,00 - 19,00	19,00	22,00	15,79%
217	Odeon Film AG	12.04.99	28,00 - 32,00	32,00	42,00	31,25%
218	OHB Technology AG	13.03.01	-	10,50	10,00	-4,76%
219	ON TRACK INNOVATIONS LTD., Israel	28.02.00	19,00 - 22,00	22,00	65,00	195,45%
220	OnVista AG	16.11.99	14,00 - 18,00	18,00	19,00	5,56%
221	Orad Hi-Tec Systems Ltd., Israel	25.09.00	14,00 - 17,00	14,00	12,50	-10,71%
222	ORBIS AG	31.08.99	8,00 - 9,50	8,50	7,50	-11,76%
223	P&I Personal & Informatik AG	07.07.99	11,00 - 12,50	12,50	12,50	0,00%
224	P&T Technology AG	28.11.00	16,00 - 19,00	19,00	19,00	0,00%
225	PANDATEL AG	02.11.99	18,00 - 23,00	22,00	26,00	18,18%
226	paragon AG	29.11.00	9,00 - 11,00	7,60	8,00	5,26%
227	PARSYTEC AG	16.06.99	26,00 - 32,00	30,00	30,00	0,00%
228	PC-SPEZIALIST Franchise AG	25.08.99	18,00 - 21,00	19,50	19,50	0,00%
229	PC-Ware Information Technologies AG	05.05.00	16,00 - 19,00	19,00	38,00	100,00%
230	pgam advanced technologies AG	14.09.00	9,00 - 11,00	11,00	12,20	10,91%
231	Phenomedia AG	22.11.99	18,50 - 22,50	22,50	28,50	26,67%
232	Pironet NDH AG	22.02.00	11,00 - 14,00	14,00	46,50	232,14%
233	PixelNet AG	21.06.00	11,00 - 14,00	14,00	14,00	0,00%
234	Pixelpark AG	04.10.99	12,00 - 15,00	15,00	16,30	8,67%
235	Plambeck Neue Energien AG	15.12.98	21,47 - 24,54	24,54	33,75	37,53%
236	PlasmaSelect AG	01.03.00	39,00 - 45,00	45,00	120,00	166,67%
237	PLAUT AG	09.11.99	20,00 - 25,00	22,00	22,50	2,27%
238	plenum AG	03.08.98	35,79 - 39,88	39,88	64,17	60,91%
239	POET HOLDINGS, Inc., USA	16.11.99	10,00 - 12,50	12,50	14,00	12,00%
240	PopNet Internet AG	02.02.00	10,50 - 12,50	12,50	55,00	340,00%
241	Primacom AG	22.02.99	24,00 - 29,00	29,00	38,50	32,76%
242	PRO DV Software AG	22.03.00	19,00 - 23,00	23,00	22,00	-4,35%
243	PROUT AG	27.04.99	9,00 - 10,50	10,50	15,00	42,86%
244	PSB AG	27.07.99	17,00 - 19,50	19,50	24,50	25,64%
245	PSI AG	31.08.98	19,17 - 23,78	23,78	28,12	18,25%
246	PULSION Medical Systems AG	08.06.01	7,00 - 10,00	7,00	7,05	0,71%
247	QSC AG	19.04.00	12,00 - 15,00	13,00	19,00	46,15%
248	realTech AG	26.04.99	49,00 - 54,00	54,00	66,00	22,22%
249	Refugium Holding AG	25.08.97	10,23 - 12,78	12,78	18,15	42,02%
250	REpower Systems AG	26.03.02	38,00 - 45,00	41,00	42,00	2,44%
251	Rhein Biotech N.V.	21.04.99	26,00 - 30,00	30,00	29,10	-3,00%
252	ricardo.de AG	21.07.99	24,00 - 28,00	28,00	38,00	35,71%
253	Rösch AG Medizintechnik	24.02.00	22,00 - 26,00	26,00	60,00	130,77%
254	RTV Family Entertainment AG	08.06.99	7,00 - 8,30	8,30	21,00	153,01%
255	Rücker AG	15.05.00	18,00 - 21,00	20,00	22,00	10,00%
256	Sachsenring Automobiltechnik AG	02.10.97	10,74 - 12,78	12,78	15,08	18,00%
257	SALTUS Technology AG	14.07.97	16,36 - 18,92	18,92	30,42	60,78%
258	Sanochemia Pharmazeutika AG	12.05.99	19,00 - 22,00	21,50	19,90	-7,44%
259	SAP Systems Integration AG	13.09.00	16,00 - 19,00	19,00	53,00	178,95%
260	SCM Microsystems, Inc., USA	09.10.97	9,81 - 11,59	11,59	28,12	142,62%
261	Secunet Security AG	09.11.99	11,50 - 15,00	15,00	15,50	3,33%
262	SENATOR Entertainment AG	29.01.99	35,00 - 38,00	38,00	135,00	255,26%
263	SER Systems AG	14.07.97	21,47 - 26,08	26,08	53,69	105,87%
264	SHS Informationssysteme AG	19.05.99	17,50 - 20,00	18,50	21,00	13,51%
265	Silicon Sensor International AG	15.07.99	12,50 - 15,50	15,50	17,00	9,68%
266	Singulus Technologies AG	25.11.97	34,77 - 42,44	41,93	42,18	0,60%
267	SinnerSchrader AG	02.11.99	9,00 - 12,00	12,00	22,00	83,33%
268	Softing AG	16.05.00	12,50 - 14,50	14,50	16,00	10,34%
269	Softline AG	14.02.00	14,50 - 17,50	17,50	74,00	322,86%
270	SoftM Software und Beratung AG	21.07.98	28,12 - 31,70	31,70	37,84	19,37%
271	Softmatic AG	01.06.99	20,00 - 23,00	20,00	19,50	-2,50%
272	Splendid Medien AG	24.09.99	25,00 - 30,00	30,00	26,00	-13,33%
273	STEAG HamaTech AG	12.05.99	8,25 - 9,25	9,25	9,35	1,08%
274	Sunburst Merchandising AG	27.09.99	14,00 - 17,50	17,50	24,30	38,86%
275	sunways AG	09.02.01	5,50 - 7,00	7,00	13,00	85,71%
276	Süss MicroTec AG	18.05.99	13,00 - 15,00	13,00	12,80	-1,54%
277	SVC AG Schmidt · Vogel Consulting	10.05.99	15,00 - 18,00	18,00	18,00	0,00%
278	Swing! Entert@inment Media AG	02.02.00	14,00 - 17,00	17,00	22,00	29,41%
279	syskoplan AG	02.11.00	20,00 - 24,00	24,00	26,00	8,33%
280	SYSTEMATICS AG	27.09.99	16,00 - 18,00	16,00	15,50	-3,13%
281	Syzygy AG	06.10.00	17,00 - 20,00	20,00	21,20	6,00%
282	SZ Testsysteme AG	02.06.99	12,00 - 15,00	12,00	12,00	0,00%
283	TDS Informationstechnologie AG	26.06.98	24,03 - 26,59	26,59	56,24	111,51%
284	Teamwork Information Management AG	14.07.99	16,50 - 19,00	19,00	20,00	5,26%
285	technotrans AG	10.03.98	31,00 - 34,00	34,26	107,37	213,40%
286	TelDaFax AG	01.07.98	23,01 - 26,59	26,59	32,72	23,05%
287	Tele Atlas N.V., Niederlande	26.05.00	19,00 - 23,00	19,00	19,00	0,00%
288	Telegate AG	22.04.99	23,50 - 27,00	27,00	47,00	74,07%

Nr.	Name	IPO Datum	Bookbuilding-Spanne	Emissions-preis	Erster Börsenkurs	Initial return
289	Teleplan International N.V., Niederlande	23.11.98	19,43 - 23,52	23,52	23,78	1,11%
290	TELES AG	30.06.98	39,88 - 46,02	46,02	69,54	51,11%
291	Telesens KSCL AG	21.03.00	33,00 - 38,00	38,00	41,00	7,89%
292	PVA TePla AG	21.06.99	8,75 - 10,25	10,25	10,70	4,39%
293	The Fantastic Corporation, Schweiz	28.09.99	36,00 - 45,00	45,00	60,00	33,33%
294	Thiel Logistik AG, Luxembourg	20.03.00	30,00 - 36,00	36,00	42,30	17,50%
295	tiscon AG Infosystems	14.10.99	18,00 - 21,00	18,50	19,30	4,32%
296	TOMORROW Internet AG	30.11.99	18,00 - 20,00	20,00	33,00	65,00%
297	T-Online International AG	17.04.00	26,00 - 32,00	27,00	28,50	5,56%
298	transtec AG	03.04.98	27,61 - 36,30	36,30	99,70	174,66%
299	Travel24.com AG	15.03.00	26,00 - 29,00	29,00	32,00	10,34%
300	TRIA IT-solutions AG	10.05.99	17,00 - 20,00	20,00	26,00	30,00%
301	Trintech Group PLC, Irland	24.09.99	9,25 - 11,50	11,00	12,00	9,09%
302	TRIUS AG	09.03.00	28	36,50	50,00	36,99%
303	TTL Information Technology AG	12.07.99	20,00 - 23,00	23,00	32,00	39,13%
304	TV-Loonland AG	22.03.00	22,00 - 25,00	25,00	65,00	160,00%
305	UBAG Unternehmer Beteiligungen AG	30.07.99	17,00 - 20,00	20,00	37,00	85,00%
306	UMS United Medical Systems International AG	17.07.00	21,00 - 24,00	24,00	25,00	4,17%
307	Umweltkontor Renewable Energy AG	05.07.00	10,00 - 11,50	11,50	24,00	108,70%
308	United Internet AG	23.03.98	35,79 - 40,90	40,90	122,71	200,02%
309	United Labels AG	10.05.00	30,00 - 34,00	34,00	85,00	150,00%
310	UNITED VISIONS ENTERTAINMENT AG	20.06.00	20,00 - 24,00	24,00	28,00	16,67%
311	update software AG, Österreich	11.04.00	19,00 - 23,00	23,00	24,00	4,35%
312	USU AG	04.07.00	16,00 - 18,00	17,00	21,00	23,53%
313	USU-Openshop AG	21.03.00	48,00 - 54,00	54,00	106,00	96,30%
314	Utimaco Safeware AG	16.02.99	60,00 - 65,00	65,00	210,00	223,08%
315	Valor Computerized Systems, Israel	15.05.00	11,00 - 14,00	12,00	14,30	19,17%
316	varetis AG	07.02.00	28,00 - 32,00	32,00	100,00	212,50%
317	Vectron Systems AG	16.06.99	20,50 - 24,50	21,00	21,40	1,90%
318	vi[z]rt Ltd., Israel	08.11.99	10,00 - 10,00	13,00	13,50	3,85%
319	Visionix Ltd., Israel	01.02.00	16,50 - 18,00	18,00	45,00	150,00%
320	VIVA Media AG	19.07.00	16,00 - 23,00	17,00	17,00	0,00%
321	W.E.T. Automotive Systems AG	28.04.98	24,03 - 27,61	27,61	42,95	55,56%
322	W.O.M. World of Medicine AG	13.06.01	9,00 - 11,00	11,00	10,90	-0,91%
323	Wapme Systems AG	05.07.00	19,00 - 22,00	20,00	16,00	-20,00%
324	WaveLight Laser Technologie AG	15.09.99	15,00 - 17,00	15,00	15,00	0,00%
325	WEB.DE AG	17.02.00	20,00 - 26,00	26,00	65,00	150,00%
326	Winter AG	25.09.00	11,00 - 12,50	12,50	13,70	9,60%
327	WizCom Technologies Ltd., Israel	29.03.99	10,00 - 12,00	12,00	17,00	41,67%
328	WWL Internet AG	15.07.99	12,50 - 15,50	15,50	30,00	93,55%

Quelle: Eigene Darstellung.

Tabelle 47: *Aufgrund sachlicher und zeitlicher Abgrenzung aus der Untersuchung ausge-
schlossene IPO Unternehmen*

Nr.	Name
1	ADS System AG
2	BB Biotech AG, Schweiz
3	BB Medtech AG, Schweiz
4	Bertrandt AG
5	Broadvision Inc.
6	Cybernet Internet Services International Inc.
7	DICOM GROUP plc
8	Electronics Line (E.L.) Ltd., Israel
9	Eurofins Scientific S.A., Frankreich
10	Fineco S.p.A
11	FORTEC Elektronik AG
12	GfN AG
13	Integra S.A.
14	itelligence AG
15	Kontron embedded computers AG
16	LHS Group Inc.
17	Lobster Network Storage AG
18	Lösch Umweltschutz AG
19	Micronas Semiconductor Holding AG, Schweiz
20	Mount10 Holding AG, Schweiz
21	Mount10 Inc.
22	Mühl Product and Service AG
23	Pankl Racing Systems AG
24	Pfeiffer Vacuum Technology AG
25	Prodacta AG
26	QIAGEN N.V.
27	Rofin-Sinar Technologies Inc., USA
28	SERO Entsorgung AG
29	TEAM Communications Group, Inc.
30	TIPTEL AG

Quelle: Eigene Darstellung.

Tabelle 48:   Studien zum Underpricing von IPOs an unterschiedlichen Kapitalmärkten

Autoren	Land	Zeitraum	N	Underpricing
FINN/ HIGHAM (1983)	Australien	1966-78	93	+23,0%
LEE/ TAYLOR/ WALTER (1996)	Australien	1976-89	266	+11,9%
ROGIERS/ MANIGART/ OOGHE (1992)	Belgien	1984-90	28	+10,1%
AGGARWAL/ LEAL/ HERNANDEZ (1993)	Brasilien	1979-90	62	+78,5%
AGGARWAL/ LEAL/ HERNANDEZ (1993)	Chile	1982-90	19	+16,3%
SU AND FLEISHER (1997)	China	1990-95	308	+949,0%
DÖHRMANN (1990)	Deutschland	1983-87	83	+21,2%
ERHARDT (1997)	Deutschland	1960-93	207	+16,8%
GÖPPL/ SAUER (1990)	Deutschland	1977-88	80	+15,2%
HANSSON/ LJUNGQVIST (1993)	Deutschland	1978-91	163	+11,8%
KASERER/ KEMPF (1995)	Deutschland	1983-92	171	+14,0%
KASERER/ KEMPF (1995)	Deutschland	1983-87	82	+21,8%
KÖSTER (1992)	Deutschland	1986-90	93	+11,6%
LJUNGQVIST (1997)	Deutschland	1970-93	180	+10,6%
MELLA (1986)	Deutschland	1984-86	36	+19,7%
MELLA (1988)	Deutschland	1986-87	31	+10,6%
SCHLAG/ WODRICH (2000)	Deutschland	1884-1914	182	+5,0%
SCHLICK (1997)	Deutschland	1977-92	186	+16,5%
SCHMIDT ET AL. (1988)	Deutschland	1984-85	32	+20,6%
SCHUSTER (1996)	Deutschland	1987-96	126	+8,7%
SCHWARZ (1988)	Deutschland	1981-85	42	+32,1%
STEHLE/ERHARDT (1999)	Deutschland	1960-95	222	+15,8%
TITZRATH (1995)	Deutschland	1984-93	177	+11,9%
TROMMER (1998)	Deutschland	1983-92	170	+12,3%
UHLIR (1989)	Deutschland	1977-87	97	+21,5%
WASSERFALLEN/WITTLEDER (1994)	Deutschland	1961-87	92	+17,6%
WEINBERGER (1995)	Deutschland	1980-95	226	+11,1%
WITTLEDER (1989)	Deutschland	1961-87	92	+17,6%
BRENNAN (1995)	England	1986-89	43	+9,4%
BUCKLAND ET AL. (1981)	England	1965-75	297	+9,6%
DAVIS/YEOMANS (1976)	England	1965-71	174	+8,5%
DE RIDDER (1986)	England	1981-84	91	+7,0%
KEASEY ET AL. (1991)	England	1984-88	249	+18,5%
LEVIS (1990)	England	1985-88	123	+8,6%
LEVIS (1993)	England	1980-88	712	+14,1%
MCSTAY (1987)	England	1971-80	238	+7,4%
MENYAH/ PAUDYAL/ INYANGETE (1995)	England	1981-91	40	+41.4%
MERRETT ET AL. (1991)	England	1959-63	149	+13,7%
KELOHARJU (1992)	Finnland	1984-89	85	+9,5%
KELOHARJU (1993)	Finnland	1984-89	80	+8,7%
HUSSON/JACQUILLAT (1989)	Frankreich	1983-86	131	+11,4%
JACQUILLAT (1978)	Frankreich	1966-74	60	+2,7%
JENKINSON/ MAYER (1988)	Frankreich	1986-87	11	+25,0%
MCDONALD/ JACQUILLAT (1974)	Frankreich	1968-71	31	+3,0%
DAWSON (1987)	Hong Kong	1978-83	21	+13,8%
CHERUBINI/ RATTI (1992)	Italy	1985-91	75	+27,1%
DAWSON/ HIRAKI (1985)	Japan	1979-84	106	+51,9%
FUKUDA (1997)	Japan	1983-89	69	+55,0%
JOG/ RIDING (1987)	Kanada	1971-83	160	+9,0%
KIM ET AL. (1995)	Korea	1985-89	99	+57,6%
KIM/ KRINSKY/ LEE (1995	Korea	1988-90	177	+57,5%
DAWSON (1987)	Malaysia	1978-83	21	+166,7%
WESSELS (1989)	Niederlande	1982-87	26	+15,5%
AUSSENEGG (1997)	Österreich	1984-96	67	+6,5%
ALPALHAO (1988)	Portugal	1986-87	62	+54,4%
DE RIDDER (1986)	Schweden	1983-85	55	+40,5%
LOUGHRAN ET AL. (1994)	Schweden	1980-90	162	+38,2%
RYDQVIST (1997)	Schweden	1980-94	251	+34,1%
KADEN (1991)	Schweiz	1981-89	90	+48,9%
KUNZ/ AGGARWAL (1994)	Schweiz	1983-89	42	+35,8%
KUNZ/ STUDER (1989)	Schweiz	1983-88	41	+36,7%
DAWSON (1987)	Singapur	1978-83	39	+39,4%
HAMEED/ LIM (1998)	Singapur	1993-95	53	+25,1%

Autoren	Land	Zeitraum	N	Underpricing
KOH/ WALTER (1989)	Singapur	1973-87	66	+27,0%
LEE/ TAYLOR/ WALTER (1996)	Singapur	1973-92	128	+31,4%
SAUNDERS/ LIM (1990)	Singapur	1987-88	17	+45,4%
FREIXAS/ INURRIETA (1992)	Spanien	1985-90	71	+35,0%
YEN/YEN (1996)	Taiwan	1973-90	155	+3,2%
KIYMAZ (2000)	Türkei	1990-95	138	+13,6%
AFFLECK-GRAVES ET AL. (1993)	USA	1983-87	1078	+9,1%
ALLI/ YAU/ YUNG (1994)	USA	1983-87	1546	+8,6%
BALVERS/ MCDONALD/ MILLER (1988)	USA	1981-85	1182	+7,8%
BARRY/ MUSCARELLA/ VETSUYPENS (1991)	USA	1983-87	849	+7,3%
BARRY/ MUSCARELLA/ PEAVY/ VETSUYPENS (1990)	USA	1978-87	1556	+7,8%
BEATTY/ RITTER (1986)	USA	1981-82	545	+14,1%
BOOTH AND CHUA (1996)	USA	1977-88	2151	+3,1%
CARTER/ MANASTER (1990)	USA	1979-83	501	+16,8%
CHALK/ PEAVY (1987)	USA	1975-82	649	+21,7%
DRAKE/ VETSUYPENS (1993)	USA	1969-90	93	+9,2%
DUCHARME ET AL. (2001)	USA	1988-99	342	+75,0%
FOHLIN (2000)	USA	1998-00	800	+67,0%
GARFINKEL (1993)	USA	1981-83	494	+10,2%
HABIB AND LJUNGQVIST (2001)	USA	1991-95	1376	+14,0%
HANLEY (1993)	USA	1983-87	1430	+12,4%
IBBOTSON (1975)	USA	1960-69	120	+11,4%
IBBOTSON/ SINDELAR/ RITTER (1998)	USA	1960-96	13308	+15,8%
IBBOTSON/ JAFFE (1975)	USA	1960-70	2650	+16,8%
IBBOTSON/ SINDELAR/ RITTER (1988)	USA	1960-87	8668	+16,4%
JEGADEESH/ WEINSTEIN/ WELCH (1993)	USA	1980-86	1985	+9,8%
LING/ RYNGAERT (1997)	USA	1971-88	33	-4,0%
LOGUE (1973)	USA	1965-69	250	+60,0%
LOUGHRAN (1993)	USA	1967-87	3656	+17,3%
LOUGHRAN/ RITTER (1995)	USA	1970-90	4753	+10,0%
LOUGHRAN/ RITTER (2002)	USA	1990-98	3025	+14,0%
MCDONALD/ FISHER (1972)	USA	1969	142	+28,5%
MILLER/ REILLY (1987)	USA	1982-83	510	+9,9%
MUSCARELLA/ VETSUYPENS (1989)	USA	1970-87	38	+7,1%
NORONHA/ YUNG (1997)	USA	1984-90	120	+4,0%
REILLY (1977)	USA	1972-75	486	+10,9%
RESIDE ET AL. (1994)	USA	1980-89	1308	+16,0%
RITTER (1984)	USA	1960-82	5126	+18,8%
RITTER (1987)	USA	1977-82	1028	+31,3%
RITTER (1991)	USA	1975-84	1526	+34,5%
RUUD (1993)	USA	1982-83	463	+6,4%
SPIESS/ PETTWAY (1997)	USA	1973-88	175	+10,0%
TINIC (1988)	USA	1923-30	70	+5,1%
WELCH (1989)	USA	1977-82	1028	+26,0%

Quelle: Eigene Zusammenstellung, vgl. die jeweilige Primärliteratur.

Tabelle 49: *Liste aller am Neuen Markt in Erscheinung getretenen Emissionsbanken*

Nr.	Emissionsbanken
1	A&A Actienbank GmbH
2	ABN Amro Bank AG
3	Alex Brown & Sons
4	Allgemeine Sparkasse Oberösterreich Bank AG
5	Apotheker und Ärzte Bank
6	Aurel Leven S.A.
7	Baader Wertpapierhandelsbank AG
8	Banc of America International Ltd.
9	Banca Commerciale Italiana S.p.A.
10	Banca d'Intermediazione Mobiliare IMI
11	BancBoston Robertson Stephens International Ltd.
12	Banco Leonardo S.p.A.
13	Bank J. Vontobel & Co. AG
14	Bankgesellschaft Berlin
15	Bankhaus Hermann Lampe KG
16	Bankhaus Julis Bär
17	Bankhaus Neelmeyer AG
18	Bankhaus Reuschel & Co.
19	Banque CPR
20	Banque Internationale à Luxembourg S.A.
21	BAWAG - Bank für Arbeit und Wirtschaft AG
22	Bayerische Hypo- und Vereinsbank AG
23	Bayerische Landesbank Girozentrale
24	Bear Stearns International Limited
25	Berliner Effektenbank AG
26	BfG Bank AG
27	BHF-Bank AG
28	BNP Paribas Group
29	BSCH Bolsa Sociedad de Valores S.A.
30	BWB Wertpapierdienstleistungen GmbH
31	CA IB Investmentbank AG
32	Chase H&Q Securities Inc.
33	Close Brothers Equity Markets
34	Commerzbank AG
35	Concord Effekten AG
36	Consors Discount-Broker AG
37	Crédit Agricole Indosuez
38	Credit Lyonnais
39	Credit Suisse First Boston
40	Daiwa Bank AG
41	Delbrück & Co. Privat-bankiers
42	Deutsche Apotheker- und Ärztebank eG
43	Deutsche Bank AG
44	Deutsche Postbank AG
45	DG Bank AG
46	Direkt Anlage Bank AG
47	Donaldson, Lufkin & Jenrette
48	Dresdner Bank AG
49	Entrium Direct Bankers AG
50	Equinet Securities AG

Nr.	Emissionsbanken
51	Erste Bank der Österreichischen Sparkassen AG
52	FleetBoston Robertson Stephens International Ltd.
53	Flensburger Sparkasse
54	Fortis Bank N.V.
55	Frankfurter Sparkasse
56	Fürst Fugger Privatbank
57	Goldman Sachs & Co. oHG
58	Gontard & Metallbank AG
59	GZB Bank AG
60	GZ-Bank AG
61	Hambrecht & Quist Euromarkets
62	Hamburger Sparkasse
63	Hamburgische LB
64	Hanseatisches Wertpapierhandelshaus
65	Hauck & Aufhäuser Privatbankiers KGaA
66	HSBC Trinkaus & Burkhardt KGaA
67	Hypo Vereinsbank AG
68	ICE Securities Ltd.
69	ING Barings Ltd.
70	Investec Bank Ltd.
71	J. Henry Schroder & Co. Ltd.
72	J.P. Morgan Securities Ltd.
73	Joh. Berenberg, Gossler & Co.
74	K/L/M Equity AG
75	KEMPEN & CO Merchant Bank
76	Kling, Jelko, Dr. Dehmel AG
77	LaCompagnie Financiere Edmond de Rothschild Banque
78	Landesbank Baden-Württemberg
79	Landesbank Hessen-Thüringen Girozentrale
80	Landesbank Rheinland -Pfalz Girozentrale
81	Landesbank Sachsen Girozentrale
82	Lazard Capital Markets
83	LB Rheinland Pfalz
84	Lehman Brothers Bankhaus AG
85	M.M. Warburg & Co. KGaA
86	MEDIOBANCA - Banca di Credito Finanziario S.p.A.
87	MeesPierson N.V.
88	Merck, Finck & Co.
89	Merrill Lynch International
90	Merrion Stockbrokers Ltd.
91	Montgomery Securities
92	Morgan Stanley Bank AG
93	Nassauische Sparkasse
94	net.IPO
95	Norddeutsche Landesbank Girozentrale
96	NordLB
97	Oberbank AG
98	Panmure Gordon & Co. Ltd.
99	Rabobank N.V.
100	Raiffeisen Zentralbank Österreich
101	Robert Fleming Deutschland GmbH

Nr.	Emissionsbanken
102	Sal. Oppenheim jr. & Cie. KGaA
103	Salomon Brothers AG
104	Salomon Smith Barney International
105	SchmidtBank KGaA
106	Schroder Salomon Smith Barney
107	Schroeders
108	Schwäbische Bank AG
109	SG Cowen
110	SGZ Bank AG
111	Societe Generale S.A.
112	Sparkasse Aachen
113	Sparkasse Bremen
114	Sparkasse Essen
115	Sparkasse Regensburg
116	Stadtsparkasse Baden-Baden
117	Stadtsparkasse Düsseldorf
118	Stadtsparkasse Köln
119	Stadtsparkasse München
120	Südwestdeutsche Landesbank Girozentrale
121	Taunus Sparkasse Bad Homburg
122	Trigon Wertpapierhandelsbank AG
123	Trinkaus & Burkhardt KGaA
124	UmweltBank AG
125	Union Bank of Switzerland
126	VEM Virtuelles Emissionshaus GmbH
127	Vereins- und Westbank AG
128	Warburg Dillon Read
129	Westfalen Bank AG
130	WestLB
131	WGZ-Bank
132	Wolfgang Steubing AG Wertpapierdienstleister

Quelle: Eigene Zusammenstellung, Daten: DEUTSCHE BÖRSE AG.

Tabelle 50: Berechnungen zur Darstellung der Konzentrationskurve - Wettbewerb am Neuen Markt nach dem Anteil der von 1997 bis 2003 emittierten Emissionen

Emissionsbank	Anzahl emittierter IPOs	Kumulierter Anteil Emissionsbanken	Anteil an allen emittierten IPOs	Kumulierter Anteil emittierter IPOs
1 ABN Amro Deutschland AG	1	2,00%	0,26%	0,26%
2 Bankhaus Reuschel & Co.	1	4,00%	0,26%	0,53%
3 Delbrück & Co. Privatbankiers	1	6,00%	0,26%	0,79%
4 Fleming & Co	1	8,00%	0,26%	1,05%
5 Frohne & Klein Wertpapierhandelshaus GmbH	1	10,00%	0,26%	1,32%
6 Georg Hauck & Sohn Bankiers	1	12,00%	0,26%	1,58%
7 Hambrecht & Quist Euromarkets	1	14,00%	0,26%	1,84%
8 Hamburger Sparkasse	1	16,00%	0,26%	2,11%
9 Hamburgische Landesbank	1	18,00%	0,26%	2,37%
10 ICE Securities Ltd.	1	20,00%	0,26%	2,63%
11 J. Henry Schroder & Co. Ltd.	1	22,00%	0,26%	2,89%
12 J.P Morgan Securities Ltd.	1	24,00%	0,26%	3,16%
13 K/L/M Equity AG	1	26,00%	0,26%	3,42%
14 Lehman Brothers Bankhaus AG	1	28,00%	0,26%	3,68%
15 SchmidtBank KGaA	1	30,00%	0,26%	3,95%
16 SG Cowen	1	32,00%	0,26%	4,21%
17 Societe General	1	34,00%	0,26%	4,47%
18 Trigon Wertpapierhandelsbank AG	1	36,00%	0,26%	4,74%
19 Westdeutsche Genossenschafts-Zentrale eG	1	38,00%	0,26%	5,00%
20 Baader Wertpapierhandelsbank AG	2	40,00%	0,53%	5,53%
21 Consors Capital Bank	2	42,00%	0,53%	6,05%
22 Landesbank Rheinland -Pfalz Girozentrale	2	44,00%	0,53%	6,58%
23 Merck, Finck & Co.	2	46,00%	0,53%	7,11%
24 Merrill Lynch International	2	48,00%	0,53%	7,63%
25 Robert Fleming Deutschland GmbH	2	50,00%	0,53%	8,16%
26 Salomon Smith Barney International	2	52,00%	0,53%	8,68%
27 Kling, Jelko, Dr. Dehmel AG	3	54,00%	0,79%	9,47%
28 Bayerische Landesbank Girozentrale	4	56,00%	1,05%	10,53%
29 Berliner Effektenbank	5	58,00%	1,32%	11,84%
30 UBS Warburg AG	5	60,00%	1,32%	13,16%
31 Credit Suisse First Boston	6	62,00%	1,58%	14,74%
32 Morgan Stanley Dean Witter	6	64,00%	1,58%	16,32%
33 Bank J. Vontobel & Co.	7	66,00%	1,84%	18,16%
34 BNP Paribas Group	8	68,00%	2,11%	20,26%
35 Concord Effekten	8	70,00%	2,11%	22,37%
36 M.M. Warburg & Co.	8	72,00%	2,11%	24,47%
37 Nord LB	8	74,00%	2,11%	26,58%
38 Baden-Württembergische Bank	10	76,00%	2,63%	29,21%
39 LBBW	11	78,00%	2,89%	32,11%
40 Goldman Sachs & Co.	12	80,00%	3,16%	35,26%
41 HSBC Trinkaus & Burkhardt	12	82,00%	3,16%	38,42%
42 BHF Bank	14	84,00%	3,68%	42,11%
43 Sal. Oppenheim jr. & Cie.	15	86,00%	3,95%	46,05%
44 Gontard & Metallbank	16	88,00%	4,21%	50,26%

Emissionsbank	Anzahl emit- tierter IPOs	Kumulierter Anteil Emissi- onsbanken	Anteil an allen emittierten IPOs	Kumulierter Anteil emittierter IPOs
45 West LB (Panmure)	22	90,00%	5,79%	56,05%
46 Deutsche Bank	24	92,00%	6,32%	62,37%
47 Commerzbank	28	94,00%	7,37%	69,74%
48 Bayerische Hypo- und Vereinsbank	30	96,00%	7,89%	77,63%
49 Dresdner Kleinwort Wasserstein	30	98,00%	7,89%	85,53%
50 DZ Bank	55	100,00%	14,47%	100,00%
	Σ 380			

¹: Die Summe des IPOs entspricht nicht dem Untersuchungsumfang von 328 IPOs, da bei der Analyse der Emissionsbanken eine Doppelzählung solcher IPOs erfolgte, die durch eine gemeinschaftliche Konsortialführerschaft an den Neuen Markt emittiert wurden.
Quelle: Eigene Berechnungen und Darstellung.

Tabelle 51:   Berechnungen zur Darstellung der Konzentrationskurve - Wettbewerb am
Neuen Markt nach dem Anteil des von 1997 bis 2003 emittierten nominalen
Emissionsvolumen

	Emissionsbank	Nominale Emissions-erlöse	Kumulierter Anteil Emis-sionsanken	Anteil am nomi-nalen Emissions-volumen	Kumulierter Anteil des Emis-sions-volumens
1	Delbrück & Co. Privatbankiers	9.400.000	2,00%	0,03%	0,03%
2	K/L/M Equity AG	11.434.365	4,00%	0,04%	0,07%
3	Georg Hauck & Sohn Bankiers	15.136.000	6,00%	0,05%	0,11%
4	ICE Securities Ltd.	15.600.000	8,00%	0,05%	0,16%
5	Fleming & Co	20.448.000	10,00%	0,06%	0,22%
6	Bankhaus Reuschel & Co.	22.475.000	12,00%	0,07%	0,29%
7	SchmidtBank KGaA	26.450.000	14,00%	0,08%	0,38%
8	Societe General	26.705.916	16,00%	0,08%	0,46%
9	Frohne & Klein Wertpapierhandelshaus GmbH	34.400.000	18,00%	0,11%	0,57%
10	Trigon Wertpapierhandelsbank AG	36.500.000	20,00%	0,11%	0,68%
11	Westdeutsche Genossenschafts-Zentrale eG	38.675.000	22,00%	0,12%	0,80%
12	Hambrecht & Quist Euromarkets	44.917.045	24,00%	0,14%	0,94%
13	SG Cowen	44.917.045	26,00%	0,14%	1,08%
14	Consors Capital Bank	47.430.000	28,00%	0,15%	1,23%
15	Robert Fleming Deutschland GmbH	47.997.000	30,00%	0,15%	1,38%
16	Hamburger Sparkasse	49.152.000	32,00%	0,15%	1,53%
17	Merck, Finck & Co.	50.787.500	34,00%	0,16%	1,69%
18	Lehman Brothers Bankhaus AG	51.750.000	36,00%	0,16%	1,85%
19	Baader Wertpapierhandelsbank AG	56.952.783	38,00%	0,18%	2,03%
20	J. Henry Schroder & Co. Ltd.	61.237.500	40,00%	0,19%	2,22%
21	ABN Amro Deutschland AG	62.100.000	42,00%	0,19%	2,42%
22	Hamburgische Landesbank	62.700.000	44,00%	0,20%	2,61%
23	Berliner Effektenbank	63.521.936	46,00%	0,20%	2,81%
24	J.P Morgan Securities Ltd.	74.290.000	48,00%	0,23%	3,04%
25	Kling, Jelko, Dr. Dehmel AG	76.030.040	50,00%	0,24%	3,28%
26	M.M. Warburg & Co.	186.309.349	52,00%	0,58%	3,86%
27	Concord Effekten	216.799.605	54,00%	0,68%	4,54%
28	Landesbank Rheinland -Pfalz Girozentrale	237.300.000	56,00%	0,74%	5,28%
29	Bayerische Landesbank Girozentrale	250.523.152	58,00%	0,78%	6,06%
30	Salomon Smith Barney International	258.397.736	60,00%	0,81%	6,87%
31	Merrill Lynch International	333.200.000	62,00%	1,04%	7,91%
32	Nord LB	347.918.800	64,00%	1,09%	8,99%
33	UBS Warburg AG	368.893.607	66,00%	1,15%	10,14%
34	Gontard & Metallbank	396.131.294	68,00%	1,24%	11,38%
35	HSBC Trinkaus & Burkhardt	430.712.068	70,00%	1,34%	12,72%
36	Baden-Württembergische Bank	491.334.068	72,00%	1,53%	14,26%
37	LBBW	506.778.821	74,00%	1,58%	15,84%
38	Credit Suisse First Boston	531.073.772	76,00%	1,66%	17,49%
39	BHF Bank	534.108.008	78,00%	1,67%	19,16%
40	Bank J. Vontobel & Co.	543.779.837	80,00%	1,70%	20,86%
41	Sal. Oppenheim jr. & Cie.	672.318.202	82,00%	2,10%	22,96%
42	BNP Paribas Group	674.486.019	84,00%	2,10%	25,06%
43	West LB (Panmure)	1.365.864.925	86,00%	4,26%	29,32%
44	Morgan Stanley Dean Witter	1.732.248.540	88,00%	5,41%	34,73%
45	Bayerische Hypo- und Vereinsbank	1.862.650.470	90,00%	5,81%	40,54%

Emissionsbank	Nominale Emissions- erlöse	Kumulierter Anteil Emis- sionsanken	Anteil am nomi- nalen Emissions- volumen	Kumulierter Anteil des Emis- sions-volumens
46 Commerzbank	2.428.206.945	92,00%	7,58%	48,12%
47 DZ Bank	2.865.808.647	94,00%	8,94%	57,06%
48 Deutsche Bank	3.159.433.203	96,00%	9,86%	66,92%
49 Dresdner Kleinwort Wasserstein	5.280.156.207	98,00%	16,48%	83,39%
50 Goldman Sachs & Co.	5.322.394.133	100,00%	16,61%	100,00%

$$\Sigma\ 32.047.834.868^1$$

[1]: *Die Summe des Emissionsvolumens entspricht nicht dem Emissionsvolumen der 328 untersuchten IPOs am Neuen Markt, da bei der Analyse der Emissionsbanken eine Doppelzählung solcher IPOs erfolgte, die durch eine gemeinschaftliche Konsortialführerschaft an den Neuen Markt emittiert wurden.*
Quelle: Eigene Berechnungen und Darstellung.

Literaturverzeichnis

ACHLEITNER, A.-K., / BASSEN, A./ FUNKE, F. (ERFOLGSFAKTOREN, 2001):
Kritische Erfolgsfaktoren bei Börsengängen am Neuen Markt: eine empirische Studie, in: Die Bank, 2001, S. 34ff.

ACHLEITNER, ANN-KRISTIN (HANDBUCH, 2000):
Handbuch Investment Banking, 2. Auflage, Wiesbaden 2000.

AFFLECK-GRAVES, JOHN/ HEGDE, SHANTARAM P./ MILLER, ROBERT E./ REILLY, FRANK K. (EFFECT, 1993):
The effect of the trading system on the underpricing of initial public offerings, in: Financial Management, Vol. 22, Nr. 1, 1993, S. 99-108.

AFFLECK-GRAVES, JOHN/ MILLER, ROBERT E. (REGULATORY, 1989):
Regulatory and procedural effects on the underpricing of initial public offerings, in: Journal of Financial Research, Vol. 12, Nr. 3, Herbst 1989, S. 193-202.

AGGARWAL, RAJESH K./ KRIGMAN, LAURIE/ WOMACK, KENT L. (IPO, 2002):
Strategic IPO underpricing, information momentum, and lockup expiration selling, in: Journal of Financial Economics, Vol. 66, Oktober 2002, S. 105-137.

AGGARWAL, REENA (ALLOCATION, 2002):
Allocation of initial public offerings and flipping activity, Working Paper, Georgetown University, 2002.

AGGARWAL, REENA (STABILIZATION, 2000):
Stabilization activities by underwriters after Initial public offerings, in: Journal of Finance, Vol. 55, Nr. 3, Juni 2000, S. 1075-1103.

AGGARWAL, REENA/ CONROY, PAT (PRICE, 2000):
Price discovery in initial public offerings and the role of the lead underwriter, in: Journal of Finance, Vol. 55, Nr. 6, Dezember 2000, S. 2903-2922.

AGGARWAL, REENA/ LEAL, RICARDO/ HERNANDEZ, LEONARDO (PERFORMANCE, 1993):
The aftermarket performance of initial public offerings in Latin America, in: Financial Management, Frühjahr 1993, S. 42-53.

AGGARWAL, REENA/ PRABHALA, NAGPURNANAND R./ PURI, MANJU (ALLOCATION, 2002):
Institutional allocation in initial public offerings: empirical evidence, in: Journal of Finance, Vol. 57, Nr. 3, Juni 2002, S. 1421-1442.

AGGARWAL, REENA/ RIVOLI, PIETRA (FADS, 1990):
Fads in the initial public offering market ?, in: Financial Management, Vol. 19, Nr. 4, Winter 1990, S. 45-57.

AKERLOF, GEORGE (MARKET, 1970):
The market for "lemons": quality uncercainty and the market mechanism, in: Quarterly Journal of Economics, Vol. 84, 1970, S. 488-500.

ALEXANDER, J. (LAWSUIT, 1993):
The lawsuit avoidance theory of why initial public offerings are underpricing, in: UCLA Law Review, Vol. 41, 1993, S. 17-73.

ALEXANDER, SIDNEY S. (PRICE, 1964):
Price movements in speculative markets: trends or random walks, Nr. 2, in: Industrial Management Review, Vol. 5, 1964, S. 25-46.

ALLEN, D. E./ MORKEL-KINGSBURY, N. J./ PIBOONTHANAKIAT, W. (LONG-RUN PERFORMANCE, 1999):
The long-run performance of initial public offerings in Thailand, in: Applied Financial Economics, Vol. 9, Nr. 3, Juni 1999, S. 215-232.

ALLEN, FRANKLIN/ FAULHABER, GERALD R. (SIGNALLING, 1989):
Signaling by underpricing in the IPO market, in: Journal of Financial Economics, Vol. 23, Nr. 2, 1989, S. 303-323.

ALLI, KASIM/ YAU, JOT/ YUNG, KENNETH (UNDERPRICING, 1994):
The Underpricing Of IPOs Of Financial Institutions, in: Journal of Business Finance and Accounting, Vol. 21, Nr. 7, 1994, S. 1013-1030.

ALMISHER, MOHAMAD A. (RISK, 1998):
Systematic risk, general market factors and underpricing of the IPO's, Lehigh University, Mai 1998.

ANDERSON, SETH C./ BEARD, T. RANDOLPH/ BORN JEFFREY A. (INITIAL PUBLIC OFFERINGS, 1995):
Initial public offerings: findings and theories, Boston u. a. 1995.

ANG, JAMES S./ BRAU, JAMES C. (FIRM, 2002):
Firm transparency and the costs of going public, in: Journal of Financial Research, Frühjahr 2002, Vol. 25, Nr. 1, S. 1-17.

AROSIO, ROBERTO/ BERTONI, FABIO/ GIUDICI, GIANCARLO (NUOVO MERCATO, 2001):
The good, the bad and the ugly - everyone wants to join the 'Nuovo Mercato', Working Paper, University of Bergamo, Januar 2001.

AROSIO, ROBERTO/ GIUDICI, GIANCARLO/ PALEARI, STEFANO (MARKET, 2000):
What drives the initial market performance of Italian IPOs? An empirical investigation on underpricing and price support, Working Paper, University of Bergamo, Oktober 2000.

AROSIO, ROBERTO/ GIUDICI, GIANCARLO/ PALEARI, STEFANO (MARKET, 2001):
The market performance of Italian IPOs in the long-run, Working Paper, University of Bergamo, Januar 2001.

AROSIO, ROBERTO/ GIUDICI, GIANCARLO/ PALEARI, STEFANO (STOCK, 2000):
Why do (or did?) internet-stock IPOs leave so much 'money on the table'?, Working Paper, University of Bergamo, Dezember 2000.

ASQUITH, D./ JONES, J. D./ KIESCHNICK, R. (EVIDENCE, 1998):
Evidence on price stabilisation and underpricing in early IPO returns, in: Journal of Finance, Vol. 53, 1998, S. 1759-1773.

AUER, LUDWIG VON (ÖKONOMETRIE, 1999):
Ökonometrie: eine Einführung, New York u. a. 1999.

AUER, LUDWIG VON (ÖKONOMETRIE, 2003):
Ökonometrie: eine Einführung, 2. Auflage, Berlin u. a. 2003.

AUSSENEGG, WOLFGANG (GOING PUBLIC, 2000):
Going public in Übergangsökonomien: Das Preisverhalten on initial public offerings in Polen, Wiesbaden 2000.

AUSSENEGG, WOLFGANG (PERFORMANCE, 1997):
Die Performance Österreichischer initial public offerings, in: Finanzmarkt und Portfolio Management, 11. Jg, Nr. 4, 1997, S. 413-431.

AUSSENEGG, WOLFGANG (PERFORMANCE, 1997):
Short and long-run performance of initial public offerings in the Austrian Stock Market, Working Paper Nr. 24, Vienna University of Technology, Augsut 1997.

AUSSENEGG, WOLFGANG (UNDERPRICING, 1993):
Underpricing and initial public offerings - Going public on the Vienna Stock Exchange: 1984-1992, Working Paper, Karl-Franzens-Universität Graz, April 1993.

AUSSENEGG, WOLFGANG. (UNDERPRICING, 1994):
Title Underpricing und initial public offerings - Eine empirische Untersuchung von Erstemissionen am Österreichischen Aktienmarkt: 1984-1992, in: Helmut Uhlir (Hrsg.), Arbeitspapiere der Bankwissenschaftlichen Gesellschaft, Bd. 3, Wien 1994, S. 1-28.

AUSSENEGG, WOLFGANG/ PICHLER, PEGARET/ STOMPER, ALEX (PRICES, 2002):
Sticky prices: IPO pricing on Nasdaq and the Neuer Markt, Working Paper, Vienna University of Technology, März 2002.

BADIU, G. ET AL. (DIFFERENCES, 1996):
International differences in oversubscription and underpricing of IPOs, in: Journal of Corporate Finance, Vol. 2, Nr. 4, Juli 1996, S. 359-381.

BALL, RAY (THEORY, 1995):
The theory of stock market efficiency: accomplishments and limitations, in: Journal of Applied Corporate Finance, Vol. 8, Nr. 1, Frühjahr 1995, S. 4-17.

BALVERS, RONALD J./ AFFLECK-GRAVES, JOHN/ MILLER, ROBERT E./ SCANLON, KEVIN (UNDERPRICING, 1993):
The underpricing of initial public offerings: a theoretical and empirical reconsideration of the adverse selection hypothesis, in: Review of Quantitative Finance and Accounting, Vol. 3, Nr. 2, 1993, S. 221-239.

BALVERS, RONALD J./ McDONALD, BILL/ MILLER, ROBERT E. (UNDERPRICING, 1988):
Underpricing of new issues and the choice of auditor as a signal of investment banker reputation, in: Accounting Review, Vol. 63, Nr. 4, Oktober 1988, S. 605-622.

BARBER, BRAD M./ LYON, JOHN D. (SIZE, 1997):
Detecting lon-run abnormal stock returns: the empirical power and specifiaction of test statistics, in: Journal of Financial Economics, Vol. 43, 1997, S. 341-372.

BARBER, BRAD M./ LYON, JOHN D./ TSAI, C.-L. (METHODS, 1999):
Improved methods for tests of long-run abnormal stock returns, in: Journal of Finance, Vol. 54, Nr. 1, S. 165-201.

BARON, DAVID P. (MODEL, 1982):
A model of the demand for investment banking advising and distributions services for new issues, in: Journal of Finance, Vol. 37, Nr. 4, September 1982, S. 955-976.

BARON, DAVID P./ HOLMSTRÖM, BENGT (INVESTMENT, 1980):
The investment banking contract for new issues under asymmetric information: delegation and the incentive problem, in: Journal of Finance, Vol. 35, Nr. 5, Dezember 1980, S. 1115-1138.

BARRY, CHRISTOPHER B. (INITIAL PUBLIC OFFERING, 1989):
Initial public offerings underpricing: the issuer's view – a comment, in: Journal of Finance, Vol. 44, Nr. 4, September 1989, S. 1099-1103.

BARRY, CHRISTOPHER B. (UNDERPRICING, 1989):
Initial public offering Underpricing: The Issuer's View-A Comment, in: Journal of Finance, Vol. 44, Nr. 4. September 1989, S. 1099-1103.

BARRY, CHRISTOPHER B./ JENNINGS, ROBERT H. (PRICE, 1993):
The opening price performance of initial public offerings of common stock, in: Financial Management, Vol. 22, Nr. 1, Frühjahr 1993, S. 54-63

BEATTY, RANDOLPH P./ RITTER, JAY R. (INVESTMENT, 1986):
Investment banking, reputation, and the underpricing of initial public offerings, in: Journal of Financial Economics, Vol. 15, Nr. 1/2, 1986, S. 213-232.

BECHT, DOMINIQUE M. (EFFIZIENZ, 1999):
Effizienz und Nichtlinearität auf dem Aktienmärkten: Eine theoretische und empirische Synopsis der neueren Kapitalmarktforschung, Basel 1999.

BEECHEY, MEREDITH/ GRUEN, DAVID/ VICKERY, JAMES (EFFICIENT MARKET, 2000):
The efficient market hypothesis: a survey, Research Discussion Paper, Economic Research Department Research Bank of Australia, Januar 2000.

BEIKER, HARTMUT (ÜBERRENDITEN, 1993):
Überrenditen und Risiken kleiner Aktiengesellschaften: eine theoretische und empirische Analyse des deutschen Kapitalmarktes von 1966-1989, in: Steiner, M. (Hrsg.), Reihe: Finanzierung, Steuern, Wirtschaftsprüfung, Bd. 20, Köln 1993.

BENVENISTE, LAWRENCE M/ SPINDT, PAUL A. (INVESTMENT BANKERS, 1989):
How investment bankers determine the offer price and allocation of new issues, in: Journal of Financial Economics, Vol. 15, S. 343-362.

BENVENISTE, LAWRENCE/ FU, HUIJING/ SEGUIN, PAUL J./ YU, XIAOYUN (ANTICIPATION, 2000):
On the anticipation of IPO underpricing: evidence from equity carve-outs, Working Paper, University of Minnesota, November 2000.

BERGLUND, TOM (PRICING, 1994):
The pricing of initial public offerings: a simple model, Working Paper, Swedish School of Economics and Business Administration, August 1994.

BERGRATH, ANDREAS (ERTRAGSWERTMETHODE, 1997):
Vergleich der deutschen Ertragswertmethode mit der amerikanischen Discounted-Cash-Flow-Methode, Würzburg 1997.

BESSEMBINDER, HENDRIK/ CHAN, KALOK (MARKET EFFICIENCY, 1998):
Market efficiency and the returns to technical analysis, in: Financial Management, Vol. 27, Nr. 2, Sommer 1998, S. 5-17.

BIAIS, BRUNO/ BOSSAERTS, PETER/ ROCHET, JEAN-C. (IPO, 2002):
An optimal IPO mechanism, in: The Review of Economic Studies, Januar 2002, Vol. 69, Nr. 1, S. 117-146.

BILL, MARKUS (EMISSIONSPREISFESTSETZUNG, 1991):
Die Emissionspreisfestsetzung bei Going publics in der Schweiz, Schriftenreihe Bank- und finanzwirtschaftliche Forschungen, Band 147, Bern u.a. 1991.

BLÄTTCHEN, WOLFGANG (BÖRSE, 2000):
Warum Sie überhaupt an die Börse gehen sollen – die Sicht eines externen Beraters, in: Volk, Gerrit (Hrsg.), Going public: der Gang an die Börse, 3. Auflage, Stuttgart 2000, S. 3-26.

BLÄTTCHEN, WOLFGANG/ JACQUILLAT, BERTRAND (BÖRSENEINFÜHRUNG, 1999):
Börseneinführung: Theorie und Praxis, Frankfurt am Main 1999.

BLÄTTCHEN, WOLFGANG/ JASPER, THOMAS (GOING PUBLIC, 1999):
Going public: Wachstumsfinanzierung über die Börse, Bonn 1999.

BLOCK, S./ STANLEY, M. (FINANCIAL CHARACTERISTICS, 1980):
The financial characteristics and price movements patterns of companies approaching the un-seasoned securities market in the late 1970s, in: Financial Management, Winter 1980, S. 30-36.

BLOWERS, STEPHEN C./ GRIFFITH, PETER H./ MILAN, THOMAS L. (IPO, 1999):
The Ernst & Young LLP guide to the IPO value journey, New York 1999.

BLUME, LAWRENCE/ EASLEY, DAVID (MARKETS, 2001):
If you're so smart, why aren't you rich? Belief selection in complete and incomplete markets, Working Paper, Cornell University, Juni 2001.

BOEHMER, EKKEHART (CONTENT, 1993):
The informational content of initial public offerings: a critical analysis of the ownership-retention signalling model, in: International Review of Financial Analysis, Vol. 2, Nr. 2, 1993, S. 77-95.

BOLDT, BOB L./ ARBIT, HAL L. (EFFICIENT MARKETS, 1984):
Efficient markets and the professional investor, in: Financial Analysts Journal, Vol. 40, Nr. 4, Juli/August 1984, S. 22-34.

BOMMEL, JOS VAN (MESSAGES, 2002):
Messages from market to management: the case of IPOs, in: Journal of Corporate Finance, Vol. 8, Nr. 2, März 2002, S. 123-138.

BOMSDORF, ECKART (STATISTIK, 1997):
Deskriptive Statistik: mit einem Anhang zur Bevölkerungs- und Erwerbsstatistik, Köln 1997.

BOOTH, J. R./ SMITH, R. L. (CAPITAL RAISING, 1986):
Capital raising, underwriting and the certification hypothesis, in: Journal of Financial Economics, Vol. 15, 1986, S. 261-281.

BOOTH, JAMES (IPO, 1994):
The IPO underpricing puzzle, in: Economic Letter, März 1994.

BOOTH, JAMES R./ CHUA, LENA (OWNERSHIP, 1996):
Ownership dispersion, costly information, and IPO underpricing, in: Journal of Financial Economics, Vol. 41, Nr. 2, Juni 1996, 291-310.

BORNMÜLLER, GERD (AKTIENOPTIONSPROGRAMME, 2002):
Aktienoptionsprogramme für Führungskräfte, Hamburg 2002.

BOSCH, ULRICH/ GROß, WOLFGANG (EMISSIONSGESCHÄFT, 1998):
Das Emissionsgeschäft, Köln 1998.

BOWMAN, ROBERT G. (UNDERSTANDING, 1983):
Understanding and conducting event studies, in: Journal of Business Finance & Accounting, Vol. 10, Nr. 4, 1983, S. 561-584.

BOYLE, PHELIM P. (DISCUSSION, 1989):
Discussion: the valuation of initial public offerings, in: Contemporary Accounting Research, Vol. 5, Nr. 2, 1989, S. 516-518.

BRADLEY, DANIEL/ JORDAN, BRAD (IPO, 2001):
All is not quiet on the IPO front, Working Paper, University of Kentucky, Juli 2001.

BRASE, MATTHIAS (UNTERSUCHUNGEN, 1986):
Portfoliotheoretische Untersuchungen zum Einfluß von Erwartungsbildungen auf die Zins- und Laufzeitstruktur des Kapitalmarktes, Freiburg 1986.

BRAV, ALON/ GOMPERS, PAUL A. (MYTH, 1997):
Myth or reality? The long-run underperformance of initial public offerings: evidence from venture and nonventure capital-backed companies, in: Journal of Finance, Vol. 52, Nr. 5. Dezember 1997, S. 1791-1821.

BRAV, ALON/ HEATON, J. B. (THEORIES, 2000):
Competing theories of financial anomalies, Working Paper, Duke University, April 2000.

BREALEY, RICHARD A./ MYERS, STEWART C. (PRINCIPLES, 1995):
Principles of corporate finance, New York 1984.

BREALEY, RICHARD A./ MYERS, STEWART C. (PRINCIPLES, 2000):
Principles of corporate finance, 6. Auflage, New York 2000.

BRECKLING, JENS/ SASSIN, OLIVER (APPROACH, 1996):
A non-parametric approach to time series forecasting, in: Schröder, Michael (Hrsg.), Quantitative Verfahren im Finanzmarktbereich, ZEW Wirtschaftsanalysen, Bd. 5, 1. Auflage, Baden-Baden 1996, S. 241-256.

BRENNAN, MICHAEL J./ FRANKS, JULIAN (UNDERPRICING, 1997):
Underpricing, ownership and control in initial public offerings of equity securities in the UK, in: Journal of Financial Economics, Vol. 45, Nr. 3, September 1997, S. 391-413.

BREUER, ROLF-E. (EMISSIONSGESCHÄFT, 1993):
Das Emissionsgeschäft, in: Kloten, Norbert/ Stein, Johann von (Hrsg.), Geld-, Bank- und Börsenwesen, 39. Auflage, Stuttgart 1993, S. 530-547.

BROUNEN, DIRK/ EICHHOLTZ, PIET (INITIAL PUBLIC OFFERINGS, 2002):
Initial public offerings: evidence from the British, French and Swedish property share markets, in: Journal of Real Estate Finance and Economics, Vol. 24, Nr. 1/2, Januar 2002, S. 103-117.

BROWN, STEPHEN J./ GOETZMANN, WILLIAM/ IBBOTSON, ROGER G./ ROSS, STEPHEN A. (SURVIVORSHIP, 1992):
Survivorship bias in performance studies, in: The Review of Financial Studies, Vol. 5, Nr. 4, S. 553-580.

BRÜHL, VOLKER/ SINGER, WOLGANG S. (UNDERPRICING, 2002):
Das Underpricing von Neuemissionen: Erklärungsansätze und ökonomische Effekte, in: Wirtschaftswissenschaftliches Studium, Vol. 31, Nr. 4, 2002, S. 214-217.

BUERMEYER, MARC (CORPORATE CAPITAL EFFICIENCY, 2000):
Corporate capital efficiency: zur Effizienz externer und interner Kapitalmärkte unter besonderer Berücksichtigung der Börseneinführungsentscheidung, Bamberg 2000.

BÜNING, H./ TRENKLER, J. (METHODEN, 1978):
Nichtparametrische statistische Methoden,Berlin u. a. 1978.

BÜSCHGEN, HANS E. (BANKBETRIEBSLEHRE, 1998):
Bankbetriebslehre: Bankgeschäfte und Bankmanagement, 5. Auflage, Wiesbaden 1998.

BÜSCHGEN, HANS E. (EIGENKAPITAL, 1997):
Börsenmäßiges Eigenkapital für kleinere und mittlere Unternehmen, in: ÖBA, Nr. 2 und Nr. 3, 1997, S. 94-104.

BUSSE, JEFFREY A./ GREEN, T. CLIFTON (Market, 2002):
Market efficiency in real time, in: Journal of Financial Economics, Vol. 65, Nr. 3, September 2002, S. 415-437.

CAMERER, COLIN (BUBBLES, 1989):
Bubbles and fads in asset prices: a review of theory and evidence, in: Journal of Economic Surveys, Vol. 3, 1989, S. 3-41.

CAMPBELL, JOHN Y./ LO, ANDREW W./ MACKINLEY, A. CRAIG (ECONOMETRICS, 1997):
The econometrics of financial markets, Princeton, New Jersey 1997.

CAO, MELANIE/ SHI, SHOUYONG (PUBLICITY, 1999):
Publicity and clustering of IPO underpricing, Working Paper, Queen's University, Juli 1999.

CAO, MELANIE/ SHI, SHOUYONG (PUBLICITY,2000):
Publicity and clustering of IPO underpricing, Working Paper, Queen's University, Juli 2000.

CAO, MELANIE/ SHI, SHOUYONG (SIGNALLING, 2001):
Signalling in the internet craze of initial public offerings, Working Paper, York University and University of Toronto, Canada 2001.

CARLS, ANDRÉ (GOING PUBLIC, 1996):
Das Going Public Geschäft der Banken: Markt und risikopolitische Implikationen, Wiesbaden 1996.

CARTER, RICHARD B./ DARK, FREDERICK H./ SINGH, AAJAI K. (UNDERWRITER, 1998):
Underwriter reputation, initial returns, and the long-run performance of IPO stocks, in: Journal of Finance, Vol. 53, Nr. 1, Februar 1998, S. 285-311.

CARTER, RICHARD/ MANASTER, STEVEN (INITIAL PUBLIC OFFERINGS, 1990):
Initial public offerings and underwriter reputation, in: Journal of Finance, Vol. 45, Nr. 4, September 1990, S. 1045-1067.

CHALK, ANDREW J./ PEAVY, JOHN W. (INITIAL PUBLIC OFFERINGS, 1987):
Initial public offerings: daily returns, offering types and the price effect, in: Financial Analysts Journal, September/Oktober 1987, S. 65-69.

CHALK, ANDREW J./ PEAVY, JOHN, W. (UNDERSTANDING, 1990):
Understanding the pricing of initial public offerings, in: Research in Finance, Vol. 8, 1990, S. 203-240.

CHEMANUR, THOMAS J. (PRICING, 1993):
The pricing of initial public offerings: a dynamic model with information production, in: Journal of Finance, Vol. 48, Nr. 1, März 1993, S. 285-304.

CHEMMANUR, THOMAS J./ FULGHIERI, PAOLO (INVESTMENT BANK, 1994):
Investment bank reputation, information production, and financial intermediation, in: Journal of Finance, Vol. 49, Nr. 1, März 1994, S. 57-79.

CHEN, ANLIN/ HUNG, CHEN C./ WU, CHIN-W. (UNDERPRICING, 2002A):
The underpricing and excess returns of initial public offerings in Taiwan based on noisy trading: a stochastic frontier model, in: Review of Quantitative Finance and Accounting, Vol. 18, Nr. 2, März 2002, S. 139-159.

CHEN, CARL R./ MOHAN, NANCY J. (UNDERWRITER, 2002):
Underwriter spread, underwriter reputation, and IPO underpricing: a simultaneous equation analysis, in: Journal of Business Finance & Accounting, Vol. 29, Nr. 3/4, April/Mai 2002, S. 521-540.

CHEN, HSUAN-C./ RITTER, JAY R. (SOLUTION, 2000):
The seven percent solution, in: Journal of Finance, Vol. 55, Nr. 3, Juni 2000, S. 1105-1131.

CHEUNG, SHERMAN C./ KRINSKY, ITZHAK (INFORMATION, 1994):
Information asymmetry and the underpricing of initial public offerings: further empirical evidence, in: Journal of Business Finance and Accounting, Vol. 21, Nr. 5, 1994, S. 739-748.

CHIANG, KEVIN C./ HARIKUMAR, T. (PRODUCTION, 2002):
Information production and IPO offering price clusters: further evidence explaining underpricing and long-run underperformance, Working Paper, University of Alaska Fairbanks, March 2002.

CHO, SUNG-II (MODEL, 2001):
A model for IPO pricing and contract choice decision, in: The Quarterly Review of Economics and Finance, Vol. 41, Herbst 2001, S. 347-364.

CHOPRA, NAVIN/ LAKONISHOK, JOSEF/ RITTER, JAY R. (PERFORMANCE, 1992):
Measuring abnormal performance: do stocks overreact ?, in: Journal of Financial Economics, Vol. 31, 1992, S. 235-268.

CHOWDHRY, BHAGWAN/ NANDA, VIKRAM (STABILIZATION, 1996):
Stabilization, syndication, and pricing of IPOs, in: Journal of Financial and Quantitative Analysis, Vol. 31, Nr. 1, März 1996, S. 25-42.

CHOWDHRY, BHAGWAN/ SHERMAN, ANN (DIFFERENCES, 1996):
International differences in oversubscription and underpricing of IPOs, in: Journal of Corporate Finance, Vol. 2, Juli 1996, S. 359-381.

CHOWDHRY, BHAGWAN/ SHERMAN, ANN (WINNER'S CURSE, 1996):
The winner's curse and international methods of allocating initial public offerings, in: Pacific-Basin Finance Journal, Vol. 4, 1996, S. 15-30.

CLARE, ANDREW/ THOMAS, STEPHEN (OVERREACTION, 1995):
The overreaction hypothesis and the UK stockmarket, in: Journal of Business Finance & Accounting, Vol. 22., Nr. 7, Oktober 1995, S. 961-974.

CLARKSON, PETER M. (UNDERPRICING, 1994):
The underpricing of initial public offerings ex ante uncertainty, and proxy selection, in: Accounting and Finance, Vol. 34, Nr. 2, 1994, S. 67-78.

COCCA, TEODORO D. (ZUTEILUNGSDILEMMA, 2000):
Das Zuteilungsdilemma der Emissionsbank: Finanztheoretische und regulatorische Aspekte, Working Paper, Institut für schweizerisches Bankwesen der Universität zu Zürich, August 2000.

COCHRANE, JOHN H. (VOLATILITY, 1991):
Volatility tests and efficient markets: a review essay, in: Journal of Monetary Economics, Vol. 27, Nr. 3; 1991, S. 463-485.

CORRADO, CHARLES J. (TEST, 1989):
A nonparametric test for abnormal security-price performance in event studies, in: Journal of Financial Economics, Vol. 23, 1989, S. 385-395.

CORWIN, SHANE A./ HARRIS, JEFFREY H./ LIPSON, MARC L. (DEVELOPMENT, 2002):
The development of secondary market liquidity for NYSE-listed IPOs, Working Paper, University of Notre Dame, University of Delaware and University of Georgia, Januar 2002.

CUTHBERTSON, KEITH/ HYDE, STUART (EXCESS, 2002):
Excess volatility and efficiency in French and German stock markets, in: Economic Modelling, Vol. 19, Nr. 3, Mai 2002, S. 399-418.

DAWSON, STEVEN M. (STOCK, 1987):
Secondary stock market performance of initial public offers, Hong Kong, Singapore and Malaysia: 1978-1984, in: Journal of Business Finance & Accounting, Vol. 14, Frühjahr 1987, S. 65-76.

DE BONDT, WERNER F. M./ THALER, RICHARD (MARKET, 1985):
Does the stock market overreact ?, in: Journal of Finance, Vol. 40, Nr. 3, Juli 1985, S. 793-805.

DE BONDT, WERNER F. M./ THALER, RICHARD H. (EVIDENCE, 1987):
Further evidence on investor overreaction and stock market seasonality, in: Journal of Finance, Vol. 42, Nr. 3, Juli 1987, S. 557-582.

DE LONG, J. BRADFORD/ SHLEIFER, ANDREI/ SUMMERS, LAWRENCE H./ WALDMANN, ROBERT J. (NOISE, 1990):
Noise trader risk in financial markets, in: Journal of Political Economy, Vol. 98, Nr. 4, 1990, S. 703-798.

DEGEORGE, FRANCOIS S. (ESSAYS, 1992):
Essays on initial public offerings of stock, Cambridge, Massachusetts 1992.

DEGRAW, IRVING H. (IPOs, 1999):
New industry IPO's: a test of clustering, seasoning, and underwriter specialization, Nova Southeastern University, 1999.

DELOOF, MARC/ DE MAESENEIRE, WOUTER/ INGHELBRECHT, KOEN (VALUATION, 2002):
The valuation of IPOs by investment banks and the stock market: empirical evidence, Working Paper Nr. 136, Universität Genf, Februar 2002.

DEMMER, CHRISTINE/ HENKEL, REGINA/ THURN, BRIGITTE (BÖRSENGANG, 1999):
Börsengang für Mittelständler, Bonn 1999.

DENNING, KAREN C./ FERRIS, STEPHEN P./ WOLFE, GLEN (UNDERPRICING, 1992):
IPO underpricing, firm quality, and subsequent reissuance activity, in: Journal of Small Business Finance, Vol. 2, Nr. 1, 1992, S. 71-86.

DERRIEN, FRANÇOIS/ WOMACK, KENT L. (AUCTIONS, 2001):
Auctions vs. bookbuilding and the control of underpricing in hot IPO markets, Working Paper, Dartmouth College, November 2001.

DEUTSCHE BÖRSE AG (DESIGNATED SPONSORS, 2002):
Neue Aktienmarktsegmentierung: Designated Sponsors erhöhen Liquidität, Mitteilung der Deutschen Börse AG v. 12. November 2002.

DEUTSCHE BÖRSE AG (FACTBOOK, 1998):
Factbook 1997, Frankfurt am Main 1998.

DEUTSCHE BÖRSE AG (FACTBOOK, 1999):
Factbook 1998, Frankfurt am Main 1999.

DEUTSCHE BÖRSE AG (FACTBOOK, 2000):
Factbook 1999, Frankfurt am Main 2000.

DEUTSCHE BÖRSE AG (FACTBOOK, 2001):
Factbook 2000, Frankfurt am Main 2001.

DEUTSCHE BÖRSE AG (FACTBOOK, 2002):
Factbook 2001, Frankfurt am Main 2002.

DEUTSCHE BÖRSE AG (FACTBOOK, 2003)
Factbook 2002, Frankfurt am Main 2003.

DEUTSCHE BÖRSE AG (GOING PUBLIC-GRUNDSÄTZE, 2002):
Going Public-Grundsätze, Fassung vom 15. Juli 2002, Frankfurt am Main 2002.

DEUTSCHE BÖRSE AG (HINTERGRUNDINFORMATIONEN, 2003):
Hintergrundinformationen zur Struktur des Aktienmarktes, Frankfurt am Main, März 2003, abzurufen unter www.deutsche-boerse.com.

DEUTSCHE BÖRSE AG (INDEXKONZEPT, 2002):
Das neue Indexkonzept, Mitteilung der Deutschen Börse AG v. November 2002.

DEUTSCHE BÖRSE AG (NEUE AKTIENMARKTSEGMENTIERUNG, 2002):
Neue Aktienmarktsegmentierung an der Frankfurter Wertpapierbörse, Mitteilung der Deutschen Börse AG v. 25. September 2002.

DEUTSCHE BÖRSE AG (NEUER MARKT, 2001):
Neuer Markt: Das Segment für junge Wachstumsunternehmen, Frankfurt am Main 2001.

DEUTSCHE BÖRSE AG (VISION, 2000):
Vision + Money, Spezial, Juli 2000.

DEUTSCHE BÖRSE AG, (AKTIENMARKTSEGMENTIERUNG, 2002):
Deutsche Börse stellt neue Aktienmarktsegmentierung vor, Mitteilung der Deutschen Börse AG v. 30. September 2002.

DEUTSCHE BUNDESBANK (ENTWICKLUNG, 2002):
Entwicklung des Bankstellennetzes im Jahr 2001, Deutsche Bundesbank, Hausruf 3277, Frankfurt am Main, 12. August 2002, S. 1-9.

DEUTSCHE INFORMATIONSBÖRSE AG (NEUE MARKT, 1999):
Der Neue Markt, Frankfurt am Main 1999.

DEUTSCHES AKTIENINSTITUT E. V. (FACTBOOK, 1999):
DAI-Factbook 1999, Frankfurt am Main 1999.

DEUTSCHES AKTIENINSTITUT E. V. (FACTBOOK, 2001):
DAI-Factbook 2001, Frankfurt am Main 2001.

DEUTSCHES AKTIENINSTITUT E. V. (RECHNUNGSLEGUNG, 2002):
Rechnungslegung am Neuen Markt: Die Einhaltung der Ausweispflichten nach IAS und US-GAAP, Frankfurt am Main 2002.

DIBA, BEHZAD T./ GROSSMAN, HERSCHEL I. (BUBBLES, 1988):
Explosive rational bubbles in stock prices ?, in: The American Economic Review, Vol. 78, Nr. 3, Juni 1988, S. 520-530.

DIMSON, ELROY/ MARSH, PAUL (EVENT, 1986):
Event study methodologies and the size effect, the case of UK press recommendations, in: Journal of Financial Economics, Vol. 17, 1986, S. 113-142.

DOFEL, KATJA (AUKTION, 2000):
Auktion bei Trius-Aktie erfolgreich, in: Financial Times Deutschland v. 10. März 2000, S. 21.

DÖHRMANN, ANDREAS (UNDERPRICING, 1990):
Underpricing oder fair value: Das Kursverhalten deutscher Erstemissionen, Wiesbaden 1990.

DRAHO, JASON (EFFECT, 2001):
The effect of public information on the timing and pricing of IPOs, Yale University, Dezember 2001.

DRAKE, PHILIP D./ VETSUYPENS, MICHAEL R. (IPO, 1993):
IPO underpricing and insurance against legal liability, in: Financial Management, Vol. 22, 1993, S. 64-73.

DRESDNER KLEINWORT WASSERSTEIN (PERFORMANCE, 2001):
Performance des Neuen Marktes im internationalen Kontext, in: Deutsche Börse AG (Hrsg.), Neuer-Markt-Report, Frankfurt am Main 2001, S. 12-36.

DUCHARME, LARRY L./ RAJGOPAL, SHIVARAM/ SEFCIK, STEPHAN E. (IPO, 2001):
Why was internet IPO underpricing so severe?, Working Paper, University of Washington, September 2001.

DUCHARME, LARRY L./ RAJGOPAL, SHIVARAM/ SEFCIK, STEPHAN E. (LOWBALLING, 2001):
Lowballing for 'Pop': the case of internet IPO underpricing, Working Paper, University of Washington, Januar 2001.

DUNBAR, CRAIG G. (FACTORS, 1997):
Factors affecting investment bank initial public offering market share, Working Paper, University of Pittsburgh, April 1997.

DUNBAR, CRAIG G. (FACTORS, 2000):
Factors affecting investment bank initial public offering market share, in: Journal of Financial Economics, Vol. 55, 2000, S. 3-41.

ECKEY, HANS-FRIEDRICH/ KOSFELD, REINHOLD/ DREGER, CHRISTIAN (ÖKONOMETRIE, 1995):
Ökonometrie: Grundlagen – Methoden - Beispiele, Wiesbaden 1995.

EHRHARDT, OLAF (BÖRSENEINFÜHRUNGEN, 1997):
Börseneinführungen von Aktien am deutschen Kapitalmarkt, in: Krahnen, Jan P./ Stehle, Richard (Hrsg.), Empirische Finanzmarktforschung, Wiesbaden 1997.

EHRHARDT, OLAF/ NOWAK, ERIC (STOCK, 2000):
Long-run stock performance and corporate governance changes in IPOs of German family-owned firms, Working Paper, Humboldt University and Johann Wolfgang Göthe-University, März 2000.

ELTON, EDWIN J./ GRUBER, MARTIN J. (PORTFOLIO, 1987):
Modern portfolio theory and investment analysis, 3. Ausgabe, New York u.a. 1987.

ESPENLAUB, SUSANNE/ GREGORY, ALAN/ TONKS, ALAN (RE-ASSESSING, 2000):
Re-assessing the long-term performance of UK initial public offerings, in: European Financial Management, September 2000, S. 319-342.

ESPENLAUB, SUSANNE/ TONKS, IAN (SALES, 1998):
Post-IPO directors' sales and reissuing activity: an empirical test of IPO signalling models, in: Journal of Business Finance and Accounting, Vol. 25, Nr. 9/10, November/Dezember 1998, S. 1037-1088.

EVERETT, ROBERT W. (ADVERSE SELECTION, 1998):
Adverse selection in the market for initial public offerings and reverse leveraged buyouts, George Washington University, November 1998.

FAMA, EUGENE F. (BEHAVIOR, 1965):
The behavior of stock-market prices, in: Journal of Business, Vol. 38, Nr. 1, Januar 1965, S. 34-105.

FAMA, EUGENE F. (MARKET EFFICIENCY, 1998):
Market efficiency, long-term returns, and behavioral finance, in: Journal of Financial Economics, Vol. 49, Nr. 3, 1998, S. 283-306.

FAMA, EUGENE F. (MARKETS, 1970):
Efficient capital markets: a review of theory and empirical work, in: Journal of Finance, Vol. 25, Nr. 2, Mai 1970, S. 383-417.

FAMA, EUGENE F. (MARKETS, 1991):
Efficient capital markets II, in: Journal of Finance, Vol. 46, Nr. 5, Dezember 1991, S. 1575-1617.

FAMA, EUGENE F. (NOTE, 1973):
A note on the market model and the two-parameter model, in: Journal of Finance, Vol. 28, 1973, S. 1181-1185.

FAMA, EUGENE F. (REPLY, 1976):
Reply, in: Journal of Finance, Vol. 31, Nr. 1, März 1976, S. 143-145.

FAMA, EUGENE F./ FISHER, LAWRENCE/ JENSEN, MICHAEL C./ ROLL, RICHARD (ADJUSTMENT, 1969):
The adjustment of stock prices to new information, in: International Economic Review, Vol. 10, Nr. 1, Februar 1969, S. 1-21.

FAMA, EUGENE F./ FRENCH, KENNETH R. (FACTORS, 1986):
Common factors in the serial correlation of stock returns, Working Paper Nr. 200, Chicago 1986.

FERNANDO, CHITRU S./ KRISHNAMURTHY, SRINIVASAN/ SPINDT, PAUL A. (PRICE, 2002):
Is the offer price in IPOs informative? Underpricing, ownership structure, and performance, Working Paper, Wharton Financial Institutions Center, Februar 2002.

FERRES, PETER (MOTIVE, 2001):
Motive für den Börsengang, in: Wieselhuber & Partner GmbH (Hrsg.), Börseneinführung mit Erfolg: Voraussetzungen, Maßnahmen und Konzepte, 2. Auflage, Wiesbaden 2001, S. 15-27.

FILATOTCHEV, IGOR/ BISHOP, KATE (BOARD, 2002):
Board composition, share ownership, and underpricing of U.K. IPO firms, in: Strategic Management Journal, Vol. 23, Nr. 10, Oktober 2002, S. 941-955.

FINN, F./ HIGHAM, R. (PERFORMANCE, 1988):
The performance of unseasoned new equity issues-cum-stock exchange lisitings in Australia, in: Journal of Banking and Finance, Vol. 12, 1988, S. 333-351.

FISCHER, CHRISTOPH (COMPANIES, 2000):
Why do companies Go Public? Empirical evidence from Germany's Neuer Markt, Working Paper, University of Munich (LMU), Mai 2000.

FISCHER, CHRISTOPH (MOTIVE, 2000):
Motive des Börsengangs am Neuen Markt: Die Publikumsfinanzierung von Innovationen aus theoretischer und empirischer Sicht, in: Ashauer, G. et al. (Hrsg.), Untersuchungen über das Spar-, Giro- und Kreditwesen, Bd. 171, Berlin 2001.

FLOOD, ROBERT P./ HODRICK, ROBERT J. (BUBBLES, 1990):
On testing for speculative bubbles, in: Journal of Economic Perspectives, Vol. 4, Nr: 2, Frühling 1990, S. 85-101.

FOHLIN, CAROLINE (IPO, 2000):
IPO underpricing in two universes: Berlin, 1882-1892, and New York, 1998-2000, Working Paper, California Institute of Technology, Mai 2000.

FÖRSCHLE, GERHART/ HELMSCHROTT, HARALD (NEUER MARKT, 2001):
Neuer Markt an der Frankfurter Wertpapierbörse: Ratgeber rund um den Börsengang an den Neuen Markt, 3. Auflage, Frankfurt 2001.

FÖRSCHLE, GERHART/ HELMSCHROTT, HARALD (NEUER MARKT, 2001A):
Neuer Markt: Rückblick auf Veränderungen im Jahr 2000 und Ausblick, in: Finanz Betrieb, Vol. 2, 2001, S. 111-116.

FOSTER-JOHNSON, LYNN/ LEWIS, CRAIG M./ SEWARD, JAMES K. (IPOS, 2000):
Busted IPOs and windows of misopportunity, Working Paper, Dartmouth College, Vanderbilt University and University of Wisconsin-Madison, April 2000.

FRANCIONI, RETO (BETREUER, 1997):
Der Betreuer im Neuen Markt, in: Die Bank, Nr. 2, 1997, S. 68-71.

FRANCIONI, RETO (EIGENKAPITAL, 1997):
Eigenkapital für wachstum sorientierte Unternehmen – der Neue Markt der Deutschen Börse AG, in: Gerke, Wolfgang (Hrsg.), Die Börse der Zukunft, Stuttgart 1997, S. 87-95.

FRANCIONI, RETO (NEUER MARKT, 1998):
Neuer Markt erfolgreich etabliert, in: Verlag Börsen-Zeitung (Hrsg.), Der Neue Markt der Frankfurter Wertpapierbörse, Frankfurt am Main 1998, S. 5-6.

FRANCIONI, RETO/ GUTSCHLAG, THOMAS (NEUE MARKT, 1998):
Der Neue Markt, in: Volk, Gerrit (Hrsg.), Going public: der Gang an die Börse, 2. Auflage, Stuttgart 1988, S. 27-41.

FRANCIS, BILL B./ HASAN, IFTEKHAR (UNDERPRICING, OHNE JAHRGANG):
Underpricing of venture and non venture capital IPOs: an empirical investigation, Working Paper, University of South Florida and New York University, ohne Jahrgang.

FRANCIS, JACK C./ ARCHER, ST. H. (PORTFOLIO, 1979):
Portfolio Analysis, 2. Auflage, Englewood Cliffs 1979, S. 40ff.

FRANKFURTER, GEORGE M./ MCGOUN, ELTON G. (ANOMALIES, 2001):
Anomalies in finance - What are they and what are they good for?, in: International Review of Financial Analysis, Vol. 10, Nr. 4, Winter 2001, S. 407-429.

FRANKFURTER, GEORGE M./ MCGOUN, ELTON G. (MARKET EFFICIENCY, 2000):
Market efficiency or behavioral finance: the nature of the debate, in: Journal of Psychology and Financial Markets, Vol. 1, Nr. 3, September 2000, S. 200-210.

FRANZKE, STEFANIE A. (UNDERPRICING, 2001):
Underpricing of venture-backed and non venture-backed IPOs: Germany´s Neuer Markt, Working Paper Nr. 2001/01, Center for Financial Studies, Frankfurt am Main September 2001.

FRITSCH, U. (BUCH, 1987):
Das Buch der Börseneinführung, 2. Auflage, Köln 1987.

FROHN, JOACHIM (GRUNDAUSBILDUNG, 1995):
Grundausbildung in Ökonmetrie, 2. Auflage, Berlin u. a. 1995.

FUKUDA, ATSUO (EFFECTS, 1997):
The effects of pricing regulations on underpricing and the newly issued IPO shares in the Japanese IPO market, in: KSU Economic and Business Review, Vol. 24, Nr. 4, 1997, S. 447-466.

FULGHIERI, PAOLO/ SPIEGEL, MATTHEW (THEORY, 1993):
A theory of the distribution of underpriced initial public offers by investment banks, in: Journal of Economics and Management Strategy, Vol. 2, Nr. 4, Winter 1993, S. 509-530.

GABRIEL, PAUL E./ MARSDEN, JAMES R./ STANTON, TIMOTHY J. (MARKET, 1993):
Testing market efficiency with information on individual investor performance, in: International Review of Economics and Finance, Vol. 2, Nr. 2, 1993, S. 149-162.

GALE, IAN/ STIGLITZ, JOSEPH E. (INFORMATION, 1989):
The information content of initial public offerings, in: Journal of Finance, Vol. 44, Nr. 2, 1989, S. 469-478.

GARFINKEL, JON A. (IPO, 1993):
IPO underpricing, insider selling and subsequent equity offerings: is underpricing a signal of quality ?, in: Financial Management, Vol. 22, 1993, S. 74-83.

GAULKE, JÜRGEN/ KÜHN, ULRICH (NEUE MARKT, 1999):
Der Neue Markt, München 1999.

GERKE, W./ BANK, M./ NEUKIRCHEN, D./ RASCH, S. (KAPITALMARKT, 1995):
Probleme deutscher mittelständischer Unternehmen beim Zugang zum Kapitalmarkt, Baden Baden 1995.

GERKE, WOLFGANG (BÖRSE, 1997):
Die Börse der Zukunft, Stuttgart 1997.

GERKE, WOLFGANG (NEUE MARKT, 1999):
Der Neue Markt, in: Wirtschaftswissenschaftliches Studium, Nr. 4, April 1999, S. 204-206.

GERKE, WOLFGANG (NEUER MARKT, 2002):
Neuer Markt: Mehr Transparenz, bitte!, in: Handelsblatt v. 7. Mai 2002.

GERKE, WOLFGANG/ BANK, MATTHIAS/ EHRLICH, FRANK/ FLEISCHER, JÖRG (RANKING, 2001):
Ranking der Emissionsbanken, Working Paper, Friedrich-Alexander-Universität Erlangen, 2001.

GERKE, WOLFGANG/ BOSCH, ROBERT (NEUEN MARKT, 1999):
Die Betreuer am Neuen Markt: eine empirsche Analyse, Working Paper Nr. 1999/12, Universität Erlangen-Nürnberg, März 1999.

GERKE, WOLFGANG/ FLEISCHER, JÖRG (PERFORMANCE, 2001):
Die Performance der Börengänge am Neuen Markt, in: Schmalenbachs Zeitschrift für betriebswirtschaftliche Forschung, 53. Jg., Dezember 2001, S. 827-839.

GERKE, WOLFGANG/ RAPP, HEINZ-WERNER (EIGENKAPITALBESCHAFFUNG, 1993):
Eigenkapitalbeschaffung durch Erstemissionen von Aktien, in: Günter, Gebhardt/ Gerke, Wolfgang/ Steiner, Manfred (Hrsg.), Handbuch des Finanzmanagements: Instrumente und Märkte der Unternehmensfinanzierung, München 1993.

GERKE, WOLFGANG/ RÜTH, VOLKER VAN/ SCHÖNER, MANFRED A. (INFORMATIONSBÖRSE, 1992):
Informationsbörse für Beteiligungen an mittelständischen Unternehmen, Stuttgart 1992, S. 165-185.

GERTH, H./ NIERMANN, S. (KAPITALMARKTEFFIZIENZ, OHNE JAHRGANG):
Kapitalmarkteffizienz und Verteilung von Aktienrenditen: eine empirische Untersuchung, Diskussionspapier Nr. 246, Fachbereich Wirtschaftswissenschaften Universität Hannover, Hannover ohne Jahrgang.

GILLES, MARTIN ET AL. (NEUER MARKT, 2001):
Neuer Markt: Märkte, Branchen und Aktienselektion, WestLB Panmure, Düsseldorf Juni 2001.

GILLES, MARTIN ET AL. (NEUER MARKT, 2001):
Neuer Markt: Vertrauenskrise, WestLB Panmure, Düsseldorf Juli 2001.

GIUDICI, GIANCARLO/ PALEARI, STEFANO (UNDERPRICING, 1999):
Underpricing, price stabilization and long run performance in initial public offerings: a study on the Italian stock market between 1985 and 1998, Working Paper, University of Bergamo, Juli 1999.

GIUDICI, GIANCARLO/ ROOSENBOOM, PETER (PRICING, 2002):
Pricing initial public offerings on 'new' European stock markets, Working Paper, University of Bergamo, Juni 2002.

GOERGEN, MARC (GOVERNANCE, 1998):
Corporate governance and financial performance: a study of German and UK initial public offerings, Cheltenham 1998.

GOERGEN, MARC (INSIDER, 1999):
Insider retention and long-run performance in German and UK IPOs, Working Paper, School of Management UMIST, Dezember 1998.

GOLDMAN, ELENA (EFFICIENT MARKET, 2000):
Testing efficient market hypothesis for the dollar-sterling gold standard exchange rate 1890-1906: MLE with double truncation, in: Economics Letters, Vol. 69, Nr. 3, Dezember 2000, S. 253-259.

GOMPERS, PAUL A./ LERNER, JOSH (PERFORMANCE, 2000):
The really long-run performance of IPOs: the pre-Nasdaq evidence, Working Paper, Harvard Business School, Juli 2000.

GONCALVES, SILVIA/ KILIAN, LUTZ (BOOTSTRAPPING, 2002):
Bootstrapping autoregressions with conditional heteroskedasticity of unknown form, Working Paper Nr. 26/02, Economic Research Center of the Deutsche Bundesbank, November 2002.

GÖNENC, HALIT (LONG-TERM-PERFORMANCE, 1999):
The long-term performance of initial public offerings (IPOs): venture capitalists, reputation of investment bankers, and corporate structure, Mai 1999.

GÖPPL, H./ SAUER, A. (BEWERTUNG, 1990):
Die Bewertung von Börsenneulingen: einige empirische Ergebnisse, in: Ahlert, D./ Franz, K. P./ Göppl, H. (Hrsg.), Finanz- und Rechnungswesen als Führungsinstrument, Festschrift Vormbaum, Wiesbaden 1990, S. 157-178.

GÖPPL, HERMANN/ LÜDECKE, TORSTEN/ SAUER, ANDREAS (FINANZDATENBANK, 1993):
Die Deutsche Finanzdatenbank (DFDB): Datenbank-Handbuch – Teil I – Beschreibung der Kursdaten für Aktien und Optionsscheine, Institut für Entscheidungstheorie und Unternehmensforschung der Universität Karlsruhe.

GORDON, MYRON J./ JIN, JIAZHEN (RISK, 1993):
Risk, asymmetric payoffs, and the underpricing of initial public offerings, in: Research in Finance, Vol. 11, Nr. 1, 1993, S. 133-165.

GRINBLATT, MARK/ HWANG, CHUANG Y. (SIGNALLING, 1989):
Signaling and the pricing of new issues, in: Journal of Finance, Vol. 44, Nr. 2, Juni 1989, S. 393-420.

GROSSMAN, SANFORD J. (EFFICIENCY, 1976):
On the efficiency of competitive stock markets where trades have diverse information, in: Journal of Finance, Vol. 31, Nr. 2, Mai 1976, S. 573-585.

GRUBER, ANDREAS (SIGNALE, 1988):
Signale, bubbles und rationale Anlagestrategien auf Kapitalmärkten, Wiesbaden 1988.

GRUBER, JOSEF (ÖKONMETRIE, 1997):
Ökonometrie, Einführung in die multiple Regression und Ökonmetrie, Bd. 1, München 1997.

GRUNDMANN, WOLFGANG (BOOKBUILDING, 1995):
Bookbuilding: ein neues Emissionsverfahren setzt sich durch, in: Zeitschrift für das gesamte Kreditwesen, Vol. 48, Nr. 18, 1995, S. 916-917.

HABIB, M. A./ LJUNGQVIST, ALEXANDER P. (UNDERPRICING, 1998):
Underpricing and IPO proceeds: a note, in: Economics Letters, Vol. 61, Nr. 3, Dezember 1998, S. 381-383.

HABIB, MICHEL A./ LJUNGQVIST, ALEXANDER P. (UNDERPRICING, 2001):
Underpricing and entrepreneurial wealth losses in IPOs: theory and evidence, in: The Review of Financial Studies, Vol. 14, Nr. 2, Januar 2001, S. 433-458.

HAGENMÜLLER, K. F./ DIEPEN, G. (BANKBETRIEB, 1993):
Der Bankbetrieb, Wiesbaden 1993.

HAHN, TE-W. (PRICE, 2000):
Price formation, liquidity, and overreaction in the IPO market Tuscaloosa University, 2000.

HAKENES, HENDRIK/ NEVRIES, PASCAL (UNDERPRICING, 2002):
Underpricing initial public offerings due to the value increasing publicity effect, Working Paper, Westfälische Wilhelms-Univeristät Münster, Januar 2002.

HANLEY, KATHLEEN W. (UNDERPRICING, 1993):
The underpricing of initial public offerings and the partial adjustment phenomenon, in: Journal of Financial Economics, Vol. 34, Nr. 2, 1993, S. 231-250.

HANLEY, KATHLEEN W./ KUMAR, ARUN A./ SEGUIN, PAUL J. (PRICE, 1993):
Price stabilization in the market for new issues, in: Journal of Financial Economics, Vol. 37, 1993, S. 239-257.

HANLEY, KATHLEEN W./ WILHELM, WILLIAM J. (EVIDENCE, 1995):
Evidence on the strategic allocation of initial public offerings, in: Journal of Financial Economics, Vol. 37, Nr. 2, Februar 1995, S. 239-257.

HANSEN, HERBERT (EMISSIONSKURSE, 1991):
Überhöhte Emissionskurse bei Börseneinführungen, in: AG, Oktober 1991, S. R. 369-374.

HANSEN, ROBERT S. (EVALUATING, 1986):
Evaluating the costs of a new equity issue, in: Midland Corporate Finance Journal, Vol. 4, 1986, S. 42-55.

HANSEN, ROBERT S. (INVESTMENT, 2001):
Do investment banks compete in IPOs? The advent of the "7% plus" contract, in: Journal of Financial Economics, Vol. 59, Nr. 3, 2001, S. 313-346.

HANSSON, BJÖRN/ LJUNGQVIST, ALEXANDER P. (MISPRICING, 1993):
Mispricing of intial public offerings: evidence from Germany, Working Paper Series Nr. 19, 1993, University of Lund.

HARRINGTON, DIANA R. (PORTFOLIO, 1983):
Modern portfolio theory and the capital asset pricing model, Englewood Cliffs – New Jersey 1983.

HARTUNG, JOACHIM (STATISTIK, 1995):
Multivariate Statistik: Lehr- und Handbuch der angewandten Statistik, 5. Auflage, München u. a. 1995.

HAWAWINI, GABRIEL (EQUITY, 1984):
European equity markets: price behavior and efficieny, Monograph Series in Finance and Economics Nr. 4, New York 1984.

HAWAWINI, GABRIEL (STOCK, 1989):
Stock market anomalies and the pricing of equity on the Tokyo stock exchange, Working Paper Nr. 90, INSEAD, Fontainebleau September 1989.

HEIL, JOHANN (EINFÜHRUNG, 2000):
Einführung in die Ökonometrie, 6. Auflage, München u.a. 2000.

HENSLER, DOUGLAS A. (LITIGATION, 1995):
Litigation costs and the underpricing of initial public offerings, in: Managerial and Decision Economics, Vol. 16, Nr. 2, März/April 1995, S. 111-128.

HEUSINGER, ROBERT VON (MARKT, 1998):
Der Neue Markt hat sich als Wachstumsbörse durchgesetzt, in: Verlag Börsen-Zeitung (Hrsg.), Der Neue Markt der Frankfurter Wertpapierbörse, Frankfurt am Main 1998, S. 7-11.

HEUSINGER, ROBERT VON (NEUER MARKT, 1998):
Neuer Markt startet Anfang März, in: Verlag Börsen-Zeitung (Hrsg.), Der Neue Markt der Frankfurter Wertpapierbörse, Börsen-Zeitung vom 2. Oktober 1996, Frankfurt am Main 1998, S. 13.

HEYL, DANIEL C. (NOISE, 1995):
Noise als finanzwirtschaftliches Phänomen: eine theoretische Untersuchung der Bedeutung von Noise am Aktienmarkt, in: Krahnen, Jan P./ Rudolph, Bernd (Hrsg.), Schriftenreihe des Instituts für Kapitalmarktforschung an der J. W. Goethe-Universität Frankfurt am Main, Band XVI, Frankfurt am Main 1995.

HIDDING, BRUNO (BÖRSE, 1988):
Die Börse als Finanzierungsquelle, in: Herdt, H. et al. (Hrsg.), Der Gang an die Börse, Handbuch der Neuemissionen, 3. Auflage, Frankfurt am Main 1988, S. 13-24.

HIDDING, BRUNO (NEUER MARKT, 2000):
Neuer Markt: ein Baustein der deutschen Aktienkultur, in: Beyer, Sven/ Eberts, Manfred (Hrsg.), Praxisrelevante Fragestellungen aus Investmentanalyse und Finanzierung, Stuttgart 2000, S. 69-84.

HIELSCHER, UDO (INVESTMENTANALYSE, 1996):
Investmentanalyse, 2. Auflage, München 1996.

HOFFMANN-BURCHARDI, ULRIKE (CLUSTERING, 2001):
Clustering of initial public offerings, information revelation and underpricing, in: European Economic Review, Vol. 45, Februar 2001, S. 353-383.

HÖGHOLM, KENNETH (DETERMINANTS, 1994):
Determinants of the underpricing of initial public offerings in Sweden, Swedish School of Economics and Business Administration, Working Paper, Vasa Juni 1994.

HOHLA, MARTIN (GOING PUBLIC, 2001):
Going public von jungen Technologieunternehmen, Wiesbaden 2001.

HOLTRUP, AXEL (ERGEBNISSE, 1993):
Ergebnisse der Börseneinführung in Deutschland: Ursachen und ihre Lektionen für die Zukunft, in: AG, April 1993, S. 99-105.

HONG TEOH, SIEW/ WELCH, IVO/ WONG, T.J. (MANAGEMENT, 1998):
Earnings Management and the Long-Run Performance of initial public offerings, in: Journal of Finance, Vol. 53, Nr. 6, Dezember 1998, S. 1935-1974.

HOW, JANICE C./ IZAN, H.Y./ MONROE, GARY S. (INFORMATION, 1995):
Differential information and the underpricing of initial public offerings: Australian evidence, in: Accounting and Finance, Vol. 35, Nr. 1, 1995, S. 87-105.

HUANG, QI/ LEVICH, RICHARD M. (UNDERPRICING, 1999):
Underpricing of new equity offerings by privatized firms: an international test, Hofstra University and New York University, September 1999.

HUGHES, JOHN S. (DISCUSSION, 1989):
Discussion: the valuation of initial public offerings, in: Contemporary Accounting Research, Vol. 5, Nr. 2, 1989, S. 519-525.

HUGHES, PATRICIA J. (SIGNALING, 1986):
Signaling by direct disclosure under asymmetric information, in: Journal of Accounting and Economics, Vol. 8, 1986, S. 119-142.

HUGHES, PATRICIA J./ THAKOR, ANJAN V. (LITIGATION, 1992):
Litigation risk, intermediation, and the underpricing of initial public offerings, in: The Review of Financial Studies, Vol. 5, Nr. 4, 1992, S. 709-742.

HUNGER, ADRIAN (IPO, 2001):
IPO-Underpricing und die Besonderheiten des Neuen Marktes: eine ökonomische Analyse börsenrechtlicher Marktsegmentierung, Europäische Hochschulschriften, Reihe V, Volks- und Betriebswirtschaft, Bd. 2754, Frankfurt am Main u. a. 2001.

HUSSON, BRUNO/ JACQUILLAT, BERTRAND (NEW ISSUES, 1989):
French new issues, underpricing and alternative methods of distribution, in: Guimareaes, V. R./ Kingsman, B./ Taylor, S. (Hrsg.), A reappraisal of the efficiency of financial markets, Heidelberg 1989, S. 349-368.

IBBOTSON, ROGER G. (PERFORMANCE, 1975):
Price performance of common stock new issues, in: Journal of Financial Economics, Vol. 2, September 1975, S. 235-272.

IBBOTSON, ROGER G./ JAFFE, JEFFREY F. (MARKETS, 1975):
"Hot issue" markets, in: Journal of Finance, Vol. 30, 1975, S. 1027-1042.

IBBOTSON, ROGER G./ RITTER, JAY R. (INITIAL PUBLIC OFFERINGS, 1995):
Initial public offerings, in: Jarrow, R. A./ Makisimovic, V./ Ziemba, W. T. (Hrsg.), Finance, Handsbooks in Operations Research and Management Science, Vol. 9, 1995, S. 993-1013.

IBBOTSON, ROGER G./ SINDELAR, JODY L./ RITTER, JAY R. (INITIAL PUBLIC OFFERINGS, 1988):
Initial public offerings, in: Journal of Applied Corporate Finance, Vol. 1, 1988, S. 37-45.

IBBOTSON, ROGER G./ SINDELAR, JODY L./ RITTER, JAY R. (MARKET'S PROBLEM, 1994):
The market's problems with the pricing of initial public offerings, in: Journal of Applied Corporate Finance, Vol. 7, Nr. 1, Frühjahr 1994, S. 66-74.

INGERSOLL, JONATHAN E.(RESULTS, 1984):
Some results in the theory of arbitrage pricing, in: Journal of Finance, Vol. 39, Nr. 4, September 1984, S. 1021-1039.

IRVINE, S./ STEWART, J./ ROSENBAUM, A. (SELLING, 1996):
Selling the family silver, in: Euromoney, Januar 1996, S. 57-66.

JACQUILLAT, BERTRAND (BOURSE, 1989):
L'introduction en bourse, 1. Auflage, Paris 1989.

JAIN, BHARAT A. (ADVERSE SELECTION, 1997):
Tests of adverse selection models in the New Issues Market, in: Omega, Vol. 25, Nr. 3, Juni 1997, S. 365-376.

JAIN, BHARAT A. (UNDERPRICING, 1994):
The underpricing of 'unit' initial public offerings, in: Quarterly Review of Economics and Finance, Vol. 34, Nr. 3, Herbst 1994, S. 309-325.

JAIN, BHARAT A./ KINI, OMESH (PERFORMANCE, 1994):
The post-issue operating performance of IPO firms, in: Journal of Finance, Vol. 49, Nr. 5, Dezember 1994, S. 1699-1726.

JAKOB, ELMAR (INITIAL PUBLIC OFFERINGS, 1998):
Initial public offerings: aktuelle Entwicklungen des Aktienemissionsgeschäftes, Wiesbaden 1998.

JANKOWITSCH, REGINA M. (RAMPENLICHT, 2001):
Im Rampenlicht der Börsen, Frankfurt am Main 2001.

JECKLE, MICHAEL (ÜBERLEGUNGEN, 1993):
Überlegungen zur Diskussion um die Informationseffizienz von Kapitalmärkten, in: Schredelseker, Klaus (Hrsg.), Österreichische Kapitalmarktstudien, Bd. 4, Wien 1994.

JEGADEESH, NARASIMHAN/ WEINSTEIN, MARK/ WELCH, IVO (INVESTIGATION, 1993):
An empirical investigation of IPO returns and subsequent equity offernigs, in: Journal of Financial Economics, Vol. 34, Nr. 2, 1993, S. 153-175.

JENKINSON, T.J (INITIAL PUBLIC OFFERINGS, 1990):
Initial public offerings in the United Kingdom, the United States, and Japan, in: Journal of the Japanese and International Economies, Vol. 4, 1990, S. 428-449.

JENKINSON, TIM/ JONES, HOWARD (BIDS, 2002):
Bids and allocations in European IPO bookbuilding, Working Paper, Oxford University, Juli 2002.

JENKINSON, TIM/ LJUNGQVIST, ALEXANDER (GOING PUBLIC, 2001):
Going public, 2. Auflage, New York 2001.

JENKINSON, TIM/ LJUNGQVIST, ALEXANDER/ WILHELM, WILLIAM J. (INTEGRATION, 2000):
Global integration in primary equity markets: the role of US banks and US investors, Working Paper, Stern School of Business, New York University 2000.

JENSEN, MICHAEL C. (EVIDENCE, 1978):
Some anomalous evidence regarding market efficiency, in: Journal of Financial Economics, Vol. 6, September 1978, S. 95-101.

JOG, VIJAY M./ RIDING, ALLAN L. (UNDERPRICING, 1987):
Underpricing in Canadian IPO's, in: Financial Analysts Journal, November/Dezember 1987, S. 48-55.

JOG, VIJAY/ WANG, LIPING (VOLATILITY, 2002):
Aftermarket volatility and underpricing of Canadian initial public offerings, Working Paper, Carleton University, Januar 2002.

JOHNSON, JAMES M./ MILLER, ROBERT E. (INVESTMENT, 1988):
Investment banker prestige and the underpricing of initial public offerings, in: Financial Management, Vol. 17, Nr. 2, Sommer 1988, S. 19-29.

JOHNSTON, J. (METHODS, 1984):
Econometric methods, 3. Auflage, New York u. a. 1984.

KADEN, JENS (GOING PUBLIC, 1991):
Going public und Publizität, Zürich 1991.

KÄHLER, JÜRGEN (REGRESSIONSANALYSE, 2002):
Regressionsanalyse, in: Schröder, Michael (Hrsg.), Finanzmarkt-Ökonometrie: Basistechniken, Fortgeschrittene Verfahren, Prognosemodelle, Stuttgart 2002, S. 33-129.

KANDEL, SHMUEL/ SARIG, ODED/ WOHL, AVI/ (DEMAND, 1999):
The demand for stocks: an analysis of IPO auctions, in: The Review of Financial Studies, Vol. 12, Nr. 2, Sommer 1999, S. 227-247.

KARIYA, TAKEAKI (METHODS, 1993):
Quantitative methods for portfolio analysis: MTV model approach, Norwell u. a. 1993.

KASERER, CHRISTOPH/ KEMPF, VOLKER (BOOKBUILDING, 1996):
Bookbuilding: Das Underpricing-Phänomen, in: Die Bank, Nr. 3, 1996, S. 184-186.

KASERER, CHRISTOPH/ KEMPF, VOLKER (UNDERPRICING, 1995):
Das Underpricing-Phänomen am deutschen Kapitalmarkt und seine Ursachen: Eine empirische Analyse für den Zeitraum 1983-1992, in: Zeitschrift für Bankrecht und Bankwirtschaft, Nr. 1, Januar 1995, S. 45-68.

KASERER, CHRISTOPH/ KRAFT, MARCUS (ISSUE, 2000):
How issue size, risk, and complexity influences external financing costs – the case of IPO's in Germany, Working Paper, University of Fribourg and University of Wuerzburg, November 2000.

KEANE, SIMON M. (STOCK, 1983):
Stock market efficiency: theory, evidence and implications, Oxford 1983.

KELOHARJU, MATTI (CURSE, 1992):
Winner's curse, legal liability, and the long-run price performance of initial public offerings in Finland, in: Keloharju, Matti (Hrsg.), Three essays on initial public offerings, The Helsinki School of Economics and Business Administration, Helsinki 1992.

KELOHARJU, MATTI (IPO, 1992):
Initial IPO returns and the characteristics of subsequent seasoned offerings in Finland, in: Keloharju, Matti (Hrsg.), Three essays on initial public offerings, The Helsinki School of Economics and Business Administration, Helsinki 1992.

KELOHARJU, MATTI (RULES, 1992):
Winner's curse, allocation rules, and optimal underpricing in initial public offerings, in: Keloharju, Matti (Hrsg.), Three essays on initial public offerings, The Helsinki School of Economics and Business Administration, Helsinki 1992.

KELOHARJU, MATTI (WINNER'S CURSE, 1993):
The winner's curse, legal liability, and the long-run price performance of initial public offerings in Finland, in: Journal of Financial Economics, Vol. 34, Nr. 2, 1993, S. 251-277.

KENDALL, M. G. (ANALYSIS, 1964):
The analysis of economic time-series – part I: prices, in: Cootner, Paul H. (Hrsg.), The random character of stock market prices, Cambridge (Mass.) 1964, S. 85-99.

KIM, BYUNGJU (REGULATORY, 2000):
The regulatory and procedural effects on the underpricing of initial public offerings in Korea, Lehigh University, Juni 2000.

KIM, JEONG-B./ KRINSKY, ITZHAK/ LEE JASON (PERFORMANCE, 1995):
The aftermarket performance of initial public offerings in Korea, in: Pacific-Basin Finance Journal, Vol. 3, Nr. 4, Dezember 1995, S. 429-448.

KIM, KENNETH A./ SHIN, HYUN-H. (UNDERPRICING, 2001):
The underpricing of seasoned equity offerings: 1983-1998, Working Paper, University of Wisconsin-Milwaukee and University at Buffalo, Mai 2001.

KIM, MOONCHUL/ RITTER, JAY R. (IPOS, 1999):
Valuing IPOs, KyungHee University and University of Florida, Working Paper, 1998, siehe auch in: Journal of Financial Economics Vol. 53, Nr. 3, September 1999, S. 409-437.

KIYMAZ, HALIL (PERFORMANCE, 2000):
The initial and aftermarket performance of IPOs in an emerging market: evidence from Istanbul stock exchange, in: Journal of Multinational Financial Management, Vol. 10, Juni 2000, S. 213-227.

KLEEBERG, JOCHEN M. (EIGNUNG, 1991):
Die Eignung von Marktindizes für empirische Aktienmarktuntersuchungen, Wiesbaden 1991.

KLEIN, HANS-DIETER/ MEYER, BERND (PERFORMANCE, 2001):
Performance von Neuemissionen, in: Achleitner, Ann-Kristin/ Bassen, Alexander (Hrsg.), Investor Relations am Neuen Markt, Stuttgart 2001.

KLEIN, STEFAN (AKTIEN-ANALYSEMETHODEN, 1999):
Aktien-Analysemethoden versus Effizienzmarkttheorie: Eine emprische Untersuchung ausgewählter Analyse-Ansätze am deutschen Aktienmarkt von 1975-1997 unter Berücksichtigung der Volatiliät des Terminmarktes seit 1991 als potentiellem Prädiktor von Aktienkursveränderungen, Köln 1999.

KMENTA, JAN (ECONOMETRICS, 1986):
Elements of econometrics, 2. Auflage, New York 1986.

KNIGHT, RAINFORD M. (INVESTIGATION, 1997):
An empirical investigation of unit initial public offerings, Florida Altlantic University, 1997.

KOCH, WOLFGANG / WEGMANN, JÜRGEN (BÖRSENEINFÜHRUNG, 1998):
Praktiker-Handbuch Börseneinführung,: Ablauf des Börsengangs mittelständischer Unternehmen, 2. Auflage, Stuttgart 1998.

KOCH, WOLFGANG / WEGMANN, JÜRGEN (BÖRSENEINFÜHRUNG, 2000):
Praktiker-Handbuch Börseneinführung,: Ablauf des Börsengangs mittelständischer Unternehmen – mit Erfahrungsberichten vom Neuen Markt, 3. Auflage, Stuttgart 2000.

KOCH, WOLFGANG/ WEGMANN, JÜRGEN (MITTELSTAND, 1999):
Mittelstand und Neuer Markt, 1. Auflage, Frankfurt am Main 1999.

KOH, FRANCIS/ WALTER, TERRY (TEST, 1989):
A direct test of Rock's model of the pricing of unseasoned issues, in: Journal of Financial Economics, Vol. 23, 1989, S. 251-272.

KOLB, ROBERT W. (INVESTMENTS, 1995):
Investments, 4. Auflage, Miami 1995.

KOOLI, MAHER/ SURET, JEAN-M. (UNDERPRICING, 2001):
The underpricing of initial public offerings: further Canadian evidence, Working Paper, CIRANO, September 2001.

KOOP, GARY/ LI, KAI (VALUATION, 2001):
The valuation of IPO and SEO firms, in: Journal of Empirical Fincance, Vol. 8, Juni 2001, S. 375-401.

KORTS, SEBASTIAN/ KORTS, PETRA (WEG, 2001):
Der Weg zur börsennotierten Aktiengesellschaft: Leitfaden für das Going Public von Unternehmen, 2. Auflage, Heidelberg 2001.

KRAUS, TILO (UNDERPRICING, 2002):
Underpricing of IPOs and the certification role of venture capitalists: evidence from Germany's Neuer Markt, Working Paper, University of Munich (LMU), Februar 2002.

KRIGMAN, LAURIE/ SHAW, WWAYNE H./ WOMACK, KENT L. (PERSISTENCE, 1999):
The persistence of IPO mispricing and the predictive power of flipping, in: Journal of Finance, Vol. 54, Nr. 3, Juni 1999, S. 1015-1044.

KÜFFER, KLAUS (GANG, 1992):
Der Gang eines mittelständischen Unternehmens an die Börse: Motive, Durchführung, Folgen, 2. Auflage, Göttingen 1992.

KUNZ, ROGER M. (GOING PUBLIC, 1991):
Going public in der Schweiz: Preisbildung und Erfolgsfaktoren, Bern und Stuttgart 1991.

KUNZ, ROGER M. (UNDERPRICING, 1990):
Underpricing beim Going public, in: Die Unternehmung, 44. Jg., Nr. 3, 1990, S. 202-221.

KUNZ, ROGER M./ AGGARWAL, REENA (INITIAL PUBLIC OFFERINGS, 1994):
Why initial public offerings are underpriced: evidence from Switzerland, in: Journal of Banking and Finance, Vol. 18, Nr. 4, 1994, S. 705-723.

KUNZ, ROGER M./ STUDER, TOBIAS (BESTIMMUNG, 1989):
Zur Bestimmung des Emissionspreises beim Going public, in: Die Unternehmung, 6. Jg., 1989, S. 472-490.

KÜTING, KARLHEINZ (BILANZIERUNG, 2001):
Bilanzierung und Bilanzanalyse am Neuen Markt, Stuttgart 2001.

LAM, SWEE-S. (RISK, 1992):
Information risk and initial public offerings: an empirical investigation, in: Applied Financial Economics, Vol. 2, 1992, S. 93-98.

LAM, SWEE-S./ YAP, WINNIE (PRICING, 1998):
Pricing system and the initial public offerings market: a case of Singapore, in: International Review of Economics and Finance, Vol. 7, Nr. 3, 1998, S. 297-313.

LANDESZENTRALBANK IM FREISTAAT BAYERN (RISIKOKAPITAL, 1997):
Risikokapital über die Börse, München 1997.

LANG, MICHAEL (EMISSIONSGESCHÄFT, 1993):
Internationales Emissionsgeschäft, Wiesbaden 1993.

LANGEMANN, ANDREAS (VORTEILE, 2000):
Ökonomische Vorteile eines Börsengangs: theoretische Begründbarkeit und empirische Evidenz, Frankfurt am Main u. a. 2000.

LAST, MARKUS (WAHL, 2001):
Wahl von Aktiengattung, Marktsegment und Börsenplatz, in: Wieselhuber & Partner GmbH (Hrsg.), Börseneinführung mit Erfolg: Voraussetzungen, Maßnhamen und Konzepte, 2. Auflage, Wiesbaden 2001, S. 335-340.

LEAMER, EDWARD, E. (ECONOMETRICS, 1990):
Let´s take the con out of econometrics, in: Granger, Clive W. J. (Hrsg.), Modelling economic series: readings in econometric methodology, New York 1990, S. 29-49.

LEE, PHILIP J./ TAYLOR, STEPHEN L./ WALTER, TERRY S. (IPO, 1996):
Australian IPO pricing in the short and long run, in: Journal of Banking and Finance, Vol. 20, Nr. 7, August 1996, S. 1189-1210.

LEE, PHILIP J./ TAYLOR, STEPHEN L./ WALTER, TERRY S. (IPO, 1999):
IPO Underpricing Explanations: Implications from Investor Application and Allocation Schedules, in: Journal of Financial and Quantitative Analysis, Vol. 34, Nr. 4, Dezember 1999, S. 425-444.

LEE, PHILIP J./ TAYLOR, STEPHEN L./ WALTER, TERRY S. (RETURNS, 1996):
Expected and realised returns for Singaporean IPOs: initial and long-run analysis, in: Pacific-Basin Finance Journal, Vol. 4, Juli 1996, S. 153-180.

LEIS, WERNER (PORTFOLIO, 1988):
Portfolio-Selektions-Theorie und ihre Anwendung als Entscheidungsinstrument der Kapitalanlageplanung in Lebensversicherungsunternehmen, Europäische Hochschulschriften, Reihe V, Volks- und Betriebswirtschaft, Bd. 862, Frankfurt am Main u. a. 1988.

LEK CONSULTING GMBH (ANALYSE, 2000):
Analyse der Erfolgsfaktoren beim Börsengang, München 2000.

LELAND, HAYNE E./ PYLE, DAVID H. (INFORMATIONAL ASYMMETRIES, 1977):
Informational asymmetries, financial structure, and financial intermediation, in: Journal of Finance, Vol. 32, Nr. 2, Mai 1977, S. 371-387.

LEVIS, MARIO (PERFORMANCE, 1993):
The long-run performance of initial public offerings: the U.K. experience 1980-1988, in: Financial Management, Vol. 22, Nr. 1, Frühjahr 1993, S. 28-41.

LEVIS, MARIO (WINNER´S, 1990):
The winner's curse problem, interest costs and the underpricing of initial public offerings, in: The Economic Journal, Vol. 100, März 1990, S. 76-89.

LEWIS, CRAIG M./ FOSTER-JOHNSON, LYNN/ SEWARD, JAMES K. (IPOs, 2000):
Busted IPOs and Windows of Misopportunity, Working Paper, April 2000.

LIM, KIAN-G./ NG, EDWARD H. (THEORY, 1999):
A theory of IPO pricing with tender prices, in: Applied Financial Economics, Vol. 9, Nr. 5, Oktober 1999, S. 433-442.

LINOWSKI, DIRK (INVESTOR, 1999):
Investor oriented basic reflections for the portfolio management on Neuer Markt in particular view of the IPO circumstances: an empirical analysis, Rostock 1999.

LINTNER, JOHN (SECURITIES PRICES, 1965):
Securities prices, risk and maximal gains from diversification, in: Journal of Finance, Vol. 20, 1965, S. 587-615.

LINTNER, JOHN (VALUATION, 1965):
The valuation of risk assets and the selection of risky investments in stock portfolios and capital budgets, in: The Review of Economics and Statistics, Vol. 47, Nr. 1, Februar 1965, S. 13-37.

LJUNGQVIST, ALEXANDER P. (PRICING, 1997):
Pricing initial public offerings: further evidence from Germany, in: European Economic Review, Vol. 41, 1997, S. 1309-1320.

LJUNGQVIST, ALEXANDER P./ WILHELM, WILLIAM J. (IPO, 2002):
IPO allocations: discriminatory or discretionary?, in: Journal of Financial Economics, Vol. 65, August 2002, S. 167-201.

LJUNGQVIST, ALEXANDER/ WILHELM, WILLIAM J. (IPO, 2002):
IPO pricing in the dot-com bubble, Working Paper, New York University Stern School of Business, April 2002.

LODERER, CLAUDIO F./ SHEEHAN, DENNIS P./ KADLEC, GREGORY B. (PRICING, 1991):
The pricing of equity offerings, in: Journal of Financial Economics, Vol. 21, 1991, S. 35-57.

LÖFFLER, GUNTER (ZEICHNUNGSRENDITEN, 2000):
Zeichnungsrenditen am Neuen Markt: Gleichgewicht oder Ineffizienz, Working Paper, Johann Wolfgang Goethe-Universität, Frankfurt am Main Juli 2000.

LÖFFLER, GUNTER/ PANTHER, PATRICK F./ THEISSEN, ERIK (INFORMATION, 2001):
Who knows what when? The information content of pre-IPO market prices, Working Paper, University of Frankfurt/Main and University of Bonn, Februar 2001.

LOGUE, DENNIS E. (APPRAISAL, 1971):
An empirical appraisal of the efficiency of the market for first public offerings of common stock, Cornell University 1971.

LOGUE, DENNIS E. (PREMIA, 1973):
Premia on unseasoned equity issues, in: Journal of Economics and Business, Vol. 25, Nr. 3, Frühjahr 1973, S. 133-141.

LOGUE, DENNIS E. (PRICING, 1973):
On the pricing of unseasoned equity issues 1965-1969, in: Journal of Financial and Quantitative Analysis, Vol. 8, Januar 1973, S. 91-104.

LÖHR, ANDREAS (BÖRSENGANG, 2000):
Börsengang, Ulm 2000.

LORIE, JAMES H./ HAMILTON, MARY T. (STOCK, 1973):
The stock market: theories and evidence, Homewood u. a. 1973.

LOUGHRAN, TIM (RETURNS, 1993):
NYSE vs. NASDAQ returns: market microstructure or the poor performance of initial public offerings?, in: Journal of Financial Economics, Vol. 33, Nr. 2, 1993, S. 241-260.

LOUGHRAN, TIM/ RITTER, JAY R. (IPO, 2002):
Why has IPO underpricing changed over time?, Working Paper, University of Notre Dame and University of Florida, August 2002.

LOUGHRAN, TIM/ RITTER, JAY R. (IPO, 2002):
Why has IPO underpricing increased over time ?, Working Paper, University of Notre Dame and University of Florida, März 2002.

LOUGHRAN, TIM/ RITTER, JAY R. (ISSUERS, 2002):
Why don't issuers get upset about leaving money on the table in IPOs?, in: The Review of Financial Studies, Vol. 15, Nr. 2, März 2002, S. 413-443.

LOUGHRAN, TIM/ RITTER, JAY R. (PUZZLE, 1995):
The new issues puzzle, in: Journal of Finance, Vol. 50, Nr. 1, März 1995, S. 23-51.

LOUGHRAN, TIM/ RITTER, JAY R. (TESTS, 2000):
Uniformly least powerful tests of market efficiency, in: Journal of Financial Economics, Vol. 55, Nr. 3, März 2000, S. 361-389.

LOUGHRAN, TIM/ RITTER, JAY R./ RYDQVIST, KRISTIAN (INITIAL PUBLIC OFFERINGS, 1994):
Initial public offerings: International insights, in: Pacific-Basin Finance Journal, Vol. 2, Nr. 2/3, 1994, S. 165-199.

LOUGHRAN, TIMOTHY (INITIAL PUBLIC OFFERING, 2002):
The changing nature of the initial public offering market, in: Journal of Psychology and Financial Markets, Vol. 3, Nr. 1, März 2002, S. 23-28.

LOWRY, MICHELLE/ SCHWERT, G. WILLIAM (BIASES, 2001):
Biases in the IPO pricing process, Working Paper 8586, National Bureau of Economic Research, Cambridge, November 2001.

LOWRY, MICHELLE/ SCHWERT, G. WILLIAM (IPO, 2002):
IPO market cycles: bubbles or sequential learning?, in: Journal of Finance, Vol. 57, Nr. 3, Juni 2002, S. 1171-1200.

LOWRY, MICHELLE/ SCHWERT, G. WILLIAM (IPO, 2002):
Is the IPO pricing process efficient?, Working Paper, Penn State University and University of Rochester and National Bureau of Economic Research, März 2002.

LOWRY, MICHELLE/ SCHWERT, WILLIAM (IPO, 2002):
IPO market cycles: bubbles or sequential learning?, in: Journal of Finance, Vol. 67, Nr. 3, Juni 2002, S. 1171-1198.

LOWRY, MICHELLE/ SHU, SUSAN (LITIGATION, 2002):
Litigation risk and IPO underpricing, in: Journal of Financial Economics, Vol. 65, September 2002, S. 309-335.

LÜTKEPOHL, HELMUT/ TSCHERNING, ROLF (VERFAHREN, 1996):
Nichtparametrische Verfahren zur Analyse und Prognose von Finanzmarktdaten, in: Bol, Georg/ Nakhaeizadeh, Gholamreza/ Vollmer, Karl-Heinz (Hrsg.), Finanzmarktanalyse und –prognose mit innovativen quantitativen Verfahren: Ergebnisse des 5. Karlsruher Ökonometrie-Workshops, Heidelberg 1996, S. 145-171.

MAGER, FERDINAND B. (PERFORMANCE, 2001):
Die Performance von Unternehmen vor und nach dem Börsengang, Wiesbaden 2001.

MALKIEL, BURTON G. (RANDOM WALK, 1996):
A random walk down Wall Street: including a life-cycle guide to personal investing, 6. Auflage, New York u. a. 1996.

MALUCELLI, F. ET AL. (IPO, 1996):
Australian IPO pricing in the short and long run, in: Journal of Banking and Finance, Vol. 20, Nr. 7, August 1996, S. 1189-1210.

MANDELBROT, BENOIT (VARIATION, 1964):
The variation of certain speculative prices, in: Journal of Business, Vol. 36, Nr. 4, Oktober 1963, S. 394-419.

MARINELL, GERHARD (MULTIVARIATE VERFAHREN, 1990):
Multivariate Verfahren: Einführung für Studierende und Praktiker, 3. Auflage, München, 1990.

MARKOWITZ, HARRY M. (ANALYSIS, 1987):
Mean-variance analysis in portfolio choice and capital markets, Oxford u. a. 1987.

MARKOWITZ, HARRY M. (ANALYSIS, 1987):
Mean-variance analysis in portfolio choice and capital markets, Cambridge u. a. 1987.

MARKOWITZ, HARRY M. (FOUNDATIONS, 1991):
Foundations of portfolio theory, in: Journal of Finance, Vol. 46, Nr. 2, Juni 1991, S. 469-477.

MARKOWITZ, HARRY M. (PORTFOLIO, 1952):
Portfolio selection, in: Journal of Finance, Vol. 7, 1952, S. 77-91.

MARKOWITZ, HARRY M. (PORTFOLIO, 1959):
Portfolio selection: efficient diversification of investments, New York u. a. 1959.

MARKOWITZ, HARRY M. (PORTFOLIO, 1991):
Portfolio selection: efficient diversification of investments, 2. Auflage, Cambridge u. a. 1991.

MARKOWITZ, HARRY M. (UTILITY, 1952):
The utility of wealth, in: Journal of Political Economy, Vol. 60, 1952, S. 151ff.

MARTIN, KARIN (GOING PUBLIC, 1993):
Going public für mittelständische Unternehmen in Deutschland aus der Sicht einer Emissionsbank, in: Maschinenbau Nachrichten, Juli 1993, S. 17-21.

MARTIN, THOMAS A. (IPO, 2001):
The IPO of young, high growth SMEs on Neuer Markt, in: Small Business Economics, Vol. 16, Nr. 4, Juni 2001, S. 319-327.

MAUER, DAVID C./ SENBET, LEMMA W. (EFFECT, 1992):
The effect of the secondary market on the pricing of initial public offerings: Theory and Evidence, in: Journal of Financial and Quantitative Analysis, Vol. 27, Nr. 1, März 1992, S. 55-79.

MAUTE, HANSPETER (DUE DILIGENCE, 2001):
Erfolgreich die Due Diligence überstehen, in: Wieselhuber & Partner GmbH (Hrsg.), Börseneinführung mit Erfolg: Voraussetzungen, Maßnhamen und Konzepte, 2. Auflage, Wiesbaden 2001, S. 353-364.

MAY, AXEL (Stand, 1991):
Zum Stand der empirischen Forschung über Informationsverarbeitung am Aktienmarkt: ein Überblick, in: Schmalenbachs Zeitschrift für betriebswirtschaftliche Forschung, 1991, S. 313-335.

McGUINESS, PAUL (INVESTOR, 1993):
Investor- and issuer-related perspectives of IPO underpricing, in: Omega, Vol. 21, Nr. 3, 1993, S. 377-392.

MCGUINNESS, PAUL (EXAMINATION, 1992):
An examination of the underpricing of initial public offerings in Hong Kong: 1980-1990, in: Journal of Business Finance And Accounting, Vol. 19, Nr. 2, 1992, S. 165-186.

MEHRERE AUTOREN (TITEL, 2001):
Titel, in: Wieselhuber & Partner GmbH (Hrsg.), Börseneinführung mit Erfolg: Voraussetzungen, Maßnhamen und Konzepte, 2. Auflage, Wiesbaden 2001.

MELLA, FRANK (SICHT, 1988):
Aus Sicht der Anleger Chancen und Risiken von Neuemissionen, in: Herdt, H. et al. (Hrsg.), Der Gang an die Börse, 3. Auflage, Frankfurt am Main 1988, S. 52-58.

MELLA, FRANK. (CHANCEN, 1986):
Chancen und Risiken von Neuemissionen, in: Herdt, H. et al. (Hrsg.), Der Gang an die Börse, 2. Auflage, Frankfurt am Main 1986, S. 62-66.

MENKHOFF, LUKAS/ RÖCKEMANN, CHRISTIAN (NOISE, 1994):
Noise Trading auf Aktienmärkten: ein Überblick zu verhaltensorientierten Erklärungsansätzen nicht-fundamentaler Kursbildung, in: Zeitschrift für Betriebswirtschaft, 64. Jg., Nr. 3, 1994, S. 277-295.

MENYAH, KOJO/ PAUDYAL, KRISHNA N./ INYANGETE, CHARLES G. (PRICING, 1990):
The pricing of Initial Offerings Of privatised companies on the London stock exchange, in: Accounting and Business Research, Vol. 21, Nr. 81, 1990, S. 51-56.

METTLER, ALFRED (GOING PUBLIC, 1990):
Going public, eine betriebswirtschaftliche Untersuchung schweizerischer Börseneinführungen, Bern u. a. 1990.

MEYER, BERND (OVERREACTION, 1994):
Der Overreaction-Effekt am deutschen Aktienmarkt: Einordnung und empirische Untersuchung der langfristigen Überreaktion, Schriftenreihe der SGZ-Bank, Frankfurt am Main 1994.

MICHAELY, RONI/ SHAW, WAYNE H. (PRICING, 1994):
The pricing of initial public offerings: tests of adverse-selection and signaling theories, in: The Review of Financial Studies, Vol. 7, Nr. 2, Sommer 1994, S. 279-319.

MILLER, ROBERT E./ REILLY, FRANK K. (EXAMINATION, 1987):
An examination of mispricing, returns, and uncertainty for initial public offerings, in: Financial Management, Vol. 16, Nr. 2, 1987, S. 33-38.

MOK, HENRY M./ HUI, Y. V. (UNDERPRICING, 1998):
Underpricing and aftermarket performance of IPOs in Shanghai, China, in: Pacific-Basin Finance Journal, Vol. 6, Nr. 5, November 1998, S. 453-474.

MÖLLER, HANS PETER (INFORMATIONSEFFIZIENZ, 1985):
Die Informationseffizienz des deutschen Aktienmarktes: eine Zusammenfassung und Analyse empirischer Untersuchungen, in: Schmalenbachs Zeitschrift für betriebswirtschaftliche Forschung, 37. Jg., 1985, S. 500-518.

MÜLHAUSEN, D. (GEREGELTER MARKT, 1988):
Ein Jahr geregelter Markt, in: Die Bank, Nr. 6, 1988, S. 342-345.

MÜLLER, KLAUS-PETER (Kapitalmarkteffizienz, 2001):
Europa und die USA im Wettbewerb um Kapitalmarkteffizienz, in: Die Bank, Nr. 12, 2001, S. 836-844.

MUSCARELLA, CHRIS J./ VETSUYPENS, MICHAEL R. (TEST, 1989):
A simple test of Baron's model of IPO underpricing, in: Journal of Financial Economics, Vol. 24, Nr. 1, 1989, S. 125-135.

MUSCARELLA, CHRIS J./ VETSUYPENS, MICHAEL R. (UNDERPRICING, 1989):
The underpricing of 'second' initial public offerings, in: Journal of Financial Research, Vol. 12, Nr. 3, Herbst 1989, S. 183-192.

NAGLER, FRIEDRICH (TIMING-PROBLEME, 1979):
Timing-Probleme am Aktienmarkt: ein Vergleich von Strategien der Random Walk Hypothese, der Formelanlageplanung und der technischen Aktienanalyse, in: Büschgen, Hans E. et al. (Hrsg.), Kölner Bankwirtschaftliche Studien, Bd. 2, Schriftenreihe des Instituts für Bankwirtschaft und Bankrecht an der Universität zu Köln, Köln 1979.

NANDA, VIKRAM (FIRMS, 1988):
Why firms go public, Working Paper, University of Chicago 1988.

NANDA, VIKRAM/ YI, J.-H./ YUN, YOUNGKEOL (REPUTATION, 1995):
Reputation and financial intermediation: an empirical investigation on the impact of IPO mispricing on underwriter market value, Working Paper, University of Michigan 1995.

NANDA, VIKRAM/ YUN, YOUNGKEOL (REPUTATION, 1997):
Reputation and financial intermediation: an empirical investigation of the impact of IPO mispricing on underwriter market value, in: Journal of Financial Intermediation, Vol. 6, Nr. 1, Januar 1997, S. 39-63.

NASDAQ EUROPE (NASDAQ, 2001):
NASDAQ erklärt sich im Rahmen ihrer Europa-Strategie zur Übernahme der Mehrheitsbeteiligung an der EASDAQ bereit, Pressemitteilung vom 27. März 2001.

NEUBERGER, B. M./ LA CHAPELLE, C. R. (NEW ISSUE, 1983):
Unseasoned new issue price performance on three tiers: 1975-1980, in: Financial Management, Herbst 1983, S. 23-28.

NEUS, WERNER (BÖRSENEINFÜHRUNGEN, 1996):
Börseneinführungen, Underpricing und die Haftung von Emissionsbanken, in: Kredit und Kapital, H. 3, 1996, S. 428-455.

NEUS, WERNER (EMISSIONSKREDIT, 1993):
Emissionskredit und Reputationseffekte: Zur Rolle der Banken bei Aktienerstemissionen, in: Zeitschrift für betriebswirtschaftliche Forschung, 63. Jg., H. 9, 1993, S. 897-915.

NEUS, WERNER (THEORIE, 1995):
Zur Theorie der Finanzierung kleinerer Unternehmen, Wiesbaden 1995.

NEUS, WERNER (UNTERBEWERTUNG, 1994):
Unterbewertung beim Gang an die Börse: Ein Modell mit Informationsvorsprung eines Teils der Anleger, in: Schmalenbachs Zeitschrift für betriebswirtschaftliche Forschung, Vol. 46, Nr. 2, 1994, S. 145-170.

NEVIN, E. (REFLECTIONS, 1961):
Some reflections on the New York issue market, in: Oxford Economic Papers, Vol. 13, Nr. 1, 1961, S. 84-102.

NEW YORK STOCK EXCHANGE (EXCHANGE, 2002):
The exchange, IPOs find deep, liquid market at NYSE, study shows, Vol. 9, Nr. 7, Juli 2002.

NG, PATRICK H./ FUNG, S. M./ TAI, BENJAMIN Y. (REPUTATION, 1994):
Auditing firm reputation and the underpricing of initial public offerings in Hong Kong: 1989-1991, in: International Journal of Accounting, Vol. 29, Nr. 3, 1994, S. 220-233.

NIERMANN, WOLF (ZINSFUTURES, 1999):
Zinsfutures und Zinsoptionen: eine differenzierte Analyse erfolgreicher Anlagestrategien, mathematischer Bewertungsmodelle und informationstheoretischer Aspekte, Köln 1999.

NORONHA, GREGORY/ YUNG, KENNETH (LBO, 1997):
Reverse LBO underpricing: information asymmetry or price support?, in: Journal of Applied Business Research, Vol. 13, Nr. 3, 1997, S. 67-77.

O. V. (MITTELSTAND, 1999):
Der Mittelstand in Deutschland, Gruner+Jahr AG & Co., Köln 1999.

PAGANO, MARCO/ PANETTA, FABIO/ ZINGALES, LUIGI (COMPANIES, 1998):
Why do companies go public? An empirical analysis, in: Journal of Finance, Vol. 53, Nr. 1, Februar 1998, S. 27-64.

PAISH, F. W. (NEW ISSUE MARKET, 1951):
The London new issue market, in: Economica, Vol. 18, Nr. 69, 1951, S. 1-17.

PAUDYAL, K./ SAADOUNI, B./ BRISTON, R. J. (PRIVATISATION, 1998):
Privatisation initial public offerings in Malaysia: initial premium and long-term performance, in: Pacific-Basin Finance Journal, Vol. 6, Nr. 5, November 1998, S. 427-451.

PERRIDON, LOUIS/ STEINER, MANFRED (FINANZWIRTSCHAFT, 1993):
Finanzwirtschaft der Unternehmung, 7. Auflage, München 1993.

PHAM, PETER K./ KALEV, PETKO S./ STEEN, ADAM B. (UNDERPRICING, 2002):
Underpricing, stock allocation, ownership structure and post-listing liquidity of newly listed firms, Working Paper, April 2002.

POLLOCK, TIMOTHY GRANT (RISK, 1988):
Risk, reputation, and interdependence in the market for initial public offerings: embedded networks and the construction of organization value, Illinois 1988.

PRABHALA, NAGPURNANAND R./ PURI, MANJU (IPOs, 1999):
What type of IPOs do underwriters support and why? The role of price support in the IPO process, Working Paper, University of Stanford 1998.

PURNANANDAM, AMIYATOSH K./ SWAMINATHAN, BHASKARAN (IPO'S, 2002):
Are IPO's underpriced ?, Working Paper, Cornell University, Mai 2002.

RAJAN, RAGHURAM/ SERVAES, HENRI (ANALYST, 1997):
Analyst following of initial public offerings, in: Journal of Finance, Vol. 52, Nr. 2., Juni 1997, S. 507-529.

RAMAN, KARTIK (ESSAYS, 1998):
Two essays on signaling in financial markets, State University of New York, 1998.

RAPP, HEINZ-WERNER (MARKT, 1995):
Der Markt für Aktienneuemissionen: Preisbildung, Preisentwicklung und Marktverhalten bei eingeschränkter Informationseffizienz, Mannheim 1995.

RASCH, SEBASTIAN (BÖRSENSEGMENTE, 1994):
Börsensegmente für Nebenwerte an Europas Börsen, in: Die Bank, Nr. 9, 1994, S. 512-517.

RASSIDAKIS, PETER (KRITIK, 2000):
Zur Kritik der neoklassischen Theorie. Der „Neue Markt": Anlegerverhalten und die Rolle der Banken, Working Paper, Universität Marburg, Juni 2000.

REGELWERK NEUER MARKT VOM 1. JULI 2002.

REUSCHENBACH, HELMUT (BÖRSENGANG, 2000):
Der Börsengang der Deutschen Telekom AG, in: Volk, Gerrit (Hrsg.), Going public: der Gang an die Börse, 3. Auflage, Stuttgart 2000, S. 159-185.

RITTER, JAY R. (BEHAVIORAL FINANCE, 2002):
Behavioral Finance, Working Paper, University of Florida, August 2002.

RITTER, JAY R. (COSTS, 1987):
The costs of going public, in: Journal of Financial Economics, Vol. 19, Nr. 2, 1987, S. 269-281.

RITTER, JAY R. (INITIAL PUBLIC OFFERINGS, 1998):
Initial public offerings, in: Logue, Dennis/ Seward, James (Hrsg.), Handbook of Modern Finance, reprinted in: Contemporary Finance Digest, Vol. 2, Nr. 1, Frühjahr 1998, S. 5-30.

RITTER, JAY R. (INITIAL PUBLIC OFFERINGS, 1998):
Initial public offerings, in: Contemporary Finance Digest, Vol. 2, Nr. 1, 1998, S. 5-30.

RITTER, JAY R. (MARKET, 1984):
The „hot issue" market of 1980, in: Journal of Business, Vol. 57, Nr. 2, April 1984, S. 215-240.

RITTER, JAY R. (PERFORMANCE, 1991):
The long-run performance of initial public offerings, in: Journal of Finance, Vol. 46, Nr. 1, März 1991, S. 3-27.

RITTER, JAY R. (RETURNS, 2000):
Returns on IPOs during the five years after issuing, for IPOs from 1970-1998, Working Paper, University of Florida, Oktober 2000.

RITTER, JAY R./ WELCH, IVO (REVIEW, 2002):
A review of IPO activity, pricing, and allocations, in: Journal of Finance, Vol. 57, Nr. 4, August 2002, S. 1795-1828.

ROCK, KEVIN (NEW ISSUES, 1986):
Why new issues are underpriced, in: Journal of Financial Economics, Vol. 15, Nr. 1/2, 1986, S. 187-212.

RÖDL, BERND/ ZINSER, THOMAS (GOING PUBLIC, 1999):
Going public: der Gang mittelständischer Unternehmen an die Börse, Frankfurt am Main 1999.

RÖDL, BERND/ ZINSER, THOMAS (GOING PUBLIC, 2000):
Going public: der Gang mittelständischer Unternehmen an die Börse, 2. Auflage, Frankfurt am Main 2000.

RÖELL, ALISA (DECISION, 1996):
The decision to go public, in: European Economic Review, Vol. 40, 1996, S. 1071-1081.

ROELOFSEN, NIELS K. (INITIAL PUBLIC OFFERINGS, 2002):
Initial public offerings am Neuen Markt: Eine Analyse zum Underpricing Phänomen, Hamburg 2002.

ROHLEDER, MICHAEL (EMISSIONSPREISFINDUNG, 2001):
Emissionspreisfindung und Emissionsverfahren, in: Wieselhuber & Partner GmbH (Hrsg.), Börseneinführung mit Erfolg: Voraussetzungen, Maßnhamen und Konzepte, 2. Auflage, Wiesbaden 2001, S. 393-416.

ROLL, RICHARD (CRITIQUE, 1977):
A critique of the asset pricing theory's tests: part I – on past and potential testability of the theory, in: Journal of Financial Economics, Vol. 4, 1977, S. 129-176.

ROLL, RICHARD/ ROSS, STEPHEN (INVESTIGATION, 1979):
An empirical investigation of the arbitrage pricing theory, Diskussionspapier der Graduate School of Managament, University of California, Los Angeles and School of Organisation and Management, Yale University 1979, S. 15-79.

ROLL, RICHARD/ ROSS, STEPHEN (INVESTIGATION, 1980):
An empirical investigation of the arbitrage pricing theory, in: Journal of Finance, Vol. 35, Nr. 5, Dezember 1980, S. 1073-1103.

ROLL, RICHARD/ ROSS, STEPHEN A. (ARBITRAGE, 1984):
The arbitrage pricing theory, approach to strategic portfolio planning, in: Financial Analysts Journal, Mai/Juni 1984, S. 14-26.

ROSENTHAL, ROBERT W./ WANG, RUQU (Explanation, 1993):
An explanation of inefficiency in markets and a justification for buy-and-hold strategies, in: Canadian Journal of Economics, Vol. 26, Nr. 3, August 1993, S. 609-624.

ROSS, ST. A./ WESTERFIELD, R. W/ JAFFE, J. F. (FINANCE, 1993):
Corporate finance, 3. Auflage, Homewood 1990.

ROSS, STEPHEN A. (ARBITRAGE, 1976):
The arbitrage theory of capital asset pricing, in: Journal of Economic Theory, Nr. 13, Dezember 1976, S. 341-360.

ROSS, STEPHEN A. (CAPM, 1977):
The CAPM, short-sale restrictions and related issues, in: Journal of Finance, Vol. 32, 1977, S. 177-183.

ROSS, STEPHEN A. (STATUS, 1978):
The current status of the capital asset pricing model (CAPM), in: Journal of Finance, Vol. 33, Nr. 3, Juni 1978, S. 885-901.

ROSS, STEPHEN A./ WESTERFIELD, RANDOLPH W./ JAFFE, JEFFREY (FINANCE, 1999):
Corporate Finance, London u. a. 1999.

ROSS, STEPHEN/ DYBVIG, PHILIP H. (APT, 1985):
Yes, the APT ist testable, in: Journal of Finance, Vol. 40, Nr. 4, September 1985, S. 1173-1188.

RUDOLPH, BERND (THEORIE, 1979):
Zur Theorie des Kapitalmarktes: Grundlagen, Erweiterungen und Anwendungsbereiche des 'Capital Asset Pricing Model (CAPM)', in: Zeitschrift für Betriebswirtschaft, 31. Jg., 1979, Nr. 11, S. 1034-1067.

RUUD, JUDITH S. (UNDERPRICING, 1990):
Underpricing of initial public offerings: goodwill, price shaving or price support, Cambridge, Massachusetts 1990.

RUUD, JUDITH S. (UNDERPRICING, 1991):
Another view of the underpricing of initial public offerings, in: Federal Reserve Bank New York, Quarterly Review, Vol. 16, Nr. 1, 1991, S. 83-85.

RUUD, JUDITH S. (UNDERWRITER, 1993):
Underwriter price support and the IPO underpricing puzzle, in: Journal of Financial Economics, Vol. 34, Nr. 2, 1993, S. 135-151.

RWAGA, GEORGE (FINANCIAL MARKETS, 1997):
Stochastic dynamics in financial markets: An empirical investigation, University of Washington, 1997.

RYDQVIST, KRISTIAN (IPO, 1997):
IPO underpricing as tax-efficient compensation, in: Journal of Banking and Finance, Vol. 21, H. 3, 1997, S. 295-314.

SACHS, LOTHAR (STATISTIK, 2002):
Angewandte Statistik, 10. Auflage, Berlin u. a. 2002.

SAPUSEK, ANNEMARIE (ANALYZING, 1997):
Analyzing the long-run performance of initial public offerings: an empirical investigation for Germany, in: Zimmermann, Uwe et al. (Hrsg.), Operations Research Proceedings, Berlin u. a. 1996, S. 380-385.

SAPUSEK, ANNEMARIE (INFORMATIONSEFFIZIENZ, 1998):
Informationseffizienz auf Kapitalmärkten: Konzepte und empirische Ergebnisse, Wiesbaden 1998.

SAPUSEK, ANNEMARIE (PERFORMANCE, 1998):
Fundamental performance of initial public offerings: empirical evidence from Germany, Betriebswirtschaftliche Diskussionsbeiträge, Beitrag Nr. 25, Halle 1998.

SAPUSEK, ANNEMARIE (RELEVANZ, 1994):
Relevanz der Efficient Market Hypothesis: Theorie und Empirie, in: Schredelseker, Klaus (Hrsg.), Österreichische Kapitalmarktstudien, Bd. 4, Wien 1994.

SAPUSEK, ANNEMARIE (VERTEILUNGSEIGENSCHAFTEN, 1993):
Verteilungseigenschaften von Aktienrenditen: Theoretische Aspekte und emprische Evidenz, in: Steiner, Peter (Hrsg.), Banking and Finance, Wien 1993, S. 181-195.

SAUNDERS, ANTHONY (STOCK, 1990):
Why are so many new stock issues underpriced?, FRB Philadelphia - Business Review, Nr. 2, 1990, S. 3-12.

SAUNDERS, ANTHONY/ LIM, JOSEPH (UNDERPRICING, 1990):
Underpricing and the new issue process in Singapore, in: Journal of Banking and Finance, Vol. 14, Nr. 2/3, 1990, S. 291-310.

SCHANZ, KAY (BÖRSENEINFÜHRUNG, 2000):
Börseneinführung: Recht und Praxis des Börsengangs, München 2000.

SCHANZ, KAY (BÖRSENEINFÜHRUNG, 2002):
Börseneinfühung: Recht und Praxis des Börsengangs, 2. Auflage, München 2002.

SCHENEK, A. (ENTWICKLUNG, 1999):
Die Entwicklung von Emissionsrenditen im Zeitablauf, Freiburg 1999, S. 54.

SCHERTLER, ANDREA (CERTIFICATION, 2002):
The certification role of private equity investors: evidence from initial public offerings on the Nouveau Marché and the Neuer Markt, Working Paper, The Kiel Institute for World Economics, März 2002.

SCHERTLER, ANDREA (UNDERPRICING, 2002):
The determinants of underpricing: initial public offerings on the Neuer Markt and the Nouveau Marché, United Nations University, Working Paper, The Kiel Institute for World Economics, März 2002.

SCHLAG, CHRISTIAN/ WODRICH, ANJA (UNDERPRICING, 2000):
Has there always been underpricing and long-run underperformance? - IPOs in Germany before World War I, Working Paper Nr. 2000/12, Center for Financial Studies, Frankfurt, November 2000.

SCHLICK, ROBERT (GOING PUBLIC, 1997):
Going public: Vorbehalte, Motive, Ausgestaltungsformen, Voraussetzungen und das Underpricing-Phänomen: Eine empirische Untersuchung der Going public in Deutschland von 1977 bis 1992, Tübingen 1997.

SCHMIDT, HARTMUT (WERTPAPIERBÖRSEN, 1988):
Wertpapierbörsen, München 1988.

SCHMIDT, HARTMUT/ SCHRADER, TORSTEN (KURSEFFEKTE, 1993):
Kurseffekte beim Wechsel in den geregelten Markt, in: Bühler, Wolfgang et al. (Hrsg.), Empirische Kapitalmarktforschung, Schmalenbachs Zeitschrift für betriebswirtschaftliche Forschung, Sonderheft 31, Düsseldorf u. a. 1993, S. 227-255.

SCHMIDT, REINHARD H. (WIDERLEGUNG, 1981):
Eine Widerlegung der Effizienzthese, in: Schmalenbachs Zeitschrift für betriebswirtschaftliche Forschung, 33 Jg., Nr. 1, 1981, S. 36-46.

SCHMIDT, REINHARD H. ET AL. (UNDERPRICING, 1988):
Underpricing bei deutschen Erstemissionen 1984/85, in: Schmalenbachs Zeitschrift für betriebswirtschaftliche Forschung, Vol. 58, 1988, S. 1193-1203.

SCHNABEL, J. A. (SALES, 1984):
Short sales restrictions and the security market line, in: Journal of Business Research, Vol. 12, 1984, S. 87-96.

SCHNITTKE, J. (ÜBERRENDITEEFFEKTE, 1989):
Überrenditeeffekte am deutschen Aktienmarkt: eine theoretische und empirische Analyse, Köln 1989, in: Steiner, M. (Hrsg.), Reihe: Finanzierung, Steuern, Wirtschaftsprüfung, Bd. 7, Köln 1989.

SCHOLES, MYRON (MARKET, 1972):
The market for securities: substitution versus price pressure and the effect of information on share prices, in: Journal of Business, Vol. 45, S. 179-211.

SCHÖNBORN, GREGOR/ TSCHUGG, MICHAEL (IPO, 2002):
IPO-Agenda: Erfolgsfaktor Kommunikation beim Börsengang, Neuwied u. a. 2002.

SCHRADER, T, (GEREGELTER MARKT, 1993):
Geregelter Markt und geregelter Freiverkehr: Auswirkungen gesetzgeberischer Eingriffe, Wiesbaden 1993.

SCHRAND, CATHERINE/ VERRECCHIA, ROBERT E. (DISCLOSURE, 2002):
Disclosure choice and cost of capital: evidence from underpricing in initial public offerings, Working Paper, University of Pennsylvania, Juni 2002.

SCHRÖDER, MICHAEL (EIGENSCHAFTEN, 2002):
Statistische Eigenschaften von Finanzmarkt-Zeitreihen, in: Schröder, Michael (Hrsg.), Finanzmarkt-Ökonometrie: Basistechniken, Fortgeschrittene Verfahren, Prognosemodelle, Stuttgart 2002, S. 1-32.

SCHULTZ, PAUL (MARKET, 2002):
Pseudo market timing and the long-run underperformance of IPOs, Working Paper, University of Notre Dame, April 2002.

SCHULTZ, PAUL (TIMING, 2000):
The Timing of initial public offerings, Working Paper, University of Notre Dame, August 2000.

SCHULTZ, PAUL H./ ZAMAN, MIR A. (SUPPORT, 1994):
Aftermarket support and underpricing of initial public offerings, in: Journal of Financial Economics, Vol. 35, Nr. 2, 1994, S. 199-219.

SCHÜRMANN, W./ KÖRFGEN, K. (FAMILIENUNTERNEHMEN, 1987):
Familienunternehmen auf dem Weg zur Börse, München 1987.

SCHUSTER, JOSEF A. (UNDERPRICING, 1996):
Underpricing and crises: IPO performance in Germany, Working Paper 252, London School of Economics, Juli 1996.

SCHWAIGER, WALTER (ABHÄNGIGKEITEN, 1993):
Abhängigkeiten in Aktienzeitreihen: eine Zusammenführung von Empirie und Theorie sowie daraus resultierende Effizienzüberlegungen, in: Steiner, Peter (Hrsg.), Banking and Finance, Wien 1993, S. 277-292.

SCHWARZ, R. (BÖRSENEINFÜHRUNGSPUBLIZIZTÄT, 1988):
Die Börseneinführungspublizität neu emittierender Unternehmen, Frankfurt am Main u. a. 1988.

SCHWEINITZ, JOHANN (RENDITEENTWICKLUNIGEN, 1997):
Renditeentwicklungen von Aktienemissionen, Wiesbaden 1997.

SCHWERT, WILLIAM G. (STOCK, 2002):
Stock volatility in the new millennium: how wacky is Nasdaq?, in: Journal of Monetary Economics, Vol. 49, Nr. 1, Januar 2002, S. 3-26.

SEMBEL, ROY H. (IPO, 1996):
IPO anomalies, truncated excess supply, and heterogeneous information, University of Pittsburgh, 1996.

SENTANA, ENRIQUE (ECONOMETRICS, 1993):
The econometrics of the stock market I: rationality tests, in: Investigaciones Económicas, Vol. 17, Nr. 3, September 1993, S. 401-420.

SENTANA, ENRIQUE (ECONOMETRICS, 1993A):
The econometrics of the stock market II: asset pricing, in: Investigaciones Económicas, Vol. 17, Nr. 3, September 1993, S. 421-444.

SERFLING, KLAUS/ PAPE, ULRICH/ KRESSIN, THOMAS (EMISSIONSPREISFINDUNG, 1999):
Emissionspreisfindung und Underpricing im Rahmen des Börsengangs junger Wachstumsunternehmen, in: Die Aktiengesellschaft, 44. Jg., Nr. 7, 1999, S. 289-296.

SEYHUN, H. NEJAT (OVERREACTION, 1990):
Overreaction or fundamentals: some lessons from insiders´ response to the market crash of 1987, in: Journal of Finance, Vol. 45, Nr. 5, Dezember 1990, S. 1363-1388.

SHAH, AJAY (IPO, 1995):
The Indian IPO market: suggestions for institutional arrangements, Working Paper, Centre for Monitoring Indian Economy, Juni 1995.

SHARPE, WILLIAM F. (CAPITAL, 1964):
Capital asset prices: a theory of market equilibrium under conditions of risk, in: Journal of Finance, Vol. 19, Nr. 3, September 1964, S. 425-442.

SHARPE, WILLIAM F. (CAPITAL, 1991):
Capital asset prices with and without negative holdings, in: Journal of Finance, Vol. 46, Nr. 2, Juni 1991, S. 489-509.

SHARPE, WILLIAM F. (MODEL, 1963):
A simplified model for portfolio analysis, in: Management Science, Vol. 9, 1963, S. 277-293.

SHARPE, WILLIAM F. (PORTFOLIO, 1970):
Portfolio theory and capital markets, New York u. a. 1970.

SHARPE, WILLIAM F./ ALEXANDER, GORDON J./ BAILEY, JEFFREY V. (INVESTMENTS, 1999):
Investments, London u. a. 1999.

SHERMAN, ANN E. (IPOS, 2000):
IPOs and long term relationships: an advantage of book building, in: Review of Financial Studies, Vol. 13, Nr. 3, Herbst 2000, S. 697-714.

SHERMAN, ANN E./ TITMAN, SHERIDAN (IPO, 2002):
Building the IPO order book: underpricing and participation limits with costly information, in: Journal of Financial Economics, Vol. 65, Juli 2002, S. 3-29.

SHILLER, ROBERT J. (INITIAL PUBLIC OFFERINGS, 1989):
Initial public offerings: investor behavior and underpricing, Working Paper Nr. 2806, National Bureau of Economic Research, Dezember 1988.

SHILLER, ROBERT J. (PRICES, 1990):
Speculative prices and popular models, in: Journal of Economics Perspectives, Vol. 4, 1990, S. 55-65.

SMITH, CLIFFORD W. (METHODS, 1977):
Alternative methods for rasing capital: rights versus underwritten offerings, in: Journal of Financial Economics, Vol. 5, 1977, S. 273-307.

SPATT, CHESTER/ SRIVASTAVA, SANJAY (COMMUNICATION, 1991):
Preplay communication, participation restrictions, and efficiency in initial public offerings, in: Review of Financial Studies, Vol. 4, Nr. 4, 1991, S. 709-726.

SPENCE, A. M. (MARKET, 1974):
Market signalling, Working Paper, Harvard University, Cambridge 1974.

SPIESS, D. KATHERINE/ AFFLECK-GRAVES, JOHN (UNDERPERFORMANCE, 1995):
Underperformance in long-run stock returns following seasoned equity offerings, in: Journal of Financial Economics, Vol. 38, 1995, S. 243-267.

SPIESS, D. KATHERINE/ PETTWAY, RICHARD H. (IPO, 1997):
The IPO and first seasoned equity sale: issue proceeds, owner/ managers´ wealth, and the underpricing signal, in: Journal of Banking and Finance, Vol. 21, 1997, S. 967-988.

SPREMANN, KLAUS/ GANTENBEIN, PASCAL (IPO, 2002):
IPO underpricing and entrepreneurial wealth losses, Working Paper, Universität St. Gallen, 2002.

SPRINK, JOACHIM (UNDERPRICING, 1996):
Underpricing bei deutschen Erstemissionen, in: Sparkasse, Nr. 113, H. 5, 1996, S. 202-205.

STEHLE, RICHARD/ EHRHARDT, OLAF (RENDITEN, 1999):
Renditen bei Börseneinführungen am deutschen Kapitalmarkt, in: Zeitschrift für Betriebswirtschaft, 69. Jg., 1999, Nr. 12, S. 1395-1422.

STEHLE, RICHARD/ EHRHARDT, OLAF/ PRZYBOROWSKY, RENÉ (STOCK, 2000):
Long-run stock performance of German initial public offerings and seasoned equity issues, in: European Financial Management, Vol. 6, Nr. 2, 2000, S. 173-196.

STEIB, STEFAN/ MOHAN, NANCY (REUNIFICATION, 1997):
The German reunification, changing capital market conditions, and the performance of German initial public offerings, in: The Quarterly Review of Economics and Finance, Vol. 37, Nr. 1, Frühjahr 1997, S. 115-137.

STENZEL, STEFAN/ WILHELM, STEFAN (MARKTSEGMENTIERUNG, 2000):
Marktsegmentierung und Eigenkapitalbeschaffung: Der Neue Markt zeigt neue Wege auf, in: Beyer, Sven/ Eberts, Manfred (Hrsg.), Praxisrelevante Fragestellungen aus Investmentanalyse und Finanzierung, Stuttgart 2000, S. 185-201.

STIGLITZ, JOSEPH E. (SYMPOSIUM, 1990):
Symposium on bubbles, in: Journal of Economic Perspectives, Vol. 4, Nr. 2, Frühjahr 1990, S. 13-18.

STOCK, DETLEV (TESTS, 1988):
Empirical tests of the overreaction hypothesis for the German stock market, Discussion Paper B102, Bonn 1988.

STOUGHTON, NEAL M./ WONG, KIT PONG/ ZECHNER, JOSEF (IPOS, 2001):
IPOs and product quality, in: Journal of Business, Vol. 74, Nr. 3, Juli 2001, S. 375-408.

STOUGHTON, NEIL/ ZECHNER, JOSEF (IPO, 1998):
IPO-Mechanisms, Monitoring and Ownership Structure, in: Journal of Financial Economics, Vol. 49, Nr. 1, Juli 1998, S. 45-77.

SU, DONGWEI/ FLEISHER, BELTON M. (INVESTIGATION, 1999):
An empirical investigation of underpricing in Chinese IPOs, in: Pacific-Basin Finance Journal, Vol. 7, Nr. 2, Mai 1999, S. 173-202.

SUPERINA, MARCO (PRAXIS, 2000):
Praxis der Discounted Cash Flow-Bewertungsmethode in der Schweiz, Bern u. a. 2000.

SUTTON, DAVID P./ BENEDETTO, M. WILLIAM (INITIAL PUBLIC OFFERINGS, 1988):
Initial public offerings: a strategic planner for raising equity capital, Chicago 1988.

TAULLI, TOM (IPOS, 1999):
Investing in IPOs: new paths to profit with initial public offerings, Princeton 1999.

THE NASDAQ STOCK MARKET (GESCHÄFTSJAHR, 1996):
Nasdaq Geschäftsjahr 1996: Rekordjahr bei Handelsumsätzen, Notierungen und im Composite-Index, 1996, S. 1-2, www.nasdaqnews.com.

THEISSEN, ERIK (NEUE MARKT, 1998):
Der Neue Markt: eine Bestandsaufnahme, Working Paper, Goethe Universität Frankfurt am Main, Lehrstuhl für Kreditwirtschaft und Finanzierung, Februar 1998.

TINIC, SEHA M. (ANATOMY, 1988):
Anatomy of initial public offerings of common stock, in: Journal of Finance, Vol. 42, 1988, S. 789-822.

TITMAN, SHERIDAN/ TRUEMAN, BRETT (INFORMATION, 1986):
Information quality and the valuation of new issues, in: Journal of Accounting and Economics, Vol. 8, 1986, S. 159-172.

TITZRATH, ALFONS (BEDEUTUNG, 1995):
Die Bedeutung des Going public: Ein Erfarhungsbericht aus der Sicht einer Bank, in: Schmalenbachs Zeitschrift für betriebswirtschaftliche Forschung, 65. Jg., 1995, S. 133-155.

TORSTILA, SAMI (IPO, 2001):
What determines IPO gross spreads in Europe?, in: European Financial Management, Vol. 7, Nr. 4, Dezember 2001, S. 523-541.

TRUEMAN, BRETT (THEORY, 1988):
A theory of noise trading in securities markets, in: Journal of Finance, Vol. 43, Nr. 1, März 1988, S. 83-95.

TYKVOVÁ, TEREZA (NEUER MARKT, 2002):
Rise and fall of the Germany's Neuer Markt: a behavioral finance approach, Working Paper, Centre for European Economic Research (ZEW), März 2002.

UHLIG, HANS (FINANZMARKTANALYSE, 1999):
Finanzmarktanalyse: Neue Ansätze aus der Chaosforschung, München 1999.

UHLIR, HELMUT (GANG, 1989):
Der Gang an die Börse und das Underpricing-Phänomen, in: Zeitschrift für Bankrecht und Bankwirtschaft, Vol. 1, 1989, S. 2-16.

UHLIR, HELMUT/ STEINER, PETER (WERTPAPIERANALYSE, 1994):
Wertpapieranalyse, 3. Auflage, Heidelberg 1994.

VITOLS, SIGURT (NEUER MARKT, 2001):
Frankfurt's Neuer Markt and the IPO explosion: is Germany on the road to Silicon Valley?, in: Economy and Society, Vol. 30, Nr. 4, November 2001, S. 553-564.

VOIGT, HANS-WERNER (BOOKBUILDING, 1995):
Bookbuilding – der andere Weg zum Emissionskurs, in: Die Bank, Nr. 6, 1996, S. 339-343.

VOS, E. A./ CHEUNG, J. (IPO, 1992):
New Zealand IPO underpricing: the reputation factor, in: Small Enterprise Research, Vol. 1, 1992, S. 13-22.

WACHTEL, STEFAN (VORSTANDSPRÄSENTATION, 2001):
Vorstandspräsentation, Roadshow und TV-Interview, in: Wieselhuber & Partner GmbH (Hrsg.), Börseneinführung mit Erfolg: Voraussetzungen, Maßnahmen und Konzepte, 2. Auflage, Wiesbaden 2001, S. 417-427.

WAGNER, NIKLAS (MARKET, 2001):
A market model with time-varying moments and results on Neuer Markt stock returns, Working Paper, Munich University of Technology, Juli 2001.

WAHRENBURG, MARK (EMISSIONSGESCHÄFT, 2001):
Emissionsgeschäft, in: Gerke, Wolfgang/ Steiner, Manfred (Hrsg.), Handbuch des Bank- und Finanzwesens, 3. Auflage, Stuttgart 2001.

WALTER, CHRISTIAN (EFFICIENT MARKET, 2001):
The Efficient Market Hypothesis, the Gaussian Assumption, and the Investment Management Industry, Working Paper, PricewaterhouseCoopers LLP - Paris Office, April 2001.

WASSERFALLEN, WALTER/ WITTLEDER, CHRISTIAN (PRICING, 1994):
Pricing initial public offerings: evidence from Germany, in: European Economic Review, Vol. 38, Nr. 7, 1994, S. 1505-1517.

WEBER, STEVEN/ POSNER, EELLIOT (EQUITY, 2000):
Creating a pan-European equity market: the origins of EASDAQ, in: Review of International Political Economy, Vol. 7, Nr. 4, Winter 2000, S. 529-573.

WEILER, LUTZ (VERMARKTUNG, 2001):
Erfolgreiche Vermarktung eines IPO, in: Arlinghaus, Olaf/ Balz, Ulrich (Hrsg.), Going public – der erfolgreiche Börsengang, München u. a. 2001.

WEINBERGER, ANDREAS (GOING PUBLICS, 1995):
Going publics in Deutschland: Underpricing, Fair Valuing oder Overpricing?, Aachen 1995.

WEISS, MARTIN (GOING PUBLIC, 1988):
Going public: how to make your initial stock offering succesful, Blue Ridge Summit 1988.

WEITNAUER, WOLFGANG (HANDBUCH, 2001):
Handbuch Venture Capital: von der Innovation zum Börsengang, 2. Auflage, München 2001.

WELCH, IVO (EQUITY, 1996):
Equity offerings following the IPO theory and evidence, in: Journal of Corporate Finance, Vol. 2, Februar 1996, S. 227-259.

WELCH, IVO (SEASONED OFFERINGS, 1989):
Seasoned offerings, imitation costs, and the underpricing of initial public offerings, in: Journal of Finance, Vol. 44, Nr. 2, 1989, S. 421-450.

WEST, KENNETH D. (BUBBLES, 1988):
Bubbles, Fads, and stock price volatility tests: a partial evaluation, in: Journal of Finance, Vol. 43, Nr. 3, Juli 1988, S. 639-656.

WILKENS, MARCO/ GRAßHOFF, ARMIN (UNDERPRICING, 1999):
Das Underpricing-Phänomen bei Aktienneuemissionen: Systematisierung von Erklärungsansätzen und Überblick über empirische Untersuchungen, in: Benner, Wolfgang (Hrsg.), IFBG-Studien, Nr. 11, 1999.

WITTLEDER, CHRISTIAN (GOING PUBLIC, 1989):
Going public: Die Publikumsöffnung deutscher Aktiengesellschaften: Eine Untersuchung über das Preisverhalten erstmaliger Aktienemissionen auf dem deutschen Kapitalmarkt von 1961 bis 1987, Köln 1989.

YETMAN, MICHELLE H. (ACCOUNTING, 2001):
Accounting-based value metrics and the informational efficiency of IPO market prices, University of North Carolina, 2001.

ZACHARIAS, ERWIN (BÖRSENEINFÜHRUNG, 2000):
Börseneinführung mittelständischer Unternehmen: rechtliche und wirtschaftliche Grundlagen sowie strategische Konzepte bei der Vorbereitung und bei der Durchführung des Going Public, 2. Auflage, Bielefeld 2000.

ZAPP, HERBERT (PREISFINDUNG, 1986):
Die Preisfindung bei der Erstplatzierung von Aktien, in: Henn, Rudolf/ Schickinger, W. F. (Hrsg.), Staat, Wirtschaft, Assekuranz und Wissenschaft. Festschrift für Robert Schwebler, Karlsruhe 1986, S. 855-877.

ZAROWIN, PAUL (MARKET, 1989):
Short-run market overreaction: size and seasonality effects, in: Journal of Portfolio Management, Vol. 15, Frühjahr 1989, S. 26-29.

ZHENG, XIAOFAN S./ OGDEN, JOSEPH P./ JEN, FRANK C. (UNDERPRICING, 2001):
Resolving the IPO Underpricing Puzzle, Working Paper, State University of New York, September 2001.

ZHENG, XIAOFAN S./ OGDEN, JOSEPH P./ JEN, FRANK C. (VALUE, 2002):
Pursuing value through liquidity: share retention, lockup, and underpricing in IPOs, Working Paper, University of Manitoba, August 2002.

Peter Lang · Europäischer Verlag der Wissenschaften

Frank Wolfert

Performanceanalyse als Steuerungsinstrument im Wertpapier-Managementprozess

Frankfurt am Main, Berlin, Bern, Bruxelles, New York, Oxford, Wien, 2003.
439 S., zahlr. Tab. und Graf.
Schriften des Instituts für Finanzen. Universität Leipzig.
Herausgegeben von Udo Hielscher und Thomas Lenk. Bd. 7
ISBN 3-631-50464-0 · br. € 68.50*

Ziel dieser Arbeit ist es, die Bedeutung der Performanceanalyse als aktives Steuerungsinstrument im Wertpapier-Asset Management aufzuzeigen. Aufbauend auf der Kapitalmarkttheorie und bekannter Methoden der Performancemessung und -analyse wird ein dynamisches System zur Bestimmung des Risiko- und Renditebeitrags fundamentaler Einflussfaktoren entwickelt. Erfolgsentscheidend ist dafür die anteilige Faktorzuordnung auf Wertpapiere, während in der klassischen Performanceanalyse eindeutige Beziehungen von Wertpapieren z.B. zu Sektoren bestehen. Die dynamische, auf mehrdimensionalen Risikopositionierungen beruhende Performance-analyse wird so integraler Bestandteil im Managementprozess und ermöglich damit eine planungs- und entscheidungsbegleitende, zeitnahe Steuerung.

Aus dem Inhalt: Wertpapiermanagement-Ansätze und Kapitalmarkttheorie · Klassische interne und externe Performanceanalyse als Instrument der Kontrolle und des Berichtswesens · Mehrdimensionale Risikopositionierung (Schätzung von Wirkungszusammenhängen und Risikoprämien – mehrdimensionale fundamentale Performancezerlegung – mehrdimensionalbasiertes Risikomaß) · Umsetzung der mehrdimensionalen Risikopositionierung im Wertpapier-management

Frankfurt am Main · Berlin · Bern · Bruxelles · New York · Oxford · Wien
Auslieferung: Verlag Peter Lang AG
Moosstr. 1, CH-2542 Pieterlen
Telefax 00 41 (0) 32 / 376 17 27

*inklusive der in Deutschland gültigen Mehrwertsteuer
Preisänderungen vorbehalten
Homepage http://www.peterlang.de